U0592314

湘阴青山

——新石器时代遗址发掘报告

湖南省文物考古研究所　编著

科学出版社
北京

内 容 简 介

青山遗址是湘江下游一处新石器时代重要遗址。该遗址文化内涵丰富，文化因素复杂，是研究湘江流域堆子岭文化的典型遗址。

由于遗址长期被淹而濒临消失，2008年，湖南省文物考古研究所会同岳阳市、县文物部门对该遗址进行了发掘。本报告就是此次工作成果的结晶。

本报告着重介绍和阐述了两方面内容。其一，详细、客观地介绍了青山遗址全部发掘资料，并就其基本特征、文化性质、文化因素及年代等问题作了基本陈述；其二，以青山遗址为基础，结合现有考古资料，全面阐述了堆子岭文化的范围、特征、分期、年代以及生态、经济等相关内容，并就其文化关系、文化形成、文化命名等问题进行了初步探讨，进而为堆子岭文化的深入研究奠定基础。

本书可供文物考古、文化遗产、博物馆工作者，以及从事史前文化研究者和相关高校师生阅读与参考。

图书在版编目（CIP）数据

湘阴青山：新石器时代遗址发掘报告/湖南省文物考古研究所编著. —北京：科学出版社，2015. 12

ISBN 978-7-03-046553-5

Ⅰ. ①湘… Ⅱ. ①湖… Ⅲ. ①新石器时代文化-文化遗址-考古发掘-发掘报告-湘阴县 Ⅳ. ①K878.05

中国版本图书馆CIP数据核字（2015）第288669号

责任编辑：樊 鑫 / 责任校对：张凤琴

责任印制：肖 兴 / 封面设计：美光设计

科 学 出 版 社 出版

北京东黄城根北街16号

邮政编码：100717

http://www.sciencep.com

中国科学院印刷厂 印刷

科学出版社发行 各地新华书店经销

*

2015年12月第 一 版 开本：889×1194 1/16

2015年12月第一次印刷 印张：21 3/4 插页：68

字数：834 000

定价：312.00元

目　　录

插图目录

插表目录

彩版目录

图版目录

第一章 概 述

第一节 地理环境与历史沿革[①]

一、地理环境

1. 位置与境域

湘阴位于湖南省东北部，濒临南洞庭湖，居湘、资两水尾闾。县境东接汨罗，西邻益阳，南连长沙望城区，北与沅江、岳阳、屈原农场接壤。全县地理坐标跨度为东经112°30′20″～113°1′50″，北纬28°30′13″～29°3′2″。县境略呈不规则三角形，最长61千米，最宽51.3千米，面积1581.5平方千米。湘江自南向北穿流县境中部，资水干流及其东支自西南向东北流经县域西境，水路交通便利。溯湘江而上，南达长沙、衡阳；经南洞庭入资、沅二水，西至益阳、常德；穿东洞庭，北连岳阳而入长江（图一）。

2. 地形与地貌

湘阴县境地处洞庭湖盆地东南侧，其地貌特征与洞庭湖盆地地质构造背景关系密切。洞庭湖盆地是一个在中、新生代发育形成的断陷盆地，盆地东部为幕阜—九岭隆起，南部是雪峰隆起，西部是武陵隆起，北部是华容隆起（与江汉盆地分隔）。自新第三纪以来，洞庭湖盆地就已形成澧县凹陷、太阳山凸起、常桃凹陷、目平湖凸起、沅江凹陷、麻河口凸起、湘阴凹陷等构造单元。第四纪时期，洞庭湖盆地在这种地质构造作用下，盆地周边隆起区与盆地内的凹陷区在地形、地貌上就具有明显差异。由于湘阴县境正好处于幕阜—九岭隆起向湘阴凹陷等构造单元的过渡带上，全县地形自东南向西北递降，从而形成一个东南高、西北低的倾斜地形（图二）。

这种地形表现在地貌形态上是复杂多样的，包括平原、岗地、低山以及广阔的河湖水域等多种形态。河湖水域和平原是其主要形态，分别占全县总面积的40.5%和44.4%，而岗地、低山则只占13.6%和1.5%。其中，平原以滨湖平原为主，还有江河、溪谷等形态。滨湖平原多呈块状分布，地貌构成物质为河、湖沉积物，主要分布于湘江以西区域，地面高程一般在24～30

① 本节参考资料主要来自于湖南省湘阴县志编纂委员会：《湘阴县志》，生活·读书·新知三联书店，1995年。

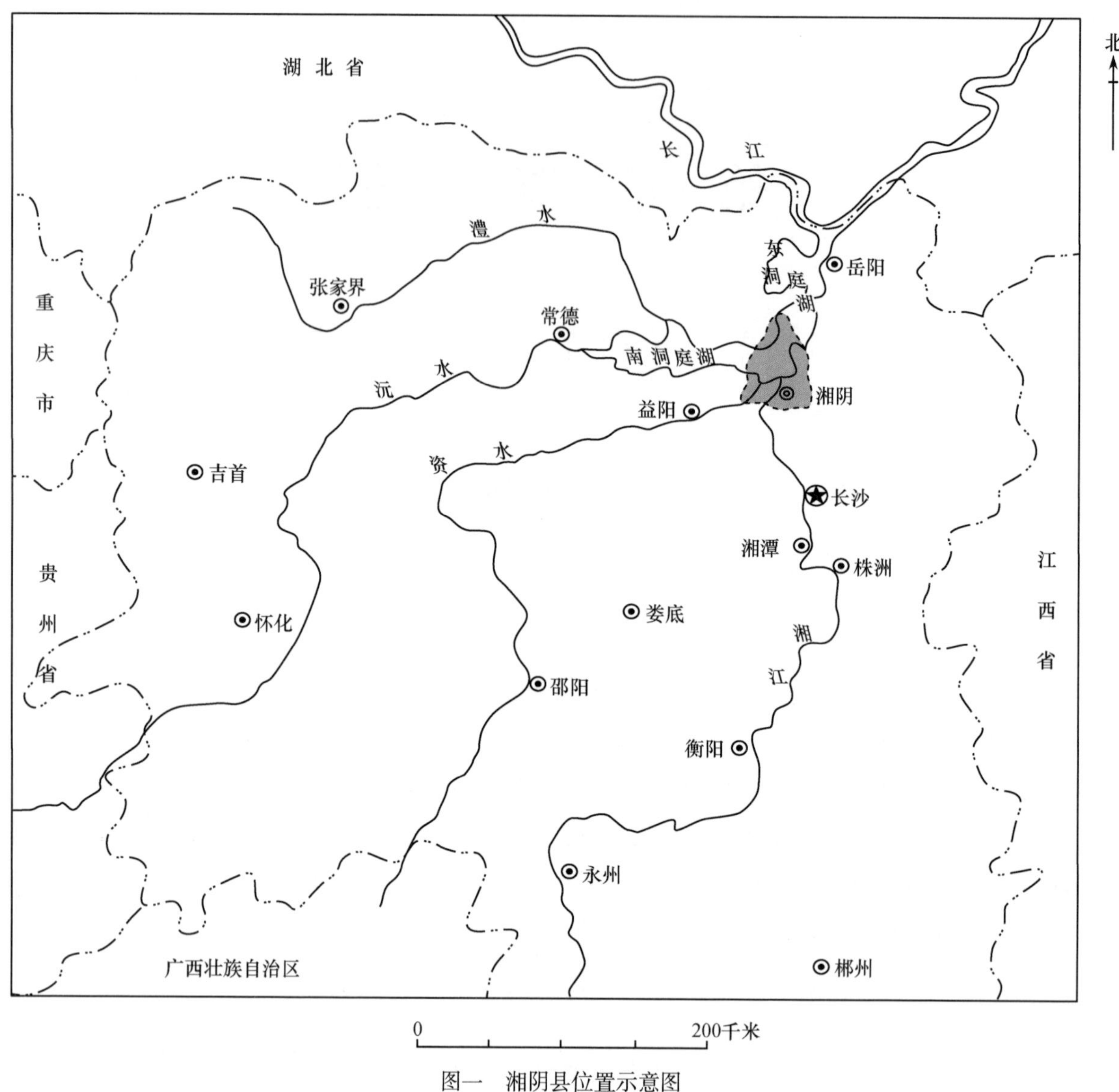

图一　湘阴县位置示意图

米，青山遗址即属滨湖平原地貌。江河平原地貌构成物质主要是发源于岗地的溪河及汨罗江、湘江的沉积物，溪谷平原地貌构成物质主要为山、岗受雨水冲刷所产生的沉积物，二者主要分布于湘江以东的低山、岗地区域。

岗地多属环湖坡状台地，向西一直延至湘江。此类地貌属侵蚀剥蚀地貌，其构成物质大多为第四纪堆积物。地面高程一般在50～100米，比高在25～60米，坡度在10～20度，呈缓坡起伏状态。个体形如馒头，与垄冲相间排列，均由东南边缘的低山派生而成。土壤多由第四纪红土发育而成，熟土层厚，呈酸性。

低山属侵蚀剥蚀构造地貌，其构成物质为花岗岩。地面高程在200～500米，山势陡峭，坡度20～35度，峪间切割较深。区间花岗岩风化明显，土壤含砂量重，质地松散，加之雨量较大，容易形成水土流失，坡残积物发育。

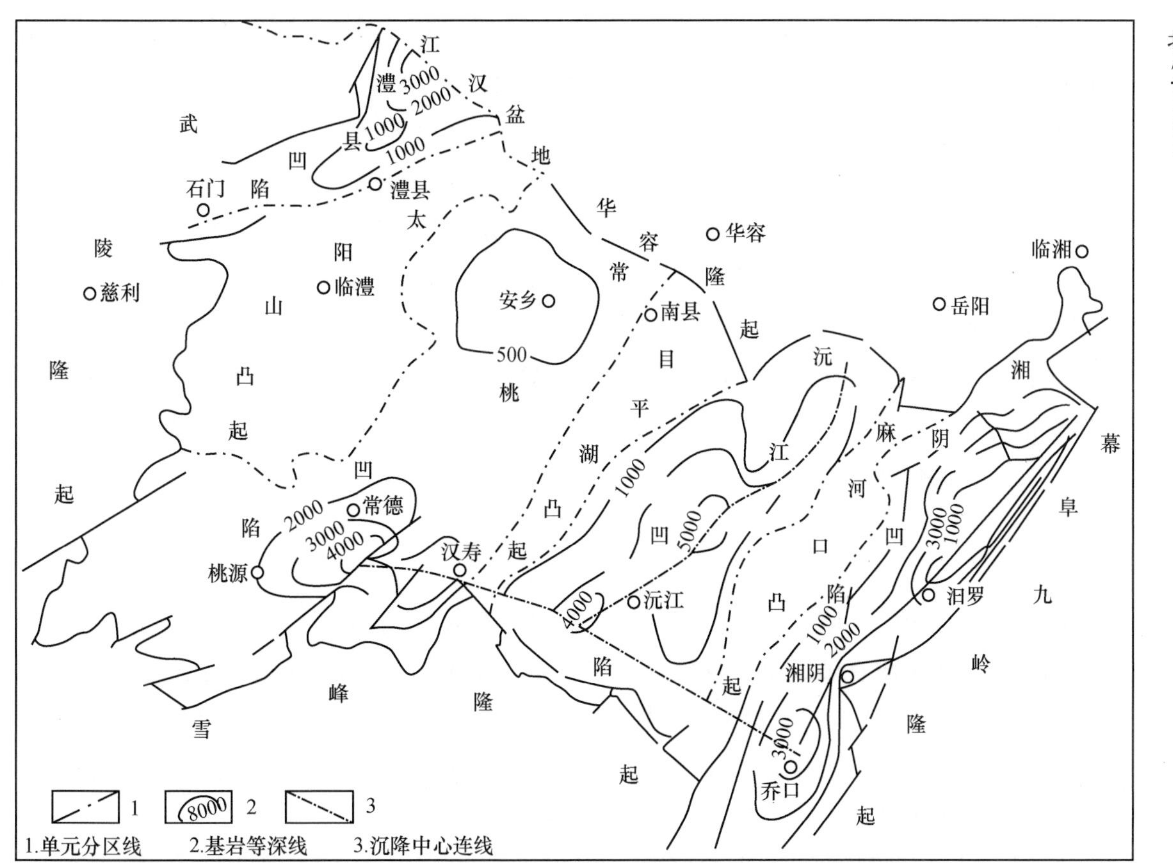

图二 洞庭湖盆地地质构造示意图

（引自郭伟民：《城头山遗址与洞庭湖区新石器时代文化》，岳麓书社，2012年，图1）

3. 气候与水文

湘阴位处中亚热带向北亚热带过渡的季风气候区，四季分明，湿润多雨，具有春温变幅大、初夏雨水多、伏秋天热易旱、冬季严寒不多的特点。年平均气温在17℃左右，因年际、月份和地域不同，寒暑变化较大。年平均降水量约1392.62毫米，年降水日平均为153天。每年4～9月，为洞庭湖滨湖地区汛期，占全年降水量60%以上。年无霜期平均为272天，降雪较少，年平均降雪日只有8.5天。主要灾害性天气有暴雨、干旱、大风、雷雹、低温、冰冻等。

湘阴位于南洞庭区域，为洞庭湖腹部，江湖甚多，水域超过陆地，素有“泽国”之称。清道光《洞庭湖志》载：“湖隶湘阴者百二有五”。然经160余年围堤造垸与泥沙淤积，湖泊消失甚多。现存水域面积约占全县总面积40.5%。包括江河、湖泊、湖洲（洪水季节是水，枯水季节是洲）3类，分别占其水域面积14.76%、33.69%和51.55%。境内主要河流有湘江、资水，主要湖泊集中分布于县境西北部的南洞庭湖区域，包括横岭湖、团林湖、淳湖、梅子湖和荷叶湖等。

4. 植被与动物

清乾隆《湘阴县志》曾有“峰峦峻秀，青松万点，柏叶千障，深林杂树，芊芊蔚若，奇卉怪木，人莫能视”的记载。说明当时湘阴不仅植物茂密，而且覆盖面积颇广。后来由于长期人为破坏和某些自然因素的影响，作为主要植被的森林破坏甚大。现存主要植物只有松科、杨柳科、胡桃科、杉科、桑科、蔷薇科、芸香科、银杏科、杨梅科等。

由于县域有较多丘岗、山地、平原和湖洲，且河湖池沼遍布，气候温和，雨水充沛，宜于多种动物生息繁衍，故该县自古以来，动物种类颇多。其中，兽类主要有虎、豹、野猫（猫科），豺、狸、狐狸（犬科），鼬鼠（黄鼠狼）、水獭、山獭、獾子（鼬鼠科），獐（香獐）、麂（狍子）（麝科），猿、猴（类人科），野猪（野猪科），豪猪（豪猪科），刺猬（刺猬科）等（其中，虎、豺、猿、猴、狐狸已绝迹）；禽类主要有雉（野鸡）、竹鸡（雉科），凫（野鸭）、雁、鸳鸯（鸭科），苍鹭、鹭鸶、白鹭（鹭科）等；水生动物主要有鲤鱼、草鱼、银鱼、鲫鱼、鲢鱼、乌龟、鳖、虾、蟹、蚌、螺、江豚、白鳍豚等。此外，水、陆及水陆生各类昆虫也有不少。

5. 土壤与矿藏

县境因所处地理条件不同，成土母质有异，特别是受水的作用程度不一，土体结构、土壤性状差异明显。按《湖南省第二次土壤普查工作分类暂行方案》拟定的标准，全县土壤可分水稻土、红壤土、潮土3个土类（包括9个亚类、25个土属、116个土种）。水稻土类为多种母质成土，红壤土类为第四纪红土、砂岩和花岗岩母质成土，潮土类为湖、河沉积物母质成土。其中，水稻土类为湘阴土壤的主要土类，占全县土壤面积的65.60%。

湘阴矿物，目前发现并在开采的有砂石、麻石、重沙、陶土共4种。其中，陶土，俗称瓷土、白泥，又名高岭土，藏量丰富，分布广泛。据湖南省水文地质工程队在樟树乡飞龙村抽样化验，所含三氧化二铝稳定在20%~32%，为优质陶瓷工业原料。湘阴陶土开采历史悠久，早在唐代，闻名遐迩的岳州窑即以本地窑头山的陶土为原料。清乾隆《湘阴县志》亦有三峰取陶“今已深入山腹，恐其为形胜之妨”的记载。

此外，青山遗址所在的青山岛，岛内盛产梨、桃、枣等水果及蔓荆子等珍贵药材，也是现代淡水渔业繁荣之地，世人皆云“洞庭天下水，青山天下渔”。另外，青山岛自然景观丰富奇特，湖面碧波荡漾，沙滩景色袭人，还是一处不错的旅游胜地。

二、历史沿革

夏、商时期，湘阴县域隶属不明。

周代，成王分封诸侯，湘阴地属楚国。公元前689年，楚文王迁都于郢，徙罗子国遗民至湘水之南。自此，湘阴属罗子国地。

秦代，始皇二十六年（前221），废分封，设郡县，改罗子国为罗县，隶长沙郡。

汉代与三国时期，西汉高祖五年（前202），刘邦徙衡山王吴芮为长沙王，改长沙郡为国。是时，罗县隶长沙国。东汉光武帝建武七年（31）复长沙为郡，罗县随隶。桓帝延熹五年（162）析罗县东部地置汉昌县，亦隶长沙郡。献帝建安十三年（208），刘备徇定荆州武陵、长沙、桂阳、零陵四郡，罗县属刘备领地（221年建国号蜀）。建安二十年（215），刘备、孙权以湘水为界分荆州，江东长沙等郡属孙权领地（222年建国称吴），罗县、汉昌随蜀，仍隶荆州。吴大帝黄龙元年（229）改汉昌为吴昌，罗与吴昌仍隶荆州长沙郡，直至三国之终。

晋代，西晋武帝太康元年（280），司马炎亡吴，罗县、吴昌仍隶荆州长沙郡。晋怀帝永嘉元年（307），分荆、广两州地置湘州。之后，罗县、吴昌随长沙郡依次改隶，时属湘州，时属荆州。

南（北）朝，宋武帝永初三年（422）至孝帝孝建元年（454），时湘州五次置废，长沙郡领罗县、吴昌等县随之改隶。后废帝刘昱元徽二年（474），湘州刺史王僧虔为安置巴峡流民，上表割益阳、湘西、罗三县部分地置新县，因其地居湘水之南，故名湘阴。湘阴、吴昌与罗县同隶长沙内史。齐因宋。梁武帝天监、中大通年间（502～529），分湘阴地置罗州，建岳阳郡，立岳阳、玉山、湘滨三县，湘阴、罗、吴昌及析湘阴地所置三县，同隶岳阳郡，属罗州。陈武帝永定年间（557～559）废罗州，湘阴、罗、吴昌及析湘阴地所置三县仍隶岳阳郡，改属巴州。

隋代，文帝开皇九年（589），改湘州为潭州，改巴州为岳州。炀帝大业三年（607）改岳州为罗州，不久又称巴陵郡。大业十三年（617），罗令萧铣起兵反隋，据巴陵攻陷旁郡，将湘阴与罗县划属潭州。

唐代，高祖武德四年（621），李渊灭萧铣，废巴陵郡置巴州。六年，改巴州为岳州。开宝元年（742）又改岳州为巴陵郡，乾元元年（758）复为岳州，湘阴随之改隶，属江南西道。

五代，后梁太祖开平元年（907），朱晃封马殷为楚王，湘阴自岳州划属潭州。后唐天成二年（927），马殷改潭州为长沙府，湘阴还隶岳州。后周广顺三年（953），周行逢据湖南，将湘阴划隶朗州。

宋代，太祖乾德二年（964），湘阴自朗州归隶岳州，属荆湖北路。太宗淳化四年（993），改隶潭州，属荆湖南路。

元代初期，湘阴仍为县，成宗元贞元年（1295），以民至万户升为州，隶潭州路总管府。文宗天历二年（1329），改潭州路为天临路，湘阴仍改随隶。

明代，太祖洪武二年（1369），湘阴复为县，隶潭州府。洪武五年，改潭州府为长沙府，湘阴为其辖县，均属湖广布政司（后改承宣布政司）。

清代，顺治四年（1647），湘阴隶湖广布政司长沙府。康熙三年（1664），置湖南布政使司为湖南省，下设四道，湘阴隶长沙府，属长宝道。

中华民国，民国元年（1912）沿用清制。民国三年，湖南清代所设四道改置，湘阴隶湘江道。民国十一年湖南撤道，湘阴直隶省府。民国二十六年，湖南设行政督察专员公署。民国二十九年，设行政督察区，湘阴属第一区。

新中国成立后，湘阴先后划归过长沙专区、湘潭专区、岳阳专署、长沙市管辖，1983年至今隶属岳阳市。

青山历史文化底蕴深厚，人文古迹甚多。史载舜帝二妃从帝南巡，后投湖殉帝，葬于青山，原建有黄陵二妃墓，唐时称湘灵庙，自古为湘阴第一胜迹，历代文人墨客如李白、杜甫、韩愈、李贺、苏东坡等均在此留下不朽诗文。南宋杨幺起义的水师曾驻扎于青山，杨幺被俘后被岳飞斩首于此，现仍有杨幺庙和杨幺头的地名。抗日战争时期，日军曾三次入侵青山，制造了震惊全省的“青山惨案”，现存有青山“万人坑”抗日死难军民纪念亭，是湘阴重要的爱国主义教育基地。

第二节　发掘背景及遗址概述

一、发掘背景

20世纪70年代中期以前，湖南考古工作主要集中在古墓葬发掘方面。自1974年冬正式发掘澧县三元宫遗址以来，工作重心才逐步转向古遗址的发掘与研究。其中，较早时期进行过较大面积发掘的新石器时代遗址有十多处，包括平江献冲舵上坪、安乡汤家岗、安乡划城岗、澧县丁家岗、石门皂市、华容车轱山、长沙大塘、浏阳樟树潭、湘乡岱子坪、安仁何古山、泸溪浦市、怀化高坎垅等。这些遗址遍布全省，时代各异，内涵有别，研究者通过参照江汉地区的研究成果，首次在湖南地区辨认出三种原始文化，即大溪文化、屈家岭文化和长江中游龙山文化（石家河文化），并对其进行初步的分期与类型研究①。不久，还进行了分区研究的尝试，并将湖南新石器时代文化划分为洞庭湖区、湘中湘南区、湘东区和湘西区四大区域②。

20世纪80年代中期以后，湖南新石器时代文化研究重点在湘西北洞庭湖西北岸地区（以沅水穿越洞庭湖故道为界，含澧水及沅水下游），并取得了丰硕成果。不仅勾勒出一个较为完整的新石器时代考古学文化演变谱系，而且在新旧石器过渡、采集渔猎经济向农业经济转变、城壕聚落演变及文明复杂化进程等重大课题方面，也取得了可喜的成绩。湘西南沅水中上游地区、湘东北洞庭湖东南岸地区（以沅水穿越洞庭湖故道为界，含湘、资二水中下游），虽然也做了不少工作，但这两个区域的文化发展序列尚未完全建立，谱系结构不是十分清楚，聚落形态、生业模式及文明复杂化进程等材料还不够充分，研究很难深入下去。湘东南地区（湘、资二水上游）工作更为薄弱，文化面貌很不清晰，文化谱系研究尚处空白状态。

青山遗址所处的洞庭湖东南岸地区考古工作开展较早，早在20世纪70年代以前就对长沙烟墩冲③、浏阳樟树潭④、平江献冲舵上坪⑤等遗址进行过调查或发掘，但资料较为零散，而且揭示出来的遗存年代偏晚，该区域新石器时代文化面貌仍然不清楚。该区域考古工作的转折点始于1980年湘乡岱子坪遗址的发掘⑥，随后，在湘、资二水中下游地区先后调查或发掘了一批新石

① 何介钧：《长江中游原始文化初论》，《湖南考古辑刊》第1集，岳麓书社，1982年。

② 何介钧：《湖南新石器时代文化的分区研究》，《考古学文化论集》（一），文物出版社，1987年。

③ 湖南省文物管理委员会：《长沙烟墩冲新石器时代遗址调查简报》，《考古通讯》1956年第5期。

④ 湖南省博物馆：《湖南浏阳樟树潭新石器时代遗址的调查》，《考古》1965年第7期。

⑤ 平江献冲舵上坪，湖南省博物馆1975年发掘资料。

⑥ 湖南省博物馆：《湘乡岱子坪新石器时代遗址》，《湖南考古辑刊》第2集，岳麓书社，1984年。

器时代遗址。其中，湘江流域（包括洞庭湖东岸）先后发掘了长沙腰塘[1]、月亮山[2]、大塘[3]、株洲磨山[4]、汨罗附山园[5]、湘潭堆子岭[6]、临湘托坝[7]、岳阳道人矶[8]、醴陵黄土坝[9]等遗址，资水流域（包括洞庭湖南岸）先后调查或发掘了益阳石湖[10]、新兴[11]、泽群（关山）[12]、蔡家园[13]、黄家坝[14]、玉竹坨[15]、丝茅岭[16]、石嘴头[17]、石城山[18]、麻绒塘[19]、汉寿马栏咀[20]等遗址。通过这些遗址的发掘与研究，本区域新石器时代文化发展演变的基本雏形开始浮出水面[21]。

不过，学术界对相当于大溪文化时期的磨山、附山园、堆子岭、蔡家园等重要遗址的文化属性分歧较大，先后提出过"磨山类型"[22]、"附山园中期文化"[23]、"蔡家园文化"[24]、"堆子岭文化"[25]等多种文化类型。诸多文化类型的提出，说明研究者对本区域该时期文化遗存的基本特征还难以把握，或因材料还不够充分，因此必须加强该区域考古发掘与研究力度。与此同时，青山遗址自发现以来，一直面临着自然和人为的严重破坏，而且有逐年加剧的趋势，因此，必须进行抢救性发掘。青山遗址的发掘，就是在这样的背景下开展的。

---

① 长沙市文物工作队：《长沙县新石器时代遗址普查简报》，《湖南考古辑刊》第5集，求索增刊，1989年。

② 长沙市文物工作队：《长沙县新石器时代遗址普查简报》，《湖南考古辑刊》第5集，求索增刊，1989年。

③ 长沙市博物馆：《长沙南托大塘遗址发掘报告》，《湖南考古辑刊》第8集，岳麓书社，2009年。

④ 湖南省文物考古研究所等：《株洲县磨山新石器时代遗址试掘报告》，《湖南考古辑刊》第6集，求索增刊，1994年。

⑤ 岳阳市文物考古研究所：《汨罗市附山园新石器遗址第一次发掘简报》，《巴陵古文化探索》，华夏出版社，2003年。

⑥ 湖南省文物考古研究所：《湖南湘潭县堆子岭新石器时代遗址》，《考古》2000年第1期。

⑦ 湖南省文物考古研究所等：《临湘托坝遗址试掘报告》，《湖南考古辑刊》第8集，岳麓书社，2009年。

⑧ 岳阳道人矶遗址，湖南省文物考古研究所1999年发掘资料。

⑨ 醴陵黄土坝遗址，湖南省文物考古研究所2004年发掘资料。

⑩ 盛定国：《益阳县石湖、新兴古遗址的调查试掘》，《湖南考古辑刊》第3集，岳麓书社，1986年。

⑪ 盛定国：《益阳县石湖、新兴古遗址的调查试掘》，《湖南考古辑刊》第3集，岳麓书社，1986年。

⑫ 益阳地区博物馆等：《益阳泽群遗址调查》，《江汉考古》1991年第4期。

⑬ 潘茂辉：《益阳新石器时代遗址考古发现与初步研究》，《湖南考古辑刊》第7集，求索增刊，1999年。

⑭ 潘茂辉：《益阳新石器时代遗址考古发现与初步研究》，《湖南考古辑刊》第7集，求索增刊，1999年。

⑮ 潘茂辉：《益阳新石器时代遗址考古发现与初步研究》，《湖南考古辑刊》第7集，求索增刊，1999年。

⑯ 潘茂辉：《益阳新石器时代遗址考古发现与初步研究》，《湖南考古辑刊》第7集，求索增刊，1999年。

⑰ 潘茂辉：《益阳新石器时代遗址考古发现与初步研究》，《湖南考古辑刊》第7集，求索增刊，1999年。

⑱ 潘茂辉：《益阳新石器时代遗址考古发现与初步研究》，《湖南考古辑刊》第7集，求索增刊，1999年。

⑲ 益阳市文物管理处：《益阳市李昌港麻绒塘新石器时代遗址调查报告》，《湖南考古2002年》（下），岳麓书社，2004年。

⑳ 湖南省文物考古研究所等：《湖南汉寿马栏咀遗址新石器时代遗存》，《湖南考古辑刊》第9集，岳麓书社，2011年。

㉑ 尹检顺：《湘江流域原始文化初论》，《南方文物》1999年第4期。

㉒ 李景业：《磨山类型初探》，《湖南考古辑刊》第6集，求索增刊，1994年。

㉓ 郭胜斌等：《附山园—黄家园遗址的考古发现与初步研究》，《长江中游史前文化暨第二届亚洲文明学术讨论会论文集》，岳麓书社，1996年。

㉔ 潘茂辉：《益阳新石器时代遗址考古发现与初步研究》，《湖南考古辑刊》第7集，求索增刊，1999年。

㉕ 湖南省文物考古研究所：《湖南湘潭县堆子岭新石器时代遗址》，《考古》2000年第1期。

二、遗址概述

青山遗址位于湘阴县西北部青山岛上，隶属于青潭乡。遗址东临湘江，西靠洞庭湖平原，扼守着东洞庭湖与南洞庭湖交通咽喉位置。遗址南距湘阴县城约20千米，北距东洞庭湖入长江口约70千米（图三；彩版一，1）。

青山岛设有上山、中山、下山3个自然村，青山遗址隶属于上山村。该岛是南洞庭湖东北

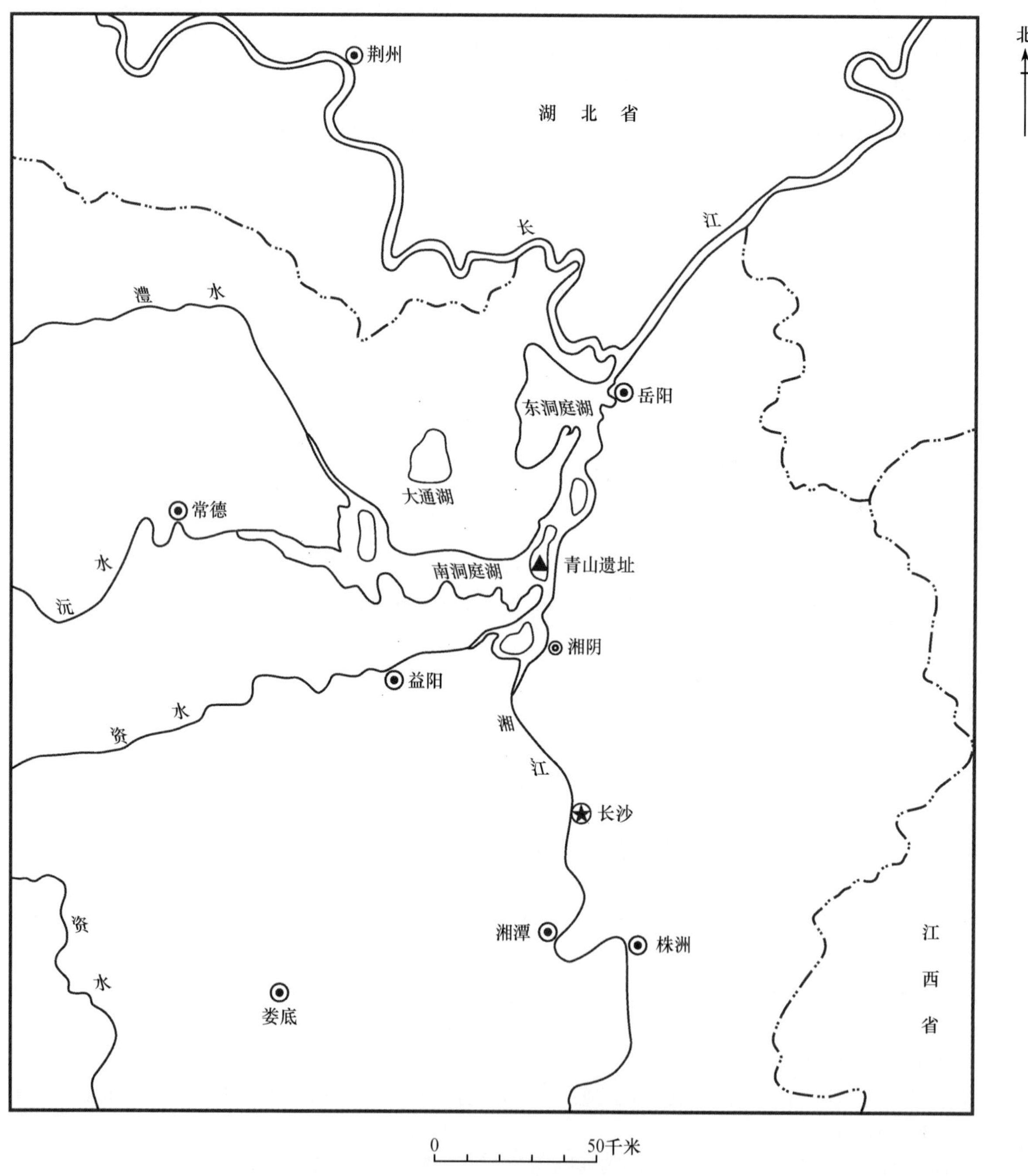

图三　青山遗址位置图

部一处自然孤岛，形状似一只巨大的龙虾，呈东北—西南向带状分布。除西部紧挨茶盘洲农场外，其他三面分别被荷叶湖、梅子湖和横岭湖环绕，东部与屈原农场隔江（湘江）相望（图四）。全岛陆地面积约11.2平方千米，最长约10千米，最宽（腹部）约3.5千米。岛内最高点海拔50.7米，最低点海拔不足25米，平均海拔38米。清乾隆年间（1736～1795），曾在其西南侧围垸垦殖，后渐废弃。居民以渔业为主，1972年正式筑堤后，方兼事农业。

查阅1986年第二次全国文物普查记录，青山岛上有多处新石器时代遗址。其中，有一处名为“木鱼包”的遗址，普查记录遗址面积为4万平方米，遗址性质为新石器时代大溪文化遗址。后经我们复查，“木鱼包”地点并不在我们现在发掘的位置，其他地点也找不到新石器时代文化遗存。因此，我们实际发掘的地点可能是一处新地点。考虑到该地点无具体地名，我们暂以“青山遗址”称之。

青山遗址位于青山岛东南隅。遗址中心地理坐标为北纬28º51′31.84″，东经112º50′47.24″，海拔约25米。遗址北面被一条突兀的水泥道路（由码头至岛内旅游线路）叠压，西部被一条围

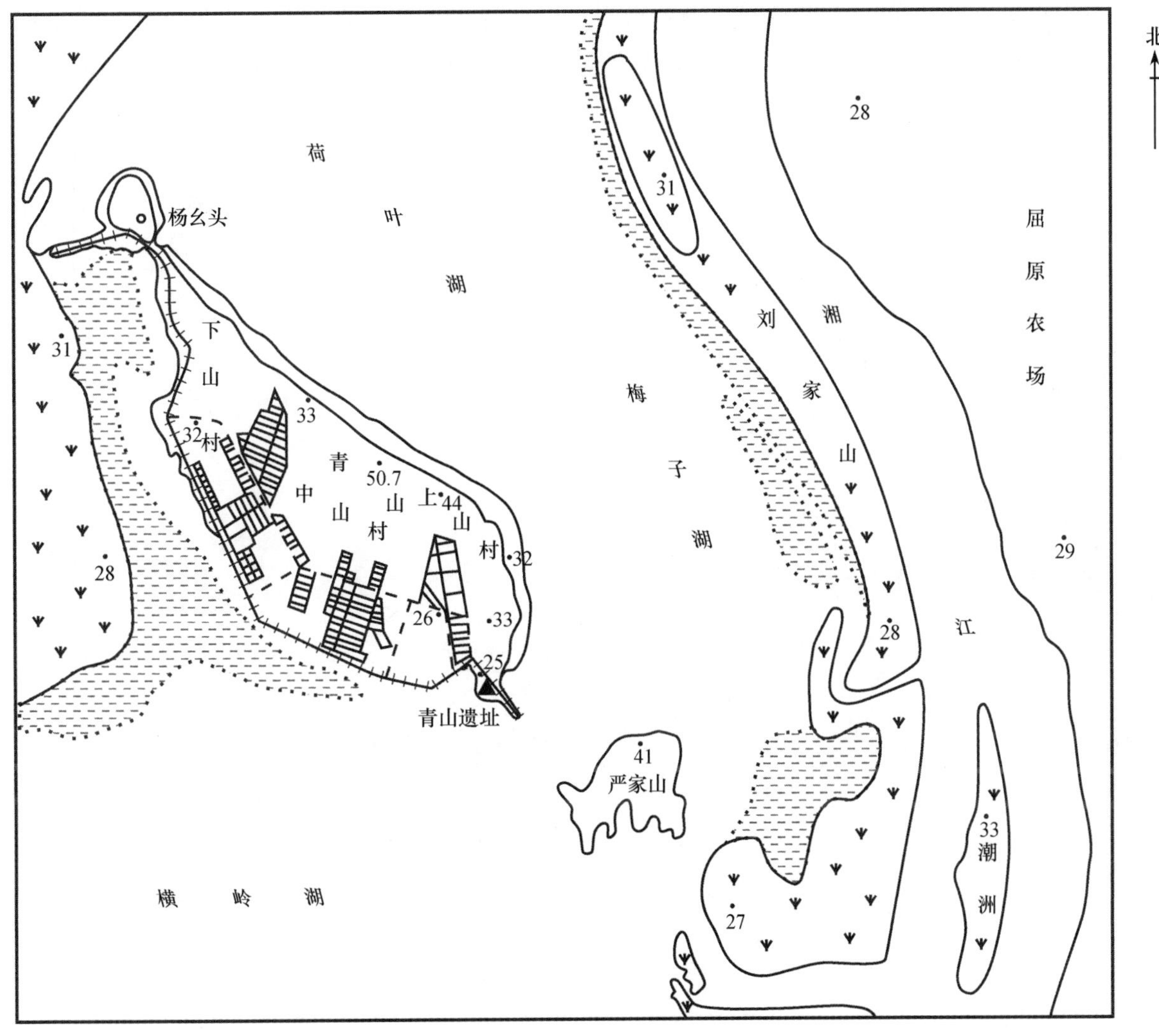

图四 青山遗址周边地形图

湖（内湖）堤岸分隔，东、南两面向湖面倾斜，整个遗址处在一个略呈扇形的小地理区域内。通常情况下，该遗址长期是被湖水淹没的（彩版一，2）。

根据钻探和发掘情况综合分析，青山遗址实际上是坐落在一处低矮岗地上，与现今地貌略有差异。遗址原生地貌略呈龟背形，四周低斜，中东部凸起，西北侧略低于东南侧。根据钻探，我们初步确认遗址范围（有文化层分布区域）略呈不规则长椭圆形。主要分布于近年栽植的杨树林区及荒废的湖洲内，道路北侧及杨树林以西至围湖堤岸已不见文化层，实际面积3万平方米左右。我们的发掘区选在遗址东侧边缘区域，正好是该岗地位置较高区域（图五）。

遗址保存下来的文化层堆积较为简单，但厚薄悬殊较大，可能与遗址的破坏程度有关。靠近道路的遗址北侧，地势较低，文化层堆积最厚，局部超过1.2米；遗址中部及东、西两侧文化层厚0.6米左右；遗址南部由于地势向南部湖面倾斜，并长年遭受湖水冲刷，保留下来的文化层相对较薄，文化层厚度不足0.5米。整个遗址文化堆积呈现出南部较薄，北部较厚的分布规律，厚度大约在0.5～1.2米区间波动。

由于遗址海拔极低，先后经受“围湖造田”、“退田还林”等一系列人为破坏，并长期面临湖水浸泡、冲刷等自然破坏，水土流失严重，保存状况令人担忧。尤其是早年在遗址北侧

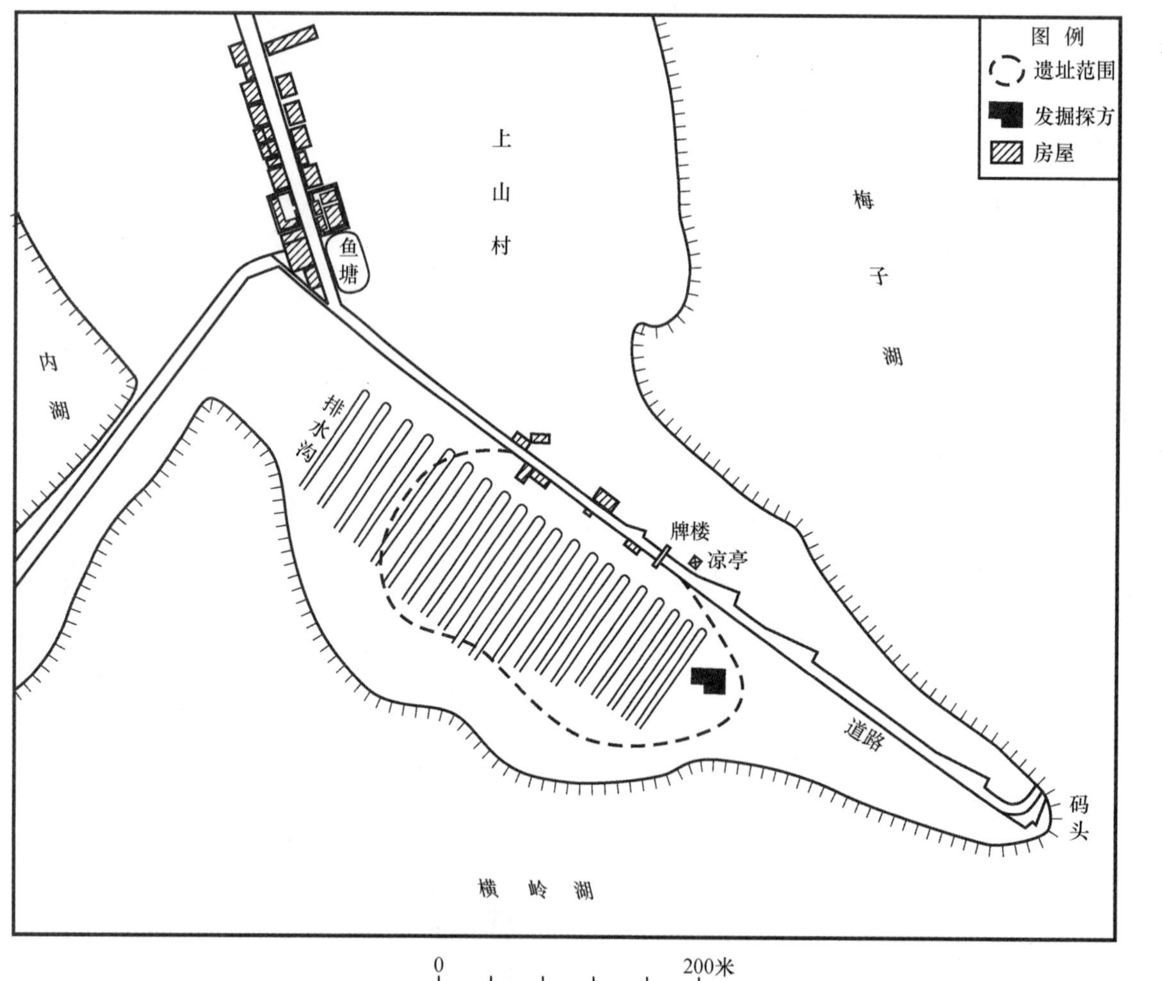

图五　青山遗址范围及探方位置图

修筑道路时，因大量取土对遗址造成了极大破坏。近年村民又在遗址范围内进行了大规模生产活动，栽植了大量耐水杨树，沟壑纵横，地表裸露着大量陶片和石器，遗址再次遭受惨重破坏（彩版二）。借此，经国家文物局批准，2008年冬，我们借枯水季节湖水较低时，对即将消失的青山遗址进行了较大规模的抢救性发掘。

第三节　工作概述

首先需说明的是，我们的发掘工作虽然是在冬季少雨时期进行，但遗址地下水位仍居高不下，探方渗水极为严重。因此，除发掘区南部地势较高的地方，其他区域的发掘基本上是在水中作业，清理起来极为困难。更甚的是，发掘期间因湖水猛涨，一夜之间探方被淹现象时有发生，这给我们的发掘工作确实带来了不少影响（彩版三，1）。

遗址发掘工作始于2008年10月10日，止于12月20日，历时72天。发掘分三个阶段进行，先后布方三批。共发掘探方16个，实际发掘面积356平方米。

第一阶段发掘探方4个，编号为T1～T4。该批探方除发现一批灰坑外，在发掘区西南部，还揭露出一大片疑似用黄土堆筑的土台，并在其上发现了2条沟槽。发掘区东北部（土台外侧），地势低洼，文化层较厚，包含物极为丰富（图六）。

根据第一批探方揭露的土台走势分析，为进一步了解土台范围及其遗迹分布情况，我们把第二批6个探方布设在紧挨第一批探方东南部，编号为T5～T10。结果不仅找到了土台边线，还新发现了大量灰坑。这批灰坑大小不一、形状各异，而且分布密集，有的还有打破关系。更为重要的是，还新发现了4条沟槽。它们正好构成一个略呈方形的区域，应是一处较大型的建筑遗迹（图七）。

考虑到第二批探方北部还有大量灰坑未揭露出来，而且土台北缘及其以北区域情况尚不明朗，有必要在其北部进一步扩大发掘。由此，我们又在第二批探方以北，紧挨第一批探方东部开挖了6个探方，编号为T11～T16。第三批探方虽然揭露遗迹较少，但却把土台北缘完整地揭露出来了，而且同第一批探方一样，在北侧低洼处发现了极为丰富的遗物。该批探方除发现灰坑外，还发现了1段栅围沟槽（G8）和1条灰沟（G7）。前者极窄，其内发现有密集的小柱洞；后者较宽，出土遗物极为丰富（图八）。第三批探方位于土台北部的低洼区域，地下渗水较甚，发掘工作极为艰难（彩版三，2）。

第三批探方发掘完后，我们还把探方之间的隔梁（发掘至东、北隔梁除外）全部清理完毕，从而形成一个“曲”字形发掘坑位。至此，发掘工作才全部结束（彩版四）。

本次发掘共发现房基沟槽6条、灰坑73个、灰沟及栅围各1条，并获得了大量实物资料，发掘基本达到了预期目的。从揭示出来的文化遗存综合分析，该遗址文化因素复杂，文化面貌独特，为重新认识洞庭湖东南岸地区相当于大溪文化时期的考古学文化，提供了重要材料①。

---

① 尹检顺等：《环洞庭湖低海拔湿地史前聚落——湖南湘阴青山遗址文化面貌独特、文化因素复杂》，《中国文物报》2009年4月24日第4版。

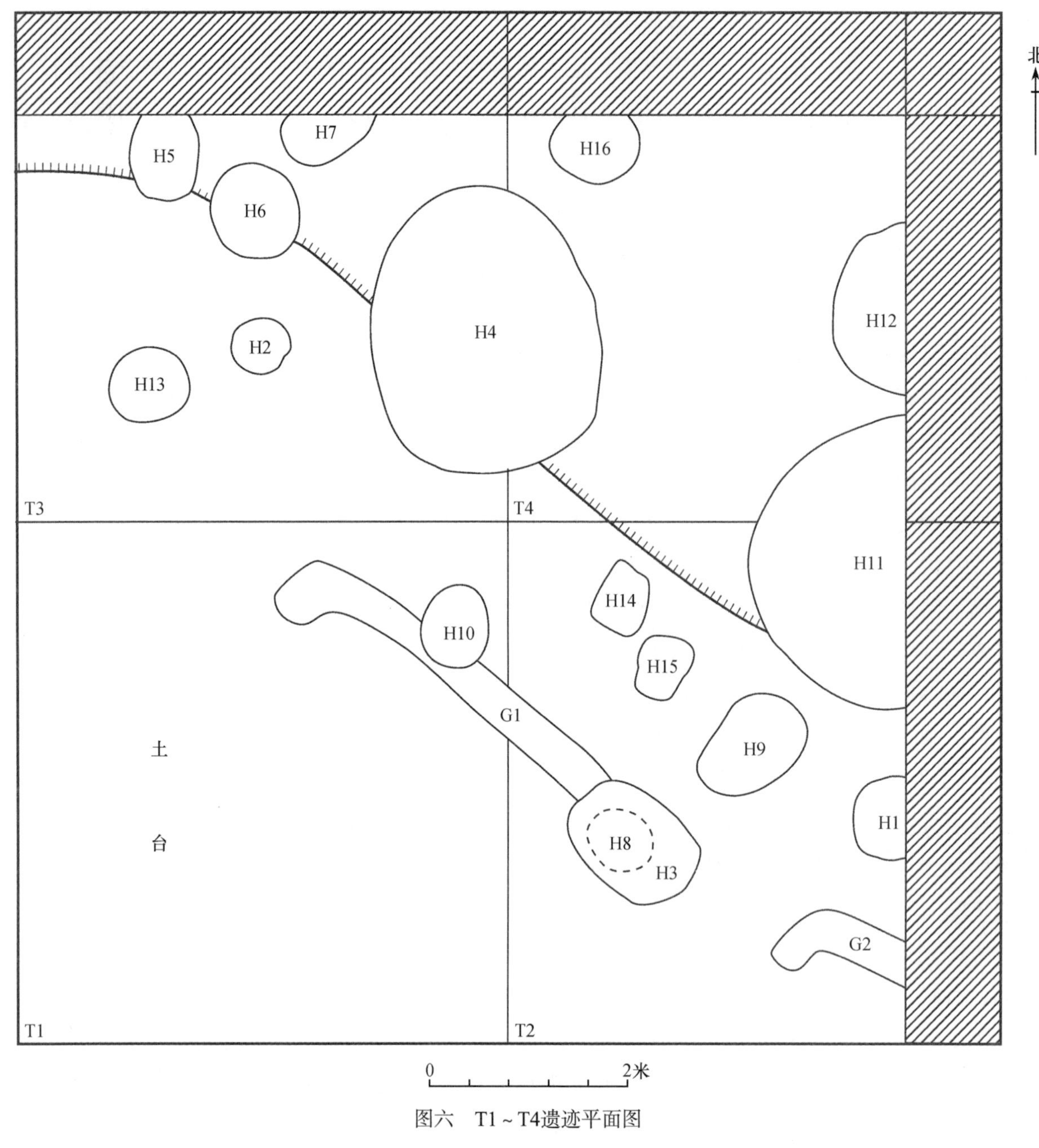

图六　T1～T4遗迹平面图

（图中斜线部分未发掘）

遗憾的是，探方发掘刚刚结束，湖区水位再次暴涨，原计划在遗址西部开挖几条探沟，以全面掌握遗址堆积状况及聚落形成的最早年代（怀疑有更早的堆积），这一愿望最终未能实现。

参加本次发掘人员有尹检顺（领队）、何赞、徐佳林、肖国光、喻岳兵、刘斌、汤彬、李晶等。本次发掘得到了岳阳市文物考古研究所、湘阴县文物旅游局的大力支持和帮助。

2009年上半年，由湘阴县文物旅游局提供临时整理场地，我们及时完成了遗物的清洗、拼对、修复等初步整理工作①。随后，由于笔者忙于野外发掘及其他工作，同时受技术人员及整理场地的限制，整理工作一度中断。2012年，本所铜官窑整理基地正式投入运营后，我们才有

① 尹检顺等：《湖南湘阴青山新石器时代遗址发掘》，《2009中国重要考古发现》，文物出版社，2010年。

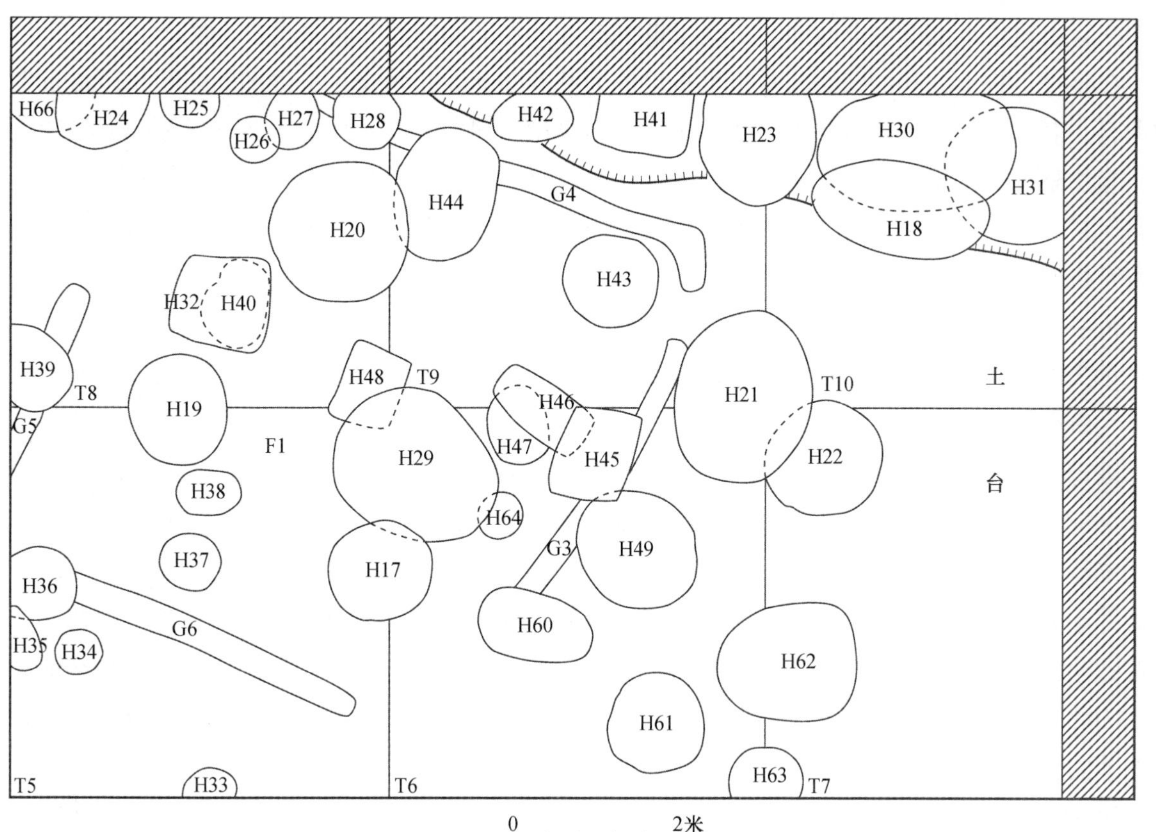

图七 T5～T10遗迹平面图

（图中斜线部分未发掘）

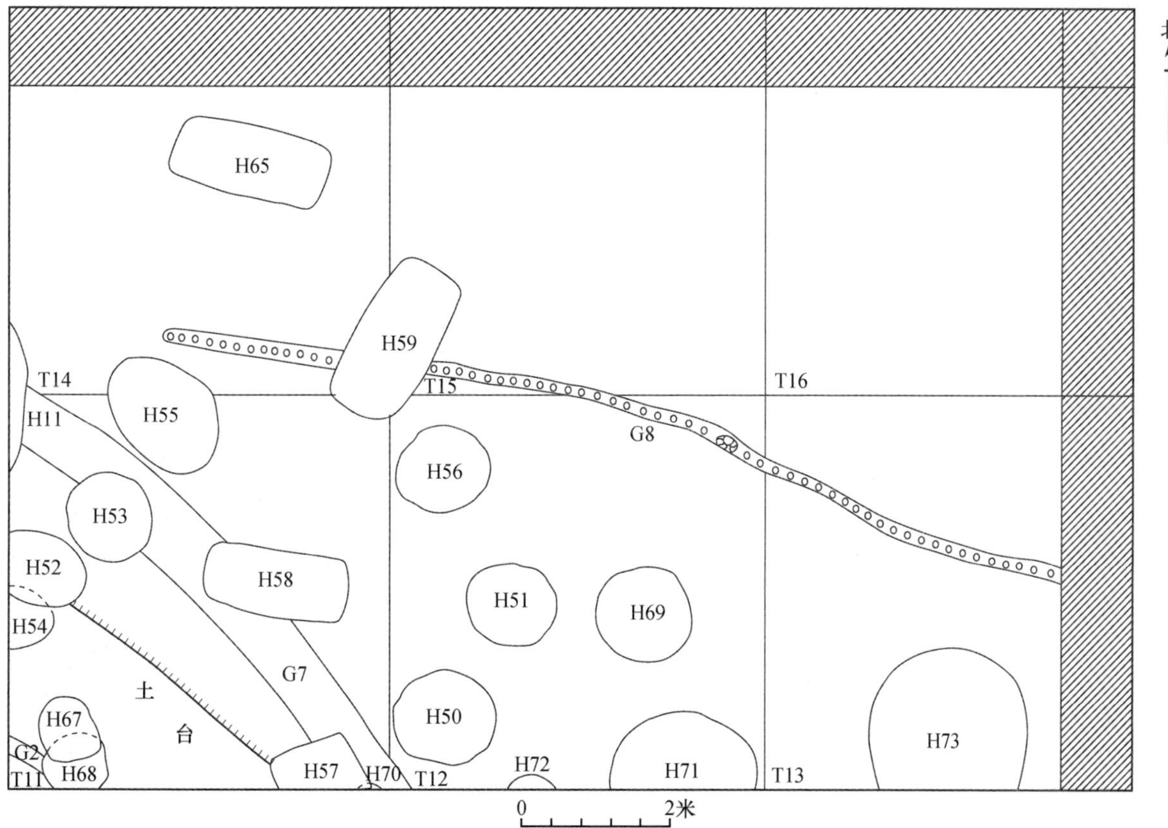

图八 T11～T16遗迹平面图

（图中斜线部分未发掘）

条件把青山遗址出土遗物全面铺开，进行集中整理，并于2013年年底完成全部整理工作。

在整理过程中，我们特别注重以堆积单位为基本单元，统筹文字、线图、拓片、照片及实物资料，对各单元逐一进行整理，并通过地层及类型学研究，基本厘清了各单元之间的早晚关系。参加整理的修复人员有向树青、汪华英、龚辉群、朱元妹、付林英、易万春等，绘图人员有谭何易、李静、朱俊明等，拓片由谭何易和向树青承担，杨盯负责器物拍摄。其他整理事宜均由尹检顺完成。

依照报告编写的一般体例，本报告共设四章：第一章为相关背景资料及基本情况的概述；第二章为地层和遗迹部分，第三章为遗物部分，二者均为发掘资料的客观介绍；第四章属综合分析、研究及讨论部分。

因青山遗址出土遗物绝大多数是生活用具（即陶器），石器、玉器等其他遗物较少。因此，第三章重点是陶器介绍。根据整理的初步认识，结合地层学及类型学分析，我们首先对陶器基本特征先作一些简要概述，然后再提出不同的型式划分标准。考虑到地层及遗迹单位出土陶器都十分丰富，我们把地层和遗迹出土遗物分开描述，并分别按单位如实发表实物资料，以保持各单位资料的完整性。陶器介绍完之后，再按传统报告编写方式，依次介绍石器及其他遗物。为此，我们在第三章安排了陶器特征及型式、地层出土陶器、遗迹出土陶器以及其他遗物等四节内容。

鉴于考古发掘报告的宗旨在于真实、客观、全面地报道发掘所获全部信息，为了让研究者获得更多的信息，同时兼顾查询及研读方便，我们调整了报告第三章的传统编写体例，力求以“单位”发表更多的资料。为此，本报告采用了大量标本，难免有重复冗赘之嫌，敬乞读者见谅。

第二章　地层与遗迹

第一节　地层堆积

青山遗址地层堆积比较简单。虽然发掘先后分三批探方进行，但地层是统一的。下面选取4个典型剖面为例介绍如下。

1. T3、T4、T14北壁剖面

第1层：表土。地表由东往西倾斜。土质疏散，含砂。厚10～15厘米[①]。有较多瓷片、瓦片及少量新石器时代遗物。

第2层：灰色淤积土。距地表10～15厘米[②]，厚34～116厘米。可分三个亚层。

第2A层：灰色土。土质疏松，含砂较多。距地表10～15厘米，厚13～25厘米。出土少量瓷片、砖瓦片及新石器时代遗物。

第2B层：灰白色细砂土。松软，局部含少量黄色粉砂，呈粉末状。该层只分布于发掘区东北部，本剖面T3西部无该层分布。距地表24～33厘米，厚0～44厘米。纯净，无包含物。

第2C层：青灰色土。土质细腻，含铁锰结核及黄褐色斑块，另有少量红烧土颗粒。距地表28～82厘米，厚15～46厘米。有少量陶片及瓷片。

第3层：褐色土。土质较松软，稍黏，含较多红烧土颗粒及少量炭末。距地表46～131厘米，厚15～34厘米。此层出土陶器包括鼎、釜、罐、缸、豆等。该层下遗迹有H16等[③]。

第4层：红褐色土，靠东部呈灰黑色。土质略硬，黏性较强，结构较致密，含较多红烧土颗粒及炭末。距地表72～143厘米，厚19～40厘米。此层出土陶器丰富，包括鼎、釜、罐、缸、甑、瓮、钵、盘、豆、碗、杯、器盖、鋬耳等。该层下遗迹有H5、H7等。

本剖面第4层下，南部为黄褐色土，结构致密，坚硬似经夯实，内含少量碎陶片及红烧土颗粒，为人工堆筑的土台。北部为黄色生土，含网状白斑，地势由西向东倾斜较甚（图九；彩版五，1）。

---

① 指该层在本剖面上最薄与最厚处数值。下同。

② 指该层表面在本剖面上距地表最浅与最深处数值。下同。

③ 仅指该剖面上看到的遗迹单位。下同。

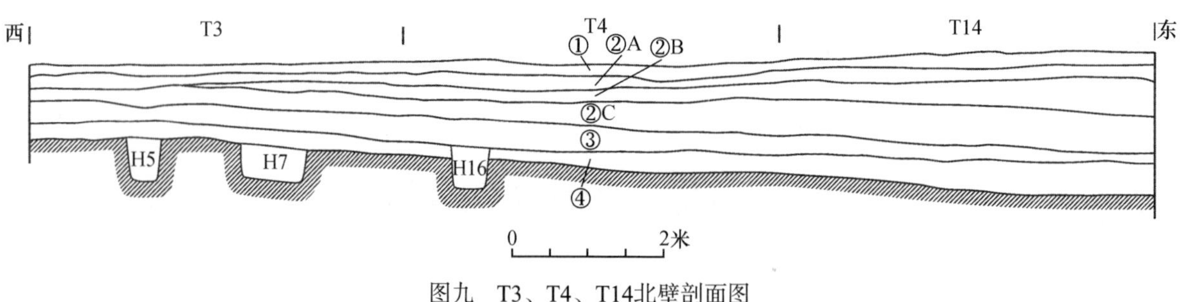

图九　T3、T4、T14北壁剖面图

2. T5、T8、T11西壁剖面

第1层：表土。地表由北往南倾斜较甚。土质疏散，含少量砂。厚10～15厘米。有少量瓷片、瓦片及新石器时代陶片。

第2层：灰色淤积土。距地表10～14厘米，厚0～48厘米。可分三个亚层，本剖面只见第2A和2C层。

第2A层：灰色土。土质疏松，含砂少。该层只分布于发掘区东北部，本剖面仅见于T11北部。距地表10～14厘米，厚0～16厘米。出土少量瓷片、瓦片及新石器时代遗物。

第2B层：灰白色细砂土。该层只分布于发掘区东北部，本剖面无。

第2C层：青灰色土。土质细腻，黏性较强，含少量铁锰结核、红烧土颗粒及黄褐色斑块。该层只分布于发掘区东北部，本剖面仅见于T11北部。距地表25～34厘米，厚0～42厘米。较纯净，仅见少量瓷片。

第3层：褐色土。土质较松软，稍黏，含少量红烧土颗粒及炭末。距地表17～61厘米，厚11～27厘米。此层出土陶器包括鼎、釜、罐、钵、盘、豆、杯、器盖等。该层下发现遗迹较多，本剖面可见H11、H35、H36、H39、H66等。

第4层：红褐色土，北段偏灰黑色。土质略硬，黏性较强，结构较致密，含较多红烧土颗粒及炭末。距地表26～74厘米，厚12～25厘米。此层出土陶器丰富，包括鼎、釜、罐、缸、甑、盆、钵、盘、豆、碗、杯、器盖等。该层下发现遗迹较多，本剖面可见H52、H54、G2、G5及土台等。

本剖面第4层下大部分直接叠压在人工堆筑的土台上。土台经解剖，厚0～30厘米（图一○）。

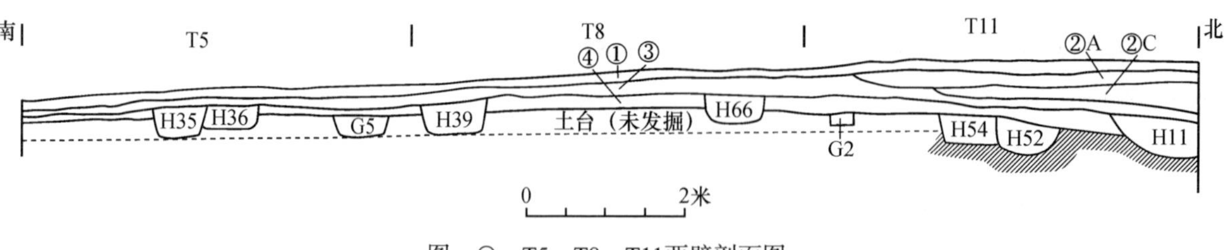

图一○　T5、T8、T11西壁剖面图

3. T8、T9、T10北壁剖面

第1层：表土。地表由东往西倾斜较甚。土质疏散，含少量砂。厚8～12厘米。有少量瓷片、瓦片及新石器时代陶片。

第2层：灰色淤积土。距地表8～12厘米，厚0～43厘米。可分三个亚层，本剖面只见第2A和2B层。

第2A层：灰色土。土质疏松，含砂少。该层只分布于发掘区东北部，本剖面T8西部无。距地表8～12厘米，厚0～17厘米。出土少量瓷片、瓦片及新石器时代遗物。

第2B层：灰白色细砂土。松软，局部含少量黄色粉砂，呈粉末状。该层只分布于发掘区东北部，本剖面仅分布于T9东部及T10。距地表22～25厘米，厚0～28厘米。纯净，无包含物。

第2C层：青灰色土。该层只分布于发掘区东北部，本剖面无。

第3层：褐色土。土质较松软，稍黏，含少量红烧土颗粒及炭末。距地表10～50厘米，厚12～34厘米。此层出土陶器包括鼎、罐、钵、盘、豆、杯、器盖等。该层下发现遗迹较多，本剖面可见H23、H24、H25、H27、H28、H30、H41、H42、H66等。

第4层：红褐色土，东段偏灰黑色。土质略硬，黏性较强，结构较致密，含较多红烧土颗粒及炭末。距地表37～88厘米，厚15～48厘米。此层出土陶器丰富，包括鼎、釜、罐、缸、钵、盘、豆、杯、器盖等。该层下发现遗迹本剖面只见G4及土台。

本剖面第4层下，东部为黄色生土，含网状白斑，地势由西往东倾斜。西部为人工堆筑的土台，未发掘，厚度不详（图一一）。

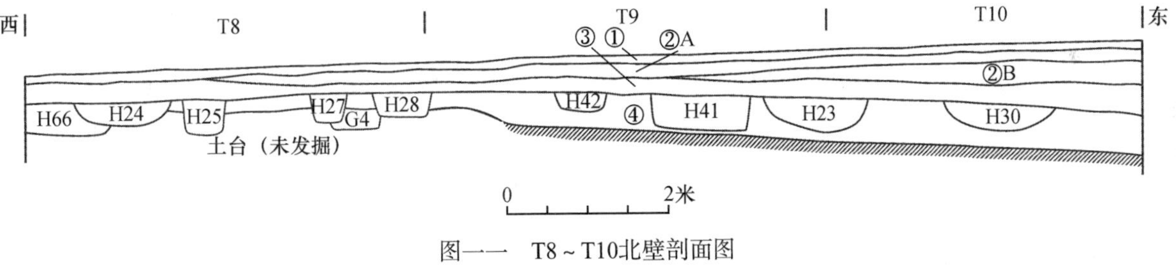

图一一　T8～T10北壁剖面图

4. T10、T13、T16东壁剖面

第1层：表土。地表由北往南倾斜较甚。土质疏散，含少量砂。厚10～14厘米。有少量瓷片、砖瓦片及新石器时代陶片。

第2层：灰色淤积土。距地表10～14厘米，厚28～187厘米。可分三个亚层。

第2A层：灰色土。土质疏松，含砂少。距地表10～14厘米，厚16～35厘米。出土少量瓷片、瓦片及新石器时代遗物。

第2B层：灰白色细砂土。松软，局部含少量黄色粉砂，呈粉末状。距地表26～53厘米，厚12～98厘米。纯净，无包含物。

第2C层：青灰色土。土质细腻，黏性较强，含少量铁锰结核及黄褐色斑块。该层只分布于发掘区东北部，本剖面仅见于T16北部。距地表106～154厘米，厚0～47厘米。纯净，无包含物。

第3层：褐色土。土质较松软，稍黏，含少量红烧土颗粒及炭末。距地表40～201厘米，厚11～42厘米。此层出土陶器包括鼎、罐、盘、豆、杯等。本剖面在该层下未发现遗迹。

第4层：红褐色土，北段低洼处颜色较深，略呈黑褐色。土质略硬，黏性较强，结构较致密，含较多红烧土颗粒及炭末。距地表105～212厘米，厚21～55厘米。此层出土陶器丰富，包括鼎、釜、罐、缸、甑、瓮、钵、盆、盘、豆、碗、器盖、器座等。该层下发现遗迹较多，本剖面可见H31、G8及土台等。

本剖面T10南部第4层下为人工堆筑的土台，经解剖，厚0～20厘米。其他部分第4层下即为黄色生土，含网状白斑，地势由南往北倾斜较甚（图一二；彩版五，2）。

值得注意的是，虽然16个探方地层是统一的，但局部地层土质土色还是有变化的，尤其是第4层颜色较为复杂。分布于南部台地之上的第4层，因地势较高，土质相对干燥，质地较硬，颜色呈红褐色；分布于西北部地势较低的第4层，却因潮湿而略显松软，颜色偏灰褐色；分布于东北部地势更为低洼的第4层，却因长年水浸，土质更为松软，加之大量有机物质的腐变，颜色更深，故多呈黑褐色或灰黑色。

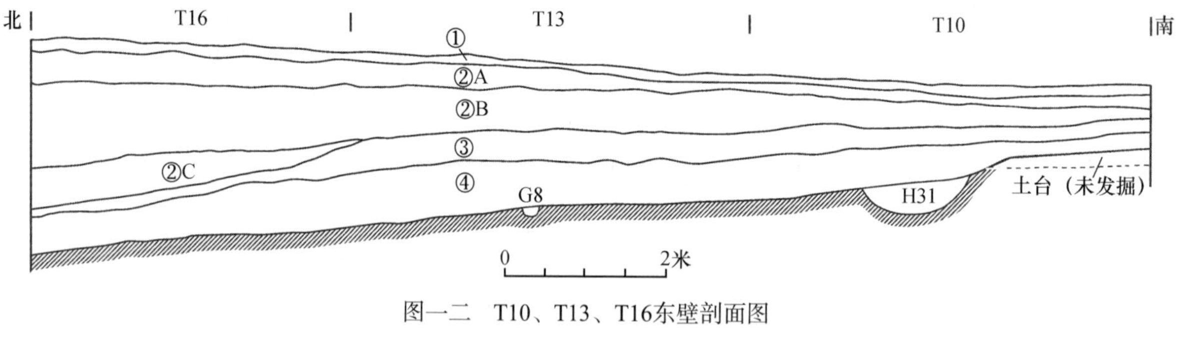

图一二　T10、T13、T16东壁剖面图

第二节　遗迹介绍

青山遗址目前发现的遗迹有房屋基槽、坑穴、灰沟、栅围及与建筑有关的土台等。房屋基槽及灰坑主要分布于发掘区南部土台之上，分布密集，有的还有打破关系。灰沟和栅围分布于发掘区东北部地势较低洼的区域。共清理房屋基槽6条（编号G1～G6）、坑穴遗迹73个（编号H1～H73）、灰沟1条（编号G7）、栅围1段（编号G8）（图一三；彩版六、彩版七）。

需说明的是，由于遗址破坏严重，遗迹确认较为困难，部分遗迹性质还有进一步分析的可能。下面分类逐一缕析如下。

一、建筑遗迹

目前发现与建筑有关的遗迹只有土台和房屋基槽，未发现柱洞、红烧土面、灶坑等常见的居住遗迹。

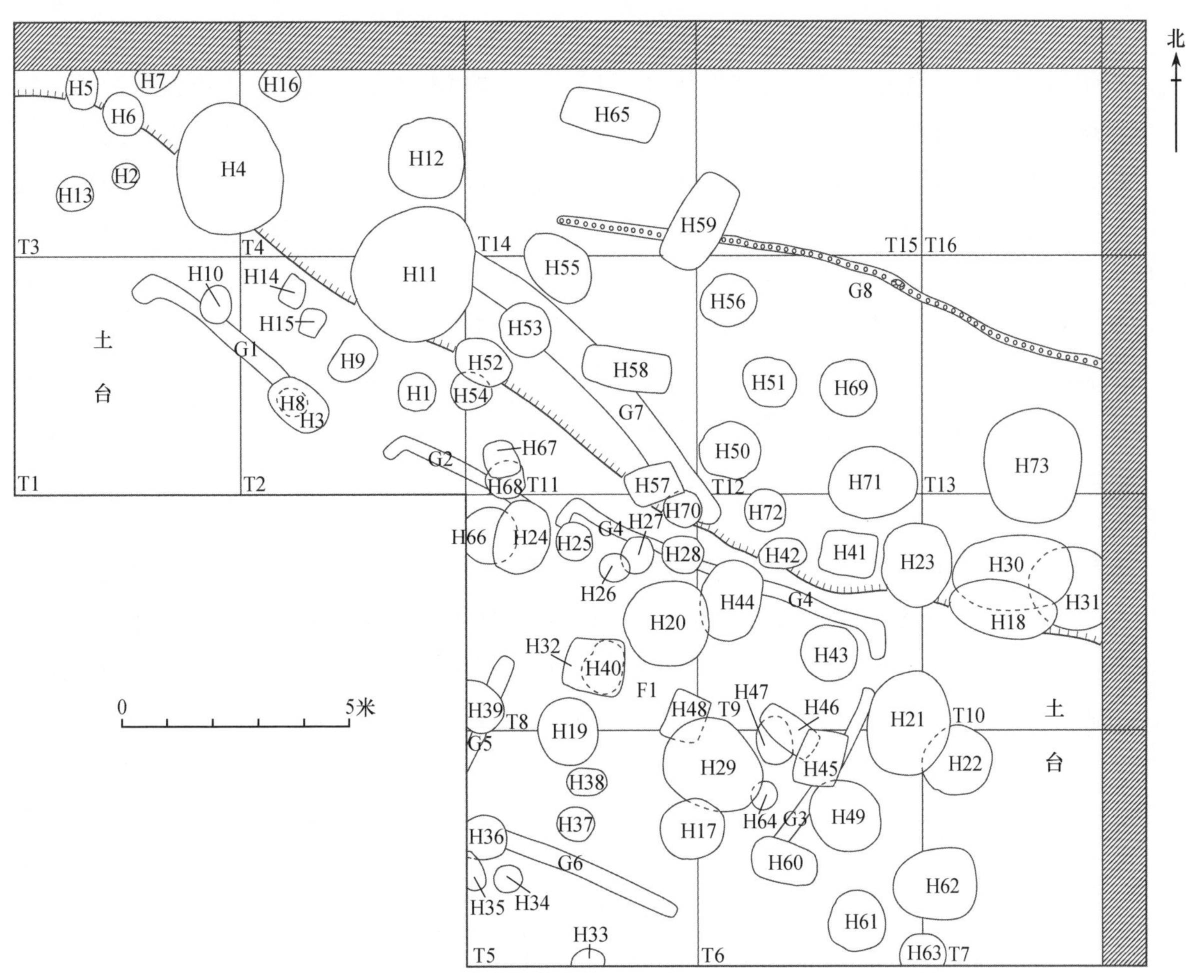

图一三　青山遗址遗迹分布总平面图

（图中斜线部分未发掘）

1. 土台

根据钻探得知，我们本次发掘区域实际是遗址原生地貌位置较高地段（前文已叙）。考虑到遗址海拔较低的客观情况，这一区域往往也是发现建筑遗迹的最佳位置，实际发掘情况也证实了我们此前勘探分析得出的结论。从356平方米的发掘区域整体观察，发掘区西南部地势较高，文化堆积较薄，文化层之下的"生土"似是而非，而东北部则地势低洼，文化堆积较厚，生土特征明确，原生地貌由西南向东北方向倾斜较甚，而且二者有明显分界。与此同时，在地势较高的西南部发现有6条沟槽，其中有4条正好构成一个方形区域，明显具有房子特征。综合分析上述现象，我们怀疑发掘区西南部文化层下的凸起部分（最初认为是"生土"的堆积）可能系人为堆筑的土台。为此，我们在发掘完毕之后又采取了补救措施，重点做了两方面工作。

其一，解剖"生土"。我们先紧贴T5和T8西壁挖一条小探沟，结果发现原来认定的"生土"与遗址其他区域的生土是不同的。该堆积颜色呈黄褐色，虽然接近黄色生土，但却夹杂有少量碎陶片及红烧土颗粒，并非纯净的生土，而且结构致密，较硬，具有人为堆筑特征。随后，我们又在T7和T10东壁做了同样的工作，结果与前者完全一样。由此，我们推测，该区域"生土"可能是人工堆筑的土台。

其二，确定范围。我们依据现已揭露出来的土台范围及其走势，在发掘区东、西、南三面进行了仔细勘探。往东，该土台在发掘区（T7）以东约3米左右即已消失，再往东，即进入与发掘区东北部一样的低洼区域。往西，在发掘区（T1）以西约5米左右，该土台也同样消失了，再往西也是地势较为低洼的区域。往南，因湖水冲刷，在发掘区（T5）以南不足8米即裸露出生土，估计该土台南缘也就在此范围，南北摆动也不会有太远的距离。这样，综合发掘及勘探情况，我们即可大致确认土台的形状与规模。该土台略呈不规则长椭圆形，长约35米，宽约17米，堆积厚0.2～0.3米，总面积约600平方米（图一四）。

假若上述推断与事实相符，这在本地新石器时代遗址中是十分罕见的。由此可以推想，土台上面发现如此众多的遗迹是有深层原因的。

2. 房屋基槽

共发现6条。基槽规模相若，但结构及填土有一定差别，而且深浅也略有不同（表一）。

G1　跨T1和T2两个探方。沟口开口于第4层下，打破土台，同时被H3和H10打破。沟槽呈西北—东南走向，西北端出现拐角，东南端被H3打破。弧壁，平底。残长3.7米，宽0.36米，深0.1～0.15米。沟内堆积呈黑褐色，结构细腻，较硬，含少量红烧土、砾石及碎陶片。由于该沟

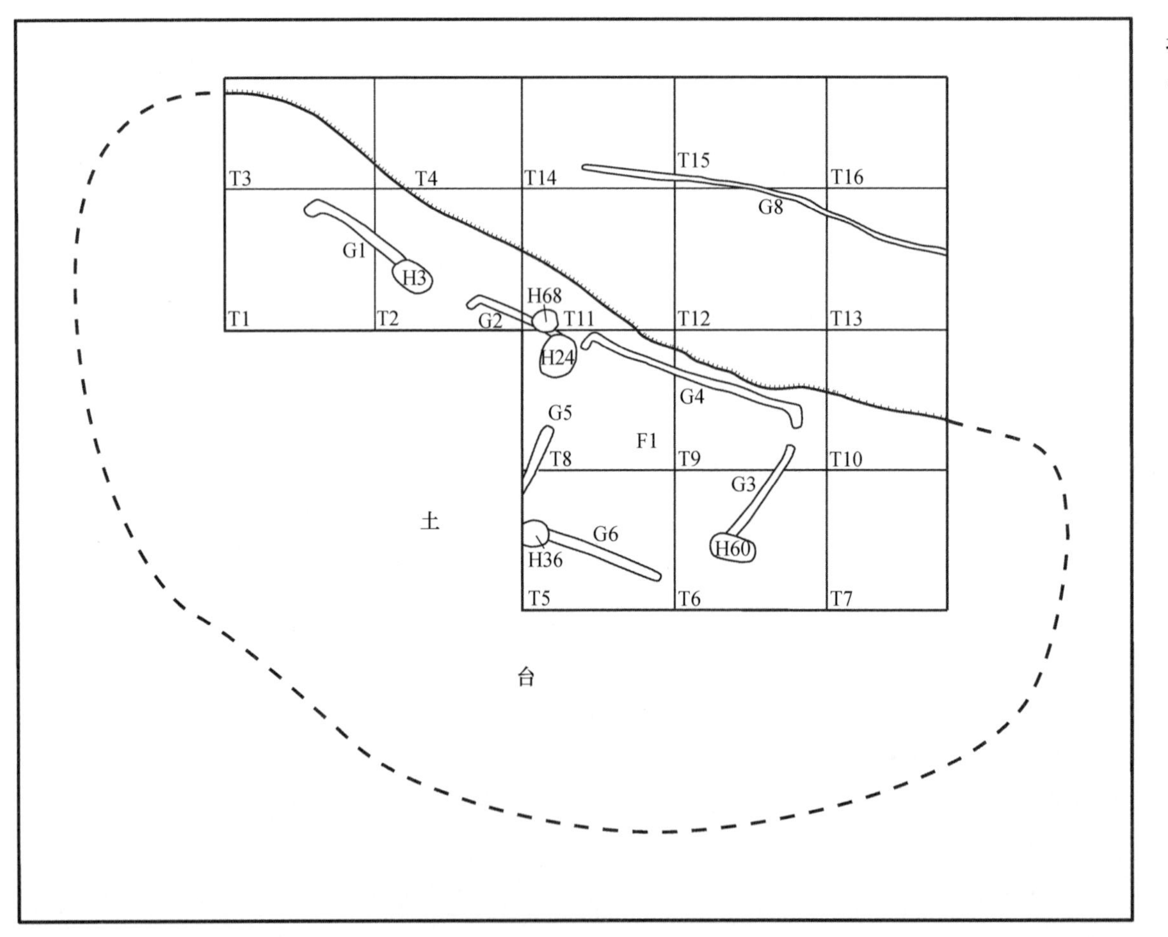

图一四　土台范围及相关遗迹分布平面图

较浅，与之组合的同一建筑其他基槽，估计已被破坏（图一四）。

G2　跨T2和T11两个探方。沟口开口于第4层下，打破土台，同时被H24和H68打破。沟槽略呈东西走向，与G1走势不太一致。西北端也出现拐角，东南端被H24打破。直壁，平底。残长3.05米，宽0.3米，深0.15～0.25米。沟内堆积呈灰褐色，结构细腻，较硬，含少量碎陶片及砾石。该建筑规模可能较小，与之组合的其他基槽，可能大部分在发掘区以外，估计也已被破坏（图一四）。

G3～G6　跨T5、T6、T8、T9四个探方。从其开口层位及平面分析，四条基槽应属同一建筑基址，发掘编号为F1。沟口开口于第4层下，打破土台。四条基槽结构一致，均为斜壁，平底，而且宽度及深度基本相近。另外，基槽内部堆积也十分相似，均呈深褐色，结构致密，坚硬，含较多红烧土颗粒及少量碎陶片和砾石。其中，东侧G3跨及T6和T9两方，被H21、H45、H49和H60打破，南端与G6之间尚有一段距离。北侧G4跨及T8和T9两方，被H25、H27、H28和H44打破。该基槽保存较好，长约7.2米，宽0.3米，深0.25～0.35米。西侧G5跨及T5和T8两方，被H39打破。北端与G4存有较大空间，南端延伸至探方以外。南侧G6位于T5中部，西端被H36打破。该建筑除北侧基槽封闭外，西北和东南各有一较大缺口，东北亦有一小缺口，西南因延伸至发掘区外，情况不明。这三处缺口是否过道或“门道”，还不能盖棺定论。根据该建筑基槽空间布局，可知F1东西长约7.2米，南北宽约6.7米，面积约50平方米，是一处规模较大的建筑（图一四）。

从G1、G2及G3～G6的空间位置分析，它们可能属成排分布的3处单体建筑。东部由G3～G6组合的F1面积最大，西部两处面积要明显小于F1。

表一　青山遗址房屋基槽登记表　（单位：厘米）

编号	长	宽	深	结构	填土	备注
G1	残370	36	10～15	弧壁，平底	黑褐色土，结构细腻，较硬	被H3、H10打破
G2	残305	30	15～25	直壁，平底	灰褐色土，结构细腻，较硬	被H24、H68打破
G3	残375	29	20～25	斜壁，平底	深褐色土，结构致密，坚硬	被H21、H45、H49、H60打破
G4	720	30	25～35	斜壁，平底	深褐色土，结构致密，坚硬	被H25、H27、H28、H44打破
G5	残250	35	30～40	斜壁，平底	深褐色土，结构致密，坚硬	被H39打破
G6	残395	36	35～45	斜壁，平底	深褐色土，结构致密，坚硬	被H36打破

二、坑穴遗迹

首先需说明一点，发掘临时编号共有77个“坑穴遗迹”，包括灰坑70个，窑穴3处，墓葬4座。通过整理发现，有些遗迹定性证据不足，需作调整。其中，灰坑中有4个形状极不规则，深度也不足10厘米，而且包含物都只有几块陶片。这4个“灰坑”实际上都是各自开口地层的一部分，故应取消。4座“墓葬”均未发现人骨，而且出土遗物过于破碎，除M1遗物较集中外，其他几墓出土遗物多在填土内，而且位置落差很大，因此，作为墓葬的可能性较小。另外，3处“窖穴”证据也不充分。为稳妥起见，本报告把这4座墓葬和3处窖穴，连同剩下的66个灰坑一起，统称为“坑穴遗迹”。

这批坑穴遗迹大小悬殊，形制各异，分布密集，有的还有打破关系，部分可能与灰坑性质有所不同。不管这批坑穴性质如何，但其结构都是由坑口、坑壁和坑底三部分组成，而且最能体现这批坑穴形制特征的首先还是坑口形状。因此，我们先据坑口平面形状，将该批坑穴分为近圆形、近椭圆形（含长椭圆形）、近方形、近长方形四类。其中，近圆形有30个，近椭圆形有29个，近方形有10个，近长方形有4个。再从壁、底形制考虑，该批坑穴又可分为弧壁、圜底和斜壁、平底两大类。其中，弧壁、圜底有29个，斜壁、平底有44个。为了兼顾坑口及壁、底特征，可将它们分为六类（详见附表）。

A类　12个。近圆形，弧壁，圜底。包括H17、H20、H22、H31、H43、H50、H53、H56、H61、H63、H66、H69。现举4例介绍如下。

H17　跨T5和T6两个探方。开口于第3层下，打破第4层、H29及土台。坑口平面近圆形，弧壁，圜底，壁、底无加工痕迹。坑口长径138厘米，短径132厘米，坑深28厘米。坑内堆积为灰黑色黏土，土质较致密，含灰烬、炭末、红烧土、砾石及少量骨渣等。出土遗物丰富，器类有陶鼎、陶罐、陶钵、陶盆、陶豆、陶盘、陶杯、陶器盖、陶玩、石锛、玉环等（图一五；彩版八，1）。

H20　位于T8东部，部分跨入T9西部。开口于第3层下，打破第4层、H44及土台。坑口平面略呈圆形，弧壁，圜底，壁、底无加工痕迹。坑口长径185厘米，短径180厘米，坑深35厘米。坑内堆积为灰褐色土，土质较疏松，含有较多红烧土、砾石等。出土遗物较多，器类有陶鼎、陶罐、陶盘、陶豆、石锛等（图一六）。

H66　位于T8西北部，局部延伸至探方以外。开口于第3层下，打破第4层及土台，同时被H24打破。坑口平面近圆形，斜壁，圜底较平坦，壁、底无加工痕迹。现已揭露坑口长径121厘米，短径110厘米，坑深41厘米。坑内堆积为黑褐色黏土，土质较致密，含较多红烧土块及少

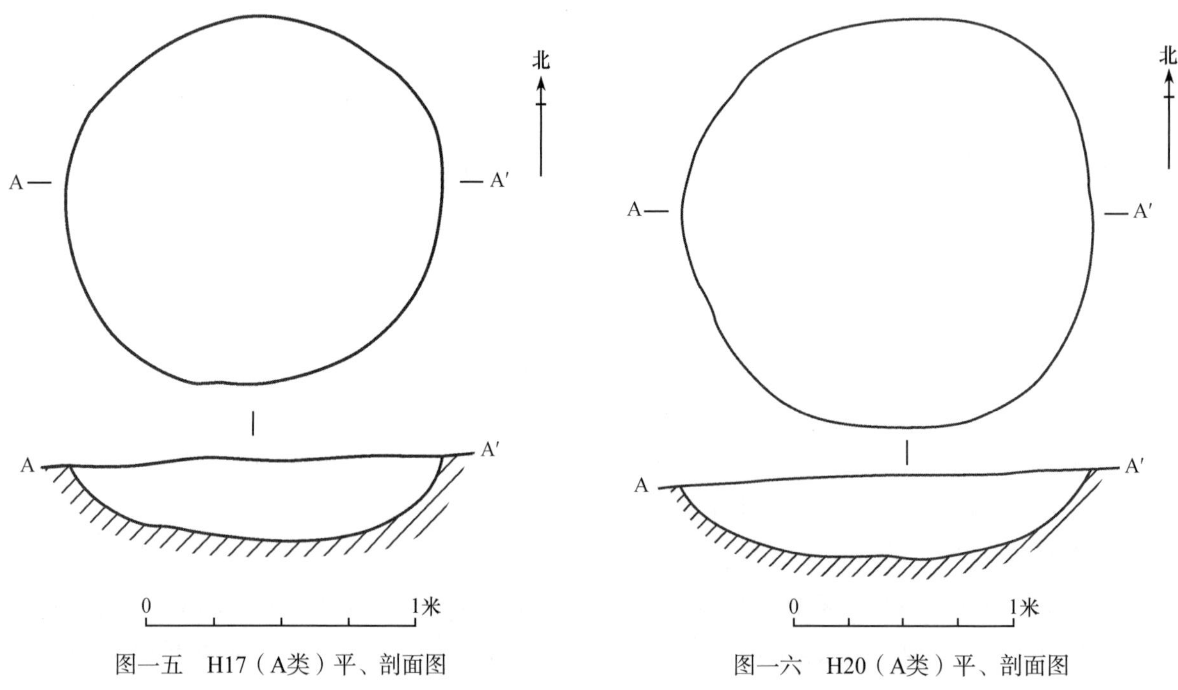

图一五　H17（A类）平、剖面图　　　图一六　H20（A类）平、剖面图

量砾石等。出土遗物不多，可辨器类有陶缸、陶豆等（图一七；彩版八，2）。

H69　位于T12中部。开口于第4层下，打破生土。坑口平面略呈圆形，弧壁不匀称，圜底，壁、底凹凸不平。坑口长径128厘米，短径124厘米，坑深32厘米。坑内堆积为灰黑色土，土质较细腻，含少量炭末、红烧土及砾石等。出土遗物较多，器类有陶鼎、陶釜、陶甑、陶盘、陶豆、陶碗、石杵等（图一八）。

B类　17个。近椭圆形（少数近长椭圆形），弧壁，圜底较平坦。包括H4、H11、H12、H18、H19、H21、H23、H24、H29、H30、H44、H49、H51、H55、H62、H71、H73。这类坑规模较大，而且一般都有较丰富的遗物。现举8例介绍如下。

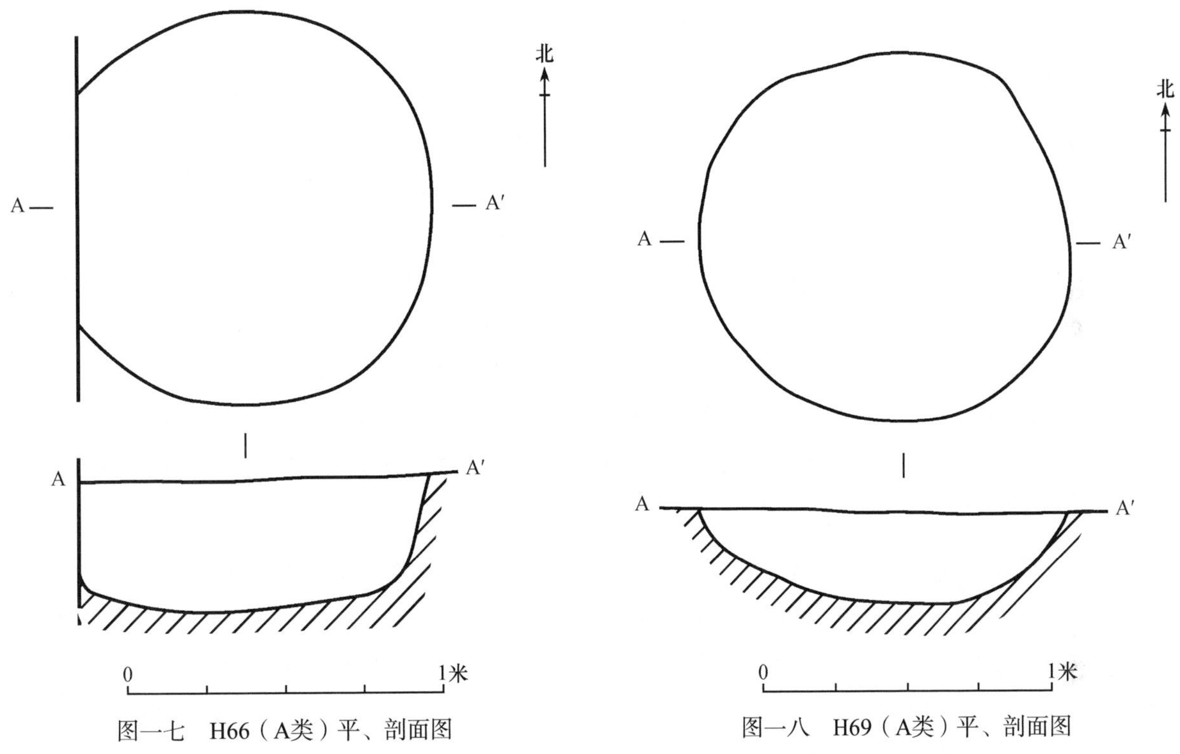

图一七　H66（A类）平、剖面图

图一八　H69（A类）平、剖面图

H4　跨T3和T4两个探方。开口于第3层下，打破第4层及土台。坑口平面近椭圆形，弧壁，北侧较斜，南侧较陡，圜底较平坦，壁、底无加工痕迹。坑口长径280厘米，短径230厘米，坑深55厘米。坑内堆积为灰黑色黏土，土质较细腻，湿软，含灰烬、红烧土块及少量砾石等。出土遗物较多，器类有陶鼎、陶豆、陶盘、陶纺轮、石锛等（图一九；彩版八，3）。

H18　位于T10中部。开口于第3层下，打破第4层、H30、H31及土台。坑口平面呈长椭圆形，孤壁较直，壁底转折明显，圜底较平坦，壁、底光滑，似有加工痕迹。该坑形制规整，整体近似船棺形墓葬。坑口长径235厘米，短径121厘米，坑深57厘米。坑内堆积为灰黑色土，土质较细腻，有少量红烧土颗粒、灰烬及骨渣。出土遗物丰富，器类有陶鼎、陶釜、陶罐、陶缸、陶甑、陶豆、陶碗、陶钵、陶鋬耳、陶器盖、陶丸等（图二〇；彩版八，4）。

H19　跨T5和T8两个探方。开口于第3层下，打破第4层及土台。坑口平面近椭圆形，弧壁，圜底较平坦。坑口长径144厘米，短径123厘米，坑深32厘米。坑内堆积为灰黑色黏土，土质较致

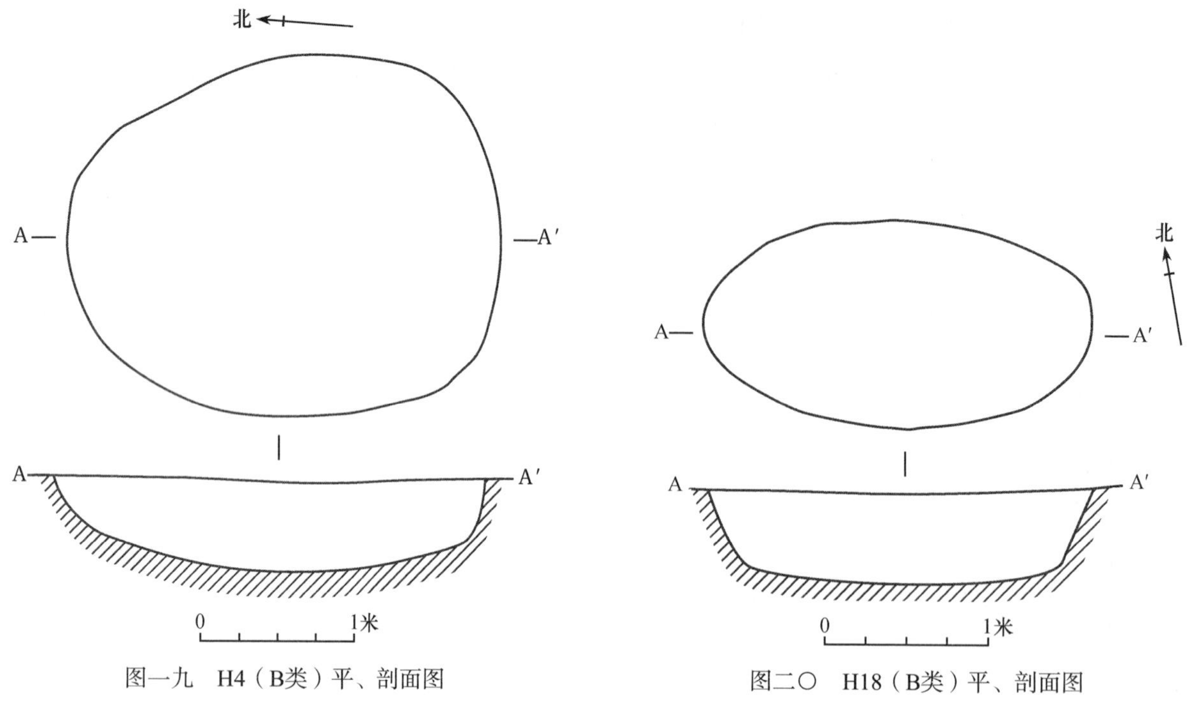

图一九　H4（B类）平、剖面图

图二〇　H18（B类）平、剖面图

密，有少量红烧土、灰烬及骨渣等。出土遗物较少，器类有陶鼎、陶盘等（彩版九，1）。

H21　跨T6、T7、T9、T10四个探方。开口于第3层下，打破第4层、H22、G3及土台。坑口平面近椭圆形，弧壁，圜底，底部凹凸不平。坑口长径221厘米，短径184厘米，坑深41厘米。坑内堆积为灰褐色黏土，土质较致密，夹有少量灰烬、红烧土颗粒等。出土遗物较多，器类有陶鼎、陶盘、陶豆、陶器盖、石斧、石凿、穿孔石器等（图二一；彩版九，2）。

H29　大部分位于T6西北部，并跨T5、T8和T9三个探方。开口于第3层下，打破第4层、H48、H64及土台，并被H17打破。坑口平面近椭圆形，弧壁，圜底，底部较光滑。坑口长径223厘米，短径186厘米，坑深45厘米。坑内堆积为褐色土，土质较松散，含较多红烧土块及少量砾石等。出土遗物较多，器类有陶鼎、陶罐、陶钵、陶盘、陶豆、陶纺轮等（图二二；彩版九，3）。

H30　位于T10北部。开口于第3层下，打破第4层及H31，同时被H18打破。坑口平面近长椭圆形，弧壁，圜底，壁、底光滑，似有加工痕迹。坑口长径264厘米，短径157厘米，坑深35厘米。坑内堆积为灰褐色黏土，土质较致密，含少量红烧土、骨渣等。出土遗物较为丰富，器类有陶鼎、陶釜、陶盘、陶豆、陶碗等（彩版九，4）。

H62　跨T6和T7两个探方。开口于第3层下，打破第4层及土台。坑口平面近椭圆形，弧壁，圜底较平坦。坑口长径187厘米，短径152厘米，坑深39厘米。坑内堆积为灰黑色黏土，土质较致密，含较多红烧土块及砾石等。出土遗物较多，器类有陶鼎、陶釜、陶盘、陶豆、陶饼、穿孔石器等（彩版一〇，1）。

H73　跨T10和T13两个探方。开口于第4层下，打破生土。坑口平面近椭圆形，弧壁，圜底。坑口长径240厘米，短径215厘米，坑深55厘米。坑内堆积为灰黑色黏土，土质较松软，有少量红烧土块、砾石等。出土遗物丰富，器类有陶鼎、陶釜、陶罐、陶缸、陶甑、陶钵、陶

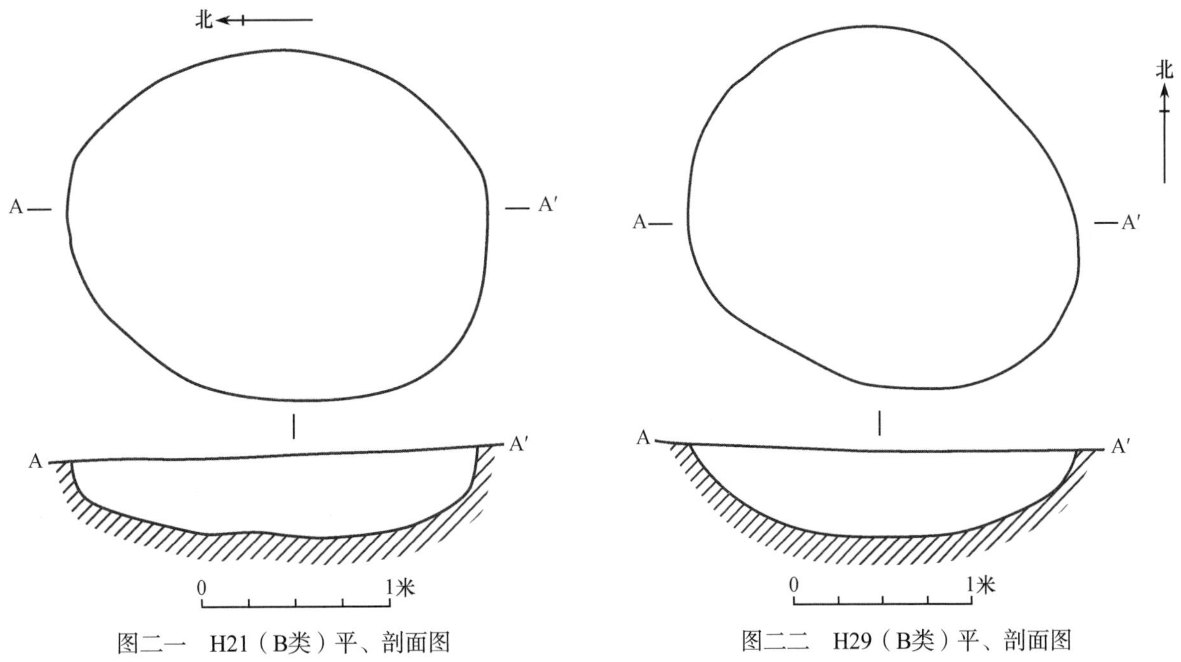

图二一　H21（B类）平、剖面图　　图二二　H29（B类）平、剖面图

盘、陶碗、陶豆、陶支座、陶饼、陶丸、陶拍、陶研磨器、石斧、石凿、砺石及鹿角等（彩版一〇，2）。

C类　18个。近圆形，多斜壁，少数壁较直，一般为平底。包括H1、H2、H6、H8、H13、H16、H25、H26、H28、H33、H34、H36、H37、H54、H64、H68、H70、H72。现举3例介绍如下。

H6　位于T3北部。开口于第3层下，打破第4层及土台。坑口平面近圆形，斜壁较直，平底，壁、底规整，似有加工痕迹。坑口长径96厘米，短径87厘米，坑深53厘米。坑内堆积为灰黑色黏土，土质较致密，含较多红烧土及少量砾石等。出土遗物不多，器类有鼎、罐、器座等（图二三）。

H28　位于T8东北部，东部延伸至T9。开口于第3层下，打破第4层、G4及土台。坑口平面近圆形，斜壁，平底，壁、底光滑，加工痕迹明显。坑口长径86厘米，短径81厘米，坑深29厘米。坑内堆积为灰黑色黏土，土质较致密，含较多红烧土及少量灰烬等。出土遗物只有少量碎陶片，器类已无法辨认（图二四）。

H37　位于T5中部。开口于第3层下，打破第4层及土台。坑口平面近圆形，斜壁较直，平底。坑口长径81厘米，短径76厘米，坑深41厘米。坑内堆积为褐色黏土，土质较致密，含少量红烧土及灰烬等。出土遗物极少，仅见无法辨认器类的碎陶片（彩版一〇，3）。

D类　12个。近椭圆形（多数近长椭圆形），少数为不规则椭圆形，斜壁，部分壁较直，平底。包括H5、H7、H9、H10、H27、H35、H38、H39、H40、H42、H47、H52。现举2例介绍如下。

H40　位于T8南部。坑口被H32完全打破，打破生土。坑口平面呈不规则长椭圆形，斜壁较直，平底，壁、底光滑，有明显加工痕迹。坑口长径114厘米，短径87厘米，残深40厘米。坑内堆积为褐色土，含红烧土、灰烬、炭末等。出土遗物均为碎陶片（图二五）。

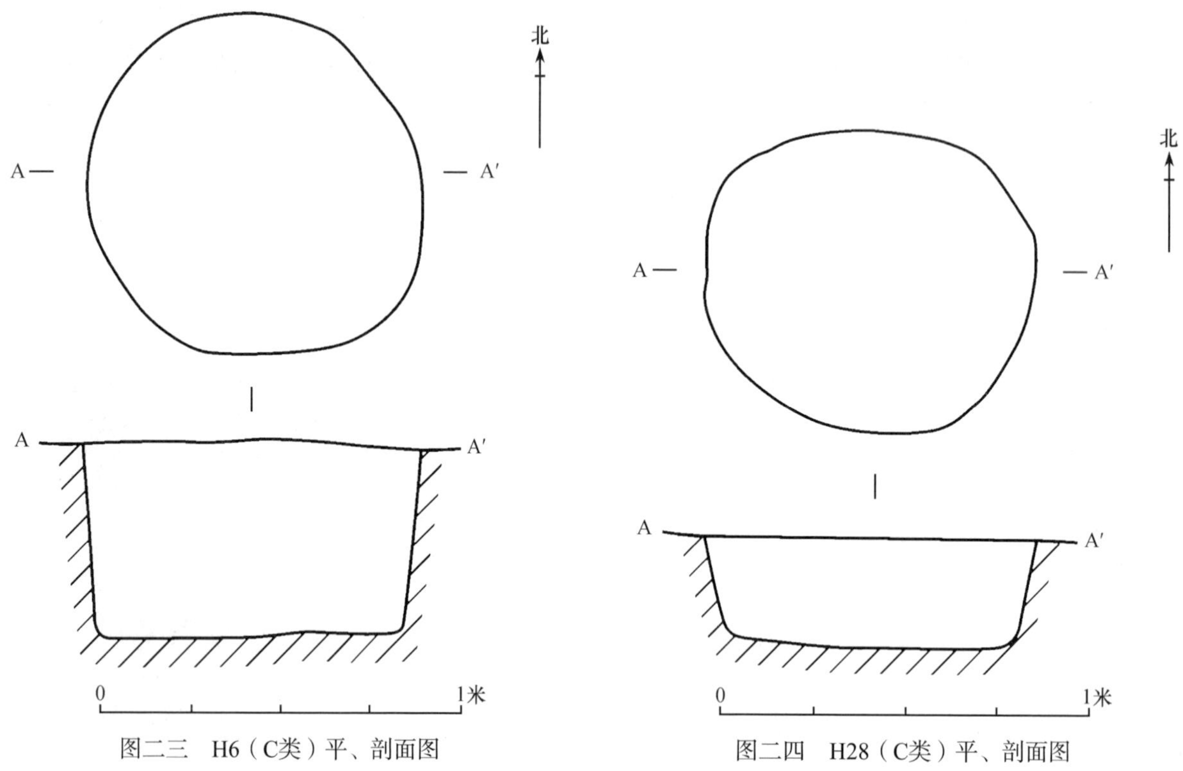

图二三　H6（C类）平、剖面图

图二四　H28（C类）平、剖面图

H52　大部分位于T11西部，局部跨及T2东部。开口于第4层下，打破H54及土台。坑口平面近长椭圆形，斜壁，平底，壁、底有加工痕迹。坑口长径125厘米，短径94厘米，坑深45厘米。坑内堆积为灰褐色土，土质较致密，有较多红烧土及少量灰烬等。出土遗物不多，器类有陶罐、陶甑、陶饼等（图二六）。

E类　10个。近方形（少数为圆角长方形），斜壁较直（个别近直壁），平底。包括H3、H14、H15、H32、H41、H45、H48、H57、H60、H67。现举4例介绍如下。

H3　位于T2西南部。开口于第3层下，打破第4层、H8、G1及土台。坑口平面略呈圆角长方形，斜壁，平底。坑口长148厘米，宽93厘米，深38厘米。坑内堆积呈黑褐色，土质松软，含少量炭末、红烧土及骨渣等。出土遗物集中分布于东南侧，器类有陶鼎、陶豆、陶盘等（图二七；彩版一〇，4）。

H32　位于T8南部。开口于第3层下，打破第4层、H40及土台。坑口平面近方形，斜壁较直，平底，壁、底有加工痕迹。坑口长径130厘米，短径125厘米，坑深48厘米。坑内堆积为黄褐色黏土，土质致密，较纯净。出土遗物仅见鼎足等少量陶片（图二八）。

H41　位于T9东北部。开口于第3层下，打破第4层。坑口平面近方形，斜壁较直，平底。坑口长径129厘米，短径96厘米，坑深43厘米。坑内堆积为灰黑色黏土，土质较致密，有少量红烧土及砾石。出土遗物仅见鼎足等少量陶片（彩版一一，1）。

H67　位于T11西南角。开口于第3层下，打破第4层、H68及土台。坑口平面近方形，斜壁较直，平底。坑口长径78厘米，短径73厘米，坑深42厘米。坑内堆积为褐色土，土质较杂，含较多红烧土及砾石等。出土遗物仅见少量陶片（彩版一一，2）。

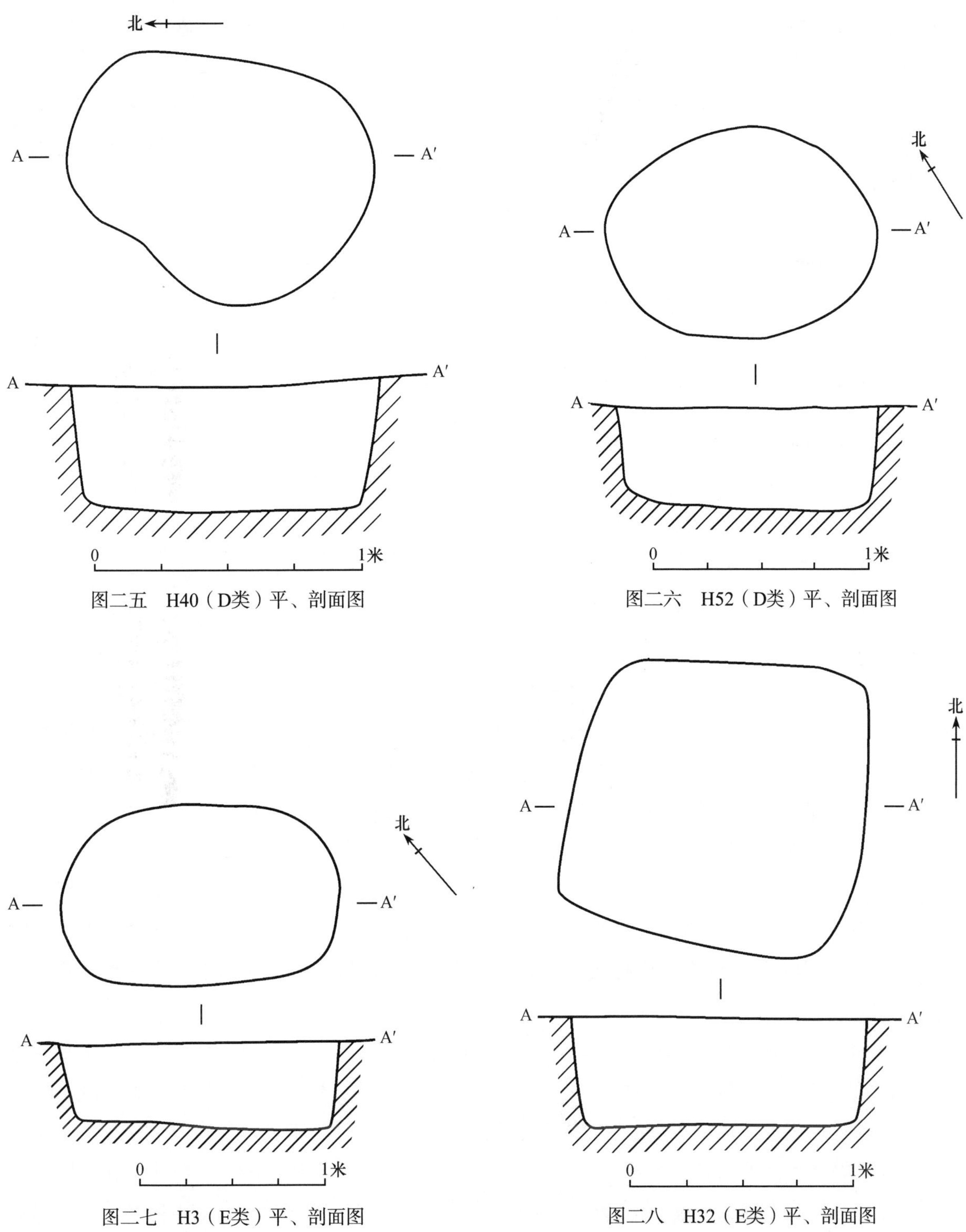

图二五　H40（D类）平、剖面图

图二六　H52（D类）平、剖面图

图二七　H3（E类）平、剖面图

图二八　H32（E类）平、剖面图

F类　4个。近长方形，斜壁较直（个别近直壁），平底。包括H46、H58、H59、H65。该类坑数量少，原编号为墓葬，现分别介绍如下。

H46　位于T6北部和T9南部，呈西北—东南走向。开口于第3层下，打破第4层、H47及土台，同时被H45打破。坑口平面近长方形，斜壁较直，平底，壁、底光滑，有加工痕迹。坑口长径135厘米，短径70厘米，坑深65厘米。坑内堆积为褐色黏土，土质较致密，坑底有薄层灰烬及少量红烧土块等。出土遗物仅见陶鼎等少量陶器（图二九）。

H58　位于T11中东部，略呈东西向。开口于第4层下，打破G7及生土。坑口平面略呈长方形，斜壁，平底，壁、底光滑，有加工痕迹。坑口长195厘米，宽86厘米，深53厘米。坑内堆积呈黑褐色，土质较软，有少量灰烬、红烧土颗粒及砾石等。出土遗物较少，器类有陶罐、陶缸等（图三〇）。

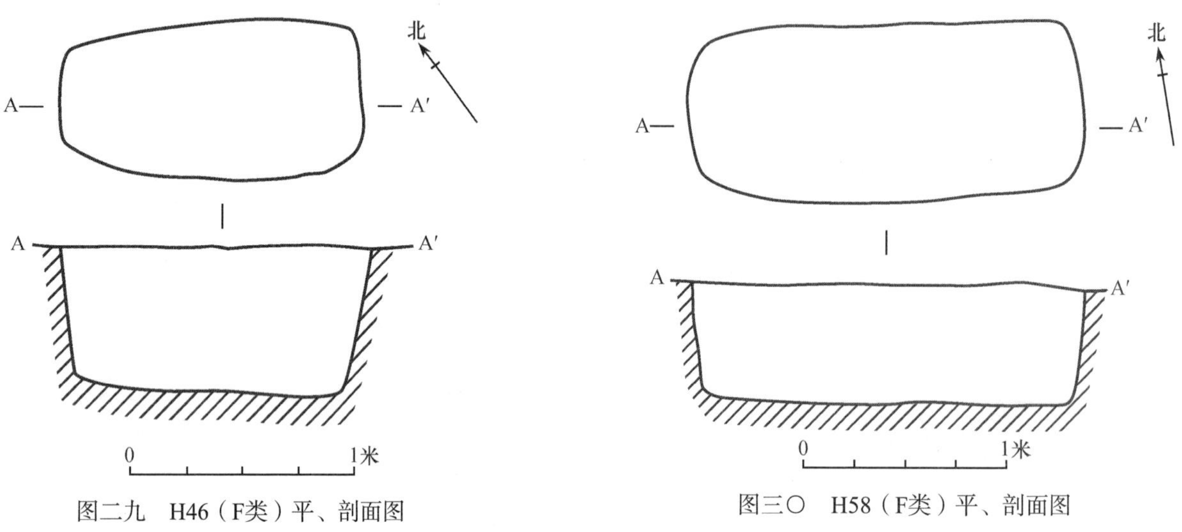

图二九　H46（F类）平、剖面图

图三〇　H58（F类）平、剖面图

H59　主体位于T14和T15，少部跨及T11和T12，呈西南—东北走向。开口于第4层下，打破G8及生土。坑口平面近长方形，斜壁较直，壁微曲，平底。坑口长215厘米，宽106厘米，深85厘米。坑内堆积呈黑褐色，土质湿软，有少量红烧土颗粒、炭末及骨渣等。出土遗物不多，器类有陶釜、陶盘、陶豆等（图三一；彩版一一，3）。

H65　位于T14东北部，略呈东西向。开口于第4层下，打破生土。坑口平面近长方形，较窄长，斜壁近直，平底。坑口长207厘米，宽90厘米，深64厘米。坑内堆积呈黑褐色土，土质较松软，含少量红烧土颗粒、炭末及砾石等，底部有薄层骨渣。出土遗物不多，器类有陶盘、陶豆、陶器座等（图三二）。

上述六类坑穴遗迹，A、B类规模较大，多为弧壁、圜底的浅坑，包含物丰富，应是常规意义上的灰坑。C、D、E类绝大多数规模较小，坑较深，一般为斜壁（少数近直壁），平底，有的还有加工痕迹，出土遗物不多，但有较多炭末、灰烬、红烧土等，有的还伴有骨渣，显然不是一般意义上的灰坑，极有可能与食物储藏或祭祀行为有关。F类坑穴规模较大，坑深均在50厘米以上，而且壁、底也有加工痕迹，出土遗物不多，也非一般意义上的灰坑，有的可能与饮用水储藏有关。这样，青山遗址目前发现的73个坑穴遗迹中，实际上可分为两大类。一类为常规性灰坑，包括A、B两类，共29个；另一类为非常规性灰坑，包括C、D、E、F四类，共44个。我们推测，非常规性灰坑可能与储藏或祭祀行为有关，即与窖穴、水井、祭坑等遗迹类似。

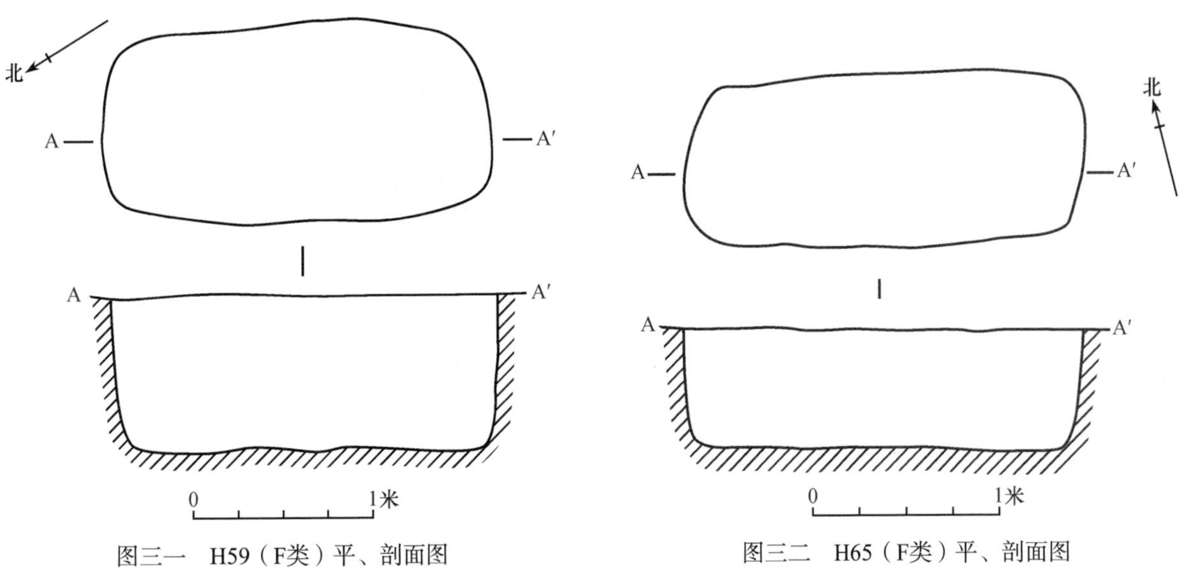

图三一　H59（F类）平、剖面图　　图三二　H65（F类）平、剖面图

三、灰沟与栅围

本次发掘发现灰沟1条，栅围沟槽1段，分别编号为G7和G8。

G7　该沟分布于土台北侧的斜坡上，距土台较近，跨T9、T11等探方，呈西北—东南走向。沟口开口于第4层下，打破生土，同时被H11、H53、H57、H58、H70打破。该沟较浅，弧壁，圜底。沟西北端被H11打破，残长约7.7米，宽约0.85米，深0.2～0.25米。沟内堆积呈黑褐色，较松软，包含物较杂，含较多红烧土颗粒、炭末、陶片及砾石等。出土遗物丰富，器类有陶鼎、陶缸、陶盘、陶豆、陶钵、石锤、穿孔石器等（参见图一三）。

G8　该沟分布于土台东北部较低洼的斜坡上，距土台4～5米。跨T12、T13、T14、T15四个探方，T13以东部分延伸至发掘区以外，未完全揭露。该沟呈西北—东南走向，并微向北外弧，略呈弧形环绕状。沟口开口于第4层下，打破生土，同时被H59打破。沟较浅，弧壁，圜底。现已揭露长约13米，宽0.15～0.2米，深0.1～0.15米。沟内堆积呈灰黑色，松软，包含物较杂，含红烧土颗粒、碎陶片及砾石等。沟底分布密集小洞，部分洞内还残有木桩朽腐痕迹。根据该沟与土台的位置以及沟内密集柱桩痕迹分析，我们推测该沟可能是土台外围某种栅围设施的基槽，类似于民居外围的栅栏或围墙（参见图一四；彩版一一，4）。

第三章 出土遗物

第一节 陶器特征及型式

一、陶器特征

陶器是青山遗址主要出土遗物。下面就其特征作一般性概述。

1. 陶系

陶质包括夹砂、泥质两大类。夹砂陶一般胎厚质重，含砂粒较粗，多为石英，胎芯多呈红褐色或灰褐色，主要用来制作鼎、釜、罐、缸、甑、瓮、盆等炊煮用器及部分杯、器盖等。泥质陶多数胎体较薄，胎质细腻，陶土一般经过筛选，胎芯多呈红色或灰色，少量白陶及薄胎黑陶胎芯与器表颜色一致，常见于钵、盘、豆、碗等饮食用器及部分杯、器盖。另外，还有少量胎芯呈灰黑色，胎骨羼和料中除砂粒外，还混有较多植物末，并有明显孔隙，其特征比较接近夹炭陶。但这类陶器因其含有不少砂粒，相比夹炭陶而言，其胎质要厚重许多，因此与夹炭陶又有一定区别。统计时，我们把这类既非夹炭又非夹砂类的陶器，单独称之为“夹砂羼炭陶”。这类陶器数量较少，常见于鼎、罐、瓮、盆、豆等器类。

为了使统计结果比较接近真实情况，我们在对陶片进行统计时，重点注意了两方面细节。一是数量众多的碎陶片（以最大径小于1厘米为标准）不作为统计对象，二是数量较多且为同一件器物的陶片不参与统计，以避免重复统计而影响结果真实性。经过上述技术处理后，我们挑选了10个陶片相对丰富的单位进行了认真统计，结果发现它们之间差别甚微，均以夹砂居首，泥质次之，夹砂羼炭最少。其中，5个地层单位出土陶器，夹砂陶占52.75%，泥质陶占42.05%，夹砂羼炭陶只占5.20%（表二）；5个遗迹单位出土陶器，夹砂陶占53.25%，泥质陶占41.94%，夹砂羼炭陶只占4.81%（表三）。综合这10个单位陶器统计数据，结果分别是夹砂陶占52.90%，泥质陶占42.03%，夹砂羼炭陶只占5.07%。

陶器表面颜色较杂，总体来说是以褐色和红色为主，大致可分为红、褐（包括红褐、灰褐、黑褐）、灰、黑、白5种主要颜色。

夹砂陶按外表颜色可细分为红、红褐、灰褐、黑褐4种。其中，夹砂红陶有部分器表施有红衣，部分夹砂红褐陶虽然外表有较多烟熏黑斑等使用痕迹，但若依其烧制最初颜色为准，仍

表二　青山遗址部分地层单位陶系统计表　（单位：片）

陶系／单位	夹砂				泥质				夹砂羼炭		合计
	红	红褐	灰褐	黑褐	红	灰	黑	白	红	褐	
T5③	52	165	35	25	141	27	23	31	16	11	526
T9④	125	404	91	75	361	70	56	77	43	27	1329
T11④	246	752	170	121	661	128	95	152	78	54	2457
T12④	290	935	211	144	767	156	123	172	87	61	2946
T16④	153	487	115	89	435	93	67	101	52	30	1622
合计	866	2743	622	454	2365	474	364	533	276	183	8880
百分比（%）	9.75	30.89	7.00	5.11	26.62	5.33	4.10	6.00	3.10	2.10	100
	52.75				42.05				5.20		

表三　青山遗址部分遗迹单位陶系统计表　（单位：片）

陶系／单位	夹砂				泥质				夹砂羼炭		合计
	红	红褐	灰褐	黑褐	红	灰	黑	白	红	褐	
H17	61	205	46	33	158	36	28	35	17	12	631
H29	55	173	42	29	147	31	25	36	18	10	566
H31	81	234	56	36	197	37	29	45	24	13	752
H73	178	565	124	90	469	97	84	112	58	35	1812
G6	56	197	53	23	163	39	35	38	15	9	628
合计	431	1374	321	211	1134	240	201	266	132	79	4389
百分比（%）	9.82	31.31	7.31	4.81	25.84	5.46	4.58	6.06	3.01	1.80	100
	53.25				41.94				4.81		

可归入红褐陶之列。另外，还有部分夹砂红陶和红褐陶器表颜色较浅并稍泛黄，我们一般也把之归入夹砂红陶或红褐陶系列。夹砂灰褐陶主体是以褐色为主，因其外表颜色脱落较甚，经常可见多处露出灰胎的现象。夹砂黑褐陶一般胎芯呈红褐色或灰褐色，器表涂抹一层黑色或酱黑色陶衣，它与黑陶是有本质区别的。不过，有些陶器外表并不是单一颜色。譬如陶鼎，其口、腹、底及三足颜色各异，遇有这种情况在统计时概以器身主体颜色（不依器物附件）为准归类。根据表二和表三的统计结果，5个地层单位出土陶器，夹砂红陶占9.75%，夹砂红褐陶占30.89%，夹砂灰褐陶占7.00%，夹砂黑褐陶占5.11%（表二）；5个遗迹单位出土陶器，夹砂红陶占9.82%，夹砂红褐陶占31.31%，夹砂灰褐陶占7.31%，夹砂黑褐陶占4.81%（表三）。综合表二和表三，这10个单位出土的各种颜色的夹砂陶，在本单位占比分别为红陶占9.77%，红褐陶占31.02%，灰褐陶占7.10%，黑褐陶占5.01%。由此基本可以推断，青山遗址出土的夹砂陶是以夹砂红褐陶为主，夹砂红陶和夹砂灰褐陶次之，夹砂黑褐陶最少。

泥质陶按外表颜色可细分为红、灰、黑、白4种。其中，红陶除红衣陶较鲜艳外，多数颜色较杂，而且深浅不一，有深红、浅红、灰红、红褐等不同颜色。灰陶多为灰胎或灰白胎，有深灰和浅灰之别。黑陶除少量薄胎黑陶外，还有部分胎体呈灰色或红色，但器表施有一层黑衣或黑皮。白陶有白陶、灰白陶及白衣陶之分，后者数量居多。需说明的是，泥质陶器表颜色与胎色一致的较少，多数是表面颜色较深而胎体颜色较浅。另外，由于泥质陶器表相对光滑，表色附着力不是很牢固，器物出土时，往往表层（尤其是陶衣）会印染在泥土中，导致器表颜色不够纯正，有的因大面积露胎甚至失去了真实颜色。因此，经常可见两种或两种以上不同颜色同时出现，从而形成器表不同颜色共处一器的现象。根据表二和表三的统计，5个地层单位出土陶器，泥质红陶占26.62%，泥质灰陶占5.33%，泥质黑陶占4.10%，泥质白陶占6.00%（表二）；5个遗迹单位出土陶器，泥质红陶占25.84%，泥质红褐陶占7.54%，泥质灰陶占5.46%，泥质黑陶占4.58%，泥质白陶占6.06%（表三）。综合表二和表三，这10个单位出土的泥质陶，在本单位占比分别为红陶占26.23%，灰陶占5.40%，黑陶占4.34%，白色陶占6.03%。由此，我们同样可以推断，青山遗址出土的泥质陶是以红陶为主，白色陶器次之，灰陶和黑陶相对较少。

夹砂羼炭陶所占比例较少，其基本色调仍以红色和褐色为主。根据表二和表三的统计，10个单位出土的夹砂羼炭陶中，红陶占3.06%，褐陶仅占1.95%。

若不考虑陶质因素，仅依器表颜色综合观察，在这10个单位共13269块陶片中，红陶约占39.06%，红褐陶占31.02%，褐陶（包括灰褐和黑褐）占14.06%，灰陶占5.40%，黑陶占4.34%，白色陶占6.03%。可见，青山遗址红陶和红褐陶是其主体，占比达七成，其次则为褐陶，灰、黑和白色陶器相对较少。

2. 器表装饰

器表装饰包括素面（含抛光）、涂衣、绘彩、饰纹等。青山遗址出土陶器，素面陶比例远低于洞庭湖同时期遗址，占25%左右。其中，有部分素面陶还经过打磨和抛光处理。涂衣陶比例约占10%，多数涂衣陶在涂衣之前也要经过抛光处理。涂衣陶绝大多数为泥质陶，胎芯一般为红色、灰红色或灰色，以钵、盘、碗、豆、器盖为多。另外，夹砂羼炭陶一般也涂有红衣，如釜、平底缸、瓮等。陶衣以红衣为多，部分施白衣，少数为黑衣。器表绘彩一般为泥质陶，比例不足5%。绘彩方式单一，常在浅红色器表上施深红彩或灰白彩，少数在白衣上施红彩。彩绘纹样简单，以条带或宽带为主，偶见弧线、水波等几何纹。

饰纹陶是青山遗址出土陶器一大特征。不仅比例高达60%以上，而且饰纹方法多样，纹饰种类丰富。从饰纹方法上观察，大致有刻划、戳印、拍印（含滚压）、按压、镂空、贴附等形式。其中，尤以刻划居多，戳印（少数周边轮廓兼有刻划技法）居其次，其他饰纹方法相对要少些。

纹饰种类上，刻划类纹饰主要有三类。第一类是单一几何纹，包括弦纹、短线纹（含斜线、竖线及横线）、叶脉纹、勾连纹、水波纹（少数呈连续指甲纹状）、折线纹、弧线纹、连珠纹（少数似绞索纹）、篾席纹、山字纹、垂帘纹、三角纹、网格纹等。第二类是由多种几何纹组合而成的，这类纹饰数量较多，纹饰也较为复杂。大致有四种：包括由短竖线、弧线纹构成的树形组合纹，由勾连纹、连珠纹、短竖线、折线或弧线等构成的带形组合纹，由短线及圆窝（孔）构成的盾形组合纹，由短斜线、短横线、弧线或折线构成的鱼形组合纹。前两种数量较多。另外还有菱形、垂帘形、十字形等多种几何组合纹。第三类是有特定的几何图案，这类纹饰数量较少。其形状有的类似于耙形，有的近似耜形，还有的接近“兽面”形图案。前二者一般由刻划或篦点短线纹及圆窝或圆点纹构成，后者多由短弧形附加堆纹或乳钉状泥突、刻划或篦点短线纹、圆窝或圆点纹及少量凹窝纹构成。几何组合纹和几何图案是青山遗址陶器纹饰一大特色，二者均可能采用了雕刻、修整等工艺，具有“浅浮雕”效果，因而整体特征比较接近“模印纹”。

戳印类纹饰主要有四类。第一类纹饰是由细密短线条构成的各式戳印几何纹，纹饰周边一般采用刻划手法进行修整，纹饰风格与“印纹”较为相似。纹饰种类常见短线纹、勾连纹、折线纹、长椭圆纹（少数近似长方格纹）、方格纹及几何组合纹等，后者少数与刻划类几何图案近似。第二类纹饰是由尖刃戳具戳印的小篦点构成的各式篦点几何纹，篦点形状有圆形、锥形、方形等。纹饰种类常见短线纹、横带纹、折线纹、勾连纹、水波纹、垂帘纹、叶脉纹等，以短线纹和勾连纹居多。第三类纹饰是用圆形戳具直接戳印形成的纹饰。纹饰种类有圆窝纹、圆点纹、圆圈纹等，圆窝纹所用工具应为圆柱状实心戳具，圆点纹中央留有凸起的小圆心，所用戳具可能带有小圆窝，圆圈纹所用戳具可能系空心竹类。第四类是由多种非圆形戳具直接戳印形成的纹饰。纹饰种类以凹窝纹和指甲纹居多，前者形状常见椭圆形或半圆形，少量菱形及三角形，后者以月牙形居多。由此可见，制作戳印类纹饰的戳具粗细有别，刃部形状也是丰富多样的。

拍印（滚压）类纹饰主要为绳纹（少数绳纹可能是用缠有绳索的圆木棍滚压而成）和橘皮纹。按压类纹饰以按窝为主，所用工具除手指外，较深的按窝可能要借助其他工具才能挤压出来，少数鼎足上的纵向凹槽也应是按压形成的。镂空类纹饰包括大小不一的圆形、方形、菱形等几何形镂孔。其中，圆形镂孔多数是用圆形工具直接戳穿器壁形成，饰纹技法类似于戳印纹，而方形及其他形状的镂孔可能采用了雕刻、修整等其他工艺。贴附类纹饰主要为附加堆纹，包括宽带形（有的中间还有凹槽）、弧线形、半圆形及乳钉状泥突等。这类纹饰应是通过手捏成形后，再贴附于器表的。

需说明的是，以上纹饰在名称上的表述，只是为了行文方便而采用的暂时称呼，它们与实际名称及其含意可能有一些出入。

由于多数器表纹饰并非一种，经常可见多种纹饰组合出现。为此，我们在进行纹饰统计时坚持两个标准：其一，有多种纹饰并存者，为避免重复统计，仅统计一种主要纹饰；其二，凡是具有几何组合纹或几何图案特征者，即归入“几何组合纹”或“几何图案”之列。不过，这种统计方法对于那些常以几何组合纹或几何图案形式出现的某些纹饰来说，可能就有较大偏差。譬如，弦纹、圆窝纹、镂孔等纹饰，有部分即归入了各式组合纹或几何图案内进行统计，导致其比例明显偏小。实际上，这些纹饰也是较为常见的。

为了使纹饰统计与陶系对应起来，我们仍以上文经过技术处理的5个地层单位和5个遗迹单位作为统计对象。结果显示，5个地层单位出土陶器，素面（含抛光）陶占24.87%，施衣陶占9.83%，施彩陶占3.06%，拍印（含滚压）类纹饰占5.50%，刻划类纹饰占31.46%，戳印类纹饰占15.33%，其他类纹饰占9.96%（表四）；5个遗迹单位出土陶器，素面陶（含抛光）占24.99%，施衣陶占9.57%，施彩陶占2.60%，拍印（含滚压）类纹饰占5.94%，刻划类纹饰占31.58%，戳印类纹饰占15.40%，其他类纹饰占9.92%（表五）。

表四　青山遗址部分地层单位纹饰统计表　（单位：片）

装饰与纹饰 \ 单位		T5③	T9④	T11④	T12④	T16④	合计	百分比（%）	
								小计	合计
器表装饰	素面（含抛光）	128	325	596	754	405	2208	24.87	37.76
	涂衣	51	127	238	285	172	873	9.83	
	绘彩	16	44	73	84	55	272	3.06	
拍印+滚压	绳纹	22	55	89	108	59	333	3.75	5.50
	橘皮纹	8	21	42	57	28	156	1.75	
刻划	弦纹	31	82	153	176	93	535	6.03	31.46
	短线纹	20	50	112	125	70	377	4.25	
	勾连纹	17	43	70	85	46	261	2.94	
	水波纹	24	53	105	123	68	373	4.20	
	叶脉纹	7	12	21	28	17	85	0.96	
	几何组合纹	39	98	184	205	112	638	7.19	
	几何图案	8	27	45	57	28	165	1.86	
	其他	23	55	101	115	64	358	4.03	
戳印	戳印几何纹	16	40	77	86	51	270	3.04	15.33
	篦点几何纹	15	42	81	93	54	285	3.21	
	圆窝（点）纹	19	41	77	86	53	276	3.11	
	圆圈纹	11	26	49	61	30	177	1.99	
	凹窝纹	7	30	48	57	29	171	1.92	
	指甲纹	9	24	53	65	32	183	2.06	
其他	镂孔	27	69	122	158	75	451	5.08	9.96
	按窝	12	27	51	55	36	181	2.04	
	附加堆纹	16	38	70	83	45	252	2.84	
合计		526	1329	2457	2946	1622	8880	100.01	100.01

说明：表中“短线纹”包括斜线、竖线、横线等，“几何组合纹”包括树形、盾形、鱼形、带形、菱形、垂帘形、十字形等，“几何图案”包括耙形、耜形、兽面等，“其他”包括折线纹、弧线纹、连珠纹（少数近绞索纹）、篾席纹、山字纹、三角纹、网格纹等，“戳印几何纹”包括短线纹、勾连纹、折线纹、长椭圆纹（少数近似长方格纹）及几何组合纹等，“篦点几何纹”包括短线纹、横带纹、折线纹、勾连纹、水波纹、垂帘纹、叶脉纹等。表五与之相同。

表五　青山遗址部分遗迹单位纹饰统计表　（单位：片）

装饰与纹饰 \ 单位		H17	H29	H31	H73	G7	合计	百分比（%）	
								小计	合计
器表装饰	素面（含抛光）	172	138	170	454	163	1097	24.99	37.16
	施衣	61	56	81	157	65	420	9.57	
	施彩	16	14	23	48	13	114	2.60	
拍印+滚压	绳纹	25	24	35	87	28	199	4.53	5.94
	橘皮纹	9	6	11	29	7	62	1.41	

续表

装饰与纹饰＼单位		H17	H29	H31	H73	G7	合计	百分比（%）	
								小计	合计
刻划	弦纹	38	35	46	121	35	275	6.27	31.58
	短线纹	23	26	33	72	19	173	3.94	
	勾连纹	19	14	19	48	15	115	2.62	
	水波纹	26	24	27	77	37	191	4.35	
	叶脉纹	5	6	9	18	4	42	0.96	
	几何组合纹	45	38	55	136	53	327	7.45	
	几何图案	12	11	16	32	12	83	1.89	
	其他	27	21	30	81	21	180	4.10	
戳印	戳印几何纹	21	25	22	57	21	146	3.33	15.40
	篦点几何纹	17	18	23	65	15	138	3.14	
	圆窝（点）纹	20	17	26	65	23	151	3.44	
	圆圈纹	11	7	15	26	10	69	1.57	
	凹窝纹	15	13	15	33	16	92	2.10	
	指甲纹	10	14	18	30	8	80	1.82	
其他	镂孔	32	28	39	95	38	232	5.29	9.92
	按窝	9	15	14	33	9	80	1.82	
	附加堆纹	18	16	25	48	16	123	2.81	
合计		631	566	752	1812	628	4389	100.00	100.00

综合表四和表五来看，这10个单位出土陶器，素面陶（含抛光）占24.93%，施衣陶占9.70%，施彩陶占2.83%，拍印类纹饰占5.72%，刻划类纹饰占31.52%，戳印类纹饰占15.36%，其他类纹饰占9.94%。由此可知，在青山遗址出土陶器中，饰纹陶比例可达62.54%，这与洞庭湖地区同时期遗址相比，比例是最高的。从饰纹技法上观察，刻划类纹饰占主导地位，比例高达31.52%，其次为戳印类纹饰，比例也有15.36%，而其他（包括拍印、按压、镂空、贴附等）合计也只有15.66%。从纹饰种类上分析，它们之间的比例悬殊不是很大。几何组合纹最多，占7%左右；其次则为弦纹和镂孔，大致在5%～6%；绳纹、短线纹、水波纹、勾连纹、戳印几何纹、篦点几何纹、指甲纹、圆窝（点）纹、圆圈纹、凹窝纹、按窝、附加堆纹及几何图案等大都在1%～5%，叶脉纹等其他纹饰均不足1%。从饰纹器类上看，鼎、盘、豆三类器物是比较注重装饰的，另外，少量瓮、钵、器座及器盖也有较复杂的纹饰。

下面就几种主要器类介绍如下。

（1）陶鼎　陶鼎饰纹重点在器身肩部、上腹部及足部，少数口部亦饰纹。口部纹饰除弦纹外，常见短线纹、叶脉纹、勾连纹、圆窝纹、圆点纹、指甲状水波纹等（图三三，1～6；彩版一二，1、2）。肩、腹部纹饰以弦纹居多，其次则以短线纹、勾连纹、圆窝纹、圆点纹为多，另有少量长椭圆纹、方格纹、乳钉状泥突以及细弦纹等（图三三，7～15；彩版一二，3、4）。

图三三　陶鼎残片纹饰拓片

1、2. 叶脉纹+勾连纹（H53：1、T12④：5）　3. 短线纹+圆窝（点）纹（H24：1）　4. 篦点短线纹+勾连纹（T13④：6）　5. 篦点叶脉纹+篦点勾连纹（T14④：16）　6. 指甲状水波纹（H24：21）　7. 篦点短线纹+篦点勾连纹+圆点纹（T12④：100）　8. 圆点纹+勾连纹（G7：11）　9. 短线纹+圆点纹（T12④：35）　10. 圆窝纹+短线纹（H31：23）　11、12. 篦点短线纹（H31：36、T15③：9）　13. 短线纹+方格纹（T13③：10）　14. 长椭圆纹+勾连纹（T16④：21）　15. 乳钉状泥突（H73：55）　（1～6口部残片，7～15肩腹部残片）

鼎足是重点装饰对象，饰纹部位一般在其根部或上半部分。鼎足纹饰繁缛多样，而且富于变化。除弦纹外，常见短线纹、勾连纹、折线纹、圆窝纹、圆点纹、凹窝纹、弧形或半圆形齿状或扉棱状附加堆纹、按窝、乳钉状泥突以及由刻划或戳印纹组成的垂帘形、菱形等几何组合纹。另有少量长椭圆纹、山字纹以及凹槽（多见于夹砂羼炭宽扁薄足）、镂孔（多见于泥质宽扁矮足）等。值得注意的是，还有少量鼎足纹饰较为独特，整体上看似某种特定图案，有的类似“兽面”（图三四、图三五；彩版一二，5、6；彩版一三）。

（2）陶盘　陶盘是青山遗址出土陶器装饰较为复杂的器类之一。除部分施红彩外，多数饰有纹饰，而且饰纹技法以刻划居多。盘部纹饰相对简单，以弦纹、水波纹最为常见，连珠纹、叶脉纹、短线纹、勾连纹、篾席纹等纹饰也不少，另有少量三角纹、网格纹等。圈足下部常见一周长椭圆纹，部分素面或施彩（图三六；彩版一四，彩版一五，1～4）。

圈足上部是陶盘重点装饰部位。除上文提到的弦纹、短线纹、水波纹、勾连纹、连珠纹、叶脉纹、篾席纹等纹饰外，还有四类成周排列或成组分布的几何组合纹最为常见。第一类是由短线纹、弧线或折线纹构成的成周排列的几何组合纹。该类纹饰中的阳纹部分形状怪异，有点类似于某种奇特动物，而阴纹部分则像是草丛中长出一排枝叶茂盛的树林，我们简称为“树形组合纹”（图三七，1～6；图三九，1；彩版一五，5、6；彩版一六，1、2）。第二类是由短竖线分隔且大小匀称的成周排列的略呈盾牌形或方形组合纹。该类纹饰中央戳印圆窝或圆孔，并在其周边深刻一些短槽，连同圆窝或圆孔组成“中”、“由”、“甲”或“U”字形，我们简称为 “盾形组合纹”（图三七，7～12；图三八，9）。第三类是由双弧线或双折线纹构成首、尾两端，中间由两条平行的反向短斜线纹带相连，有的在短斜线带之间还装饰有成组短横线纹。这类纹饰成组分布，单组图形类似连体“双头鱼”，我们简称为“鱼形组合纹”（图三七，6；图三八，1～4；彩版一六，3）。第四类是由弧线或折线、短竖线以及勾连纹、波折纹、连珠纹等构成的几何组合纹。这类纹饰结构更为复杂，虽然也是成组分布，但整体来看更似宽带纹，我们简称为“带形组合纹”（图三八，5～7；图三九，1）。除以上四类纹饰外，还有不少圆形或方形镂孔，而且一般作为几何组合纹或几何图案的分界（图三八，8～10）。不过，最有特色的还是单个或多个成组分布的几何形图案。它们一般是由两个形似双齿耜形或多齿耙形图案拼合而成，多为上、下对称呈竖向排列，也有左、右对称呈横向排列的，少数中心饰有镂孔或圆窝纹。这类图案出现频率较高，可能有特殊含意（图三九；彩版一六，4～6）。

（3）陶豆　相对陶盘而言，纹饰稍显简单，而且一般都是几何类纹饰占多，图案化纹饰少见。豆盘多为素面，部分有简单的条带状彩绘，常见红彩和灰白彩，黑彩少见。豆柄纹饰较为简单，多见镂孔、弦纹等，有的同时也有彩绘。豆足是陶豆重点装饰部位，除有少量彩绘外，纹饰多样，而且相当密集。镂孔（大小不一，大者一般饰于足上部台面，中、小者一般饰于足下部）是最常见的纹饰，其次为弦纹（有的串有成组小圆孔或小圆窝）、短线纹、折线纹、叶脉纹、垂帘纹、指甲纹以及篦点几何纹，另有少量圆窝纹、圆圈纹等。这些纹饰一般与镂孔组合出现。从饰纹技法上观察，主要有两类。一类是以刻划纹为主，包括折线纹、短线纹、叶脉纹、垂帘纹等。有的是匀称排列一周，有的则是成组排列，并以圆形大镂孔相隔（图四〇；彩版一七，1～4）。另一类是以戳印纹为主，包括各类篦点纹、指甲纹、圆点纹、圆圈

图三四　陶鼎足纹饰拓片

1. 山字纹+勾连纹（T5③：7）　2. 短线纹+折线纹+菱形纹（T2④：47）　3～7. 短线纹+菱形组合纹（H62：20、H29：30、T1④：54 、T5④：24、H17：33）　8. 篦点短线纹+篦点菱形组合纹（T9④：124）　9. 短线纹+圆点纹（T13④：41）　10. 短线纹+勾连纹+长椭圆纹（T5③：23）　11. 短线纹+圆窝纹+垂帘形组合纹（H19：6）　12. 篦点短线纹+篦点勾连纹+篦点垂帘形组合纹（T6④：63）

图三五　陶鼎足纹饰拓片

1. 弧形附加堆纹+短线纹+勾连纹+垂帘形组合纹（T7④：62）　2. 弧形附加堆纹+短线纹+折（弧）线纹+圆窝纹（T7③：35）　3、4. 半圆形附加堆纹+短线纹+圆窝（点）纹（H29：33、T2③：26）　5. 短线纹+圆点纹（H67：2）　6. 短线纹（H24：28）　7、8. 短线纹+耙形图案+凹窝纹（T11④：112、G7：51）　9. 菱形组合纹（H71：25）　10～12. 兽面形图案（T12④：233、H69：16、H30：50）

图三六　陶盘残片纹饰拓片

1. 连珠纹+水波纹（T12④：135）　2. 指甲状水波纹（T11④：26）　3～5. 水波纹（T14④：7、H29：9、T2③：25）　6. 叶脉纹（T8③：11）　7. 水波纹+短线纹（T9④：34）　8. 勾连纹（T5④：12）　9. 勾连纹+篾席纹（T10③：6）　10. 篾席纹（T11④：34）　11. 水波纹（T1④：14）　12. 三角纹+长椭圆纹（T8④：21）　13. 水波纹+长椭圆纹（H34：1）（1～10口部残片，11～13足部残片）

图三七　陶盘足部残片纹饰拓片

1. 三角纹+树形组合纹（H70：2）　2. 水波纹+树形组合纹（T7③：8）　3、4. 勾连纹+树形组合纹（T9④：31、T8③：49）　5. 叶脉纹+树形组合纹（T8④：4）　6. 勾连纹+鱼形组合纹+树形组合纹（H48：2）　7. 勾连纹+绞索状连珠纹+盾形组合纹（H29：19）　8. 连珠纹+盾形组合纹（T3④：12）　9、10. 盾形组合纹+水波纹（T12④：32、T3④：8）　11、12. 勾连纹+盾形组合纹（H50：3、T14④：30）

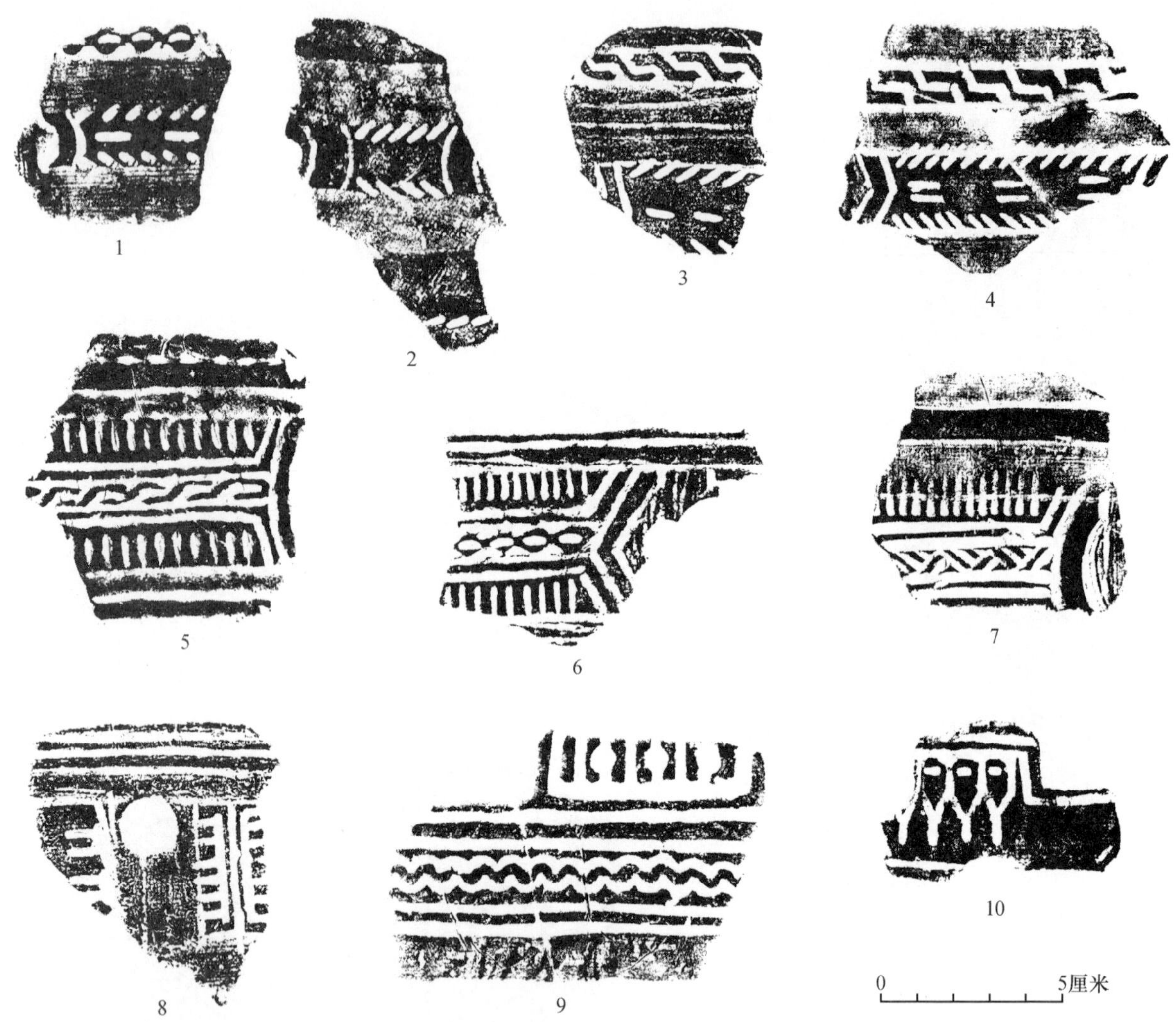

图三八　陶盘足部残片纹饰拓片

1. 连珠纹+鱼形组合纹（T9④：40）　2. 鱼形组合纹+长椭圆纹（T9④：35）　3、4. 勾连纹+鱼形组合纹（H24：12、T8③：50）　5～7. 带形组合纹（T2④：13、H3：2、T9④：32）　8. 圆镂孔+几何组合纹（T12③：8）　9. 方形镂孔+盾形组合纹+水波纹（T8④：33）　10. 方形镂孔+垂帘形组合纹（T14④：5）

纹、长椭圆纹等。排列方式一般为成周排列，白陶豆常见此类纹饰（图四一，1～9；图四二，1～6、11；彩版一七，5、6；彩版一八）。另外，还有少量成组镂孔（少数用细弦纹串联）或成组圆窝纹（图四二，7～10），以及少量类似盘足的盾形组合纹、指甲状水波纹等（图四一，10、11）。

（4）陶器盖　大部分为素面，少数饰纹。盖面一般饰弦纹、勾连纹、篦点纹等，但盖纽纹样较复杂。除一些简单的几何纹、圆窝纹、附加堆纹、泥突等纹饰外，还有几类较复杂的组合纹。一类是近似于盘足上的勾连形几何纹（图四二，12；彩版一九，1）。另一类近似于豆足上的纹饰，包括密集的镂孔及篦点纹等（图四二，13；彩版一九，2）。还有一种由圆窝或圆点纹、篦点菱形几何纹组成的类似“兽面”的纹样，与鼎足同类纹饰十分相似（图四二，14；彩版一九，3、4）。

图三九 陶盘足部残片纹饰拓片

1. 带形组合纹+耙形图案+树形组合纹（H71：20） 2. 叶脉纹+耙形图案（T2④：48） 3. 耙形图案+短线纹（T7④：16） 4、5. 耙形图案（T7④：13、T5③：21） 6～8. 横向耙形图案（T5④：8、T8④：13、T11④：25） 9. 耜形图案+短线纹（T5④：9） 10、11. 耜形图案（T3③：6、T8③：20）

（5）陶钵 多为素面，但有一种浅腹敞口白陶或白衣陶钵纹饰较为复杂，常见由短线纹长方格纹等组成类似于印纹的几何组合纹（图四二，15；彩版一九，5、6）。

此外，部分罐、缸、杯、甑、瓮、器座等陶器也有饰纹现象，但纹饰相对较为简单，一般为绳纹、橘皮纹、弦纹、镂孔以及少量刻划几何纹等。其中，陶罐多绳纹，有粗、细之分，多为拍印，也有滚压。陶缸多橘皮纹。陶杯及陶瓮多见刻划纹及弦纹。陶甑除箅孔外，有的器表可见绳纹。器座除弦纹、指甲纹外，多见方形或菱形大镂孔。

通过以上分析，我们对青山遗址陶器纹饰有了大致印象。其基本特征是饰纹陶比例较高，饰纹技法以刻划和戳印为主，纹饰种类丰富，常见绳纹、弦纹、短线纹、水波纹、勾连纹、篦点纹、指甲纹、凹窝纹、镂孔、按窝以及几何组合纹和几何图案等，饰纹器类以鼎、盘、豆为主。另外，从一些极具特色的几何组合纹或几何图案观察，譬如树形、鱼形、带形组合纹以及耙形、耜形、“兽面”形图案等，这些组合纹或图案结构复杂，而且频繁出现，可能与自然环境、生产活动乃至意识形态等方面有着密切联系。

图四〇　陶豆足部残片纹饰拓片

1～5. 折线纹+短竖线纹+镂孔（T11④：96、H18：25、T11④：36、H31：18、T13④：12）　6. 叶脉纹+指甲纹+镂孔（T1④：30）　7～11. 短斜线纹+横向垂帘纹+镂孔（T2④：46、T12④：50、T3④：20、T3③：13、H18：27）　12. 叶脉纹+横向垂帘纹+镂孔（G7：7）　13. 叶脉纹+镂孔（H18：30）

图四一 陶豆足部残片纹饰拓片

1～4. 篦点几何纹+镂孔（H18：28、H30：14、T11④：90、H11：15） 5. 锥形篦点纹+菱形镂孔（T13④：19） 6. 篦点叶脉纹+镂孔（T9④：22） 7. 方形篦点纹（H36：1） 8. 篦点纹+圆点纹（T16④：14） 9. 锥形篦点纹+圆圈纹+镂孔（T15④：7） 10. 盾形组合纹+长椭圆形纹（T1④：35） 11. 指甲状水波纹+镂孔（H17：3）

图四二　陶豆、陶钵、陶盖纽残片纹饰拓片

1. 篦点纹+指甲纹+长椭圆纹+镂孔（T10④：38）　2、3. 篦点纹+指甲纹（T9③：9 、T13④：25）　4 ~ 6. 指甲纹（T11④：28、H18：21、T16④：20）　7、8. 镂孔（T9④：21、T13④：20）　9. 长椭圆纹+镂孔（T14④：21）　10. 小镂孔+折线纹（T13④：17）　11. 锥形篦点纹+圆圈纹（T14④：26）　12. 勾连形几何纹（T1④：37）　13. 圆窝纹+篦点纹+菱形及亚腰形镂孔（T13④：26）　14. 圆点纹+篦点菱形几何纹（T1④：38）　15. 几何组合纹（H17：2）（1 ~ 10豆足部残片，11豆口部残片，12 ~ 14盖纽残片，15钵口部残片）

3. 制法与烧制

陶器以手制为主，也有一定数量的轮制陶器。夹砂陶多为手制，有的器表经过打磨或慢轮修整，往往留下抹痕及慢轮修整形成的环状印痕。主要采用泥片贴筑和泥条盘筑两种成型方法，个别小型器物则是手捏直接成型。泥质陶多为轮制，造型比较规整，器壁厚薄匀称，制陶技术更为成熟。

陶器附件如鼎足、圈足、把手（鋬耳）、盖纽等应是另外贴附上去的，即先把器物及其附件分别制好后，再经敷、压、粘等连接在一起。其中，鼎足全为手工制作，多数是经过拍打及边棱修整后，再粘贴在鼎的下腹部或近底部。还有少数足上端中心有明显凸起，应是直接压入器壁内部，周边再贴附泥条抹平缝隙。圈足一般是套接在容器底部的。如圈足盘的制法即为盘、足分别轮制，再粘接在一块，圈足与容器连接部往往有瓦棱状细槽或不规则凹窝，其目的就是使其粘接得更为牢固。把手（鋬耳）及盖纽一般是单独制成后，直接附贴于器表的。

陶器烧制火候较高，温度掌控技术娴熟。根据陶器质地，推测其烧成温度大致在800℃左右。以氧化烧成为主，部分灰陶、灰白陶及白陶是否氧化烧成，还有待化学检测才能确定。另有部分黑陶或灰黑陶可能采用了窑内渗碳技术，而少量"外红内黑"陶可能是窑外渗碳形成的。白陶和少量精致的黑陶，应是青山遗址陶器烧制工艺的典型代表。

二、陶器型式

青山遗址出土陶器，器类丰富，造型多样，包括三足、圈足、圜底及平底等。其中，以鼎为代表的三足器（少量泥质宽矮扁足可能系三足钵或三足杯，均无复原器）占有绝对优势。我们依据鼎足根部（中部及尖部残块未纳入统计）对各单位出土鼎足进行了仔细统计，共计7142件（表六）。若以此为基数计算，至少也有2300余件陶鼎。但是，实际修复以及我们根据口沿分辨出来的陶鼎标本数却不足300件，二者数量悬殊巨大。

除三足器外，其次则为圈足器，包括盘、豆、碗及少量杯等。圜底器居其三，主要为釜、罐、甑、斜腹缸等。平底器较少，常见钵、杯、筒腹缸等。主要器类有鼎、釜、罐、缸、甑、钵、盘、豆、碗、杯、器盖等（表七）。

上表只统计了我们选用的标本，虽然有误差，但至少也代表了一种趋势。从表七不难看出，鼎和豆是该遗址最主要的器类，二者之和占比达四成之多，这也是青山遗址的显著特征之一。其次，盘、釜、罐、缸、器盖等器类也占有较大比例，它们与鼎、豆一起，共同构成了青山遗址最基本的陶器组合。

下面我们把能够看出型式变化的若干陶器标本，通过类型学研究将其划分为如下型式：

陶鼎　282件。据其整体特征可分10型。其中，A～D型为釜形鼎，E～J型为罐形鼎。

A型　21件。仰折沿，沿面内凹呈盘口状，溜肩，深鼓腹。依其口部特征分2式。

Ⅰ式　7件。敛口。如标本H31：25（图四三，1）。

表六　青山遗址陶鼎足统计表

单位	件数	单位	件数	单位	件数	单位	件数	单位	件数
T1④	210	T11④	421	H9	2	H31	69	H53	11
T1③	51	T11③	58	H10	18	H32	10	H54	4
T2④	101	T12④	596	H11	204	H33	1	H55	17
T2③	68	T12③	53	H12	80	H34	2	H56	9
T3④	140	T13④	506	H13	2	H35	1	H57	3
T3③	86	T13③	69	H14	14	H36	3	H58	1
T4④	126	T14④	381	H16	19	H37	4	H59	9
T4③	107	T14③	88	H17	52	H38	1	H60	11
T5④	86	T15④	156	H18	108	H39	3	H61	12
T5③	160	T15③	124	H19	9	H40	7	H62	32
T6④	136	T16④	424	H20	42	H41	14	H63	5
T6③	63	T16③	23	H21	68	H42	8	H65	20
T7④	125	H1	14	H22	40	H43	4	H66	13
T7③	86	H2	18	H23	17	H45	23	H67	6
T8④	149	H3	20	H24	48	H46	7	H69	14
T8③	92	H4	79	H25	11	H48	10	H70	1
T9④	237	H5	6	H26	1	H49	14	H71	70
T9③	76	H6	10	H27	5	H50	12	H72	1
T10④	172	H7	2	H29	49	H51	1	H73	156
T10③	107	H8	11	H30	104	H52	17	G7	206
小计	2378		3059		893		211		601
合计	7142								

表七　青山遗址陶器器类统计表　　（单位：件）

器类	鼎	釜	罐	缸	甑	钵	杯	盘	豆	碗	器盖	其他	合计
数量	282	76	102	68	26	49	39	124	182	47	75	26	1096
占比（%）	25.73	6.93	9.31	6.20	2.37	4.47	3.56	11.31	16.61	4.29	6.84	2.37	99.99

说明：表中“其他”栏内包括盆、瓮、三足钵、三足杯、器座、支座等器类。遗址出土的大量鼎足、盘足、碗足、豆足、豆柄、盖纽、鋬耳等未纳入统计。

Ⅱ式　14件。侈口。如标本H11：200（图四三，2）。

B型　35件。折沿，圆肩，浅鼓腹。依其口部特征分2式。

Ⅰ式　23件。宽仰折沿似矮领，沿面斜直或微内凹。多数沿外饰纹，少数素面。如标本T7④：2、H30：25（图四三，3、4）。

Ⅱ式　12件。折沿较甚，沿面外弧。如标本H69：14（图四三，5）。

C型　45件。折沿，溜肩，深鼓腹。依其口部特征分2式。

Ⅰ式　18件。仰折沿，沿面斜直或微内凹。如标本H73：76（图四四，1）。

Ⅱ式　27件。折沿较甚，沿面外弧。如标本H55：5（图四四，2）。

D型　31件。折沿，斜肩，浅垂腹。依其口部特征分2式。

Ⅰ式　13件。仰折沿，沿面斜直或微内凹。如标本H18：59（图四四，3）。

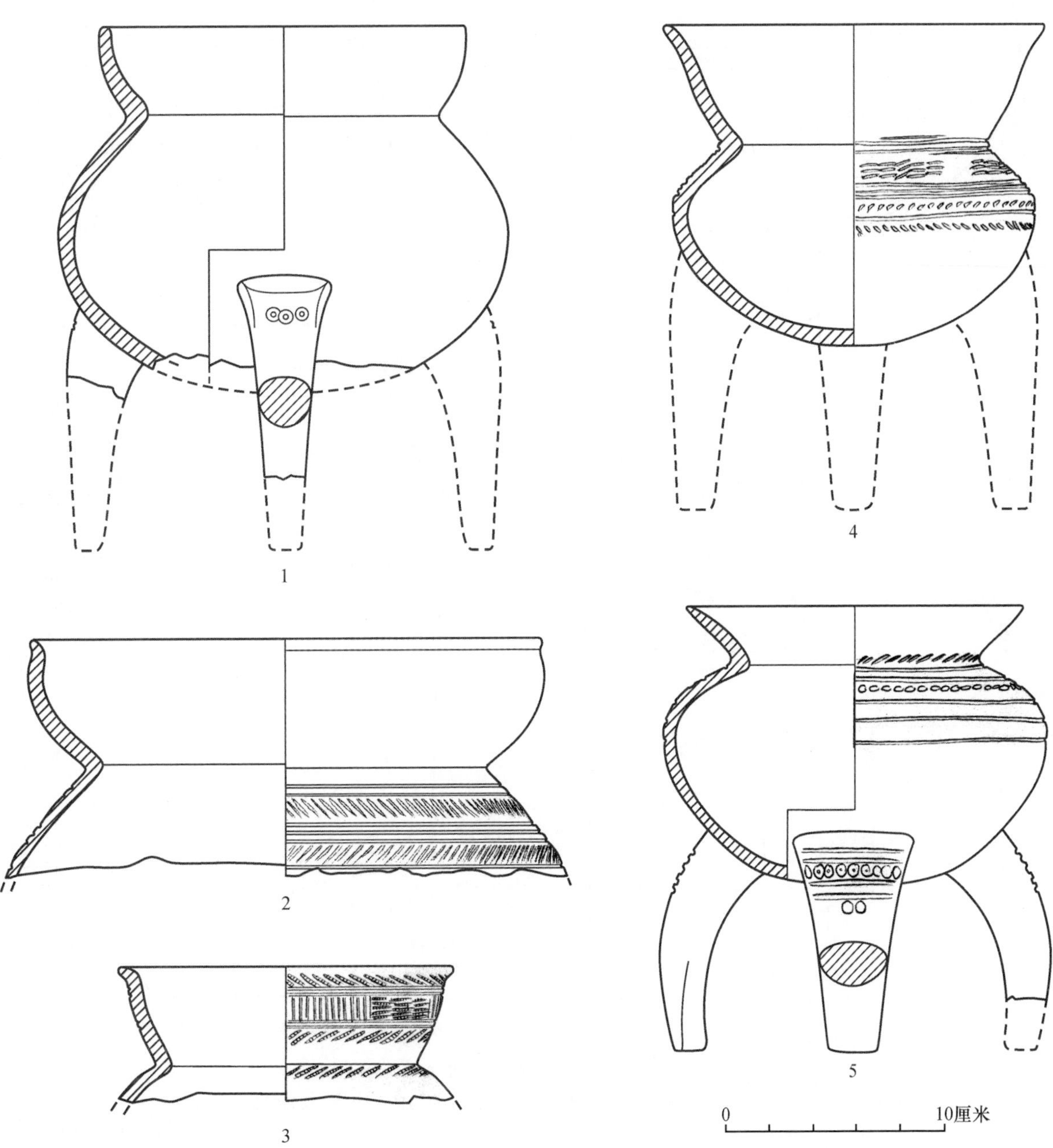

图四三　陶鼎型式划分

1. A型Ⅰ式（H31：25）　2. A型Ⅱ式（H11：200）　3、4. B型Ⅰ式（T7④：2、H30：25）　5. B型Ⅱ式（H69：14）

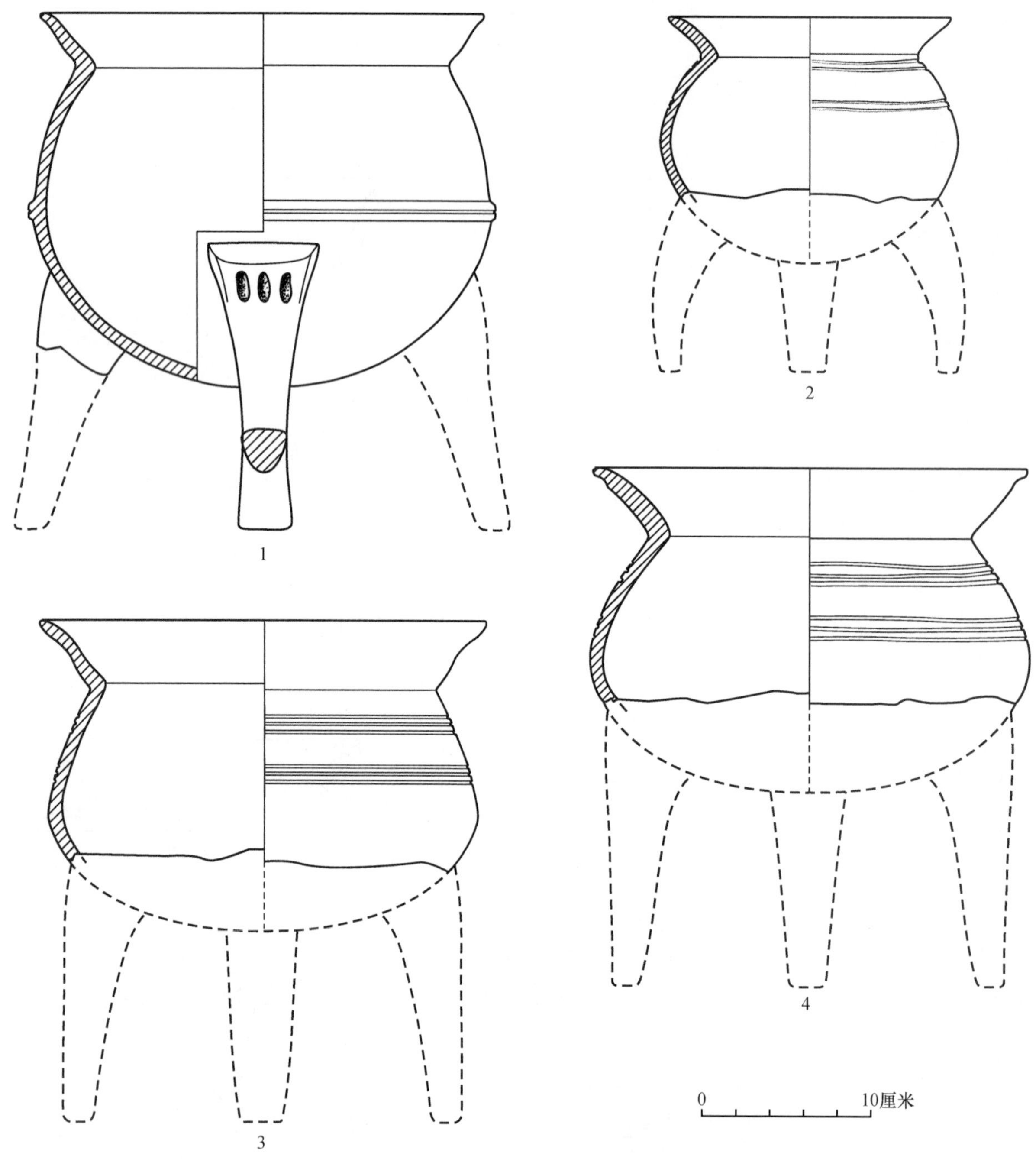

图四四　陶鼎型式划分

1. C型Ⅰ式（H73：76）　2. C型Ⅱ式（H55：5）　3. D型Ⅰ式（H18：59）　4. D型Ⅱ式（H71：15）

Ⅱ式　18件。折沿较甚，沿面外弧。如标本H71：15（图四四，4）。

E型　92件。折沿，折肩或溜肩，折腹。依其口部特征分2式。

Ⅰ式　50件。仰折沿，沿面斜直或微内凹，折肩，有的肩部还有器耳或泥突。如标本H31：33（图四五，1）。

Ⅱ式　42件。折沿较甚，沿面外弧，溜肩。如标本T12④：161（图四五，2）。

F型　26件。仰折沿，斜领，斜肩，浅扁腹。依其口部特征分2式。

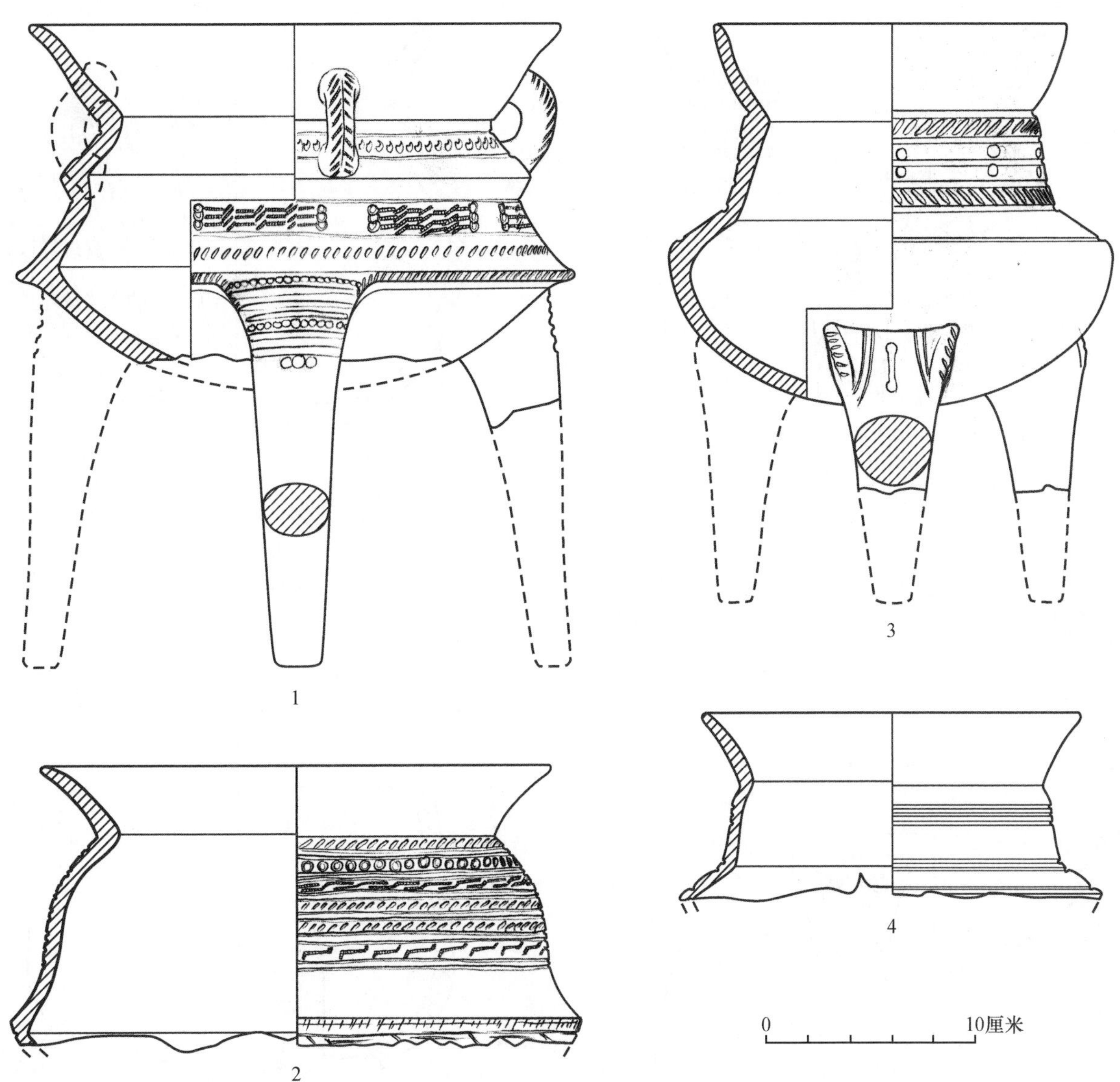

图四五　陶鼎型式划分

1. E型Ⅰ式（H31：33）　2. E型Ⅱ式（T12④：161）　3. F型Ⅰ式（H50：11）　4. F型Ⅱ式（T12④：158）

Ⅰ式　10件。沿面斜直或微内凹。领部常见成组圆窝或圆点纹。如标本H50：11（图四五，3）。

Ⅱ式　16件。沿面外弧。领部常饰弦纹。如标本T12④：158（图四五，4）。

G型　6件。宽仰折沿似高领，浅折腹。如标本H10：4（图四六，1）。

H型　8件。唇沿外翻，卷沿，束颈，鼓腹。如标本H16：3（图四六，2）。

I型　12件。卷沿，深鼓腹。腹部一般饰绳纹，器身与绳纹罐十分接近。如标本H17：30（图四六，3）。

J型　6件。折沿，深筒形腹或深斜腹，器身接近筒腹罐。如标本T11④：54（图四六，4）。

陶鼎足　571件。数量多，形制复杂，而且纹饰多样。据其整体形状及横截面特征，可粗略分为13型。

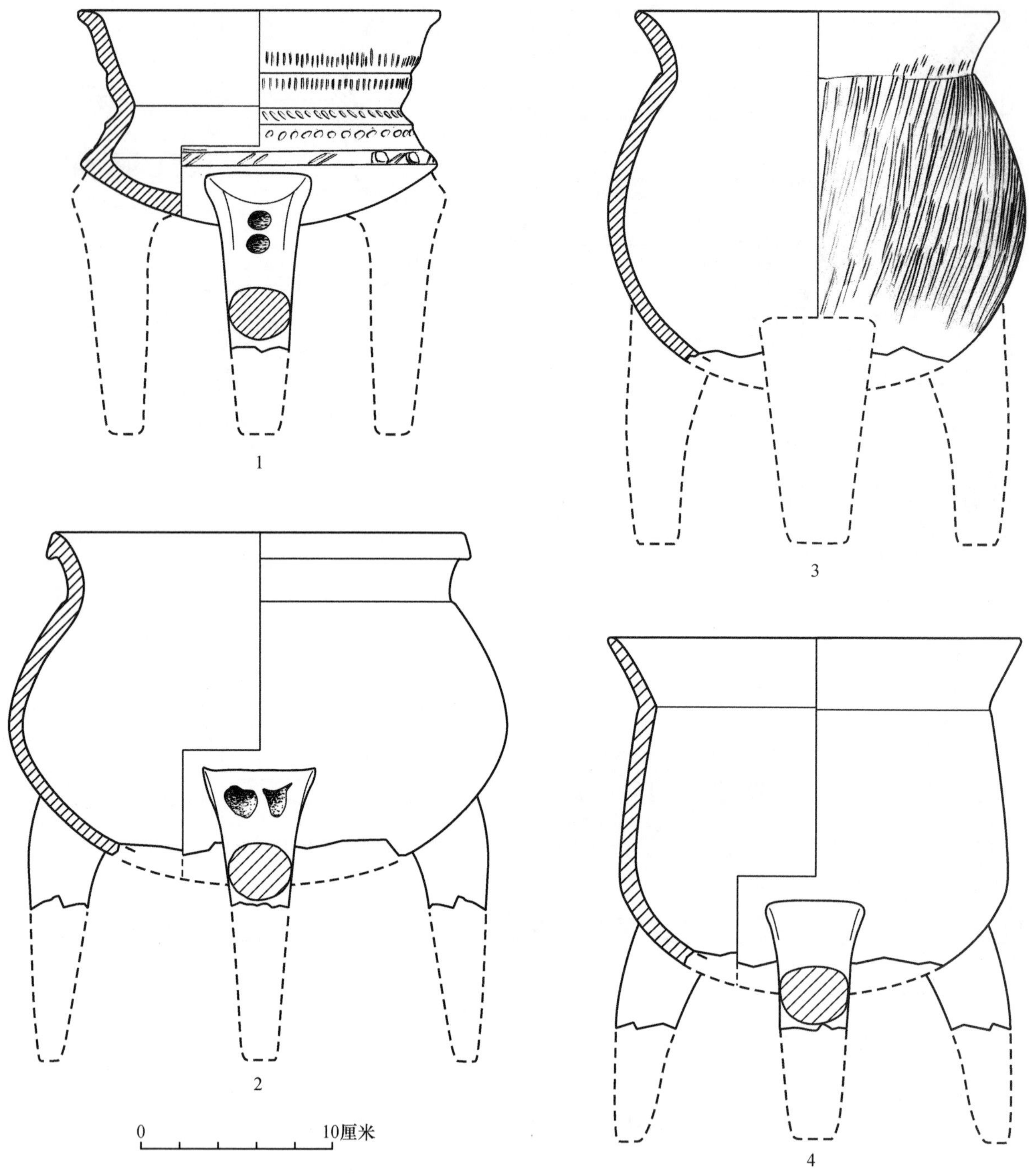

图四六　陶鼎型式划分

1. G型（H10：4）　2. H型（H16：3）　3. I型（H17：30）　4. J型（T11④：54）

A型　32件。宽扁凹足，横截面略呈新月形或长方形。如标本T14④：94（图四七，1）。

B型　42件。宽扁足，横截面近长方形，少数近扁椭圆形或半椭圆形等。如标本T15③：23（图四七，2）。

C型　65件。扁凿形足，横截面略呈长椭圆形，少数近长方形、半椭圆形等。一般都有较复杂的纹饰。如标本T6④：63、T7③：33（图四七，3、4）。

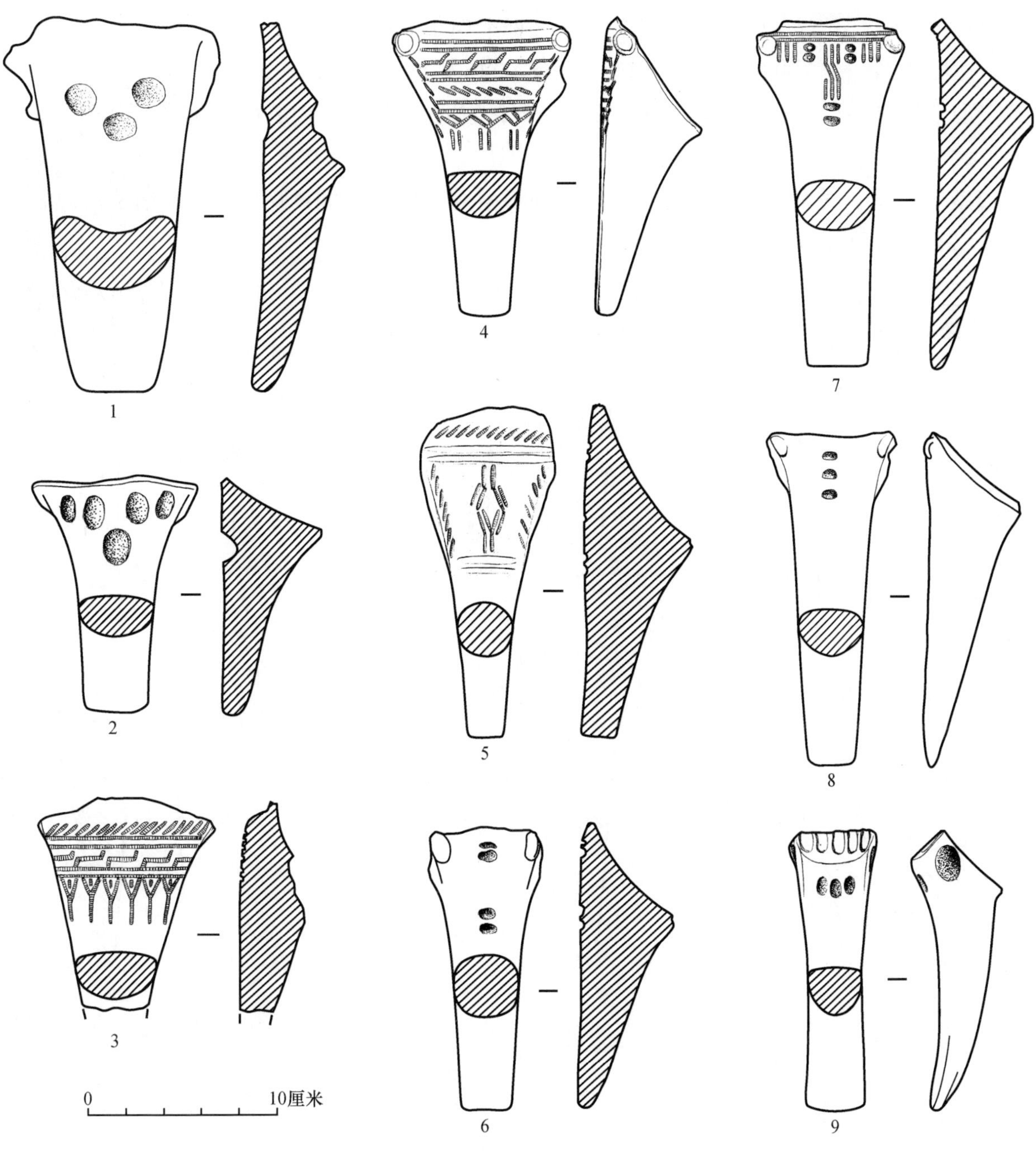

图四七　陶鼎足分型

1. A型（T14④：94）　2. B型（T15③：23）　3、4. C型（T6④：63、T7③：33）　5、6. D型（T5③：47、T11④：129）　7、8. E型（H30：50、H55：17）　9. F型（T11④：116）

D型　79件。圆柱形足，横截面近圆形。如标本T5③：47、T11④：129（图四七，5、6）。

E型　101件。凿形足，横截面形状多样，常见椭圆形、半圆形、三角形、方形、菱形或六边形等。如标本H30：50、H55：17（图四七，7、8）。

F型　33件。舌形足，顶部一般有一平台，足身内弧，足尖外撇。余同E型。如标本T11④：116（图四七，9）。

G型　22件。弓背宽扁凹足，余同A型。如标本T4④：40（图四八，1）。

H型　21件。弓背宽扁足，余同B型。如标本T16④：100（图四八，2）。

I型　53件。弓背扁凿形足，余同C型。如标本T5③：48、T12④：233（图四八，3、4）。

J型　41件。弓背圆柱形足，除纹饰不如D型复杂外，余同D型。如标本T13④：95、T2④：34（图四八，5、6）。

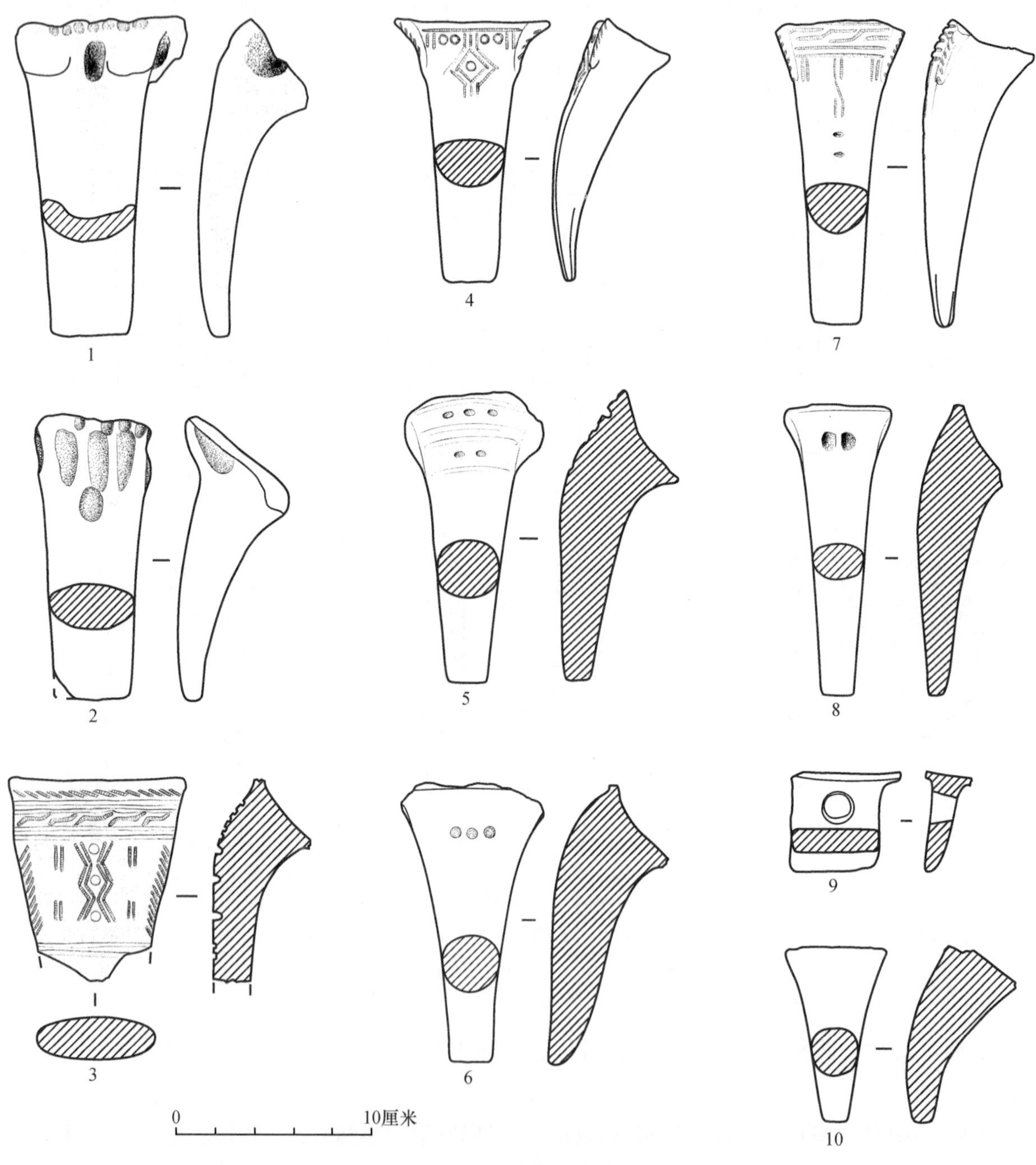

图四八　陶鼎足分型

1. G型（T4④：40）　2. H型（T16④：100）　3、4. I型（T5③：48、T12④：233）　5、6. J型（T13④：95、T2④：34）　7、8. K型（G7：35、T9④：100）　9. L型（T2④：40）　10. M型（T1④：52）

K型　41件。弓背凿形足，余同E型。如标本G7：35、T9④：100（图四八，7、8）。

L型　15件。宽扁薄矮足，横截面近长方形或扁椭圆形。一般为泥质陶，多素面，少数饰镂孔或深圆孔。如标本T2④：40（图四八，9）。

M型　26件。矮足或弓背矮足，横截面以圆形或椭圆形为多，少数侧装足为方形。多素面，少数饰纹。如标本T1④：52（图四八，10）。

L、M型足可能有部分系三足钵形或杯形器。

陶釜　76件。据其整体特征可分2型。

A型　19件。仰折沿，沿面内凹呈盘口状，圆肩，鼓腹较甚。如标本H71：13（图四九，1）。

B型　57件。折沿，沿面斜直或微内凹，溜肩或圆肩，鼓腹。依其腹部特征分2式。

Ⅰ式　23件。深鼓腹。如标本H31：15（图四九，2）。

Ⅱ式　34件。浅鼓腹。如标本H73：45（图四九，3）。

陶罐　102件。形制多样。据其整体特征可分7型。

A型　26件。大敞口，宽折沿微外卷，圆肩，深鼓腹。依其口部特征分2式。

Ⅰ式　18件。仰折沿。如标本T1④：8（图四九，4）。

Ⅱ式　8件。折沿较甚，近似卷沿。如标本T12④：185（图四九，5）。

B型　16件。小口，卷沿，广肩，扁鼓腹。如标本H52：8（图四九，6）。

C型　11件。小直口，圆肩，鼓腹较甚。如标本T16④：5（图四九，7）。

D型　7件。小口微敞，少数呈敛口状，曲沿，圆肩，鼓腹较甚。如标本H20：15（图四九，8）。

E型　21件。大口，卷沿，鼓腹。器表一般饰绳纹或橘皮纹。依其口、腹部特征分2式。

Ⅰ式　6件。卷沿，微鼓腹。如标本T6③：9（图五〇，1）。

Ⅱ式　15件。卷沿较甚，束颈，鼓腹较甚。如标本T12③：3（图五〇，2）。

F型　14件。大口，矮领，圆肩，鼓腹。依其口、领部特征分2式。

Ⅰ式　9件。窄折沿微内凹，斜领内收较甚。如标本T16④：16（图五〇，3）。

Ⅱ式　5件。窄卷沿，直领。如标本H6：5（图五〇，4）。

G型　7件。小口，高领，广肩，鼓腹较甚。依其口、领部特征分2式。

Ⅰ式　6件。敞口，高斜领。如标本H31：26（图五〇，5）。

Ⅱ式　1件。直口，矮直领，整器似壶。如标本H17：29（图五〇，6）。

陶缸　68件。有平底和圜底两类。据其整体特征可分7型。

A型　32件。折沿，深筒形腹，平底。素面。依其腹部特征分2式。

Ⅰ式　19件。深腹。如标本H73：37（图五一，1）。

Ⅱ式　13件。腹较浅。如标本H73：83（图五一，2）。

B型　12件。侈口，仰折沿，深腹微鼓，圜底。一般饰橘皮纹或绳纹。如标本T13④：50（图五一，3）。

C型　14件。折沿，近筒形腹，圜底较尖。多数胎厚质重，素面。如标本H50：8（图

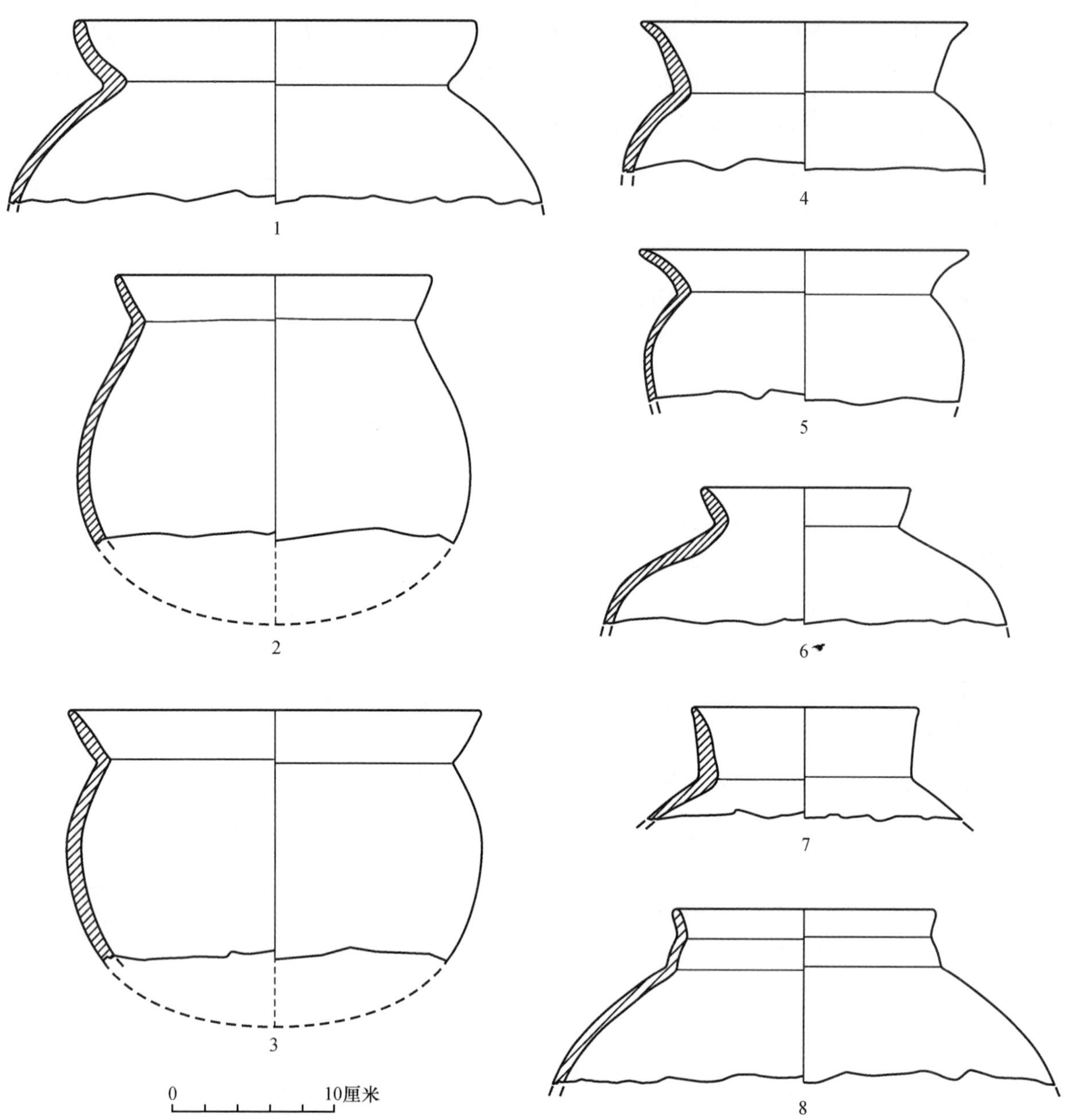

图四九　陶釜、陶罐型式划分

1. A型釜（H71：13）　2. B型Ⅰ式釜（H31：15）　3. B型Ⅱ式釜（H73：45）　4. A型Ⅰ式罐（T1④：8）　5. A型Ⅱ式罐（T12④：185）　6. B型罐（H52：8）　7. C型罐（T16④：5）　8. D型罐（H20：15）

五一，4）。

D型　1件。内折沿，深筒形腹微鼓，平底。素面。如标本H73：24（图五一，5）。

E型　1件。窄卷沿，深斜腹，上腹较直，下腹斜收较甚，小平底。素面。如标本H66：4（图五一，6）。

F型　5件。大敞口，深腹微鼓，圜底。一般个体较大，并饰有橘皮纹或绳纹。如标本T5④：14（图五一，7）。

G型　3件。厚胎，大喇叭口，深腹微鼓，尖底。口部常饰数组凹弦纹。若把以往报告常称

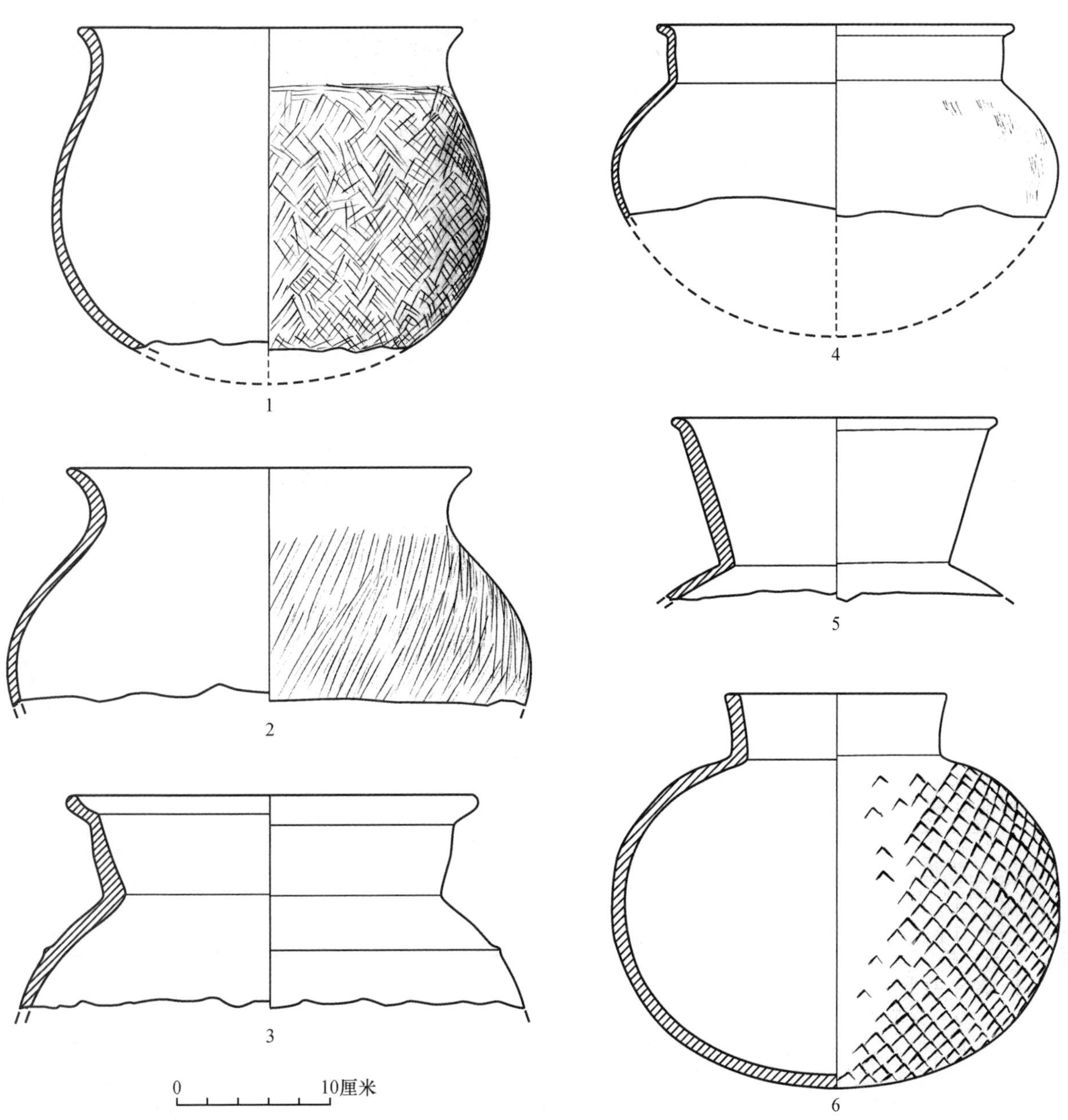

图五〇　陶罐型式划分

1. E型Ⅰ式（T6③：9）　2. E型Ⅱ式（T12③：3）　3. F型Ⅰ式（T16④：16）　4. F型Ⅱ式（H6：5）　5. G型Ⅰ式（H31：26）　6. G型Ⅱ式（H17：29）

的“草帽形器盖”倒过来，与之非常相似。如标本T14④：11（图五一，8）。

陶甑　26件。据其整体特征可分3型。

A型　17件。折沿，鼓腹。依其腹部特征分2式。

Ⅰ式　11件。深腹微鼓。如标本H73：69（图五二，1）。

Ⅱ式　6件。鼓腹略浅。如标本H69：12（图五二，2）。

B型　7件。卷沿，鼓腹略浅。如标本H23：9（图五二，3）。

C型　2件。矮领，鼓腹。如标本T13④：9（图五二，4）。

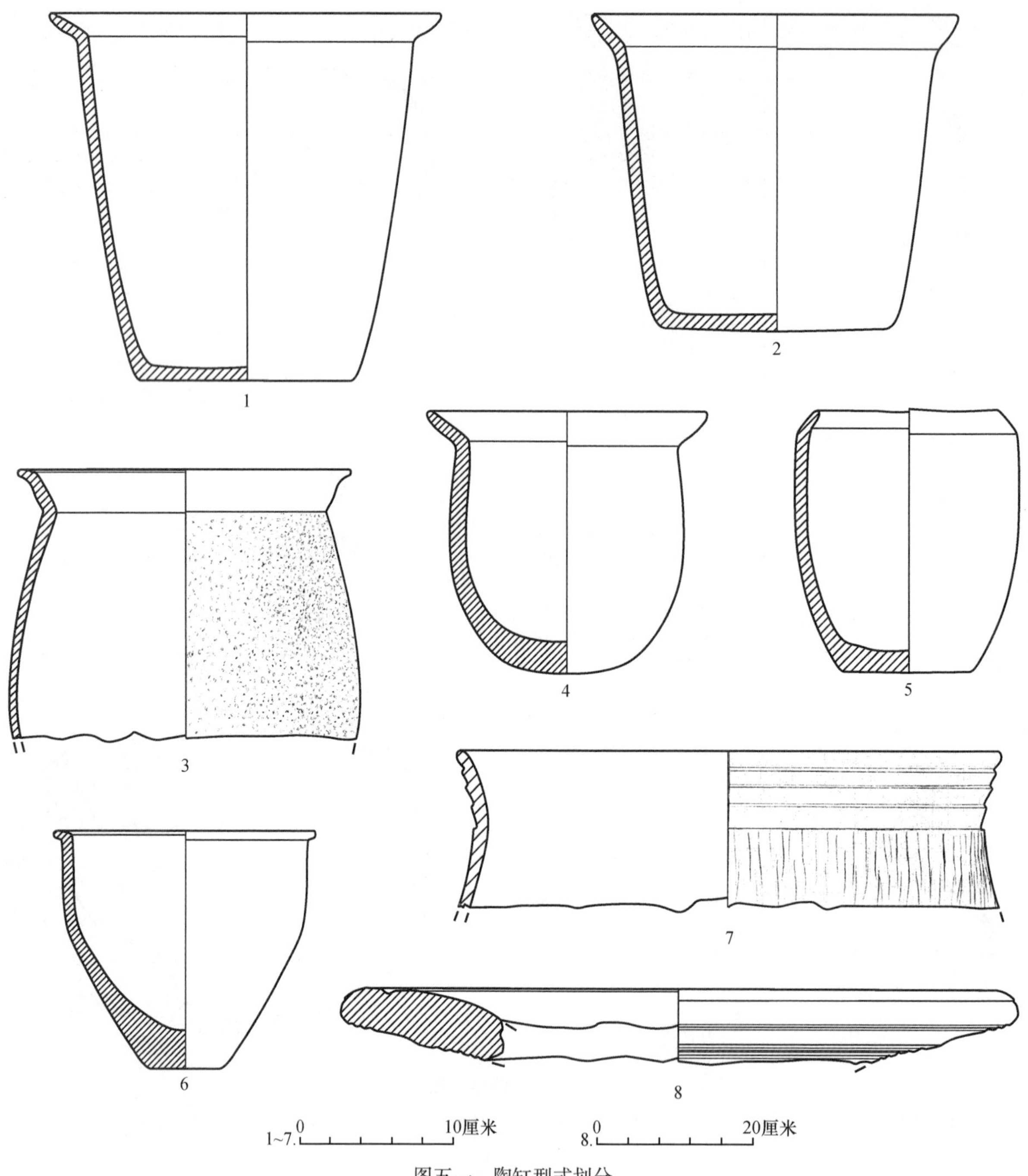

图五一　陶缸型式划分

1. A型Ⅰ式（H73：37）　2. A型Ⅱ式（H73：83）　3. B型（T13④：50）　4. C型（H50：8）　5. D型（H73：24）　6. E型（H66：4）　7. F型（T5④：14）　8. G型（T14④：11）

陶瓮　10件。据其整体特征可分2型。

A型　8件。敛口，深弧腹。如标本T13④：58（图五二，5）。

B型　2件。个体较大，整体似锅。内折口，浅斜腹。如标本T14④：44（图五二，6）。

陶器座　7件。据其整体特征可分2型。

A型　4件。窄卷沿，筒腹形。如标本H6：3（图五二，7）。

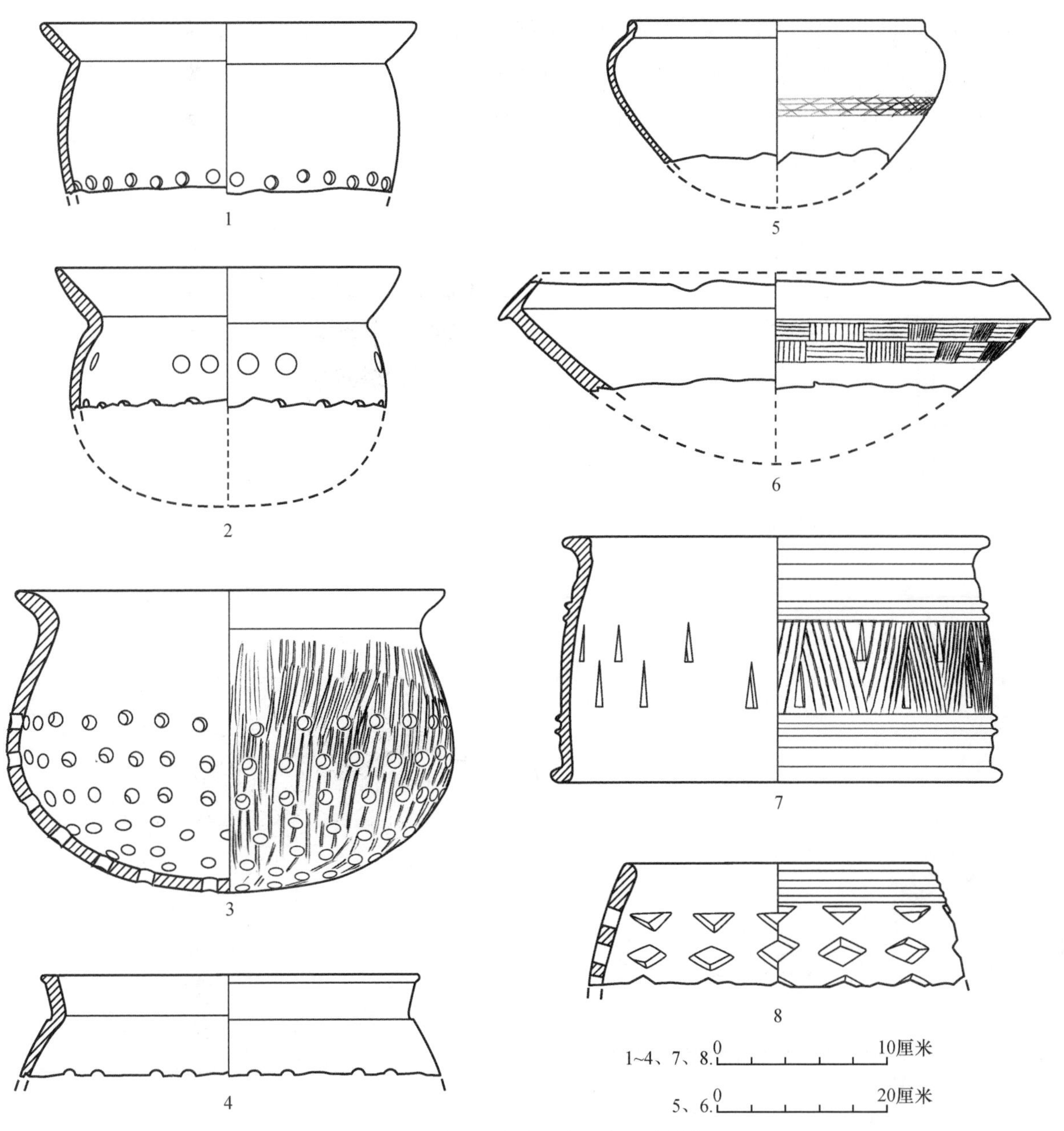

图五二　陶甑、陶瓮、陶器座型式划分

1. A型Ⅰ式甑（H73：69）　2. A型Ⅱ式甑（H69：12）　3. B型甑（H23：9）　4. C型甑（T13④：9）　5. A型瓮（T13④：58）　6. B型瓮（T14④：44）　7. A型器座（H6：3）　8. B型器座（T13④：54）

B型　3件。敛口，腰鼓形。如标本T13④：54（图五二，8）。

陶盆　6件。据其整体特征可分2型。

A型　3件。折沿或卷沿（个别带流），浅直腹或深腹微鼓，圜底。前者如标本T13④：52（图五三，1）。

B型　3件。大敞口，深斜腹，平底。腹部常见一对弯钩形大錾耳。如标本T11④：48（图五三，2）。

陶钵　49件。据其整体特征可分5型。

A型　25件。敛口，浅弧腹，平底或底微内凹。依其口部特征分2式。

Ⅰ式　10件。口微敛。如标本T3④：28（图五三，3）。

Ⅱ式　15件。敛口较甚，有的似内折口。如标本T12④：13（图五三，4）。

B型　16件。内折口，深弧腹，平底。依口部特征分2式。

Ⅰ式　11件。口微内折。如标本T16④：17（图五三，6）。

Ⅱ式　5件。口内折较甚，口外起凸棱，个别内壁有刻槽。如标本H29：13（图五三，5）。

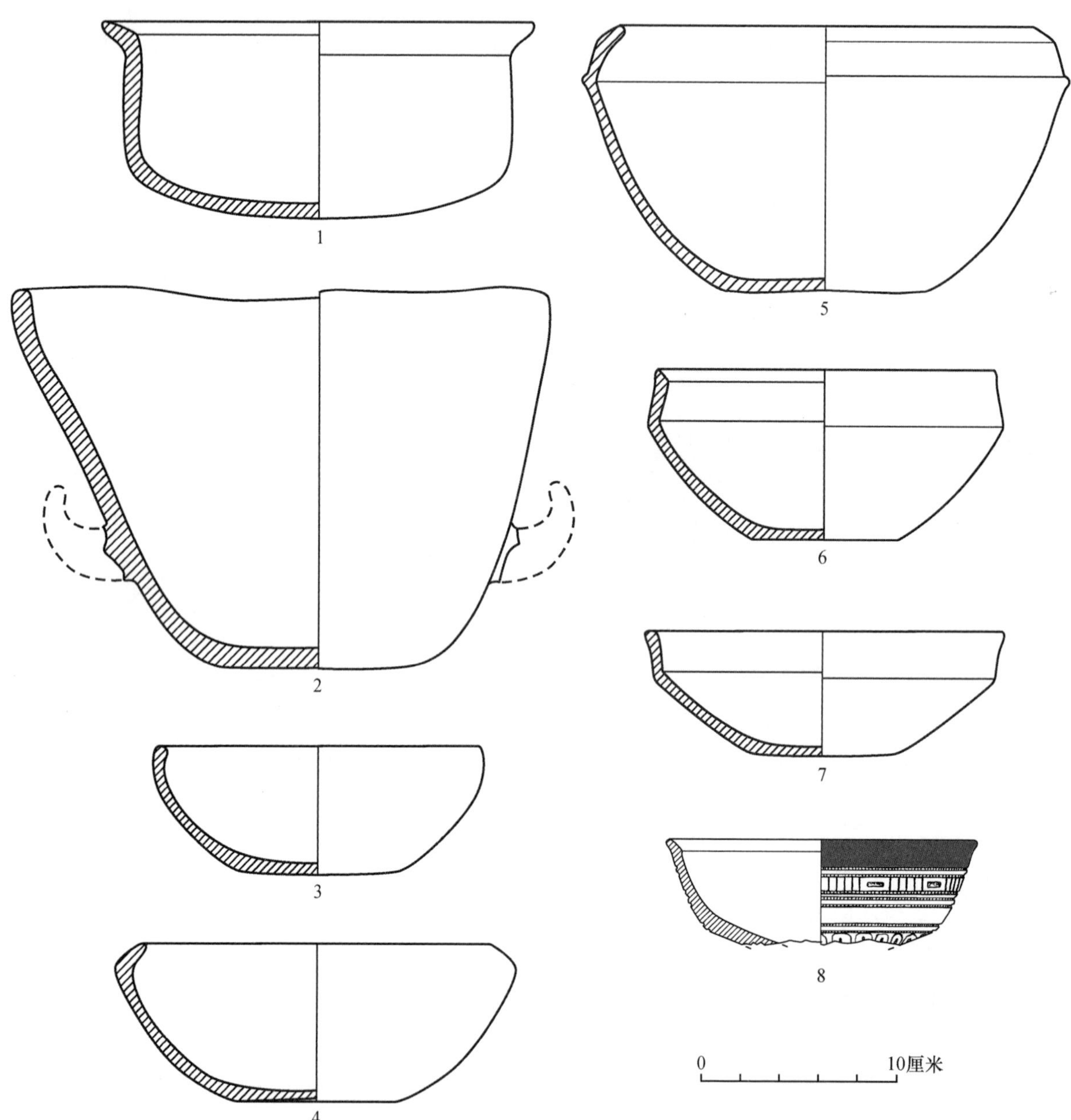

图五三　陶盆、陶钵型式划分

1. A型盆（T13④：52）　2. B型盆（T11④：48）　3. A型Ⅰ式钵（T3④：28）　4. A型Ⅱ式钵（T12④：13）　5. B型Ⅱ式钵（H29：13）　6. B型Ⅰ式钵（T16④：17）　7. C型钵（T7③：19）　8. D型钵（H17：2）

C型　3件。敞口，口、腹转折明显，斜腹或弧腹，平底。如标本T7③：19（图五三，7）。

D型　5件。敞口（个别微外折），斜腹或弧腹，圜底。多白陶，器表一般饰有复杂纹饰，如标本H17：2（图五三，8）。

陶盘　124件。胎较厚，多厚圆唇，少数圆唇近尖。因多数圈足已残，只能据其盘部特征将其分为4型。

A型　93件。数量最多。厚圆唇，口微敛，弧腹盘略深。盘部一般饰纹，个别盘口内、外施红彩带。依其腹部特征分2式。

Ⅰ式　45件。盘腹略深。如标本H21：12（图五四，1）。

Ⅱ式　48件。盘腹略浅。如标本T12④：150（图五四，2）。

B型　9件。厚圆唇，口微敞，浅弧腹盘。盘部多素面，少数施红彩，个别盘口内、外也施红彩带。如标本T9④：84（图五四，3）。

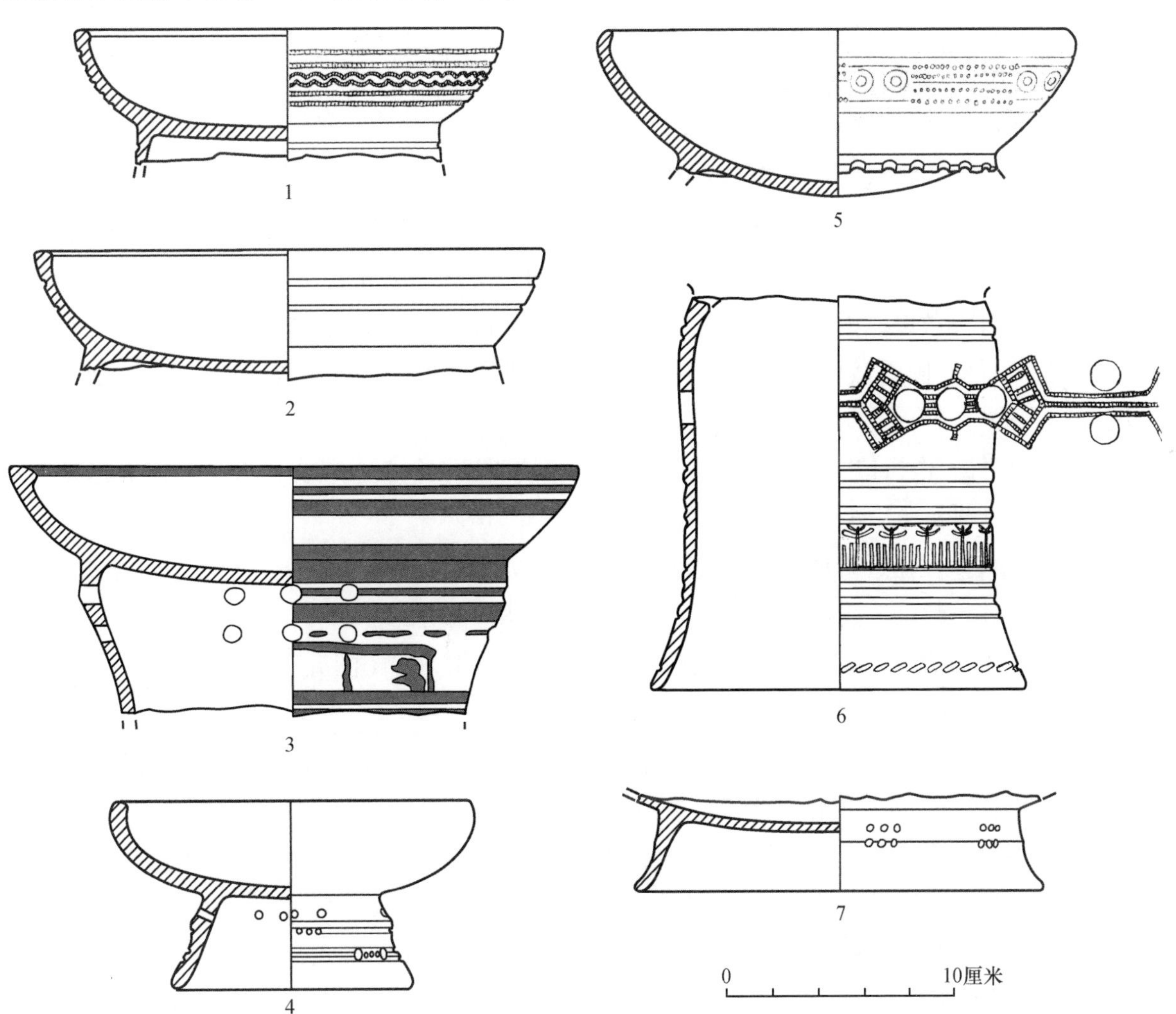

图五四　陶盘及陶盘足型式划分

1. A型Ⅰ式盘（H21：12）　2. A型Ⅱ式盘（T12④：150）　3. B型盘（T9④：84）　4. C型盘（T12④：200）　5. D型盘（T13④：47）　6. A型盘足（T11④：14）　7. B型盘足（T16④：23）

C型　14件。厚圆唇，敛口较甚，浅盘，高圈足。多素面，少数足部饰镂孔及弦纹。如标本T12④：200（图五四，4）。

D型　8件。圆唇近尖，敛口较甚，深盘。多白陶，一般饰纹，少数素面。如标本T13④：47（图五四，5）。

陶盘足　67件。据其整体特征可分2型。

A型　50件。高圈足，推测为A、B型盘足。一般饰有复杂纹饰，有的还绘彩。如标本T11④：14（图五四，6）。

B型　17件。矮圈足，其盘部形态未见复原器。有外撇、内收、折壁等多种形态，以外撇足为多。如标本T16④：23（图五四，7）。

陶豆　182件。胎较薄，一般为圆唇或尖唇。因多数柄、足已残，只能据其盘部特征将其分为5型。

A型　101件。数量最多。内折口，浅弧腹盘。盘部素面，少量绘彩，足部一般饰纹。依其盘腹特征分2式。

Ⅰ式　50件。盘腹较浅。如标本H3：3（图五五，1）。

Ⅱ式　51件。浅弧腹盘。如标本H18：53（图五五，2）。

B型　27件。内折口，深弧腹盘。依其口部特征分2式。

Ⅰ式　10件。口微内折，口外微内凹。如标本T13④：2（图五五，3）。

Ⅱ式　17件。口内折较甚，折棱明显。如标本H17：21（图五五，4）。

C型　23件。敛口或内折口，弧腹或斜腹盘。依其口、腹部特征分2式。

Ⅰ式　11件。圆唇微侈，敛口，个别口外内凹或饰两道凹槽，弧腹盘。如标本T3④：32（图五五，5）。

Ⅱ式　12件。内折口（个别呈子母口状），折棱明显，斜腹盘较深，腹、底转折起棱。如标本H62：15（图五五，6）。

D型　16件。豆盘近碗形。敛口较甚，深弧腹。如标本T14③：12（图五五，7）。

E型　15件。敞口，浅弧腹或折腹。依其口、腹部特征分2式。

Ⅰ式　12件。敞口，口外内凹，浅弧腹。如标本T13④：73（图五五，8）。

Ⅱ式　3件。折沿，浅折腹。如标本T5③：1（图五五，9）。

陶豆足　149件。数量众多，形制多样，装饰复杂。有高、矮之分，以高柄足居多。因多数高柄足柄部残断，故只能据其足部特征将其分为8型。其中，A～E型均为高柄足。

A型　58件。台式足，足沿外撇（少数外折）。如标本H73：51（图五六，1）。

B型　11件。台式足，足沿内敛。如标本T12④：43（图五六，2）。

C型　15件。折壁或曲壁足，足沿外撇。如标本H30：40（图五六，3）。

D型　12件。喇叭形足，足沿外撇较甚，以粗柄居多。如标本H73：28（图五六，4）。

E型　21件。细柄喇叭形足，足沿外撇或外折（个别内折）。如H73：94（图五六，5）。

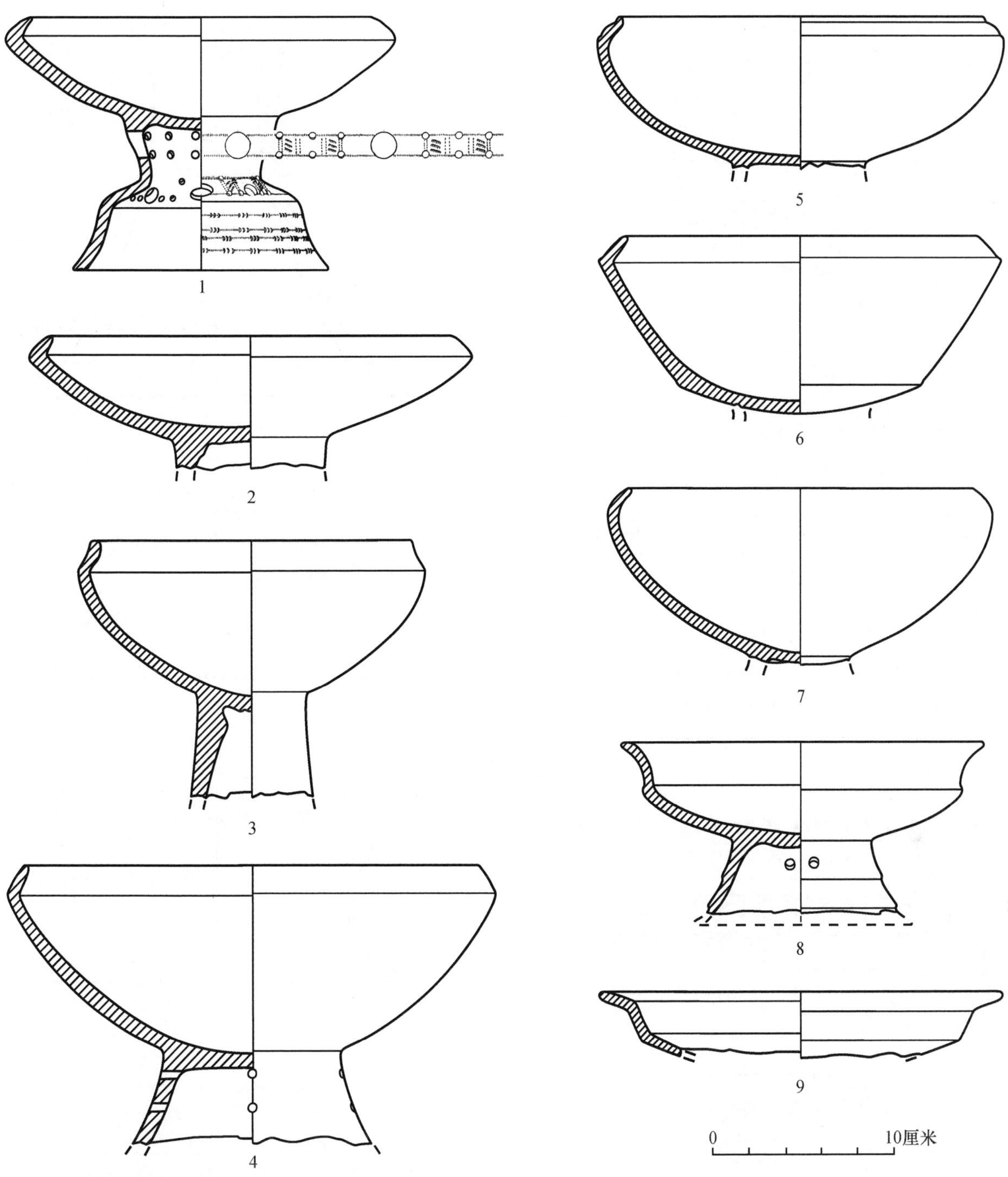

图五五　陶豆型式划分

1. A型Ⅰ式（H3∶3）　2. A型Ⅱ式（H18∶53）　3. B型Ⅰ式（T13④∶2）　4. B型Ⅱ式（H17∶21）　5. C型Ⅰ式（T3④∶32）　6. C型Ⅱ式（H62∶15）　7. D型（T14③∶12）　8. E型Ⅰ式（T13④∶73）　9. E型Ⅱ式（T5③∶1）

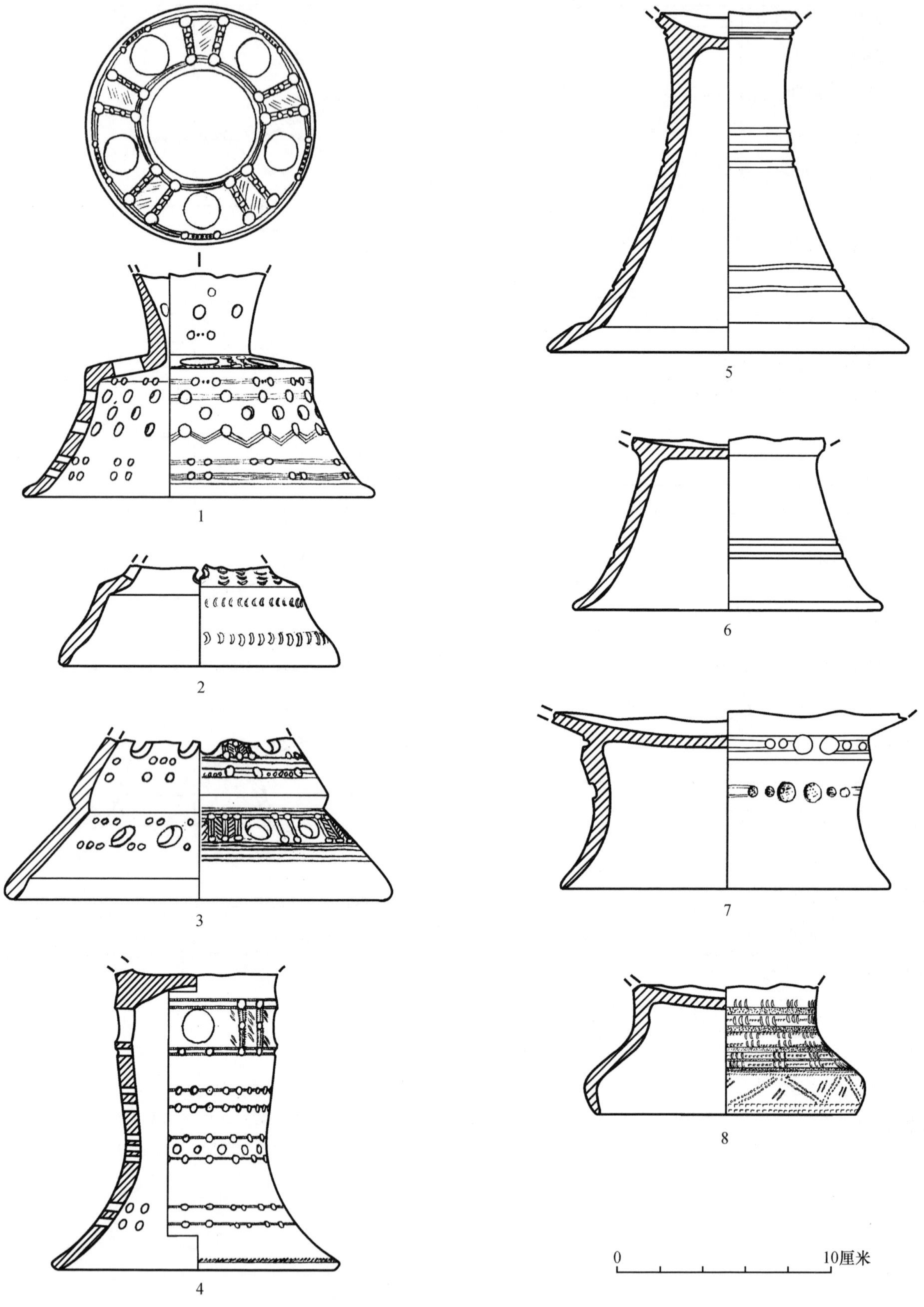

图五六　陶豆足分型

1. A型（H73：51）　2. B型（T12④：43）　3. C型（H30：40）　4. D型（H73：28）　5. E型（H73：94）　6. F型（T6④：28）　7. G型（G7：34）　8. H型（T9③：9）

F型 15件。喇叭形矮足，足沿外撇。如标本T6④：28（图五六，6）。

G型 11件。折壁矮足，足沿外撇或外折。如标本G7：34（图五六，7）。

H型 6件。曲壁矮足，足沿内敛或内折。如标本T9③：9（图五六，8）。

陶碗 47件。据其口部特征可分为2型。

A型 11件。敛口，弧腹。依其腹、足部特征分2式。

Ⅰ式 7件。腹较深，矮圈足。如标本H73：88（图五七，1）。

Ⅱ式 4件。腹略浅，圈足较高。如标本T11④：58（图五七，2）。

B型 36件。折沿，弧腹。依其腹部特征分2式。

Ⅰ式 19件。弧腹较深。如标本H69：11（图五七，3）。

Ⅱ式 17件。弧腹略浅。如标本H69：13（图五七，4）。

陶杯 39件。有平底和圈足两种造型。据其整体特征可分3型。

A型 34件。厚胎平底杯。折沿（少数卷沿），斜直腹，平底（少数底内凹）。依其腹部特征分2式。

Ⅰ式 19件。深斜直腹，整器瘦高。如标本T2④：30（图五七，5）。

Ⅱ式 15件。浅斜直腹，整器矮胖。如标本T4④：30（图五七，6）。

B型 3件。薄胎圈足杯。直口，深折腹。如标本H17：24（图五七，7）。

C型 2件。圈足杯。敞口，浅斜腹，圈足微外撇。如标本T8③：30（图五七，8）。

陶器盖 75件。因多数盖顶及纽部已残，只能据其盖沿及腹部特征将其分为5型。

A型 53件。盖沿外折，深弧腹盖。多数为桥形纽，少数为圈足式纽。如标本T16④：67、T16④：53（图五八，1、2）。

B型 6件。盖沿外侈或微外卷，浅斜腹盖。盖纽多圈足式纽，有少量桥形纽及柱状实心纽。如标本T7④：48、H23：6（图五八，3、4）。

C型 6件。盖沿微内敛，弧腹盖。多数为圈足式纽，少数为捉手式实心纽。如标本H17：6（图五八，5）。

D型 8件。碟形盖。盖沿外翻，浅斜腹盖，盖底平坦，桥形纽内置于盖底部。如标本T12④：146（图五八，6）。

E型 2件。体小。盖沿外侈或微外卷，浅斜腹盖，豆柄式实心纽。如标本T1④：46（图五八，7）。

另外，还有少量三足钵、三足杯、碗足、豆柄、盖纽、鋬耳、支座等未参与类型学研究和统计。

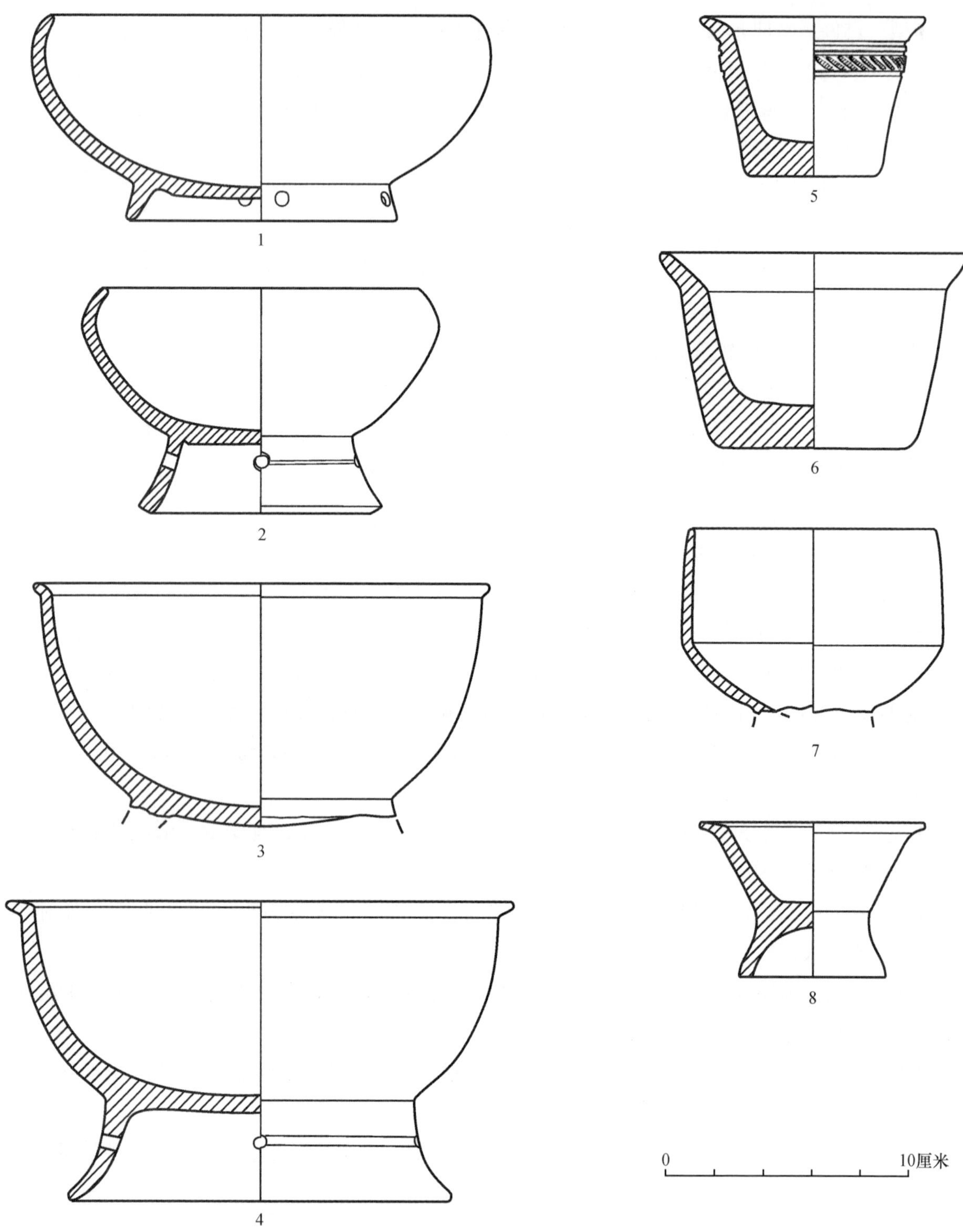

图五七　陶碗、陶杯型式划分

1. A型Ⅰ式碗（H73：88）　2. A型Ⅱ式碗（T11④：58）　3. B型Ⅰ式碗（H69：11）　4. B型Ⅱ式碗（H69：13）　5. A型Ⅰ式杯（T2④：30）　6. A型Ⅱ式杯（T4④：30）　7. B型杯（H17：24）　8. C型杯（T8③：30）

图五八　陶器盖分型

1、2. A型（T16④：67、T16④：53）　3、4. B型（T7④：48、H23：6）　5. C型（H17：6）　6. D型（T12④：146）　7. E型（T1④：46）

第二节　地层出土陶器

地层共有32个单位出土陶器。现按单位依次介绍其典型标本如下。

1. T1第4层

该单位出土陶器包括鼎、罐、盘、豆、碗、器盖等。共选标本40件，现介绍17件如下。

陶鼎　C型Ⅱ式，3件。折沿较甚，沿面微外弧，溜肩。标本T1④：7，夹砂灰褐陶。圆唇，下腹及底、足残。口外素面，肩及上腹部饰弦纹、长椭圆纹及篦点勾连纹。口径21.9、残高6.1厘米（图五九，1）。

陶罐　A型Ⅰ式，2件。大敞口，宽折沿微外弧，圆肩，鼓腹。标本T1④：8，泥质灰陶，器表有黑斑。尖唇，下腹及底残。素面。口径20.1、残高8.8厘米（图五九，2）。

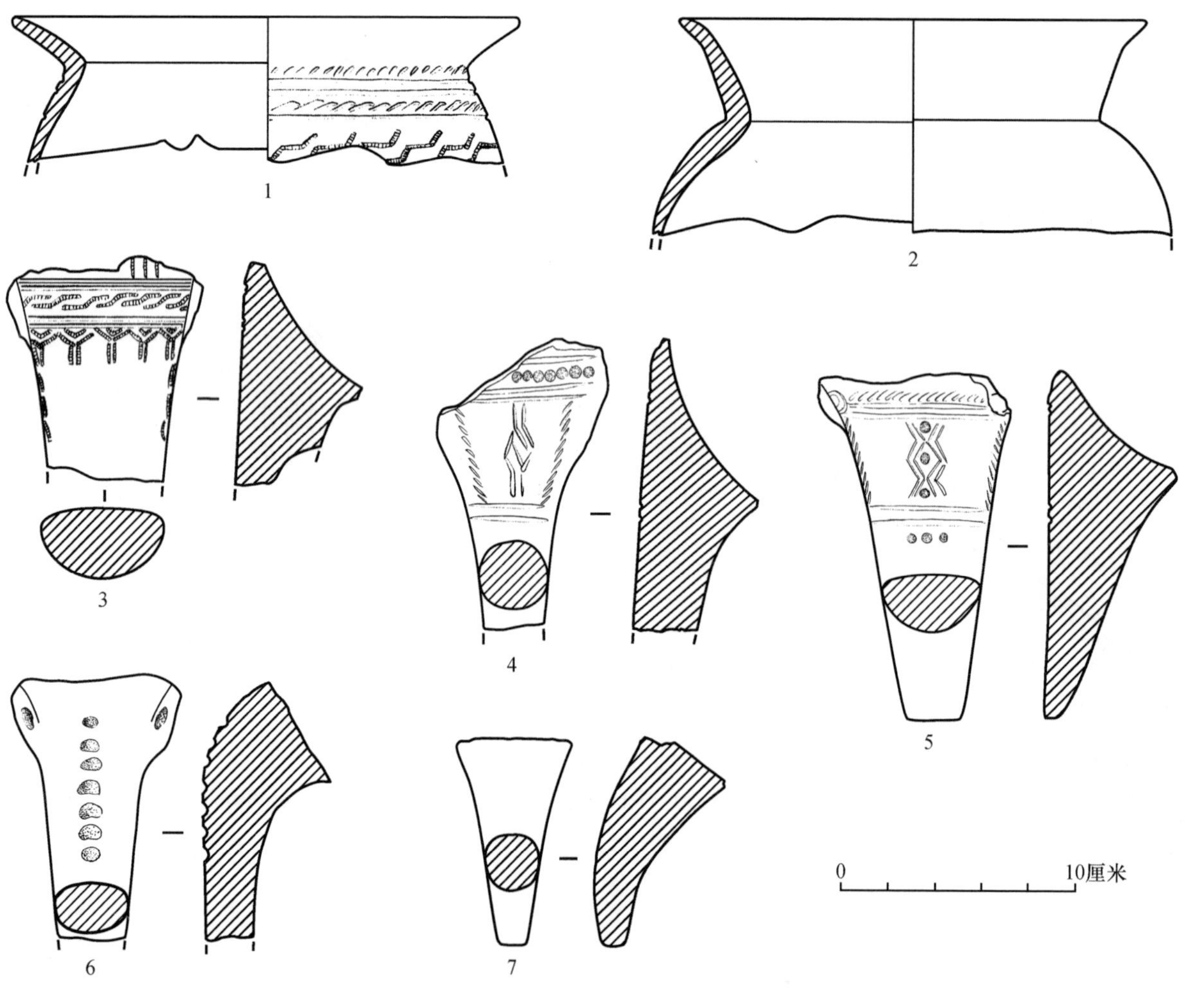

图五九　T1④层出土陶器

1. C型Ⅱ式鼎（T1④：7）　2. A型Ⅰ式罐（T1④：8）　3、5. C型鼎足（T1④：53、T1④：54）　4. D型鼎足（T1④：47）　6. K型鼎足（T1④：48）　7. M型鼎足（T1④：52）

陶鼎足 C型，7件。扁凿形足，横截面近半椭圆形或三角形。标本T1④：53，夹砂红褐陶，微偏黄。横截面近半椭圆形，足下部残断。足上部饰弦纹、篦点勾连纹及垂帘纹，两侧饰篦点短线纹。残长9.3厘米（图五九，3）。标本T1④：54，夹砂红陶。横截面近三角形。足上部饰弦纹、短线纹、圆窝纹及菱形组合纹，根部两角各饰一乳钉状泥突。长14.5厘米（图五九，5；彩版二〇，1；图版一，1）。

D型 3件。圆柱足，横截面近圆形。标本T1④：47，夹砂红陶。足下部残断。足上部饰弦纹、圆窝纹、短线纹及几何组合纹。残长11.9厘米（图五九，4）。

K型 2件。弓背凿形足，横截面近椭圆形。标本T1④：48，夹砂羼炭褐陶，微偏黄。足下部残断。足上部及根部两侧饰按窝。残长11.0厘米（图五九，6）。

M型 3件。弓背矮柱足，横截面近圆形。标本T1④：52，夹砂红陶。素面。长8.6厘米（图五九，7）。

陶盘 A型Ⅰ式，3件。盘腹略深。标本T1④：19，泥质红陶，器表施白衣，内壁灰白。厚圆唇，敛口，底、足残。唇沿内、外均施红彩带，盘腹饰弦纹及水波纹。口径24.1、残高3.1厘米（图六〇，1）。标本T1④：22，泥质红陶，内壁光滑。厚圆唇，口微敛，底、足残。盘腹饰水波纹及弦纹。口径20.1、残高3.2厘米（图六〇，2）。

陶豆 E型Ⅰ式，2件。敞口，口外内凹，口、腹转折明显，浅盘。标本T1④：9，泥质灰陶。薄胎，圆唇近尖，底、足残。素面。口径23.1、残高4.4厘米（图六〇，3）。

陶碗 B型Ⅱ式，3件。折沿，弧腹较浅，圜底近平。标本T1④：13，泥质浅红陶，器表光滑。圆唇近尖，足残。素面。口径21.1、残高5.9厘米（图六〇，4）。

陶盘足 A型，2件。高圈足。标本T1④：27，泥质红陶，器表施白衣，内壁灰白色。足上部残见两周弦纹，下部施红彩。足径13.2、残高5.2厘米（图六〇，6）。

陶豆足 A型，4件。台式足，足沿外撇。标本T1④：32，泥质灰陶，微偏黄。内壁不平。台面除4个大型镂孔外，其他纹饰因器表脱落已不见，足部饰成组镂孔及篦点几何纹。足径13.9、残高6.1厘米（图六〇，7）。

陶器盖 A型，2件。盖沿外折，深弧腹盖。标本T1④：12，夹砂红陶。盖顶及盖纽残。素面。盖径17.1、残高5.3厘米（图六〇，5）。

E型 2件。覆豆形小盖。盖沿微外侈，浅斜腹盖，实心豆柄式纽，纽顶部内凹。标本T1④：46，夹砂羼炭红陶。盖面饰一道凹槽，余素面。盖径7.3、纽径5.1、通高7.2厘米（图六〇，8；图版一，2）。

陶盖纽 2件。宽扁薄桥形纽。标本T1④：38，夹砂黑陶，器表施黑衣。纽面饰圆点纹、篦点菱形几何纹。纽残长2.6、宽3.5厘米（图六〇，9）。标本T1④：37，泥质红陶，器表施白衣，周边施红彩。纽面饰勾连形几何组合纹，较规整。纽残长7.7、宽4.1厘米（图六〇，10）。

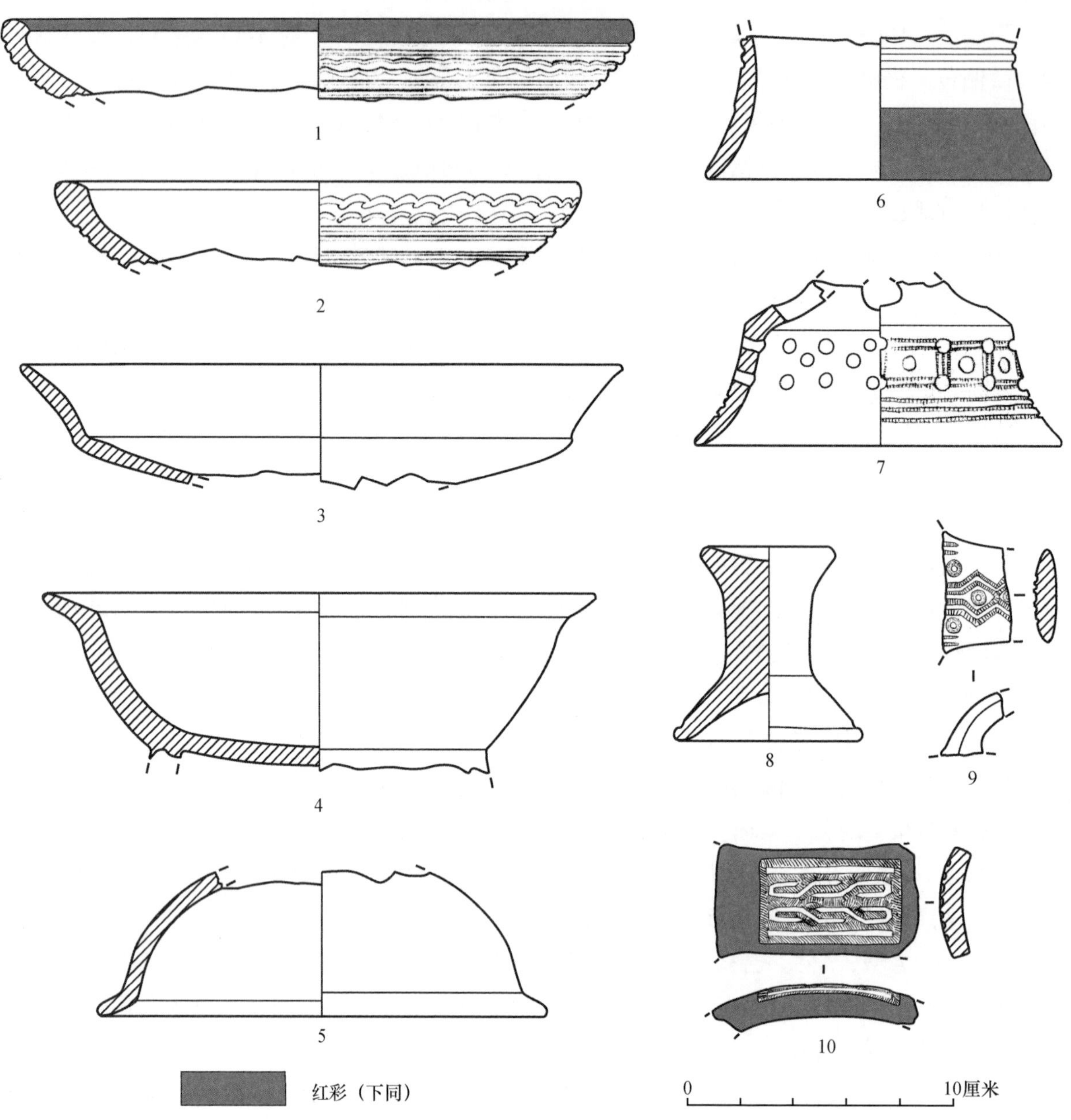

图六〇　T1④层出土陶器

1、2. A型Ⅰ式盘（T1④：19、T1④：22）　3. E型Ⅰ式豆（T1④：9）　4. B型Ⅱ式碗（T1④：13）　5. A型器盖（T1④：12）　6. A型盘足（T1④：27）　7. A型豆足（T1④：32）　8. E型器盖（T1④：46）　9、10. 盖纽（T1④：38、T1④：37）

2. T1第3层

该单位出土陶器包括鼎、釜、甑、豆等。共选标本15件，现介绍7件如下。

陶鼎　F型Ⅱ式，2件。仰折沿，沿面外弧，斜领。标本T1③：3，夹砂红陶。圆唇，仅存口、领部。口外素面，领部饰附加堆纹及弦纹。口径20.1、残高6.2厘米（图六一，1）。

陶釜　A型，3件。口微敛，仰折沿，沿面内凹呈盘口状，圆肩。标本T1③：16，夹砂黑褐陶，器表有较多黑斑。圆唇，腹、底残。素面。口径16.5、残高5.6厘米（图六一，2）。

陶甑 A型Ⅰ式，2件。折沿，深腹微鼓。标本T1③：14，夹砂羼炭褐陶，口部胎较厚。圆唇，圜底残。底部残见箅孔，余素面。口径22.1、残高10.3厘米（图六一，3）。

陶豆柄 2件。腰鼓形高柄。标本T1③：4，泥质红陶。上部饰4组由双镂孔、篦点短斜线纹、竖线纹、横向篦点垂帘纹等构成的几何组合纹，并间以4个大型镂孔，其上、下各饰两周篦点纹及细圆窝纹，下部残见红彩及镂孔。残高8.3厘米（图六一，4）。

陶豆足 F型，1件。喇叭形矮足，足沿微外撇。标本T1③：1，泥质灰陶。饰数组弦纹及成组细镂孔。足径12.5、残高7.4厘米（图六一，5）。

陶鼎足 I型，2件。弓背扁凿形足，横截面近三角形。标本T1③：18，夹砂红陶。足上部饰弦纹及圆窝纹。长9.8厘米（图六一，6；图版一，3）。

J型 3件。弓背圆柱足，横截面近圆形。标本T1③：19，夹砂红陶。素面。长8.9厘米（图六一，7）。

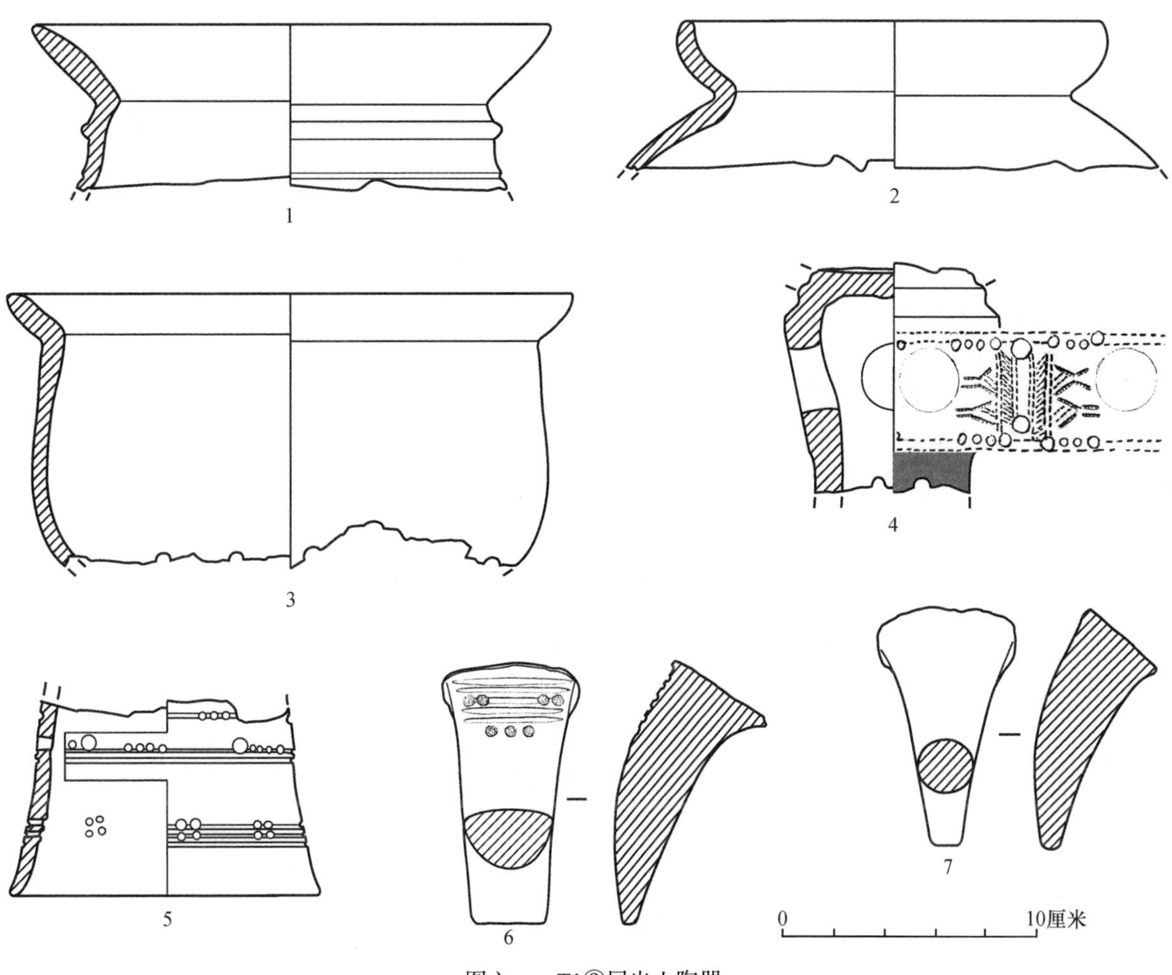

图六一 T1③层出土陶器

1. F型Ⅱ式鼎（T1③：3） 2. A型釜（T1③：16） 3. A型Ⅰ式甑（T1③：14） 4. 豆柄（T1③：4） 5. F型豆足（T1③：1） 6. I型鼎足（T1③：18） 7. J型鼎足（T1③：19）

3. T2第4层

该单位出土陶器包括鼎、盘、豆、碗、杯等。共选标本29件，现介绍14件如下。

陶鼎足　C型，1件。宽扁足，横截面近长椭圆形。标本T2④：47，大型鼎足。夹砂深红陶。足下部残断。足上部饰弦纹、勾连纹、短斜线纹及菱形几何纹，根部两角各饰一乳钉状泥突。残长13.9厘米（图六二，1；彩版二〇，2；图版一，4）。

E型　3件。凿形足，横截面呈不规则形。标本T2④：38，夹砂红褐陶。素面。长17.1厘米（图六二，2）。

I型　5件。弓背扁凿形足，横截面近半椭圆形。标本T2④：42，夹砂红陶。微弓背。足上部饰弦纹、短线纹及垂帘纹，根部两角各饰一乳钉状泥突。长10.1厘米（图六二，4；图版一，5）。标本T2④：44，夹砂红陶。弓背较甚。足上部饰弦纹及圆窝纹。长10.4厘米（图

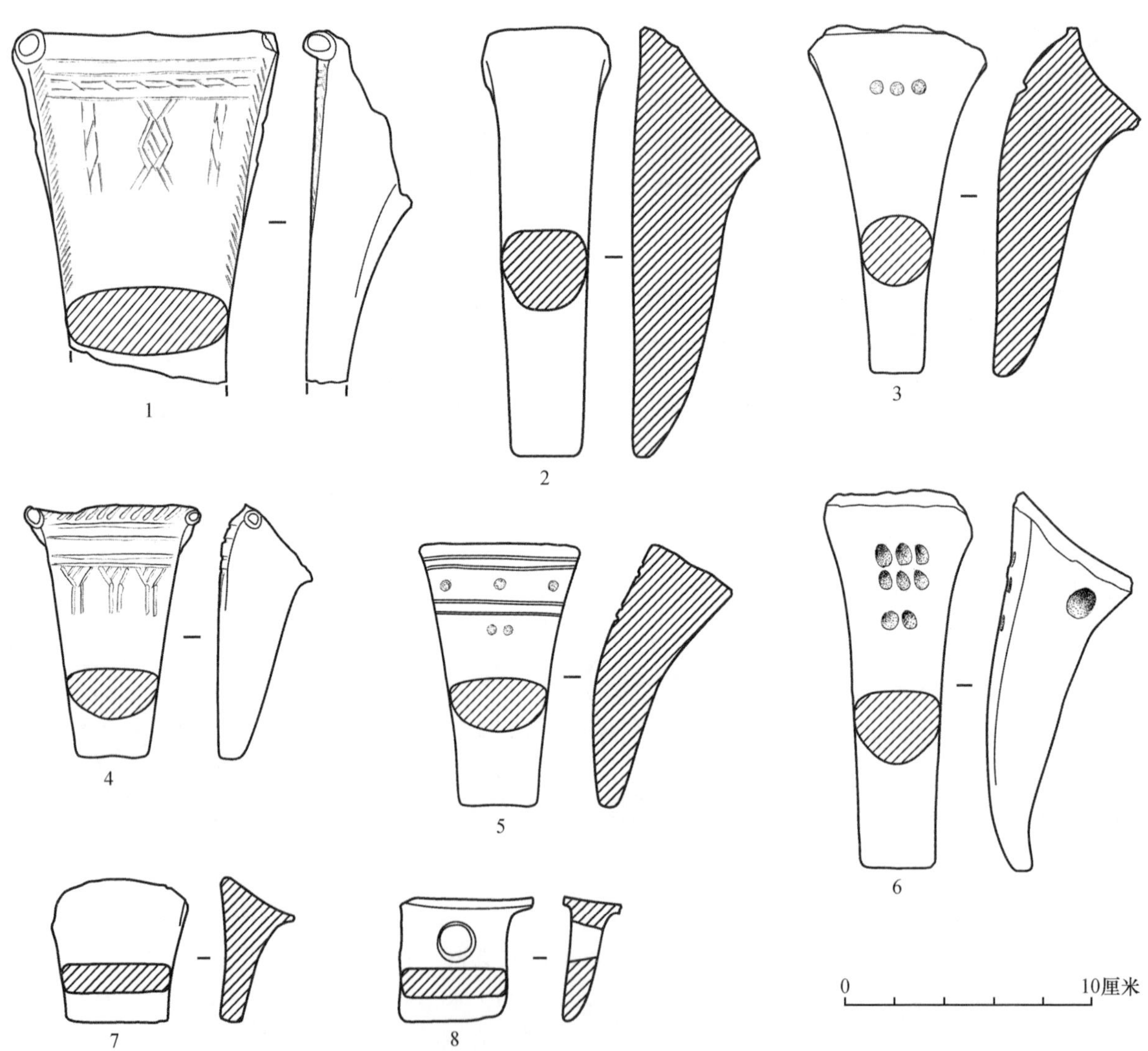

图六二　T2④层出土陶器

1. C型鼎足（T2④：47）　2. E型鼎足（T2④：38）　3. J型鼎足（T2④：34）　4、5. I型鼎足（T2④：42、T2④：44）　6. K型鼎足（T2④：36）　7、8. L型鼎足（T2④：39、T2④：40）

六二，5；图版一，6）。

J型　4件。弓背圆柱足，横截面近圆形。标本T2④：34，夹砂红陶。足上部饰一组圆窝纹。长13.8厘米（图六二，3）。

K型　2件。弓背凿形足，横截面近三角形。标本T2④：36，夹砂红陶。足尖内收。足上部及根部两侧饰按窝纹。长14.9厘米（图六二，6）。

L型　2件。宽扁薄矮足，横截面近长方形。标本T2④：39，夹砂羼炭红陶，质感较轻。素面。长5.7厘米（图六二，7）。标本T2④：40，粗泥红陶。足上部饰一圆镂孔。长4.9厘米（图六二，8）。

陶鼎　A型Ⅰ式，3件。口微敛，仰折沿，沿面内凹呈盘口状，溜肩。标本T2④：1，夹砂羼炭褐陶，器表有较多黑斑。圆唇，仅存口部。口外素面，肩部残见弦纹及短线纹。口径18.1、残高5.2厘米（图六三，1）。

陶盘　A型Ⅰ式，1件。弧腹盘略深。标本T2④：11，泥质红陶。厚圆唇，口微敞，底、足残。盘部饰水波纹及弦纹。口径18.1、残高4.8厘米（图六三，2）。

陶豆　A型Ⅰ式，1件。内折口，弧腹盘较浅。标本T2④：7，泥质红陶。尖唇，底、足残。素面。口径22.5、残高4.3厘米（图六三，3）。

E型Ⅱ式，2件。大敞口，折沿，浅折腹。标本T2④：4，泥质黑陶，薄胎。尖唇，底、足残。素面。口径17.9、残高3.7厘米（图六三，4）。

陶碗　B型Ⅱ式，3件。平折沿，弧腹略浅。标本T2④：8，泥质红陶。圆唇，折沿近平，

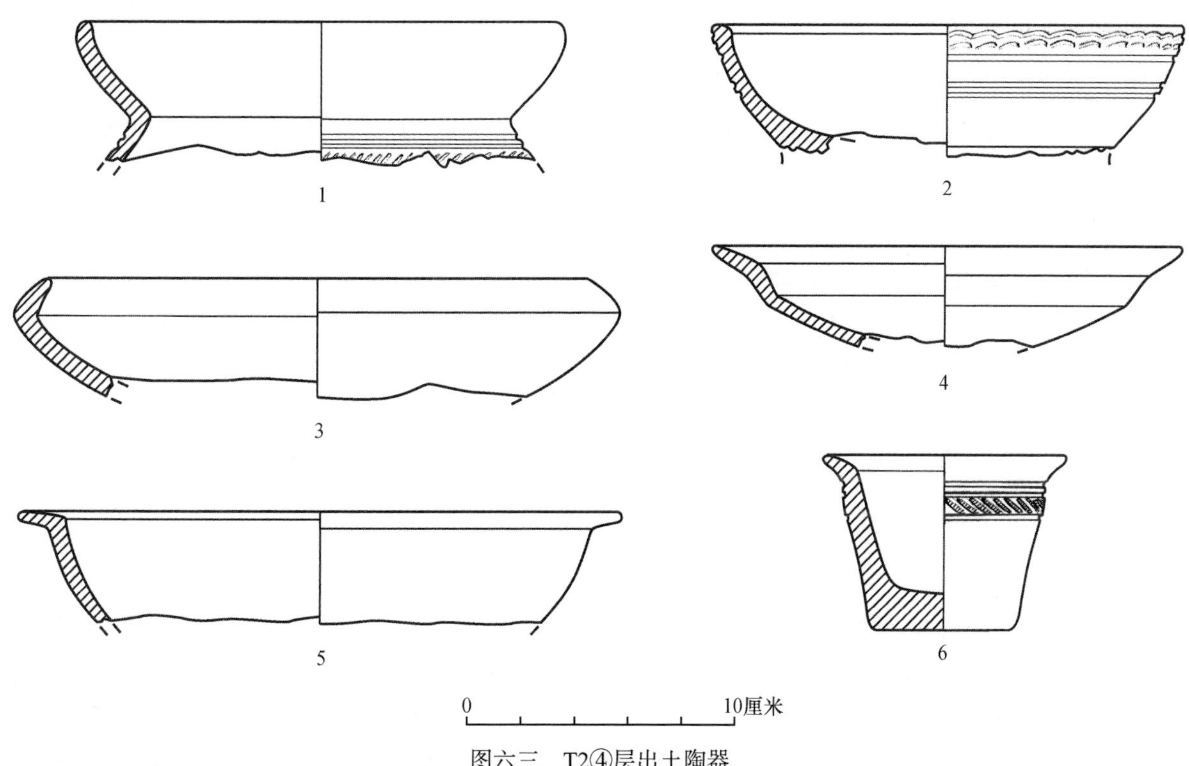

图六三　T2④层出土陶器

1. A型Ⅰ式鼎（T2④：1）　2. A型Ⅰ式盘（T2④：11）　3. A型Ⅰ式豆（T2④：7）　4. E型Ⅱ式豆（T2④：4）　5. B型Ⅱ式碗（T2④：8）　6. A型Ⅰ式杯（T2④：30）

底、足残。素面。口径22.8、残高4.2厘米（图六三，5）。

陶杯　A型Ⅰ式，2件。折沿，深斜直腹，平底。标本T2④：30，夹砂红陶，器表有较多烟黑斑。圆唇近尖，底部胎厚，内壁粗糙。上腹饰弦纹及篦点短线纹，余素面。口径9.3、底径5.2、高6.4厘米（图六三，6；图版二，1）。

4. T2第3层

该单位出土陶器包括鼎、盘、豆、器盖等。共选标本18件，现介绍9件如下。

陶鼎　E型Ⅱ式，2件。折沿较甚，沿面外弧，溜肩，曲腹。标本T2③：15，夹砂红褐陶。圆唇，下腹及底、足残。口外素面，肩、腹部饰篦点短线纹、篦点勾连纹、圆点纹及弦纹。口径19.8、残高9.6厘米（图六四，1）。

陶豆柄　3件。腰鼓形柄。标本T2③：16，泥质红陶，施红衣。柄上饰3组粗指甲纹，并间以3个镂孔。残高7.4厘米（图六四，2）。

陶盘　A型Ⅱ式，2件。浅弧腹盘。标本T2③：20，泥质白陶。厚圆唇，足残。近口部饰一周横向细长指甲纹，余素面。口径23.8、残高5.1厘米（图六四，3）。

陶鼎足　C型，7件。宽扁足，横截面近长椭圆形或半椭圆形。标本T2③：24，夹砂红陶。横截面近长椭圆形。足上部饰弦纹、篦点勾连纹及附加堆纹。长14.9厘米（图六四，4；图版二，2）。标本T2③：23，夹砂红陶。横截面近长椭圆形，足下部残断。足上部饰弦纹、篦点短线纹及圆圈纹。残长10.3厘米（图六四，5）。标本T2③：26，夹砂红褐陶。横截面近半椭圆形，足下部残断。足上部饰短线纹、圆点纹、篦点横带纹及半圆形附加堆纹，后者上面还压印锯齿状纹。残长9.1厘米（图六四，6；图版二，3）。

D型　2件。圆柱形足，横截面呈圆形。标本T2③：22，夹砂深红陶。足上部饰菱形几何纹及弦纹，两侧饰短斜线纹。长14.4厘米（图六四，7）。

F型　1件。舌形足，顶部有一平台，足身内弧，足尖微外撇，横截面略呈椭圆形。标本T2③：21，夹砂红陶。足上部饰两个深按窝。长10.8厘米（图六四，8；图版二，4）。

陶盖纽　1件。宽扁薄桥形纽。标本T2③：11，泥质灰陶。两端残断。其上残见两组圆窝纹及两道弦纹。残长6.6、宽5.0厘米（图六四，9）。

5. T3第4层

该单位出土陶器包括鼎、罐、盘、豆、钵及少量鋬耳等。共选标本26件，现介绍12件如下。

陶罐　G型Ⅰ式，2件。小敞口，高斜领，广肩，鼓腹较甚。标本T3④：34，泥质红胎黑陶。体小，胎薄，圆唇，圜底残。领饰两道细弦纹，余素面。口径9.6、腹径13.2、残高7.9厘米（图六五，1）。

陶鼎足　D型，2件。圆柱形足，横截面近圆形。标本T3④：41，夹砂黑褐陶。足下部残断。足上部饰按窝及两道宽凹槽，根部两角各饰一乳钉状泥突。残长10.2厘米（图六五，2）。

I型　6件。弓背扁凿形足，横截面呈长椭圆形或半椭圆形。标本T3④：44，大型足。夹

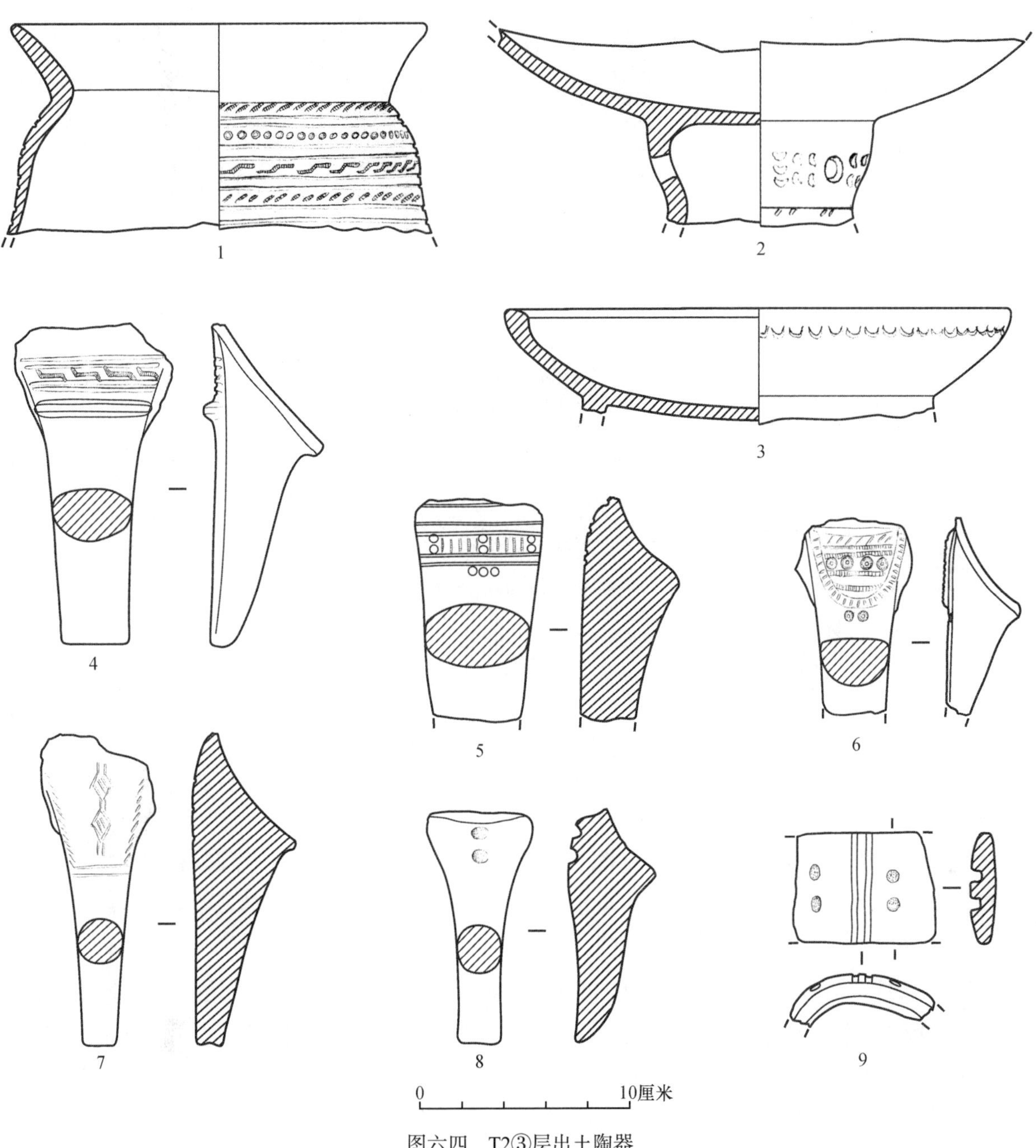

图六四　T2③层出土陶器

1. E型Ⅱ式鼎（T2③：15）　2. 豆柄（T2③：16）　3. A型Ⅱ式盘（T2③：20）　4～6. C型鼎足（T2③：24、T2③：23、T2③：26）　7. D型鼎足（T2③：22）　8. F型鼎足（T2③：21）　9. 盖纽（T2③：11）

砂红褐陶。横截面呈长椭圆形，足下部残断。足上部饰短线纹、菱形几何纹及弦纹。残长9.8厘米（图六五，3）。标本T3④：43，夹砂红褐陶，微偏黄。横截面呈长椭圆形。足上部饰篦点短斜线纹、圆点纹及弦纹。长15.8厘米（图六五，4；彩版二〇，3；图版二，5）。标本T3④：45，大型足。夹砂红陶。横截面呈半椭圆形，足下部残断。足上部饰弦纹、短线纹、篦点勾连纹及垂帘纹。残长10.8厘米（图六五，5）。

陶鋬耳　2件。标本T3④：42，夹砂红陶。弯钩形宽耳。素面。耳长5.1、耳宽4.9厘米（图六五，6）。

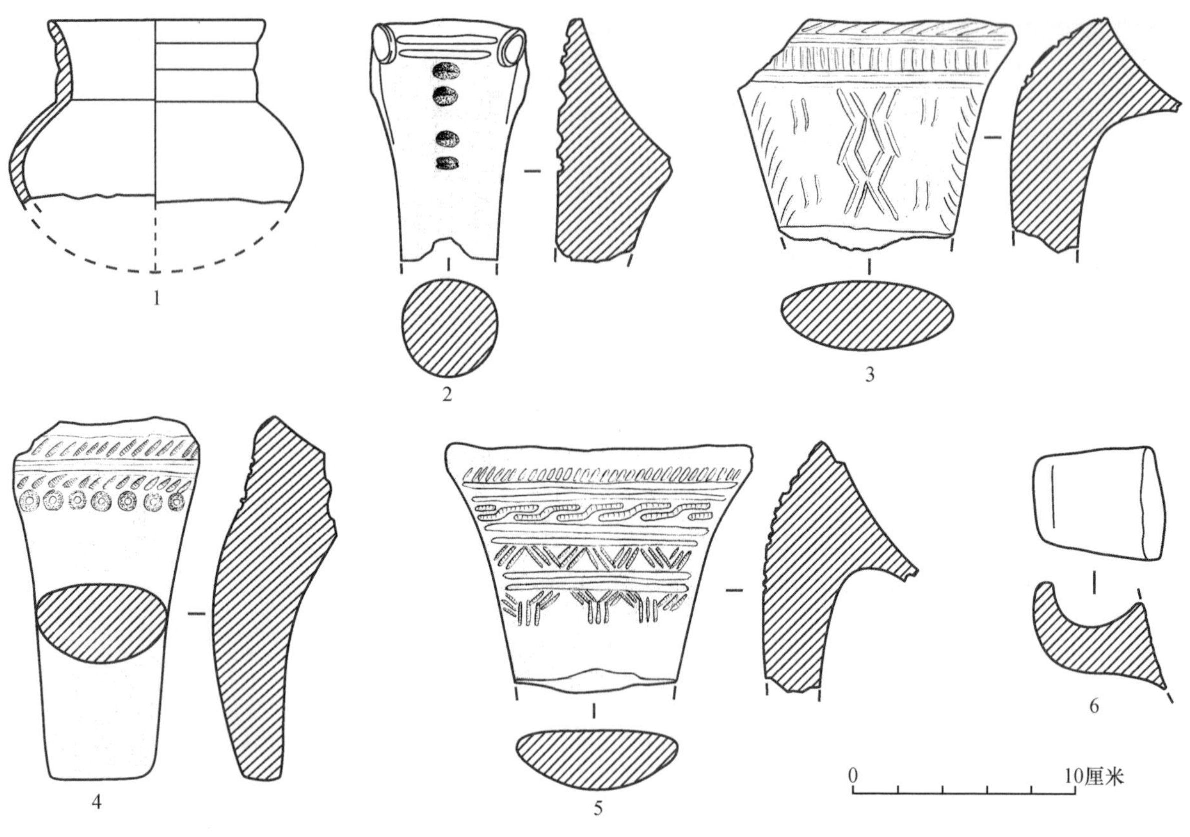

图六五　T3④层出土陶器

1. G型Ⅰ式罐（T3④：34）　2. D型鼎足（T3④：41）　3～5. I型鼎足（T3④：44、T3④：43、T3④：45）　6. 鋬耳（T3④：42）

陶盘　A型Ⅰ式，2件。弧腹盘略深。标本T3④：13，泥质白陶。厚圆唇，口微敛，底、足残。口内、外施红彩带，盘腹饰篦点水波纹及横带纹。口径20.9、残高4.8厘米（图六六，1）。

C型　2件。敛口，浅弧腹盘。标本T3④：26，泥质灰红陶。圆唇，足残。盘、足相交部可见一周填纹凹槽，余素面。口径18.2、残高5.8厘米（图六六，2；图版二，6）。

陶盘足　A型，4件。高圈足。标本T3④：10，泥质红陶。足上部饰水波纹、弦纹及短斜线纹，足沿饰一周长椭圆形纹。足径16.4、残高7.2厘米（图六六，3）。

陶豆　C型Ⅰ式，3件。敛口，口外凹凸不平，弧腹盘。标本T3④：32，泥质灰陶，内黑。圆唇微侈，足残。素面。口径20.2、残高7.9厘米（图六六，4）。

C型Ⅱ式，1件。内折口，口外内凹呈子母口状，斜腹盘，腹、底转折起棱。标本T3④：27，泥质黑陶。尖唇，足残。口外饰细篦点纹及浅圆圈纹，余素面。内口径16.8、残高6.7厘米（图六六，5；图版三，1）。

陶钵　A型Ⅰ式，2件。敛口，浅弧腹，平底。标本T3④：28，泥质浅红陶，器表施深红衣。厚圆唇。素面。口径17.1、底径8.2、高6.4厘米（图六六，6；彩版二一，1；图版三，2）。

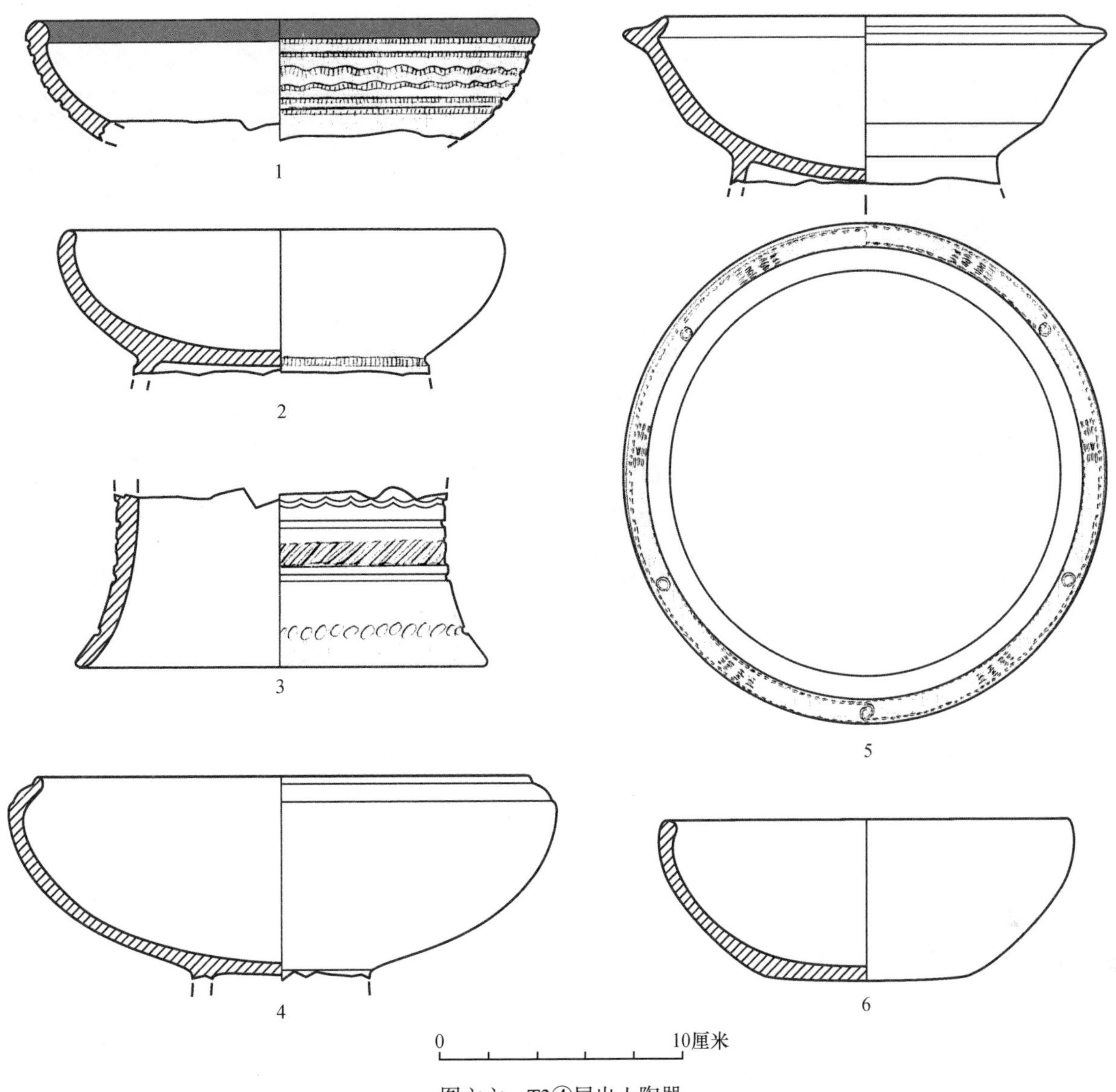

图六六　T3④层出土陶器

1. A型Ⅰ式盘（T3④：13）　2. C型盘（T3④：26）　3. A型盘足（T3④：10）　4. C型Ⅰ式豆（T3④：32）　5. C型Ⅱ式豆（T3④：27）　6. A型Ⅰ式钵（T3④：28）

6. T3第3层

该单位出土陶器包括鼎、罐、缸、盘、豆等。其中，鼎、盘、豆大多饰有较为复杂的纹饰，常见纹饰有短线纹、方格纹、水波纹、垂帘纹、镂孔以及树形几何组合纹、耜形图案等（图六七）。共选标本26件，现介绍12件如下。

陶鼎足　A型，2件。宽扁凹足，横截面略呈新月形。标本T3③：23，大型足。夹砂羼炭红陶。足尖略呈铲形。上饰三道竖向凹槽。长19.1厘米（图六八，6；图版三，3）。

D型　6件。圆柱形足，横截面呈圆形。标本T3③：25，夹砂红陶。足上部饰弦纹及十字形组合纹。长15.7厘米（图六八，1；图版三，4）。标本T3③：2，夹砂红陶。足尖残断。足上部饰篦点菱形几何纹及短弧线形纹，根部两侧各饰一条短弧形扉棱状附加堆纹。残长13.7厘

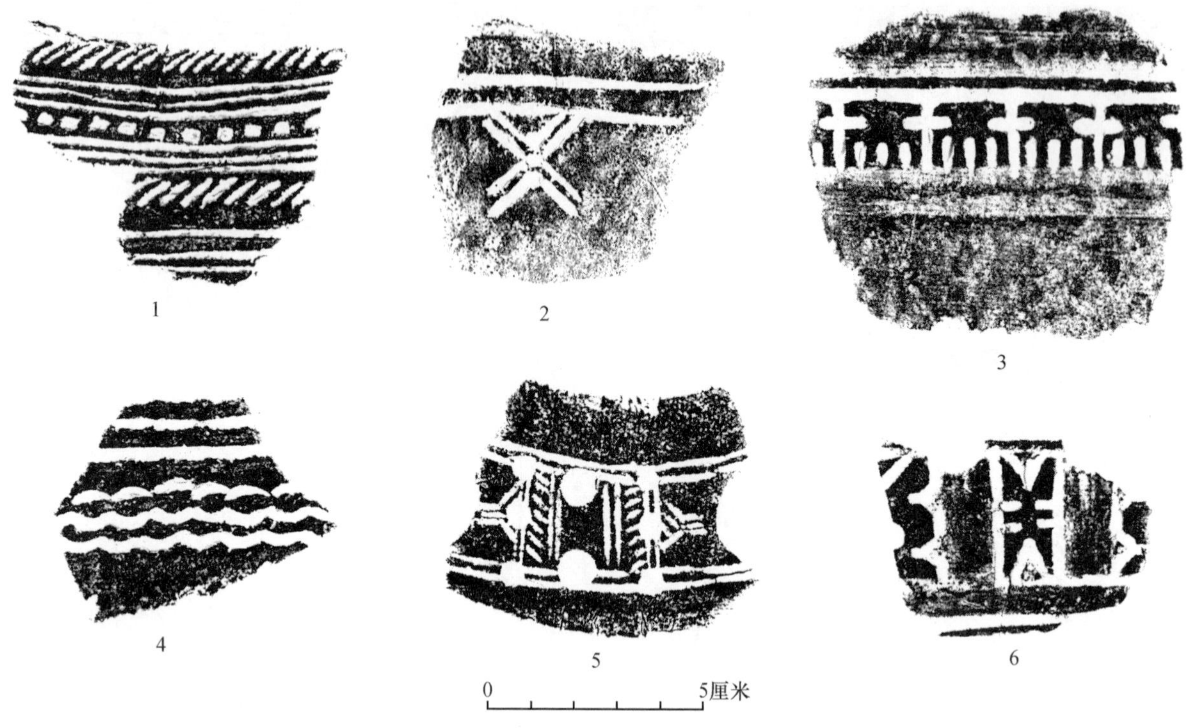

图六七　T3③层出土陶片纹饰拓片

1. 鼎肩：短线纹+方格纹（T3③：10）　2. 鼎足：十字形组合纹（T3③：25）　3. 盘足：树形组合纹（T3③：7）　4. 盘口：水波纹（T3③：5）　5. 豆足：短线纹+横向垂帘纹+镂孔（T3③：13）　6. 盘足：粗形图案（T3③：6）

米（图六八，2；图版三，5）。

E型　5件。凿形足，横截面略呈三角形。标本T3③：33，夹砂红褐陶。足上部饰浅凹窝纹，根部两角各饰一乳钉状泥突。长10.1厘米（图六八，3；图版三，6）。标本T3③：37，夹砂红褐陶。足尖略残。足上部饰两组按窝，根部两角各饰一乳钉状泥突。长11.3厘米（图六八，4；图版四，1）。标本T3③：32，夹砂红陶。素面。长11.8厘米（图六八，5）。

陶豆足　F型，1件。喇叭形矮足，足沿外撇。标本T3③：16，泥质红陶，器表施白衣。体小。足上部饰3组勾连状几何纹，并间以3个长方形镂孔。足径5.2、残高4.0厘米（图六八，7；图版四，2）。

陶鼎　D型Ⅱ式，3件。折沿较甚，沿面外弧，斜肩。标本T3③：18，夹砂红褐陶。圆唇，仅存口、肩部。口外素面，颈部饰一周篦点短线纹，肩部饰弦纹及篦点勾连纹。口径22.0、残高5.4厘米（图六九，1）。

E型Ⅰ式，5件。折沿，沿面微内凹，折肩。标本T3③：21，夹砂红褐陶。圆唇，侈口，下腹及底、足残。口外素面，肩及上腹部饰细密弦纹及细长椭圆形纹。口径22.0、残高8.6厘米（图六九，2）。标本T3③：17，夹砂红陶。圆唇，口微侈，腹及底、足残。口外素面，肩部可见3组细密弦纹及2周细长椭圆形纹。口径21.2、腹径22.1、残高9.0厘米（图六九，3）。

陶罐　E型Ⅱ式，2件。大口，卷沿较甚，束颈，鼓腹。标本T3③：35，夹砂羼炭红陶。圆唇，下腹及底残。腹饰错乱浅绳纹。口径25.4、残高8.7厘米（图六九，4）。

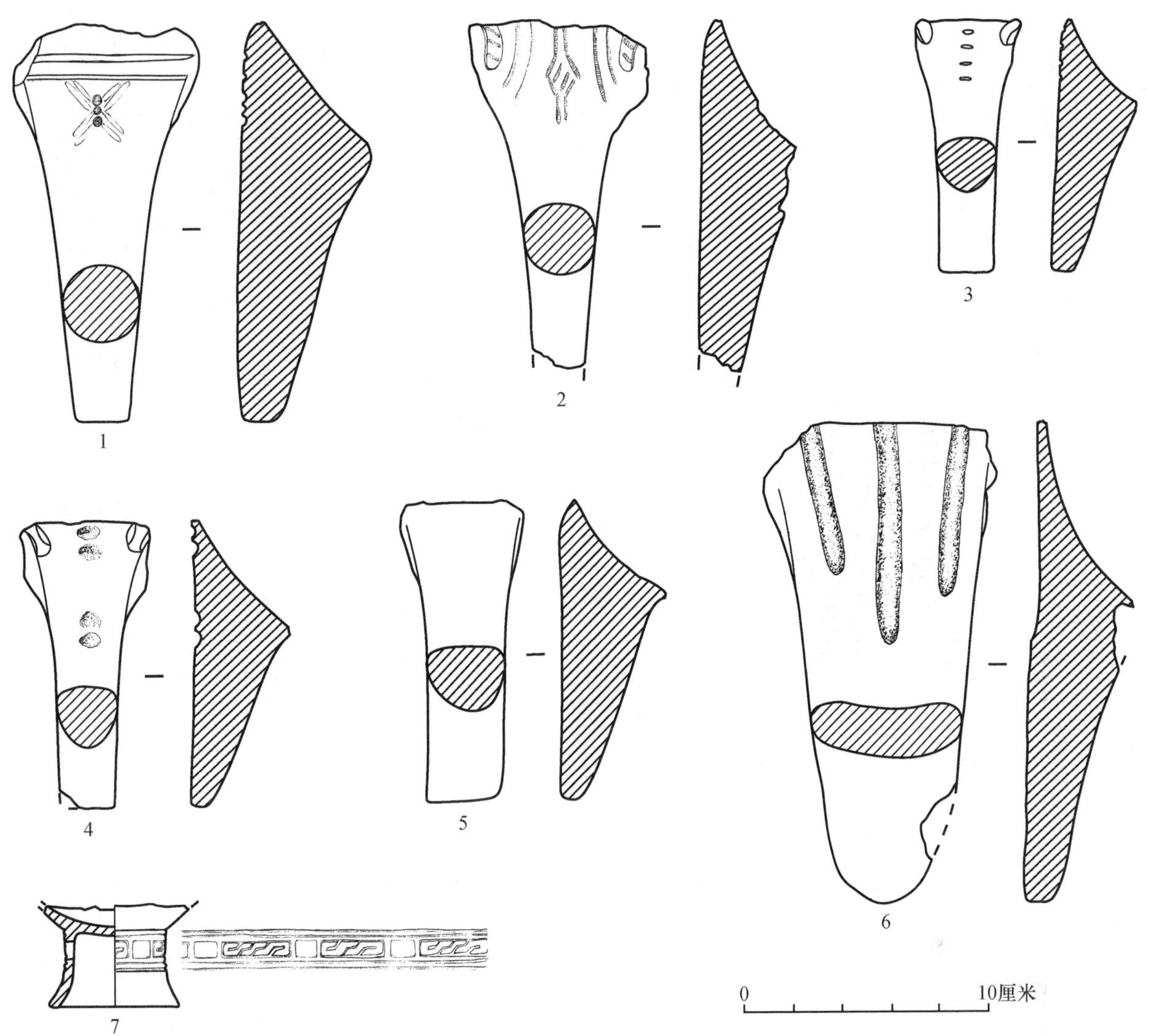

图六八　T3③层出土陶器

1、2. D型鼎足（T3③：25、T3③：2）　3～5. E型鼎足（T3③：33、T3③：37、T3③：32）　6. A型鼎足（T3③：23）　7. F型豆足（T3③：16）

陶缸　A型Ⅰ式，2件。口部均残。深筒形腹，平底。标本T3③：22，夹砂红褐陶。素面。底径13.9、残高15.1厘米（图六九，5）。

7. T4第4层

该单位出土陶器包括鼎、釜、罐、盘、豆、杯、器盖等。其中，鼎、盘、豆及盖纽等器表装饰较为丰富，纹饰多样（图七〇）。共选标本34件，现介绍16件如下。

陶釜　B型Ⅱ式，3件。折沿，沿面微外弧，圆肩。标本T4④：4，夹砂羼炭红陶，施红衣。方唇，唇面内凹，腹、底残。素面。口径18.2、残高5.6厘米（图七一，1）。

陶罐　A型Ⅰ式，5件。大敞口，宽折沿微外卷，圆肩。标本T4④：2，夹砂羼炭红陶，施红衣。圆唇，肩微耸，腹、底残。素面。口径19.8、残高6.3厘米（图七一，2）。标本

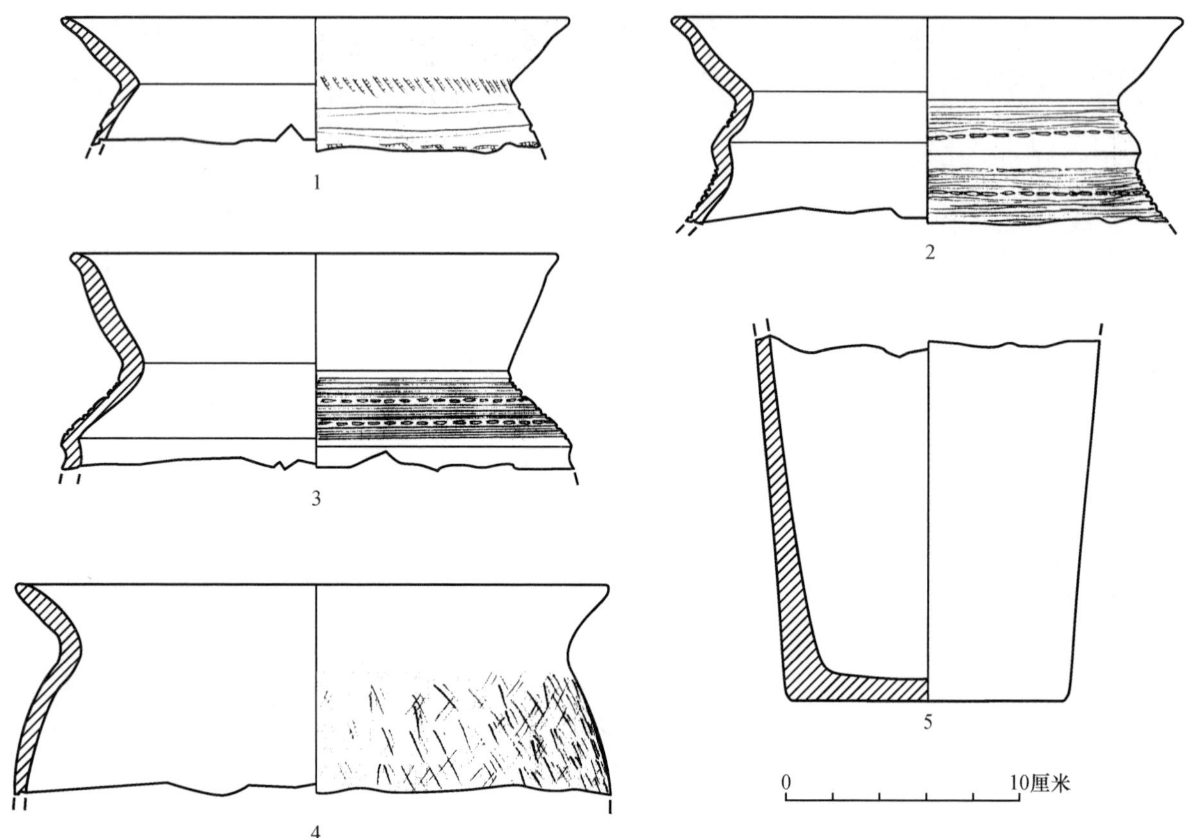

图六九　T3③层出土陶器

1. D型Ⅱ式鼎（T3③：18）　2、3. E型Ⅰ式鼎（T3③：21、T3③：17）　4. E型Ⅱ式罐（T3③：35）　5. A型Ⅰ式缸（T3③：22）

T4④：3，夹砂红褐陶，胎较薄。圆唇，肩微溜，腹、底残。素面。口径16.8、残高8.1厘米（图七一，3）。

F型Ⅰ式，2件。大口，窄折沿微内凹，斜领内收较甚，圆肩。标本T4④：1，夹砂红褐陶。圆唇，腹、底残。素面。口径21.8、残高7.4厘米（图七一，4）。

陶鼎足　C型，2件。扁凿形足，横截面呈长椭圆形。标本T4④：46，夹砂羼炭褐陶。足下部残断。足上部饰圆窝纹、短线纹、垂帘纹及弦纹。残长10.2厘米（图七一，5；彩版二〇，4；图版四，3）。

E型　5件。圆柱形足，横截面略呈椭圆形或三角形。标本T4④：39，夹砂深红陶。横截面略呈椭圆形，足下部残断。足上部饰几何组合纹，根部两角各饰一乳钉状泥突。残长10.6厘米（图七一，6；图版四，4）。标本T4④：43，夹砂灰褐陶，偏黄。横截面略近三角形，足下部残断。足上部饰几何组合纹，两侧饰短斜线纹。残长11.6厘米（图七一，7）。

F型　1件。舌形足，足身内弧，足尖外撇，横截面呈不规则形。标本T4④：42，夹砂红褐陶。足尖略残。足上部饰一深按窝。残长11.3厘米（图七一，9；图版四，5）。

G型　2件。弓背宽扁凹足，较薄，横截面呈新月形。标本T4④：40，夹砂羼炭红陶。足根部及两侧饰粗大按窝，后者因挤压呈牛鼻形耳状。长15.6厘米（图七一，8；图版四，6）。

J型　4件。弓背圆柱形足，横截面呈圆形。标本T4④：45，夹砂灰褐陶。素面。长9.7厘

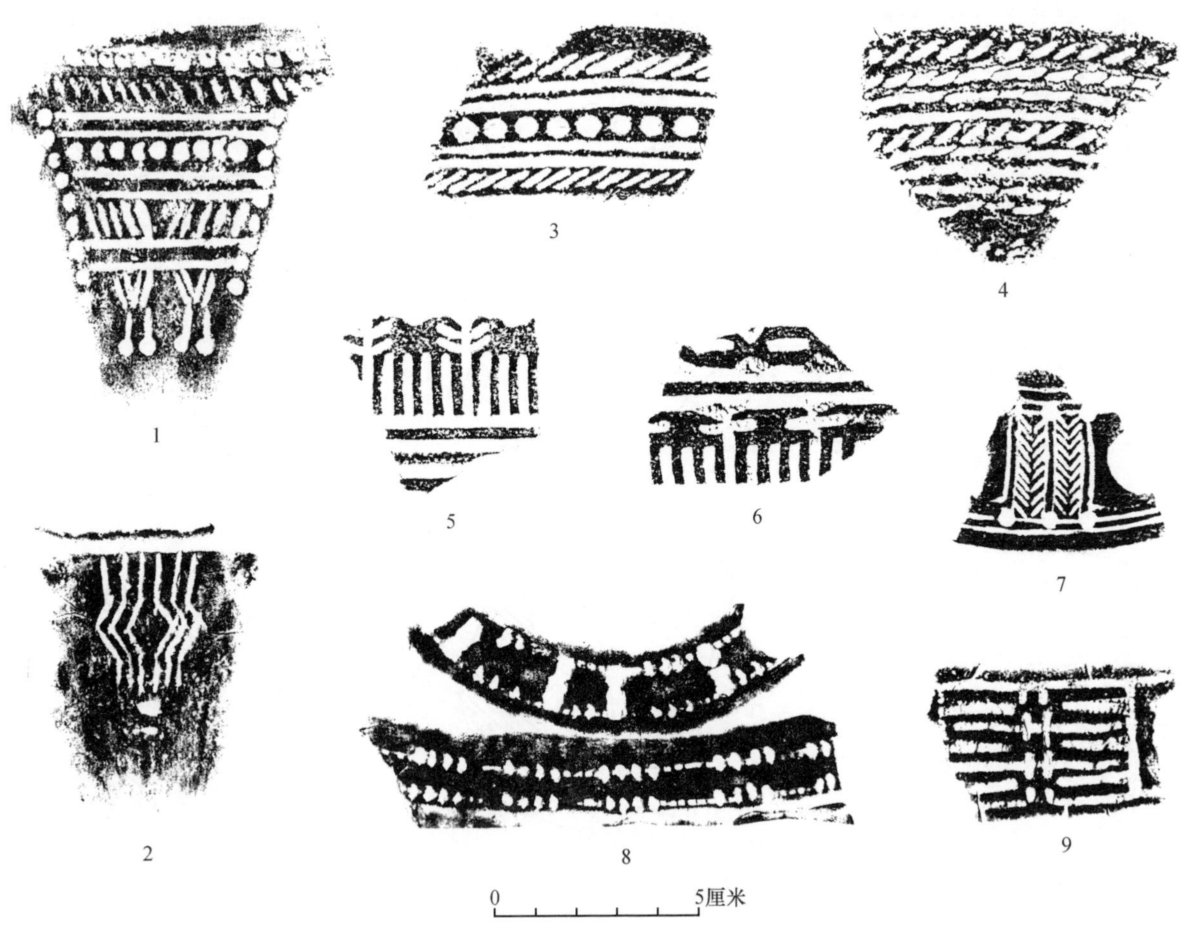

图七〇　T4④层出土陶片纹饰拓片

1. 鼎足：圆窝纹+短斜线纹+垂帘形组合纹（T4④：46）　2. 鼎足：泥突+菱形组合纹（T4④：39）　3. 鼎肩：短线纹+圆窝纹（T4④：24）　4. 鼎肩：长椭圆纹（T4④：23）　5、6. 盘足：树形组合纹（T4④：10、T4④：9）　7. 豆足：叶脉纹+镂孔（T4④：51）　8. 豆足：指甲纹+篦点纹+连体镂孔（T4④：16）　9. 盖纽：树形组合纹（T4④：19）

米（图七一，10）。

陶豆　E型Ⅱ式，1件。大敞口，折沿，浅折腹。标本T4④：7，泥质灰陶。圆唇，底、足残。素面。口径20.6、残高4.0厘米（图七二，1）。

陶豆足　A型，3件。台式足，足沿微外折。标本T4④：16，泥质红陶，施深红衣。束腰形柄残见3组连体凹窝纹、指甲形及方形篦点纹，并间以3个镂孔；台面饰4组与柄部相似纹饰，并间以4个镂孔；足饰两周指甲形及方形篦点纹，足沿素面。足径15.7、残高8.0厘米（图七二，2；图版五，1）。

陶杯　A型Ⅱ式，2件。折沿，浅斜直腹，平底。标本T4④：30，夹砂红褐陶。厚胎，质重，内壁不平。圆唇近尖。素面。口径12.6、底径7.8、高7.7厘米（图七二，3；图版五，2）。

陶盘足　B型，1件。折壁矮圈足。标本T4④：36，泥质灰陶。盘底残。足饰数组周边带锥点纹的镂孔及细弦纹。足径23.6、残高5.8厘米（图七二，4）。

陶器盖　A型，2件。盖沿微外折，深弧腹盖。标本T4④：31，泥质红陶。盖纽及盖顶部

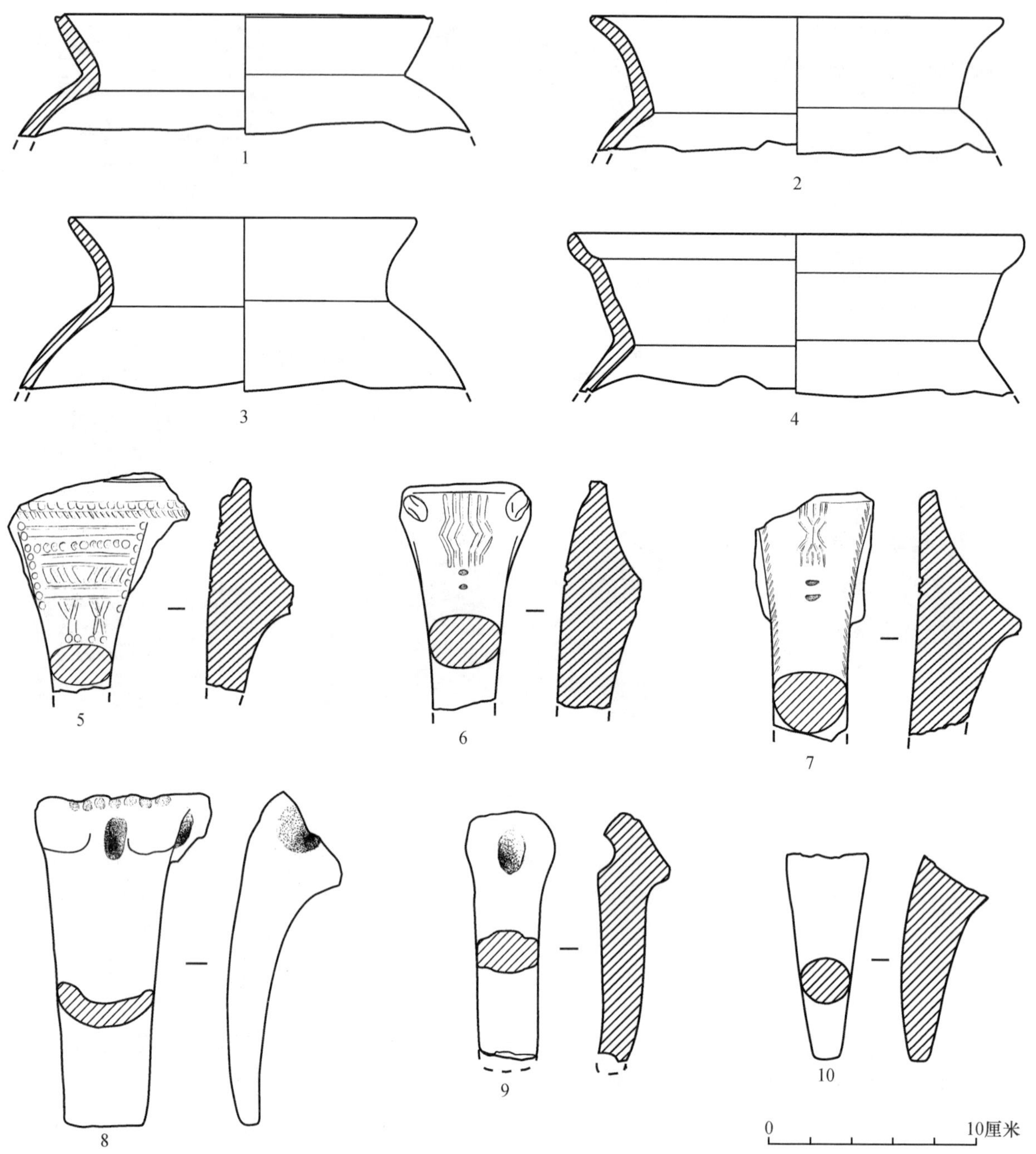

图七一　T4④层出土陶器

1. B型Ⅱ式釜（T4④：4）　2、3. A型Ⅰ式罐（T4④：2、T4④：3）　4. F型Ⅰ式罐（T4④：1）　5. C型鼎足（T4④：46）　6、7. E型鼎足（T4④：39、T4④：43）　8. G型鼎足（T4④：40）　9. F型鼎足（T4④：42）　10. J型鼎足（T4④：45）

残。素面。盖径23.6、残高8.0厘米（图七二，5）。

陶盖纽　1件。宽扁薄桥形纽。标本T4④：19，泥质红陶，施白衣。纽两端残断。纽面饰篦点连体树形组合纹。残长6.7、宽4.3厘米（图七二，6）。

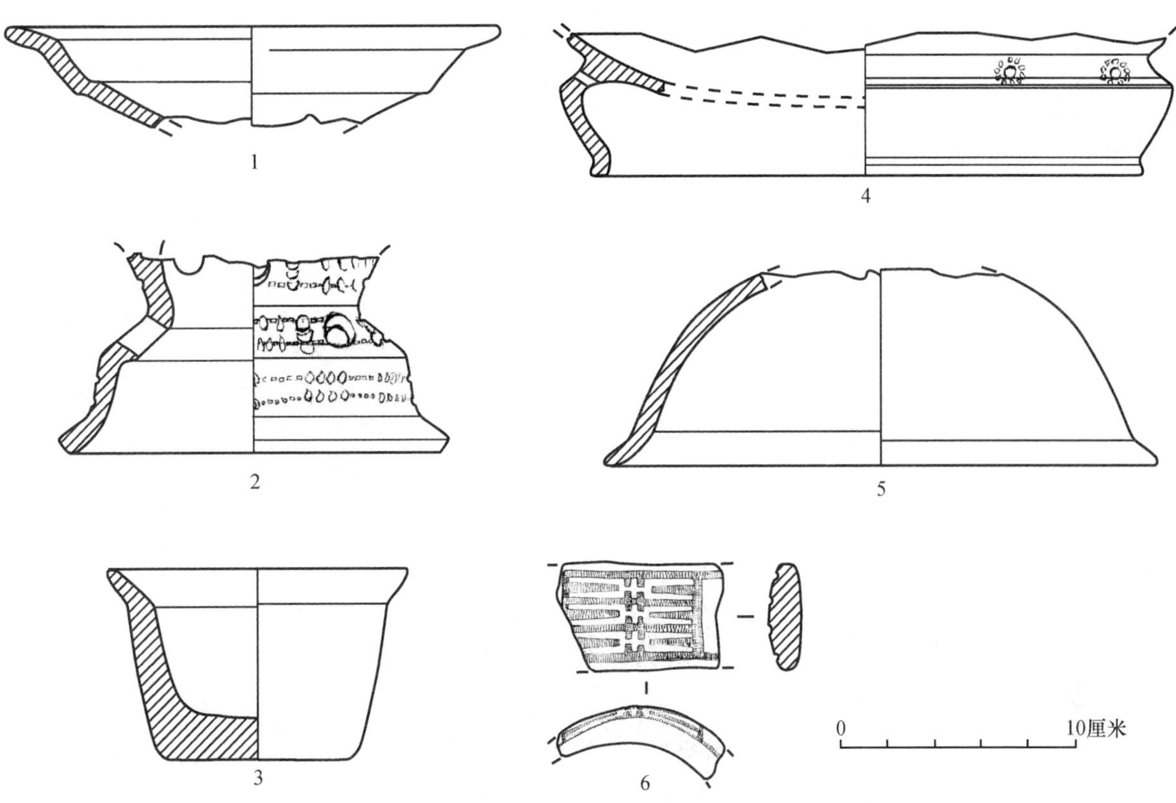

图七二　T4④层出土陶器

1. E型Ⅱ式豆（T4④：7）　2. A型豆足（T4④：16）　3. A型Ⅱ式杯（T4④：30）　4. B型盘足（T4④：36）　5. A型器盖（T4④：31）　6. 盖纽（T4④：19）

8. T4第3层

该单位出土陶器包括鼎、釜、豆等。共选标本19件，现介绍9件如下。

陶釜　A型，2件。仰折沿，沿面内凹呈盘口状，圆肩。标本T4③：2，夹砂羼炭红陶。圆唇，腹、底残。素面。口径21.9、残高5.2厘米（图七三，1）。

陶豆　A型Ⅱ式，3件。内折口，浅弧腹盘。标本T4③：11，泥质红陶，偏黄。圆唇，底、足残。素面。口径19.8、残高5.2厘米（图七三，2）。

C型Ⅱ式，2件。内折口，折棱明显，斜腹盘，腹、底转折起棱。标本T4③：13，夹砂羼炭褐陶，器表有大量黑斑。圆唇近尖，底、足残。素面。口径25.1、残高6.9厘米（图七三，3）。

陶鼎足　C型，2件。宽扁足，横截面略呈半椭圆形。标本T4③：23，夹砂红陶。足下部残断。足上部饰两道扉棱状附加堆纹，其间饰篦点短斜线纹、勾连纹及横带纹。残长11.2厘米（图七三，4；图版五，3）。

D型　3件。圆柱形足，横截面呈圆形。标本T4③：22，夹砂红陶。足上部饰弦纹及圆窝纹。长15.5厘米（图七三，5）。

E型　1件。凿形足，横截面略呈三角形。标本T4③：15，夹砂红陶。足较厚重，下部残断。足上部饰耙形图案纹及凹窝纹，两侧饰短斜线纹。残长8.6厘米（图七三，6；图版五，4）。

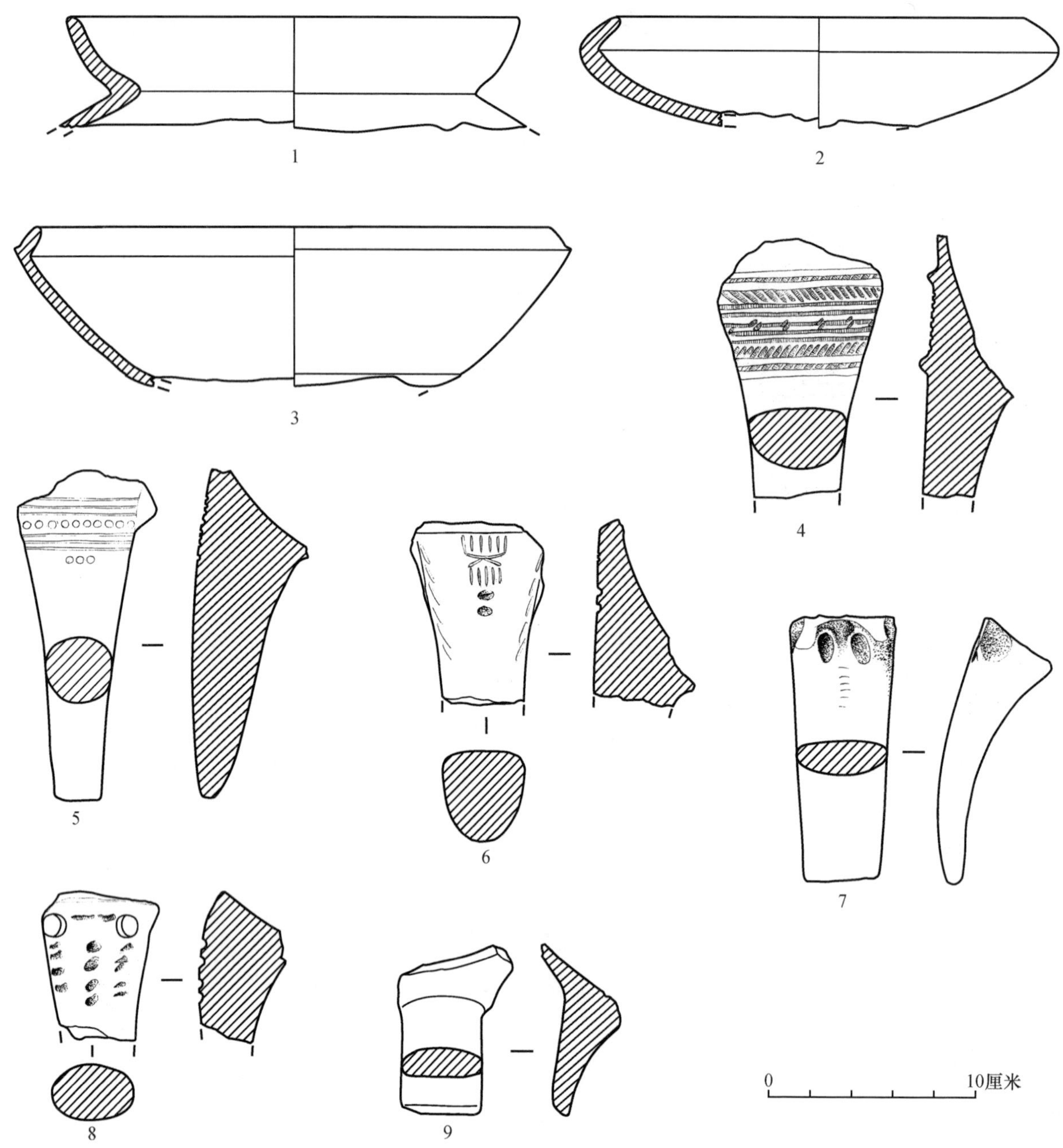

图七三　T4③层出土陶器

1. A型釜（T4③：2）　2. A型Ⅱ式豆（T4③：11）　3. C型Ⅱ式豆（T4③：13）　4. C型鼎足（T4③：23）　5. D型鼎足（T4③：22）　6. E型鼎足（T4③：15）　7. H型鼎足（T4③：21）　8. K型鼎足（T4③：16）　9. L型鼎足（T4③：17）

H型　3件。弓背宽扁足，横截面略呈扁椭圆形。标本T4③：21，夹砂羼炭褐陶。足根部及两侧饰按窝及浅细凹窝纹。长12.4厘米（图七三，7）。

K型　2件。弓背凿形足，横截面呈不规则椭圆形。标本T4③：16，夹砂灰褐陶。足下部残断。足上部饰不规则按窝，根部两角各饰一乳钉状泥突。残长7.0厘米（图七三，8）。

L型　1件。宽扁薄矮足，横截面略呈扁椭圆形。标本T4③：17，泥质灰胎黑陶。素面。长5.6厘米（图七三，9）。

9. T5第4层

该单位出土陶器包括鼎、罐、缸、豆、杯等。共选标本26件，现介绍12件如下。

陶鼎足　C型，2件。扁凿形足，横截面略呈半椭圆形。标本T5④：24，夹砂红陶。足下部残断。足上部饰篦点短线纹、菱形组合纹及弦纹，根部两角各饰一乳钉状泥突。残长10.5厘米（图七四，1；彩版二〇，5；图版五，5）。

D型　3件。圆柱形足，横截面近圆形。标本T5④：30，夹砂深红陶。足下部残断。足上部饰短线纹、菱形几何纹及不规则弦纹，根部两角各饰一乳钉状泥突。残长13.1厘米（图七四，2）。

H型　3件。弓背宽扁足，横截面略呈扁半椭圆形。标本T5④：27，夹砂红陶，偏黄。素面。长13.7厘米（图七四，3）。

M型　2件。矮足。标本T5④：25，夹砂黄褐陶。侧装矮足，纵截面近三角形，横截面呈方形。素面。长6.2厘米（图七四，4）。标本T5④：29，夹砂黄褐陶。足尖微外撇，横截面略呈圆形。足根部饰篦点垂帘纹。长6.4厘米（图七四，5；图版五，6）。

陶鼎　A型Ⅱ式，3件。口微侈，仰折沿，沿面内凹呈盘口状，溜肩。标本T5④：1，夹砂羼炭红陶。圆唇近尖，腹及底、足残。口外素面，肩部饰短线纹、折线纹及弦纹。口径17.8、残高7.2厘米（图七四，6）。

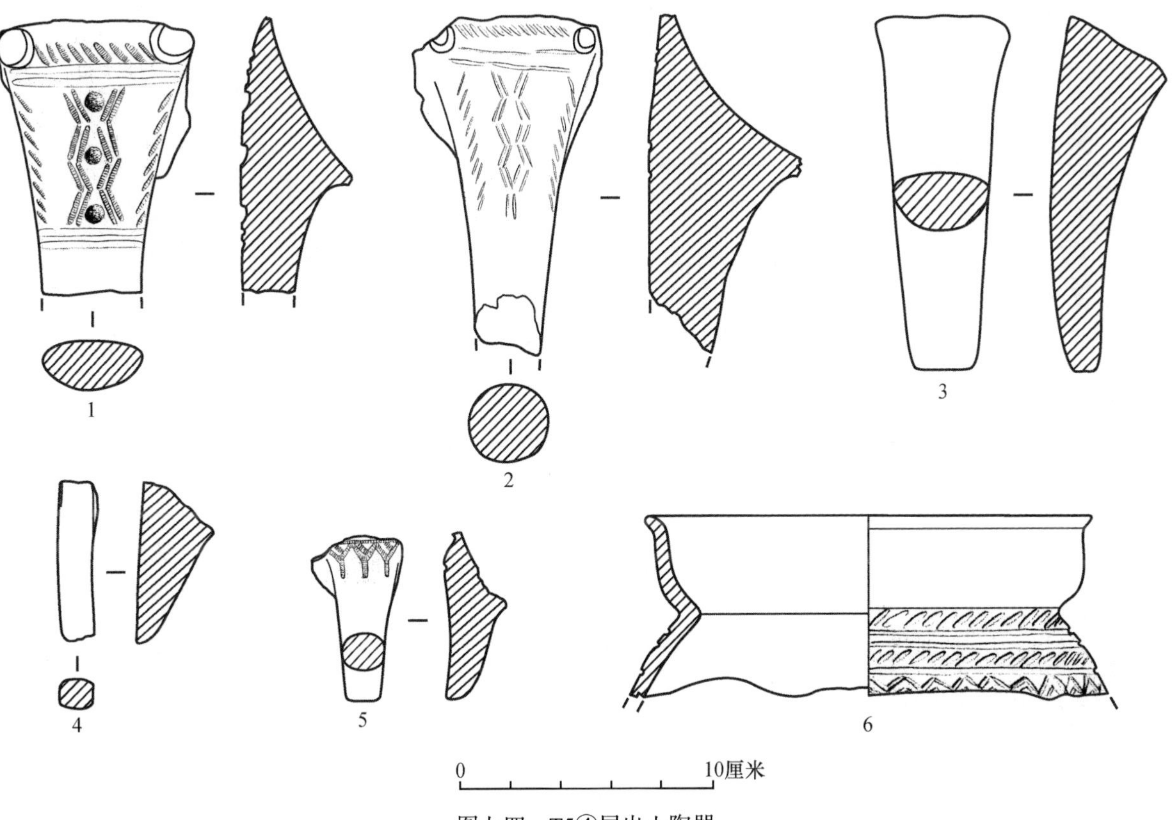

图七四　T5④层出土陶器

1. C型鼎足（T5④：24）　2. D型鼎足（T5④：30）　3. H型鼎足（T5④：27）　4、5. M型鼎足（T5④：25、T5④：29）　6. A型Ⅱ式鼎（T5④：1）

陶缸　F型，3件。圆唇，大敞口，束颈。标本T5④：14，夹砂灰褐陶。腹及底残。口外饰三道凸棱，颈部以下饰粗深绳纹。口径35.1、残高10.2厘米（图七五，1）。

陶罐　A型Ⅰ式，3件。大敞口，宽折沿微外卷，圆肩，鼓腹较深。标本T5④：16，夹砂羼炭红陶。圆唇，下腹及底残。素面。口径23.7、残高10.2厘米（图七五，2）。

陶豆　B型Ⅱ式，3件。口内折较甚，折棱明显，深弧腹盘。标本T5④：18，夹砂羼炭红陶。尖唇，底、足残。素面。口径23.9、残高7.4厘米（图七五，3）。

陶豆足　A型，2件。台式足，足沿外撇。标本T5④：2，夹砂羼炭红陶，器表红衣脱落殆尽。素面。足径18.1、残高6.0厘米（图七五，4）。

G型　1件。折壁矮足，足沿微外折。标本T5④：5，泥质红胎黑衣陶。上饰成组弦纹及镂孔。足径9.9、残高5.4厘米（图七五，5）。

陶杯　A型Ⅱ式，1件。敞口微外卷，浅斜直腹，平底。标本T5④：17，夹砂红陶，偏黄。厚胎。圆唇近尖。素面。口径8.8、底径3.7、高4.4厘米（图七五，6）。

10. T5第3层

该单位出土陶器包括鼎、釜、盘、豆、器盖等。共选标本25件，现介绍15件如下。

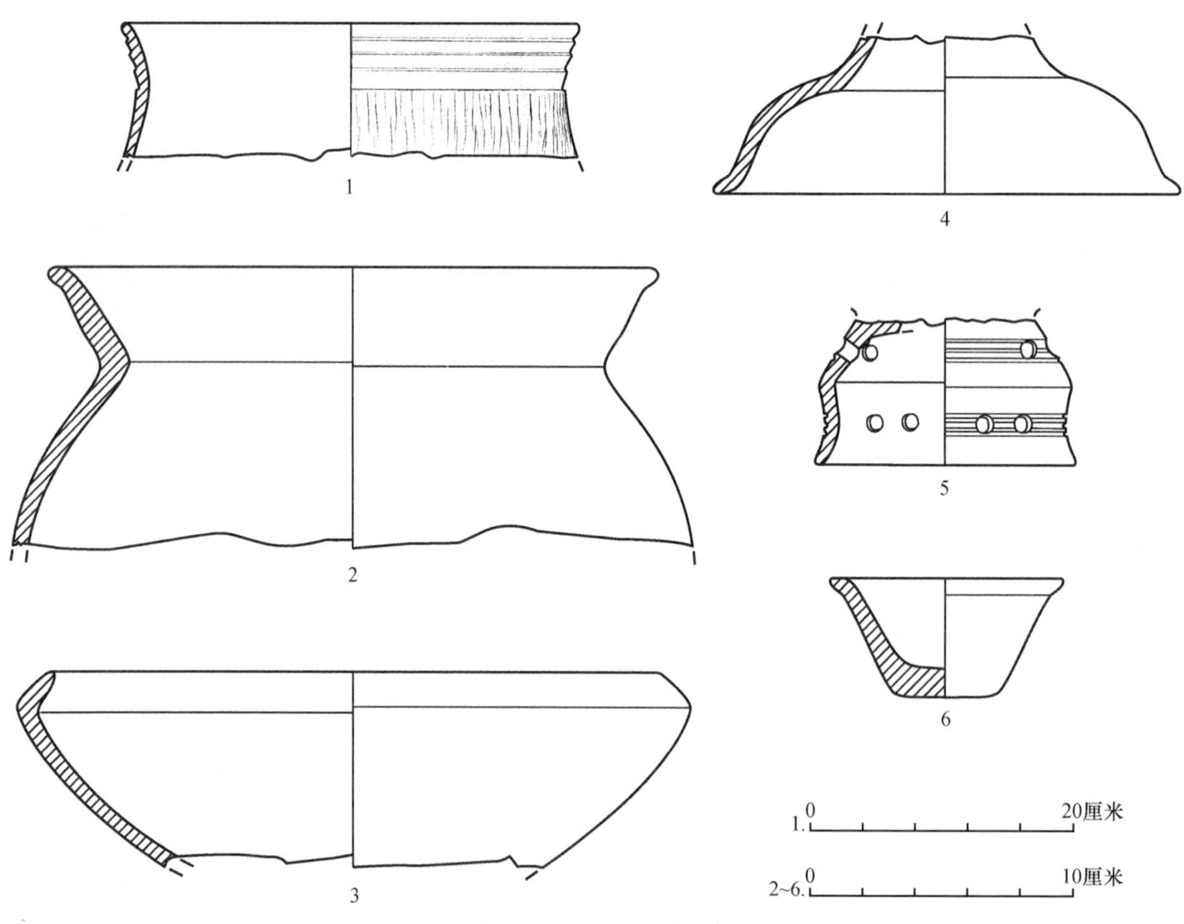

图七五　T5④层出土陶器

1. F型缸（T5④：14）　2. A型Ⅰ式罐（T5④：16）　3. B型Ⅱ式豆（T5④：18）　4. A型豆足（T5④：2）　5. G型豆足（T5④：5）　6. A型Ⅱ式杯（T5④：17）

陶鼎　I型，3件。卷沿，深鼓腹。标本T5③：40，夹砂羼炭红陶。体形较大。圆唇，小口，鼓腹近球形，宽扁凹足，横截面呈新月形，足下部均残。除底部戳印不规则凹窝外，余素面。口径21.6、腹径34.1、残高28.1厘米（图七六，1；彩版二一，3；图版六，1）。标本T5③：41，夹砂羼炭褐陶。圆唇，束颈，下腹及底、足残。口外素面，颈部以下饰绳纹。口径

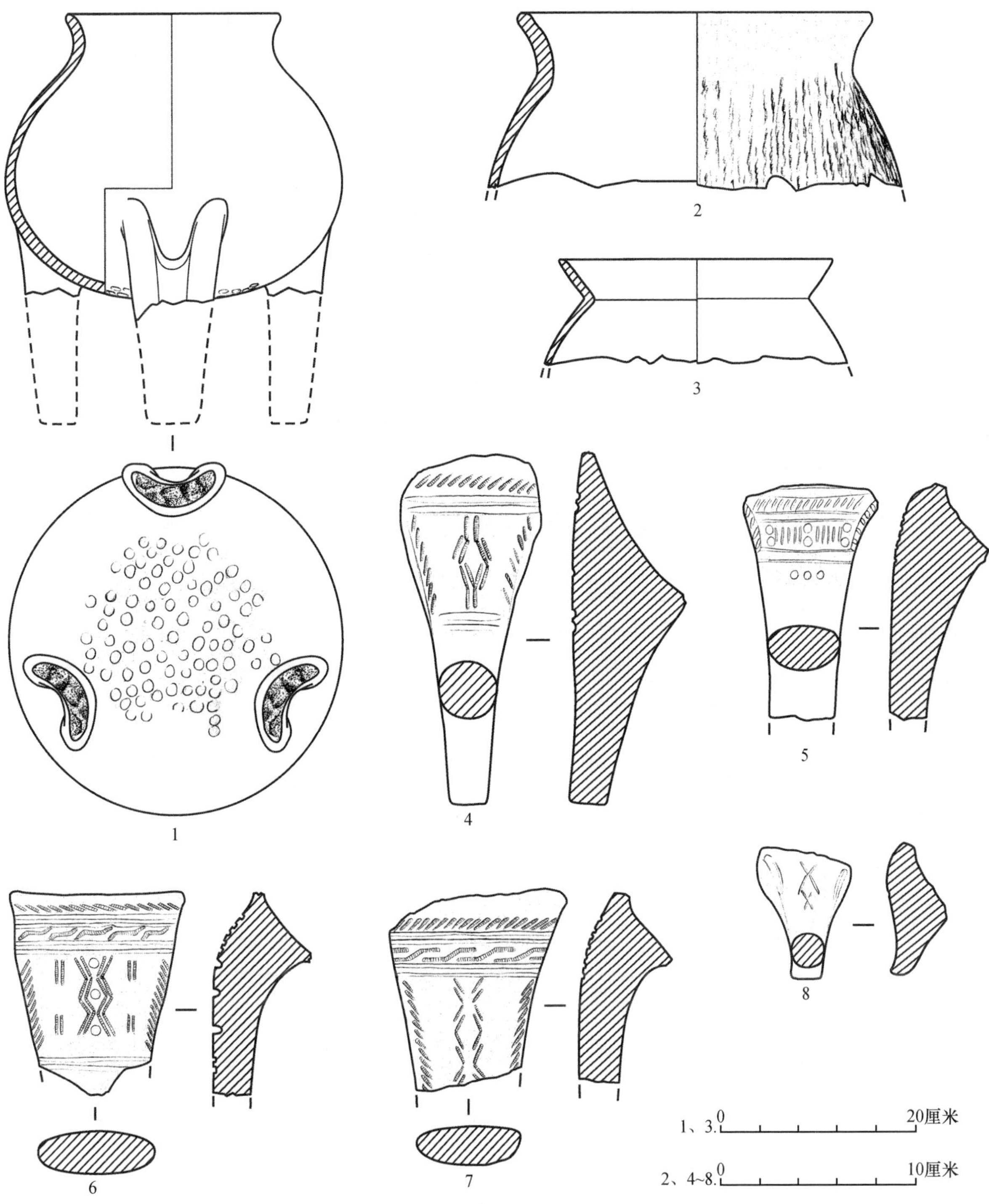

图七六　T5③层出土陶器

1、2. I型鼎（T5③：40、T5③：41）　3. B型Ⅱ式釜（T5③：27）　4. D型鼎足（T5③：47）　5～7. I型鼎足（T5③：50、T5③：48、T5③：52）　8. M型鼎足（T5③：46）

17.9、残高8.7厘米（图七六，2）。

陶釜　B型Ⅱ式，2件。折沿，溜肩，深鼓腹。标本T5③：27，夹砂羼炭红褐陶。圆唇近尖，下腹及底残。素面。口径27.9、残高10.4厘米（图七六，3）。

陶鼎足　D型，2件。圆柱形足，横截面呈圆形。标本T5③：47，夹砂深红陶。足上部饰篦点短斜线纹、菱形几何纹及弦纹。长17.3厘米（图七六，4；图版六，2）。

I型　5件。弓背扁凿形足，横截面略呈长椭圆形。标本T5③：50，夹砂红褐陶。足下部残断。足上部饰短线纹、圆窝纹及不规则弦纹，根部两侧饰短弧线形附加堆纹，其上压印指甲状纹。残长11.6厘米（图七六，5）。标本T5③：48，夹砂黑褐陶。体较大，足下部残断。足上部饰篦点短线纹、勾连纹、菱形组合纹及弦纹。残长9.9厘米（图七六，6）。标本T5③：52，夹砂红陶。体较大，足下部残断。足上部饰篦点短斜线纹、勾连纹、菱形几何纹及弦纹。残长9.6厘米（图七六，7）。

M型　1件。弓背矮足，横截面近圆形。标本T5③：46，夹砂红陶。足上部饰菱形几何纹，两侧饰短弧线形附加堆纹。长6.5厘米（图七六，8）。

陶盘　A型Ⅰ式，3件。盘腹略深。标本T5③：26，泥质红陶，器表施白衣。厚圆唇，口微敛，足残。盘腹饰篦点勾连纹及横带纹。口径18.8、残高6.1厘米（图七七，1；图版六，

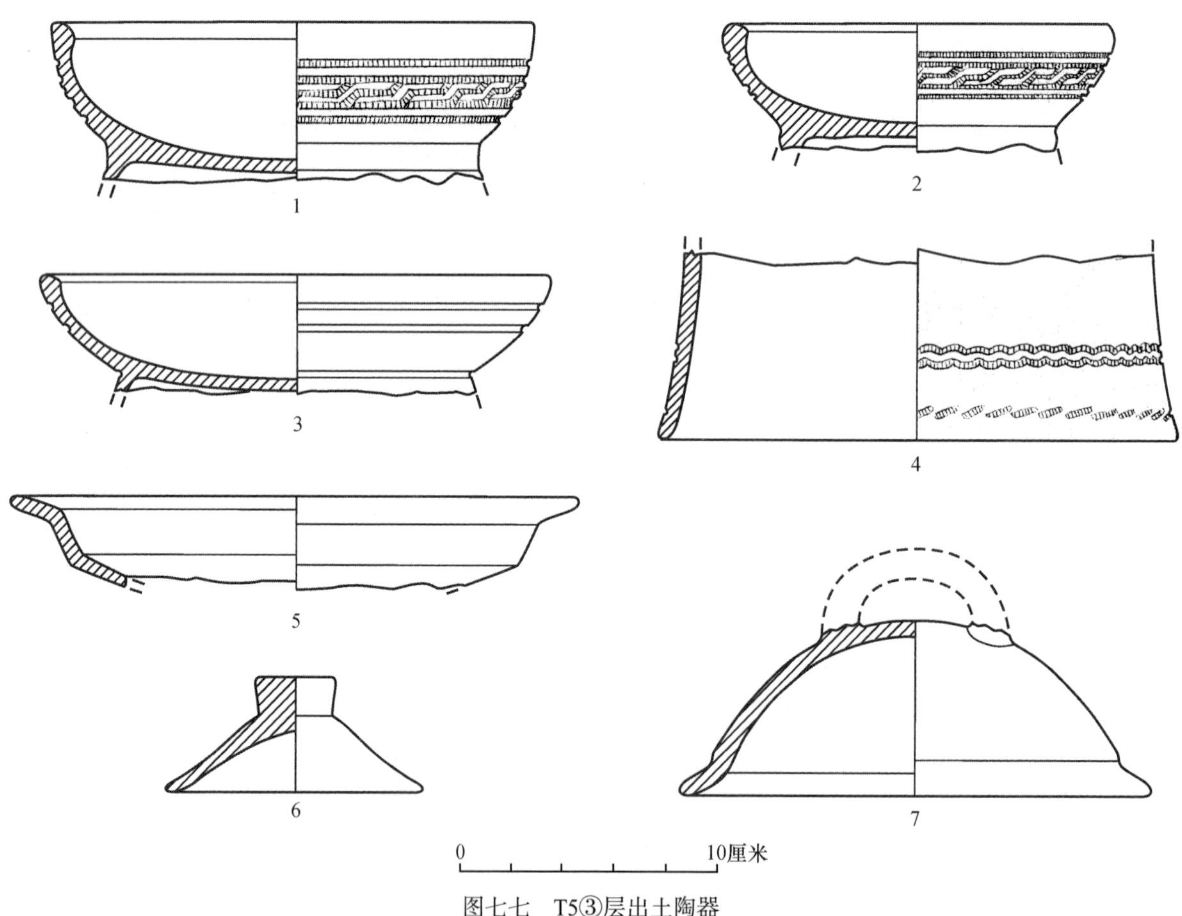

图七七　T5③层出土陶器

1、2. A型Ⅰ式盘（T5③：26、T5③：30）　3. A型Ⅱ式盘（T5③：33）　4. A型盘足（T5③：37）　5. E型Ⅱ式豆（T5③：1）　6. B型器盖（T5③：38）　7. A型器盖（T5③：29）

3）。标本T5③：30，泥质灰胎红陶，器表施白衣。体较小。厚圆唇，敛口，足残。盘腹饰篦点勾连纹及横带纹。口径14.9、残高4.8厘米（图七七，2；彩版二一，2；图版六，4）。

A型Ⅱ式 2件。盘腹略浅。标本T5③：33，泥质白陶。厚圆唇，口微敞，足残。盘腹及盘、足交接处饰弦纹。口径19.8、残高4.4厘米（图七七，3）。

陶盘足 A型，3件。高圈足。标本T5③：37，泥质灰陶，偏灰白。足下部饰篦点水波纹及长椭圆形纹。足径20.1、残高7.26厘米（图七七，4）。

陶豆 E型Ⅱ式，1件。折沿，浅折腹。标本T5③：1，泥质黑陶。圆唇，底、足残。素面。口径22.1、残高3.4厘米（图七七，5）。

陶器盖 A型，2件。盖沿外折，深弧腹盖。标本T5③：29，夹砂灰褐陶。桥形盖纽残。素面。盖径18.2、残高6.6厘米（图七七，7；图版六，5）。

B型 1件。盖沿外侈，浅斜腹盖。标本T5③：38，夹砂红褐陶。体小。柱状实心纽。素面。纽径3.1、盖径10.0、通高4.3厘米（图七七，6；图版六，6）。

11. T6第4层

该单位出土陶器包括鼎、罐、杯、碗、盘、豆、器盖等。共选标本32件，现介绍18件如下。

陶鼎足 B型，3件。宽扁足，横截面呈扁椭圆形或半椭圆形。标本T6④：60，夹砂红褐陶。体较宽扁，横截面呈扁椭圆形足上部饰两按窝。长12.6厘米（图七八，2；图版七，1）。标本T6④：51，夹砂红陶。横截面呈半椭圆形。素面。长16.1厘米（图七八，3）。

C型 2件。扁凿形足，横截面呈半椭圆形。标本T6④：63，夹砂黑褐陶。体较大，足下部残断。足上部饰篦点短线纹、横带纹、勾连纹及垂帘纹。残长11.0厘米（图七八，1；彩版二〇，6；图版七，2）。

D型 3件。圆柱形足，横截面呈圆形。标本T6④：50，夹砂红褐陶。足尖残断。足上部饰篦点菱形几何纹、短斜线纹及横带纹。残长14.2厘米（图七八，4）。

F型 2件。舌形足，横截面呈不规则四边形。标本T6④：25，夹砂红陶。足顶部有一平台，足身内弧，足尖外撇。足面起脊棱，上部饰2个深按窝。长12.7厘米（图七八，5）。

陶杯 B型，1件。直口，折腹。标本T6④：2，泥质灰陶。薄胎。尖唇，底及圈足残。素面。口径9.9、残高6.0厘米（图七八，6）。

陶罐 B型，3件。口略小，卷沿，广肩。标本T6④：42，夹砂羼炭褐陶，器表有黑斑。圆唇，腹、底残。素面。口径15.6、残高6.0厘米（图七八，7）。

C型 1件。直口微敞，圆肩。标本T6④：1，夹砂红陶。圆唇，腹、底残。素面。口径16.2、残高6.8厘米（图七八，8）。

陶盘 A型Ⅱ式，3件。盘腹较浅。标本T6④：44，泥质深红陶，施白衣。厚圆唇，敞口，底、足残。盘腹及盘、足交接处饰篦点水波纹及横带纹。口径21.2、残高6.2厘米（图七九，1；图版七，3）。

陶碗 A型Ⅰ式，2件。敛口，深弧腹。标本T6④：30，泥质灰陶。圆唇近尖，底、足

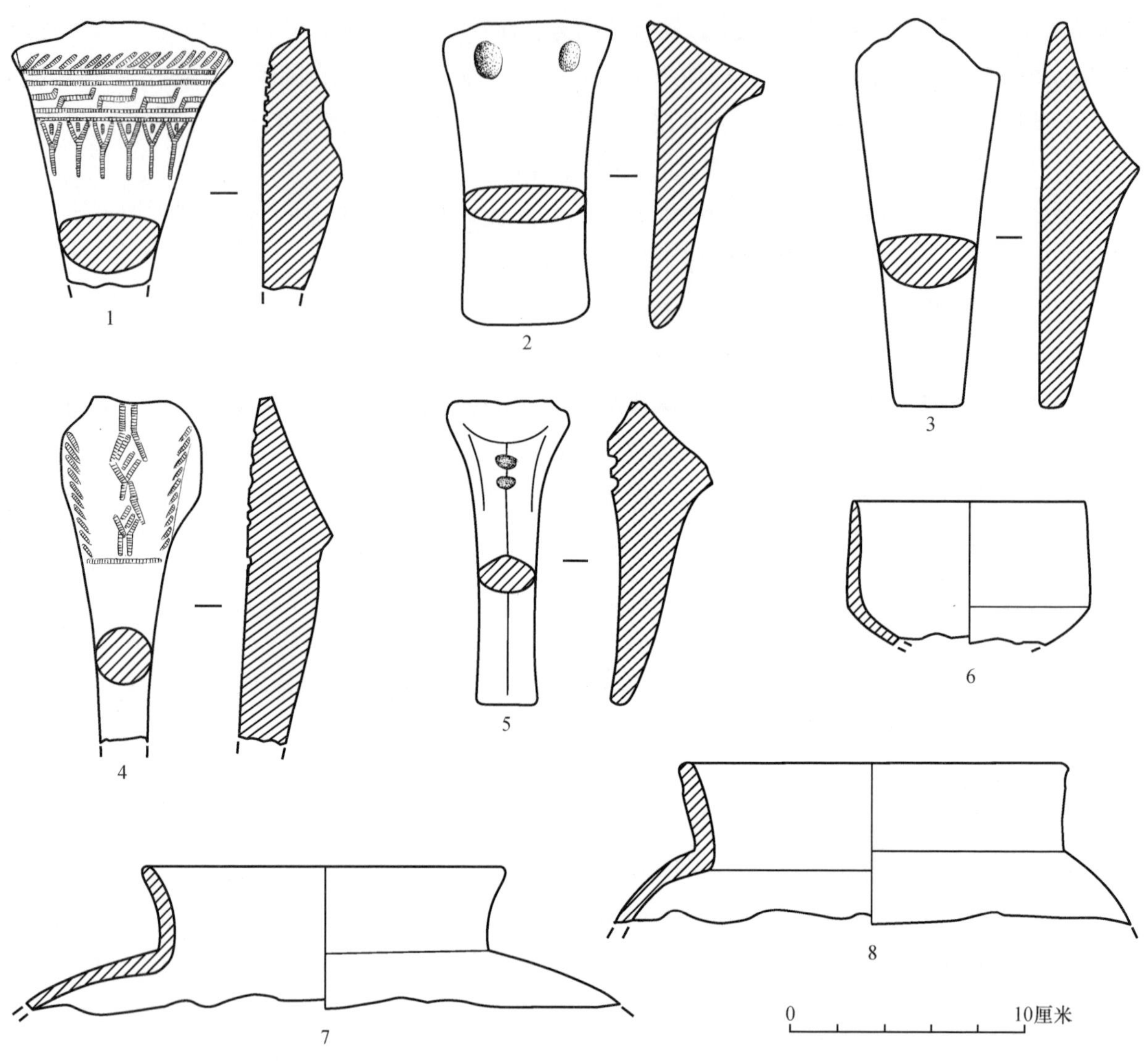

图七八　T6④层出土陶器

1. C型鼎足（T6④：63）　2、3. B型鼎足（T6④：60、T6④：51）　4. D型鼎足（T6④：50）　5. F型鼎足（T6④：25）
6. B型杯（T6④：2）　7. B型罐（T6④：42）　8. C型罐（T6④：1）

残。素面。口径19.3、残高7.6厘米（图七九，2）。

陶豆　B型Ⅱ式，1件。口内折较甚，折棱明显，深弧腹盘。标本T6④：22，泥质灰陶，器表有黑斑。圆唇，底、足残。素面。口径25.1、残高10.0厘米（图七九，3；图版七，4）。

C型Ⅰ式，1件。敛口，弧腹盘。标本T6④：31，泥质灰陶。圆唇，底、足残。口外饰两道凹槽，余素面。口径19.1、残高6.6厘米（图七九，4）。

C型Ⅱ式，2件。口内折较甚，折棱明显，斜腹盘，腹、底转折起棱。标本T6④：24，泥质灰陶。圆唇，底、足残。素面。口径22.0、残高8.1厘米（图七九，5）。

E型Ⅰ式，3件。敞口，口外微内凹，浅斜腹或弧腹盘，口、腹转折明显。标本T6④：67，泥质黑陶。尖唇，浅弧腹，底、足残。素面。口径18.9、残高4.0厘米（图七九，6）。标本T6④：20，泥质黑陶。圆唇，口、腹转折位置偏低，浅斜腹，底、足残。素面。口径17.1、残高3.3厘米（图七九，7）。

陶豆足　F型，3件。喇叭形矮足，足沿外撇较甚。标本T6④：28，夹砂羼炭褐陶。足中部饰两道弦纹，余素面。足径14.4、残高8.0厘米（图七九，9；图版七，5）。

图七九　T6④层出土陶器

1. A型Ⅱ式盘（T6④：44）　2. A型Ⅰ式碗（T6④：30）　3. B型Ⅱ式豆（T6④：22）　4. C型Ⅰ式豆（T6④：31）　5. C型Ⅱ式豆（T6④：24）　6、7. E型Ⅰ式豆（T6④：67、T6④：20）　8. G型豆足（T6④：34）　9. F型豆足（T6④：28）　10. A型器盖（T6④：37）

G型　1件。折壁矮足，足沿外折。标本T6④：34，泥质灰陶。足饰4组长条形镂孔及2个未透器壁的圆孔，外底可见错乱刻槽。足径13.1、残高7.2厘米（图七九，8）。

陶器盖　A型，1件。盖沿外折，深弧腹盖。标本T6④：37，泥质灰白陶。纽及盖顶残。盖沿饰六组圆孔，余素面。盖径20.4、残高5.0厘米（图七九，10）。

12. T6第3层

该单位出土陶器较少，仅见罐、盘、豆等。共选标本8件，现介绍4件如下。

陶罐　E型Ⅰ式，3件。大口，卷沿，微鼓腹。标本T6③：9，夹砂红褐陶，腹呈灰褐色。圆唇，圜底残。口外素面，腹、底部饰错乱绳纹。口径24.8、腹径28.6、残高20.7厘米（图八〇，1；彩版二一，4；图版七，6）。

E型Ⅱ式，2件。大口，卷沿较甚，束颈，鼓腹。标本T6③：39，夹砂黑褐陶，器表有较多黑斑。圆唇，下腹及底残。口部素面，腹部饰成组粗绳纹。口径29.2、腹径34.1、残高16.6厘米（图八〇，2）。

陶盘　A型Ⅰ式，1件。口微敛，盘腹较深。标本T6③：2，泥质灰白陶。厚圆唇，底、足残。口外施深红彩，腹饰弦纹及横向指甲纹。口径15.1、残高4.4厘米（图八〇，3）。

陶豆足　E型，2件。细柄高喇叭形足，足沿外折。标本T6③：10，泥质灰陶。足中部残见一组弦纹，足沿素面。足径16.8、残高4.8厘米（图八〇，4）。

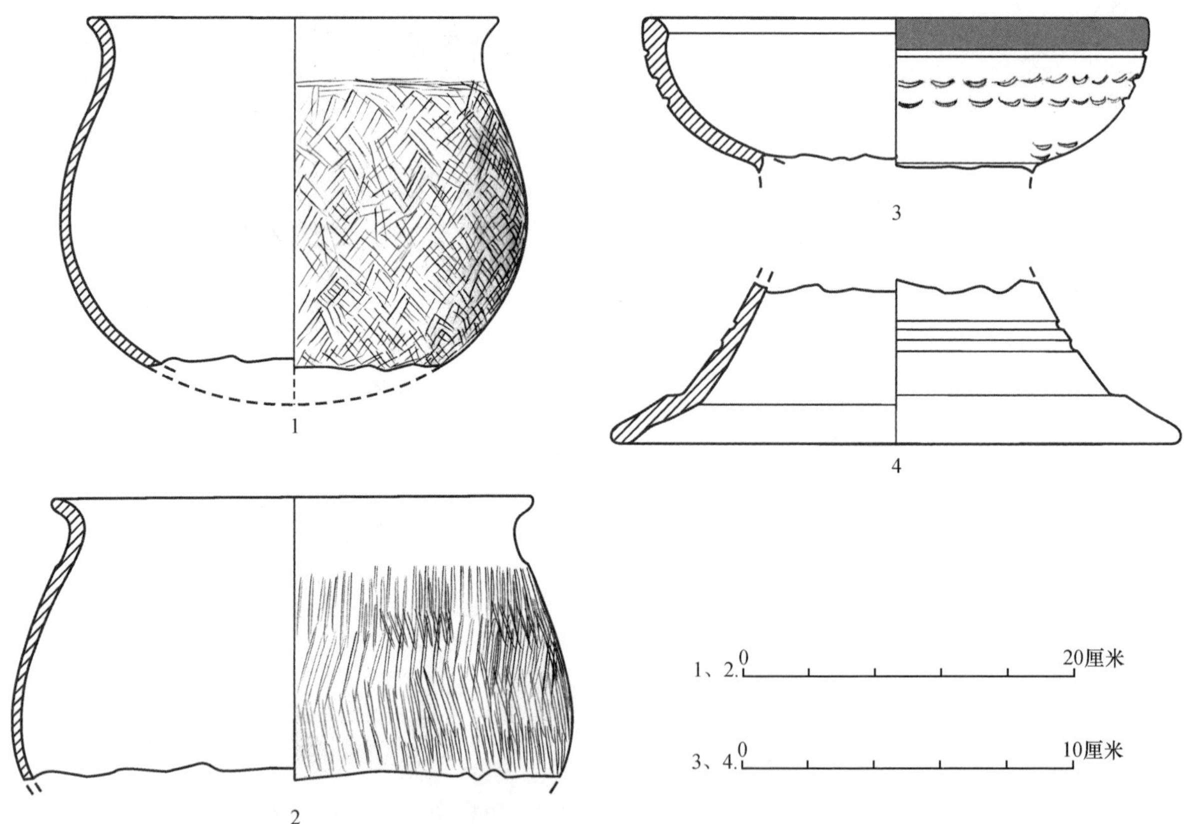

图八〇　T6③层出土陶器

1. E型Ⅰ式罐（T6③：9）　2. E型Ⅱ式罐（T6③：39）　3. A型Ⅰ式盘（T6③：2）　4. E型豆足（T6③：10）

13. T7第4层

该单位出土陶器包括鼎、钵、盘、器盖等。共选标本28件，现介绍15件如下。

陶鼎　B型Ⅰ式，2件。宽仰折沿似矮领，沿面微内凹，圆肩。标本T7④：2，夹砂红陶。圆唇，腹及底、足残。口及肩部饰成周或成组的篦点几何纹，包括短斜线纹、短竖线纹及横带纹。口径15.1、残高6.2厘米（图八一，1）。

D型Ⅰ式，1件。仰折沿，沿面斜直，斜肩，垂腹。标本T7④：39，残片未修复。夹砂红陶。圆唇。口外素面，颈及上腹部饰短线纹、圆窝纹及弦纹，下腹素面。复原口径15.2、残高11.4厘米（图八一，2；图版八，1）。

D型Ⅱ式，3件。折沿较甚，沿面微外弧，斜肩。标本T7④：49，夹砂灰褐陶。圆唇，下腹及底、足残。口外素面，肩及上腹部饰方形篦点短线纹、勾连纹及弦纹。口径21.2、残高7.6厘米（图八一，4）。

F型Ⅱ式，2件。仰折沿，沿面外弧，斜领。标本T7④：41，夹砂红陶。圆唇，仅存口、领部。口外素面，领部残见两周宽弦纹。口径18.9、残高6.7厘米（图八一，3）。

陶鼎足　C型，2件。扁凿形足，横截面略呈长椭圆形。标本T7④：67，夹砂深红陶。体较大，足下部残断。足上部饰篦点短线纹、横带纹，根部两角各饰一乳钉状泥突。残长12.0厘米（图八一，5）。

D型　1件。圆柱形足，横截面略呈圆形。标本T7④：70，夹砂红陶。足下部残断。足上部饰方形篦点菱形几何纹及短斜线纹。残长12.4厘米（图八一，6）。

E型　3件。凿形足，横截面近方形。标本T7④：65，夹砂红陶。足下部残断。足上部饰两组凹窝纹。残长13.5厘米（图八一，7）。

I型　5件。弓背扁凿形足，横截面略呈半椭圆形。标本T7④：35，夹砂红褐陶。足下部残断。足上部饰篦点短斜线纹、折线纹、横带纹及圆点纹，两侧边各饰一条弧形附加堆纹，其上戳印篦点短斜线纹。残长9.6厘米（图八一，8；图版八，2）。标本T7④：62，夹砂红褐陶，局部炭黑色。体较大，足下部残断。足上部饰篦点横带纹、短斜线纹、勾连纹及垂帘纹，两侧边各饰一条弧形附加堆纹，其上压印指甲状锯齿纹。残长7.6厘米（图八一，9；图版八，3）。

陶钵　D型，2件。敞口，浅弧腹或斜腹。标本T7④：45，泥质白衣陶。圆唇，口微外折，浅弧腹，圜底残。口外施紫红彩，腹饰篦点勾连形及横带形几何纹。口径12.0、残高3.5厘米（图八二，1）。标本T7④：18，泥质灰胎红陶。圆唇，口微外折，浅斜腹，腹、底转折明显，圜底残。口及底施红彩，腹施白衣，其上再饰弦纹、长方格及勾连形几何纹。口径12.1、残高4.4厘米（图八二，2）。

陶盘足　A型，3件。高圈足。标本T7④：36，泥质红陶，器表施白衣。其上饰镂孔、篦点横带纹、连珠纹、水波纹、浅细划纹、树形组合纹及镂孔等，足沿饰一周篦点长方格纹。足径18.0、残高20.1厘米（图八二，3；图版八，4）。

陶器盖　B型，2件。盖沿微外侈，浅斜弧盖。标本T7④：48，泥质红陶，局部灰黑色。

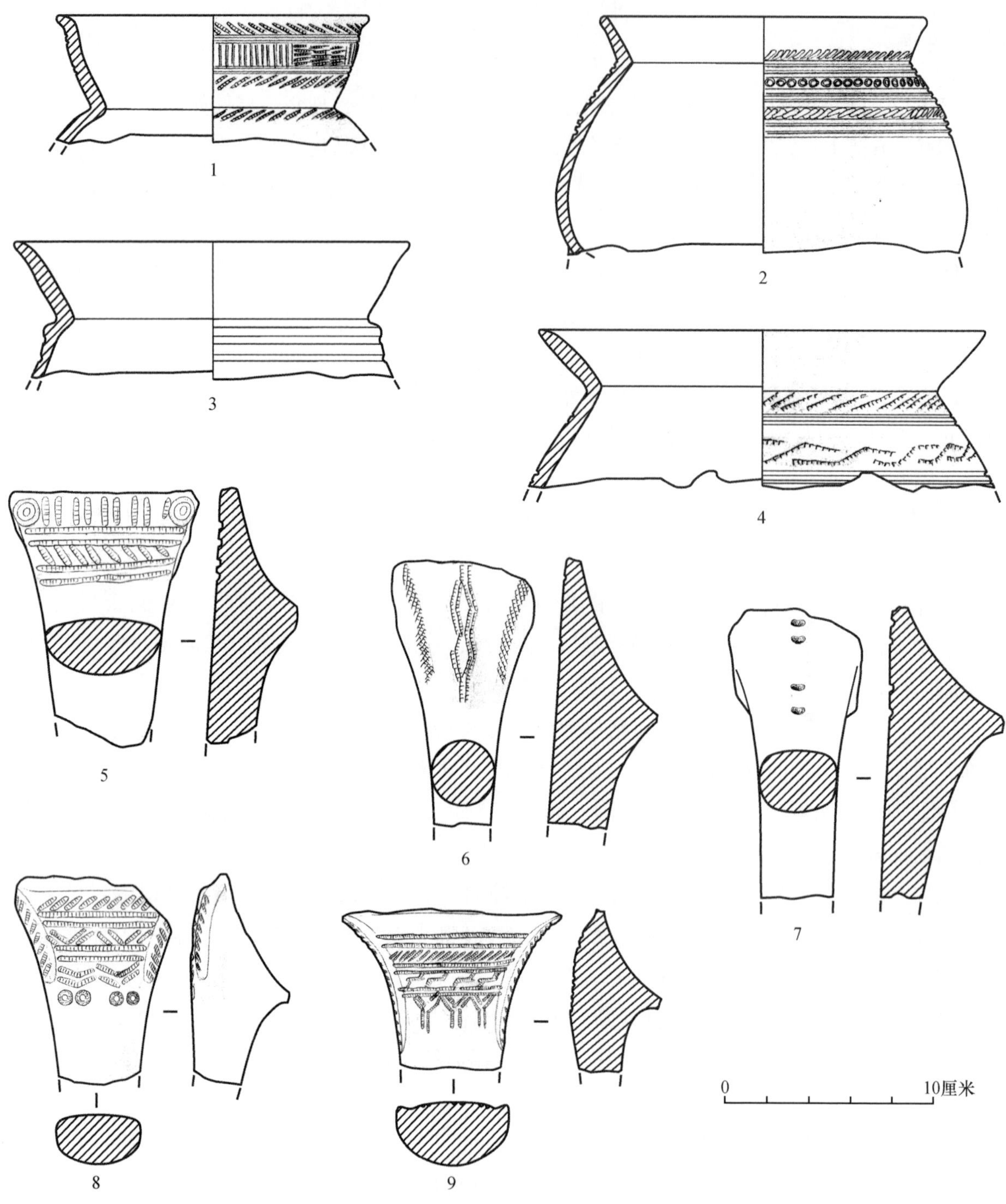

图八一　T7④层出土陶器

1. B型Ⅰ式鼎（T7④：2）　2. D型Ⅰ式鼎（T7④：39）　3. F型Ⅱ鼎（T7④：41）　4. D型Ⅱ式鼎（T7④：49）　5. C型鼎足（T7④：67）　6. D型鼎足（T7④：70）　7. E型鼎足（T7④：65）　8、9. I型鼎足（T7④：35、T7④：62）

扁方形纽。素面。盖径19.1、通高9.0厘米（图八二，4；彩版二二，1；图版八，5）。

陶盖纽　2件。扁方形纽。标本T7④：17，泥质黑陶，内、外均有光亮黑衣。纽两宽侧各饰两道篦点横带纹。纽宽4.4、残高7.9厘米（图八二，5；图版八，6）。标本T7④：32，泥质红陶。纽顶中部有一凸起小泥突。素面。纽宽5.6、残高4.9厘米（图八二，6）。

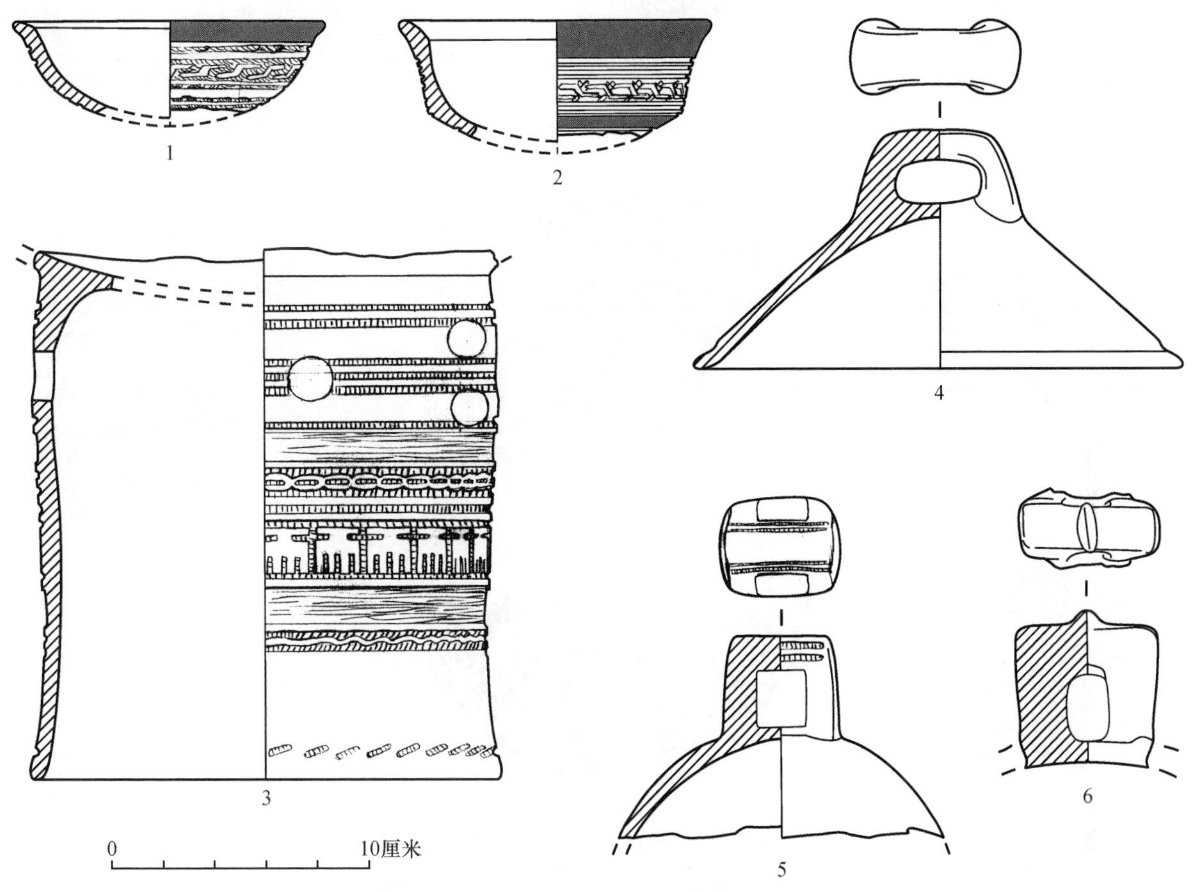

图八二　T7④层出土陶器

1、2. D型钵（T7④：45、T7④：18）　3. A型盘足（T7④：36）　4. B型器盖（T7④：48）　5、6. 盖纽（T7④：17、T7④：32）

14. T7第3层

该单位出土陶器包括鼎、钵、盘、豆等。部分鼎足、盘足、豆足纹饰富有特色（图八三）。共选标本18件，现介绍9件如下。

陶鼎足　C型，4件。扁凿形足，横截面略呈长椭圆形或半椭圆形。标本T7③：34，夹砂红褐陶，偏黄。横截面略呈长椭圆形。足上部饰篦点短线纹、横带纹、弧线纹及圆窝纹，两侧各饰一条短弧形附加堆纹，其上戳印篦点纹。长10.8厘米（图八四，2；图版九，1）。标本T7③：33，夹砂深红陶。体较大，横截面略呈半椭圆形。足上部饰篦点横带纹、勾连纹、短斜线纹及垂帘纹，根部两角各饰一乳钉状泥突。长15.3厘米（图八四，3；图版九，2）。

E型　1件。凿形足，横截面略呈三角形。标本T7③：32，夹砂灰褐陶。体厚，足下部残断。足上部饰由篦点纹、圆圈纹及椭圆形扁凸棱组成的类似“兽面”形图案，根部两侧残见短

图八三　T7③层出土陶片纹饰拓片

1. 鼎足：短线纹+折（弧）线纹+圆窝纹+弧形附加堆纹（T7③：35）　2. 鼎足：短线纹+圆窝纹+弧形附加堆纹（T7③：34）　3. 盘足：勾连纹+树形组合纹（T7③：22）　4. 盘足：盾形组合纹+水波纹（T7③：9）　5. 盘足：水波纹+树形组合纹（T7③：8）　6. 盘足：指甲状水波纹+树形组合纹（T7③：3）　7. 盘足：短线三角形纹（T7③：10）　8. 豆足：篦点几何纹+长椭圆纹+镂孔（T7③：4）

弧形附加堆纹。残长9.5厘米（图八四，1；图版九，3）。

陶鼎　F型Ⅰ式，3件。仰折沿，沿面微内凹，斜领。标本T7③：25，夹砂红胎黑陶，外饰光亮黑衣，内红。圆唇，口微外侈，腹及底、足残。口外素面，领部饰宽弦纹及9组双列圆窝纹。口径20.0、残高9.5厘米（图八四，4）。

陶钵　C型，2件。敞口，斜腹，口、腹转折明显，平底。标本T7③：19，泥质红陶，内黑。厚圆唇，质轻。素面。口径18.3、底径7.6、高6.4厘米（图八四，5；彩版二二，2；图版九，4）。

陶盘足　A型，5件。高圈足。标本T7③：18，泥质红陶，器表施薄层灰白衣。足中部饰篦点水波纹、横带纹，二者之间施粉状红彩，足沿饰一周篦点长椭圆形纹。足径19.8、残高8.6

厘米（图八四，6；图版九，5）。标本T7③：22，泥质灰白陶。足中部饰弦纹、勾连纹、树形纹组合纹及浅细划纹，足沿施红彩。足径20.1、残高12.2厘米（图八四，7）

陶豆　C型Ⅰ式，2件。敛口，口外凹凸不平，弧腹盘。标本T7③：20，泥质灰陶。圆唇微侈，底、足残。素面。口径18.0、残高8.1厘米（图八四，8）。

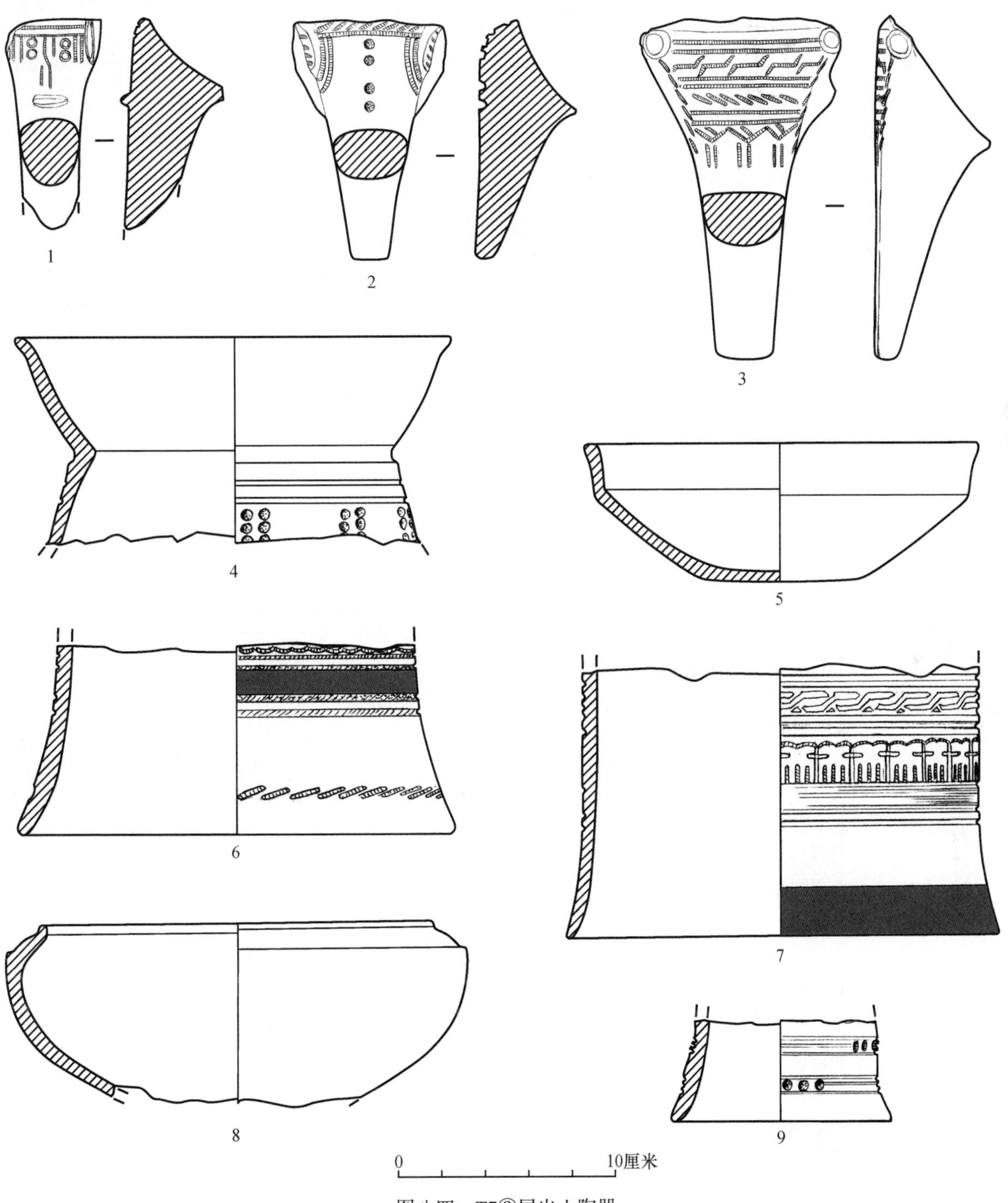

图八四　T7③层出土陶器

1. E型鼎足（T7③：32）　2、3. C型鼎足（T7③：34、T7③：33）　4. F型Ⅰ式鼎（T7③：25）　5. C型钵（T7③：19）　6、7. A型盘足（T7③：18、T7③：22）　8. C型Ⅰ式豆（T7③：20）　9. F型豆足（T7③：2）

陶豆足　F型，1件。喇叭形矮足，足沿外撇。标本T7③：2，泥质红胎黑陶。足饰两组细弦纹，并戳印数组圆窝纹。足径10.1、残高4.6厘米（图八四，9）。

15. T8第4层

该单位出土陶器包括鼎、罐、缸、盘等。共选标本15件，现介绍8件如下。

陶鼎足　A型，1件。宽扁凹足，横截面呈新月形。标本T8④：37，夹砂红陶。体型较大，器身较薄，足下部残断。足根部饰三个大小不一的按窝。残长9.7厘米（图八五，1）。

G型　2件。弓背宽扁凹足，横截面略呈新月形。标本T8④：38，夹砂羼炭红陶。足下部残断。足根部及两侧饰深按窝，后者因挤压呈牛鼻耳状。残长10.0厘米（图八五，2）。

I型　2件。弓背扁凿形足，横截面呈长椭圆形。标本T8④：46，夹砂红褐陶。足下部残

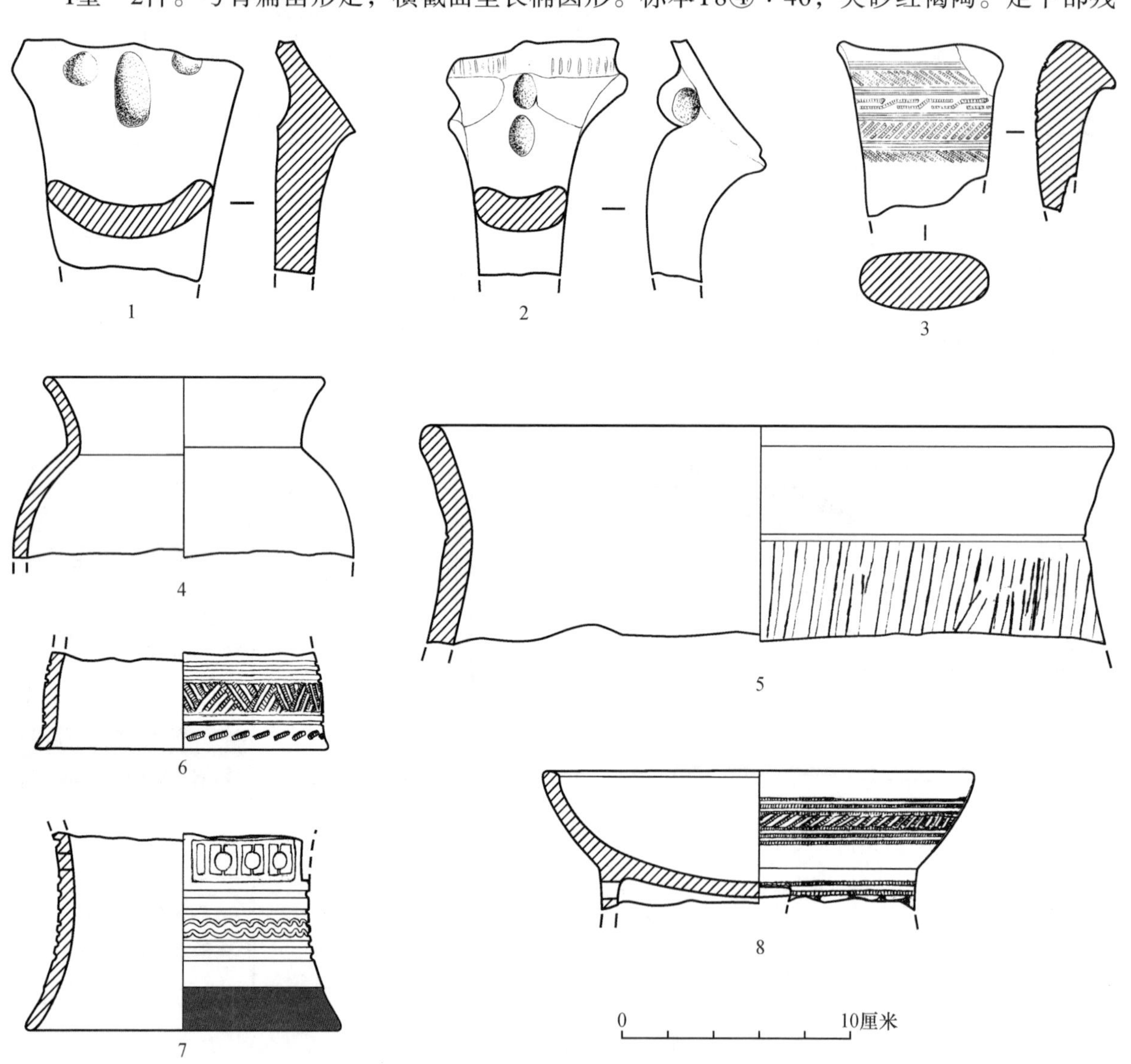

图八五　T8④层出土陶器

1. A型鼎足（T8④：37）　2. G型鼎足（T8④：38）　3. I型鼎足（T8④：46）　4. A型Ⅰ罐（T8④：31）　5. F型缸（T8④：35）　6、7. A型盘足（T8④：21、T8④：33）　8. A型Ⅰ式盘（T8④：36）

断。足上部饰篦点短斜线纹、勾连纹及弦纹。残长7.4厘米（图八五，3）。

陶罐 A型Ⅰ式，3件。敞口，宽折沿微外卷，圆肩，深鼓腹。标本T8④：31，夹砂黑褐陶，器表有较多黑斑，内红。体小。圆唇，下腹及底残。素面。口径11.5、腹径15.1、残高7.8厘米（图八五，4）。

陶缸 F型，2件。圆唇，大敞口，束颈。标本T8④：35，夹砂红褐陶。体大，胎厚。腹及底残。口部素面，颈以下残见粗绳纹。口径29.5、残高9.4厘米（图八五，5）。

陶盘 A型Ⅰ式，3件。盘腹较浅。标本T8④：36，泥质红陶，器表施薄层灰白衣。厚圆唇，口微敛，足残。盘腹饰篦点横带纹及短斜线纹，足残见篦点横带纹、勾连纹及长方形镂孔。口径18.7、残高6.0厘米（图八五，8；彩版二二，3；图版九，6）。

陶盘足 A型，2件。高圈足。标本T8④：21，泥质白衣陶。足微外鼓。足饰弦纹、篦点三角纹及长方格纹。足径12.8、残高4.1厘米（图八五，6）。标本T8④：33，泥质红陶，器表施白衣。足微内弧。足饰盾形组合纹、水波纹及弦纹，足沿施深红彩带。足径13.8、残高8.4厘米（图八五，7）。

16. T8第3层

该单位出土陶器包括鼎、罐、钵、盘、豆、杯等。其中，鼎、盘、豆、钵等器物均有丰富的纹饰（图八六）。共选标本23件，现介绍12件如下。

陶罐 E型Ⅰ式，3件。大口，卷沿，腹微鼓。标本T8③：37，夹砂红陶，偏黄。厚胎，质重。圆唇，圜底残。口部素面，腹饰橘皮状纹。口径22.8、腹径23.6、残高15.9厘米（图八七，1；图版一〇，1）。

陶鼎 B型Ⅰ式，1件。宽仰折沿似矮领，沿面微内凹，圆肩。标本T8③：41，夹砂深红陶。圆唇，腹及底、足残。口外饰篦点短线纹、勾连纹及细弦纹。口径17.8、残高6.6厘米（图八七，2）。

F型Ⅰ式，1件。仰折沿，沿面微内凹，斜领。标本T8③：6，夹砂红褐陶。圆唇，仅存口、领部。口外凹凸不平，饰两周绳索状纹，颈及领部饰弦纹及数组连戳圆窝纹。口径15.7、残高7.2厘米（图八七，3）。

陶鼎足 B型，2件。宽扁足，横截面略呈扁椭圆形。标本T8③：54，夹砂灰褐陶。足较薄。素面。长9.4厘米（图八七，4）。

D型 2件。圆柱形足，横截面呈圆形。标本T8③：57，夹砂红陶。足顶部有一窄斜面，足尖部残断。足根部饰一组由宽凹槽组成的网状几何纹。残长12.1厘米（图八七，5；图版一〇，2）。

J型 3件。弓背形圆柱形足，横截面呈圆形。标本T8③：53，夹砂灰褐陶。素面。长9.5厘米（图八七，6）。

陶钵 B型Ⅰ式，3件。内折口，深弧腹，平底。标本T8③：39，泥质红陶，器表施红衣。尖唇。素面。口径14.8、底径4.1、高6.7厘米（图八八，1；彩版二二，4；图版一〇，3）。

图八六　T8③层出土陶片纹饰拓片

1. 鼎口：指甲状水波纹+成组圆窝纹（T8③：6）　2. 盘口：叶脉纹（T8③：11）　3. 盘足：勾连纹+树形组合纹+弦纹（T8③：49）　4. 盘足：鱼形组合纹+勾连纹（T8③：50）　5. 钵腹：网格三角纹+连珠纹（T8③：48）　6. 豆足：叶脉纹+短线纹+镂孔（T8③：22）　7. 盘足：方格纹（T8③：21）　8. 盘足：耜形图案（T8③：20）

陶钵残片　均为白陶或白衣陶，上饰复杂纹饰，斜腹或弧腹，可能系D型钵。标本T8③：48，泥质红胎白衣陶。上饰弧线纹、网状三角纹、连珠纹及弦纹等。残高8.4厘米（图八八，2）。

陶盘　A型Ⅱ式，2件。盘腹较浅。标本T8③：14，泥质白衣陶。厚圆唇，口微敞，底、足残。盘腹饰水波纹及篦点横带纹。口径21.8、残高4.2厘米（图八八，3）。

陶豆　A型Ⅱ式，2件。内折口，浅弧腹盘。标本T8③：38，泥质灰红陶。圆唇，底、足残。素面。口径20.1、残高4.9厘米（图八八，4；图版一〇，4）。

陶杯　A型Ⅰ式，2件。折沿微外卷，深斜腹，平底。标本T8③：31，夹砂红褐陶。底胎较厚，内壁凹凸不平。圆唇。素面。口径9.2、底径5.1、高6.2厘米（图八八，5；图版一〇，5）。

C型　2件。敞口，斜直腹，圈足外撇。标本T8③：30，夹砂红褐陶。胎较厚。尖唇，平折沿。素面。口径9.2、足径6.0、通高6.2厘米（图八八，6；图版一〇，6）。

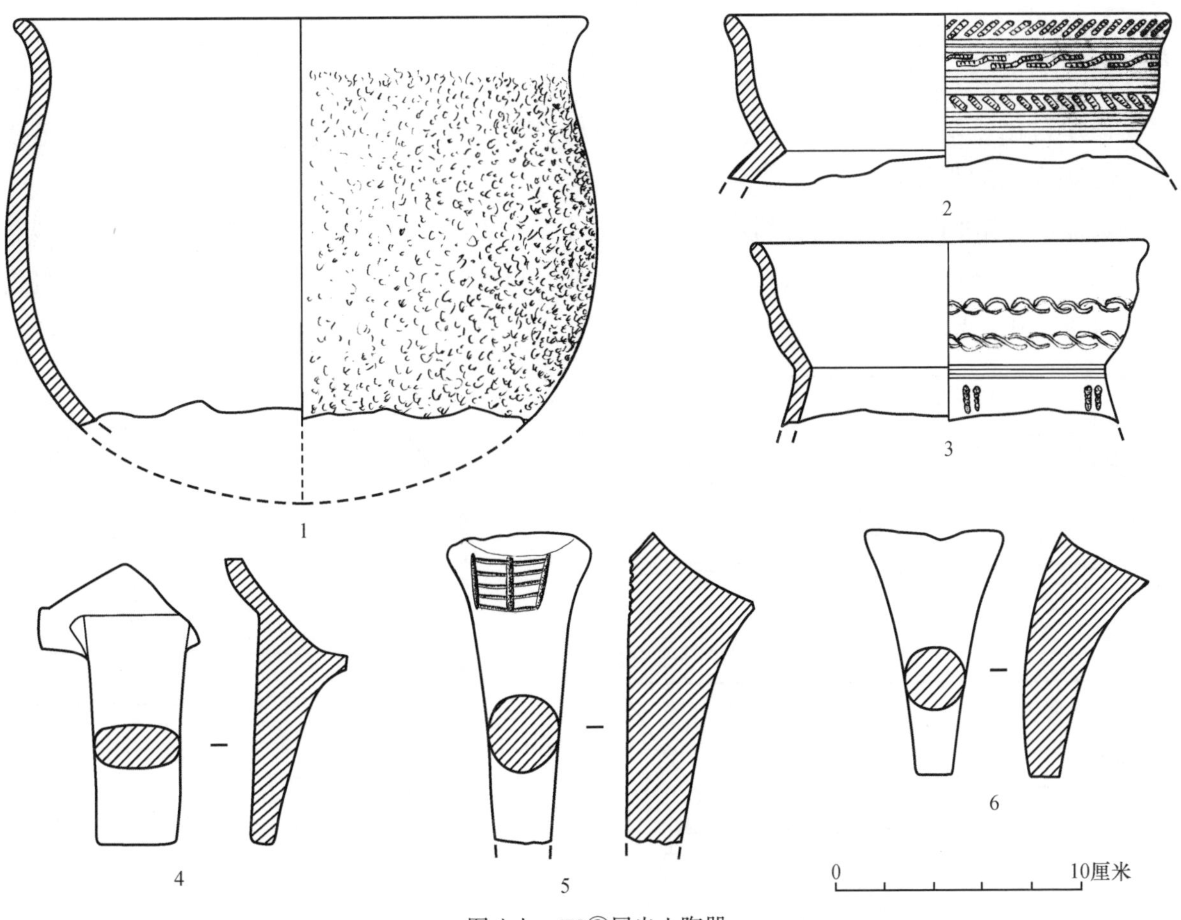

图八七　T8③层出土陶器

1. E型Ⅰ式罐（T8③：37）　2. B型Ⅰ式鼎（T8③：41）　3. F型Ⅰ式鼎（T8③：6）　4. B型鼎足（T8③：54）　5. D型鼎足（T8③：57）　6. J型鼎足（T8③：53）

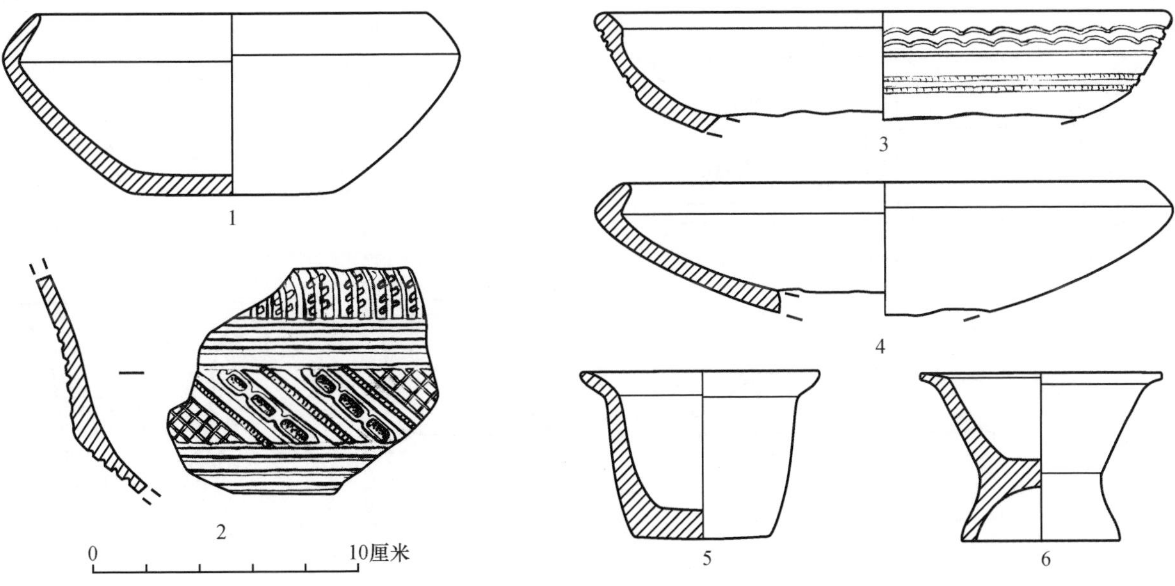

图八八　T8③层出土陶器

1. B型Ⅰ式钵（T8③：39）　2. 钵残片（T8③：48）　3. A型Ⅱ式盘（T8③：14）　4. A型Ⅱ式豆（T8③：38）　5. A型Ⅰ式杯（T8③：31）　6. C型杯（T8③：30）

17. T9第4层

该单位出土陶器包括鼎、釜、缸、杯、盘、豆、器盖等。共选标本61件（不含盘足残片），现介绍34件如下。

陶鼎　C型Ⅱ式，2件。折沿较甚，沿面微外弧，溜肩，深鼓腹。标本T9④：77，夹砂红胎黑陶，内、外均黑色。尖唇，下腹及底、足残。口外素面，颈部饰浅划纹，上腹饰两组弦纹。口径20.0、残高8.4厘米（图八九，1）。

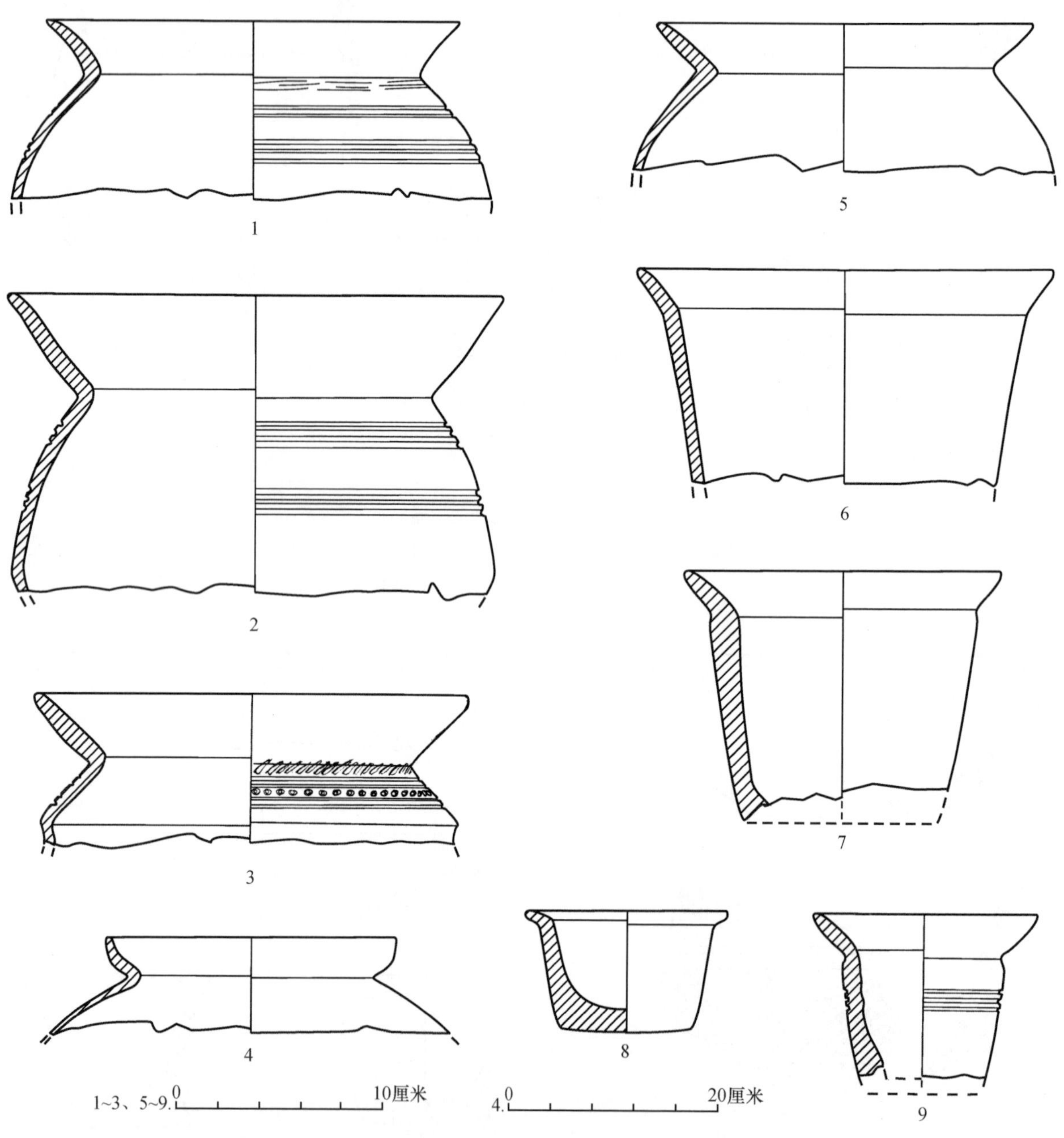

图八九　T9④层出土陶器

1. C型Ⅱ式鼎（T9④：77）　2. D型Ⅰ式鼎（T9④：68）　3. E型Ⅰ式鼎（T9④：83）　4. A型釜（T9④：7）　5. B型Ⅱ式釜（T9④：5）　6. A型Ⅰ式缸（T9④：82）　7. A型Ⅱ式缸（T9④：80）　8. A型Ⅱ式杯（T9④：52）　9. A型Ⅰ式杯（T9④：12）

D型Ⅰ式，3件。仰折沿，沿面微内凹，斜肩，垂腹。标本T9④：68，夹砂红褐陶，局部有大片黑斑。圆唇，腹、底转折起棱，底、足残。上腹饰两组弦纹，余素面。口径23.9、腹径22.4、残高14.2厘米（图八九，2）。

E型Ⅰ式，2件。折沿，沿面斜直，折肩。标本T9④：83，夹砂红陶。圆唇，腹及底、足残。口外素面，颈及肩部饰长椭圆纹、圆点纹及弦纹。口径20.9、肩径20.2、残高7.0厘米（图八九，3）。

陶釜　A型，2件。仰折沿，沿面内凹呈盘口状，圆肩。标本T9④：7，夹砂羼炭红陶，外残红衣。圆唇近尖，口微敛，腹及底残。素面。口径27.8、残高9.1厘米（图八九，4）。

B型Ⅱ式，3件。折沿，沿面斜直，圆肩，鼓腹较浅。标本T9④：5，夹砂灰褐陶。圆唇，折沿较甚，下腹及底残。素面。口径17.8、残高7.2厘米（图八九，5）。

陶缸　A型Ⅰ式，1件。折沿，深筒形腹。标本T9④：82，夹砂羼炭红陶。质轻。圆唇，下腹及平底残。素面。口径19.8、残高10.1厘米（图八九，6）。

A型Ⅱ式，2件。折沿，筒形腹略浅。标本T9④：80，夹砂红陶。器表颜色斑驳，局部黑，内红。厚胎，质重，内壁不平。圆唇，平底残。素面。口径15.2、残高8.9厘米（图八九，7）。

陶杯　A型Ⅰ式，2件。折沿微卷，深斜直腹。标本T9④：12，夹砂红陶，偏黄。胎厚。尖唇，平底残。中腹饰一组弦纹，余素面。口径10.6、残高7.6厘米（图八九，9）。

A型Ⅱ式，1件。折沿，浅斜直腹，平底。标本T9④：52，夹砂深红陶，局部有黑斑。胎厚，内壁凹凸不平。圆唇，素面。口径9.8、底径6.2、高5.7厘米（图八九，8；彩版二二，5；图版一一，1）。

陶鼎足　B型，2件。宽扁足，横截面略呈扁椭圆形。标本T9④：101，夹砂红褐陶。素面。长16.3厘米（图九〇，1；图版一一，2）。

C型　1件。扁凿形足，横截面略呈半椭圆形。标本T9④：124，夹砂红褐陶。足下部残断。足上部饰方形篦点短线纹、横带纹及菱形组合纹，根部一角残见一乳钉状泥突。残长8.3厘米（图九〇，2；图版一一，3）。

D型　5件。圆柱形足，横截面呈圆形或近圆形。标本T9④：127，夹砂深红陶。横截面呈圆形。足上部饰短线纹、近菱形几何纹及弦纹。长12.5厘米（图九〇，3）。标本T9④：106，夹砂褐陶。横截面近圆形。足下部残断。足上部饰圆窝纹、弦纹、方形篦点短线纹及近菱形几何纹。残长12.0厘米（图九〇，4）。

E型　3件。凿形足，横截面略呈椭圆形。标本T9④：113，夹砂红褐陶。足上部饰两组凹窝纹，根部两角各饰一乳钉状泥突。长16.5厘米（图九〇，5）。

F型　2件。舌形足，足身内弧，足尖微外撇，横截面呈不规则椭圆形。标本T9④：117，夹砂深红陶。顶部内凹，其下饰2个深按窝。长15.8厘米（图九〇，6；图版一一，4）。

K型　1件。弓背凿形足，横截面略呈椭圆形。标本T9④：100，夹砂红陶。足上部饰2个深按窝。长18.2厘米（图九〇，7）。

L型　3件。宽扁薄矮足，横截面近长方形或扁椭圆形。标本T9④：104，泥质红陶。弓背，横截面略呈扁椭圆形。足中部饰一镂孔。长5.4厘米（图九〇，8）。标本T9④：95，泥质红陶。横截面近长方形。素面。长5.7厘米（图九〇，9）。

M型　2件。弓背圆柱形矮足，横截面近圆形。标本T9④：126，夹砂羼炭褐陶。素面。长

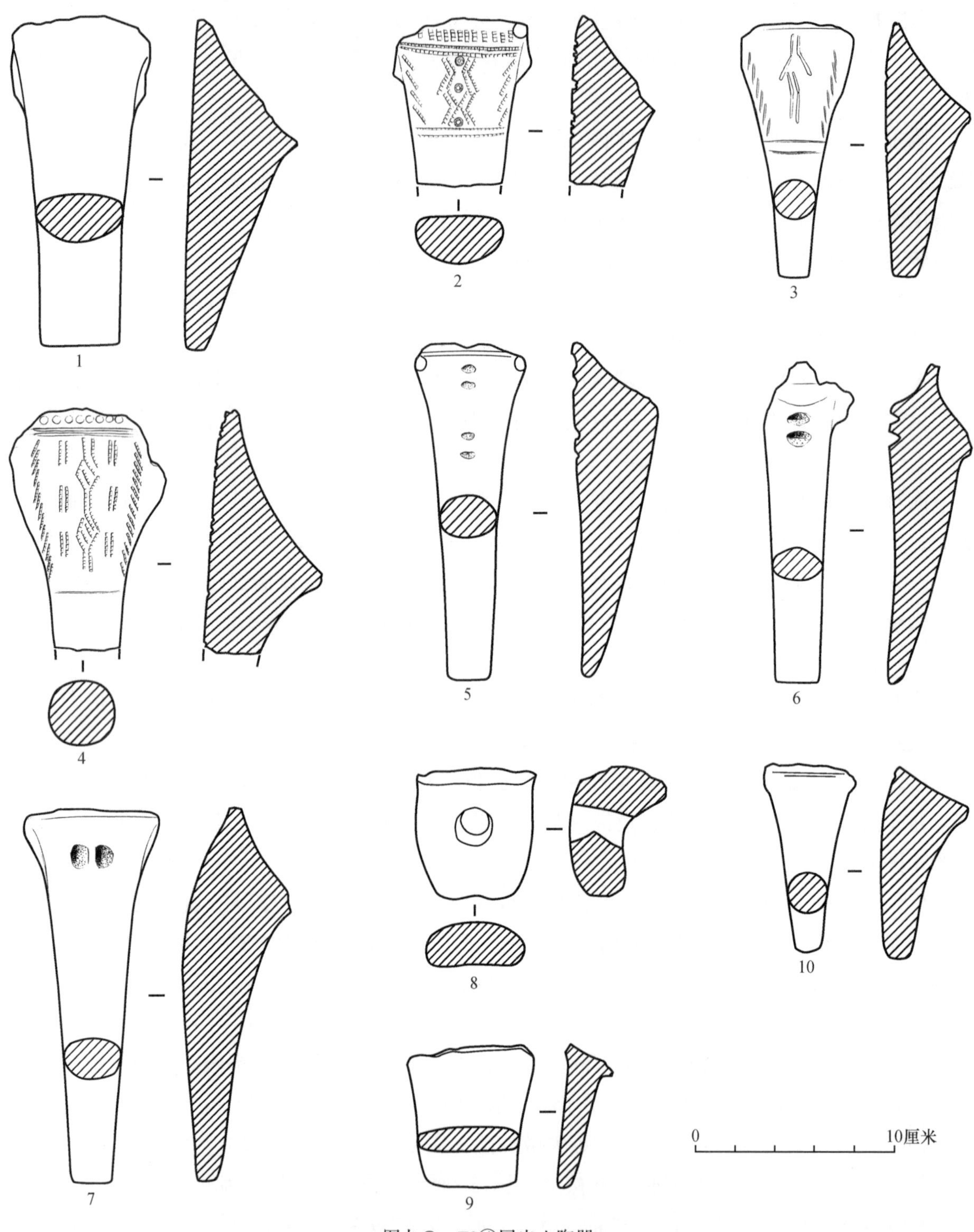

图九〇　T9④层出土陶器

1. B型鼎足（T9④：101）　2. C型鼎足（T9④：124）　3、4. D型鼎足（T9④：127、T9④：106）　5. E型鼎足（T9④：113）　6. F型鼎足（T9④：117）　7. K型鼎足（T9④：100）　8、9. L型鼎足（T9④：104、T9④：95）　10. M型鼎足（T9④：126）

9.3厘米（图九〇，10）。

陶盘　A型Ⅰ式，2件。盘腹略深。标本T9④：90，泥质红胎灰陶。厚圆唇，口微敛，底、足残。唇内及口外均施红彩带，盘腹饰水波纹及弦纹。口径16.8、残高3.7厘米（图九一，1）。

B型　2件。口微敞，浅弧腹盘。标本T9④：84，泥质浅红陶。厚圆唇微内勾，折壁高圈足，足内收较甚，足沿残。唇内及口外施深红彩带，盘腹亦施条带状深红彩；足饰数组镂孔，红彩脱落较甚，除条带状外，其他纹样不明。口径24.4、残高10.5厘米（图九一，2；彩版二三，1；图版一一，5）。

陶盘足　A型，5件。高圈足。标本T9④：87，泥质浅红陶，器表偏灰，内壁偏红。足沿呈喇叭形。足饰弦纹、长方形镂孔、带孔盾形组合纹及树形组合纹，足沿素面。足径12.6、残高12.5厘米（图九一，3；彩版二三，2；图版一一，6）。标本T9④：86，泥质白衣陶，内红。足沿微外撇。足饰粗短线纹及弦纹，足沿饰一周长椭圆形纹。足径14.9、残高9.0厘米（图九一，4）。

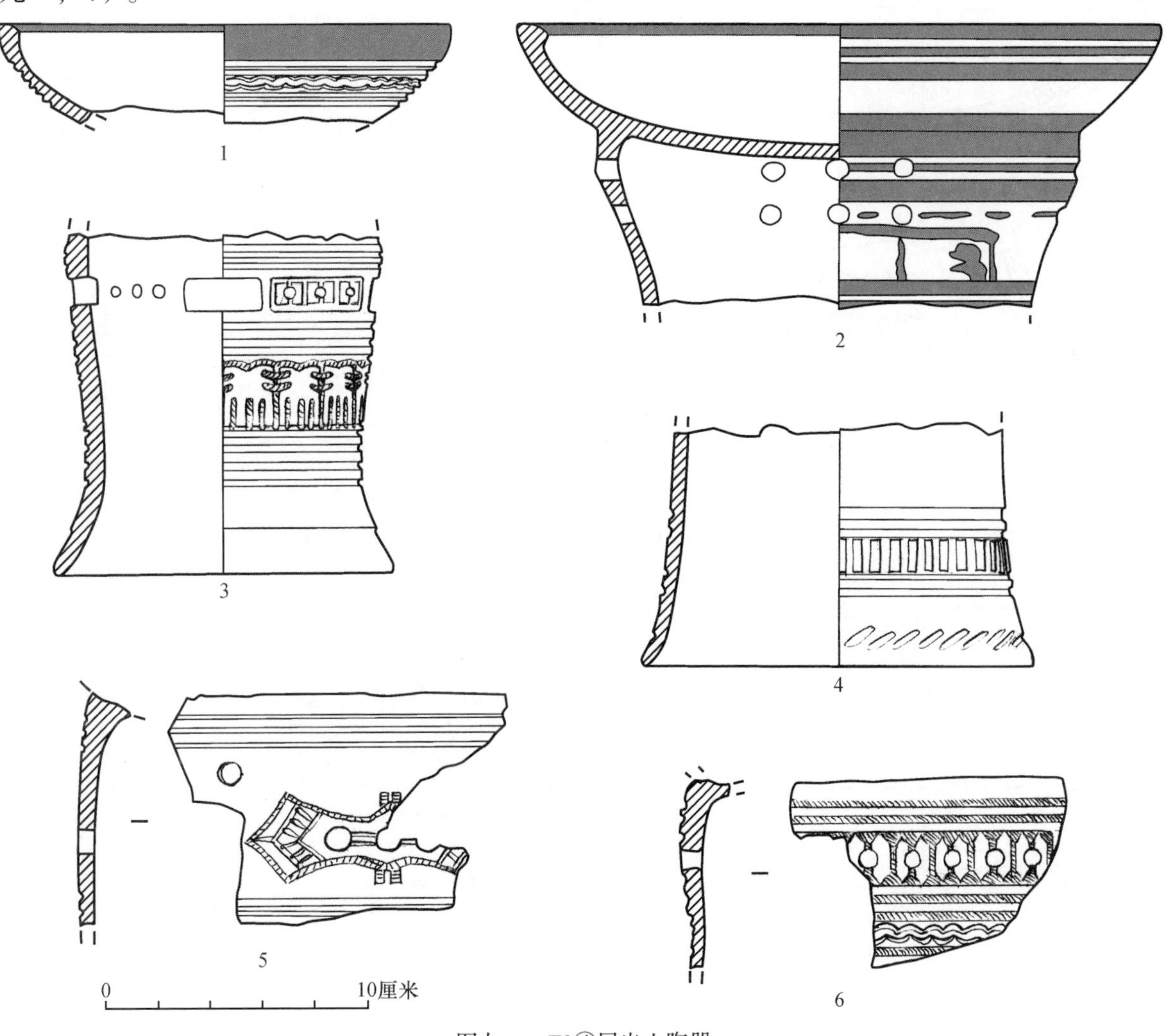

图九一　T9④层出土陶器

1. A型Ⅰ式盘（T9④：90）　2. B型盘（T9④：84）　3、4. A型盘足（T9④：87、T9④：86）　5、6. 盘足残片（T9④：85、T9④：75）

陶盘足残片　数量较多，均为高圈足残片。现选2件介绍如下。标本T9④：85，泥质灰白陶，外施灰白衣。其上残见一组以三个镂孔为中心的几何图案及两组弦纹。残高8.6厘米（图九一，5）。标本T9④：75，泥质白陶。其上残见横带纹、水波纹及带孔盾形组合纹。残高7.1厘米（图九一，6）。

陶豆　A型Ⅰ式，3件。内折口，弧腹盘较浅。标本T9④：71，泥质红陶，器表红衣脱落较甚。尖唇，足残。素面。口径18.3、残高5.8厘米（图九二，1；图版一二，1）。

D型，2件。敛口，深弧腹盘。标本T9④：69，泥质红褐陶。个体较大，质轻。圆唇，底、足残。素面。口径24.5、残高9.5厘米（图九二，2）。

陶豆足　C型，5件。折壁足，足沿外撇呈喇叭形。标本T9④：81，泥质红胎黑陶。足上部饰细弦纹及成组细镂孔，足沿素面。足径16.5、残高7.6厘米（图九二，3）。标本T9④：8，泥质红陶，器表施白衣。足上部饰弦纹，足沿施红彩带。足径16.2、残高5.4厘米（图九二，4）。标本T9④：79，泥质红胎黑陶。素面。足径15.1、残高8.2厘米（图九二，5）。

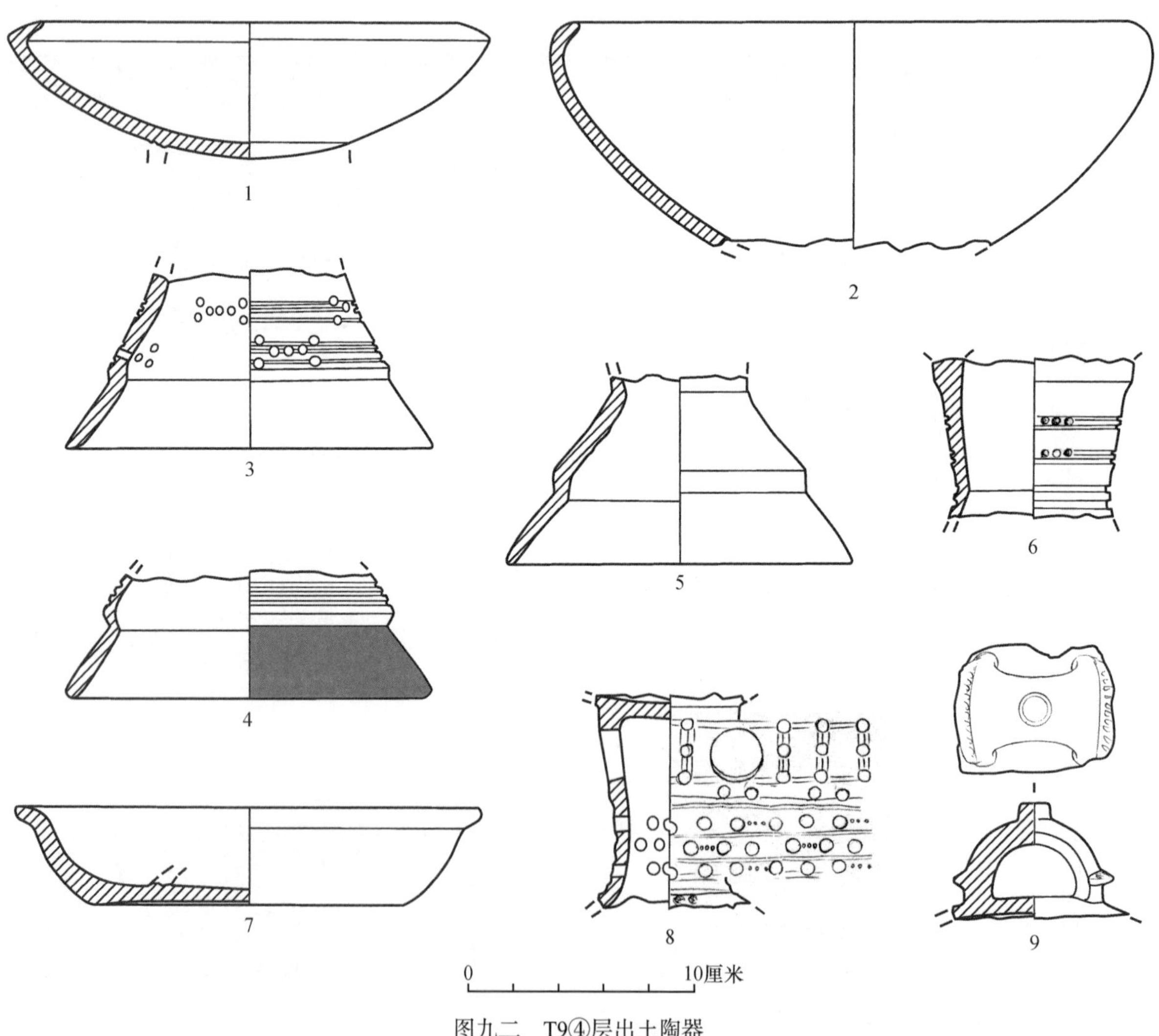

图九二　T9④层出土陶器

1. A型Ⅰ式豆（T9④：71）　2. D型豆（T9④：69）　3～5. C型豆足（T9④：81、T9④：8、T9④：79）　6、8. 豆柄（T9④：76、T9④：94）　7. D型器盖（T9④：34）　9. 盖纽（T9④：66）

陶豆柄　2件。标本T9④：76，泥质红胎黑陶。折壁高柄。其上饰成组细弦纹及细圆窝纹，残高6.8厘米（图九二，6）。标本T9④：94，泥质红陶。细高柄。其上除饰3个大型镂孔外，还饰有大量小镂孔，并以刻划细线纹或篦点纹相连。残高9.1厘米（图九二，8）。

陶器盖　D型，2件。浅碟式盖。盖沿外翻，浅斜腹盖，盖底平坦。标本T9④：34，泥质深红陶。内置桥形纽脱落。素面。口径20.5、底径13.8、高4.0厘米（图九二，7）。

陶盖纽　1件。标本T9④：66，夹砂红褐陶。扁桥形纽。纽顶部有一圆形实心矮捉手，纽下部两侧各饰一道上有凹窝的附加堆纹。纽顶部宽2.7、高4.1厘米（图九二，9）。

18. T9第3层

该单位出土陶器较少，仅见鼎、豆等残器。共选标本8件，现介绍5件如下。

陶豆柄　1件。标本T9③：10，泥质红陶，外施白衣，内红。折壁高柄。其上饰4个大型镂孔及四组由短线纹、横向垂帘纹及圆窝纹组成的几何纹，其下可见两道宽凹带，内填红彩。残高8.2厘米（图九三，1；彩版二二，6；图版一二，2）。

陶豆足　H型，2件。曲壁矮足，足沿内敛较甚。标本T9③：9，泥质红陶，器表施白衣。其上饰篦点几何纹、成组指甲纹及数周深红彩带。足径12.1、残高5.8厘米（图九三，2）。

陶鼎足　C型，1件。扁凿形足，横截面略呈半椭圆形。标本T9③：13，夹砂红陶。体较宽扁，足下部残断。足上部饰粗短斜线纹、弦纹及圆窝纹，根部两侧各饰一条弧形附加堆纹，其上压印齿状凹窝。残长8.1厘米（图九三，5）。

E型　2件。凿形足，横截面略呈半圆形。标本T9③：18，夹砂红褐陶。足下部残断。足根部饰一组几何纹，两侧饰短斜线纹。残长11.9厘米（图九三，3）。

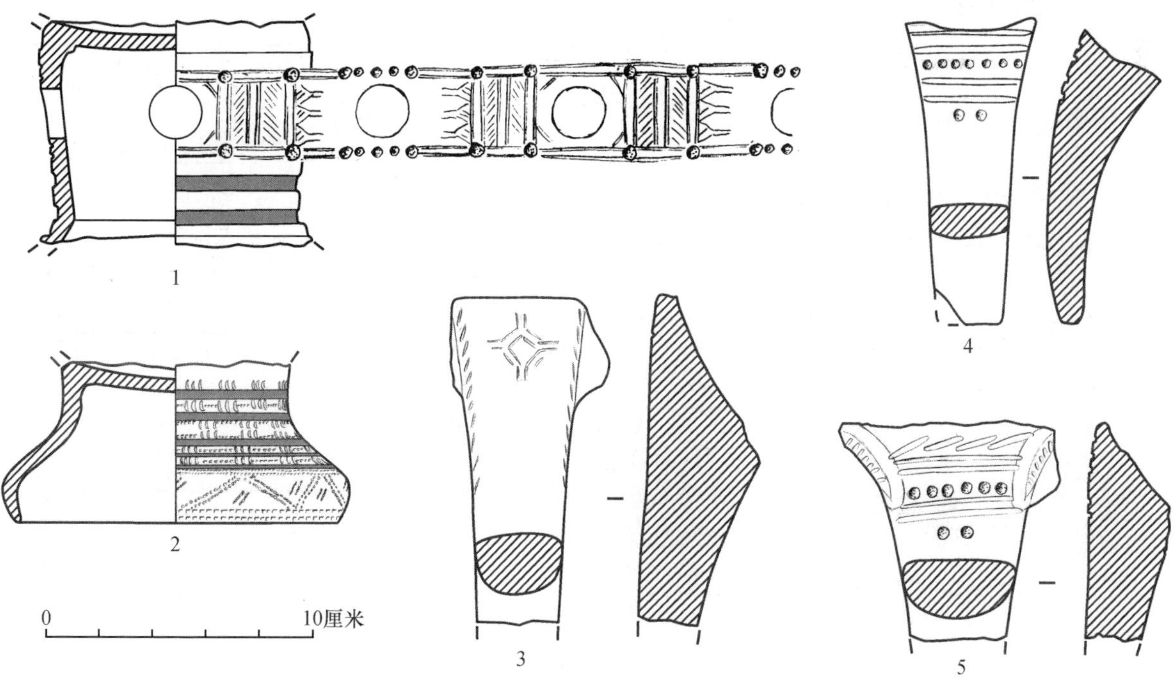

图九三　T9③层出土陶器

1. 豆柄（T9③：10）　2. H型豆足（T9③：9）　3. E型鼎足（T9③：18）　4. I型鼎足（T9③：17）　5. C型鼎足（T9③：13）

I型　2件。弓背扁凿形足，横截面近长方形。标本T9③：17，夹砂灰白陶。足尖部略残。足上部饰弦纹及圆窝纹。长11.2厘米（图九三，4）。

19. T10第4层

该单位出土陶器包括鼎、盘、豆、钵、器盖等。共选标本24件，现介绍13件如下。

陶鼎足　C型，2件。扁凿形足，横截面略呈半椭圆形。标本T10④：53，夹砂红陶。体较宽扁，足下部残断。足上部饰圆圈纹、篦点短线纹、横带纹及垂帘纹。残长9.2厘米（图九四，1）。

D型　3件。圆柱形足，横截面近圆形。标本T10④：44，夹砂红陶。足尖残断。足上部饰成组短线纹及菱形几何纹。残长13.4厘米（图九四，2）。

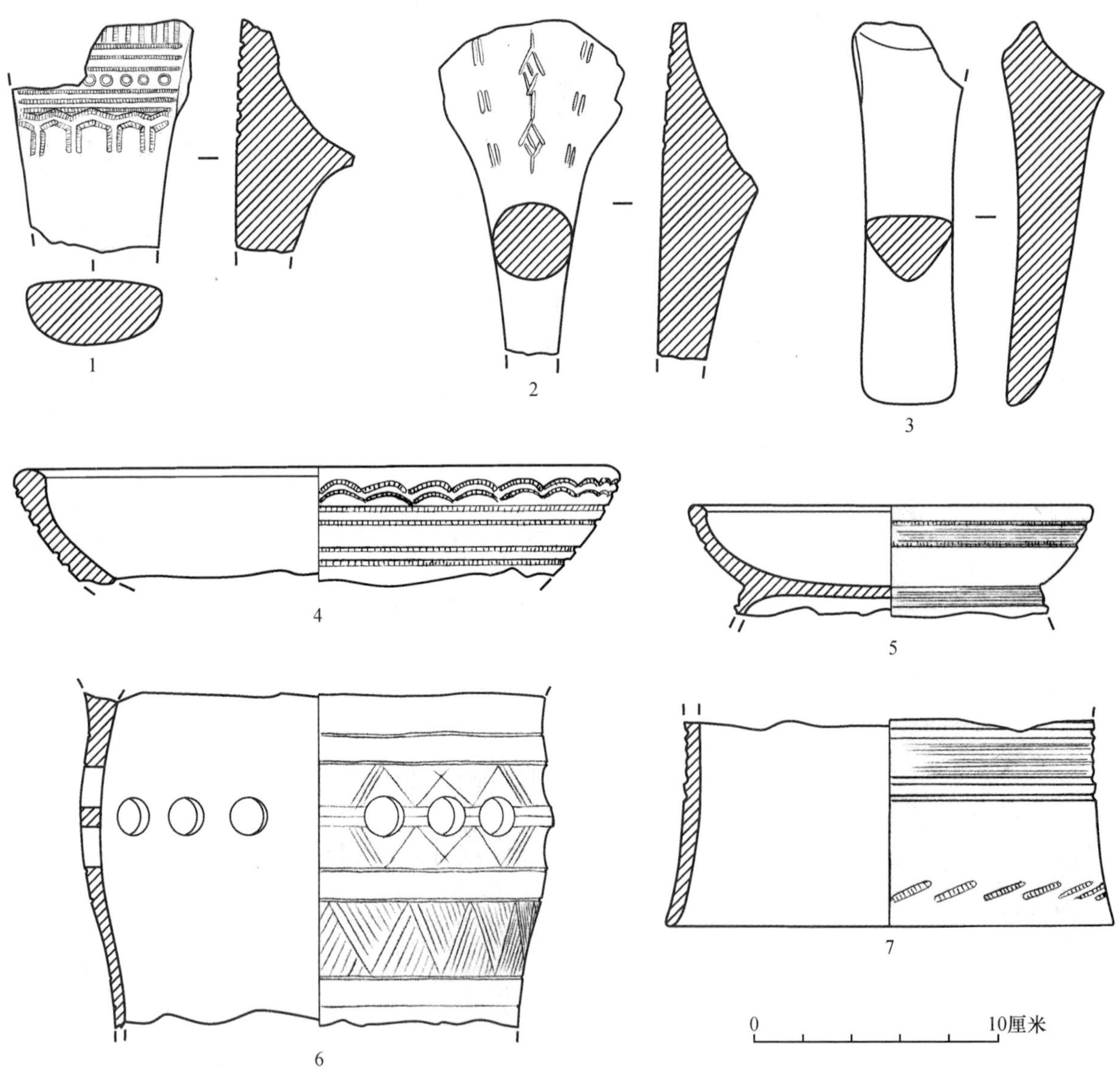

图九四　T10④层出土陶器

1. C型鼎足（T10④：53）　2. D型鼎足（T10④：44）　3. F型鼎足（T10④：50）　4. A型Ⅰ式盘（T10④：11）　5. A型Ⅱ式盘（T10④：41）　6、7. A型盘足（T10④：10、T10④：1）

F型 2件。舌形足，顶部有一平台，足身内弧，足尖微外撇，横截面呈三角形。标本T10④：50，夹砂红陶。素面。长15.3厘米（图九四，3）。

陶盘 A型Ⅰ式，1件。盘腹略深。标本T10④：11，泥质红陶，外施白衣。厚圆唇，口微敛，底、足残。盘腹饰篦点水波纹及横带纹。口径24.1、残高4.8厘米（图九四，4）。

A型Ⅱ式 2件。盘腹略浅。标本T10④：41，泥质浅红陶。厚圆唇，口微敞，足残。盘腹上部及足根部各有一内凹宽带，其内饰细划纹，并似有粉状红彩。口径16.3、残高4.5厘米（图九四，5；图版一二，3）。

陶盘足 A型，3件。高圈足。标本T10④：10，泥质红陶，施白衣。鼓形高圈足，足沿残。上饰成组大镂孔、刻划三角纹及弦纹。最大直径19.7、残高13.2厘米（图九四，6）。标本T10④：1，泥质红陶，施白衣，内灰白。足沿微外撇。足上部残见两组弦纹，其间微内凹，并施粉状红彩，足沿饰一周长椭圆形纹。足径18.2、残高8.2厘米（图九四，7）。

陶钵 A型Ⅰ式，2件。口微敛，浅弧腹，平底。标本T10④：31，体小，胎较厚。泥质红褐陶。圆唇。素面。口径14.1、底径7.6、高5.4厘米（图九五，1；图版一二，4）。

陶豆 A型Ⅰ式，2件。内折口，弧腹盘较浅。标本T10④：2，泥质灰红陶。尖唇，底、足残。盘腹施数道深红彩带。口径17.6、残高5.6厘米（图九五，2）。

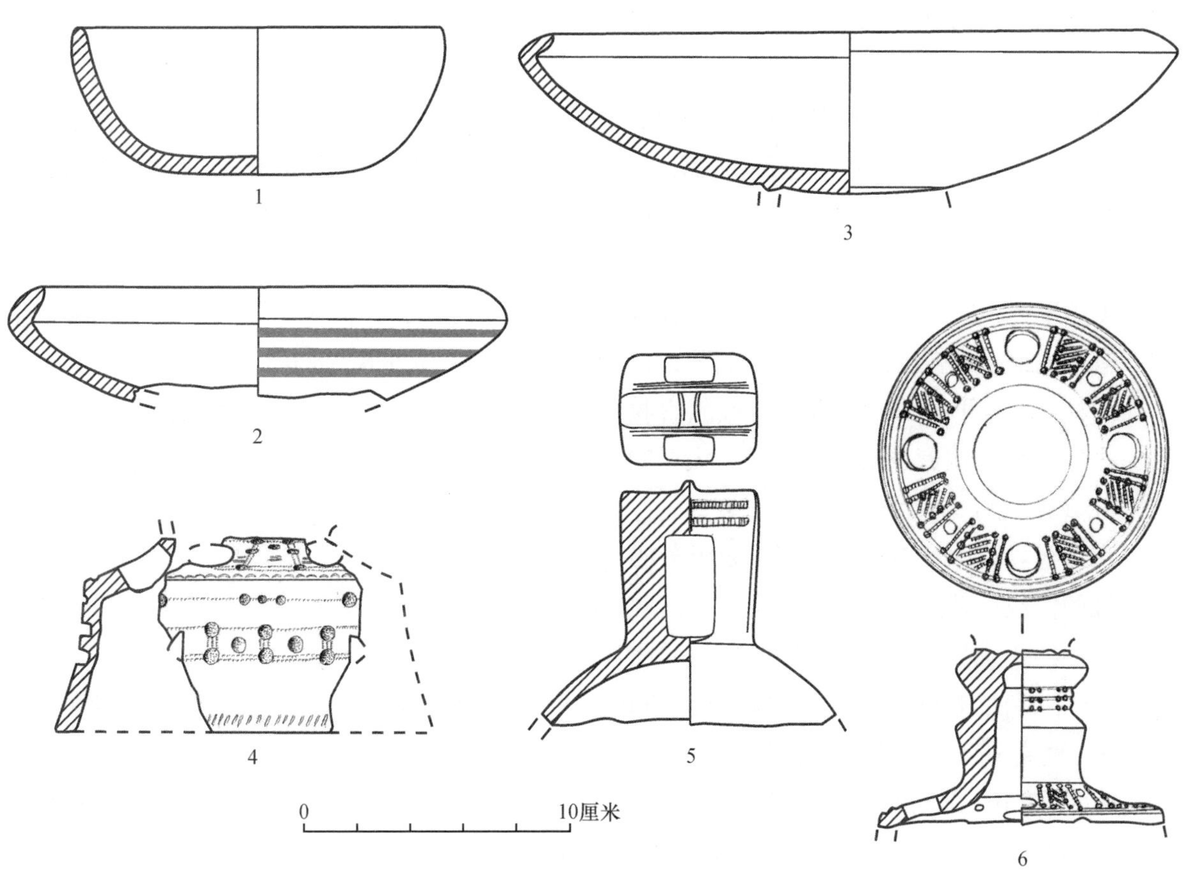

图九五 T10④层出土陶器

1. A型Ⅰ式钵（T10④：31） 2. A型Ⅰ式豆（T10④：2） 3. A型Ⅱ式豆（T10④：29） 4. A型豆足（T10④：38） 5. 盖纽（T10④：25） 6. 豆柄（T10④：42）

A型Ⅱ式　3件。内折口，浅弧腹盘。标本T10④：29，泥质红胎黑陶，内灰。圆唇，足残。素面。口径22.2、残高5.6厘米（图九五，3）。

陶豆足　A型，2件。台式足，足沿微外撇。标本T10④：38，残片。泥质红陶。台面饰大型镂孔、圆窝纹、篦点纹及指甲纹，足饰三角形镂孔、大小不一的圆窝纹、篦点纹，足沿饰长椭圆形纹。复原足径14.2、残高7.1厘米（图九五，4）。

陶豆柄　1件。标本T10④：42，泥质红陶。竹节式细高柄。柄饰7组细圆窝点纹，并以细弦纹相连；台面饰四个大型镂孔，并间以四组由篦点纹、细窝点纹及小镂孔组成的几何纹。残高6.4厘米（图九五，6）。

陶盖纽　1件。标本T10④：25，泥质红陶，器表有较多灰褐斑。方形纽。纽顶部中段有一道窄泥突，两宽侧边各饰两道篦点横带纹。纽宽5.2、高6.2厘米（图九五，5；图版一二，5）。

20. T10第3层

该单位出土陶器包括鼎、杯、盘、豆等。共选标本16件，现介绍8件如下。

陶鼎足　B型，1件。宽扁足，横截面略呈长椭圆形。标本T10③：48，夹砂红陶。足下部残断。足上部饰两道附加堆纹及一大型圆圈纹。残长9.3厘米（图九六，1）。

K型　2件。弓背凿形足，横截面略呈三角形。标本T10③：49，夹砂深红陶。足尖部残断。足根部饰细弦纹及不规则圆窝纹。残长9.7厘米（图九六，2）。

陶盘　A型Ⅰ式，1件。弧腹盘略深。标本T10③：6，泥质灰白陶。体形较小。厚圆唇，微敛口，底、足残。盘腹饰弦纹、勾连纹及篾席状纹。口径12.4、残高3.4厘米（图九六，3）。

A型Ⅱ式　3件。浅弧腹盘。标本T10③：44，泥质红陶，残白衣。厚圆唇，口微敞，足残。盘腹饰篦点横带纹及勾连纹。口径17.8、残高5.1厘米（图九六，4）。

陶杯　A型Ⅱ式，3件。折沿，浅斜直腹，平底。标本T10③：25，夹砂深红陶。胎厚，质重，内壁不平。圆唇近尖，宽折沿，大敞口。中腹饰弦纹，余素面。口径16.1、底径8.6、高8.2厘米（图九六，5；图版一二，6）。

陶豆足　A型，3件。台式足，足沿外撇。标本T10③：45，泥质浅红陶，内壁凹凸不平。台面饰圆窝纹、篦点纹、指甲纹及4个大型镂孔，足饰圆窝纹及篦点纹，足沿饰一周深椭圆形纹。足径13.3、残高6.8厘米（图九六，6；图版一三，1）。

C型　1件。折壁足，足沿外撇。标本T10③：38，泥质黑陶。柄部饰细凸棱，余素面。足径13.1、残高6.7厘米（图九六，7）。

E型　2件。细柄喇叭形高足，足沿外折。标本T10③：37，泥质红胎黑陶。足沿平折。柄、足均饰成组弦纹。足径18.2、残高18.9厘米（图九六，8；图版一三，2）。

21. T11第4层

该单位出土陶器丰富，器类有鼎、釜、罐、缸、甑、盆、杯、钵、盘、豆、碗、器盖等。

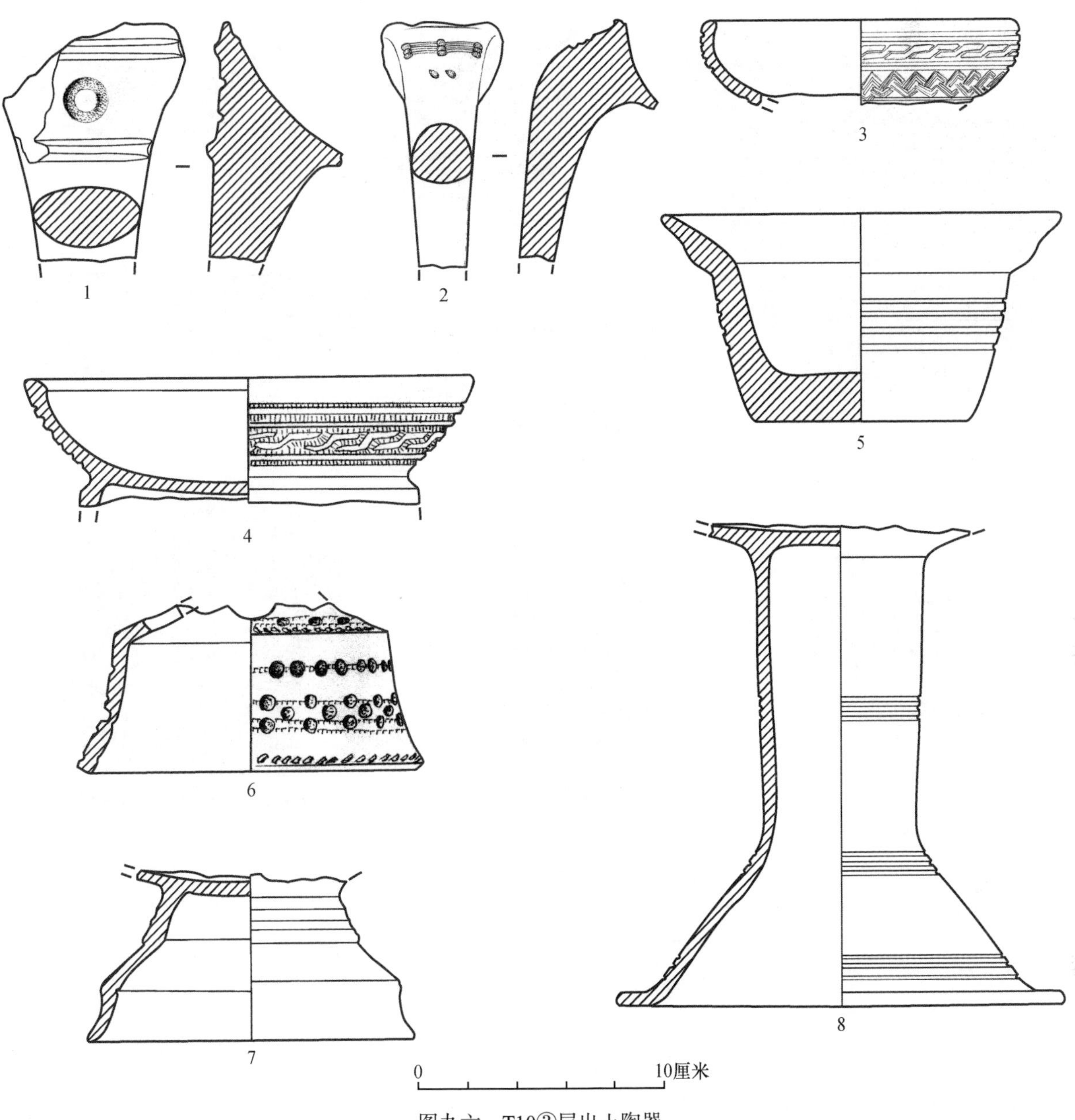

图九六　T10③层出土陶器

1. B型鼎足（T10③：48）　2. K型鼎足（T10③：49）　3. A型Ⅰ式盘（T10③：6）　4. A型Ⅱ式盘（T10③：44）　5. A型Ⅱ式杯（T10③：25）　6. A型豆足（T10③：45）　7. C型豆足（T10③：38）　8. E型豆足（T10③：37）

其中，鼎、盘、豆等器类都有丰富多彩的纹饰（图九七）。共选标本119件，现介绍65件如下。

陶鼎　A型Ⅱ式，2件。口微侈，仰折沿，沿面内凹呈盘口状，溜肩。标本T11④：5，夹砂红陶。尖唇，仅存口部。颈部饰一周叶脉纹，肩部残见一周弦纹，余素面。口径16.4、残高6.1厘米（图九八，1）。

B型Ⅰ式　3件。宽仰折沿似矮领，沿面微内凹，圆肩。标本T11④：31，夹砂红陶，偏黄。尖唇，仅存口部。口部饰叶脉纹、勾连纹、圆窝纹及弦纹。口径16.5、残高5.0厘米（图九八，2）。标本T11④：44，夹砂灰褐陶。圆唇，仅存口部。口及颈部饰叶脉纹、弦纹、勾连

图九七　T11④层出土陶片纹饰拓片

1. 鼎肩：短线纹+勾连纹（T11④：13）　2. 鼎肩：短线纹+圆窝纹（T11④：15）　3. 鼎肩：短线纹+圆点纹+勾连纹（T11④：10）　4. 盘口：连珠纹+水波纹（T11④：27）　5. 盘口：连珠纹（T11④：24）　6. 盘足：树形组合纹（T11④：21）　7. 盘足：树形组合纹+短线纹+长椭圆纹（T11④：19）　8. 豆足：折线纹+短线纹+镂孔（T11④：63）

纹及短斜线纹。口径16.2、残高5.3厘米（图九八，3）。

C型Ⅰ式　1件。仰折沿，沿面微内凹，溜肩，深鼓腹。标本T11④：97，夹砂红陶，偏黄。圆唇，口微外侈，下腹及底、足残。中腹饰一周带凹槽的宽附加堆纹，余素面。口径19.9、腹径22.4、残高10.6厘米（图九八，4）。

C型Ⅱ式　5件。折沿较甚，沿面微外弧，溜肩，深鼓腹。标本T11④：51，夹砂红陶。圆唇，口外侈，宽折沿，下腹及底、足残。口外素面，颈部饰一对三棱形实心泥耳，颈以下饰细圆点纹、弦纹及成组乳钉纹。口径22.8、残高9.8厘米（图九八，5）。标本T11④：43，夹砂灰褐陶。圆唇，宽折沿微外卷，下腹及底、足残。口外素面，肩及腹部饰弦纹。口径20.3、残高6.4厘米（图九八，6）。标本T11④：8，夹砂黑褐陶，器表施黑衣。圆唇近尖，下腹及底、足残。口外素面，肩及腹部饰弦纹。口径15.5、残高5.2厘米（图九八，7）。

E型Ⅰ式　3件。折沿，沿面斜直或微内凹，折肩。标本T11④：71，夹砂红陶。圆唇，腹及底、足残。口外素面，肩似有浅细划纹，肩下残见一周弦纹。口径25.2、残高8.6厘米（图九八，8）。标本T11④：4，夹砂红褐陶。圆唇，腹及底、足残。口外素面，肩部饰成组波浪形短线纹及长椭圆形纹，肩下残见一周长椭圆形纹。口径22.3、残高8.4厘米（图九八，9）。

E型Ⅱ式　7件。折沿较甚，沿面外弧，溜肩，曲腹。标本T11④：76，夹砂黑褐陶，器表有薄层酱黑衣。圆唇，下腹及底、足残。口外素面，肩及腹部饰短斜线纹、圆点纹、勾连纹及弦纹。口径20.4、残高9.3厘米（图九八，10；图版一三，3）。标本T11④：62，夹砂羼炭红

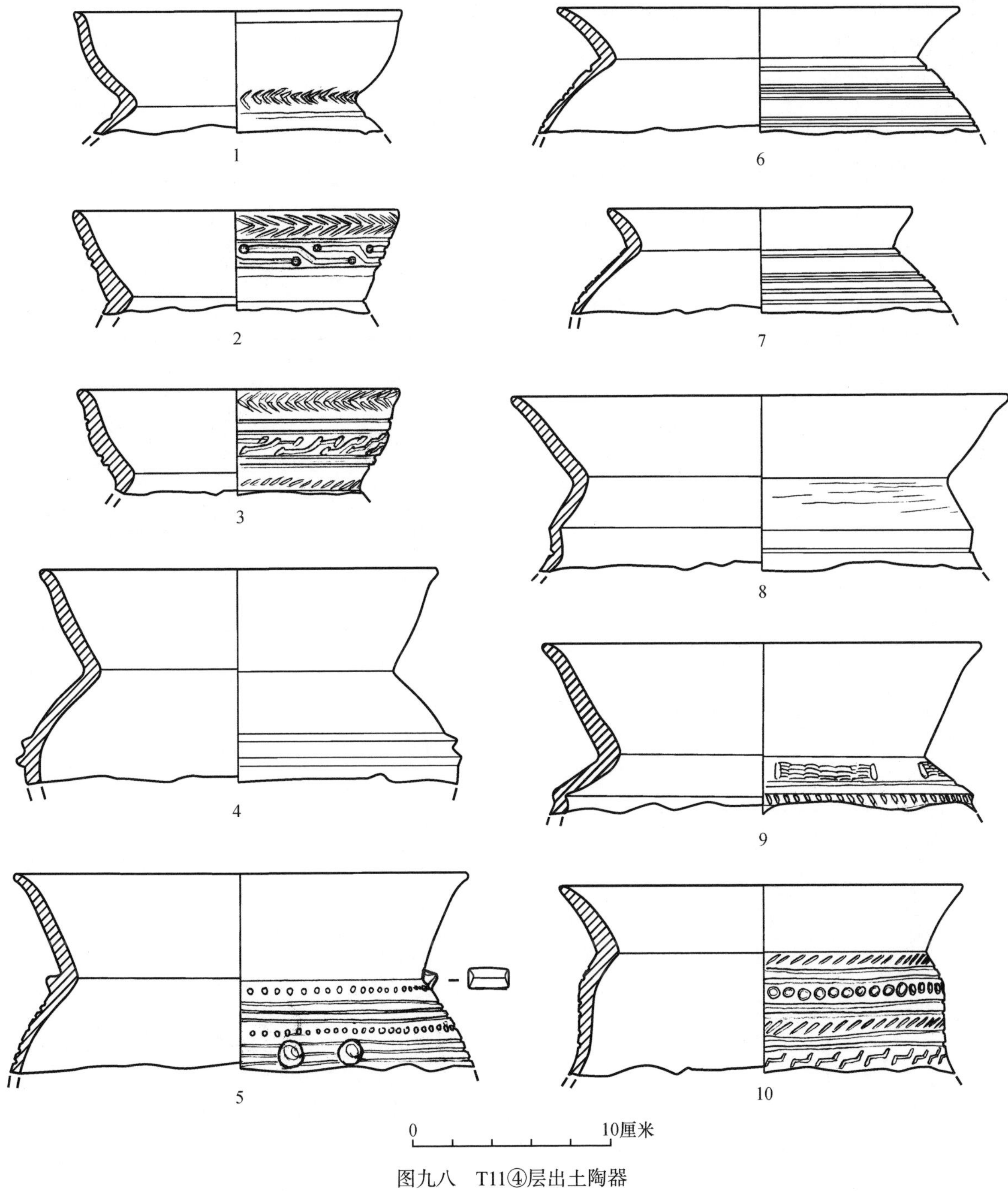

图九八　T11④层出土陶器

1. A型Ⅱ式鼎（T11④：5）　2、3. B型Ⅰ式鼎（T11④：31、T11④：44）　4. C型Ⅰ式鼎（T11④：97）　5～7. C型Ⅱ式鼎（T11④：51、T11④：43、T11④：8）　8、9. E型Ⅰ式鼎（T11④：71、T11④：4）　10. E型Ⅱ式鼎（T11④：76）

陶。圆唇，下腹及底、足残。口外素面，肩及腹部饰长椭圆形纹、圆圈纹及不规则弦纹。口径20.6、残高8.6厘米（图九九，1）。标本T11④：17，夹砂灰褐陶。圆唇，宽折沿，溜肩微折，下腹及底、足残。口外素面，肩及腹部饰篦点短斜线纹、圆点纹、长三角形纹及弦纹。口径21.2、残高9.6厘米（图九九，2）。

F型Ⅱ式　2件。折沿较甚，沿面外弧，斜领，圆肩。标本T11④：72，夹砂红褐陶，外残酱黑衣。体略小。圆唇，领部微曲，腹及底、足残。口外素面，领部饰成组弦纹。口径15.1、残高6.9厘米（图九九，3）。

G型　2件。宽仰折沿，浅折腹。标本T11④：52，夹砂黑褐陶，局部呈炭黑色，内壁灰褐色。体小。圆唇，两足残，另一足为弓背扁凿形足，横截面略呈半椭圆形。口外饰一周不规则弦纹，腹部饰两周不规则长椭圆形纹及细密弦纹。口径13.9、腹径13.5、通高14.1厘米（图九九，4；彩版二三，3；图版一三，4）。标本T11④：50，夹砂红褐陶。体小，内、外壁均不平整。尖唇，底及足残。上腹部饰弦纹、长椭圆形凹窝及一对泥突，余素面。口径9.8、腹径10.7、残高6.2厘米（图一〇〇，1；图版一三，5）。

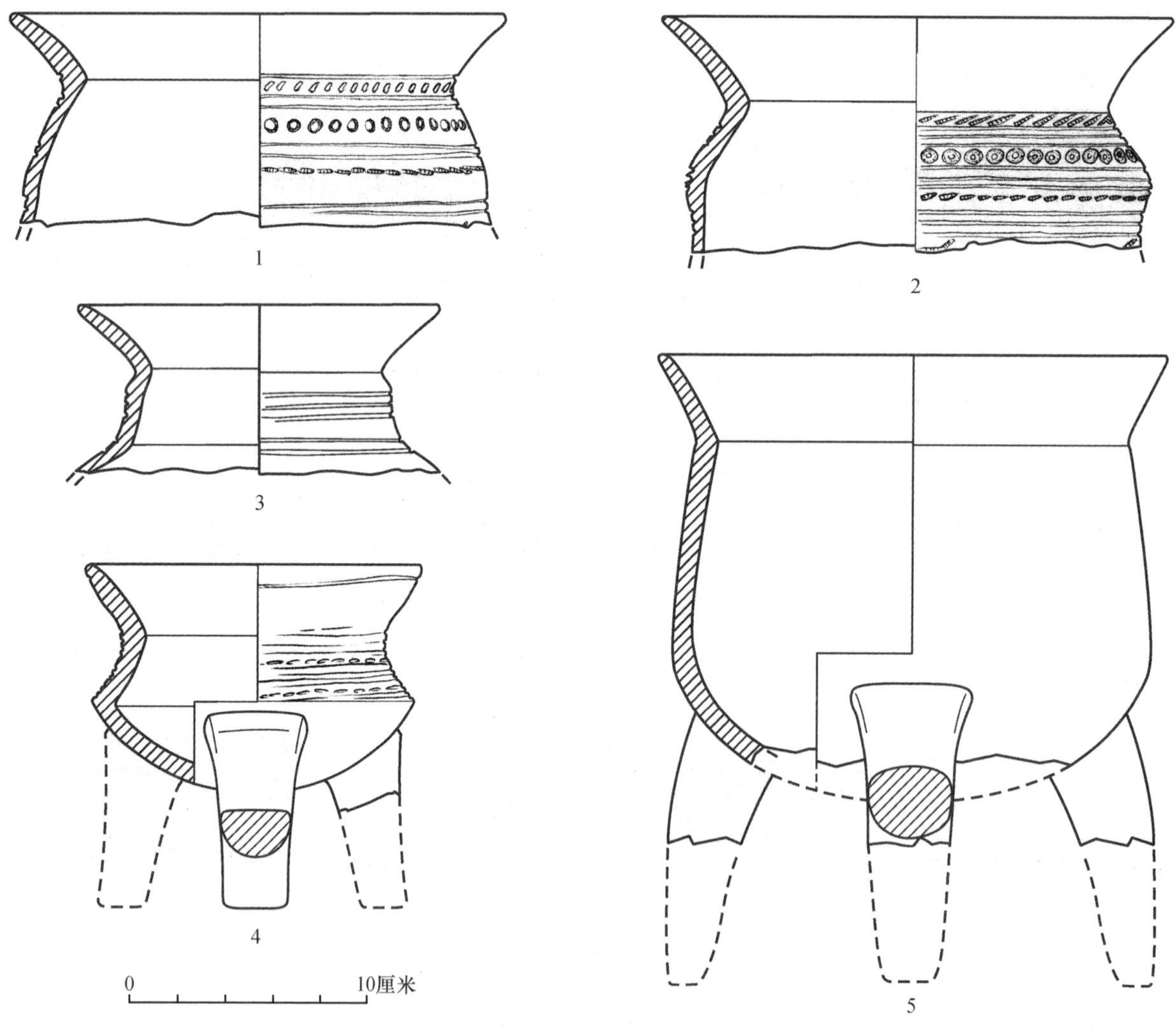

图九九　T11④层出土陶器

1、2. E型Ⅱ式鼎（T11④：62、T11④：17）　3. F型Ⅱ式鼎（T11④：72）　4. G型鼎（T11④：52）　5. J型鼎（T11④：54）

J型 2件。折沿，深筒形腹。标本T11④：54，夹砂红陶，内壁不平，略呈灰黄色。圆唇，仰折沿，底及足尖部均残。足为弓背凿形足，横截面略呈椭圆形。素面。口径20.8、腹径19.9、残高19.8厘米（图九九，5；彩版二三，4；图版一四，1）。

陶鼎足 C型，2件。扁凿形足，横截面呈长椭圆形。标本T11④：106，夹砂红陶。足下部残断。足上部饰方格纹、弦纹、菱形几何纹、粗弧线纹及短线纹，纹饰规整。残长10.5厘米（图一〇〇，2）。

D型 7件。圆柱形足，横截面近圆形。标本T11④：111，夹砂红陶。足尖残。足上部饰短斜线纹及几何纹。残长14.1厘米（图一〇〇，3）。标本T11④：129，夹砂灰褐陶。足上部饰两组深按窝，根部两角各饰一乳钉状泥突。长14.6厘米（图一〇〇，4；图版一三，6）。标本T11④：108，夹砂灰褐陶。足上部饰两组浅凹窝纹，根部两角各饰一乳钉状泥突。长15.5厘米（图一〇〇，5；图版一五，1）。标本T11④：6，夹砂红陶。素面。长14.3厘米（图一〇〇，6）。

E型 2件。凿形足，横截面略呈椭圆形。标本T11④：114，夹砂红陶。足尖微外撇。素面。长13.3厘米（图一〇〇，7）。

F型 2件。舌形足，顶部有一平台，足身内弧，足尖外撇，横截面略呈半圆形或三角形。标本T11④：122，夹砂深红陶。横截面略呈半圆形。足上部饰一组深按窝。长13.4厘米（图一〇〇，8）。标本T11④：116，夹砂深红陶。横截面略呈三角形。足根部饰一排浅按窝，其下及两侧再饰深按窝。长14.5厘米（图一〇〇，9；图版一五，2）。

L型 1件。宽扁薄矮足，横截面呈扁椭圆形。标本T11④：41，夹砂灰褐陶。足中部斜穿一孔。长5.0厘米（图一〇〇，10）。

M型 2件。圆柱形矮足，横截面近椭圆形。标本T11④：126，夹砂红褐陶。弓背较甚。素面。长6.8厘米（图一〇〇，11）。

陶釜 A型，3件。仰折沿，沿面内凹呈盘口状，圆肩。标本T11④：1，夹砂羼炭红陶，内、外均施红衣。圆唇，口微敛，腹、底残。素面。口径27.2、残高6.6厘米（图一〇一，1）。

陶罐 C型，2件。小直口，圆肩。标本T11④：7，泥质浅红陶，质重。近尖唇，口微敛，腹、底残。素面。口径14.3、残高5.8厘米（图一〇一，2）。

陶缸 A型Ⅰ式，5件。折沿，深筒形腹，平底。标本T11④：67，夹砂红陶，局部施深红衣。胎较薄，壁光滑。圆唇近尖，宽平底。素面。口径23.2、底径15.3、高20.7厘米（图一〇一，3；图版一四，2）。标本T11④：66，夹砂红陶，局部浅红，内深红。胎较厚，质较重，壁粗糙。圆唇近尖，宽平底。素面。口径24.4、底径14.2、高21.3厘米（图一〇一，4；彩版二四，1；图版一四，3）。

B型 2件。侈口，折沿，深腹微鼓。标本T11④：57，夹砂灰褐陶。圆唇，下腹及底残。口外素面，腹部饰橘皮状纹。口径21.8、残高10.2厘米（图一〇一，5）。

C型 3件。折沿，深腹微鼓，圜底。标本T11④：75，夹砂灰褐陶，内黑褐。圆唇，窄折沿，圜底残。素面。口径20.1、腹径22.2、残高18.0厘米（图一〇一，6；图版一五，3）。

陶甑 A型Ⅰ式，2件。折沿，深腹微鼓。标本T11④：59，夹砂红陶。厚胎。圆唇，下腹及底残。口部素面，腹上部有成组箅孔，下部残见一周密集箅孔，器内壁箅孔周边因挤压而外

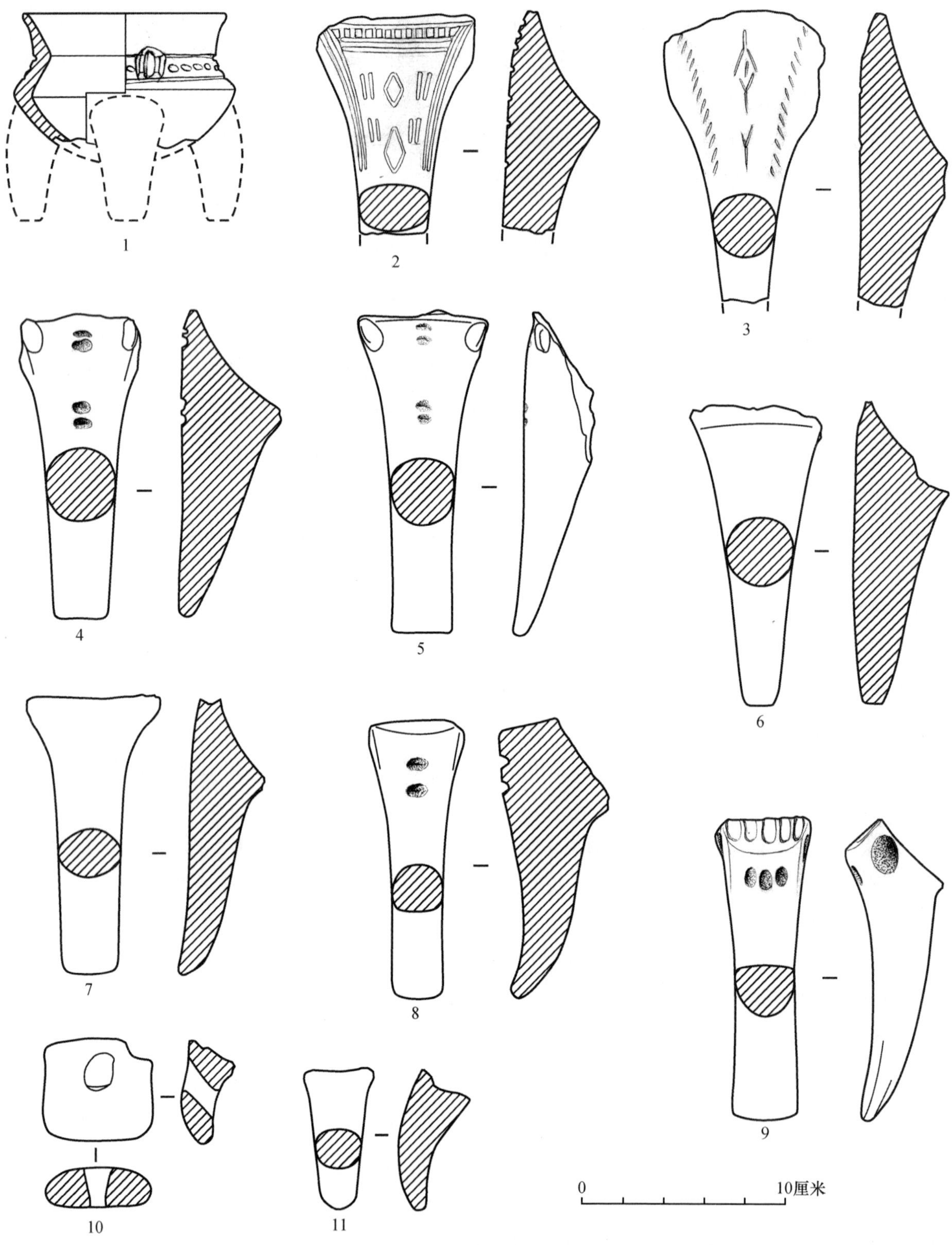

图一〇〇　T11④层出土陶器

1. G型鼎（T11④：50）　2. C型鼎足（T11④：106）　3～6. D型鼎足（T11④：111、T11④：129、T11④：108、T11④：6）　7. E型鼎足（T11④：114）　8、9. F型鼎足（T11④：122、T11④：116）　10. L型鼎足（T11④：41）　11. M型鼎足（T11④：126）

凸。口径21.0、残高9.4厘米（图一〇一，7）。

陶盆　B型，3件。大敞口，深斜腹，平底。标本T11④：77，夹砂红褐陶。圆唇，下腹及底残。近底部安装一对弯钩形鋬耳，耳端呈三齿状。素面。口径25.1、残高11.6厘米（图一〇二，1）。标本T11④：48，夹砂红陶。器表光滑，内壁不平。厚胎，方唇，口部歪斜较

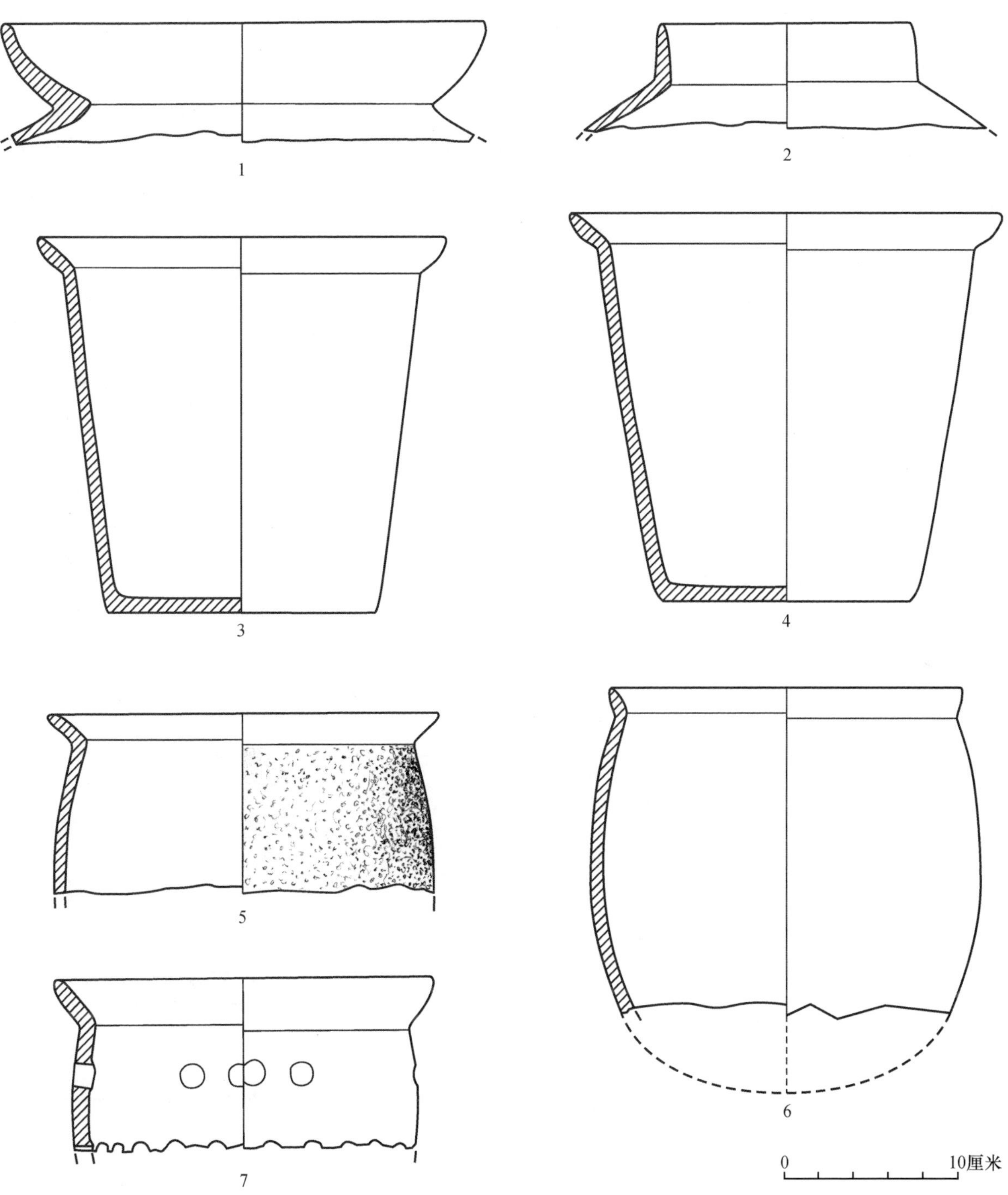

图一〇一　T11④层出土陶器

1. A型釜（T11④：1）　2. C型罐（T11④：7）　3、4. A型Ⅰ式缸（T11④：67、T11④：66）　5. B型缸（T11④：57）　6. C型缸（T11④：75）　7. A型Ⅰ式甑（T11④：59）

甚，缓平底。近底部安装一对弯钩形鋬耳，均残。素面。口径27.3、底径10.4、高18.8厘米（图一〇二，2；彩版二四，2；图版一四，4）。

陶钵　A型Ⅱ式，4件。敛口较甚，浅弧腹，平底。标本T11④：64，泥质灰红陶，器表红衣脱落较甚。圆唇近尖，小平底。素面。口径15.7、底径6.5、高5.6厘米（图一〇二，3；图版一五，4）。标本T11④：61，泥质浅红陶，器表有较多灰黑斑。尖唇，平底残。素面。口径16.3、底径8.4、复原高6.2厘米（图一〇二，4；图版一五，5）。

陶杯　A型Ⅰ式，5件。折沿，深斜直腹，平底。标本T11④：20，夹砂深红陶，内灰褐。胎厚，质重，内底不平。尖唇，颈部内凹。素面。口径13.1、底径7.8、高11.5厘米（图一〇二，5；彩版二四，3；图版一五，6）。标本T11④：42，夹砂深红陶。胎厚，质重，内底凹凸不平。尖唇。素面。口径13.1、底径7.8、高11.2厘米（图一〇二，6；图版一六，1）。

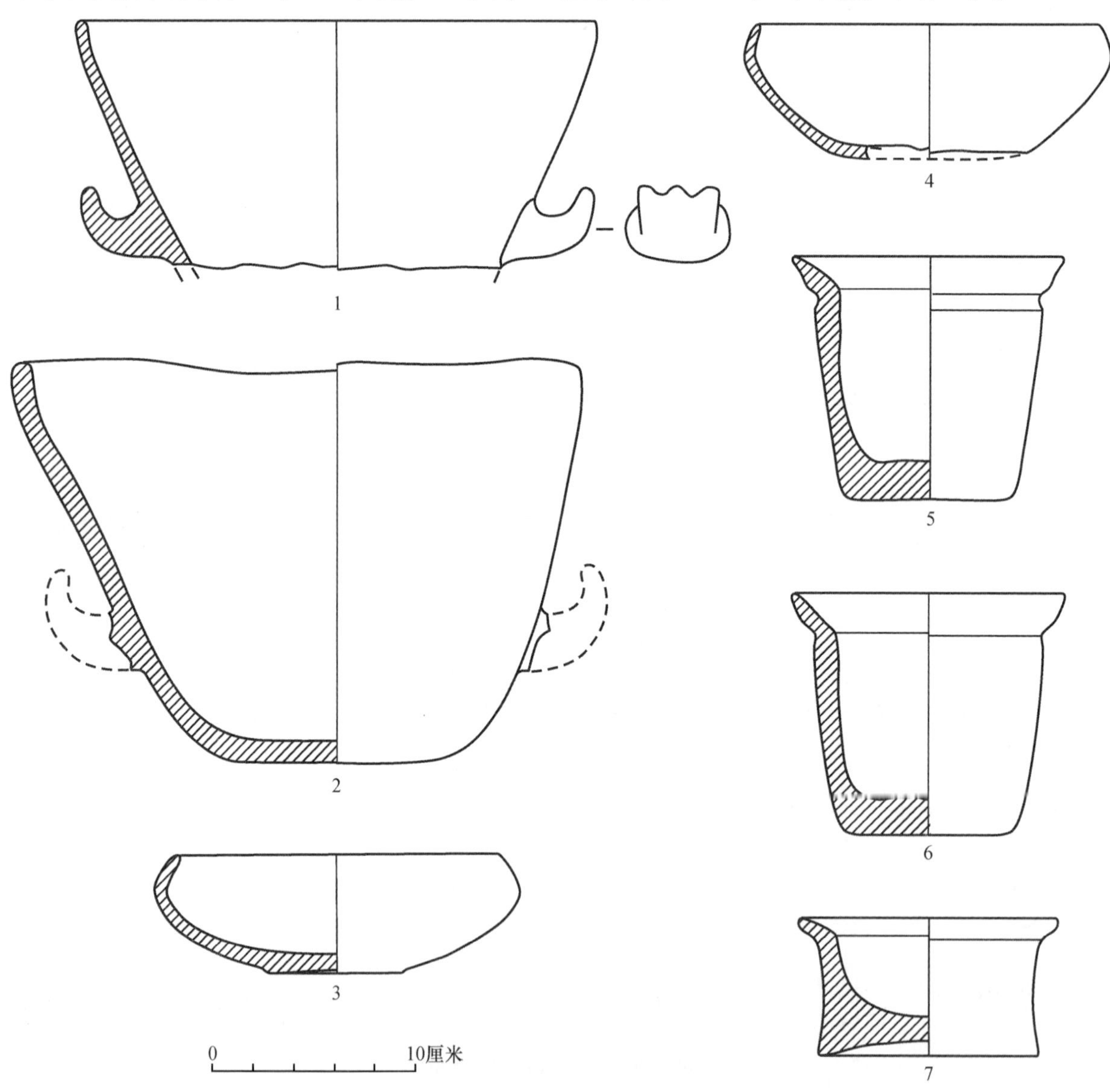

图一〇二　T11④层出土陶器

1、2. B型盆（T11④：77、T11④：48）　3、4. A型Ⅱ式钵（T11④：64、T11④：61）　5、6. A型Ⅰ式杯（T11④：20、T11④：42）　7. A型Ⅱ式杯（T11④：102）

A型Ⅱ式 1件。折沿，浅斜直腹，平底内凹。标本T11④：102，夹砂红褐陶。胎厚，质重。圆唇，折沿微外卷，平底内凹较甚，呈假圈足状。素面。口径12.4、底径10.5、高6.4厘米（图一〇二，7；图版一六，2）。

陶盘 A型Ⅰ式，3件。弧腹盘略深。标本T11④：22，泥质红陶，器表施白衣。厚圆唇，敛口，底、足残。盘腹饰篦点横带纹、水波纹及连珠状纹。口径20.9、残高4.2厘米（图一〇三，1）。标本T11④：34，泥质红陶，器表施厚厚一层白衣。体略小。厚圆唇，口微敛，底、足残。唇内及口外施深红彩带，盘腹饰篦点横带纹、弦纹及篾席纹。口径17.6、残高7.2厘米（图一〇三，2）。

A型Ⅱ式 5件。弧腹盘略浅。标本T11④：78，泥质深红陶，器表施白衣。厚圆唇，口微敞，足残。盘腹饰篦点水波纹及弦纹。口径22.7、残高4.6厘米（图一〇三，3；图版一六，3）。标本T11④：65，泥质红陶，器表施灰白衣，内口局部有烟黑。厚圆唇，口微敛，筒形高圈足残。盘腹饰水波纹、篦点短竖线纹，盘、足相交部饰一周椭圆形凹窝，足上部饰篦点短竖线纹，下部残见粗折线纹。口径19.0、残高7.4厘米（图一〇三，4；彩版二四，4；图版一六，4）。标本T11④：12，泥质红陶，器表施白衣。厚圆唇，口微敞，底、足残。唇内及口外施红彩带，盘腹饰篦点水波纹、横带纹及浅细划纹，后者还似有粉状红彩。口径24.3、残高4.6厘米（图一〇三，5）。

陶盘足 A型，3件。高圈足。标本T11④：14，泥质红陶，器表施灰白衣。足上部饰三组由复杂的篦点几何纹及镂孔组成的几何形图案，下部饰一周树形组合纹，另有多组弦纹，足沿饰一周长椭圆形纹。足径16.3、残高16.5厘米（图一〇三，7；彩版二五，1；图版一六，5）。标本T11④：104，泥质黑陶，器表施薄层黑衣。残片。上部饰由细刻划纹及镂孔组成的复杂几何纹，下部残见一周树形组合纹。残高11.5厘米（图一〇三，8）。

B型 2件。矮圈足。标本T11④：30，泥质红陶，局部呈黑色。折壁粗矮圈足，上饰成组指甲纹及圆窝纹。足径10.8、残高4.1厘米（图一〇三，6）。

陶豆 A型Ⅰ式，5件。内折口，弧腹盘。标本T11④：56，泥质红陶。圆唇，底、足残。素面。口径17.6、残高5.1厘米（图一〇四，1）。标本T11④：49，泥质红陶，器表施红衣。圆唇，底、足残。素面。口径20.2、残高5.1厘米（图一〇四，2）。

A型Ⅱ式 4件。内折口，浅弧腹盘。标本T11④：2，泥质红胎酱黑陶，内、外均有一层酱黑衣。圆唇，足残。素面。口径18.2、残高4.1厘米（图一〇四，3）。标本T11④：70，泥质红陶。尖唇，底、足残。素面。口径21.1、残高4.4厘米（图一〇四，4）。

D型 2件。敛口，深弧腹盘。标本T11④：68，泥质红陶，内壁黑色。圆唇，足残。素面。口径20.2、残高8.1厘米（图一〇四，5）。

陶豆足 A型，7件。台式足，足沿外撇。标本T11④：96，泥质深红陶。台面饰细刻划纹、大小不一的圆窝纹及4个大型镂孔，足饰横线、竖线、折线等几何纹及大小不一的镂孔。足径15.9、残高7.0厘米（图一〇四，6；图版一六，6）。标本T11④：82，泥质红陶。束腰细柄。柄上部饰细刻划纹、大小不一的圆窝纹及3个大型镂孔，台面饰细刻划纹、细圆窝纹及4个大型镂孔，足饰细刻划纹及细圆窝纹。足径15.4、残高14.6厘米（图一〇四，7；彩版二五，

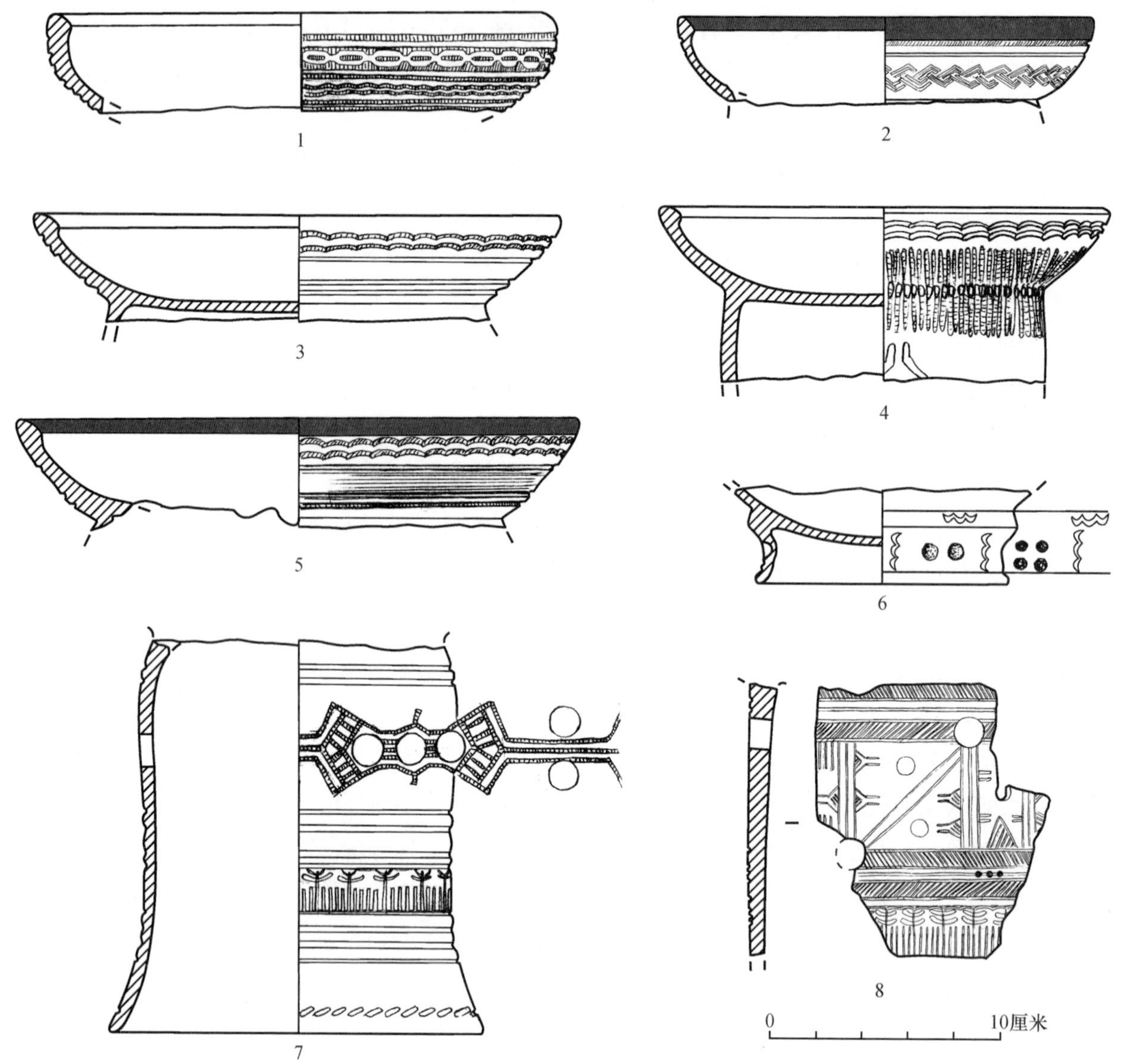

图一〇三　T11④层出土陶器

1、2. A型Ⅰ式盘（T11④：22、T11④：34）　3～5. A型Ⅱ式盘（T11④：78、T11④：65、T11④：12）　6. B型盘足（T11④：30）　7、8. A型盘足（T11④：14、T11④：104）

2；图版一七，1）。标本T11④：105，泥质红陶。柄部残见细刻划纹及细圆窝纹，台面饰细刻划纹、成组双列细圆窝纹及4个大型镂孔，足饰篦点纹及细圆窝纹。足径15.5、残高9.7厘米（图一〇四，8；图版一七，2）。标本T11④：90，泥质红陶。台面饰细篦点纹、大小不一的圆窝纹及4个大型镂孔，足饰篦点纹及大小不一的圆窝纹，足沿素面。足径14.1、残高7.8厘米（图一〇四，9）。

B型　2件。台式足，足沿微内敛。标本T11④：28，泥质深红陶，器表施灰白衣。上饰数周不同方向戳印的指甲纹及红彩带。足径13.6、残高4.6厘米（图一〇五，1）。

C型　2件。曲壁足，足沿外撇。标本T11④：11，泥质灰红陶。喇叭形曲壁高足。上饰成组或成周分布的圆窝纹、宽凹带及细弦纹。足径14.1、残高12.1厘米（图一〇五，2；彩版

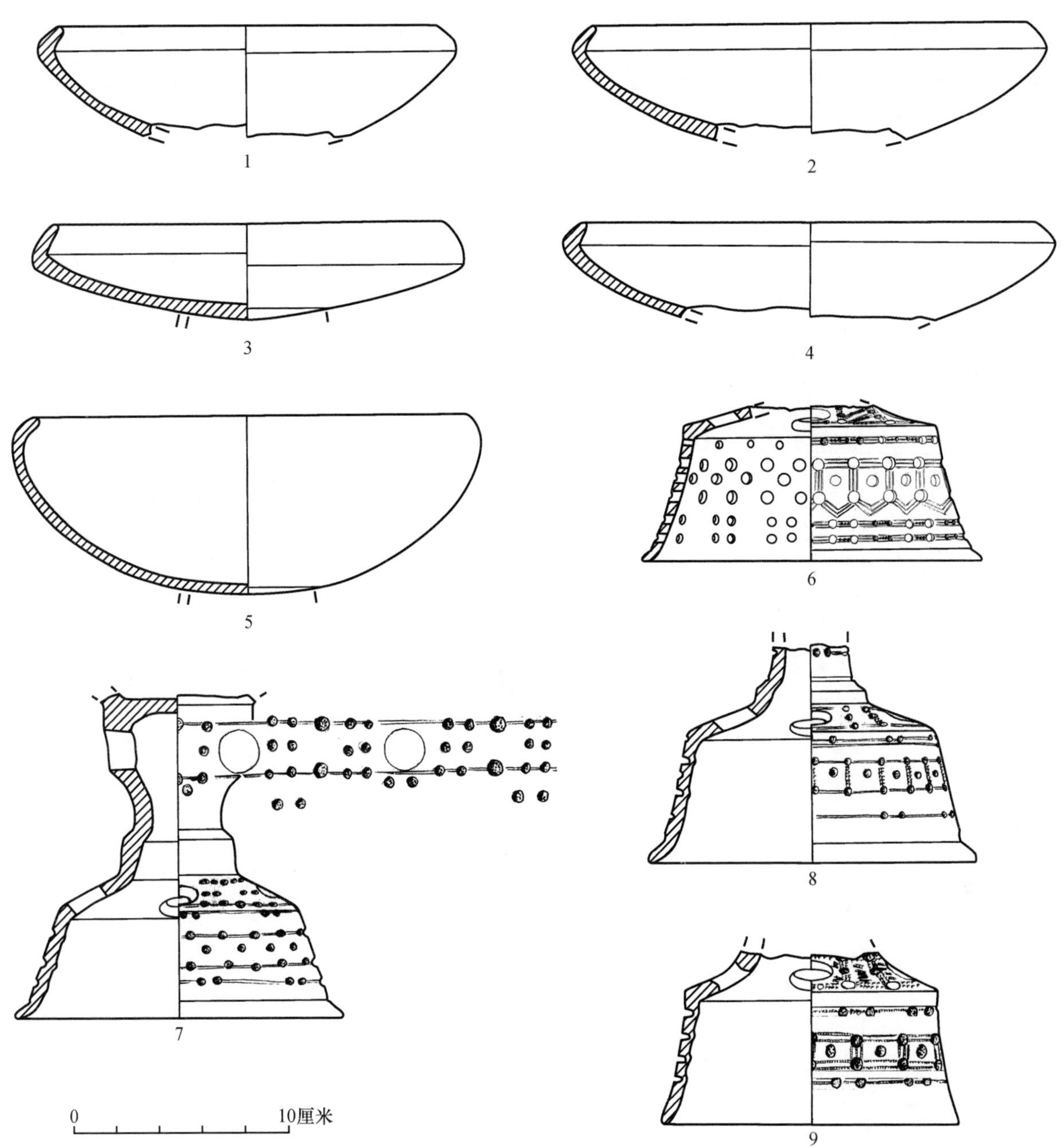

图一〇四　T11④层出土陶器

1、2. A型Ⅰ式豆（T11④：56、T11④：49）　3、4. A型Ⅱ式豆（T11④：2、T11④：70）　5. D型豆（T11④：68）
6～9. A型豆足（T11④：96、T11④：82、T11④：105、T11④：90）

二五，3；图版一七，3）。

G型　1件。折壁矮足，足沿外撇。标本T11④：55，泥质红胎黑陶。上饰成组镂孔、圆窝纹及不规则弦纹。足径12.7、残高5.5厘米（图一〇五，3）。

陶豆柄　1件。标本T11④：79，泥质红陶，局部有黑衣。折壁高柄。除弦纹外，柄饰4组由短竖线纹、叶脉纹及小圆窝纹构成的几何纹，并间以4个大型镂孔。残高6.6厘米（图一〇五，4；图版一七，4）。

陶碗　A型Ⅱ式，2件。敛口，弧腹略浅，圈足较高。标本T11④：58，泥质红胎黑陶，器表打磨光滑。近方唇，喇叭形圈足。足饰四镂孔，余素面。口径13.2、高9.2厘米（图一〇五，5；彩版二五，4；图版一七，5）。

B型Ⅱ式　3件。折沿，弧腹较浅。标本T11④：69，泥质红陶，器表有酱黑斑，内灰褐。圆唇，足残。素面。口径19.5、残高8.4厘米（图一〇五，6）。

陶器盖　A型，4件。盖沿外折，深弧腹盖。标本T11④：19，泥质红胎黑陶，内、外均光

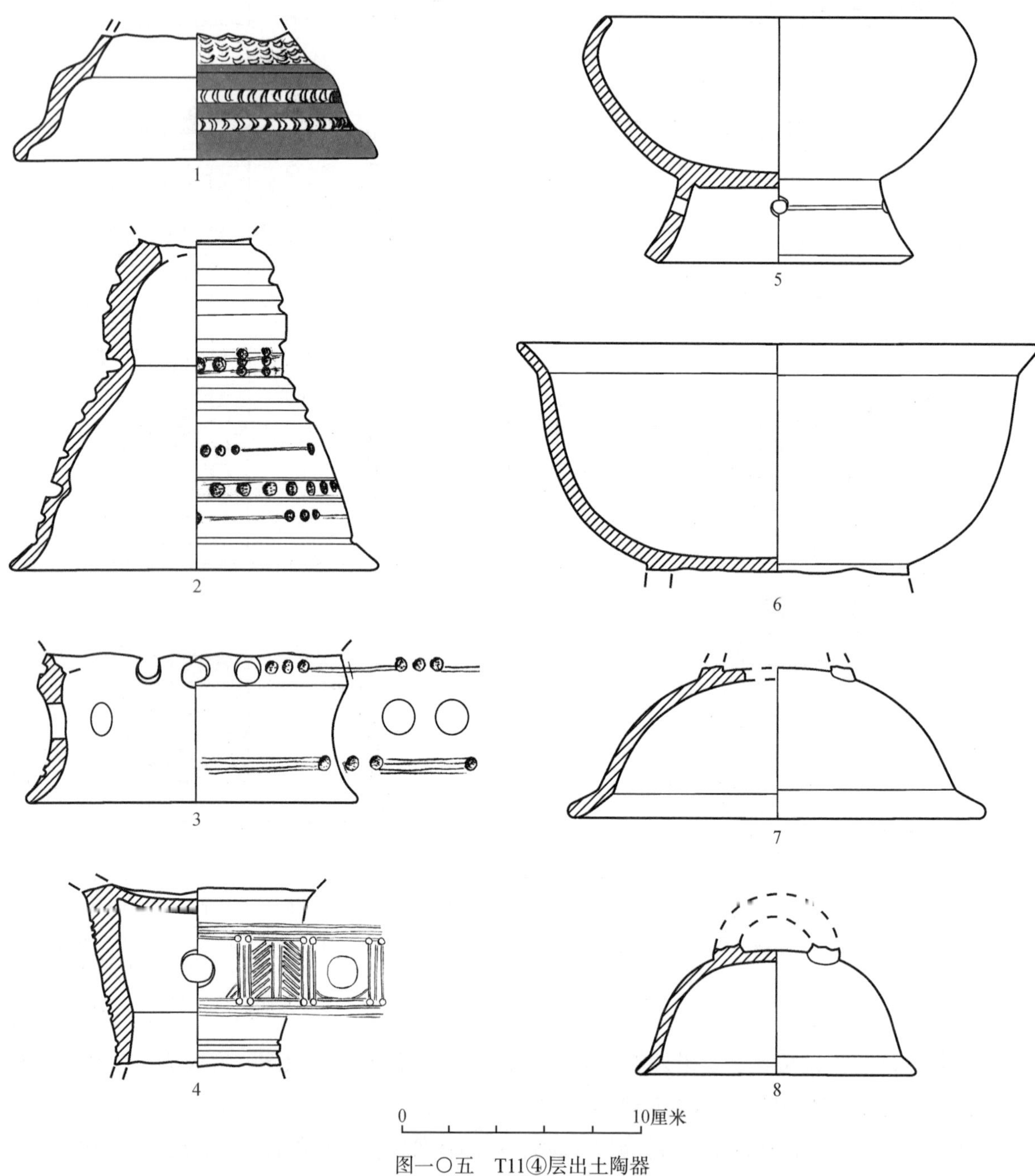

图一〇五　T11④层出土陶器

1. B型豆足（T11④：28）　2. C型豆足（T11④：11）　3. G型豆足（T11④：55）　4. 豆柄（T11④：79）　5. A型Ⅱ式碗（T11④：58）　6. B型Ⅱ式碗（T11④：69）　7、8. A型器盖（T11④：19、T11④：53）

亮。盖顶及桥形纽残。素面。盖径15.6、残高5.5厘米（图一〇五，7）。标本T11④：53，泥质浅红陶，器表红衣脱落较甚。桥形纽残。素面。盖径10.5、残高4.6厘米（图一〇五，8；图版一七，6）。

22. T11第3层

该单位出土陶器较少，可辨器类有釜、罐、鼎、盘、杯等。共选标本14件，现介绍8件如下。

陶釜　B型Ⅱ式，1件。折沿，沿面斜直，圆肩。标本T11③：19，夹砂羼炭红陶，器表残红衣。圆唇，腹及底残。素面。口径23.8、残高8.2厘米（图一〇六，1）。

陶罐　B型，2件。小口，卷沿，广肩，扁鼓腹。标本T11③：23，泥质灰红陶。胎较薄。圆唇，束颈，下腹及底残。素面。口径13.8、残高8.3厘米（图一〇六，2）。

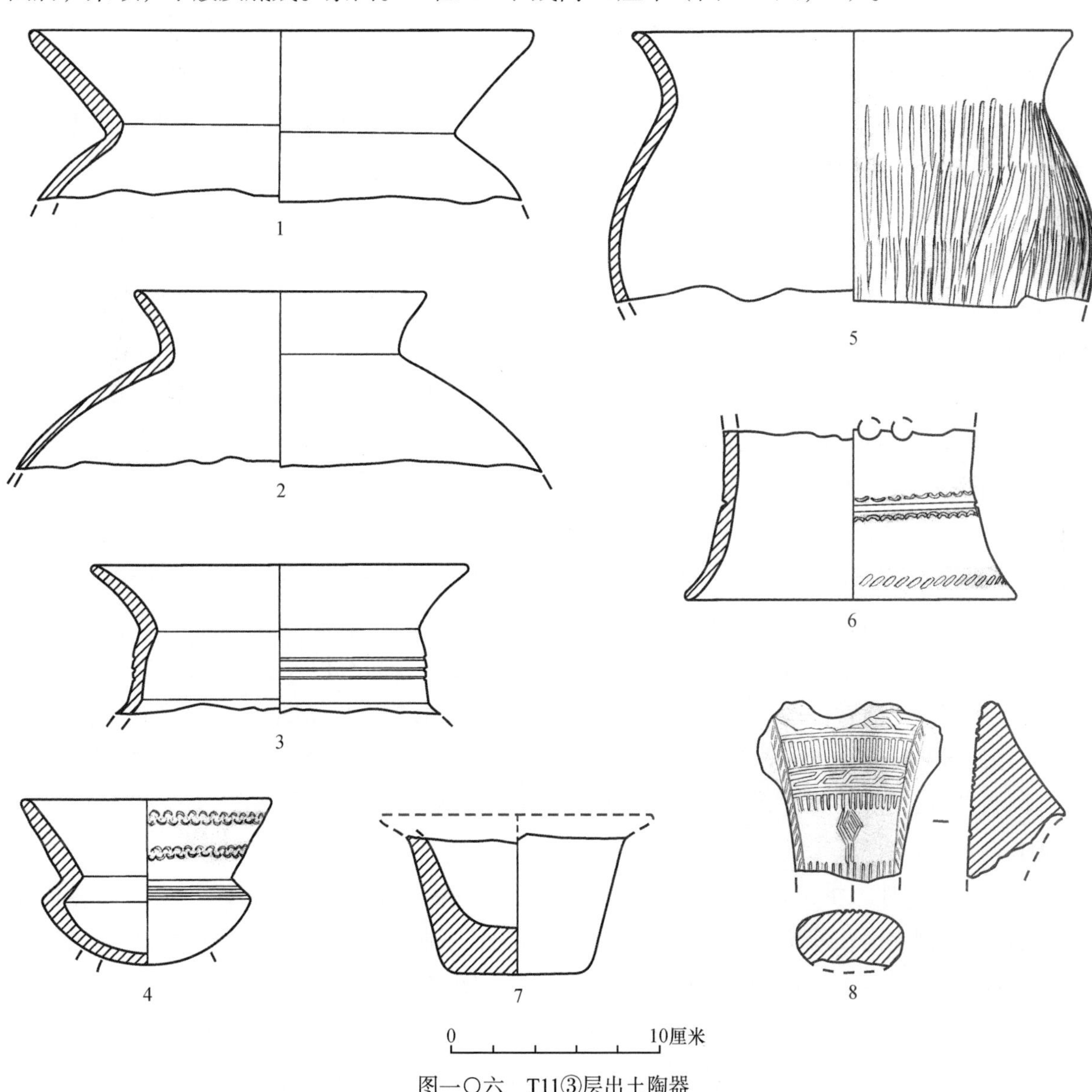

图一〇六　T11③层出土陶器

1. B型Ⅱ式釜（T11③：19）　2. B型罐（T11③：23）　3. F型Ⅱ式鼎（T11③：22）　4. G型鼎（T11③：18）　5. I型鼎（T11③：24）　6. A型盘足（T11③：20）　7. A型Ⅱ式杯（T11③：13）　8. C型鼎足（T11③：25）

陶鼎 F型Ⅱ式，3件。仰折沿，沿面外弧，斜领，斜肩。标本T11③：22，夹砂红褐陶。圆唇，仅存口、领部。口外素面，领部饰弦纹。口径17.9、残高7.1厘米（图一〇六，3）。

G型 1件。宽仰折沿似高领，浅折腹。标本T11③：18，夹砂红陶。体小。圆唇，足残。口外饰两组指甲状水波纹，上腹饰弦纹，余素面。口径11.8、腹径9.9、残高6.8厘米（图一〇六，4）。

I型 2件。卷沿，深鼓腹。标本T11③：24，夹砂红陶。胎较薄。圆唇，底、足残。口部素面，腹部饰粗绳纹。口径21.4、腹径24、残高13.1厘米（图一〇六，5）。

陶鼎足 C型，2件。扁凿形足，横截面略呈长椭圆形。标本T11③：25，夹砂红陶。足下部残断。足上部饰规整的短线纹、勾连纹、菱形几何纹及弦纹。残长8.4厘米（图一〇六，8）。

陶盘足 A型，2件。高圈足。标本T11③：20，泥质灰红陶。上饰镂孔、指甲纹、弦纹及长椭圆形纹。足径15.8、残高7.8厘米（图一〇六，6）。

陶杯 A型Ⅱ式，1件。浅斜直腹，平底。标本T11③：13，夹砂红褐陶。厚胎，质重，内壁不平。口部残，底胎极厚。素面。底径6.6、残高6.4厘米（图一〇六，7）。

23. T12第4层

该单位出土陶器最多，器类有鼎、釜、罐、缸、钵、杯、盘、豆、碗、器盖等，而且多数器物有丰富纹饰（图一〇七）。共选标本191件，现介绍82件如下。

陶鼎 B型Ⅰ式，2件。宽仰折沿似矮领，沿面微内凹。标本T12④：168，夹砂红褐陶，偏灰黄。体较小，仅存口部。圆唇。口外饰叶脉纹、弦纹、勾连纹及圆窝纹。口径17.1、残高5.5厘米（图一〇八，1）。

B型Ⅱ式 3件。折沿较甚，沿面外弧，圆肩，浅鼓腹。标本T12④：125，夹砂红陶。尖唇，宽仰折沿，下腹及底、足残。口部饰两周错向指甲纹，肩及上腹部饰篦点勾连纹及长椭圆形纹。口径19.2、残高9.0厘米（图一〇八，2）。

C型Ⅰ式 6件。仰折沿，沿面微内凹，溜肩，深鼓腹。标本T12④：183，夹砂羼炭深红陶，有较多烟黑。圆唇，侈口，深腹微鼓，底、足残。下腹饰一周带凹槽的宽附加堆纹，余素面。口径23.8、腹径21.2、残高13.6厘米（图一〇八，3）。标本T12④：23，夹砂黑褐陶。圆唇，侈口，下腹及底、足残。口及肩部素面，上腹部饰弦纹及篦点长椭圆形纹。口径21.8、残高9.4厘米（图一〇八，4）。

C型Ⅱ式 2件。折沿较甚，沿面微外弧，溜肩，深鼓腹。标本T12④：175，夹砂黑褐陶。胎较薄，器表内、外均施光亮的黑衣。圆唇近尖，下腹及底、足残。口外素面，肩及上腹饰成组弦纹。口径21.4、残高9.9厘米（图一〇八，5；图版一八，1）。

D型Ⅰ式 3件。仰折沿，沿面斜直，斜肩，垂腹。标本T12④：178，夹砂红陶。圆唇，底、足残。上腹饰两组弦纹，余素面。口径23.8、腹径25.7、残高14.2厘米（图一〇八，6）。

D型Ⅱ式 5件。折沿较甚，沿面外弧，斜肩，垂腹。标本T12④：213，夹砂羼炭红陶，器表施白衣，器内有烟黑斑。圆唇，下腹及底、足残。肩部饰一组弦纹，余素面。口径25.5、

图一〇七 T12④层出土陶片纹饰拓片

1. 鼎口：叶脉纹+带圆窝勾连纹（T12④：5） 2. 鼎肩：圆点纹+篦点短线纹+篦点勾连纹（T12④：98） 3. 鼎足：篦点短线纹+勾连纹+垂帘纹（T12④：285） 4. 鼎足：短线纹+耙形图案+凹窝纹（T12④：233） 5. 盘口：连珠纹+水波纹（T12④：56） 6. 盘口：篾席纹（T12④：142） 7. 盘足：水波纹+树形组合纹（T12④：57） 8. 豆足：短线纹+篦点几何纹+镂孔（T12④：137） 9. 豆足：篦点几何纹+镂孔（T12④：52） 10. 豆足：短线纹+镂孔（T12④：33）

残高9.9厘米（图一〇八，7）。标本T12④：179，夹砂红陶。圆唇，下腹及底、足残。口外素面，颈以下饰短斜线纹、弦纹及浅圆窝纹。口径20.5、残高8.4厘米（图一〇八，8）。

E型Ⅰ式 19件。折沿，沿面斜直或微内凹，折肩，折腹。标本T12④：216，夹砂红褐陶。圆唇，宽仰折沿，下腹及底、足残。口外素面，颈部饰一对三棱形实心泥突，肩及上腹饰细弦纹。口径26.4、残高10.2厘米（图一〇九，1）。标本T12④：215，夹砂红陶。圆唇，宽折沿，底、足残。口部素面，颈部饰一对三棱形实心泥突，肩及腹饰细弦纹及一周长椭圆形纹。口径26.2、残高10.3厘米（图一〇九，2）。标本T12④：17，夹砂红褐陶。圆唇，宽折沿微内凹，宽肩，腹及底、足残。肩饰数周长椭圆形纹及成组弦纹，余素面。口径25.8、腹径20.6、残高9.1厘米（图一〇九，3）。标本T12④：165，夹砂红褐陶，器表有薄层酱黑衣，内灰褐色。圆唇，折沿较甚，宽肩，底、足残。口部素面，肩及腹部饰短斜线纹、圆窝纹及弦纹，腹、底转折处饰一周附加堆纹。口径18.1、残高11.0厘米（图一〇九，4）。标本T12④：122，夹砂灰褐陶。圆唇，口微外侈，宽仰折沿微内凹，腹及底、足残。口部素面，肩饰不规则指甲

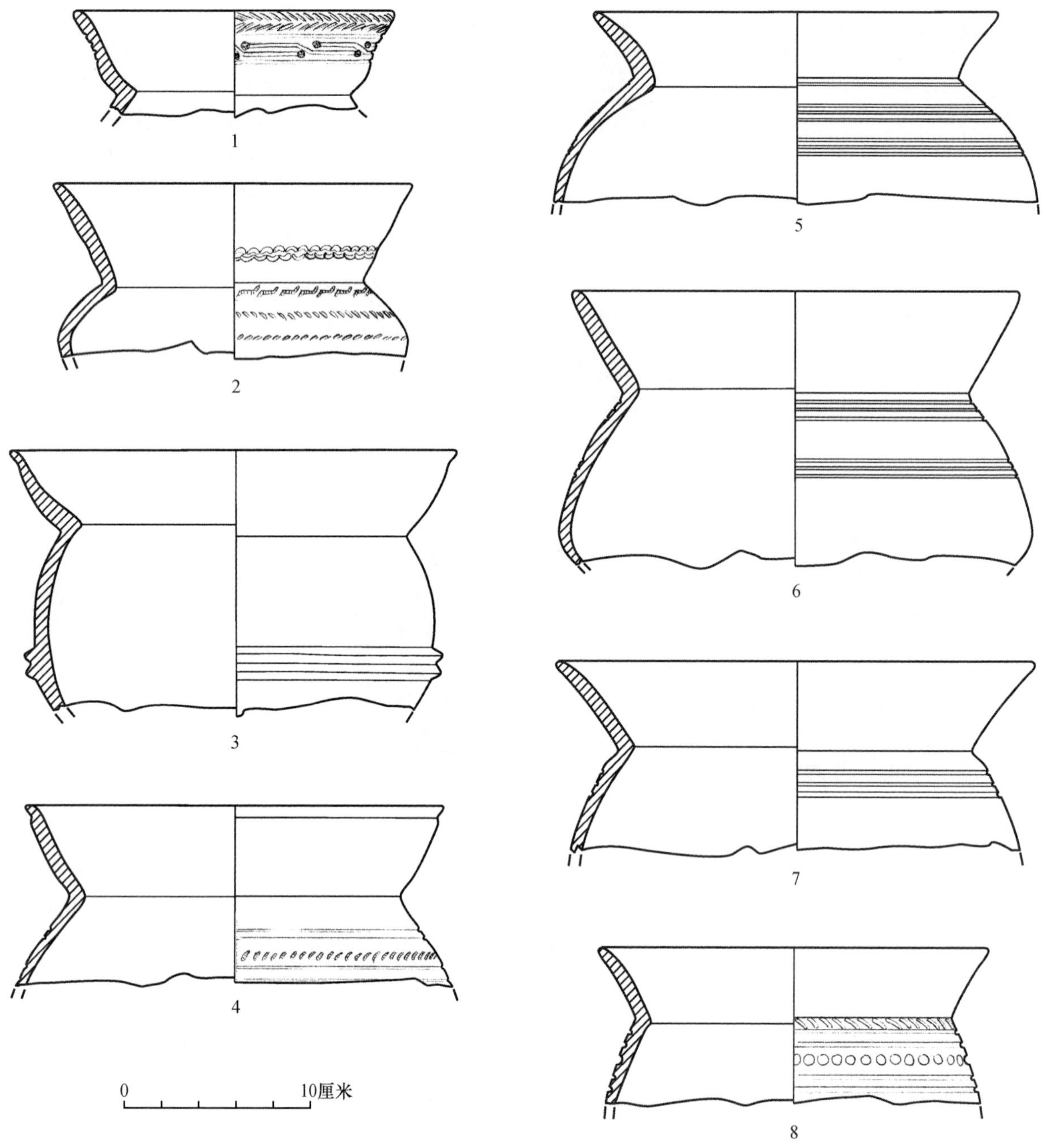

图一〇八　T12④层出土陶器

1. B型Ⅰ式鼎（T12④：168）　2. B型Ⅱ式鼎（T12④：125）　3、4. C型Ⅰ式鼎（T12④：183、T12④：23）　5. C型Ⅱ式鼎（T12④：175）　6. D型Ⅰ式鼎（T12④：178）　7、8. D型Ⅱ式鼎（T12④：213、T12④：179）

纹，肩下残见一周长椭圆形纹。口径21.8、残高9.0厘米（图一〇九，5）。标本T12④：7，夹砂红陶。圆唇，口微侈，宽折沿微内凹，腹及底、足残。口部素面，肩及腹部饰长椭圆形纹及细弦纹。口径23.8、残高8.4厘米（图一〇九，6）。

E型Ⅱ式　17件。折沿较甚，沿面微外弧，溜肩，曲腹。标本T12④：103，夹砂灰褐陶。圆唇近尖，腹及底、足残。口部素面，颈以下饰短斜线纹、弦纹、圆窝纹及篦点勾连纹。口径20.6、残高7.6厘米（图一一〇，1）。标本T12④：159，残片未修复。夹砂红褐陶，局部灰

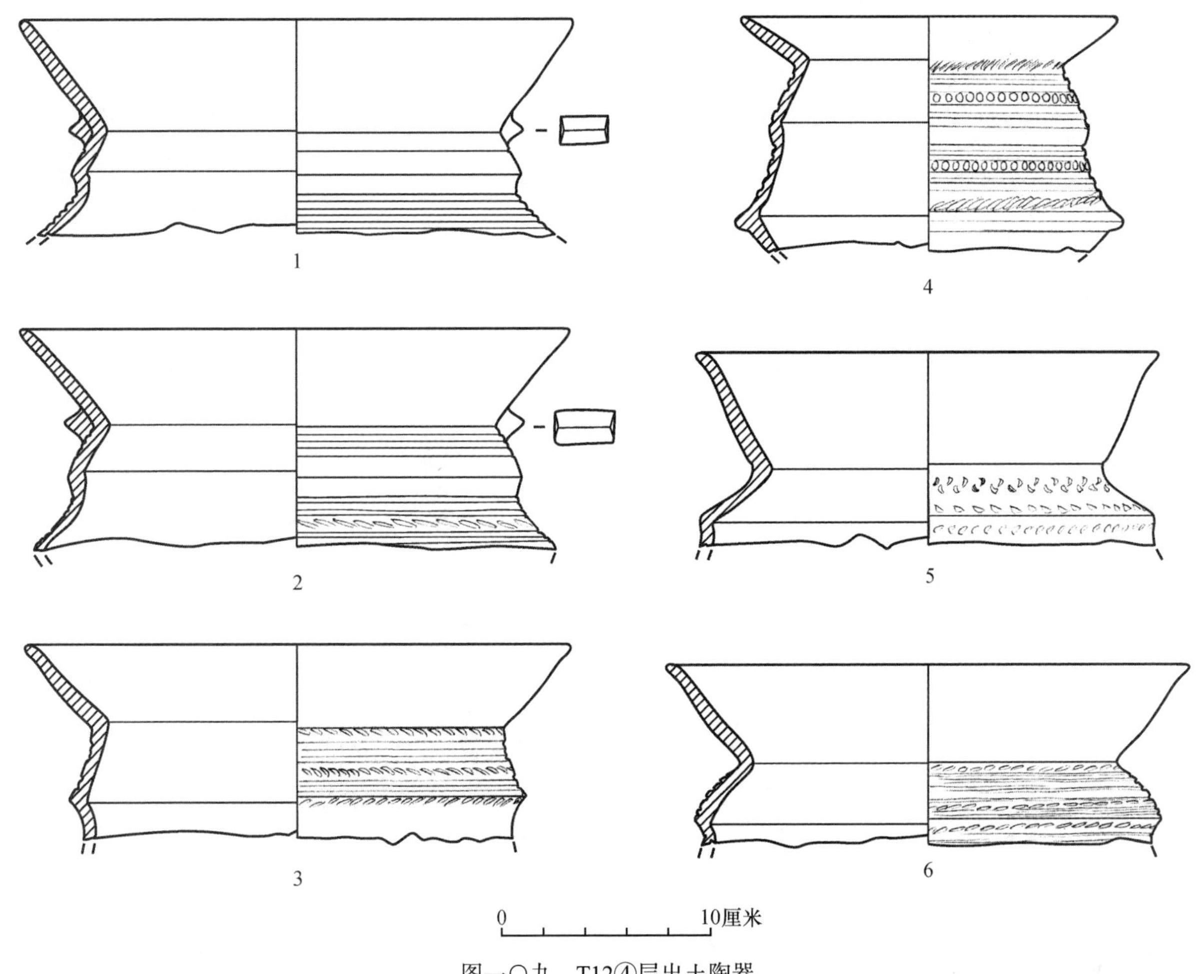

图一〇九 T12④层出土陶器

1～6. E型Ⅰ式鼎（T12④：216、T12④：215、T12④：17、T12④：165、T12④：122、T12④：7）

褐。圆唇，下腹及底、足残。口部素面，颈以下饰篦点短斜线纹、篦点勾连纹、圆点纹及弦纹。复原口径17.8、残高10.6厘米（图一一〇，2；图版一八，2）。标本T12④：120，夹砂鲜红陶。胎较薄。圆唇，下腹及底、足残。口部素面，肩及腹部饰成组弦纹。口径20.8、残高10.6厘米（图一一〇，3）。标本T12④：98，夹砂羼炭褐陶，光滑。圆唇近尖，下腹及底、足残。口部素面，颈以下饰篦点短斜线纹、圆点纹、篦点勾连纹及弦纹。口径22.0、残高9.2厘米（图一一〇，4）。标本T12④：161，夹砂红褐陶。圆唇，腹、底急转起凸棱，底、足残。口部素面，肩及腹部饰长椭圆形纹、圆点纹、篦点勾连纹及弦纹，凸棱上饰细划纹。口径24.1、腹径26.9、残高12.8厘米（图一一〇，5；彩版二六，1；图版一八，3）。

F型Ⅱ式　5件。仰折沿，沿面外弧，斜领，斜肩。标本T12④：212，夹砂深红陶，器表光滑。体小。尖唇，仅存口、领部。口部素面，领部饰弦纹。口径16.3、残高7.3厘米（图一一〇，6）。标本T12④：158，夹砂黑褐陶，器表光滑。圆唇，腹及底、足残。口部素面，领及肩饰成组弦纹。口径17.9、残高8.8厘米（图一一〇，7）。

三足钵　1件。标本T12④：95，夹砂羼炭红陶，内炭黑色。体小，仅存底、足部。足呈弓背扁凿形矮足，足横截面略呈半椭圆形。足饰圆窝纹。残高4.8厘米（图一一〇，8；图版

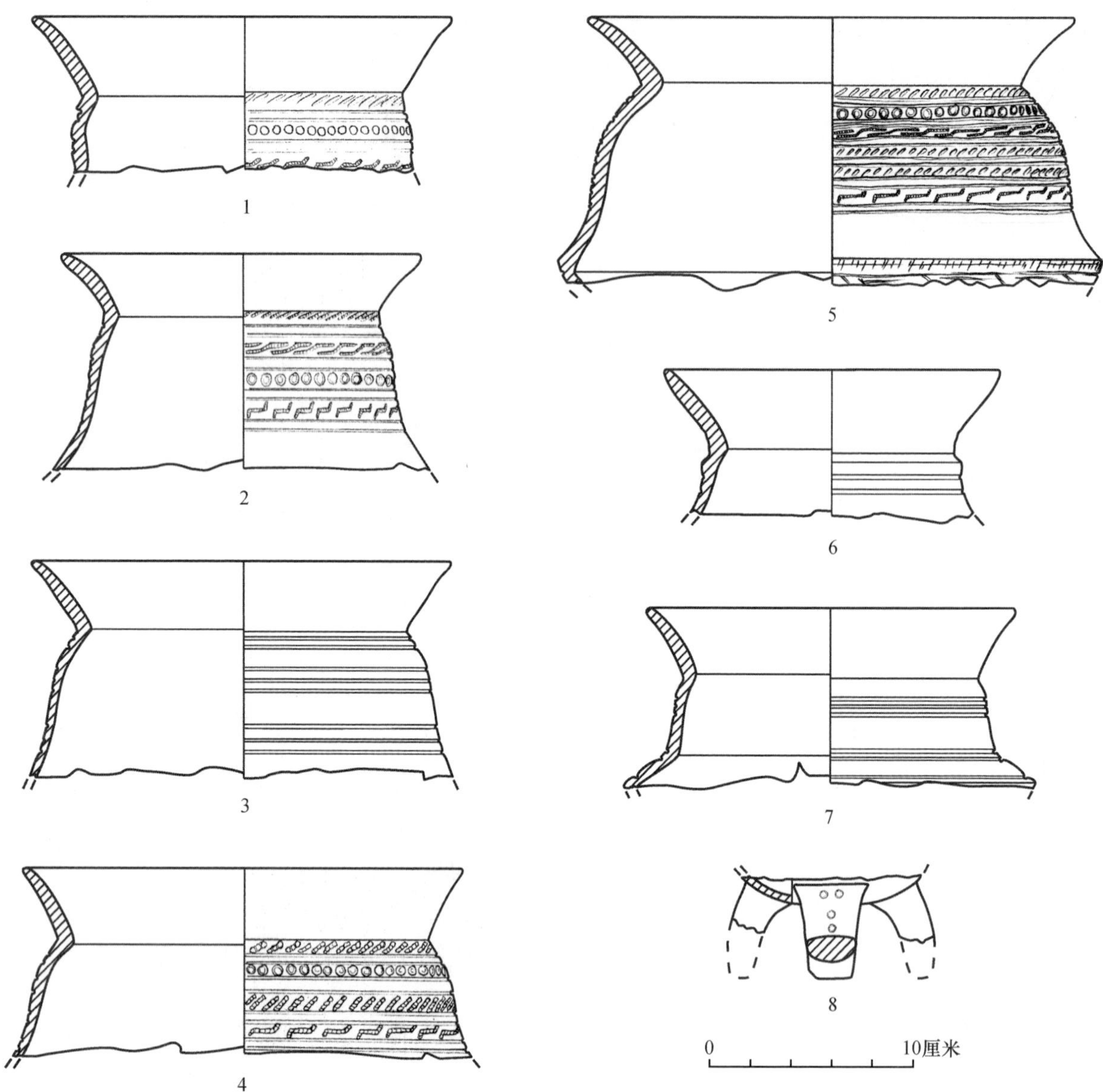

图一一〇　T12④层出土陶器

1～5. E型Ⅱ式鼎（T12④：103、T12④：159、T12④：120、T12④：98、T12④：161）　6、7. F型Ⅱ式鼎（T12④：212、T12④：158）　8. 三足钵（T12④：95）

一八，4）。

陶鼎足　C型，5件。扁凿形足，横截面呈长椭圆形或半椭圆形。标本T12④：291，夹砂红褐陶。足较宽扁，横截面呈长椭圆形。足上部饰短斜线纹、圆窝纹及弦纹，根部两侧各饰一条短弧形附加堆纹。长14.7厘米（图一一一，1；图版一八，5）。标本T12④：231，夹砂红褐陶，偏黄。体形较大，横截面略呈半椭圆形。足上部饰圆窝纹及弦纹。长20.1厘米（图一一一，2；图版一八，6）。

D型　4件。圆柱形足，横截面近圆形。标本T12④：238，夹砂深红陶，器表有较多黑斑。足上部饰圆窝纹，根部两角各饰一乳钉状泥突。长15.2厘米（图一一一，3；图版一九，1）。

E型 3件。凿形足，横截面略呈三角形。标本T12④：274，夹砂红陶。足上部饰两组凹窝纹，根部两角各饰一乳钉状泥突。长15.8厘米（图一一一，4）。

F型 2件。舌形足，顶部有一斜平台，足身内弧，足尖外撇，横截面近圆形。标本T12④：265，夹砂红陶。足上部饰两组凹窝纹。长9.9厘米（图一一一，5；图版一九，2）。

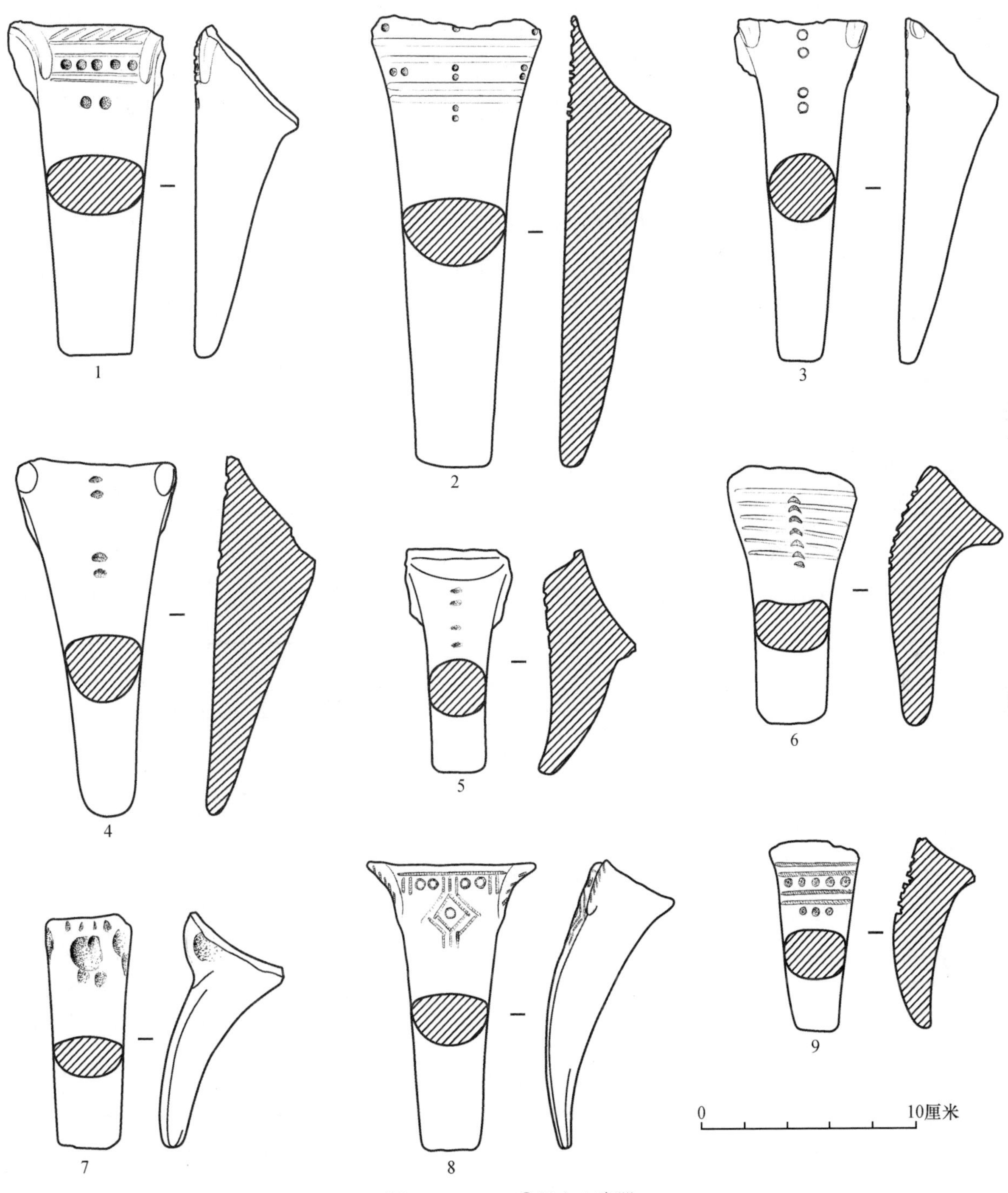

图一一一 T12④层出土陶器

1、2. C型鼎足（T12④：291、T12④：231） 3. D型鼎足（T12④：238） 4. E型鼎足（T12④：274） 5. F型鼎足（T12④：265） 6. G型鼎足（T12④：290） 7. H型鼎足（T12④：257） 8、9. I型鼎足（T12④：233、T12④：248）

G型　2件。弓背宽扁凹足，横截面略呈新月形。标本T12④：290，夹砂红褐陶。质轻。足上部饰弦纹及一列指甲纹。长11.5厘米（图一一一，6）。

H型　3件。弓背宽扁足，横截面呈扁椭圆形。标本T12④：257，夹砂羼炭褐陶。质轻。足根部及两侧饰大小和深浅不一的按窝。长10.3厘米（图一一一，7）。

I型　6件。弓背扁凿形足，横截面略呈不规则椭圆形或长方形。标本T12④：233，夹砂灰褐陶。体形较大，横截面略呈不规则椭圆形。足上部饰由圆圈纹、篦点几何纹以及短弧形附加堆纹组成的“兽面”形图案。长12.7厘米（图一一一，8；图版一九，3）。标本T12④：248，夹砂深红陶。体形较小，横截面略呈不规则长方形。足上部饰圆点纹及篦点横带纹。长8.5厘米（图一一一，9；图版一九，4）。

陶釜　A型，2件。仰折沿，沿面内凹呈盘口状，圆肩。标本T12④：4，夹砂羼炭红陶，器表施红衣。圆唇，口微敛，腹、底残。素面。口径25.6、残高4.6厘米（图一一二，1）。

B型Ⅰ式　3件。折沿，沿面斜直，溜肩，深鼓腹。标本T12④：93，夹砂红褐陶。圆唇，下腹及底残。素面。口径24.3、残高15.2厘米（图一一二，2）。

B型Ⅱ式　6件。折沿，沿面斜直，圆肩，浅鼓腹。标本T12④：1，夹砂羼炭褐陶。圆唇，宽仰折沿，下腹及底、足残。素面。口径17.8、残高8.2厘米（图一一二，3）。标本T12④：124，夹砂羼炭红陶，内、外均施红衣。尖唇，宽仰折沿，腹、底残。素面。口径18.4、残高7.6厘米（图一一二，4）。标本T12④：139，泥质灰红陶。胎较薄。圆唇近尖，腹、底残。素面。口径15.8、残高4.6厘米（图一一二，5）。

陶罐　A型Ⅰ式，2件。大敞口，宽折沿微外卷，圆肩。标本T12④：2，夹砂红陶。圆

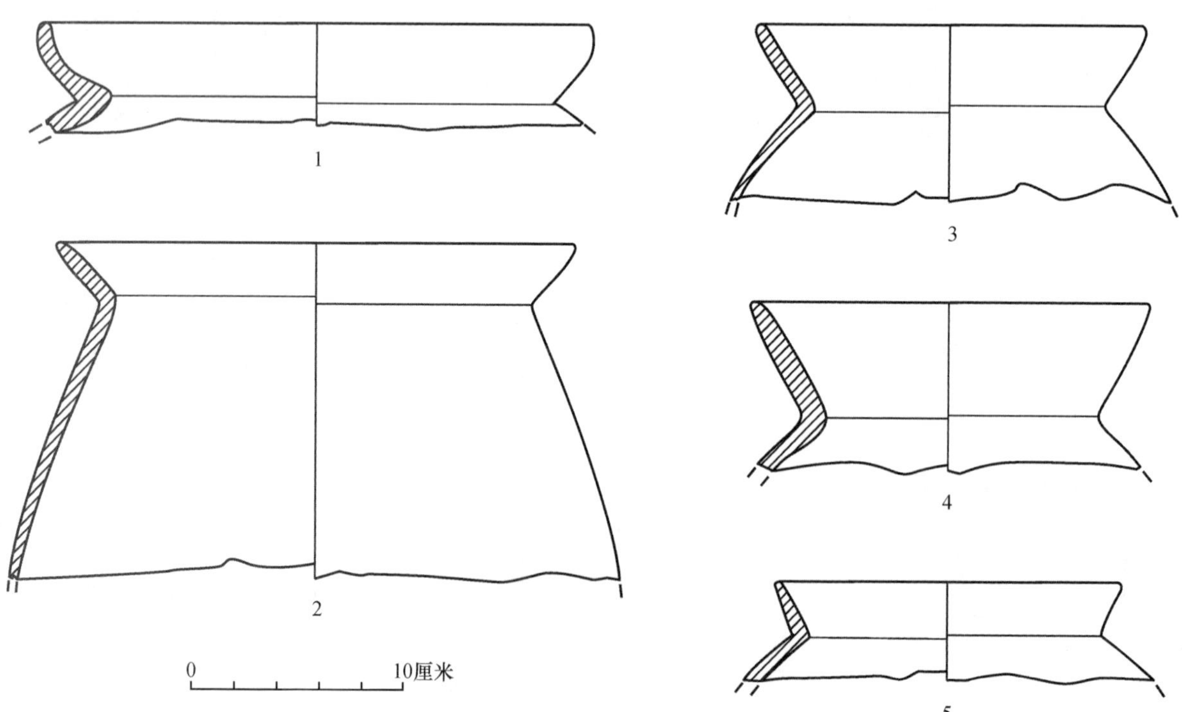

图一一二　T12④层出土陶器

1. A型釜（T12④：4）　2. B型Ⅰ式釜（T12④：93）　3～5. B型Ⅱ式釜（T12④：1、T12④：124、T12④：139）

唇，仰折沿，腹、底残。素面。口径18.2、残高6.2厘米（图一一三，1）。

A型Ⅱ式　3件。大敞口，折沿较甚，近似卷沿，圆肩，深鼓腹。标本T12④：185，夹砂红陶。圆唇，下腹及底残。素面。口径20.1、残高9.2厘米（图一一三，2）。

D型　2件。小口微敛，曲沿，圆肩，扁鼓腹。标本T12④：171，夹砂羼炭褐陶，光滑。质重。圆唇，下腹及底残。素面。口径16.2、残高6.4厘米（图一一三，3）。

F型Ⅰ式　1件。大口，窄折沿微内凹，矮斜领内收较甚，圆肩，鼓腹。标本T12④：116，夹砂红陶，内壁有炭黑斑。尖唇，下腹及底残。素面。口径18.2、残高8.2厘米（图一一三，4）。

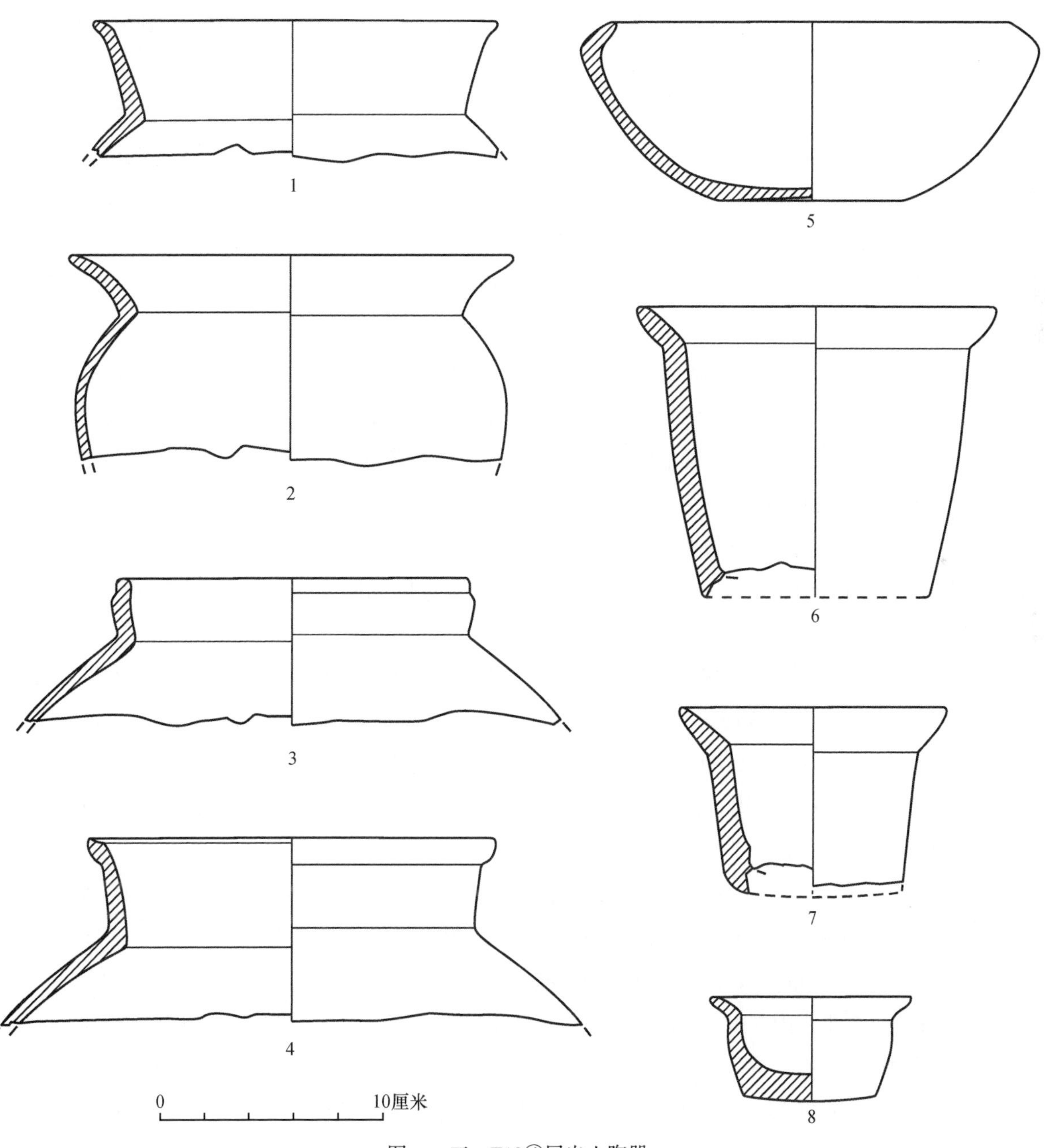

图一一三　T12④层出土陶器

1. A型Ⅰ式罐（T12④：2）　2. A型Ⅱ式罐（T12④：185）　3. D型罐（T12④：171）　4. F型Ⅰ式罐（T12④：116）　5. A型Ⅱ式钵（T12④：13）　6. A型Ⅱ式缸（T12④：201）　7. A型Ⅰ式杯（T12④：191）　8. A型Ⅱ式杯（T12④：75）

陶钵　A型Ⅱ式，2件。敛口甚，浅弧腹，平底。标本T12④：13，泥质红陶。圆唇，平底微内凹。素面。口径18.1、底径8.0、高7.8厘米（图一一三，5；图版一九，5）。

陶缸　A型Ⅱ式，3件。折沿，筒形腹较浅，平底。标本T12④：201，夹砂红褐陶。体型较小，胎较厚。圆唇，平底残。素面。口径16.3、残高11.6厘米（图一一三，6）。

陶杯　A型Ⅰ式，3件。折沿，深斜直腹，平底。标本T12④：191，夹砂灰褐陶，微偏黄。胎厚，质重，内壁不平，可见按压窝痕。尖唇，平底残。素面。口径12.1、残高7.8厘米（图一一三，7；图版一九，6）。

A型Ⅱ式　2件。折沿，浅斜直腹，平底。标本T12④：75，夹砂深红陶。胎厚，内、外壁均凹凸不平。圆唇，折沿微外卷。素面。口径9.2、底径5.6、高4.7厘米（图一一三，8；图版二〇，1）。

陶盘　A型Ⅰ式，5件。弧腹盘略深。标本T12④：134，泥质红陶，器表施灰白衣。厚胎，质重。厚圆唇，口微敛，底、足残。盘腹饰篦点横带纹及水波纹。口径18.7、残高4.6厘米（图一一四，1；图版二〇，2）。标本T12④：135，泥质红陶，内、外均施灰白衣。厚胎。圆唇，敛口，底、足残。盘腹饰篦点横带纹、水波纹及连珠状纹。口径19.8、残高4.8厘米（图一一四，2）。

A型Ⅱ式　4件。弧腹盘略浅。标本T12④：150，泥质灰白陶，口部局部有烟黑。近方唇，口微敛，足残。盘腹饰数道弦纹。口径21.8、残高5.1厘米（图一一四，3）。标本T12④：141，泥质浅红陶，器表施白衣。体小，质重。厚圆唇，口微敞，足残。盘腹饰篦点横带纹及水波纹。口径18.0、残高5.4厘米（图一一四，4；图版二〇，3）。

C型　2件。敛口，浅弧腹盘，高圈足。标本T12④：200，泥质灰胎黑陶，光亮。圆唇，曲壁喇叭形高圈足。足饰4组镂孔、两组弦纹及成组分布的细圆窝纹。口径15.4、足径10.5、通高8.0厘米（图一一四，5；图版二〇，4）。

D型　2件。敛口，深弧腹盘。标本T12④：217，夹砂羼炭红陶，内灰褐色。体形较大。圆唇，足残。素面。口径30.3、残高12.2厘米（图一一四，6；图版二〇，5）。

陶盘足　A型，3件。高圈足。标本T12④：154，泥质红陶，器表施白衣。足上部饰篦点横带纹、三角纹及弦纹，其下施粉状红彩带，中部素面，下部饰一周长椭圆形纹。足径17.7、残高11.4厘米（图一一四，7）。

陶豆　A型Ⅰ式，5件。内折口，弧腹盘较浅。标本T12④：176，泥质灰红陶。圆唇，足残。素面。口径20.8、残高6.8厘米（图一一五，1；图版二〇，6）。标本T12④：167，泥质红陶。圆唇，足残。素面。口径18.1、残高5.8厘米（图一一五，2）。

A型Ⅱ式　3件。内折口，浅弧腹盘。标本T12④：112，泥质红陶，口及盘中部施红彩带，余施白衣。圆唇，底、足残。素面。口径20.5、残高4.0厘米（图一一五，3）。标本T12④：194，泥质红陶，器表施深红衣，但脱落较甚。胎较厚。圆唇，足残。素面。口径18.4、残高5.5厘米（图一一五，4；图版二一，1）。

陶豆足　A型，3件。台式足，足沿外撇。标本T12④：128，泥质浅红陶，偏黄。台面饰6个大型镂孔以及短线纹、镂孔、圆窝纹等，足饰密集镂孔、圆窝纹以及折线纹、短线纹、弦纹

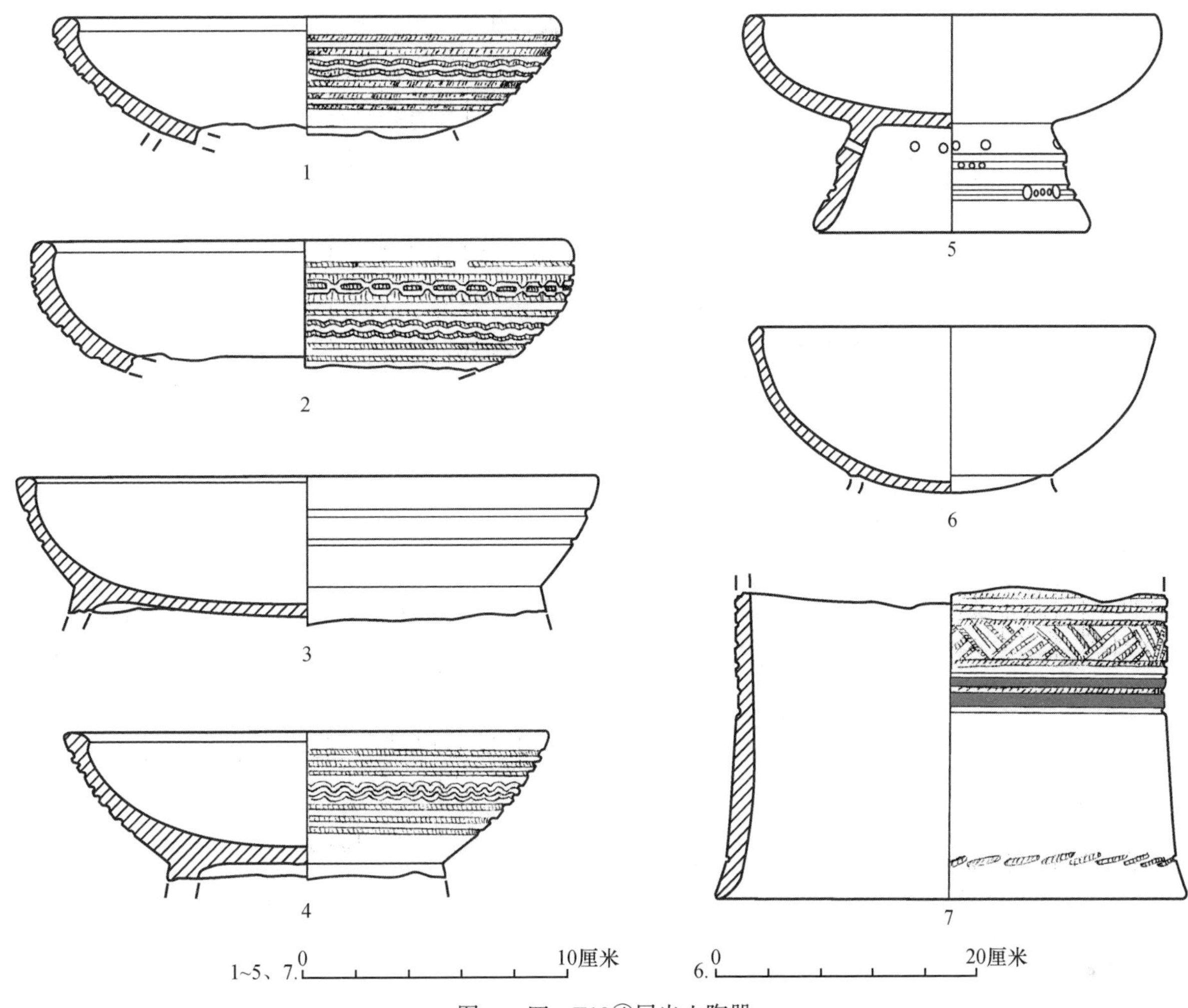

图一一四　T12④层出土陶器

1、2. A型Ⅰ式盘（T12④：134、T12④：135）　3、4. A型Ⅱ式盘（T12④：150、T12④：141）　5. C型盘（T12④：200）　6. D型盘（T12④：217）　7. A型盘足（T12④：154）

等。足径17.1、残高8.6厘米（图一一五，5；彩版二六，2；图版二一，2）。

B型　2件。台式足，足沿内敛。标本T12④：43，泥质酱红陶。台面饰指甲纹及镂孔，足饰两周指甲纹。足径13.1、残高4.5厘米（图一一五，6）。

C型　3件。折壁足，足沿外撇。标本T12④：137，残片。泥质红胎黑衣陶。足上部饰大型镂孔、细圆窝纹及细短线纹，下部饰镂孔、大小不一的圆窝纹、短线纹及弦纹等。复原足径16.8、残高7.4厘米（图一一五，7）。

D型　2件。喇叭形高足，足沿外撇较甚。标本T12④：136，泥质酱红陶。上饰细圆窝纹、篦点纹、三角状指甲纹及镂孔等。足径15.0、残高5.6厘米（图一一五，8）。

陶豆柄　6件。标本T12④：140，泥质浅红陶。腰鼓形高柄。上部饰圆窝纹、篦点几何纹、细弦纹及4个大型镂孔，下部饰圆窝纹。残高8.8厘米（图一一六，1；图版二一，3）。标本T12④：133，泥质红陶。竹节式高柄，上端外鼓较甚。上部饰圆窝纹、篦点几何纹、细弦纹及4个大型镂孔，中部饰一周圆窝纹。残高7.4厘米（图一一六，2）。标本T12④：130，泥质

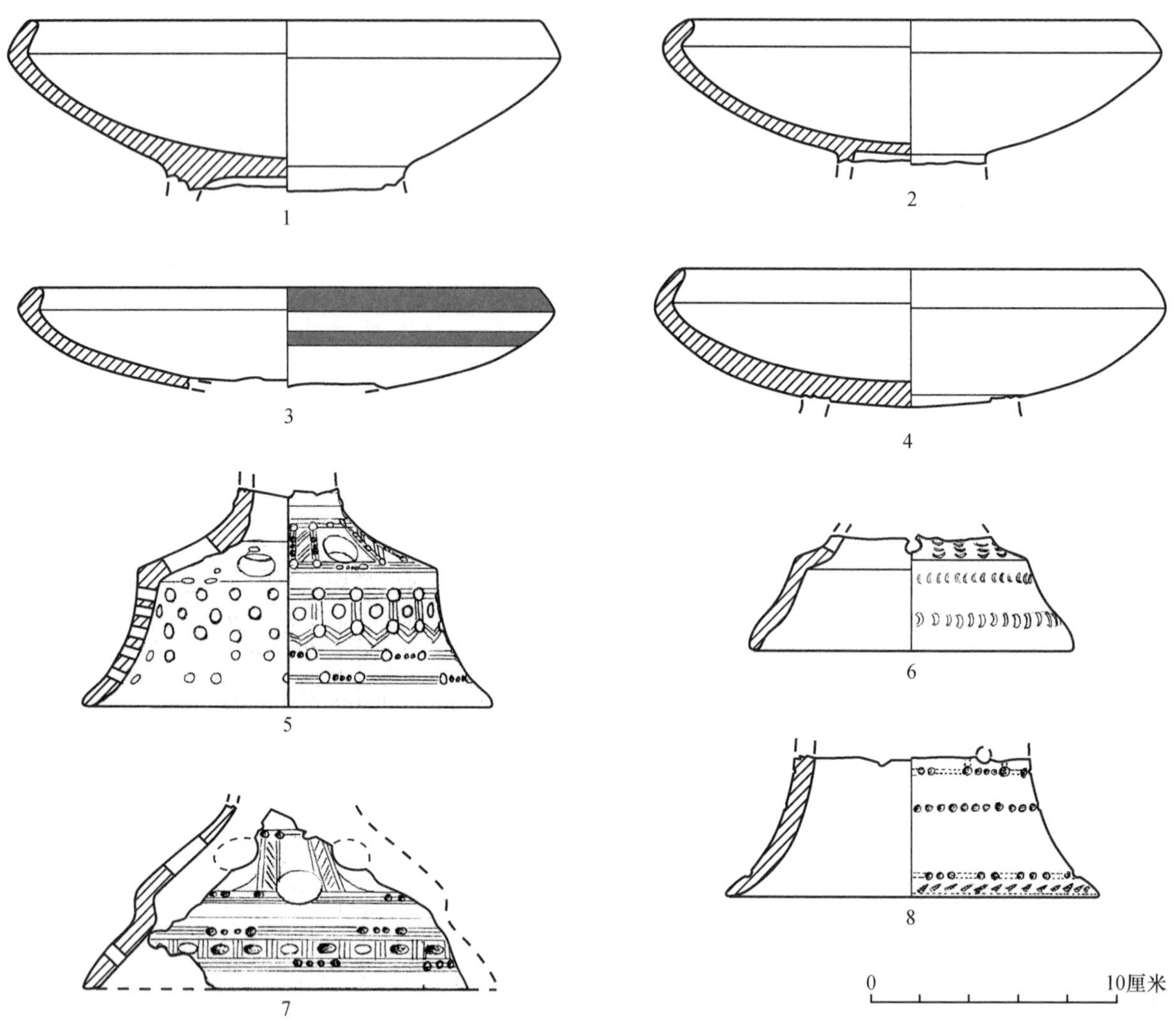

图一一五　T12④层出土陶器

1、2. A型Ⅰ式豆（T12④：176、T12④：167）　3、4. A型Ⅱ式豆（T12④：112、T12④：194）　5. A型豆足（T12④：128）　6. B型豆足（T12④：43）　7. C型豆足（T12④：137）　8. D型豆足（T12④：136）

红陶。腰鼓形高柄。上部饰两周成组（每周4组）分布的圆窝纹及细弦纹，中部饰两周凸棱，下部残见镂孔及短线纹。残高9.2厘米（图一一六，3；图版二一，4）。标本T12④：149，泥质红陶。束腰形高柄。上部饰弦纹及4组由圆窝纹、篦点纹组成的几何纹，并间以4个大型镂孔，中部饰弦纹及大小不一且成组分布的圆窝纹，下部饰大小不一的镂孔、圆窝纹及叶脉纹等。残高9.6厘米（图一一六，4；图版二一，5）。标本T12④：131，泥质红陶，器表施白衣。腰鼓形粗柄。上饰镂孔、圆窝纹、弦纹及成组分布的几何纹，纹饰极具浮雕效果，而且凹陷部分似有粉状红彩，凸起部分施白衣，界线分明。残高6.6厘米（图一一六，5；彩版二六，3；图版二一，6）。标本T12④：138，泥质白陶。粗柄。上饰由长椭圆形纹组成的横带纹、竖线纹以及成组分布的镂孔和圆圈纹。残高4.8厘米（图一一六，6；图版二二，1）。

陶碗　A型Ⅰ式，2件。敛口，弧腹较深。标本T12④：117，泥质红陶。圆唇，底、足残。素面。口径14.8、残高5.6厘米（图一一七，1）。

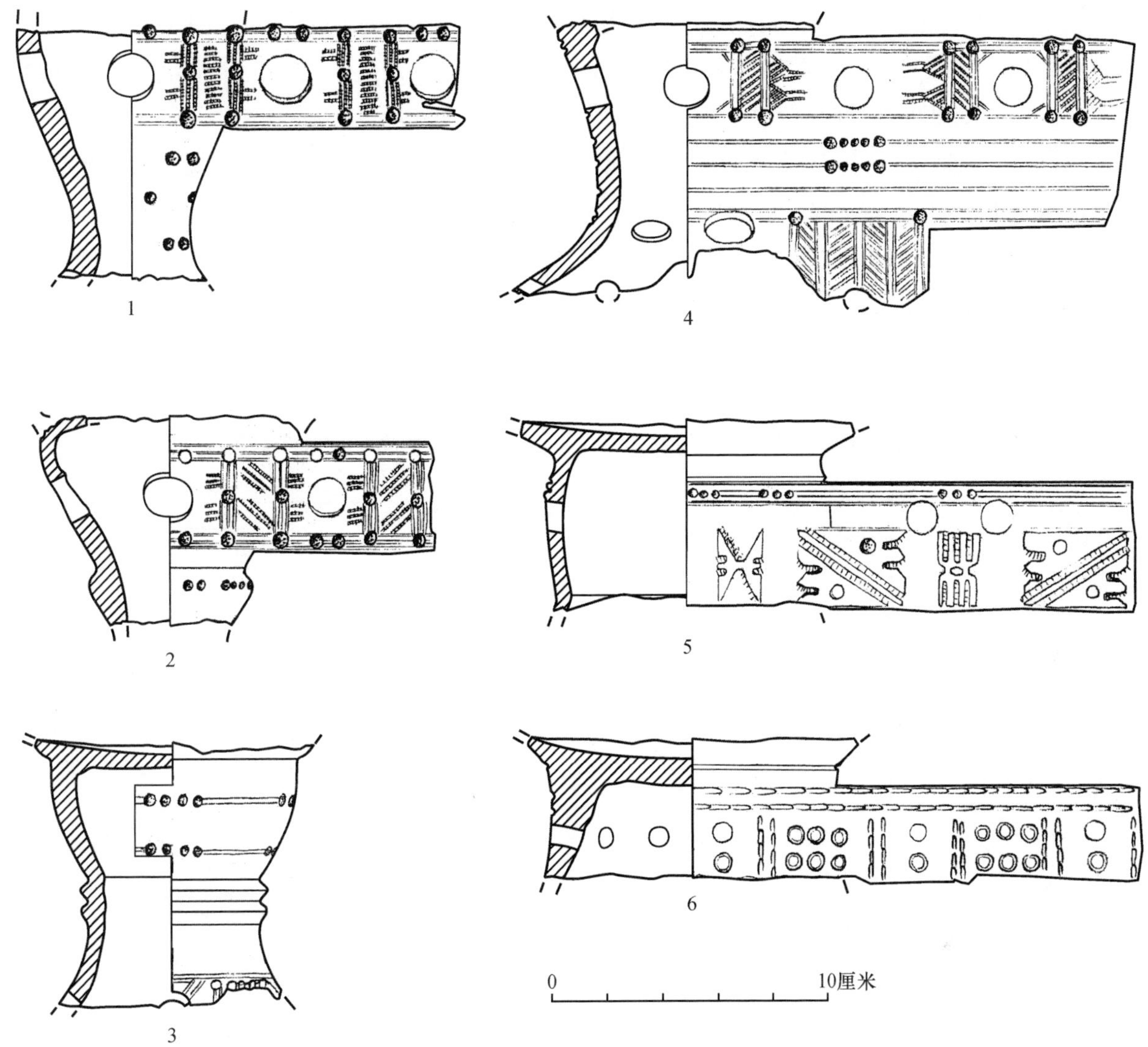

图一一六　T12④层出土陶器

1～6. 豆柄（T12④：140、T12④：133、T12④：130、T12④：149、T12④：131、T12④：138）

B型Ⅰ式　7件。折沿，弧腹较深。标本T12④：20，泥质红陶，器表施黑衣，内灰黄。薄胎。圆唇，折沿近平，底、足残。素面。口径22.8、残高6.8厘米（图一一七，2）。标本T12④：189，泥质红陶，器表施薄层黑衣，内灰红。圆唇，折沿，底、足残。素面。口径20.4、残高8.6厘米（图一一七，3）。标本T12④：102，泥质红陶，内、外均有黑斑。胎略厚。圆唇，窄折沿，圜底，足残。素面。口径16.4、残高7.1厘米（图一一七，4；图版二二，2）。

B型Ⅱ式　5件。折沿，弧腹或斜腹略浅。标本T12④：107，泥质深红陶。厚胎。圆唇，窄折沿微外卷，弧腹，足残。素面。口径20.5、残高7.3厘米（图一一七，5；图版二二，3）。标本T12④：218，泥质红陶，内、外均有黑斑。圆唇，仰折沿，斜腹，圈足外撇较甚。足饰一周弦纹，余素面。口径20.7、足径15.8、通高11.6厘米（图一一七，6；彩版二六，4；图版二二，4）。

碗足　2件。标本T12④：188，泥质灰陶。圈足外撇。足饰四组镂孔（个别未穿透器壁）及两道弦纹。足径12.5、残高5.1厘米（图一一七，7）。标本T12④：204，泥质红陶，器表施红衣，内黑。圈足极矮，内收较甚。素面。足径10.8、残高2.8厘米（图一一七，8）。

陶器盖　A型，13件。盖沿外折，深弧腹盖。标本T12④：96，夹砂黑褐陶，器表光亮。质重。宽扁桥形纽，盖沿残。纽饰圆窝纹及篦点菱形几何纹，盖饰弦纹及篦点勾连纹。复原盖径16.8、复原通高10.0厘米（图一一八，1；图版二二，5）。标本T12④：180，夹砂红褐陶，局部有烟黑。胎厚，质重。宽扁桥形纽。素面。盖径16.9、通高10.3厘米（图一一八，2；彩版二六，5；图版二二，6）。标本T12④：39，泥质灰胎黑陶，器表光亮。盖顶及纽残。盖饰弦纹及篦点勾连纹。盖径15.9、残高6.4厘米（图一一八，3）。标本T12④：203，夹砂羼炭褐陶。胎厚，质重。桥形纽残。素面。盖径15.1、残高6.3厘米（图一一八，4）。标

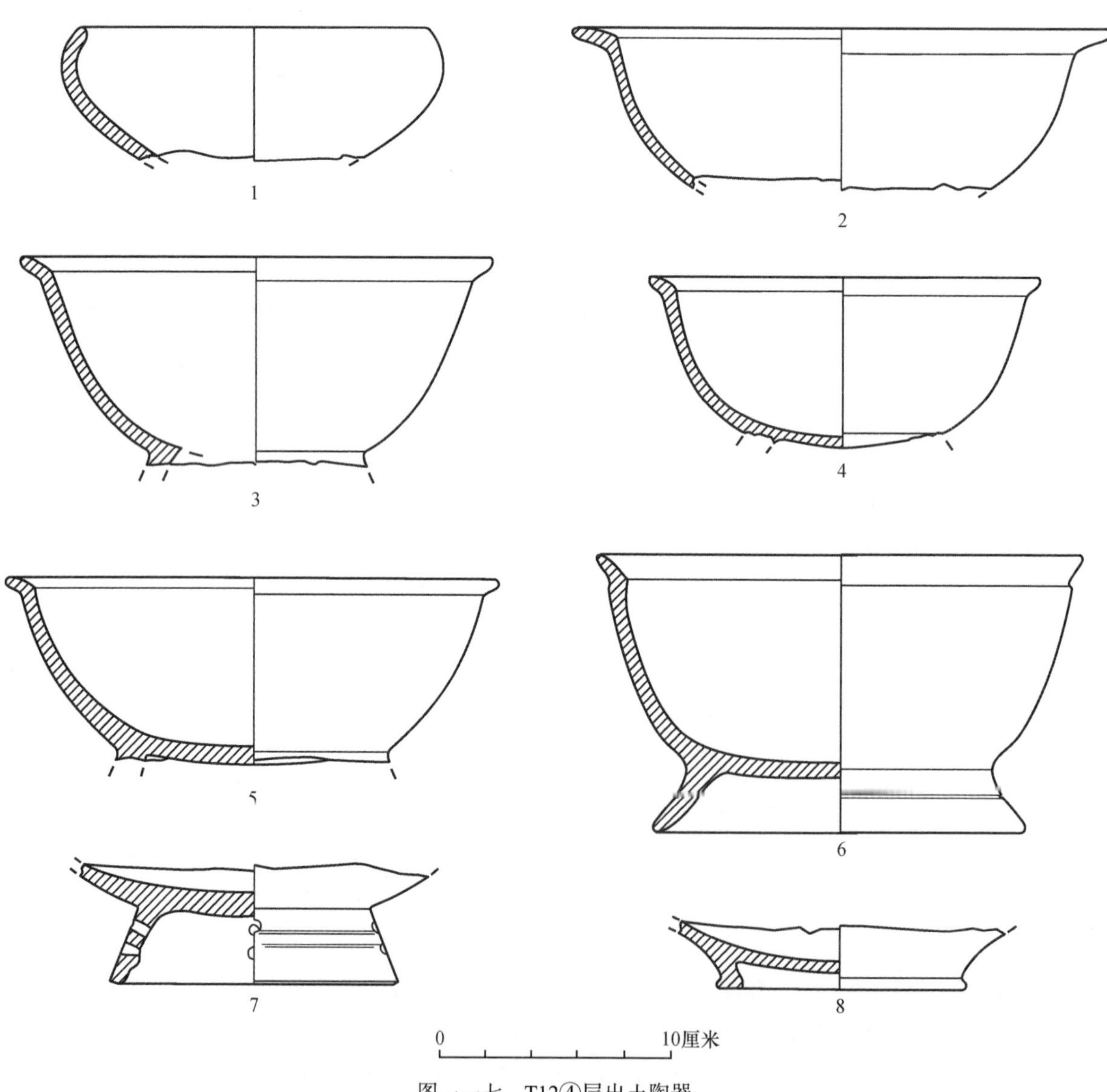

图一一七　T12④层出土陶器

1. A型Ⅰ式碗（T12④：117）　2～4. B型Ⅰ式碗（T12④：20、T12④：189、T12④：102）　5、6. B型Ⅱ式碗（T12④：107、T12④：218）　7、8. 碗足（T12④：188、T12④：204）

本T12④：121，夹砂红褐陶，内酱红色。体小。宽扁桥形纽，盖沿略残。纽两侧饰圆窝纹、弦纹及实心泥突，盖饰弦纹及圆点纹。复原盖径10.3、复原通高6.3厘米（图一一八，7；图版二三，1）。

D型　3件。浅碟形盖。盖沿外翻，浅斜腹盖，盖底平坦，桥形纽内置于盖底部。标本T12④：146，泥质红陶，器表有薄层黑斑。质重。盖沿微外折，柱状桥形纽。素面。盖口径18.2、盖底径13.8、通高3.6厘米（图一一八，5；彩版二六，6；图版二三，2）。标本T12④：79，泥质红陶，外有薄层酱黑衣，内壁呈褐色。质重。盖沿残，柱状桥形纽。素面。残高3.6厘米（图一一八，6）。

盖纽　2件。标本T12④：82，夹砂红褐陶。扁柱状桥形纽。纽顶部饰四个犄角状小泥突，一端残，另一端两侧各饰一圆形小泥突。纽长径1.5、纽高4.9厘米（图一一八，8）。标本T12④：81，泥质红陶。质重。方形纽，纽孔略呈长椭圆形。纽两宽边各饰一道浅划纹，余素面。纽宽4.8、残高7.2厘米（图一一八，9）。

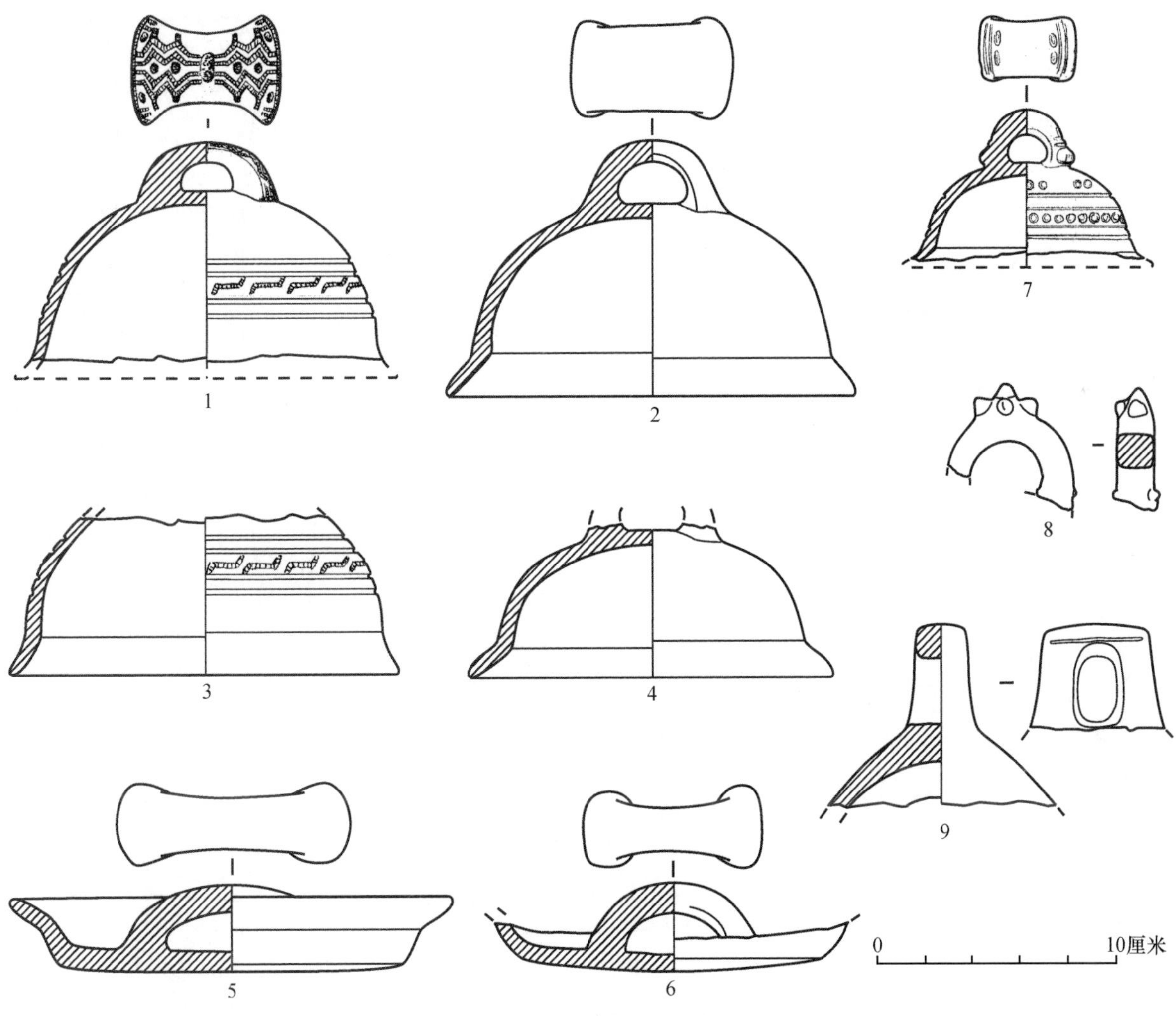

图一一八　T12④层出土陶器

1～4、7. A型器盖（T12④：96、T12④：180、T12④：39、T12④：203、T12④：121）　5、6. D型器盖（T12④：146、T12④：79）　8、9. 盖纽（T12④：82、T12④：81）

24. T12第3层

该单位出土陶器较少，可辨器类有鼎、罐及鋬耳等。共选标本15件，现介绍6件如下。

陶鼎　I型，3件。卷沿，深鼓腹。标本T12③：1，夹砂红褐陶，局部灰褐色。圆唇，束颈，底、足残。口部素面，颈以下饰粗绳纹，下腹部绳纹较错乱。口径20.8、腹径22.0、残高16.1厘米（图一一九，1；彩版二七，1；图版二三，3）。

陶罐　E型Ⅱ式，2件。大口，卷沿较甚，束颈，鼓腹。标本T12③：3，夹砂红褐陶，局部黑色。圆唇，鼓腹较甚，下腹及底残。口部素面，颈以下饰粗绳纹。口径26.2、腹径34.2、残高15.2厘米（图一一九，2）。

陶鼎足　B型，3件。宽扁足，横截面略呈长椭圆形。标本T12③：2，夹砂深红陶。足根部饰一排按窝。长12.9厘米（图一一九，3；图版二三，4）。

E型　4件。凿形足，横截面呈不规则椭圆形。标本T12③：4，夹砂红褐陶，偏黄。足根部

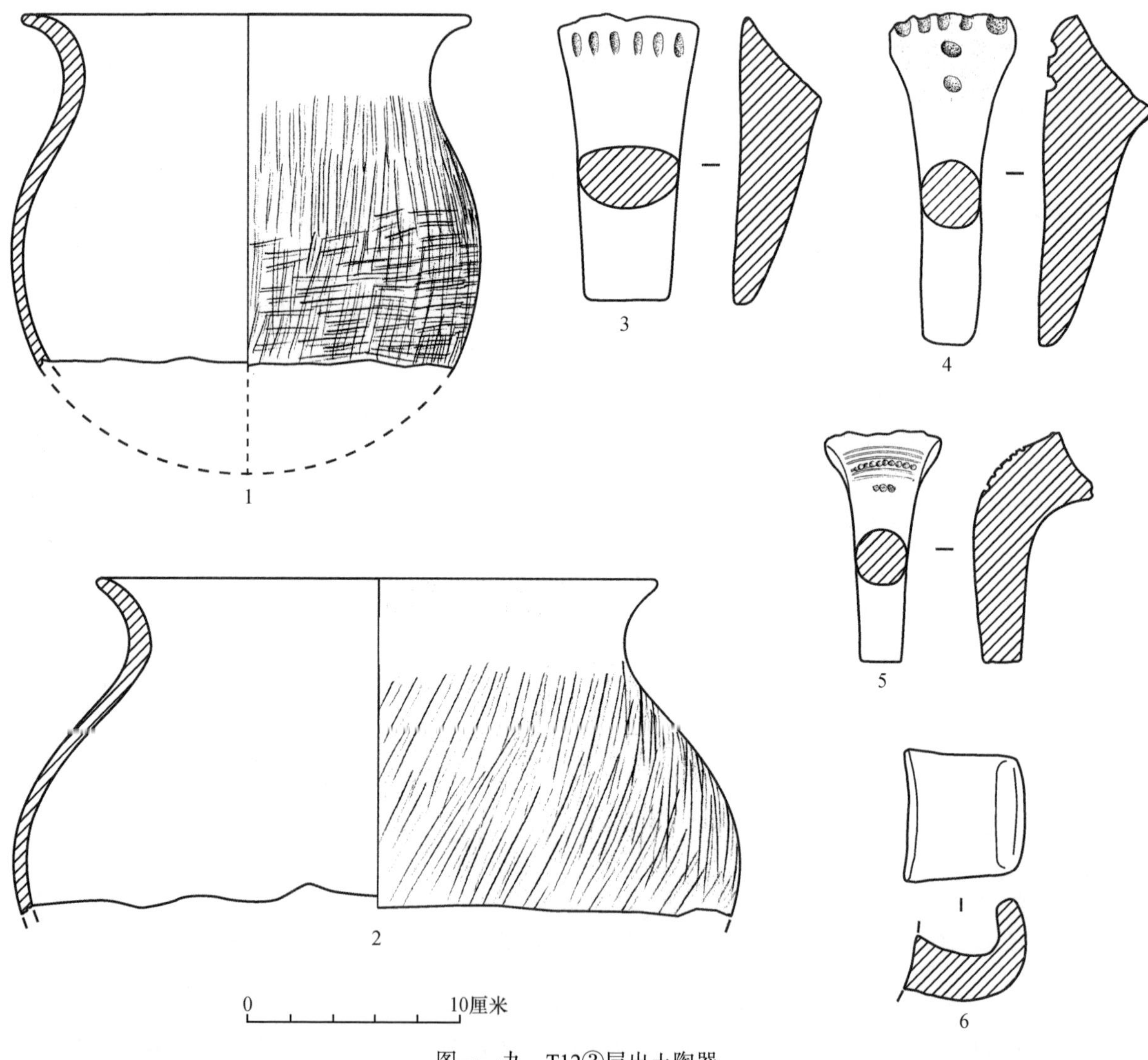

图一一九　T12③层出土陶器

1. I型鼎（T12③：1）　2. E型Ⅱ式罐（T12③：3）　3. B型鼎足（T12③：2）　4. E型鼎足（T12③：4）　5. J型鼎足（T12③：5）　6. 鋬耳（T12③：6）

饰一排浅按窝，其下再饰两个深按窝。长15.0厘米（图一一九，4；图版二三，5）。

J型　2件。弓背圆柱形足，横截面近圆形。标本T12③：5，夹砂灰褐陶。足上部饰弦纹及圆窝纹。长10.4厘米（图一一九，5；图版二三，6）。

陶鋬耳　1件。标本T12③：6，夹砂红陶。弯钩形宽扁鋬耳。素面。耳长5.4、耳宽5.6厘米（图一一九，6）。

25. T13第4层

该单位出土陶器包括鼎、釜、罐、缸、甑、瓮、盆、钵、盘、豆、器盖、器座等。共选标本106件，现介绍48件如下。

陶鼎　B型Ⅰ式，3件。宽仰折沿似矮领，沿面微内凹，圆肩。标本T13④：6，夹砂鲜红陶。圆唇近尖，腹及底、足残。口及肩部饰篦点短线纹、勾连纹、叶脉纹及弦纹。口径18.1、残高6.7厘米（图一二〇，1）。

C型Ⅰ式　4件。仰折沿，沿面斜直，溜肩，深鼓腹。标本T13④：32，夹砂灰褐陶，内灰黑。圆唇，底、足残。中腹饰一周中部内凹的宽附加堆纹，余素面。口径25.8、腹径30.0、残高16.6厘米（图一二〇，2）。

D型Ⅰ式　2件。仰折沿，沿面微内凹，斜肩，垂腹。标本T13④：60，夹砂深红陶，器表

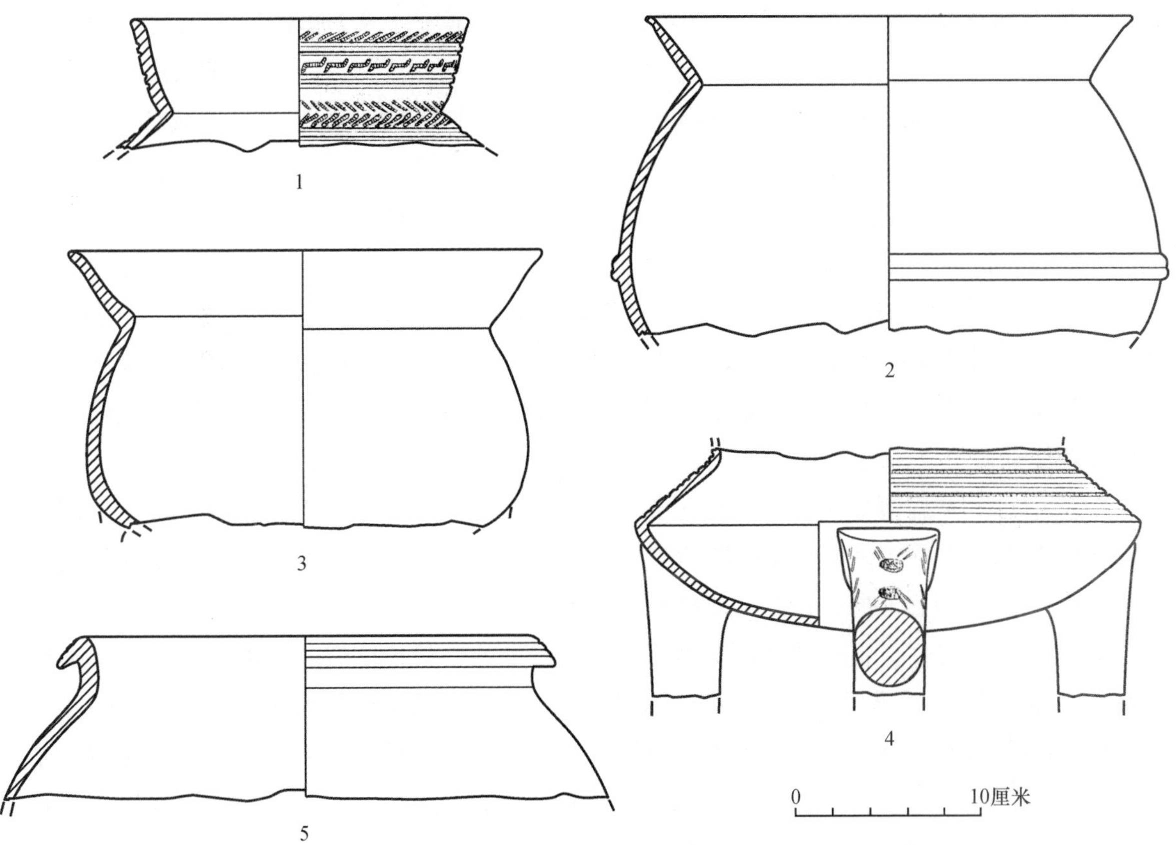

图一二〇　T13④层出土陶器

1. B型Ⅰ式鼎（T13④：6）　2. C型Ⅰ式鼎（T13④：32）　3. D型Ⅰ式鼎（T13④：60）　4. G型鼎（T13④：13）　5. H型鼎（T13④：3）

光亮。圆唇，底、足残。素面。口径25.2、腹径23.3、残高14.4厘米（图一二〇，3）。

G型　1件。口部残，浅折腹。标本T13④：13，夹砂红陶。圆柱形足，足下部均残。腹饰细密弦纹及篦点横带纹，底部素面，足根部饰凹窝纹及刻划短线纹。腹部最大径27.1、残高12.8厘米（图一二〇，4）。

H型　2件。唇沿外翻，卷沿，束颈，浅鼓腹。标本T13④：3，夹砂羼炭褐陶，内、外壁均可见稻壳印痕。下腹及底、足残。唇面饰细弦纹，器身素面。内口径24.0、残高8.4厘米（图一二〇，5）。

陶鼎足　B型，2件。宽扁足，横截面呈不规则长方形。标本T13④：39，夹砂羼炭褐陶，偏黄。体大，足下部残断。足上部及根部两侧各饰一深按窝，内侧饰竖向刻槽。残长14.3厘米（图一二一，1；图版二四，1）。

C型　3件。扁凿形足，横截面略呈长椭圆形。标本T13④：41，夹砂灰褐陶，微偏白。足下部残断。足饰两道带刻槽附加堆纹，其间再饰短线纹、圆点纹及弦纹。残长9.8厘米（图一二一，2；图版二四，2）。

D型　1件。圆柱形足，横截面近圆形。标本T13④：79，夹砂红陶。根部脊背凸起，素面。长11.0厘米（图一二一，3；图版二四，3）。

F型　3件。舌形足，顶部有一平台，足身微内弧，足尖外撇。标本T13④：40，夹砂深红陶。足上部及根部两侧饰形状、大小及深浅不一的按窝。长9.2厘米（图一二一，4；图版二四，4）。

G型　2件。弓背宽扁凹足，横截面略呈新月形。标本T13④：43，夹砂羼炭红陶。质轻。足根部及两侧均饰按窝。长13.3厘米（图一二一，5）。

H型　1件。弓背宽扁足，横截面略呈半椭圆形。标本T13④：78，夹砂红陶。质重。素面。长12.6厘米（图一二一，6；图版二四，5）。

I型　3件。弓背扁凿形足，横截面近三角形。标本T13④：94，夹砂红褐陶。足尖内收较甚。足上部饰弦纹及一组圆窝纹。长12.2厘米（图一二一，7；图版二四，6）。

J型　4件。弓背圆柱形足，横截面近圆形。标本T13④：95，夹砂红陶，局部灰红色。足上部饰两组圆窝纹及弦纹。长14.2厘米（图一二一，8；图版二五，1）。

L型　2件。宽扁薄矮足，横截面近长方形。标本T13④：81，粗泥红陶。足中央饰一圆孔。长6.1厘米（图一二一，9；图版二五，2）。标本T13④：42，粗泥红陶。一侧边微内弧，足中央饰一圆孔。长5.6厘米（图一二一，10；图版二五，3）。

陶釜　A型，2件。口微敛，仰折沿，沿面内凹呈盘口状，广肩。标本T13④：4，夹砂羼炭红陶，器表施红衣。圆唇，腹、底残。素面。口径22.6、残高6.6厘米（图一二二，1）。

B型Ⅱ式　4件。折沿，沿面微凹，圆肩，鼓腹较浅。标本T13④：1，夹砂褐陶，微偏黄。圆唇，下腹及底残。素面。口径22.0、残高8.8厘米（图一二二，2）。标本T13④：46，泥质白陶。体小。圆唇，圜底残。口部素面，腹饰篦点纹及大小不一的圆圈或双圆圈纹。口径9.9、腹径11.3、残高7.0厘米（图一二二，3；彩版二七，2；图版二五，4）。

陶罐　A型Ⅰ式，3件。敞口，宽折沿微外卷，圆肩。标本T13④：8，夹砂红陶，微偏

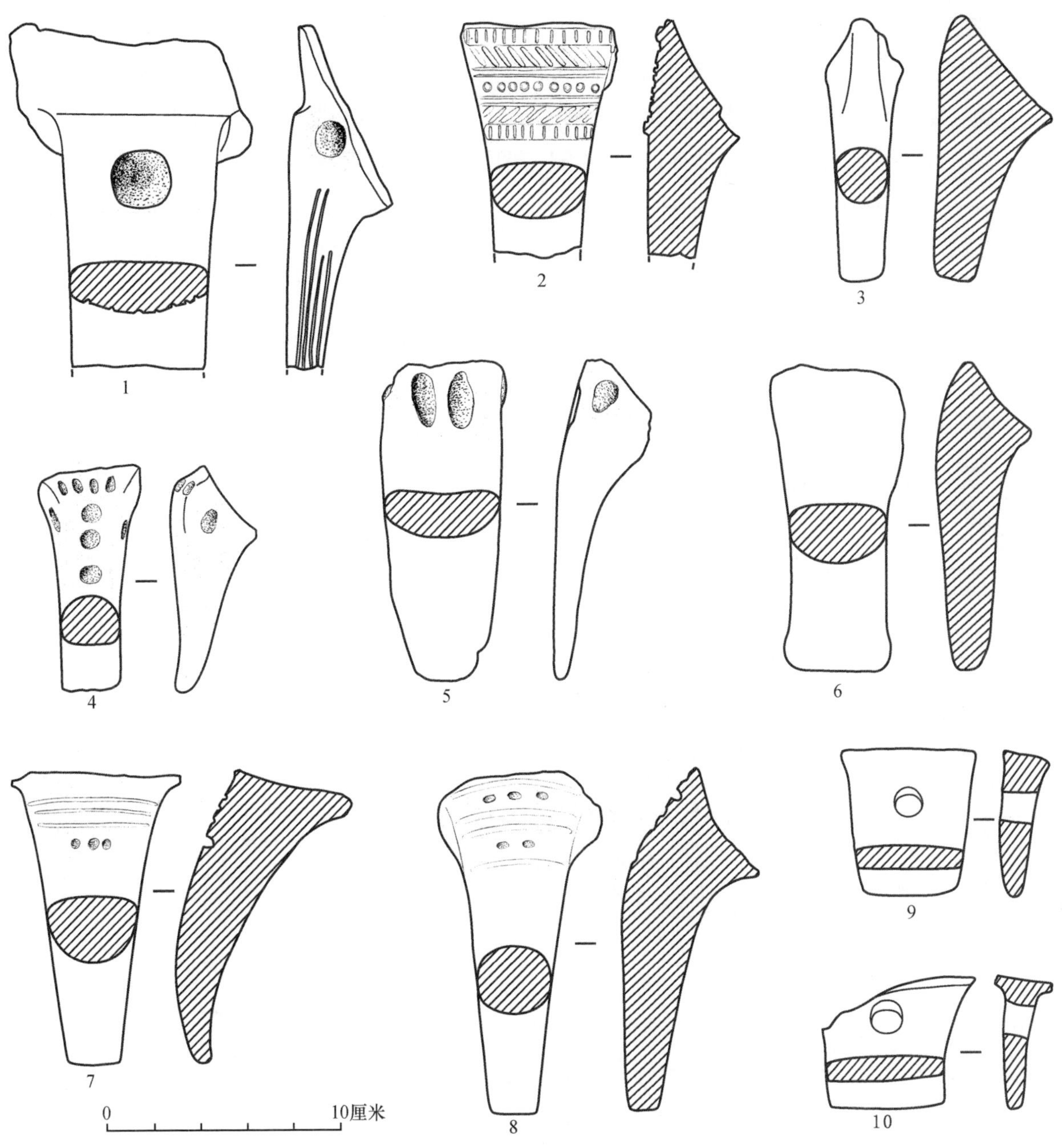

图一二一　T13④层出土陶器

1. B型鼎足（T13④：39）　2. C型鼎足（T13④：41）　3. D型鼎足（T13④：79）　4. F型鼎足（T13④：40）　5. G型鼎足（T13④：43）　6. H型鼎足（T13④：78）　7. I型鼎足（T13④：94）　8. J型鼎足（T13④：95）　9、10. L型鼎足（T13④：81、T13④：42）

黄。圆唇，腹及底残。素面。口径17.8、残高7.2厘米（图一二二，4）。

F型Ⅰ式　2件。大口，窄折沿微内凹，矮斜领内收较甚，圆肩。标本T13④：5，夹砂羼炭褐陶，偏黄。圆唇，腹及底残。素面。口径23.9、残高7.2厘米（图一二二，5）。

陶缸　A型Ⅰ式，4件。折沿，深筒形腹，平底。标本T13④：34，夹砂浅红陶。器表施红衣，内壁灰黄色。圆唇，平底微内凹。素面。口径22.1、底径14.1、高22.6厘米（图一二二，

6；彩版二七，3；图版二五，5）。

B型 5件。侈口，折沿，深腹微鼓，圜底。标本T13④：50，夹砂深红陶。圆唇，下腹及底残。唇面有凹槽，口部素面，腹部饰橘皮状纹。口径21.5、腹径23.1、残高17.0厘米（图一二二，7；图版二五，6）。标本T13④：62，夹砂红陶。胎较薄。圆唇，下腹及底残。口部

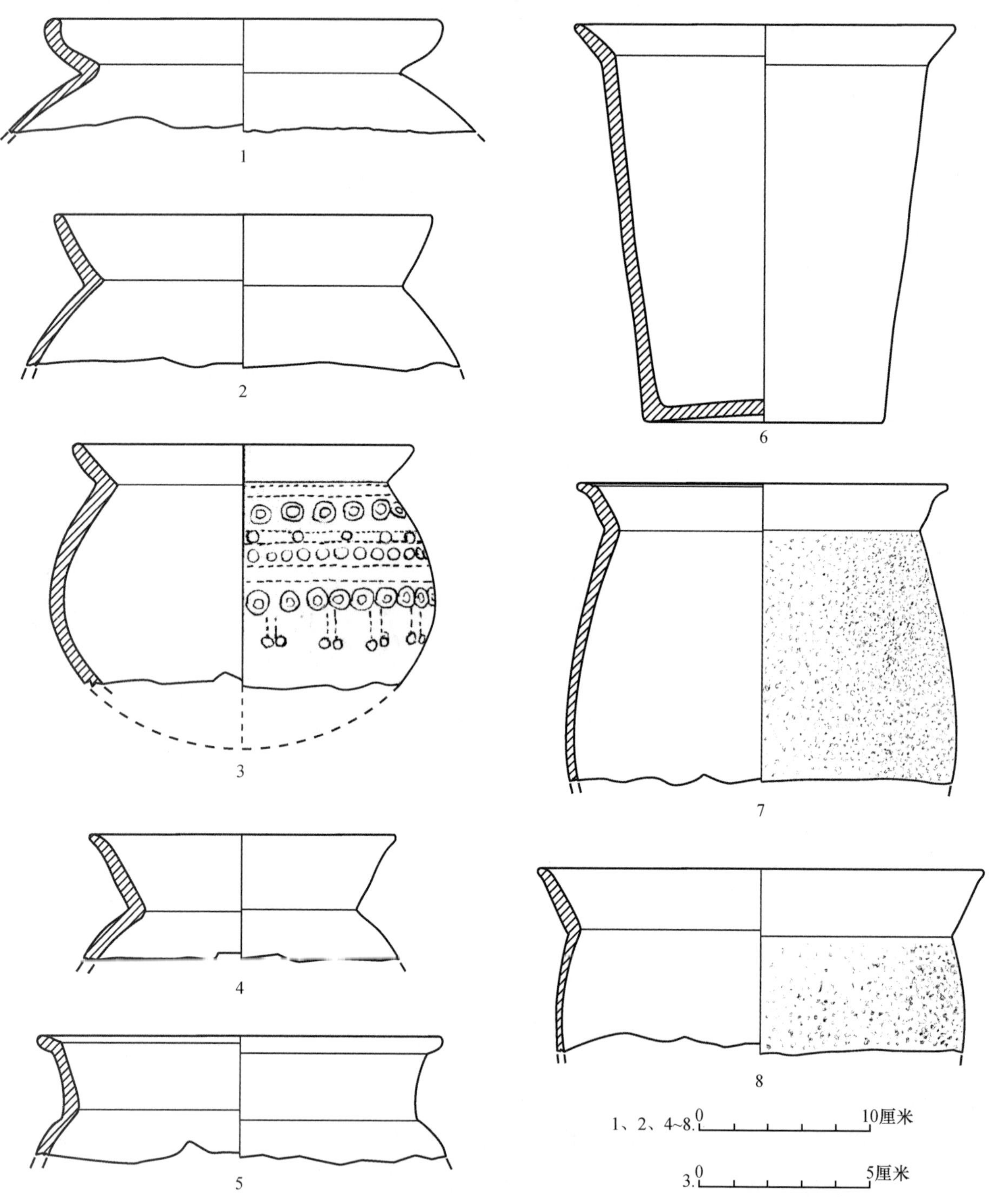

图一二二 T13④层出土陶器

1. A型釜（T13④：4） 2、3. B型Ⅱ式釜（T13④：1、T13④：46） 4. A型Ⅰ式罐（T13④：8） 5. F型Ⅰ式罐（T13④：5） 6. A型Ⅰ式缸（T13④：34） 7、8. B型缸（T13④：50、T13④：62）

素面，腹部饰橘皮状纹。口径25.8、残高10.5厘米（图一二二，8）。

陶甑　B型，3件。卷沿，浅鼓腹。标本T13④：11，夹砂红陶。圆唇，下腹及底残。口部素面，腹部可见较多箅孔。口径23.4、残高6.1厘米（图一二三，1）。

C型　2件。矮领，鼓腹。标本T13④：9，夹砂羼炭红陶。方唇微外侈，腹、底残。口及肩部素面，腹残见一周箅孔。口径21.8、残高5.8厘米（图一二三，2）。

陶钵　A型Ⅱ式，4件。敛口甚，浅弧腹，平底。标本T13④：68，泥质红陶，器表施红衣。圆唇。素面。口径20.3、底径11.4、高5.6厘米（图一二三，3）。

陶盆　A型，2件。折沿，浅直腹，圜底。标本T13④：52，夹砂羼炭红陶，底部有烟黑。尖唇，折沿较窄。素面。口径22.2、腹径20.1、高9.9厘米（图一二三，4；图版二六，1）。

陶瓮　A型，5件。敛口或直口微敛，深弧腹。标本T13④：58，夹砂羼炭红陶，器表施红衣。质轻。厚圆唇，直口微敛，圜底残。中腹饰一周网状刻划纹，余素面。口径34.3、残高16.1、复原高21.0厘米（图一二三，5；图版二六，2）。标本T13④：49，夹砂羼炭红陶。体

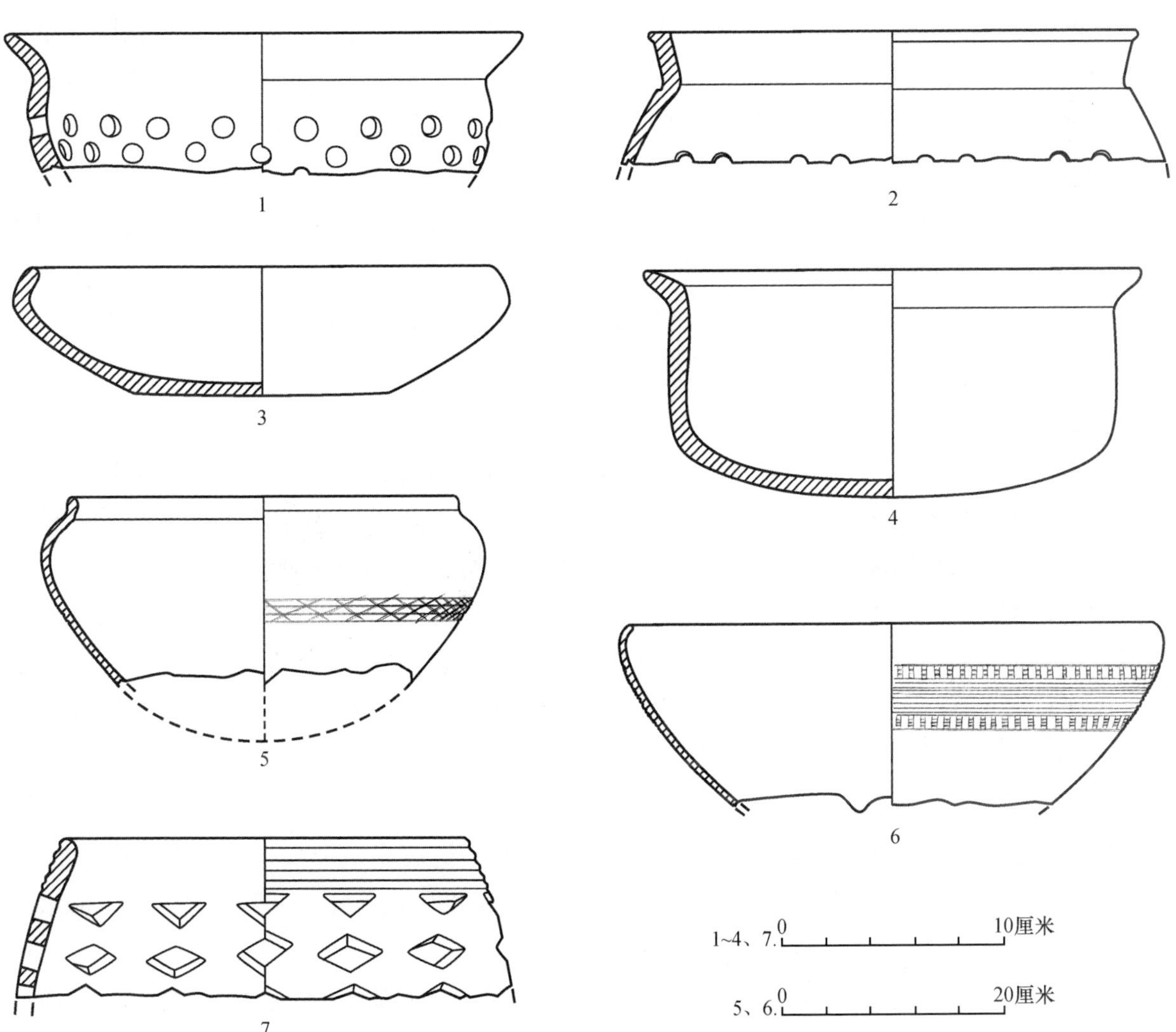

图一二三　T13④层出土陶器

1. B型甑（T13④：11）　2. C型甑（T13④：9）　3. A型Ⅱ式钵（T13④：68）　4. A型盆（T13④：52）　5、6. A型瓮（T13④：58、T13④：49）　7. B型器座（T13④：54）

形较大，整器似锅。圆唇，敛口较甚，圜底残。口及下腹部素面，上腹饰两周内填方格的短线纹，其间饰多道弦纹，纹痕规整。口径47.3、残高15.8厘米（图一二三，6）。

陶器座　B型，1件。敛口，腰鼓形。标本T13④：54，夹砂红陶。圆唇，底部残。上部饰弦纹，腰部饰三角形及菱形镂孔。口径17.8、残高7.1厘米（图一二三，7）。

陶盘　A型Ⅰ式，4件。弧腹盘略深。标本T13④：14，泥质灰白陶。厚胎。圆唇，口微敛，足残。盘及足部饰弦纹。口径17.8、残高4.9厘米（图一二四，1）。标本T13④：16，泥质白衣陶。口微敞，底、足残。唇内及口外施红彩带，盘腹饰弦纹，并间以红彩带。口径20.0、残高3.8厘米（图一二四，2）。

A型Ⅱ式　2件。弧腹盘较浅。标本T13④：27，泥质红褐陶。体小。厚圆唇，口微敞，足残。器表饰篦点横带纹及水波纹。口径10.7、残高4.2厘米（图一二四，10；图版二六，3）。

C型　2件。敛口，浅弧腹盘。标本T13④：29，泥质红陶。圆唇，足残。盘、足相交处饰成组指甲纹，余素面。口径15.8、残高5.2厘米（图一二四，3）。

D型　5件。敛口，深弧腹盘。标本T13④：47，泥质白陶。圆唇，足残。盘腹饰成组双圆圈纹、篦点纹及细弦纹，足根部残见一周镂孔。口径19.8、残高7.2厘米（图一二四，4；彩版二八，1；图版二六，4）。标本T13④：75，泥质白陶。圆唇，折壁圈足残。盘部素面，足根部饰篦点纹及细弦纹。口径20.8、残高5.8厘米（图一二四，5；彩版二八，2；图版二六，5）。标本T13④：96，泥质白陶。薄胎。圆唇，足残。盘腹饰一道凹槽，足根部残见一周镂孔。口径19.3、残高5.8厘米（图一二四，6）。

陶盘足　A型，2件。高圈足。标本T13④：28，泥质红陶，器表施灰白衣。足饰弦纹、树形组合纹，足沿饰一周长方格形纹。足径18.2、残高10.9厘米（图一二四，7；彩版二七，4；图版二六，6）。

B型　3件。矮圈足。标本T13④：31，泥质红陶。圈足微内收。上饰细圆窝纹、圆形及长方形镂孔。足径19.8、残高4.2厘米（图一二四，8）。标本T13④：15，泥质白陶。折壁，足沿残。足饰镂孔、菱形凹窝及锥形篦点纹。残高3.5厘米（图一二四，9）。

陶豆　A型Ⅱ式，4件。内折口，浅弧腹盘。标本T13④：33，泥质浅红陶，器表施红衣。尖唇，足残。素面。口径20.4、残高6.1厘米（图一二五，1；图版二七，1）。

B型Ⅰ式　3件。口微内折，口外内凹，深弧腹盘。标本T13④：2，泥质红陶，内黑。圆唇，细高柄，足残。素面。口径17.1、残高13.6厘米（图一二五，2；彩版二八，3；图版二七，2）。

C型Ⅱ式　1件。口内折较甚，口外凹凸不平，斜腹盘，腹、底转折起棱。标本T13④：72，泥质黑陶。尖唇，花边口，口下带檐，呈子母口状，底、足残。口外饰一周水波纹，余素面。内口径19.5、残高4.1厘米（图一二五，3）。

E型Ⅰ式　3件。敞口，口外内凹，口、腹转折明显，浅弧腹盘。标本T13④：73，泥质浅红陶，器表光亮。圆唇近尖，喇叭形足略残。足饰2组镂孔及两道凸棱，余素面。口径19.8、残高9.1厘米（图一二五，4；彩版二八，4；图版二七，3）。

陶豆足　D型，1件。喇叭形高足，足沿外撇较甚。标本T13④：19，泥质白陶。上饰菱形

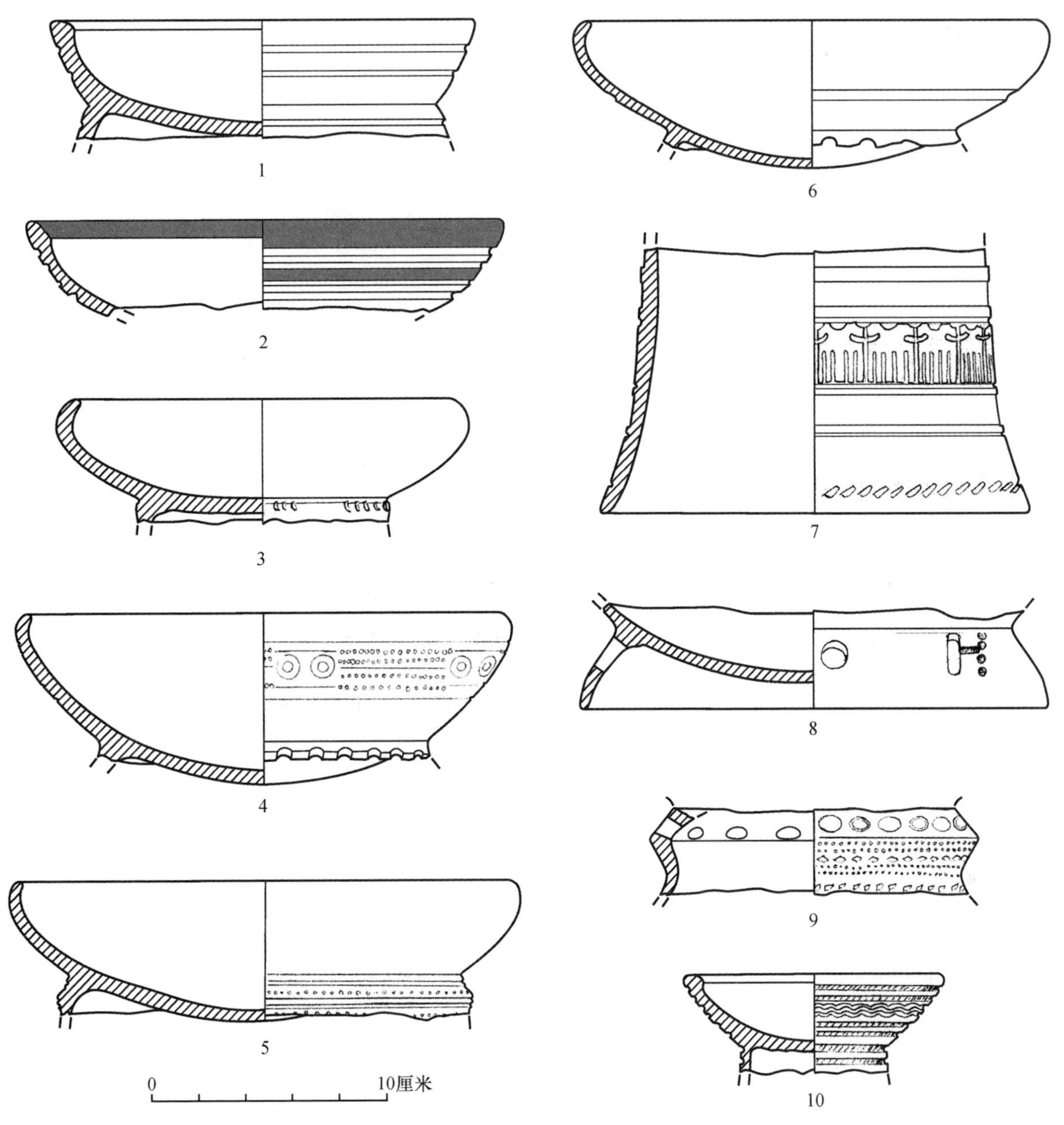

图一二四 T13④层出土陶器

1、2. A型Ⅰ式盘（T13④：14、T13④：16） 3. C型盘（T13④：29） 4～6. D型盘（T13④：47、T13④：75、T13④：96） 7. A型盘足（T13④：28） 8、9. B型盘足（T13④：31、T13④：15） 10. A型Ⅱ式盘（T13④：27）

凹窝及锥形篦点纹。口径15.8、残高2.4厘米（图一二五，5）。

H型 2件。曲壁矮足，足沿内折。标本T13④：63，泥质灰陶。上饰4组镂孔。足径11.1、残高4.4厘米（图一二五，6；图版二七，4）。

陶器盖 A型，3件。盖沿外折，深弧腹盖。标本T13④：23，夹砂灰褐陶，内黑褐色。胎厚，质重。圈足式纽，纽沿对称分布两段凸边。素面。盖径20.2、通高11.2厘米（图一二五，7；图版二七，5）。

陶盖纽 1件。宽扁薄桥形纽。标本T13④：26，泥质深红陶。上饰圆窝纹、篦点纹以及菱

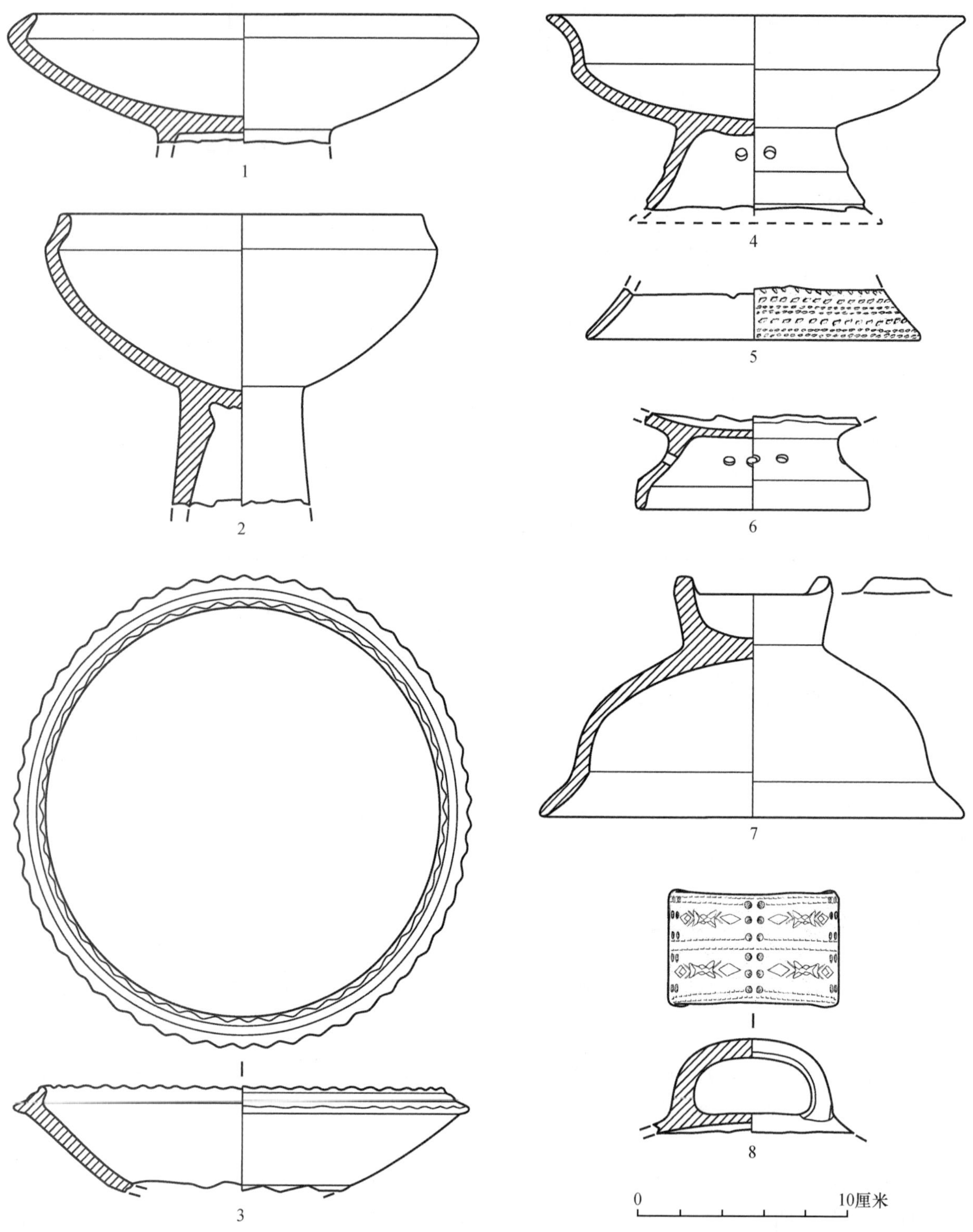

图一二五　T13④层出土陶器

1. A型Ⅱ式豆（T13④：33）　2. B型Ⅰ式豆（T13④：2）　3. C型Ⅱ式豆（T13④：72）　4. E型Ⅰ式豆（T13④：73）　5. D型豆足（T13④：19）　6. H型豆足（T13④：63）　7. A型器盖（T13④：23）　8. 盖纽（T13④：26）

形、三角形等几何形镂孔。纽宽5.1、高3.5厘米（图一二五，8；图版二七，6）。

26. T13第3层

该单位出土陶器包括鼎、罐、盘、豆等。共选标本23件，现介绍9件如下。

陶鼎足　A型，2件。宽扁凹足，横截面略呈新月形。标本T13③：29，夹砂红褐陶。足根部饰3个长椭圆形深按窝。长11.5厘米（图一二六，1；图版二八，1）。

B型　3件。宽扁足，横截面呈扁椭圆形。标本T13③：35，夹砂红陶。足根部饰一深按窝。长8.6厘米（图一二六，2；图版二八，2）。

D型　3件。圆柱形足，横截面近圆形。标本T13③：34，夹砂红陶。足下部残断。足上部饰两组圆点纹及弦纹，根部两角各饰一条短弧形附加堆纹。残长10.0厘米（图一二六，3）。

陶罐　E型Ⅱ式，2件。大口，卷沿较甚，束颈，鼓腹。标本T13③：26，夹砂红陶，偏黄。圆唇，下腹及底残。颈以下饰绳纹。口径21.4、残高11.1厘米（图一二六，4）。

陶盘　A型Ⅱ式，2件。弧腹盘略浅。标本T13③：6，泥质红陶，偏灰黄。厚圆唇，口微敞，足残。盘腹饰两道弦纹。口径13.8、残高3.6厘米（图一二六，5）。

陶盘足　B型，1件。矮圈足。标本T13③：9，泥质白陶。足内收较甚。上饰一周镂孔及数组细弦纹。足径16.2、残高3.4厘米（图一二六，6）。

陶豆　A型Ⅰ式，3件。内折口，弧腹盘较浅。标本T13③：24，泥质红陶。圆唇近尖，足残。素面。口径18.7、残高6.6厘米（图一二六，7；图版二八，3）。

A型Ⅱ式　4件。内折口，浅弧腹盘。标本T13③：1，泥质红陶。圆唇，足残。素面。口径16.7、残高4.4厘米（图一二六，8）。

陶豆足　E型，3件。细柄喇叭形高足，足沿外撇较甚。标本T13③：22，泥质灰红陶。素面。足径14.2、残高16.2厘米（图一二六，9；图版二八，4）。

27. T14第4层

该单位出土陶器包括鼎、甑、瓮、缸、钵、盘、豆、碗、杯、器盖等。共选标本75件，现介绍35件如下。

陶鼎　C型Ⅱ式，4件。折沿较甚，沿面外弧，溜肩，深鼓腹。标本T14④：71，夹砂红胎黑褐陶，器表光亮，内黑。圆唇，下腹及底、足残。口部素面，肩及上腹饰成组弦纹。口径19.7、残高8.0厘米（图一二七，1）。

E型Ⅱ式　5件。折沿较甚，沿面外弧，溜肩，曲腹，腹、底转折起棱。标本T14④：2，夹砂黑褐陶。器表粗糙，有较多黑斑，内壁不平。圆唇近尖，底、足残。口部素面，颈及上腹部依次饰篦点短线纹、圆窝纹及篦点勾连纹各一周，并以三组弦纹相隔，下腹素面。口径19.8、残高10.7厘米（图一二七，2；图版三〇，1）。

F型Ⅰ式　2件。仰折沿，沿面内凹，斜领，斜肩。标本T14④：54，夹砂羼炭红陶，局部黑色。圆唇，腹及底、足残。口部素面，领部饰弦纹及数组圆窝纹。口径17.8、残高6.8厘米（图一二七，3）。

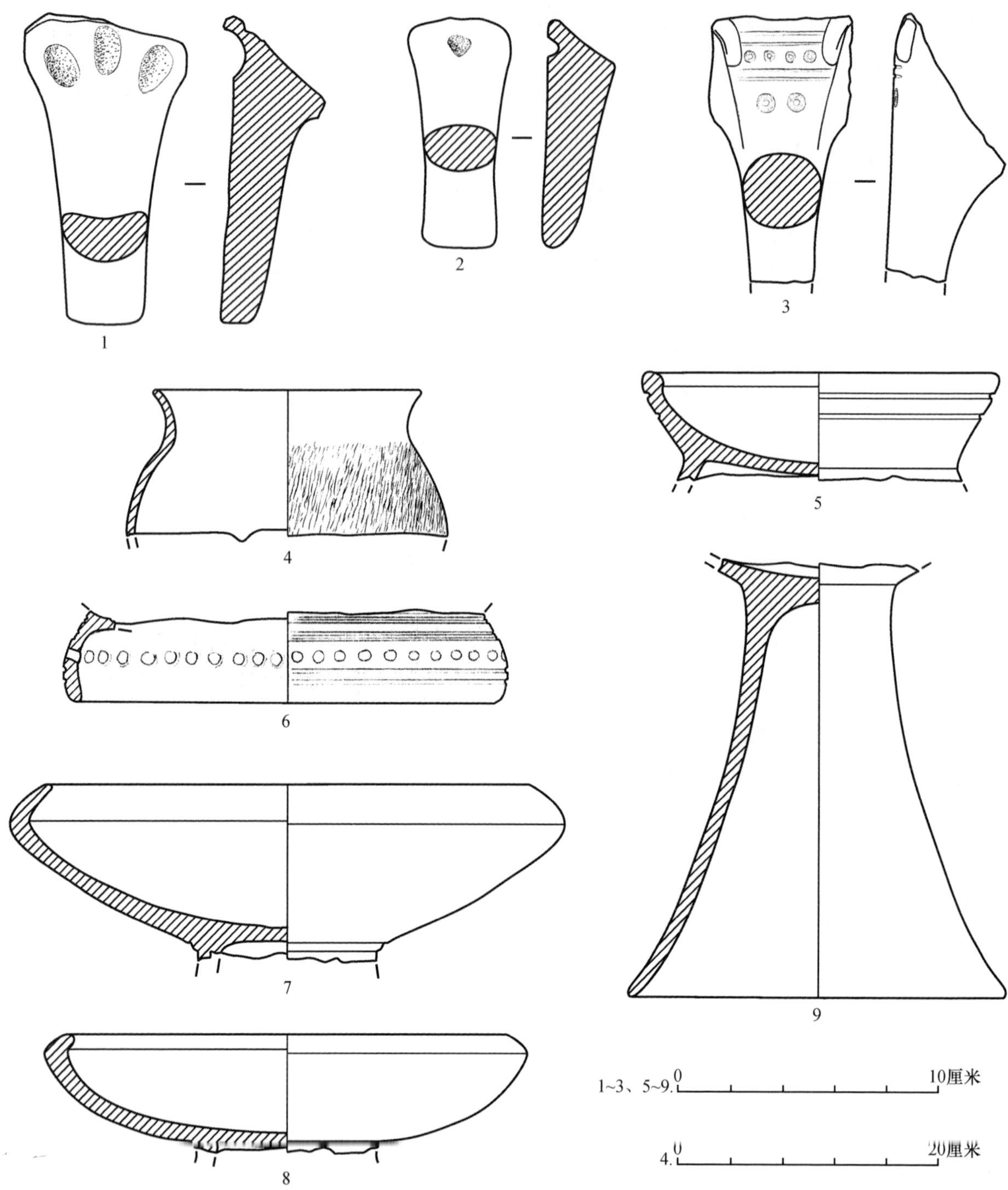

图一二六　T13③层出土陶器

1. A型鼎足（T13③：29）　2. B型鼎足（T13③：35）　3. D型鼎足（T13③：34）　4. E型Ⅱ式罐（T13③：26）　5. A型Ⅱ式盘（T13③：6）　6. B型盘足（T13③：9）　7. A型Ⅰ式豆（T13③：24）　8. A型Ⅱ式豆（T13③：1）　9. E型豆足（T13③：22）

陶鼎足　A型，5件。宽扁凹足，横截面略呈新月形。标本T14④：94，大型鼎足，夹砂羼炭褐陶。足上部饰3个按窝。长19.3厘米（图一二七，4；图版二八，5）。标本T14④：96，夹砂羼炭褐陶。正面微凹。足根部饰一排浅按窝及3个不规则长椭圆形深按窝，根部两侧各饰1个深按窝，因挤压外凸而呈牛鼻耳状。长14.4厘米（图一二七，5；图版二八，6）。

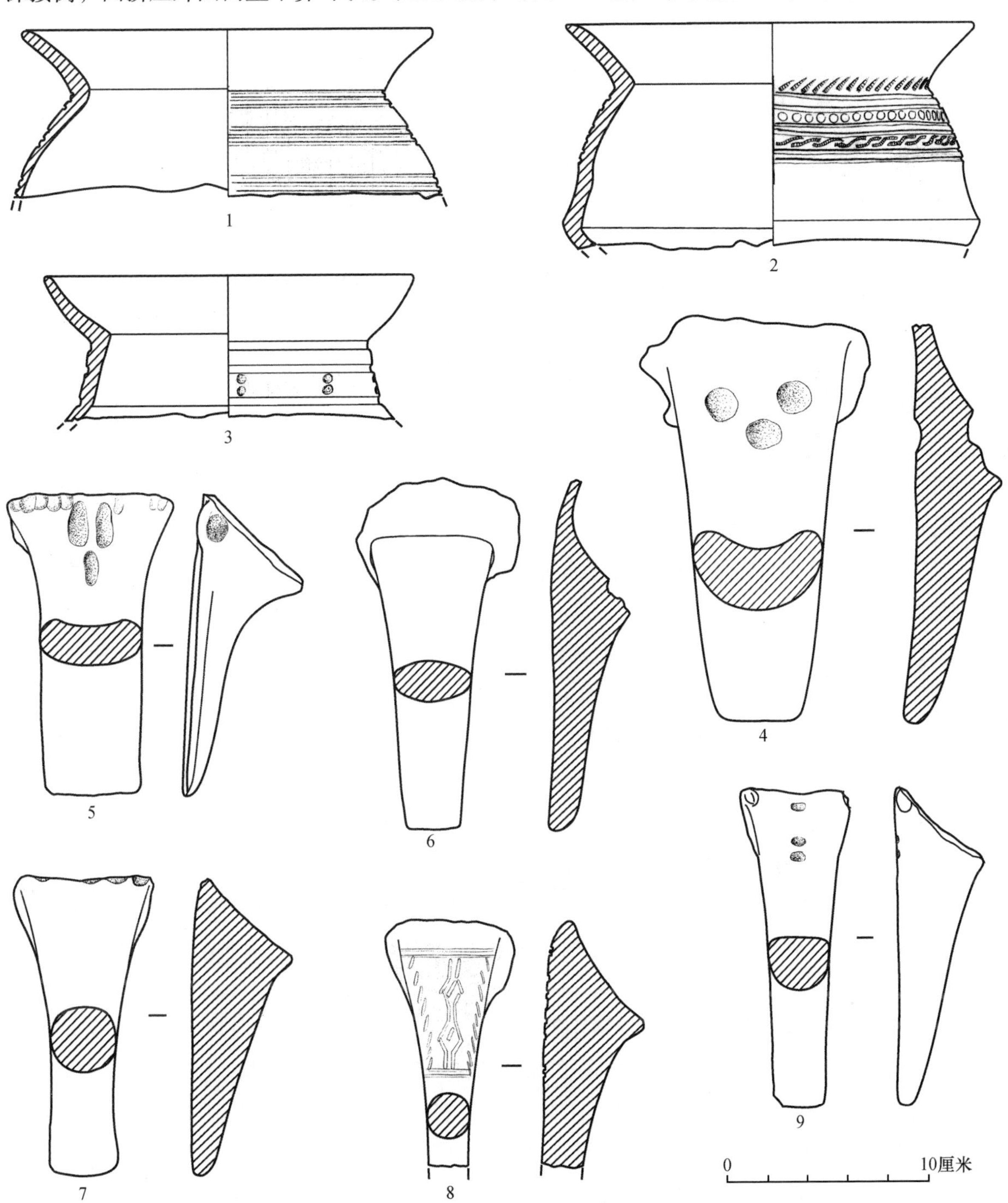

图一二七　T14④层出土陶器

1. C型Ⅱ式鼎（T14④：71）　2. E型Ⅱ式鼎（T14④：2）　3. F型Ⅰ式鼎（T14④：54）　4、5. A型鼎足（T14④：94、T14④：96）　6. B型鼎足（T14④：77）　7、8. D型鼎足（T14④：95、T14④：3）　9. E型鼎足（T14④：97）

B型　3件。宽扁足，横截面近扁椭圆形。标本T14④：77，夹砂红陶。素面。足长14.0厘米（图一二七，6；图版二九，1）。

D型　4件。圆柱形足，横截面近圆形。标本T14④：95，夹砂红陶。足根部残见一排浅按窝。长14.2厘米（图一二七，7）。标本T14④：3，夹砂红褐陶。足下部残断。足上部饰两组弦纹，其间饰短斜线纹及菱形几何纹。残长11.7厘米（图一二七，8；图版二九，2）。

E型　5件。凿形足，横截面近半圆形或三角形。标本T14④：97，夹砂红褐陶。横截面近半圆形。足上部饰一列凹窝纹，根部两角各饰一乳钉状泥突。长15.2厘米（图一二七，9）。标本T14④：80，夹砂红褐陶。横截面略呈三角形。足下部残断。足上部饰短斜线纹及浅凹窝纹组成的几何纹，两侧饰短斜线纹。残长12.1厘米（图一二八，1）。

G型　8件。弓背宽扁凹足，横截面略呈新月形。标本T14④：90，夹砂红褐陶。足上部纹饰脱落较甚，残见少量指甲状纹。长12.2厘米（图一二八，2）。标本T14④：100，夹砂羼炭褐陶。足上部饰一排浅按窝及3个长椭圆形按窝，根部两侧各饰1个深按窝，因挤压外凸而呈牛鼻耳状。长15.3厘米（图一二八，3；图版二九，3）。标本T14④：79，夹砂羼炭红褐陶。足下部残断。足上部饰一长椭圆形按窝，根部两侧各饰一深按窝。残长11.8厘米（图一二八，4）。

I型　4件。弓背扁凿形足，横截面近椭圆形。标本T14④：82，夹砂红褐陶。横截面呈不规则椭圆形。足上部饰弦纹及圆点纹。长10.2厘米（图一二八，5）。标本T14④：83，夹砂灰褐陶。横截面近椭圆形。足上部饰粗短线纹及弦纹。长11.8厘米（图一二八，6；图版二九，4）。

J型　3件。弓背圆柱足，横截面近圆形。标本T14④：88，夹砂红褐陶。足尖微外撇。素面。长10.8厘米（图一二八，7）。标本T14④：74，夹砂红褐陶。足尖微内收。素面。足长12.0厘米（图一二八，8；图版二九，5）。

L型　1件。宽扁薄矮足，横截面近长方形。标本T14④：89，夹砂灰褐陶。素面。足长4.5厘米（图一二八，9）。

M型　4件。矮足，横截面近圆形或长椭圆形。标本T14④：72，夹砂红褐陶。弓背圆锥形足，横截面近圆形。足上部饰一深按窝。长9.1厘米（图一二八，10；图版二九，6）。标本T14④：101，夹砂红褐陶。侧装扁足。横截面略呈长椭圆形。素面。长6.1厘米（图一二八，11）。

陶甑　A型Ⅰ式，2件。折沿，深腹微鼓。标本T14④：52，夹砂红褐陶。圆唇，圜底残。下腹饰成组箅孔，余素面。口径23.7、腹径20.4、残高9.2厘米（图一二九，1）。

陶瓮　A型，3件。敛口，深弧腹。标本T14④：57，泥质红陶，器表施红衣。敛口微侈，圜底残。素面。口径24.5、腹径31.2、残高12.0厘米（图一二九，2）。

B型　2件。内折口，浅斜腹，整器似锅。标本T14④：44，夹砂红陶，有较多烟黑斑。体形较大，口部略残。口、腹转折处外凸呈檐状，下腹及底残。上腹饰由横向和竖向凹槽组成的几何纹，二者错落有致。残口径56.8、残高12.4厘米（图一二九，3；彩版二九，1；图版三

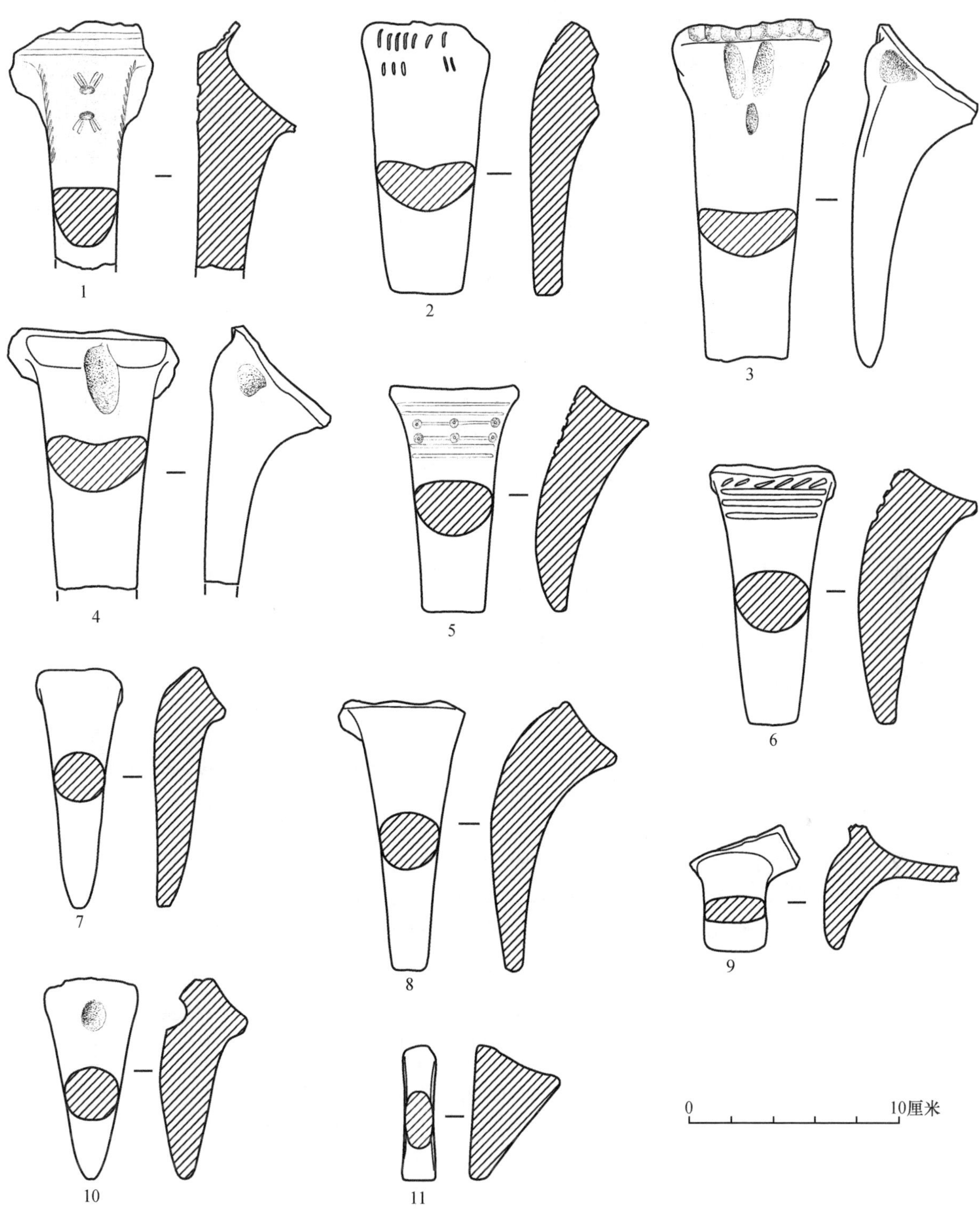

图一二八　T14④层出土陶器

1. E型鼎足（T14④：80）　2～4. G型鼎足（T14④：90、T14④：100、T14④：79）　5、6. I型鼎足（T14④：82、T14④：83）　7、8. J型鼎足（T14④：88、T14④：74）　9. L型鼎足（T14④：89）　10、11. M型鼎足（T14④：72、T14④：101）

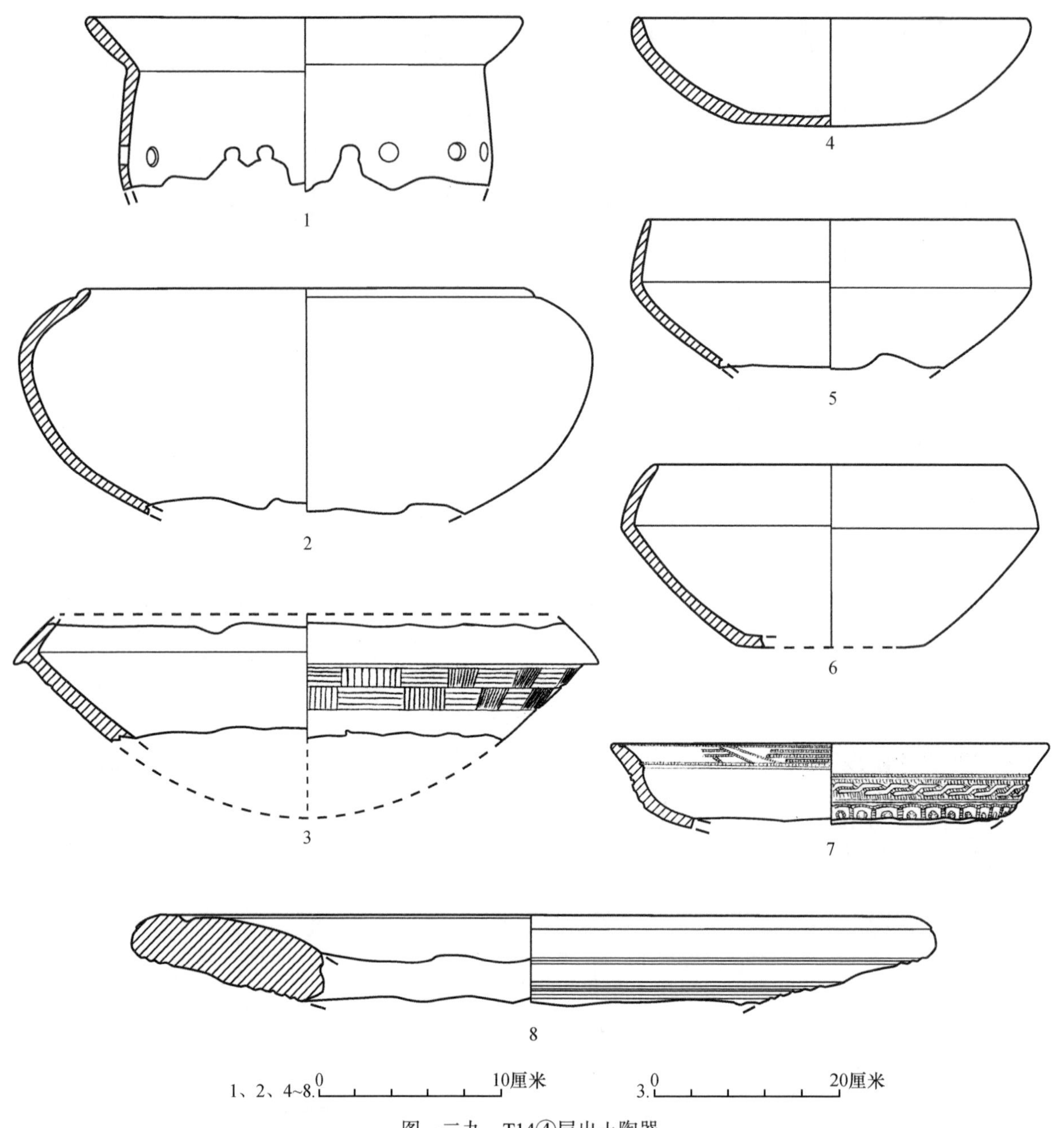

图一二九　T14④层出土陶器

1. A型Ⅰ式甑（T14④：52）　2. A型瓮（T14④：57）　3. B型瓮（T14④：44）　4. A型Ⅰ式钵（T14④：70）　5、6. B型Ⅰ式钵（T14④：1、T14④：69）　7. D型钵（T14④：30）　8. G型缸（T14④：11）

○，2）。

陶钵　A型Ⅰ式，2件。敛口，浅弧腹，平底。标本T14④：70，泥质深红陶。厚胎。圆唇，口微敛。素面。口径21.8、底径10.2、高5.8厘米（图一二九，4）。

B型Ⅰ式　3件。内折口，深斜腹，平底。标本T14④：1，泥质灰陶。胎较薄。尖唇，平底残。素面。口径19.9、残高8.0厘米（图一二九，5）。标本T14④：69，泥质灰陶。尖唇，平底残。素面。口径19.2、残高9.0厘米（图一二九，6）。

D型　1件。敞口，浅弧腹。标本T14④：30，泥质灰白陶，内灰。圆唇，口微外折，圜底残。口内饰篦点几何纹，腹部饰篦点横带纹、勾连纹及带窝盾形组合纹。口径23.8、残高4.4厘米（图一二九，7）。

陶缸　G型，3件。标本T14④：11，夹粗砂红陶。胎厚，质重。仅存口部。口外饰多道宽凹弦纹。口径44.2、残高4.6厘米（图一二九，8）。

陶豆　A型Ⅱ式，2件。内折口，浅弧腹盘。标本T14④：6，泥质红陶，器表有酱黑斑。厚圆唇，窄口微内折足残。素面。口径18.7、残高6.0厘米（图一三〇，1；图版三〇，3）。

陶豆足　A型，2件。台式足，足沿外撇。标本T14④：20，泥质红陶，偏黄。上饰大型镂孔、圆窝纹、长椭圆形纹及篦点纹。足径14.8、残高5.3厘米（图一三〇，2）。

G型　1件。折壁矮足，足沿外撇。标本T14④：8，泥质灰胎黑陶。足中部饰成组圆窝纹，余素面。足径13.2、残高5.8厘米（图一三〇，3）。

陶盘足　B型，1件。矮圈足。标本T14④：60，泥质灰陶。足微内收。素面。足径15.9、残高4.4厘米（图一三〇，4）。

陶碗足　1件。标本T14④：63，泥质红陶，内黑。矮圈足外撇较甚。素面。足径8.5、残高1.8厘米（图一三〇，5）。

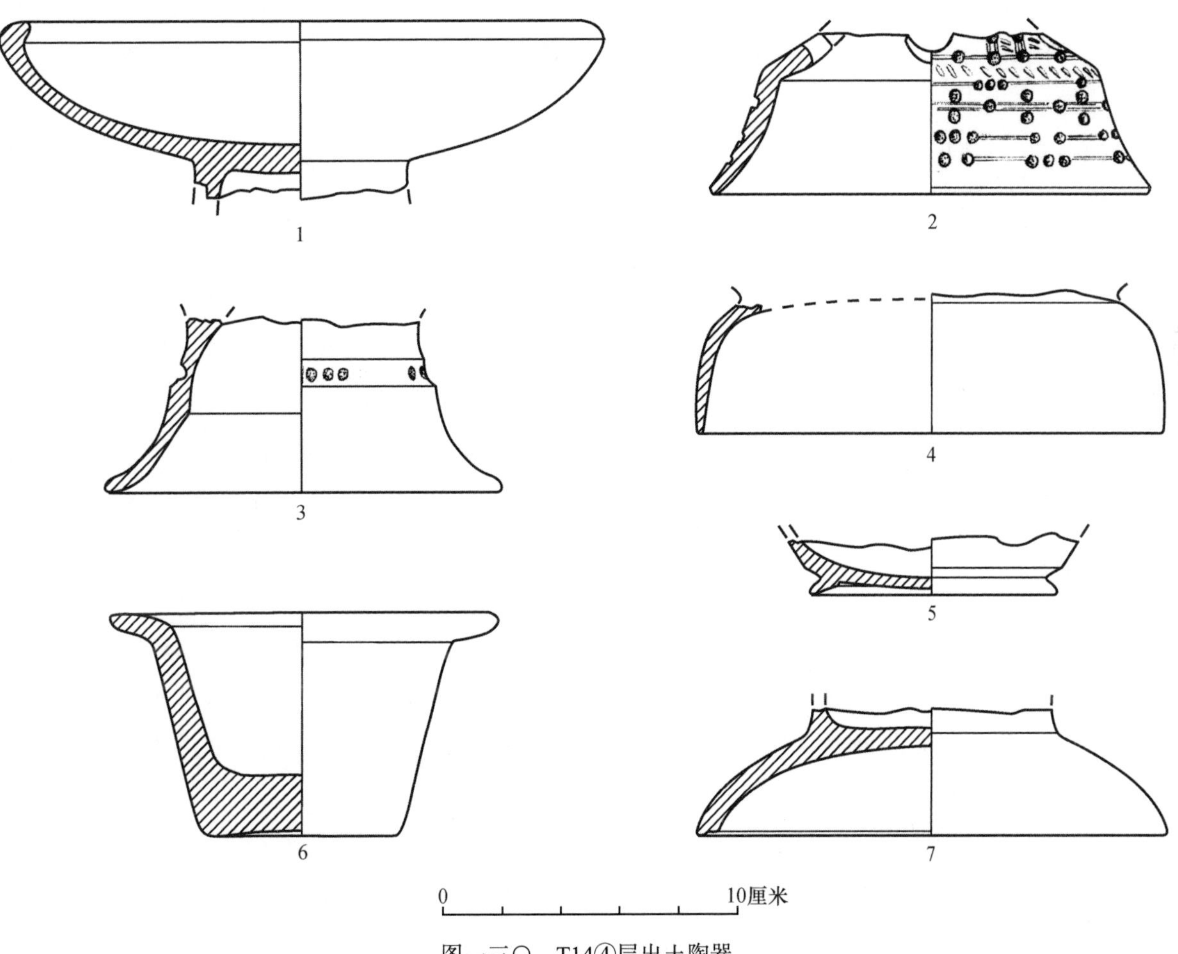

图一三〇　T14④层出土陶器

1. A型Ⅱ式豆（T14④：6）　2. A型豆足（T14④：20）　3. G型豆足（T14④：8）　4. B型盘足（T14④：60）　5. 碗足（T14④：63）　6. A型Ⅱ式杯（T14④：48）　7. C型器盖（T14④：49）

陶杯　A型Ⅱ式，2件。折沿，浅斜直腹，平底。标本T14④：48，夹砂灰褐陶，内灰黑。胎厚，器表粗糙，内壁凹凸不平。圆唇，折沿微外卷，平底微内凹。素面。口径13.1、底径6.4、高7.3厘米（图一三〇，6；图版三〇，4）。

陶器盖　C型，2件。盖沿微内敛，弧腹盖。标本T14④：49，泥质红陶，器表有酱黑斑。圈足式纽残。素面。盖径15.8、残高4.1厘米（图一三〇，7；图版三〇，5）。

28. T14第3层

该单位出土陶器包括鼎、罐、豆等。共选标本20件，现介绍8件如下。

陶罐　E型Ⅱ式，2件。大口，卷沿较甚，束颈，鼓腹。标本T14③：20，夹砂黄褐陶。体形较大。圆唇，下腹及底残。口部素面，颈以下饰绳纹。口径35.4、残高12.6厘米（图一三一，1）。

F型Ⅰ式　1件。大口，窄折沿微内凹，斜领内收较甚，圆肩。标本T14③：2，夹砂羼炭红陶，偏黄。质轻。圆唇，腹及底残。素面。口径16.2、残高7.0厘米（图一三一，2）。

陶豆　D型，7件。敛口，深弧腹盘。标本T14③：16，泥质红陶，器表施红衣，内壁呈黑色。圆唇，底、足残。素面。口径17.6、残高7.7厘米（图一三一，3）。标本T14③：12，泥质灰红陶，偏黄，内黑。圆唇，足残。素面。口径18.9、残高9.4厘米（图一三一，4；图版三〇，6）。

陶豆足　A型，2件。台式足，足沿外撇。标本T14③：3，夹砂羼炭褐陶，器表施薄层黑衣，内红褐色。素面。足径18.3、残高7.1厘米（图一三一，5）。

G型　3件。折壁矮足，足沿外撇。标本T14③：15，泥质红陶。素面。足径10.9、残高5.8厘米（图一三一，6）。

陶鼎足　A型，2件。宽扁凹足，横截面略呈新月形。标本T14③：25，夹砂羼炭红陶。足下部残断。足上部及根部两侧饰不规则形按窝。残长12.4厘米（图一三一，7）。

J型　3件。弓背圆柱形足，横截面近圆形。标本T14③：27，夹砂红陶。足下部残断。足上部饰两组弦纹及圆窝纹，根部两角各饰一乳钉状泥突。残长8.4厘米（图一三一，8）。

29. T15第4层

该单位出土陶器包括鼎、釜、甑、盘、豆、器座等。共选标本27件，现介绍15件如下。

陶鼎足　C型，2件。扁凿形足，横截面近长方形。标本T15④：33，夹砂灰褐陶。足较宽扁，下部残断。足上部饰篦点短线纹、横带纹、勾连纹及垂帘纹。残长8.3厘米（图一三二，1；图版三一，1）。

D型　3件。圆柱形足，横截面近圆形。标本T15④：34，夹砂灰褐陶。大型锥形足。体形较大，足尖部残断。足上部饰弦纹、圆窝纹、短线纹及菱形几何纹。残长11.7厘米（图一三二，2；图版三一，2）。

E型　2件。凿形足，横截面近三角形。标本T15④：24，夹砂红褐陶。足上部饰浅按窝。长10.7厘米（图一三二，3；图版三一，3）。

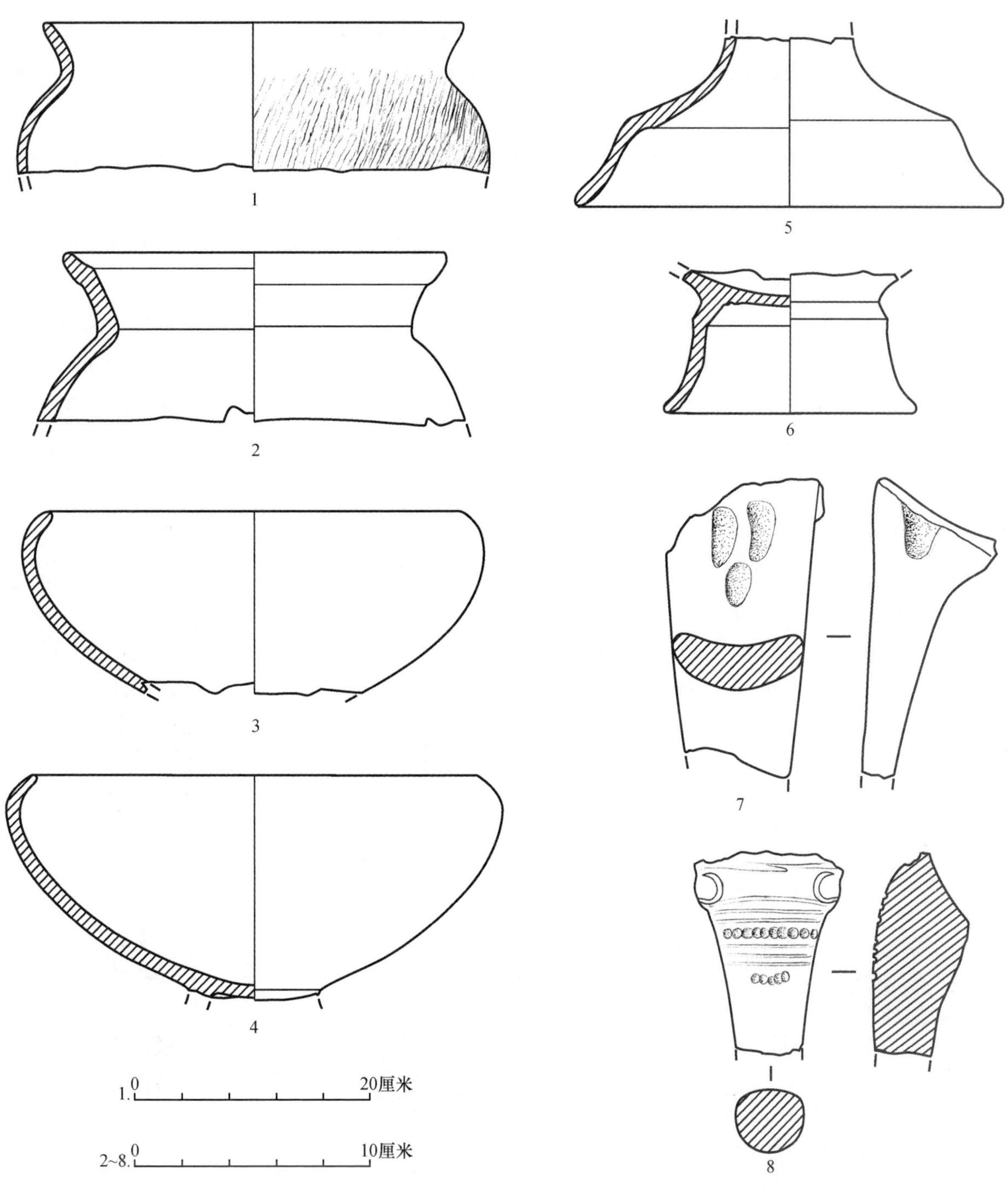

图一三一　T14③层出土陶器

1. E型Ⅱ式罐（T14③：20）　2. F型Ⅰ式罐（T14③：2）　3、4. D型豆（T14③：16、T14③：12）　5. A型豆足（T14③：3）　6. G型豆足（T14③：15）　7. A型鼎足（T14③：25）　8. J型鼎足（T14③：27）

I型　1件。弓背扁凿形足，横截面略呈半椭圆形。标本T15④：19，夹砂灰褐陶。足较宽扁，下部残断。足上部饰短竖线纹、弦纹、勾连纹及垂帘形纹。残长7.4厘米（图一三二，4；图版三一，4）。

J型　3件。弓背圆柱形足，横截面近圆形。标本T15④：2，夹砂红褐陶。足上部及根部两侧饰按窝。长13.1厘米（图一三二，7）。

K型　1件。弓背凿形足，横截面呈不规则半圆形。标本T15④：25，夹砂红褐陶。足下部残断。足上部戳印3个深圆窝纹，根部两角各饰一个粗大乳钉状泥突。残长8.6厘米（图一三二，5；图版三一，5）。

M型　1件。弓背矮锥形足，横截面近圆形。标本T15④：26，夹砂红褐陶。足上部饰一深按窝。长10.0厘米（图一三二，6）。

陶釜　B型Ⅰ式，2件。折沿，沿面斜直，溜肩，深鼓腹。标本T15④：3，夹砂红褐陶。圆唇，下腹及底残。素面。口径17.8、残高9.4厘米（图一三三，1）。

陶甑　A型Ⅱ式，2件。折沿，鼓腹略浅。标本T15④：6，夹砂红褐陶。质轻。圆唇，下腹及底残。腹部有粗箅孔，余素面。口径21.7、腹径20.0、残高7.1厘米（图一三三，2）。

陶盘　A型Ⅱ式，4件。弧腹盘略浅。标本T15④：11，泥质红陶。厚圆唇，口微敛，底、足残。盘腹饰篦点横带纹及水波纹。口径19.8、残高3.5厘米（图一三三，3）。标本

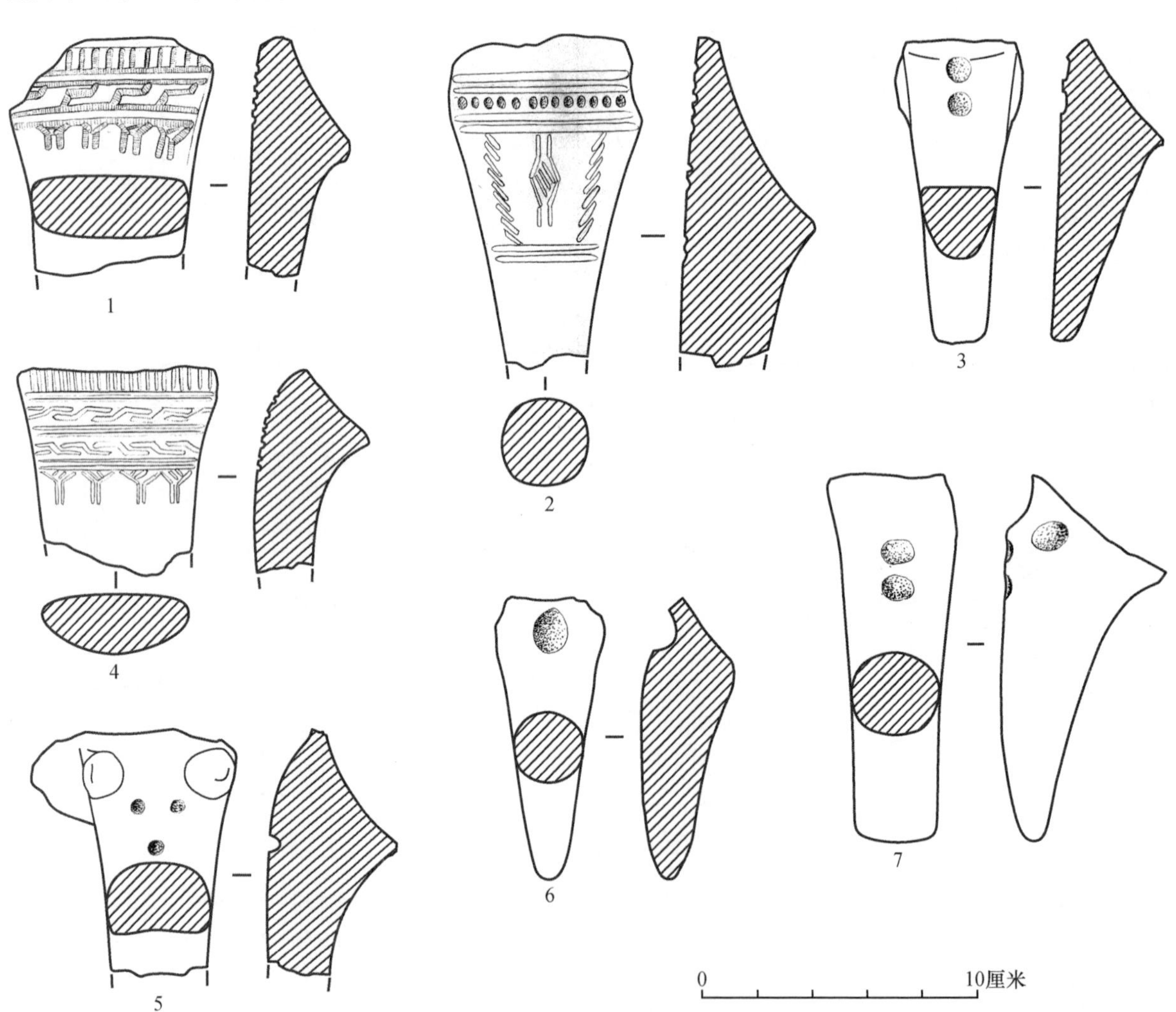

图一三二　T15④层出土陶器

1. C型鼎足（T15④：33）　2. D型鼎足（T15④：34）　3. E型鼎足（T15④：24）　4. I型鼎足（T15④：19）　5. K型鼎足（T15④：25）　6. M型鼎足（T15④：26）　7. J型鼎足（T15④：2）

T15④：10，泥质红陶。体小，胎厚。圆唇，口微敞，足残。盘腹饰篦点横带纹。口径9.8、残高3.5厘米（图一三三，5）。

陶豆 A型Ⅰ式，3件。内折口，弧腹盘较浅。标本T15④：4，泥质浅红陶。圆唇，足残。素面。口径21.7、残高6.3厘米（图一三三，4；彩版二九，2；图版三一，6）。

陶豆足 D型，1件。喇叭形高足，足沿外撇较甚。标本T15④：7，泥质白陶。残片。上饰篦点纹及成列的圆圈纹，后者间以圆形或菱形镂孔。复原足径16.3、残高3.6厘米（图一三三，6）。

陶豆柄 1件。标本T15④：5，泥质红陶。腰鼓形高柄。上部饰4个大型镂孔及四组以细篦点纹相连的圆窝纹，中部残见三周圆窝纹。残高9.8厘米（图一三三，8）。

陶器座 A型，1件。筒形腹。标本T15④：9，泥质红陶。残片。座底平折，座身微鼓。饰粗弦纹及菱形镂孔。复原底径25.8、残高8.7厘米（图一三三，7）。

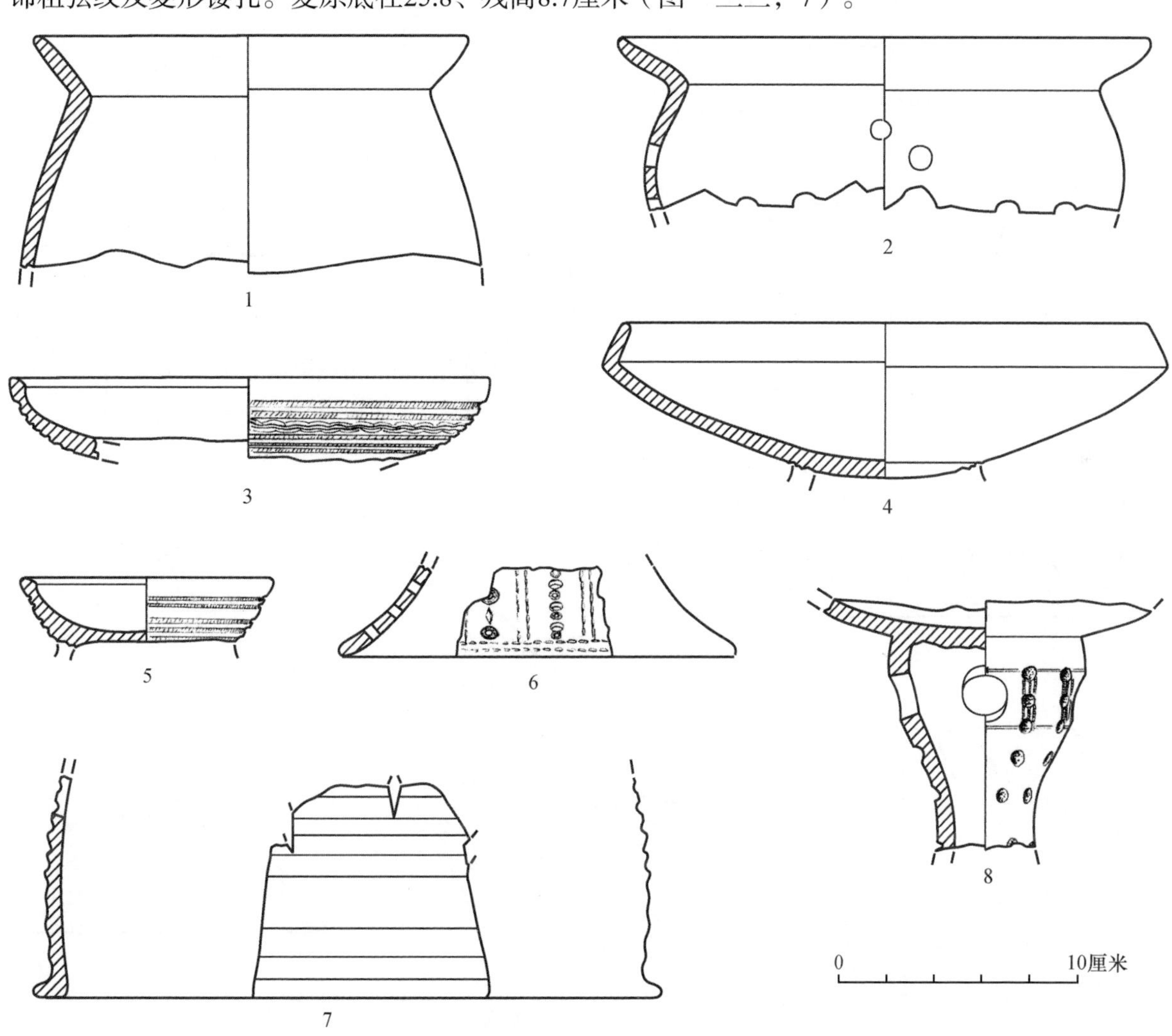

图一三三 T15④层出土陶器

1. B型Ⅰ式釜（T15④：3） 2. A型Ⅱ式甑（T15④：6） 3、5. A型Ⅱ式盘（T15④：11、T15④：10） 4. A型Ⅰ式豆（T15④：4） 6. D型豆足（T15④：7） 7. A型器座（T15④：9） 8. 豆柄（T15④：5）

30. T15第3层

该单位出土陶器包括鼎、釜、罐、盘、器盖等。共选标本20件，现介绍9件如下。

陶釜　B型Ⅱ式，2件。折沿，圆肩，鼓腹较浅。标本T15③：6，夹砂灰褐陶，器表施红衣。圆唇，窄折沿，腹及底残。素面。口径13.9、残高4.2厘米（图一三四，1）。

陶罐　B型，1件。小口，卷沿，广肩，扁鼓腹。标本T15③：21，夹砂羼炭褐陶。质轻。圆唇，下腹及底残。素面。口径19.7、残高11.0厘米（图一三四，2）。

E型Ⅱ式，3件。大口，卷沿较甚，束颈，鼓腹。标本T15③：8，夹砂灰褐陶。圆唇，下腹及底残。器表隐约可见绳纹痕迹。口径19.8、腹径24.8、残高14.1厘米（图一三四，3）。

陶盘　C型，2件。敛口，浅弧腹盘。标本T15③：13，泥质灰红陶，偏黄，内黑。尖唇，

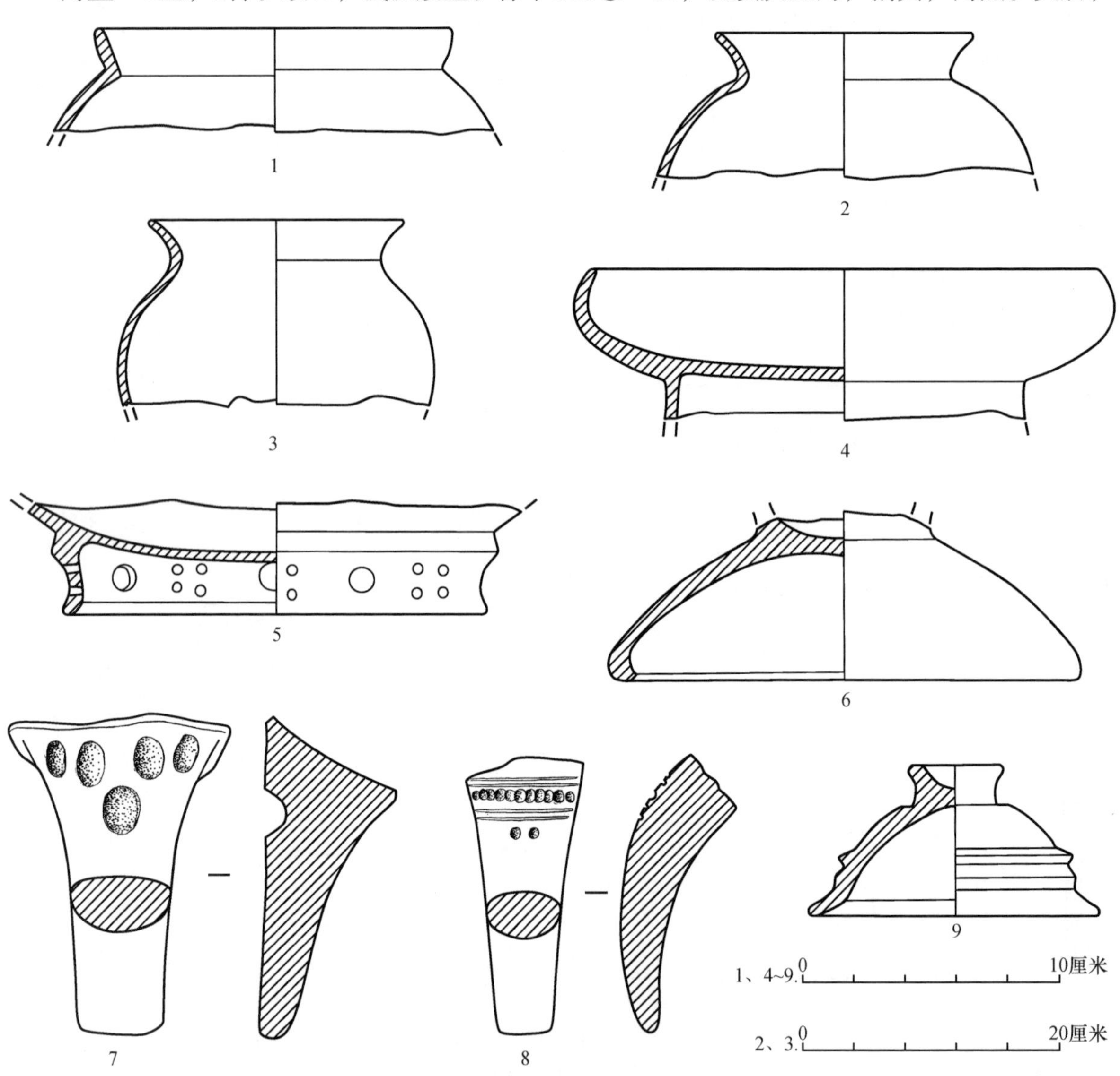

图一三四　T15③层出土陶器

1. B型Ⅱ式釜（T15③：6）　2. B型罐（T15③：21）　3. E型Ⅱ式罐（T15③：8）　4. C型盘（T15③：13）　5. B型盘足（T15③：14）　6. C型器盖（T15③：15）　7. B型鼎足（T15③：23）　8. I型鼎足（T15③：22）　9. A型器盖（T15③：25）

足残。素面。口径19.5、残高5.8厘米（图一三四，4；图版三二，1）。

陶盘足 B型，2件。折壁矮圈足。标本T15③：14，泥质深红陶。上饰6组小镂孔，并间以6个大镂孔。足径16.6、残高4.3厘米（图一三四，5）。

陶器盖 A型，1件。盖沿外折，深弧腹盖。标本T15③：25，夹砂灰褐陶。体小。厚胎。圈足式纽。盖身饰一周附加堆纹及一道凸棱，余素面。纽径3.4、盖径11.2、通高5.8厘米（图一三四，9；图版三二，2）。

C型 2件。盖沿内敛，弧腹盖。标本T15③：15，夹砂黑褐陶。圈足式纽残。素面。口径18.4、残高6.3厘米（图一三四，6）。

陶鼎足 B型，4件。宽扁足，横截面略呈扁椭圆形。标本T15③：23，夹砂红褐陶。足上部饰深按窝。长11.8厘米（图一三四，7；图版三二，3）。

I型 3件。弓背扁凿形足，横截面略呈长椭圆形。标本T15③：22，夹砂红褐陶。足上部饰弦纹及圆窝纹。长10.5厘米（图一三四，8）。

31. T16第4层

该单位出土陶器包括鼎、罐、钵、盘、豆、碗、器盖及鋬耳等。共选标本93件，现介绍42件如下。

陶鼎 A型Ⅱ式，1件。口微侈，仰折沿，沿面内凹呈盘口状，溜肩。标本T16④：1，夹砂灰褐陶。圆唇，腹及底、足残。素面。口径15.9、残高7.1厘米（图一三五，1）。

B型Ⅰ式 2件。宽仰折沿似矮领，沿面微内凹，圆肩。标本T16④：3，夹砂红褐陶。尖唇，腹及底、足残。口外戳印两周指甲纹，肩部饰不规则长椭圆形纹及弦纹。口径18.8、残高6.0厘米（图一三五，2）。

B型Ⅱ式 3件。折沿较甚，沿面外弧，圆肩。标本T16④：47，夹砂红褐陶，器表残酱黑衣，光亮。圆唇，腹及底、足残。口外素面，肩部饰成组细弦纹。口径21.5、残高6.4厘米（图一三五，5）。

E型Ⅰ式 1件。折沿，沿面斜直，折肩。标本T16④：60，残片未修复。夹砂红褐陶，有较多烟黑斑，内黑褐色。圆唇，口外侈，仰折沿，颈部附一对桥形耳，腹及底、足残。口部戳印三周长椭圆形纹，肩下残见细弦纹，耳面压印齿状凹槽。复原口径17.5、残高6.6厘米（图一三五，3；图版三二，4）。

H型 2件。唇沿外翻，卷沿，束颈，鼓腹。标本T16④：71，夹砂羼炭红陶，器表施深红衣。方唇外侈起凸棱，下腹及底残。素面。口径17.0、腹径28.8、残高13.4厘米（图一三五，4；图版三二，5）。

陶鼎足 A型，2件。宽扁凹足，横截面略呈带凹槽新月形。标本T16④：104，夹砂红褐陶。足下部残断。足上部饰宽弦纹，中央饰一纵向凹槽。残长9.3厘米（图一三六，1；图版三二，6）。

B型 2件。宽扁足，横截面呈扁椭圆形。标本T16④：34，夹砂红褐陶。素面。长12.3厘米（图一三六，2；图版三三，1）。

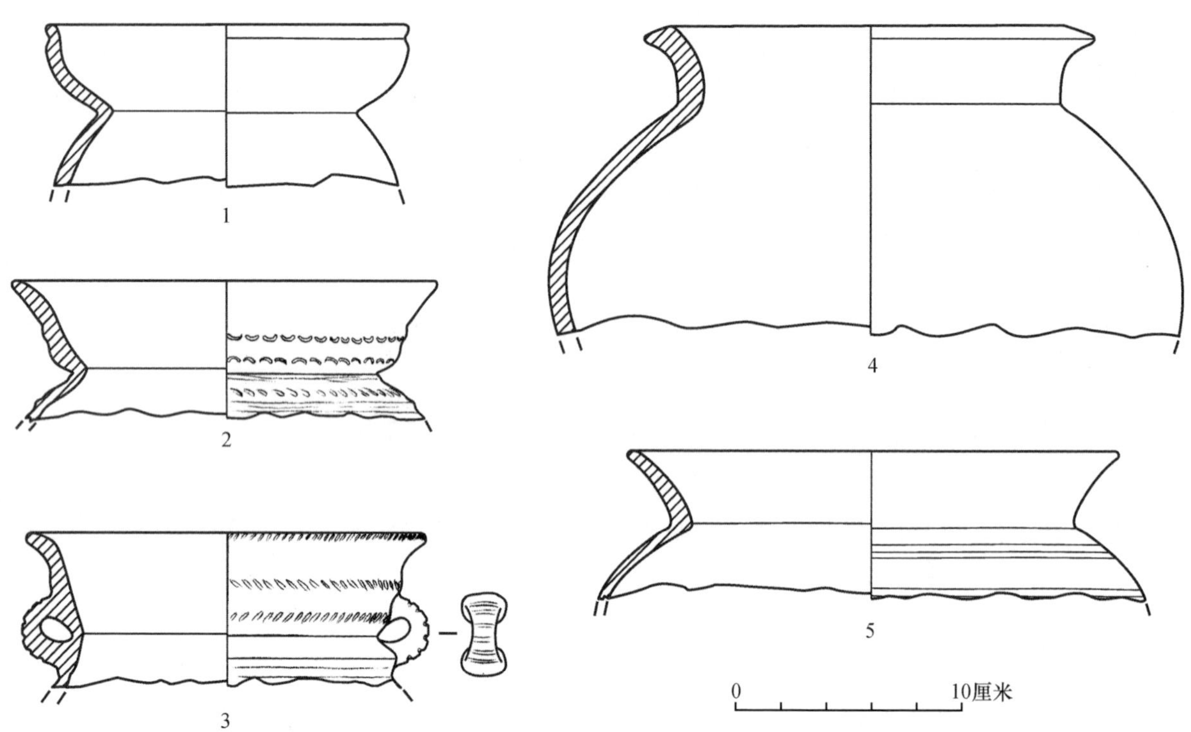

图一三五　T16④层出土陶器

1. A型Ⅱ式鼎（T16④：1）　2. B型Ⅰ式鼎（T16④：3）　3. E型Ⅰ式鼎（T16④：60）　4. H型鼎（T16④：71）　5. B型Ⅱ式鼎（T16④：47）

E型　3件。凿形足，横截面略呈三角形。标本T16④：89，夹砂红褐陶。足上部饰两组凹窝纹，根部两角各饰一乳钉状泥突。长12.9厘米（图一三六，3；图版三三，2）。

G型　3件。弓背宽扁凹足，横截面略呈带凹槽新月形。标本T16④：33，夹砂羼炭褐陶。足较扁薄。足上部饰折线纹，中央饰一道纵向凹槽。长15.1厘米（图一三六，4；图版三三，3）。

H型　5件。弓背宽扁足，横截面近长方形或扁椭圆形。标本T16④：101，夹砂羼炭褐陶。足尖略残。足较扁薄，横截面近长方形。足根部饰三排密集按窝。长15.3厘米（图一三六，5；图版三三，4）。标本T16④：100，夹砂羼炭褐陶。足尖一侧略残。横截面近扁椭圆形。足上部饰大小不一、形状不规则的按窝，根部两侧各饰一深按窝，因挤压外凸而呈牛鼻耳状。长13.8厘米（图一三六，6；图版三三，5）。

I型　2件。弓背扁凿形足，横截面略呈椭圆形。标本T16④：88，夹砂红陶。足尖内收较甚。足上部饰两组浅凹窝纹。长11.3厘米（图一三六，7；图版三三，6）。

L型　1件。宽扁薄矮足，横截面近长方形。标本T16④：80，夹砂黑褐陶。足上部及根部两侧饰长椭圆形按窝。长6.0厘米（图一三六，8；图版三四，1）。

M型　3件。弓背柱状矮足，横截面略呈圆形。标本T16④：99，夹砂红褐陶。足根部两侧各饰一深按窝。长8.1厘米（图一三六，9；图版三四，2）。

陶罐　B型，2件。小口，卷沿，广肩。标本T16④：22，夹砂灰褐陶，施红衣。圆唇，腹及底残。素面。口径15.4、残高5.6厘米（图一三七，1）。

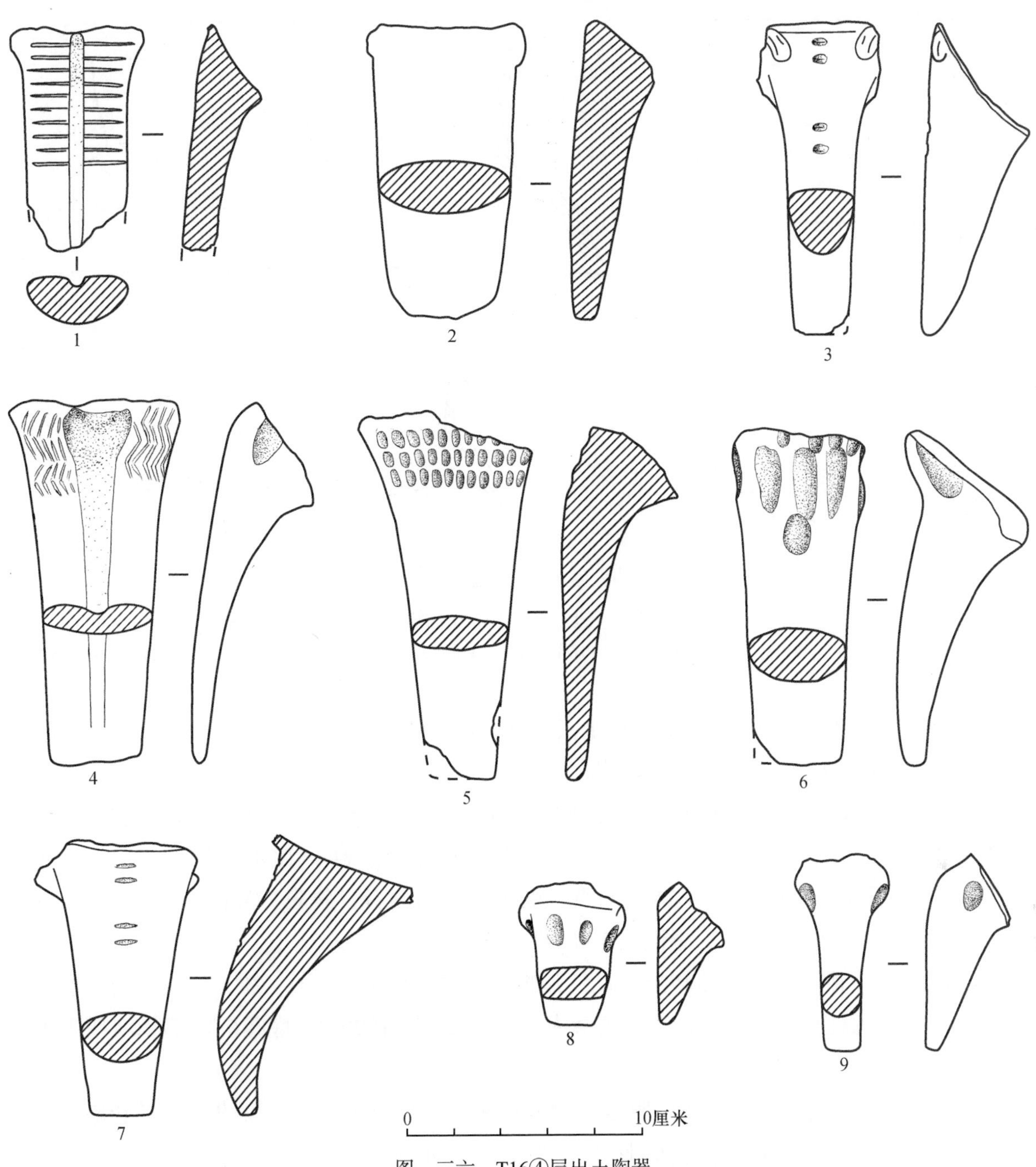

图一三六 T16④层出土陶器

1. A型鼎足（T16④：104） 2. B型鼎足（T16④：34） 3. E型鼎足（T16④：89） 4. G型鼎足（T16④：33） 5、6. H型鼎足（T16④：101、T16④：100） 7. I型鼎足（T16④：88） 8. L型鼎足（T16④：80） 9. M型鼎足（T16④：99）

C型 6件。小直口，圆肩。标本T16④：5，夹砂红陶。尖唇，腹及底残。素面。口径13.6、残高6.6厘米（图一三七，2）。标本T16④：58，夹砂红陶。圆唇，腹及底残。素面。口径14.4、残高4.4厘米（图一三七，3）。

F型Ⅰ式 2件。大口，窄折沿微内凹，斜领内收较甚，圆肩，鼓腹。标本T16④：16，夹砂羼炭红陶。形体较大。圆唇，下腹及底残。肩下饰一道凸棱，余素面。口径26.3、残高13.6厘米（图一三七，4）。

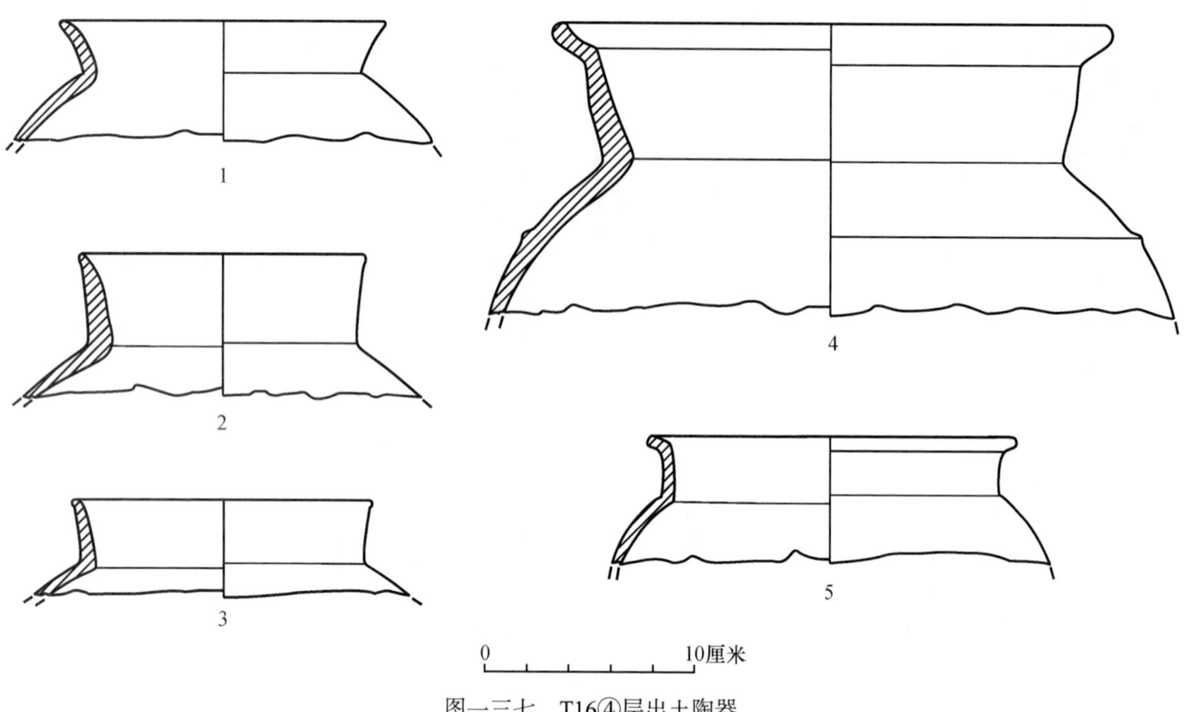

图一三七　T16④层出土陶器

1. B型罐（T16④：22）　2、3. C型罐（T16④：5、T16④：58）　4. F型Ⅰ式罐（T16④：16）　5. F型Ⅱ式罐（T16④：8）

F型Ⅱ式，2件。大口，窄卷沿，直领，圆肩。标本T16④：8，夹砂羼炭褐陶。圆唇，腹及底残。素面。口径17.5、残高6.1厘米（图一三七，5）。

陶钵　B型Ⅰ式，5件。内折口，深弧腹或斜腹，平底。标本T16④：17，泥质灰红陶，器表有酱黑斑。方唇内削，弧腹。素面。口径17.2、底径7.5、高8.4厘米（图一三八，1；图版三四，3）。标本T16④：61，泥质深红陶。方唇，口微内折，斜腹。素面。口径18.8、底径8.7、高7.9厘米（图一三八，2；图版三四，4）。

C型　1件。敞口，口、腹转折明显，弧腹，平底。标本T16④：28，泥质红陶，器表有较多酱黑斑，内红灰色。圆唇，小平底微内凹。素面。口径22.9、底径6.0、高10.1厘米（图一三八，3；图版三四，5）。

陶盘　B型，2件。敞口，浅弧腹盘。标本T16④：72，泥质红陶，偏灰黄。胎较厚。厚圆唇，足残。素面。口径21.2、残高5.0厘米（图一三八，4）。

C型　1件。敛口，浅弧腹盘。标本T16④：13，泥质黑陶。胎较厚。圆唇，底、足残。素面。口径19.5、残高5.6厘米（图一三八，5）。

陶盘足　B型，3件。矮圈足。标本T16④：23，泥质灰陶。矮圈足外撇。足中部有一道凸棱，并饰成组未穿透器壁的小圆孔。足径17.8、残高4.1厘米（图一三八，6）。标本T16④：76，泥质白陶。足上部残，足下部内收。其上饰数周篦点纹及菱形纹。足径19.5、残高3.0厘米（图一三八，7）。

陶豆　A型Ⅱ式，4件。内折口，浅弧腹盘。标本T16④：10，泥质红陶。尖唇，足残。素面。口径19.1、残高5.0厘米（图一三九，1）。

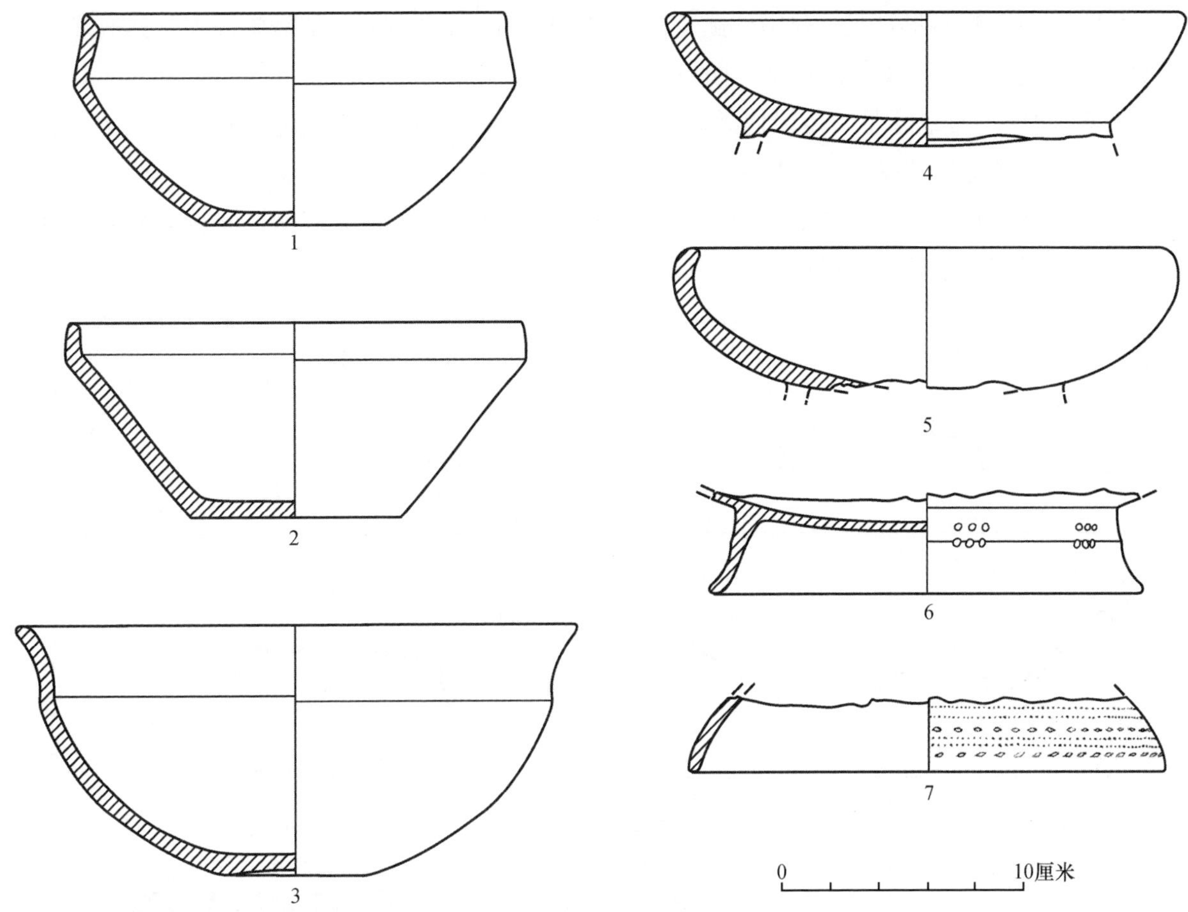

图一三八 T16④层出土陶器

1、2. B型Ⅰ式钵（T16④：17、T16④：61） 3. C型钵（T16④：28） 4. B型盘（T16④：72） 5. C型盘（T16④：13）
6、7. B型盘足（T16④：23、T16④：76）

B型Ⅰ式 7件。口微内折，口外内凹，深弧腹盘。标本T16④：7，泥质灰陶，内壁呈灰黑色。圆唇，底、足残。素面。口径18.8、残高5.7厘米（图一三九，2）。标本T16④：66，泥质灰陶，局部黑色。圆唇，底、足残。口外饰浅细弦纹，余素面。口径19.3、残高7.0厘米（图一三九，3；图版三四，6）。

B型Ⅱ式 2件。口内折较甚，折棱明显，深弧腹盘。标本T16④：18，泥质红陶，内壁灰白色。圆唇，底及足残。素面。口径20.8、残高6.6厘米（图一三九，4）。

D型 2件。敛口，深弧腹盘。标本T16④：15，泥质红陶，器表施红衣，内壁近口部灰白色，近底部灰黑色。圆唇，底及足残。素面。口径20.1、残高7.0厘米（图一三九，5）。

陶豆足 A型，4件。台式足，足沿外撇。标本T16④：19，夹砂羼炭红陶，红衣脱落。足沿外撇较甚，呈喇叭形。素面。足径19.4、残高7.2厘米（图一三九，6）。标本T16④：49，泥质黑陶。薄胎。足沿微外折。其上残见成列小镂孔。足径17.2、残高4.6厘米（图一三九，7）。

B型 3件。台式足，足沿内敛。标本T16④：20，泥质红陶，器表施红衣。薄胎。足壁内凹较甚。其上饰不同方向戳印的指甲纹。足径14.1、残高3.2厘米（图一三九，8）。

F型　1件。喇叭形矮足，足沿外撇。标本T16④：6，泥质红陶，器表施红衣。其上残见一周宽弦纹。足径14.8、残高4.0厘米（图一三九，9）。

H型　2件。曲壁矮足，足沿内敛。标本T16④：14，泥质红陶。上饰锥形篦点纹及小镂孔，后者部分未穿透器壁。足径14.3、残高3.1厘米（图一三九，10）。

陶碗　B型Ⅰ式，3件。折沿，弧腹较深。标本T16④：12，泥质灰陶，器表有黑斑。圆唇近尖，底、足残。素面。口径16.3、残高6.0厘米（图一四〇，1）。

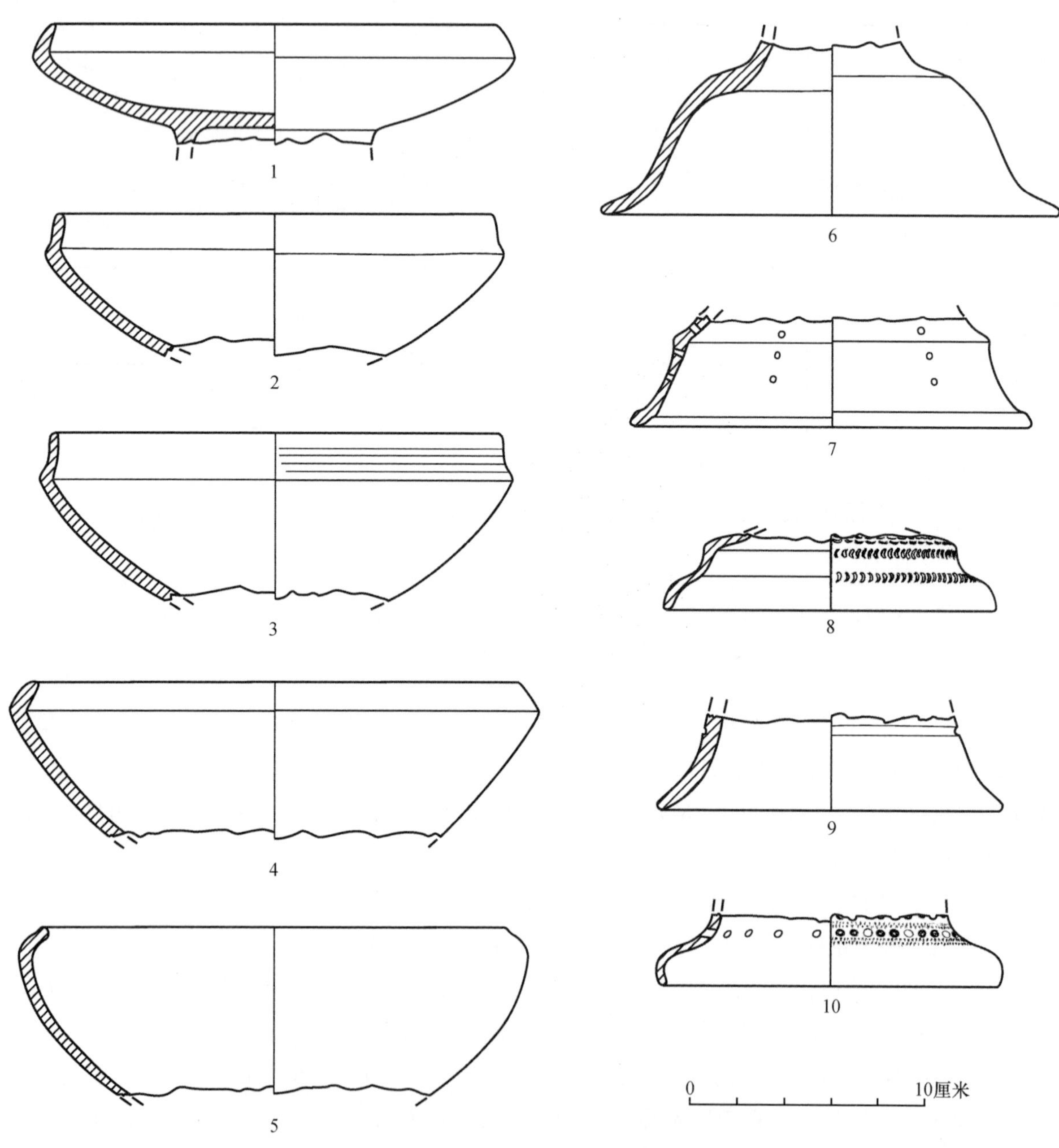

图一三九　T16④层出土陶器

1. A型Ⅱ式豆（T16④：10）　2、3. B型Ⅰ式豆（T16④：7、T16④：66）　4. B型Ⅱ式豆（T16④：18）　5. D型豆（T16④：15）　6、7. A型豆足（T16④：19、T16④：49）　8. B型豆足（T16④：20）　9. F型豆足（T16④：6）　10. H型豆足（T16④：14）

陶器盖　A型，7件。盖沿外折，深弧腹盖。标本T16④：67，夹砂红褐陶。宽桥形扁耳，耳内空略呈长方形。素面。盖径17.7、通高11.2厘米（图一四〇，3；彩版二九，3；图版三五，1）。标本T16④：53，夹砂红褐陶，器表有薄层酱黑斑。圈足式纽。素面。纽径6.7、盖径18.3、通高9.8厘米（图一四〇，4；彩版二九，4；图版三五，2）。

B型　2件。盖沿外侈，浅斜腹盖。标本T16④：51，夹砂红陶。体形较大。假圈足式纽。素面。纽径7.4、盖径27.1、通高8.6厘米（图一四〇，2；图版三五，3）。

C型　1件。盖沿微内敛，弧腹盖。标本T16④：108，泥质红陶。盖顶及纽残。浅弧腹盖。素面。盖径16.4、残高3.0厘米（图一四〇，5）。

陶鋬耳　1件。标本T16④：35，夹砂红陶。弯钩形宽耳。素面。耳宽3.3厘米（图一四〇，6）。

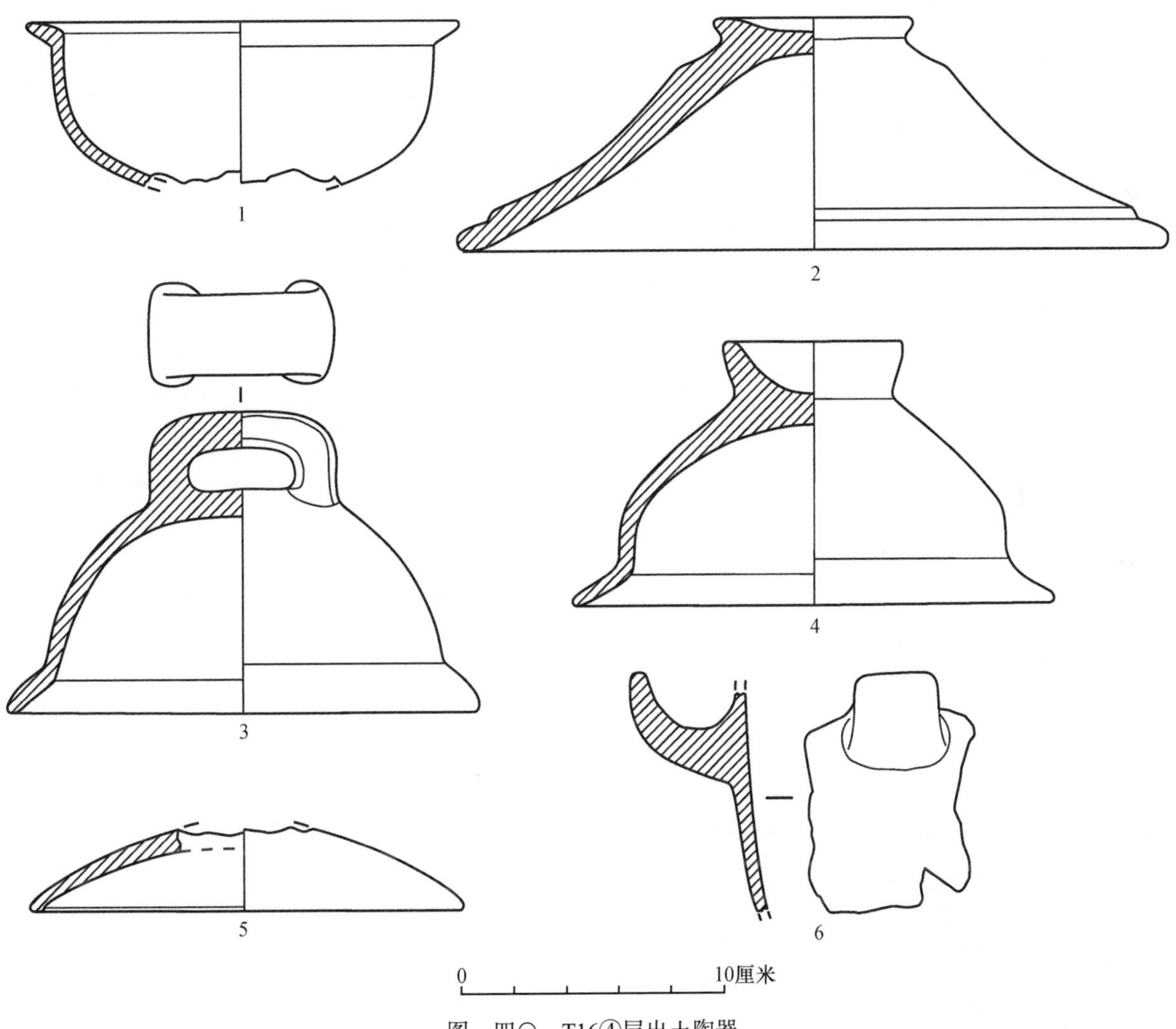

图一四〇　T16④层出土陶器

1. B型Ⅰ式碗（T16④：12）　2. B型器盖（T16④：51）　3、4. A型器盖（T16④：67、T16④：53）　5. C型器盖（T16④：108）　6. 鋬耳（T16④：35）

32. T16第3层

该单位出土陶器包括鼎、罐、豆等。共选标本14件，现介绍6件如下。

陶鼎足　A型，5件。宽扁凹足，横截面略呈新月形。标本T16③：13，夹砂红褐陶。足尖呈扁蹄形。足根部饰不规则按窝。长16.8厘米（图一四一，1；图版三五，4）。标本T16③：11，夹砂红褐陶。体略小。足尖呈扁凿形。足根部饰大小不一的按窝。长11.7厘米（图一四一，2）。

L型　2件。宽扁薄矮足，横截面呈长方形。标本T16③：12，泥质深红陶。足上部饰一组深圆窝纹，并挤压反面呈凹凸不平状。长4.8厘米（图一四一，3；图版三五，5）。

陶罐　E型Ⅱ式，2件。大口，卷沿较甚，束颈，鼓腹。标本T16③：24，夹砂红褐陶。圆唇，下腹及底残。口部素面，颈以下饰绳纹。口径22.7、残高8.8厘米（图一四一，4）。

陶豆　C型Ⅰ式，3件。敛口，口外凹凸不平，弧腹盘。标本T16③：9，泥质灰陶。圆唇微侈，底、足残。素面。口径20.0、残高7.5厘米（图一四一，5）。

陶豆足　A型，2件。台式足，足沿外撇。标本T16③：10，夹砂羼炭褐陶，器表红衣脱落殆尽。质轻。素面。足径19.2、残高6.1厘米（图一四一，6；图版三五，6）。

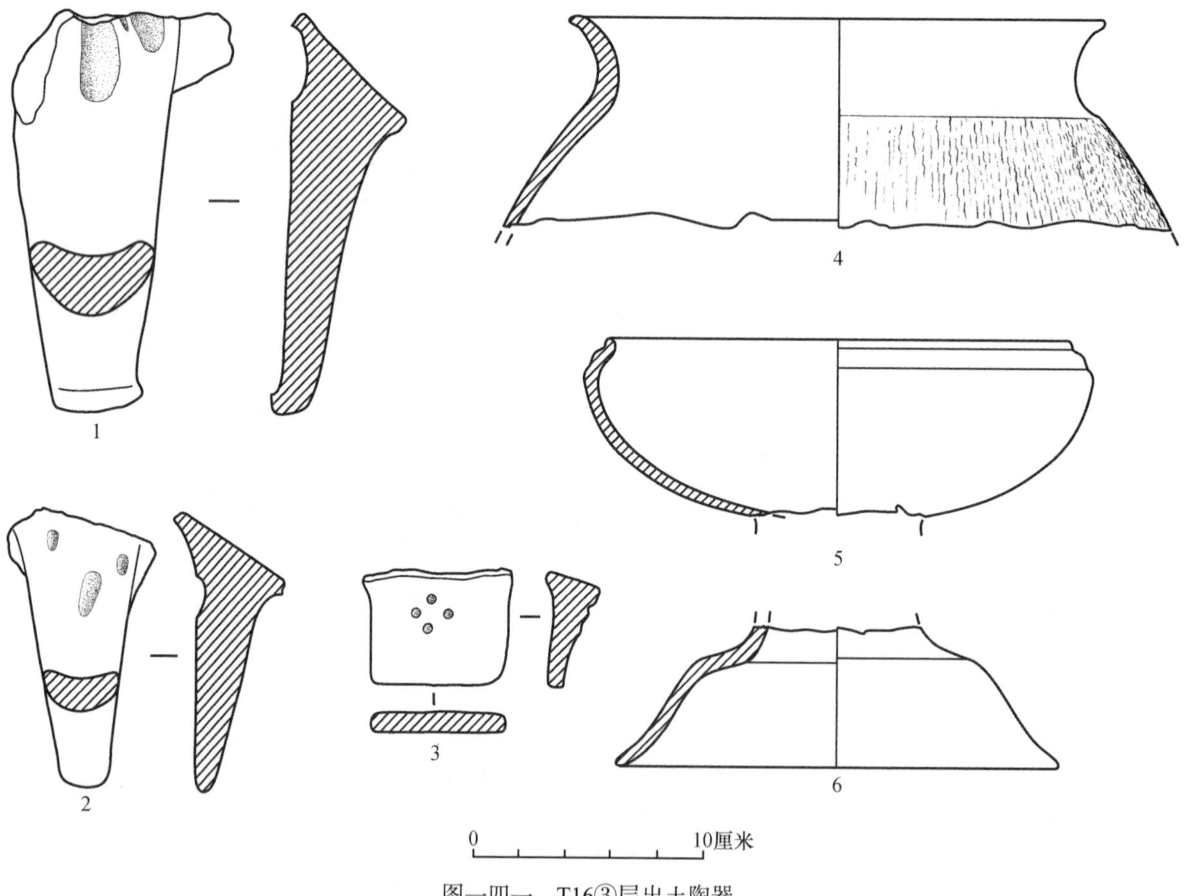

图一四一　T16③层出土陶器

1、2. A型鼎足（T16③：13、T16③：11）　3. L型鼎足（T16③：12）　4. E型Ⅱ式罐（T16③：24）　5. C型Ⅰ式豆（T16③：9）　6. A型豆足（T16③：10）

第三节　遗迹出土陶器

青山遗址本次发掘共有81个遗迹单位，包括房屋基槽6条、坑穴遗迹73个、灰沟1条、栅围1段。其中，只有42个坑穴遗迹（灰坑）和1条灰沟出土陶器可分辨器形，其他单位出土陶器破碎太甚，无法辨认器形。现依次按单位介绍其典型标本如下。

1. H2

该单位出土陶器有鼎足、豆等。共选标本5件，现介绍3件如下。

陶鼎足　F型，1件。舌形足，顶部有一平台，足身内弧，足尖外撇，横截面呈不规则椭圆形。标本H2：7，夹砂红陶。足上部饰2个规整的圆窝纹。长9.3厘米（图一四二，1）。

K型　2件。弓背凿形足，横截面呈不规则椭圆形。标本H2：2，夹砂红陶。足上部饰弦纹及长椭圆形纹。长8.9厘米（图一四二，2；图版三六，1）。

陶豆　A型Ⅰ式，2件。内折口，浅弧腹盘。标本H2：1，泥质红陶。胎较薄。尖唇，底、足残。素面。口径19.8、残高5.1厘米（图一四二，4）。

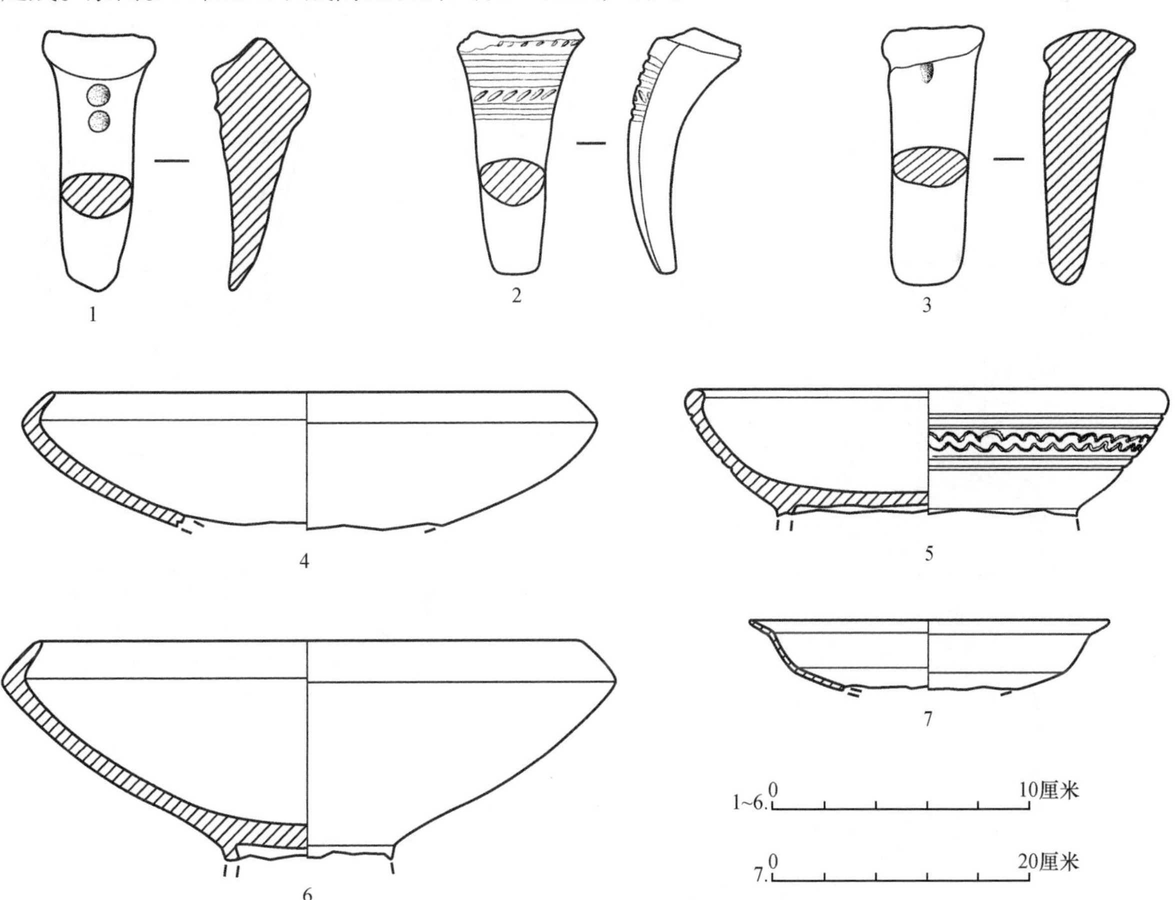

图一四二　H2、H4出土陶器

1. F型鼎足（H2：7）　2. K型鼎足（H2：2）　3. B型鼎足（H4：23）　4. A型Ⅰ式豆（H2：1）　5. A型Ⅰ式盘（H4：16）　6. B型Ⅱ式豆（H4：18）　7. E型Ⅱ式豆（H4：17）

2. H3

该单位出土陶器包括鼎、豆、盘等。共选标本12件，现介绍6件如下。

陶鼎　C型Ⅰ式，2件。仰折沿，沿面微内凹，圆肩，深鼓腹。标本H3∶6，夹砂红陶。圆唇，沿较宽，下腹及底、足残。中腹饰一周附加堆纹，其上压印锯齿纹，但脱落较甚，余素面。口径22.8、最大腹径22.9、残高10.8厘米（图一四三，1）。

G型　1件。宽仰折沿似高领，浅折腹。标本H3∶5，夹砂红陶。体小。尖唇，底及足残。口外饰两周指甲状水波纹及成组双短竖线纹，腹饰数周弦纹，底素面。足根部残见弦纹及长椭圆形纹。口径12.1、腹径11.6、残高8.1厘米（图一四三，4；彩版三〇，1；图版三六，2）。

陶鼎足　E型，2件。凿形足，横截面近椭圆形。标本H3∶7，夹砂灰褐陶。足上部饰两组略呈三角形的凹窝纹。长9.2厘米（图一四三，2）。

陶豆　A型Ⅰ式，3件。内折口，浅弧腹盘。标本H3∶3，泥质红陶，器表施红衣。尖唇，束腰形矮柄，台式足，足沿外撇。盘部素面，柄饰三组由小圆孔及篦点纹组成的几何纹，并间

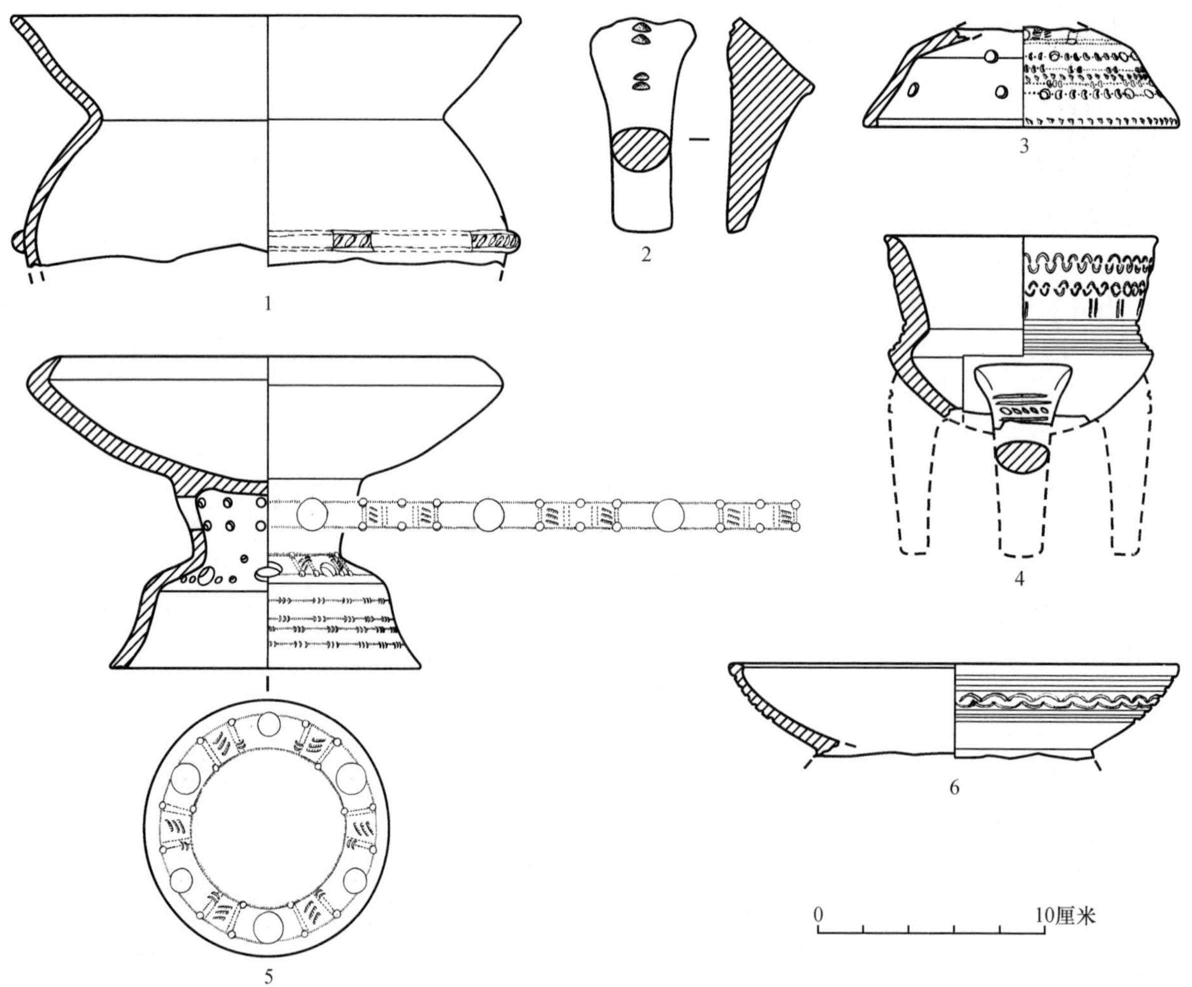

图一四三　H3出土陶器

1. C型Ⅰ式鼎（H3∶6）　2. E型鼎足（H3∶7）　3. B型豆足（H3∶4）　4. G型鼎（H3∶5）　5. A型Ⅰ式豆（H3∶3）（下为足部台面纹饰俯视图）　6. A型Ⅱ式盘（H3∶1）

以3个大型镂孔；足台面饰六组由小圆孔、篦点纹及指甲纹组成的几何纹，并间以6个大小不一的大型镂孔；足饰四周由篦点纹及指甲纹组成的几何纹。口径19.1、足径14.0、高13.5厘米（图一四三，5；彩版三〇，2；图版三六，3）。

陶豆足 B型，2件。台式足，足沿内敛。标本H3：4，泥质红陶，器表施红衣。台面残见由篦点纹、指甲纹及小圆孔组成的几何纹，足饰五周由篦点纹、指甲纹及镂孔组成的几何纹，足沿饰一周指甲纹。足径14.1、残高4.2厘米（图一四三，3）。

陶盘 A型Ⅱ式，2件。盘腹较浅。标本H3：1，泥质红胎白衣陶。厚圆唇，口微敞，底、足残。盘部饰弦纹及水波纹。口径19.9、残高4.1厘米（图一四三，6）。

3. H4

该单位出土陶器包括鼎、盘、豆等。共选标本6件，现介绍4件如下。

陶鼎足 B型，1件。宽扁足，横截面呈扁椭圆形。标本H4：23，夹砂红陶，微偏黄。足根部残见一按窝。长9.5厘米（图一四二，3）。

陶盘 A型Ⅰ式，2件。口微敛，盘腹略深。标本H4：16，泥质红陶，内、外均施灰白衣。厚圆唇，口微敛，圈足残。盘中部饰弦纹及水波纹，余素面。口径18.3、残高4.4厘米（图一四二，5；图版三六，4）。

陶豆 B型Ⅱ式，2件。口内折较甚，折棱明显，深弧腹盘。标本H4：18，夹砂羼炭红陶。尖唇，柄、足残。素面。口径20.7、残高8.1厘米（图一四二，6；图版三六，5）。

E型Ⅱ式，1件。折沿，浅折腹盘。标本H4：17，体大，泥质深红陶。圆唇，底、足残。素面。口径27.9、残高5.2厘米（图一四二，7）。

4. H5

该单位出土陶器仅见4件鼎足，现介绍2件如下。

陶鼎足 A型，2件。宽扁凹足，横截面近长方形。标本H5：5，夹砂羼炭红陶。足饰按窝及凹槽。长13.1厘米（图一四四，1；图版三六，6）。

J型 2件。弓背圆柱形足，横截面近圆形。标本H5：4，夹砂红陶。足尖部残断。足根部饰两组弦纹及一周长椭圆形纹，其下饰一排凹窝纹。残长6.8厘米（图一四四，3）。

5. H6

该单位出土陶器有鼎足、罐、器座等。共选标本5件，现介绍3件如下。

陶鼎足 G型，2件。弓背宽扁凹足，横截面略呈新月形。标本H6：6，夹砂羼炭红陶，微偏黄。足仅残根部。根部正面及两侧均饰大小不一的按窝。残长6.9厘米（图一四四，2）。

陶罐 F型Ⅱ式，2件。大口，窄卷沿，直领，圆肩，鼓腹较甚。标本H6：5，夹砂羼炭红陶。质轻。圆唇，下腹及底残。器表粗糙，隐约可见绳纹。口径23.4、腹径29.5、残高12.3厘米（图一四四，4；彩版三〇，3；图版三七，1）。

陶器座 A型，1件。卷沿，筒形腹。标本H6：3，夹砂红陶。圆唇，卷沿近平，腹微鼓。

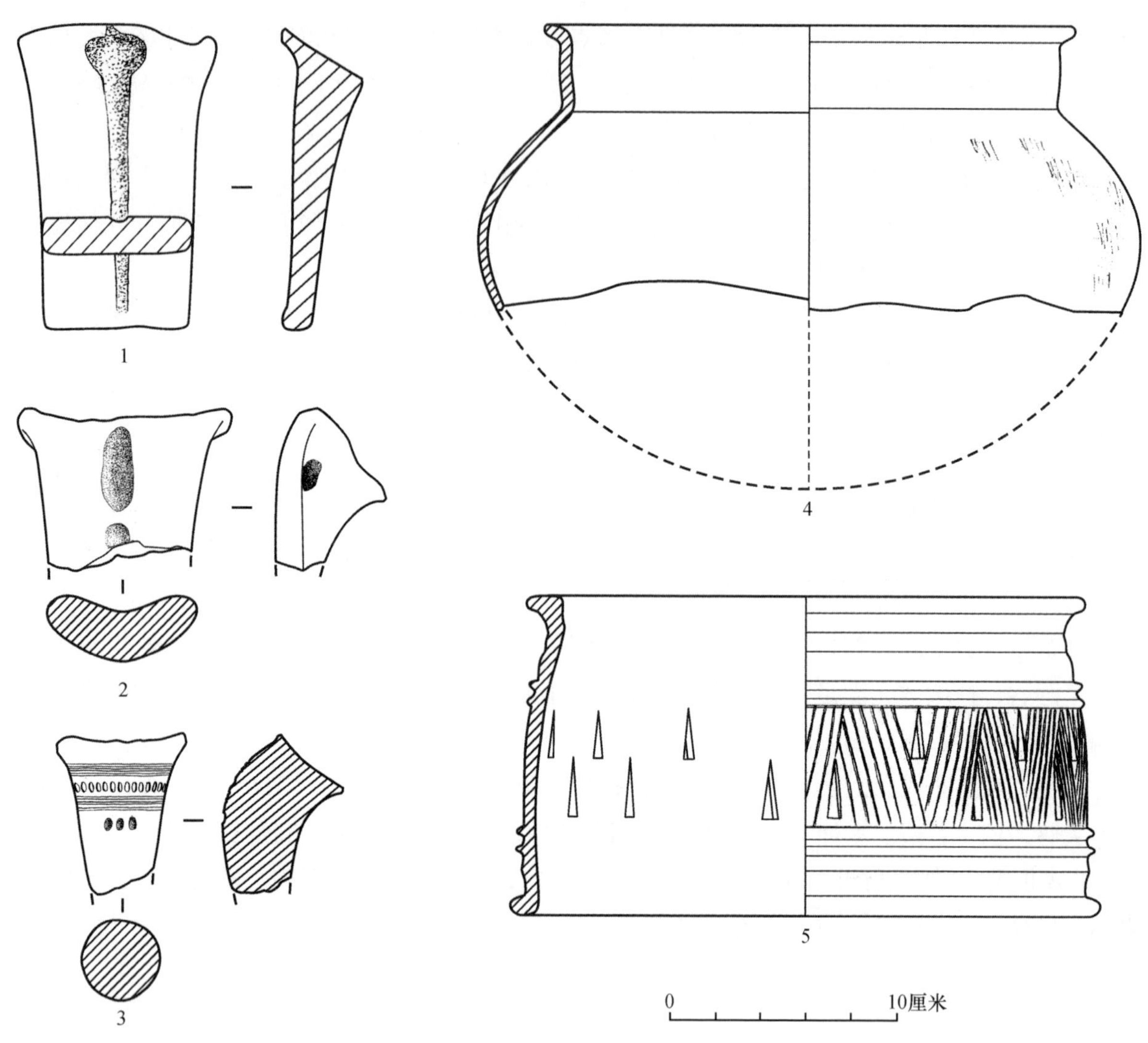

图一四四　H5、H6出土陶器

1. A型鼎足（H5：5）　2. G型鼎足（H6：6）　3. J型鼎足（H5：4）　4. F型Ⅱ式罐（H6：5）　5. A型器座（H6：3）

中腹饰错向刻划的大三角纹及长三角形镂孔，其上、下再各饰一周带凹槽的宽附加堆纹。口径24.7、足径26.3、高13.8厘米（图一四四，5；彩版三〇，4；图版三七，2）。

6. H8

该单位出土陶器有鼎、釜、盘、杯等。共选标本6件，现介绍4件如下。

陶鼎　E型Ⅰ式，2件。折沿，沿面微内凹，折肩。标本H8：2，夹砂红陶。圆唇，仰折沿，宽折肩，腹及足均残。口部素面，肩部饰一对泥突，均残，上腹饰弦纹及一周不规则窝点纹。口径19.8、腹径23.2、残高11.6厘米（图一四五，1）。

陶釜　B型Ⅰ式，2件。折沿，沿面微凹，溜肩，深鼓腹。标本H8：17，夹砂深红陶。圆唇，下腹及底残。素面。口径29.8、残高13.4厘米（图一四五，3）。

陶盘足　B型，1件。矮圈足。标本H8：3，泥质红陶。足微外撇。素面。足径19.8、残高

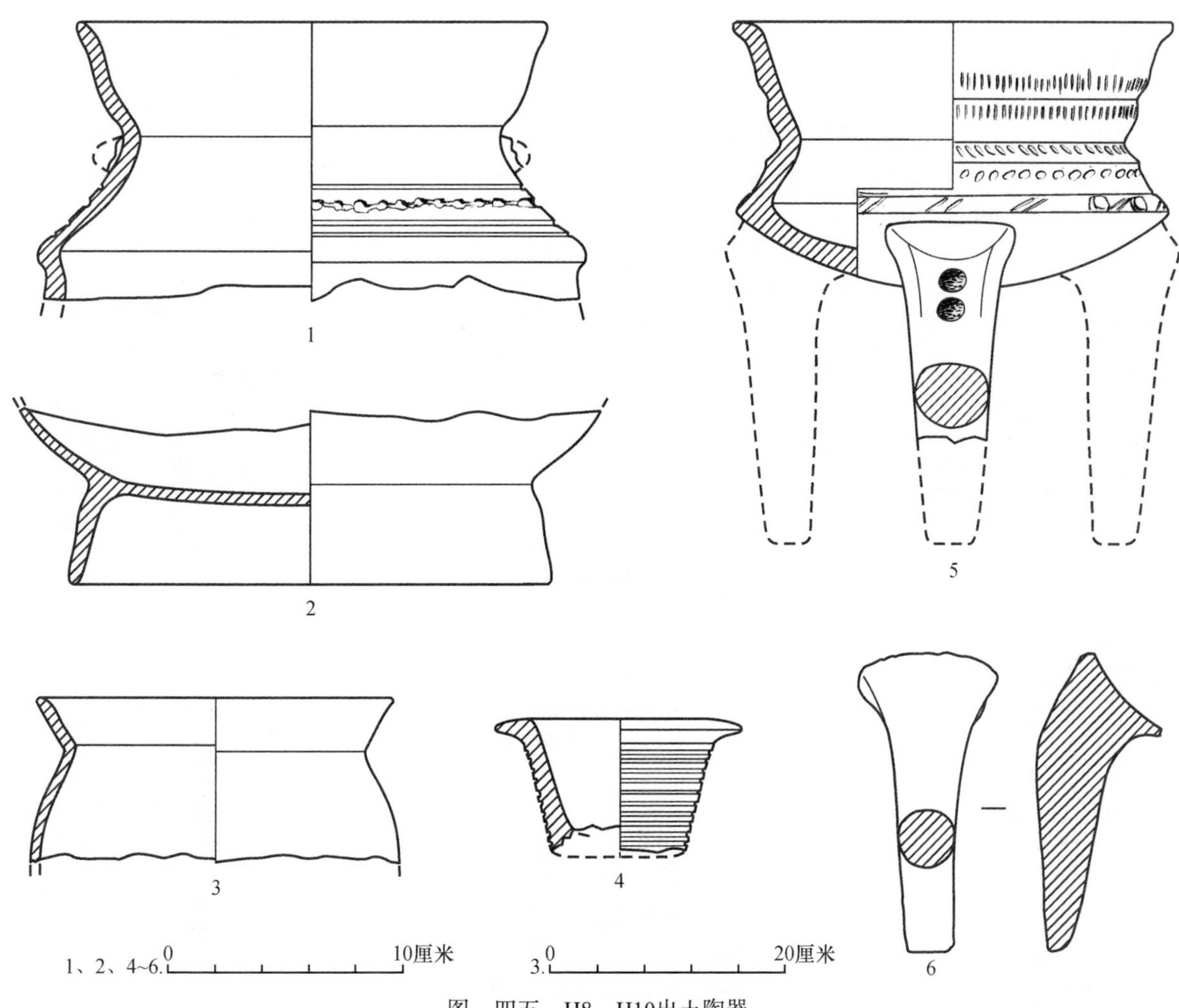

图一四五　H8、H10出土陶器

1. E型Ⅰ式鼎（H8：2）　2. B型盘足（H8：3）　3. B型Ⅰ式釜（H8：17）　4. A型Ⅰ式杯（H8：1）　5. G型鼎（H10：4）　6. J型鼎足（H10：5）

7.1厘米（图一四五，2）。

陶杯　A型Ⅰ式，1件。折沿，深斜直腹，平底。标本H8：1，夹砂红褐陶。厚胎。尖唇，平折沿微外卷，底残。器表饰密集弦纹。口径10.3、残高5.4厘米（图一四五，4；图版三七，3）。

7. H10

该单位出土陶器仅见1件鼎及1件鼎足，现介绍如下。

陶鼎　G型，1件。宽仰折沿似高领，浅折腹。标本H10：4，夹砂红褐陶，微偏黄。圆唇，口微外侈，沿外及上腹凹凸不平。凿形足均残，横截面略呈椭圆形。口外饰两周短竖线纹，上腹饰两周错向长椭圆形纹，折腹处饰成组短斜线纹及成对泥突，底部素面，足根部饰按窝。口径19.8、腹径18.5、残高17.3厘米（图一四五，5；彩版三一，1；图版三七，4）。

陶鼎足　J型，1件。弓背圆柱形足，横截面近圆形。标本H10：5，夹砂深红陶。素面。长12.4厘米（图一四五，6；图版三七，5）。

8. H11

该单位出土陶器较丰富，常见器类有鼎、釜、罐、钵、杯、盘、豆、碗、器盖及鋬耳等。其中，鼎、盘、豆都装饰较丰富的纹饰，包括短线纹、叶脉纹、勾连纹、指甲纹、篦点纹、凹窝纹以及树形组合纹、几何组合纹等（图一四六）。共选标本76件，现介绍41件如下。

图一四六　H11出土陶片纹饰拓片

1. 鼎口：叶脉纹+短线纹（H11：20）　2. 鼎口：短线纹+勾连纹（H11：105）　3. 鼎足：短线纹+几何组合纹+凹窝纹（H11：283）　4、5. 盘足：树形组合纹（H11：56、H11：91）　6. 盘足：短线纹+几何组合纹+镂孔（H11：93）　7. 豆足：折线纹+短线纹+镂孔（H11：73）　8、9. 豆足：篦点几何纹+镂孔（H11：54、H11：80）　10. 豆足：指甲纹+篦点纹（H11：84）　11. 豆足：指甲纹（H11：15）

陶鼎　A型Ⅱ式，3件。口微侈，仰折沿，沿面内凹呈盘口状，溜肩。标本H11：200，夹砂红褐陶。器表局部有黑斑，内黑。尖唇，下腹及底、足残。口外素面，肩及上腹部饰规整的短斜线纹及弦纹。口径23.1、残高10.4厘米（图一四七，1）。标本H11：212，夹砂灰褐陶。器表局部有黑斑，内黑。圆唇近尖，下腹及底、足残。口及肩部素面，上腹部饰篦点短斜线纹及弦纹。口径24.9、残高10.6厘米（图一四七，2）。

B型Ⅰ式，2件。宽仰折沿似矮领，沿面微凹，圆肩。标本H11：17，夹砂红陶。尖唇，口微外侈，腹及底、足均残。口及肩部饰篦点叶脉纹、篦点勾连纹及弦纹。口径15.9、残高6.2厘米（图一四七，3）。

E型Ⅰ式，2件。宽仰折沿，沿面微凹，宽折肩。标本H11：11，夹砂红陶。圆唇，口微外侈，腹及底、足均残。口外素面，肩部饰弦纹及短斜线纹。口径19.1、残高7.5厘米（图一四七，4）。

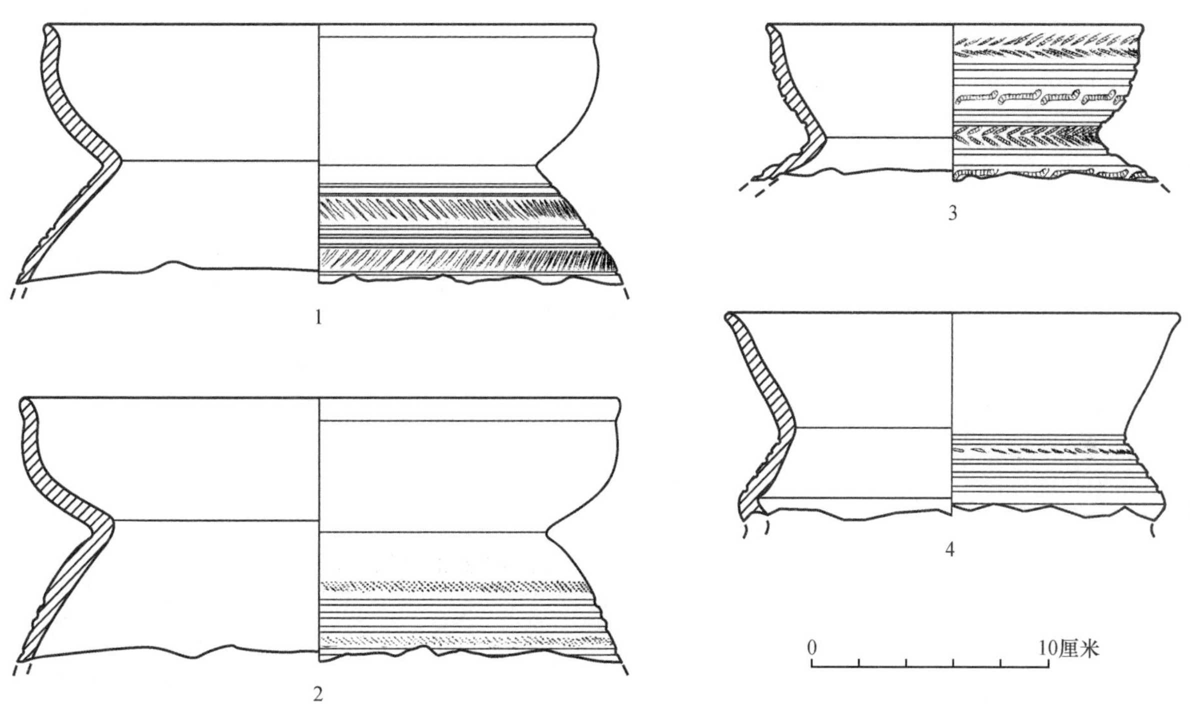

图一四七　H11出土陶器

1、2. A型Ⅱ式鼎（H11：200、H11：212）　3. B型Ⅰ式鼎（H11：17）　4. E型Ⅰ式鼎（H11：11）

陶鼎足　A型，2件。宽扁凹足，横截面略呈新月形。标本H11：256，夹砂羼炭红陶，微偏黄。足尖残。足上部及根部两侧饰不规则形按窝，后者深陷，并挤压器壁隆起呈牛鼻耳状。残长10.2厘米（图一四八，1）。

C型　3件。宽扁足，横截面略呈扁椭圆形。标本H11：263，夹砂红褐陶。足尖残。足上部饰篦点短斜线纹、短竖线纹、弦纹及菱形组合纹。残长14.6厘米（图一四八，2）。

D型　3件。圆柱形足，横截面近圆形。标本H11：248，夹砂红褐陶。足上部饰两组凹窝纹，根部两角各饰一乳钉状泥突。长8.9厘米（图一四八，3；图版三七，6）。

E型　5件。凿形足，横截面呈椭圆形或三角形。标本H11：275，夹砂红褐陶。横截面近椭圆形。足上部饰两组弦纹。长14.7厘米（图一四八，4；图版三八，1）。标本H11：283，夹砂红褐陶。横截面略呈扁三角形。足尖残。足上部饰一组几何组合纹及凹窝纹，顶及两侧饰齿状短斜线纹。残长11.8厘米（图一四八，5；图版三八，2）。标本H11：239，夹砂灰褐陶。横截面略呈三角形。足大部残。足上部饰弦纹、篦点几何纹、指甲形浅凹窝及短斜线纹，根部两侧各饰一条扉棱状附加堆纹。残长9.2厘米（图一四八，6）。

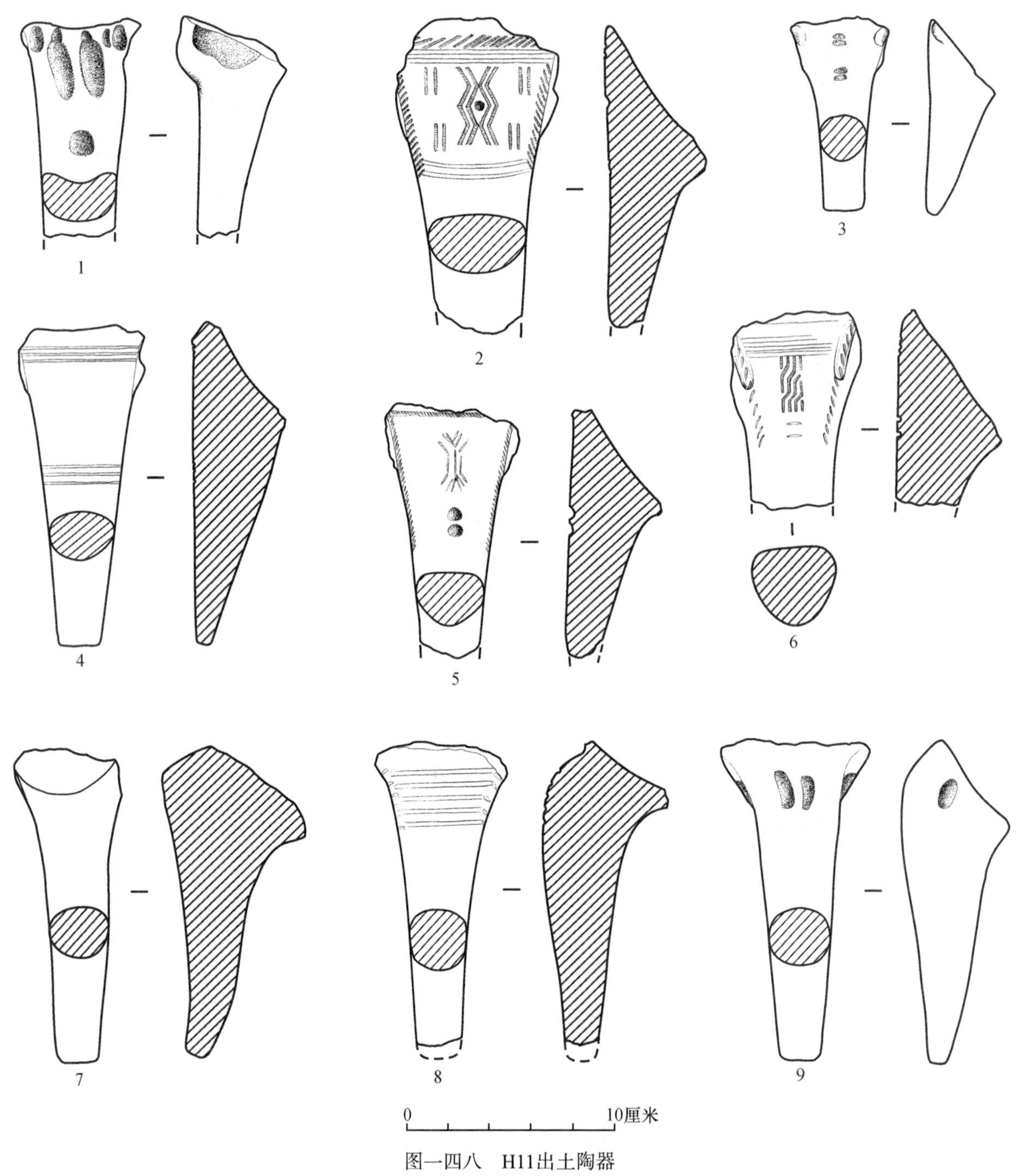

图一四八　H11出土陶器

1. A型鼎足（H11：256）　2. C型鼎足（H11：263）　3. D型鼎足（H11：248）　4～6. E型鼎足（H11：275、H11：283、H11：239）　7. F型鼎足（H11：278）　8、9. J型鼎足（H11：240、H11：235）

F型　2件。舌形足，顶部有一平台，足身内弧，足尖微外撇，横截面呈椭圆形。标本H11：278，夹砂红陶。素面。长14.7厘米（图一四八，7；图版三八，3）。

J型　4件。弓背圆柱形足，横截面近圆形。标本H11：240，夹砂红褐陶。足尖略残。足根部饰弦纹，两侧边施三角形凹窝。残长14.2厘米（图一四八，8）。标本H11：235，夹砂深红陶。足根部及两侧饰深按窝。长14.8厘米（图一四八，9；图版三八，4）。

陶釜　A型，2件。折沿，沿面内凹呈盘口状，圆肩，鼓腹较甚。标本H11：213，夹砂灰褐陶。圆唇，口微敛，下腹及底残。素面。口径18.5、残高8.4厘米（图一四九，1）。

B型Ⅱ式，2件。折沿，溜肩，浅鼓腹。标本H11：214，夹砂红褐陶，局部有烟黑斑。厚胎。圆唇，圜底残。素面。口径25.0、腹径23.1、残高16.4厘米（图一四九，2；图版三八，5）。

陶罐　G型Ⅰ式，2件。小敞口，高斜领，广肩。标本H11：204，夹砂红褐陶，器表保留较多烟黑斑。圆唇，侈口略外折，腹、底残。素面。口径17.7、残高8.4厘米（图一四九，3；图版三八，6）。

陶钵　A型Ⅱ式，3件。敛口甚，浅弧腹，平底。标本H11：165，泥质红陶。厚胎。圆唇近尖，平底微内凹。素面。口径15.2、底径9.5、高7.4厘米（图一四九，4；图版三九，1）。

陶杯　A型Ⅰ式，2件。卷沿，深斜直腹，平底。标本H11：142，夹砂深红陶，局部有黑斑。厚胎，内壁不平。圆唇，平底内凹较甚，近似圈足。素面。口径7.2、底径4.3、高5.2厘米

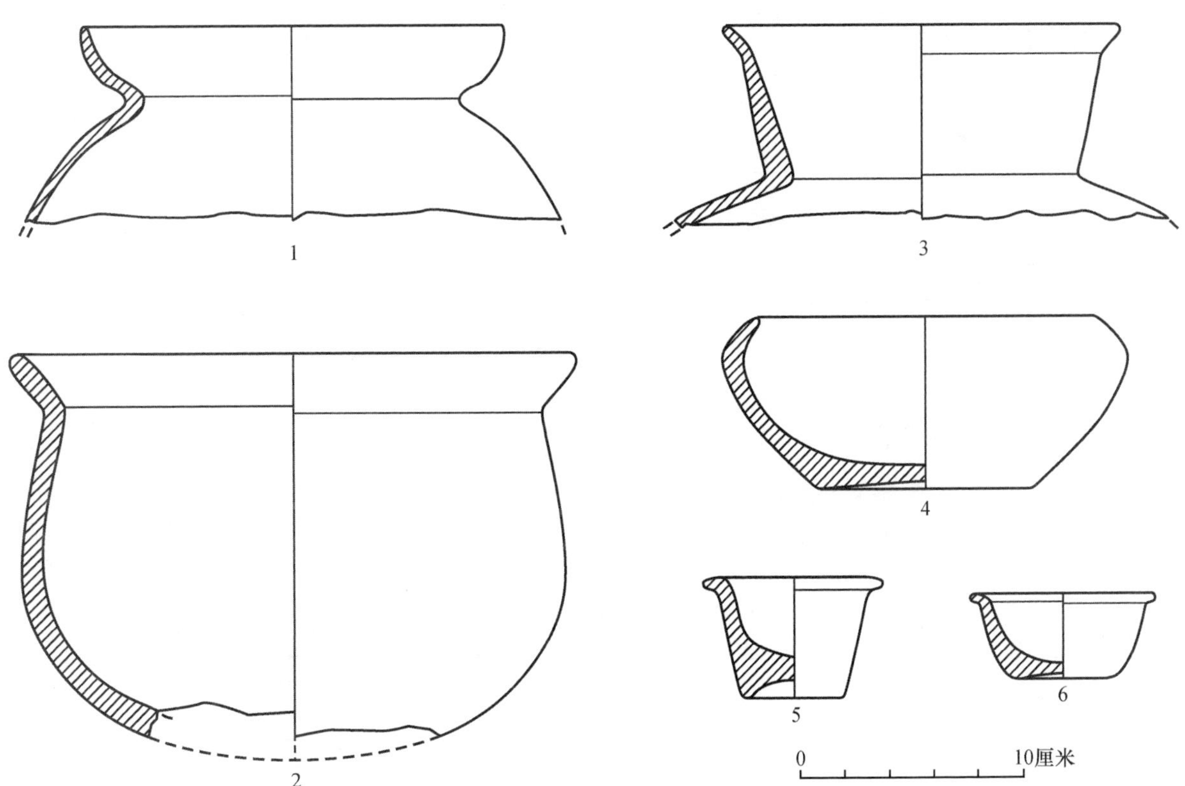

图一四九　H11出土陶器

1. A型釜（H11：213）　2. B型Ⅱ式釜（H11：214）　3. G型Ⅰ式罐（H11：204）　4. A型Ⅱ式钵（H11：165）　5. A型Ⅰ式杯（H11：142）　6. A型Ⅱ式杯（H11：138）

（图一四九，5；图版三九，2）。

A型Ⅱ式，1件。折沿微外卷，浅斜直腹，平底。标本H11：138，夹砂红陶。胎厚，内壁不平。圆唇，敞口，平底微内凹。素面。口径8.2、底径4.2、高3.6厘米（图一四九，6）。

陶盘　A型Ⅰ式，2件。盘腹略深。标本H11：182，泥质红陶，器表施白衣。胎厚，质重。厚圆唇，口微敛。圈足残。盘腹饰弦纹及水波纹，足残见数道弦纹。口径18.5、残高6.6厘米（图一五〇，1；彩版三一，2；图版三九，3）。

A型Ⅱ式，3件。盘腹略浅。标本H11：189，泥质红陶，器表施白衣。胎厚，质重。圆唇内勾，口微敛，圈足脱落。唇内及口外施红彩带，盘腹饰弦纹及水波纹。口径18.0、残高3.9厘米（图一五〇，2）。标本H11：191，泥质深红陶，器表灰白衣脱落较甚。胎厚，质重。圆唇，口微敞，圈足残。盘腹饰弦纹及水波纹。口径18.2、残高4.6厘米（图一五〇，3；彩版

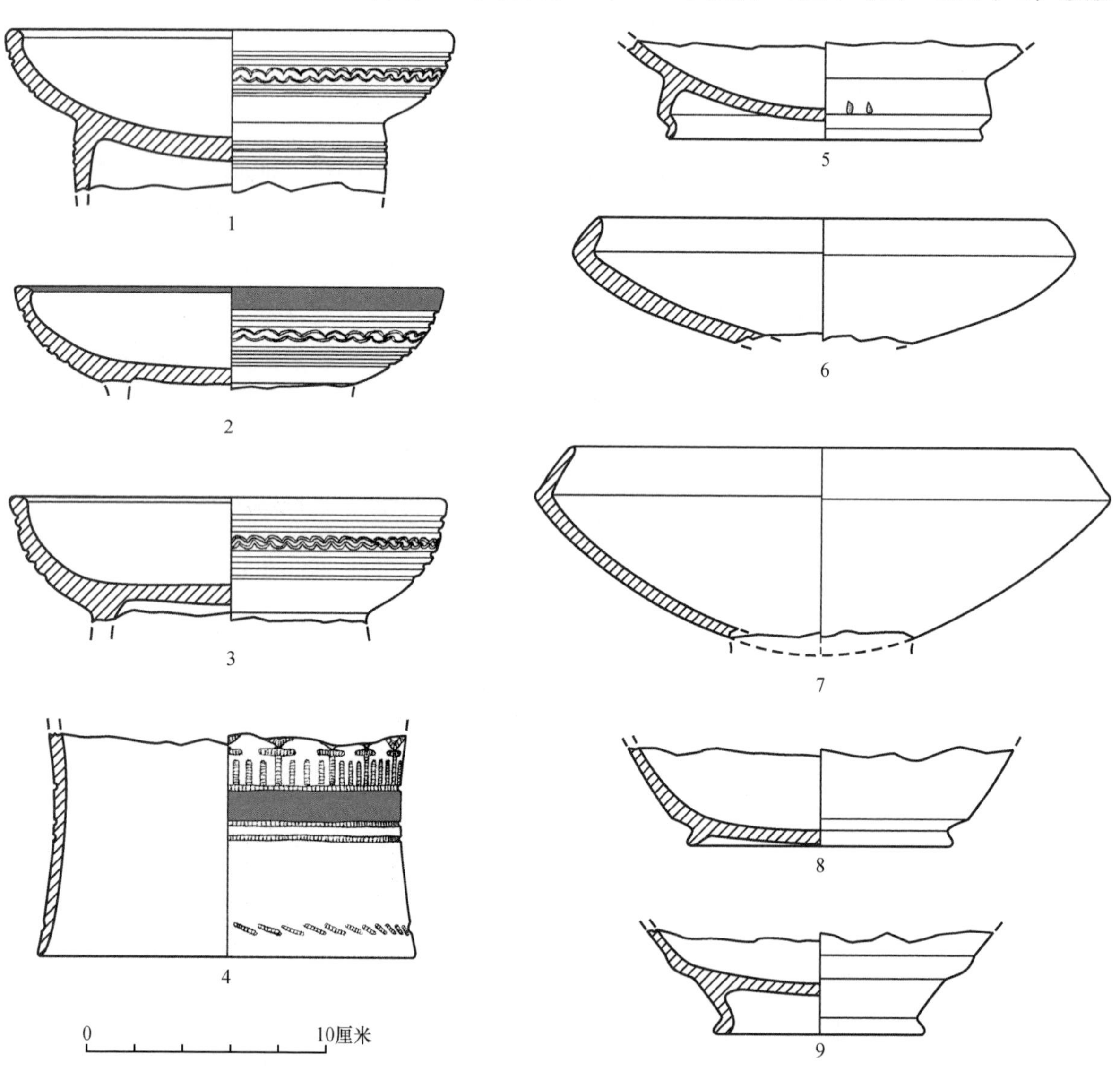

图一五〇　H11出土陶器

1. A型Ⅰ式盘（H11：182）　2、3. A型Ⅱ式盘（H11：189、H11：191）　4. A型盘足（H11：187）　5. B型盘足（H11：176）　6. A型Ⅱ式豆（H11：171）　7. B型Ⅱ式豆（H11：12）　8、9. 碗足（H11：14、H11：167）

三一，3；图版三九，4）。

陶盘足 A型，2件。高圈足。标本H11：187，泥质白衣陶。束腰筒形足。足上部残见树形组合纹及横带纹，并以红彩带相隔，足沿部饰一周长椭圆纹。以上纹饰内部均戳印细密小方点纹。足径16.1、残高9.0厘米（图一五〇，4）。

B型，1件。矮圈足。标本H11：176，泥质灰陶。折壁圈足，足沿外折。足饰三组不规则形小凹窝纹。足径13.2、残高4.0厘米（图一五〇，5）。

陶豆 A型Ⅱ式，3件。内折口，浅弧腹盘。标本H11：171，泥质红陶，器表施红衣，内灰白色。尖唇，底、足残。素面。口径19.1、残高5.0厘米（图一五〇，6）。

B型Ⅱ式，2件。口内折较甚，折棱明显，深弧腹盘。标本H11：12，泥质红胎黑陶。尖唇，底、足残。素面。口径21.8、残高7.6厘米（图一五〇，7；图版三九，5）。

陶碗足 2件。标本H11：14，泥质红陶，器表施红衣，局部黑斑。粗矮圈足。素面。足径11.1、残高4.0厘米（图一五〇，8）。标本H11：167，泥质红陶，器表施红衣。折壁足。足沿微外折。素面。足径8.2、残高4.2厘米（图一五〇，9）。

陶豆足 A型，7件。台式足，足沿外撇。标本H11：186，泥质红陶，器表施红衣。束腰粗柄，足内弧较甚。柄饰一周连戳双圆窝纹及两周篦点纹，台面饰连戳双圆窝纹、镂孔及两周篦点纹，足饰两周成组小圆窝纹，并以篦点纹相连。足径12.1、残高8.1厘米（图一五一，1）。标本H11：161，泥质红陶。足微内弧。台面残见大型镂孔、小圆窝纹、篦点短线纹及篦点横带纹，足上部饰一周由圆窝纹及细弦纹组成的几何纹，中部饰由镂孔、细弦纹、篦点短线纹及折线纹组成的几何纹，下部再饰两周由圆窝纹及细弦纹组成的几何纹。足径16.0、残高7.1厘米（图一五一，2）。标本H11：149，泥质红陶，器表红衣脱落较甚。足微内弧。台面饰五组由短线纹及小圆窝纹组成的几何纹，并间以5个大型镂孔，其外围再饰一周由圆窝纹及细弦纹组成的几何纹。足部素面。足径14.8、残高7.0厘米（图一五一，3；彩版三一，4；图版三九，6）。

D型，3件。喇叭形高足，足沿外撇较甚。标本H11：74，泥质红陶，器表施红衣。足饰篦点几何纹及密集镂孔。足径16.1、残高5.2厘米（图一五一，4）。

E型，4件。喇叭形细柄高足，足沿外撇或内折。标本H11：190，泥质灰白陶。足沿外撇较甚。素面。足径14.8、残高8.8厘米（图一五一，5）。标本H11：155，泥质灰陶。胎略薄。足沿内折。足上残见三周凸棱。足径16.1、残高7.6厘米（图一五一，6）。

F型，1件。喇叭形矮足，足沿外撇较甚。标本H11：70，泥质浅红陶，偏灰。足上部饰三组双镂孔，其下饰弦纹及六组小圆窝纹，后者每组3个或2个间隔排列。足径14.1、残高5.9厘米（图一五一，7）。

陶豆柄 2件。标本H11：180，泥质浅红陶，偏灰。腰鼓形高柄。柄上部饰四组由短线纹、弦纹及大小不一的镂孔组成的几何纹，并间以4个大型镂孔；下部饰三组大小不一的圆窝纹及细密弦纹，近足部残见大型镂孔。残高10.2厘米（图一五二，1）。标本H11：181，泥质红陶，器表施红衣。腰鼓形高柄。柄上部饰四组由篦点纹、指甲纹及圆窝纹组成的几何纹，并间以4个大型镂孔；下部饰两周成组分布的圆窝纹，每组2个或4个间隔排列，并以篦点纹相

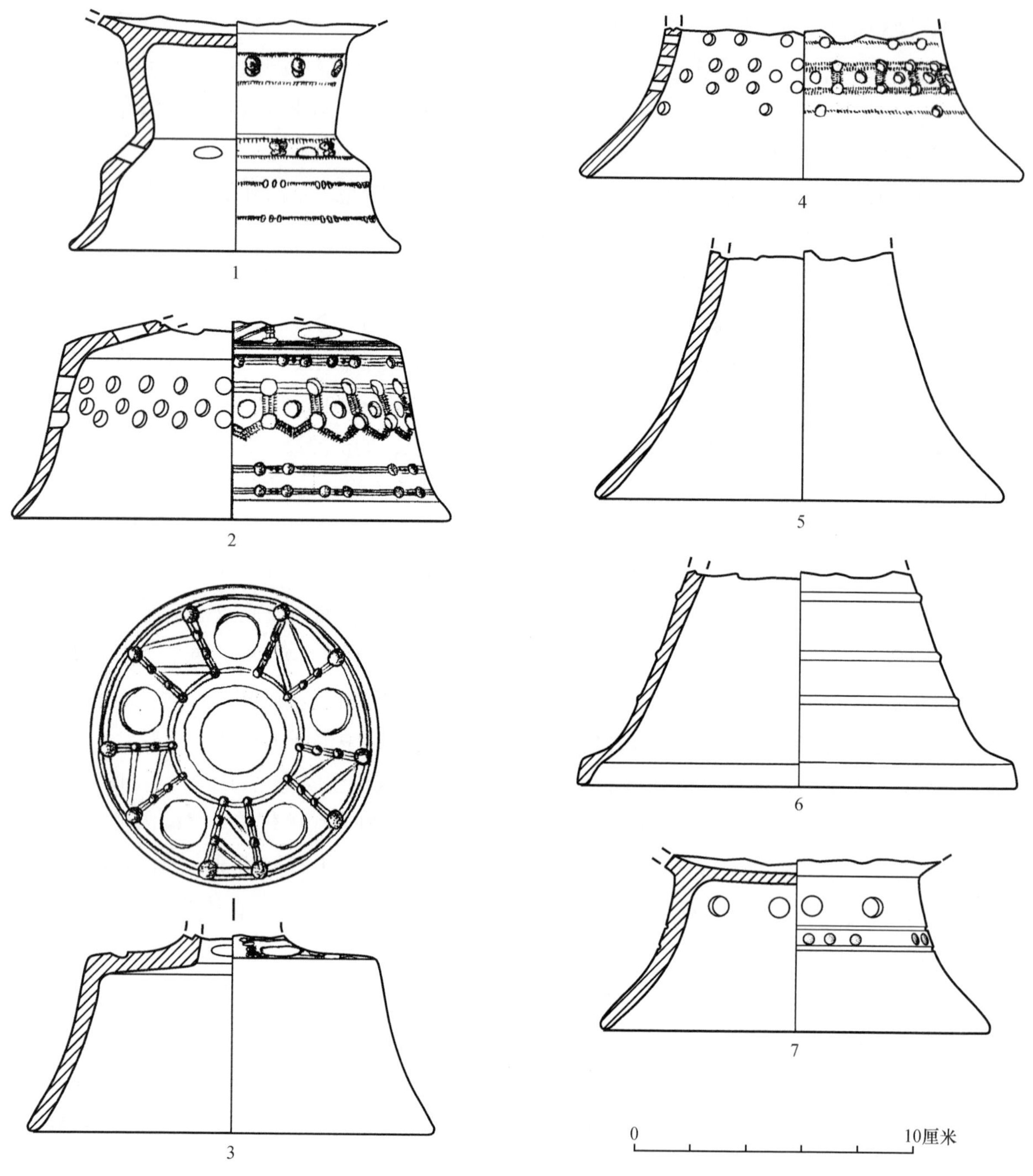

图一五一　H11出土陶器

1～3. A型豆足（H11：186、H11：161、H11：149）　4. D型豆足（H11：74）　5、6. E型豆足（H11：190、H11：155）　7. F型豆足（H11：70）

连，近足部残见两周篦点纹。残高7.2厘米（图一五二，2）。

陶器盖　A型，2件。盖沿外折，深弧腹盖。标本H11：193，夹砂红褐陶。胎厚，质轻。桥形纽脱落。素面。盖径15.9、残高6.0厘米（图一五二，3；图版四〇，1）。

D型，2件。碟形盖。盖沿外翻，浅斜腹盖，盖底平坦，桥形纽内置于盖底。标本H11：194，夹砂红陶，局部有褐斑。胎重，质重。粗圆柱状桥形纽。素面。盖径19.1、高4.1厘米（图一五二，4；图版四〇，2）。

陶盖纽　1件。标本H11：128，夹砂红陶。残存一半。桥形盖纽，纽面呈麻花状。残高6.0厘米（图一五二，6）。

陶鋬耳　1件。标本H11：13，夹砂红陶。弯钩形。素面。高3.5厘米（图一五二，5）。

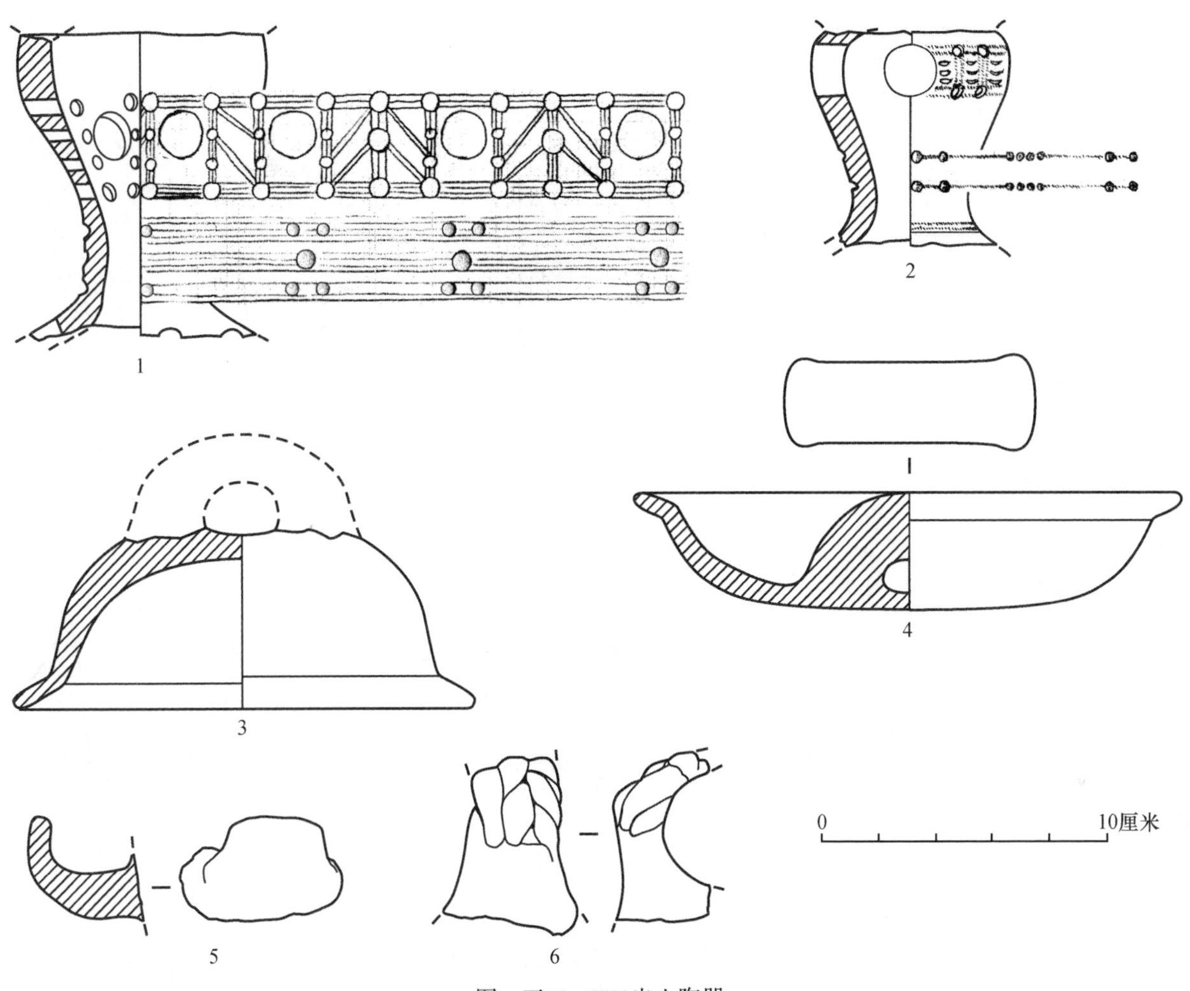

图一五二　H11出土陶器

1、2. 豆柄（H11：180、H11：181）　3. A型器盖（H11：193）　4. D型器盖（H11：194）　5. 鋬耳（H11：13）　6. 盖纽（H11：128）

9. H12

该单位出土陶器包括鼎、釜、盘、豆、器盖及器座等。共选标本24件，现介绍14件如下。

陶釜　B型Ⅱ式，2件。折沿，沿面斜直，溜肩，深鼓腹。标本H12：10，夹砂黑褐陶。圆唇，下腹及底残。素面。口径28.9、残高15.4厘米（图一五三，1）。

陶鼎　H型，1件。卷沿，束颈，深鼓腹。标本H12：12，夹砂羼炭红陶。质轻。尖唇，唇沿外翻，腹及底、足均残。素面。口径23.5、残高9.1厘米（图一五三，2）。

三足杯　1件。标本H12：92，夹砂深红陶。口部残，斜直腹，平底。宽扁薄矮足，足根部隆起，足尖外撇较甚。素面。腹径残9.0、残高5.9厘米（图一五二，3；图版四〇，3）。

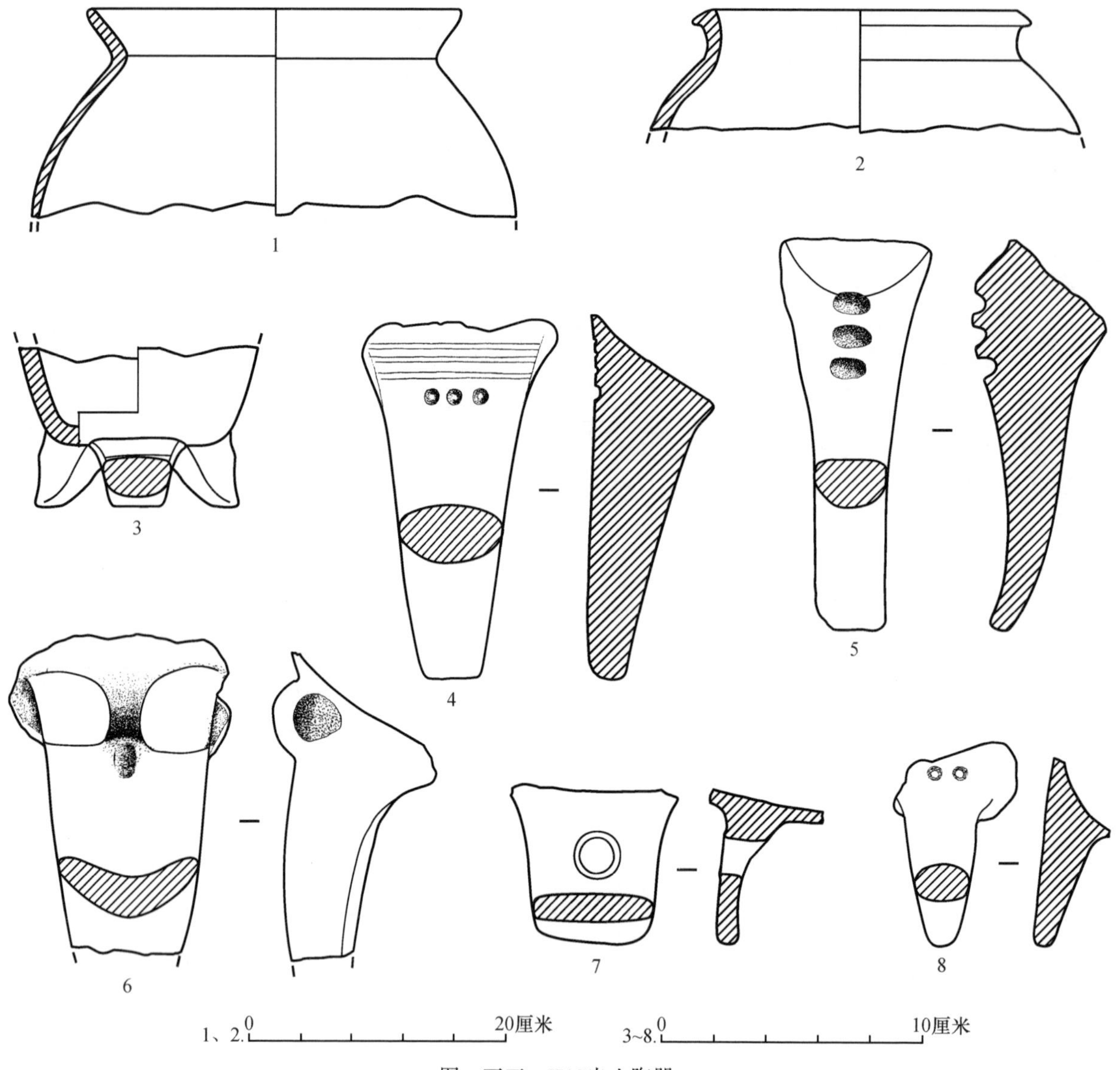

图一五三　H12出土陶器

1. B型Ⅱ式釜（H12：10）　2. H型鼎（H12：12）　3. 三足杯（H12：92）　4. B型鼎足（H12：59）　5. F型鼎足（H12：79）　6. G型鼎足（H12：38）　7. L型鼎足（H12：29）　8. M型鼎足（H12：44）

陶鼎足　B型，3件。宽扁足，横截面略呈扁椭圆形。标本H12：59，夹砂红褐陶。足根部饰弦纹及圆窝纹。长13.3厘米（图一五三，4；图版四〇，4）。

F型，2件。舌形足，顶部有一平台，足身内弧，足尖外撇，横截面呈不规则椭圆形。标本H12：79，夹砂红褐陶。足上部饰深按窝。长14.5厘米（图一五三，5；图版四〇，5）。

G型，1件。弓背宽扁凹足，横截面略呈新月形。标本H12：38，夹砂羼炭红陶。足尖残，足较薄。足根部及两侧饰按窝，后者深陷，并挤压器壁隆起呈牛鼻耳状。残长11.9厘米（图一五三，6；图版四〇，6）。

L型，2件。宽扁薄矮足，横截面近长方形。标本H12：29，泥质深红陶。足中部饰一大孔。长5.8厘米（图一五一，7）。

M型，2件。锥形矮足，横截面近椭圆形。标本H12：44，夹砂灰褐陶。足根部饰圆窝纹。长7.5厘米（图一五三，8）。

陶盘　A型Ⅱ式，2件。盘腹较浅。标本H12：88，泥质灰白陶。厚圆唇，口微敛，圈足残。盘腹饰篦点水波纹及横带纹，盘、足交接处戳印一周指甲纹。口径25.8、残高5.1厘米（图一五四，1）。

陶豆　A型Ⅰ式，2件。内折口，浅弧腹盘。标本H12：75，泥质红胎黑陶，器表施黑衣。圆唇，底、足残。素面。口径27.8、残高5.9厘米（图一五四，2）。

陶豆足　B型，2件。台式足，足沿内敛。标本H12：83，泥质红陶，器表施红衣。足微内弧。足饰四组镂孔，每组3列，并间以四组纵列分布的指甲纹。足径14.7、残高4.4厘米（图一五四，3）。标本H12：84，泥质红陶，局部施白衣。足壁内弧较甚。台面及足部均饰不同方向戳印的细指甲纹。足径12.4、残高3.8厘米（图一五四，4）。

陶器座　B型，2件。敛口，腰鼓形。标本H12：62，夹砂红褐陶。厚胎。仅存底部。上饰细指甲纹、细弦纹、长方形及圆形大镂孔。底径15.8、残高4.2厘米（图一五四，5）。

陶器盖　A型，2件。盖沿外折，深弧腹盖。标本H12：63，泥质红陶。盖顶及纽残。素面。盖径15.7、残高5.4厘米（图一五四，6）。

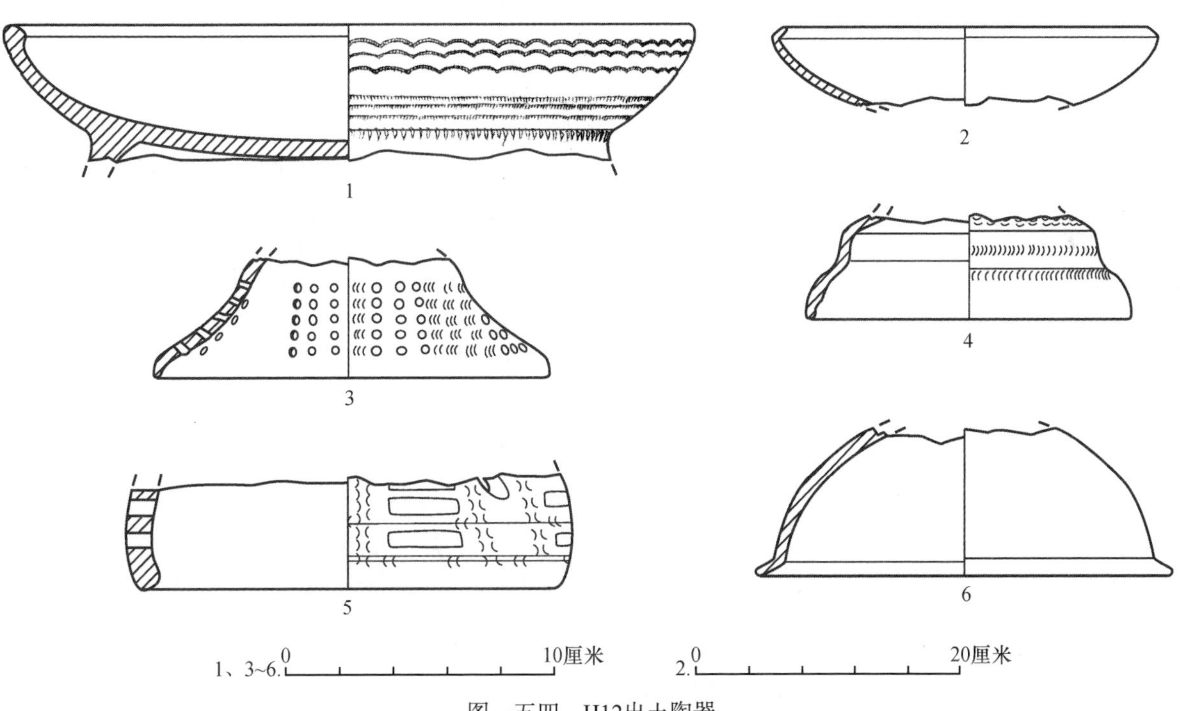

图一五四　H12出土陶器

1. A型Ⅱ式盘（H12：88）　2. A型Ⅰ式豆（H12：75）　3、4. B型豆足（H12：83、H12：84）　5. B型器座（H12：62）　6. A型器盖（H12：63）

10.H14

该单位出土陶器只见陶鼎一类器物。共选标本5件，现介绍3件如下。

陶鼎　D型Ⅰ式，1件。仰折沿，沿面微凹，斜肩，浅垂腹。标本H14：2，夹砂红陶。圆唇，口微外侈，底残。一足脱落，另两足残存根部，为弓背凿形足，横截面呈椭圆形。口外素面，颈部饰一周长椭圆形纹，上腹饰两组弦纹及两组长椭圆形纹，其中一组排列不规则，下腹饰一周附加堆纹。足根部饰弦纹及长椭圆形纹。口径24.4、腹径23.8、残高18.6厘米（图一五五，1；彩版三二，1；图版四一，1）。

陶鼎足　D型，2件。圆柱形足，横截面呈圆形。标本H14：4，夹砂红陶。足下部残。足根部饰两个凹窝纹。残长8.6厘米（图一五五，4）。

J型，2件。弓背圆柱形足，横截面呈圆形。标本H14：3，夹砂红陶。足尖部残。足根部饰弦纹及小圆窝纹，中部饰3个小凹窝纹。残长11.9厘米（图一五五，5）。

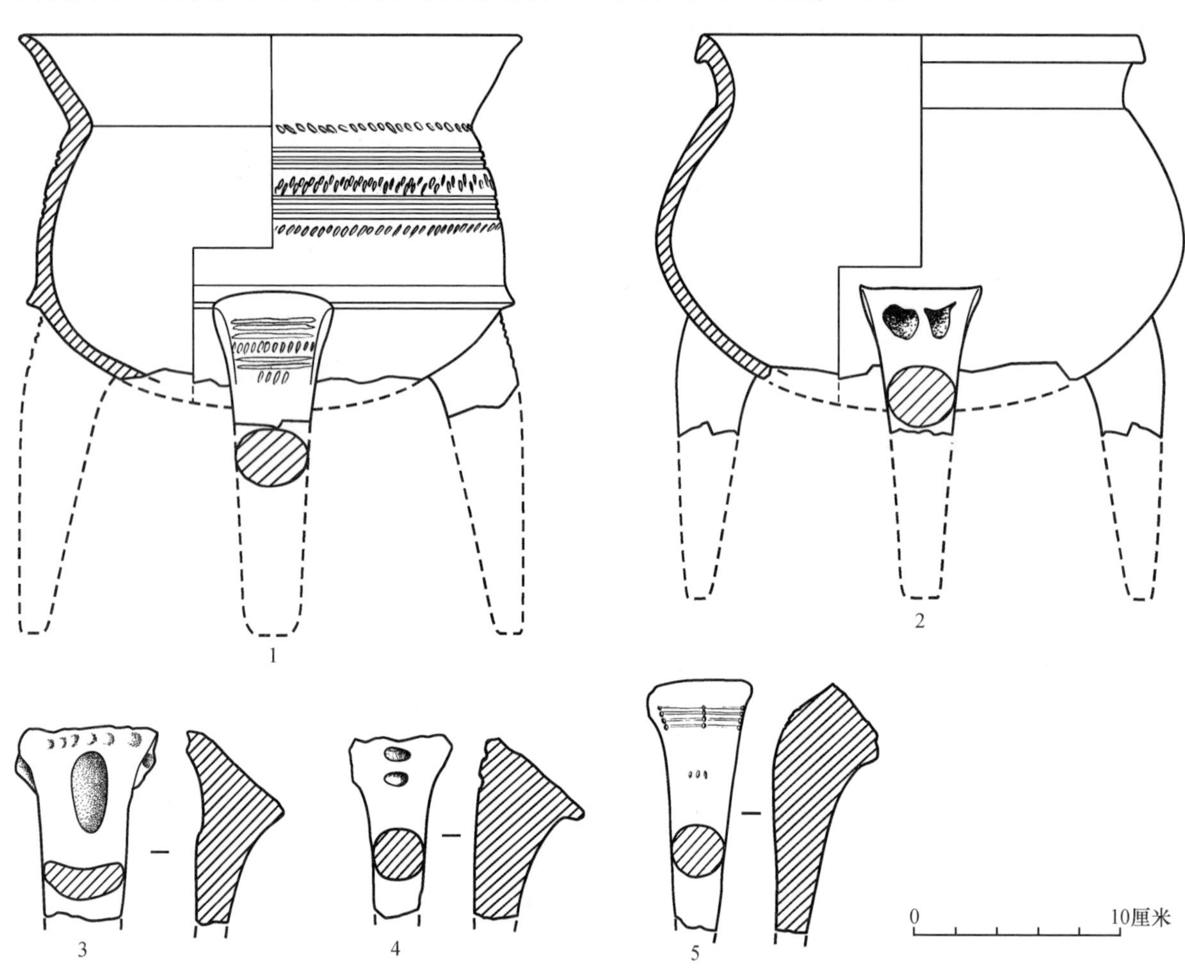

图一五五　H14、H16出土陶器

1. D型Ⅰ式鼎（H14：2）　2. H型鼎（H16：3）　3. A型鼎足（H16：4）　4. D型鼎足（H14：4）　5. J型鼎足（H14：3）

11. H16

该单位出土陶器只见陶鼎一类器物。共选标本3件，现介绍2件如下。

陶鼎　H型，1件。卷沿，束颈，浅鼓腹。标本H16：3，夹砂羼炭红陶，器表红衣脱落殆尽。尖唇，唇沿外翻，底残。弓背圆柱形足均残，横截面近圆形。鼎身素面，足根部饰深按窝。口径21.2、腹径25.7、残高19.0厘米（图一五五，2；彩版三二，2；图版四一，2）。

陶鼎足　A型，2件。宽扁凹足，横截面略呈新月形。标本H16：4，夹砂羼炭红陶。质轻，足下部残。足根部饰一排浅按窝，其下饰一长椭圆形深按窝，两侧各饰一按窝。残长9.2厘米（图一五五，3）。

12. H17

该单位出土陶器包括鼎、罐、钵、盆、盘、豆、杯、器盖等。共选标本34件，现介绍20件如下。

陶鼎　I型，3件。卷沿，深鼓腹。标本H17：30，夹砂红陶，微偏黄，局部有烟黑。圆唇，底、足残。口外素面，器身饰粗绳纹。口径18.6、腹径21.4、残高17.6厘米（图一五六，1；彩版三二，3；图版四一，3）。标本H17：17，该器底部带足，陶片未能拼上，属鼎无疑。夹砂黑褐陶，器表有较多烟黑。圆唇，束颈，底、足残。口部素面，颈以下饰绳纹，纹痕较深。口径20.8、腹径21.3、残高14.1厘米（图一五六，2；图版四二，1）。

陶鼎足　A型，2件。宽扁凹足，横截面略呈新月形。标本H17：38，夹砂羼炭褐陶。质轻，足下部残断。足上部饰长椭圆形按窝。残长11.8厘米（图一五六，5）。

B型，4件。宽扁足，横截面略呈半椭圆形。标本H17：34，夹砂红褐陶。足根部饰一按窝。长8.8厘米（图一五六，3）。标本H17：39，夹砂灰褐陶。质重。足根部饰一按窝。长8.2厘米（图一五六，4）。

C型，5件。扁凿形足，横截面略呈长椭圆形或半椭圆形。标本H17：36，夹砂红褐陶，偏黄。横截面略呈长椭圆形。足上部饰篦点短斜线纹、横带纹、勾连纹及垂帘形纹。长12.7厘米（图一五六，6；图版四二，2）。标本H17：33，夹砂深红陶。体形较大。足下部残断。足上部饰短斜线纹、成组短竖线纹、弦纹及菱形组合纹，根部两角各饰一乳钉状泥突。残长11.8厘米（图一五六，7；图版四二，3）。

陶罐　A型Ⅱ式，3件。敞口，折沿较甚，近似卷沿，圆肩，深鼓腹。标本H17：20，夹砂红陶。胎较厚。圆唇，下腹及底残。素面。口径22.1、腹径24.3、残高13.0厘米（图一五七，1）。标本H17：13，夹砂红陶，器表有大片灰黑斑。圆唇，下腹及底残。素面。口径22.8、腹径25.9、残高15.4厘米（图一五七，2）。

G型Ⅱ式，1件。直口矮领，广肩，鼓腹较甚。标本H17：29，夹砂羼炭红陶，微偏黄，局部有烟黑。方唇，小口、鼓腹、圜底，整器似壶。领部素面，腹、底饰近似方形的凹窝纹。口径14.6、腹径29.5、高25.4厘米（图一五七，3；彩版三二，4；图版四一，4）。

陶钵　D型，2件。敞口微外折，浅斜腹，圜底。标本H17：2，泥质白陶，局部有烟黑。

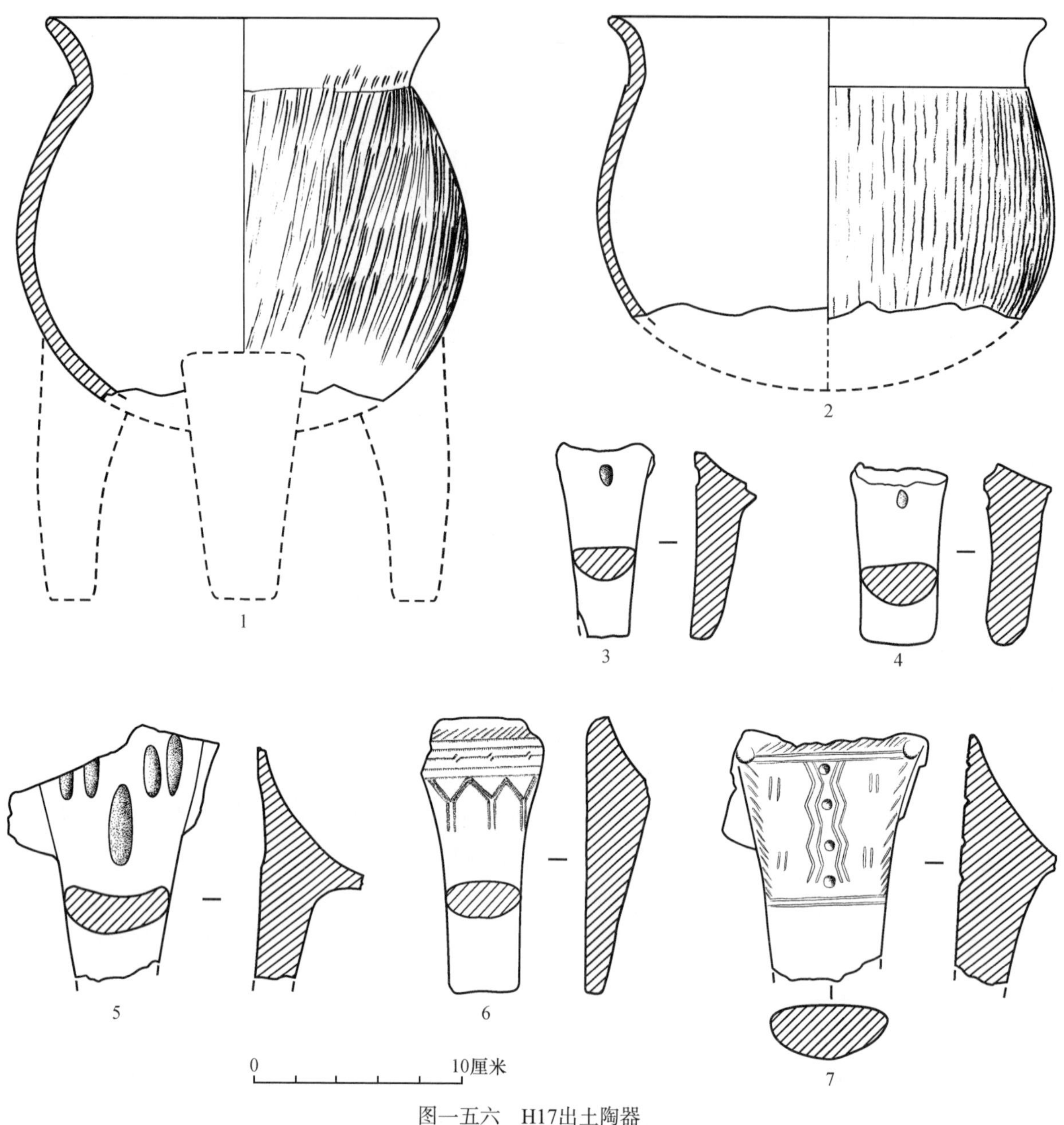

图一五六　H17出土陶器

1、2. I型鼎（H17：30、H17：17）　3、4. B型鼎足（H17：34、H17：39）　5. A型鼎足（H17：38）　6、7. C型鼎足（H17：36、H17：33）

圆唇内切，圜底残。口外施深红彩，盘腹饰篦点横带纹、短竖线纹及长方格纹，近底部饰篦点横带纹及带窝盾形组合纹。口径16.1、残高5.4厘米（图一五七，4）。

陶盆　A型，1件。卷沿，深腹微鼓，圜底。标本H17：18，夹砂红陶。质重。圆唇，一侧带流。素面。口径（含流）21.4、腹径19.8、高14.4厘米（图一五七，5；彩版三三，1；图版四二，4）。

陶豆　B型Ⅱ式，5件。口内折较甚，折棱明显，深弧腹盘，高柄足。标本H17：14，泥质深红陶，器表施薄层黑衣。质重。尖唇，底及柄、足残。素面。口径23.2、残高9.3厘米

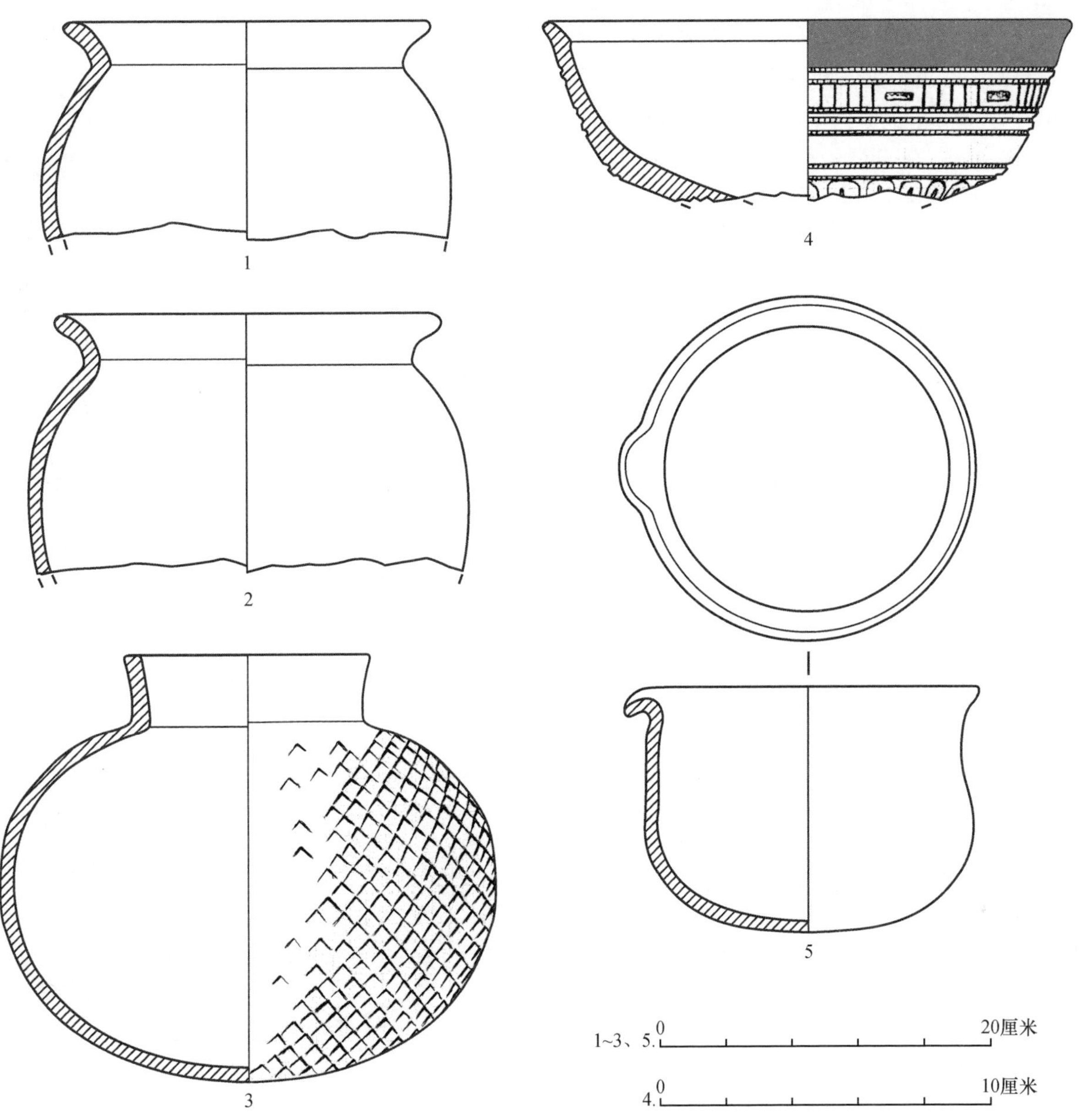

图一五七　H17出土陶器

1、2. A型Ⅱ式罐（H17：20、H17：13）　3. G型Ⅱ式罐（H17：29）　4. D型钵（H17：2）　5. A型盆（H17：18）

（图一五八，1；图版四二，5）。标本H17：15，夹砂羼炭褐陶，内、外均有较多黑斑。质轻。尖唇，柄、足残。素面。口径20.8、残高10.2厘米（图一五八，2；图版四二，6）。标本H17：21，夹砂羼炭褐陶，器表有薄层酱黑衣。质重。尖唇，足残。柄残见镂孔，余素面。口径24.7、残高14.6厘米（图一五八，3；图版四三，1）。

陶豆足　E型，3件。细柄喇叭形高足，足沿外撇或外折。标本H17：26，夹砂羼炭红陶。厚胎。足沿外撇。柄饰两道凸棱，余素面。足径14.2、残高9.9厘米（图一五八，4；图版四三，2）。标本H17：23，泥质黑陶。足沿外折。足饰三组弦纹及三列三角形镂孔。足径15.6、残高15.8厘米（图一五八，5；彩版三三，2；图版四三，3）。

陶盘　A型Ⅱ式，2件。弧腹盘较浅。标本H17：32，泥质深红陶，器表施白衣。厚圆唇，口微敞，足残。盘腹饰篦点水波纹及篦点横带纹，二者之间盘壁微内凹，并填粉状红彩。口径20.7、残高4.0厘米（图一五八，6；图版四三，4）。

陶器盖　C型，1件。盖沿微内敛，弧腹盖。标本H17：6，夹砂红陶。胎厚，质重。深弧腹盖，实心双叉式纽残。素面。盖径14.1、残高7.9厘米（图一五八，7；图版四三，5）。

陶杯　B型，2件。直口，折腹，小圈足。标本H17：24，泥质灰陶，器表有薄层灰黑衣。薄胎。圆唇，底、足残。素面。口径10.4、残高7.4厘米（图一五八，8；图版四三，6）。

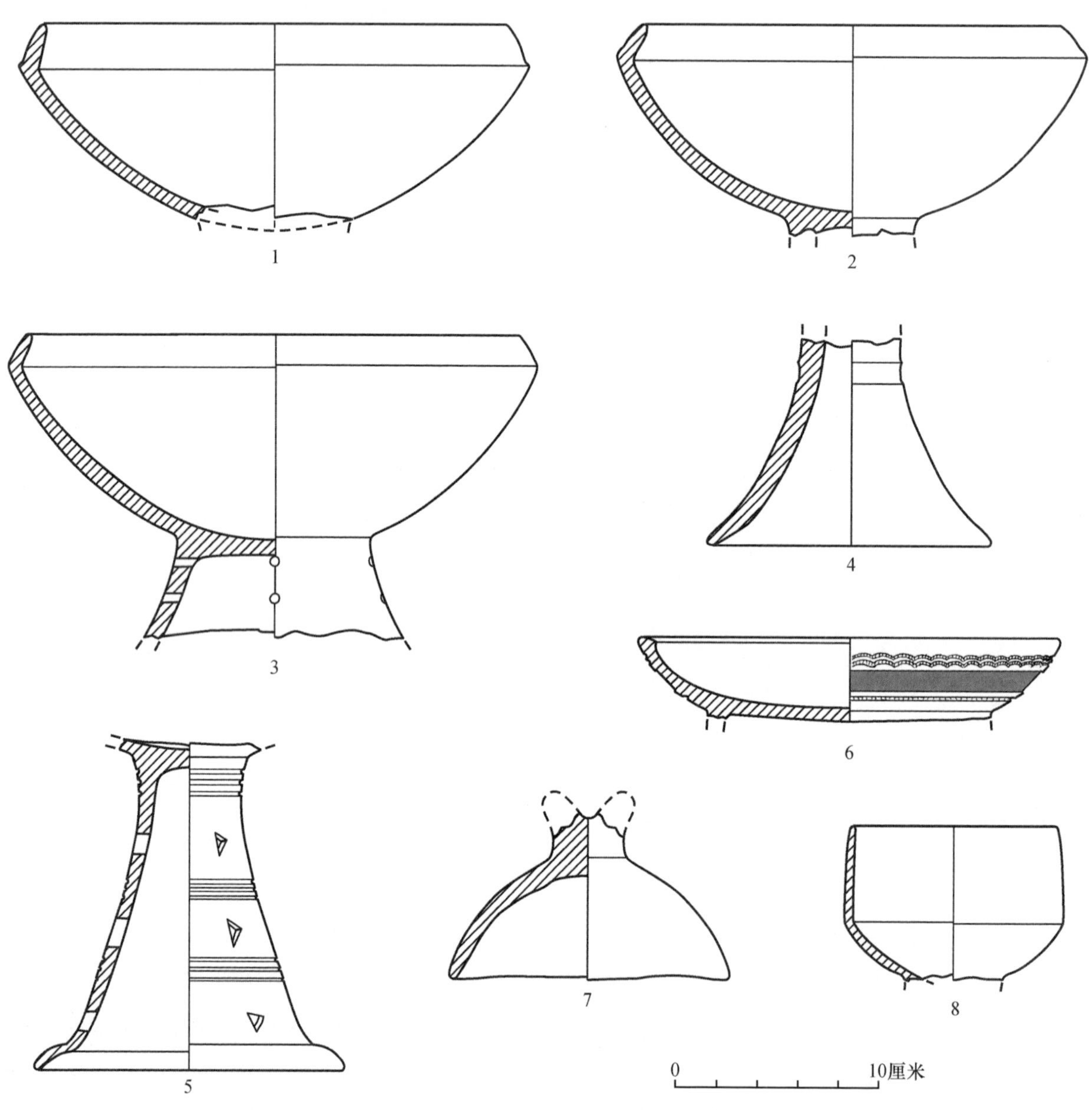

图一五八　H17出土陶器

1～3. B型Ⅱ式豆（H17：14、H17：15、H17：21）　4、5. E型豆足（H17：26、H17：23）　6. A型Ⅱ式盘（H17：32）　7. C型器盖（H17：6）　8. B型杯（H17：24）

13. H18

该单位出土陶器包括鼎、釜、罐、缸、甑、豆、碗、钵、器盖、鋬耳等。共选标本49件，现介绍27件如下。

陶鼎　B型Ⅰ式，2件。宽仰折沿似矮领，沿面微内凹，圆肩，浅鼓腹。标本H18：57，夹砂红陶，偏黄。圆唇，侈口，肩微耸，底、足残。上腹饰勾连纹、细密长椭圆形纹及弦纹，余素面。口径23.8、腹径24.8、残高13.6厘米（图一五九，1）。

C型Ⅱ式，3件。折沿较甚，沿面外弧，溜肩，深鼓腹。标本H18：3，夹砂红陶。圆唇，宽仰折沿，下腹及底、足残。口外饰密集弦纹，肩及上腹饰细密长椭圆形纹、篦点勾连纹及浅细弦纹。口径23.0、残高10.4厘米（图一五九，2）。

D型Ⅰ式，3件。仰折沿，沿面微内凹，斜肩，垂腹。标本H18：59，夹砂红陶。质重。圆唇，侈口，底、足残，已修复。上腹饰两组弦纹，余素面。口径26.6、腹径25.8、残高14.5厘米（图一五九，3；彩版三三，3；图版四四，1）。

D型Ⅱ式，3件。标本H18：47，折沿较甚，沿面外弧，斜肩，垂腹。夹砂黑褐陶，质重。尖唇，宽折沿，底、足残。上腹饰两组弦纹，余素面。口径27.5、腹径27.5、残高14.1厘米（图一五九，4；图版四四，2）。

E型Ⅰ式，1件。折沿，沿面微内凹，折肩。标本H18：52，夹砂深红陶。胎较薄。圆唇，侈口，宽仰折沿，宽折肩，腹及底、足残。口部素面，肩部饰篦点勾连纹、细密长椭圆形纹及细弦纹。口径24.0、肩径27.5、残高10.6厘米（图一五九，5）。

陶鼎足　A型，2件。宽扁凹足，横截面略呈新月形。标本H18：87，夹砂羼炭红陶。足尖略残。足根部残见2个按窝。长13.6厘米（图一五九，6）。

F型，1件。舌形足，足身微内弧，足尖外撇，横截面呈椭圆形。标本H18：84，夹砂红陶。足根部残见2个按窝。残长14.7厘米（图一五九，7）。

K型，3件。弓背凿形足，横截面近三角形。标本H18：88，夹砂红陶。足尖部残断。足上部饰圆窝纹及弦纹。残长13.8厘米（图一五九，8）。

陶釜　B型Ⅰ式，2件。折沿，沿面斜直，溜肩，深鼓腹。标本H18：61，夹砂红褐陶。体形较大，质重。圆唇，下腹及底残。素面。口径31.9、残高10.6厘米（图一六〇，1）。

陶罐　C型，1件。小直口，圆肩，鼓腹较甚。标本H18：58，夹砂红褐陶，偏灰黄。胎厚。体小，整器似壶。尖唇，扁鼓腹，大圜底。素面。口径8.6、腹径14.0、高12.7厘米（图一六〇，2；彩版三三，4；图版四四，3）。

陶缸　C型，3件。折沿，近筒形腹，圜底。标本H18：54，夹砂红陶。体形较大。胎厚，质重。口部残。素面。复原口径28.6、复原高29.5厘米（图一六〇，3；图版四四，4）。标本H18：49，夹砂红陶。体形较小。胎厚，质重，内壁凹凸不平。口部略残。素面。复原口径16.2、复原高13.1厘米（图一六〇，4；图版四四，5）。

陶甑　B型，2件。卷沿，浅鼓腹。标本H18：48，夹砂红褐陶。圆唇，束颈。口部素面，颈部匀称分布四组箅孔，每组4孔，腹及底部箅孔较密。口径20.2、腹径19.1、高14.8厘米（图

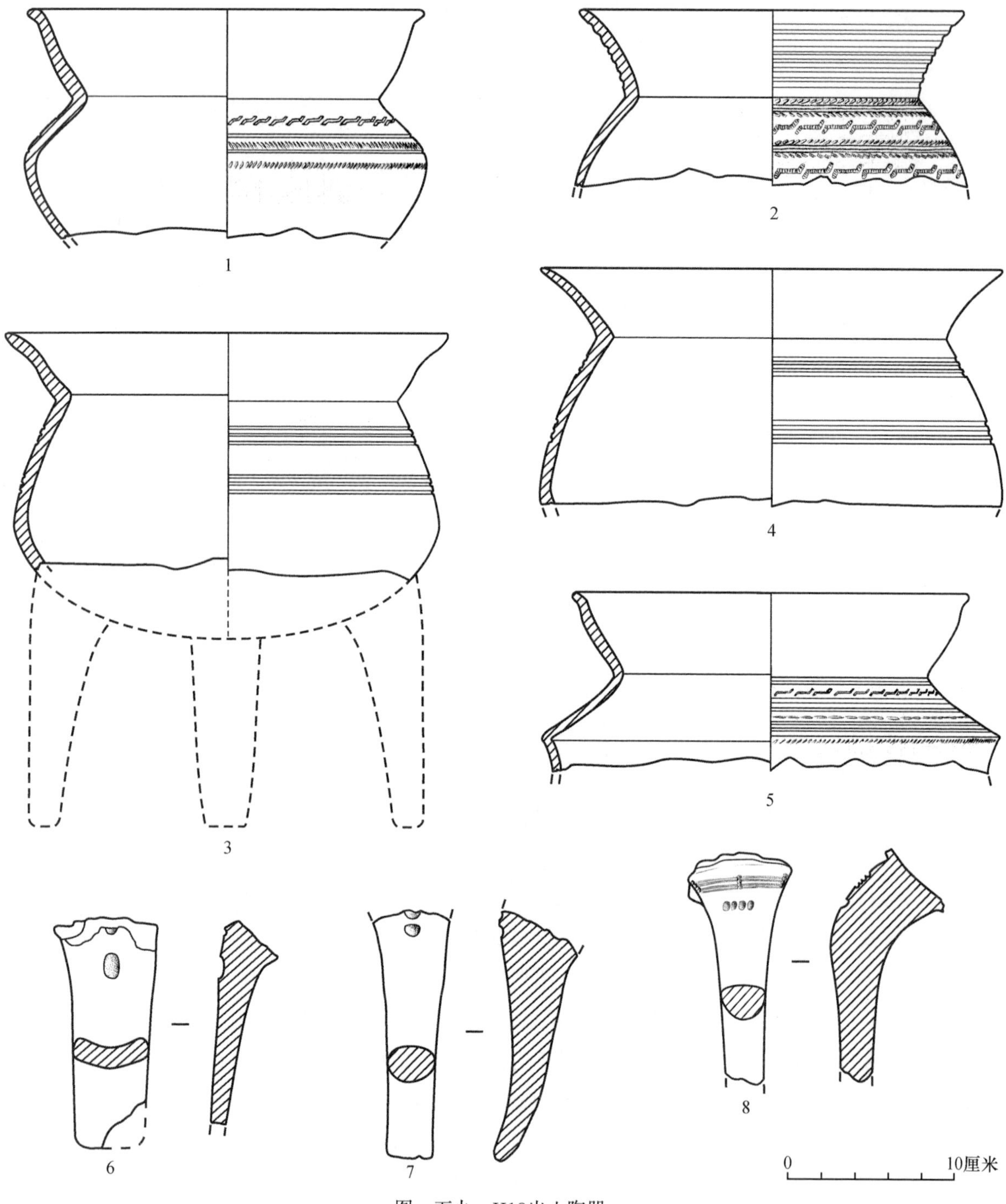

图一五九　H18出土陶器

1. B型Ⅰ式鼎（H18∶57）　2. C型Ⅱ式鼎（H18∶3）　3. D型Ⅰ式鼎（H18∶59）　4. D型Ⅱ式鼎（H18∶47）　5. E型Ⅰ式鼎（H18∶52）　6. A型鼎足（H18∶87）　7. F型鼎足（H18∶84）　8. K型鼎足（H18∶88）

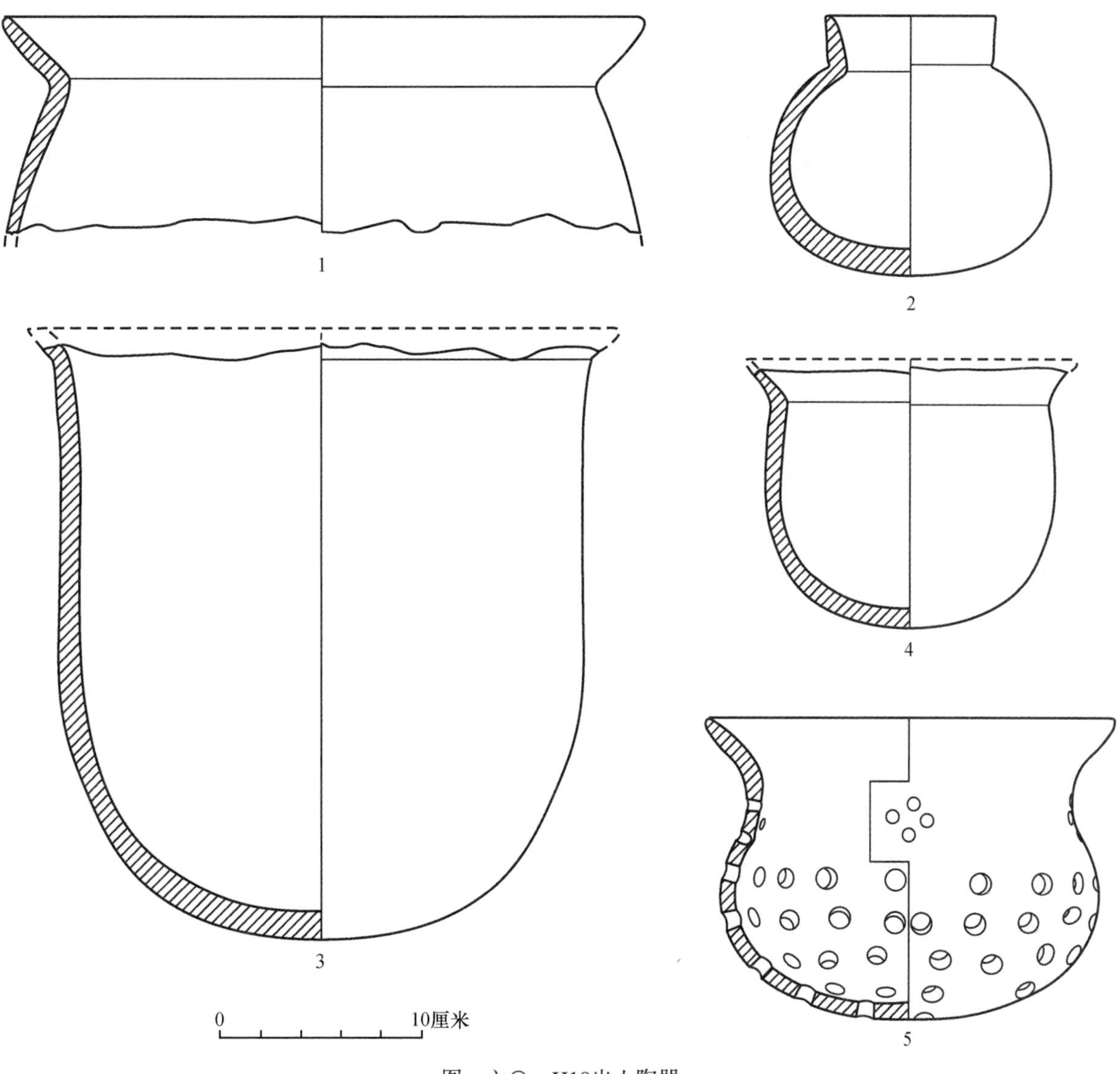

图一六○　H18出土陶器

1. B型Ⅰ式釜（H18：61）　2. C型罐（H18：58）　3、4. C型缸（H18：54、H18：49）　5. B型甑（H18：48）

一六○，5；图版四四，6）。

陶豆　A型Ⅱ式，5件。内折口，浅弧腹盘。标本H18：53，泥质浅红陶。厚胎。尖唇，足残。素面。口径22.1、残高7.0厘米（图一六一，1；彩版三四，1；图版四五，1）。标本H18：76，泥质灰陶。胎较薄。尖唇，底、足残。素面。口径22.2、残高4.4厘米（图一六一，2）。

陶豆足　A型，2件。台式足，足沿外撇。标本H18：25，泥质红陶。足上部台面残，下部饰短线纹、折线纹、细弦纹及大小不一的镂孔。足径13.8、残高4.4厘米（图一六一，3）。

D型，1件。喇叭形高足，足沿外撇较甚。标本H18：19，泥质白陶。足上部残。上饰浅细长椭圆形纹及圆形、菱形镂孔。足径14.8、残高3.3厘米（图一六一，4）。

F型，2件。喇叭形矮足，足沿外撇。标本H18：83，泥质红陶。足饰两组细弦纹及4个大型镂孔。足径13.5、残高7.6厘米（图一六一，5；图版四五，2）。

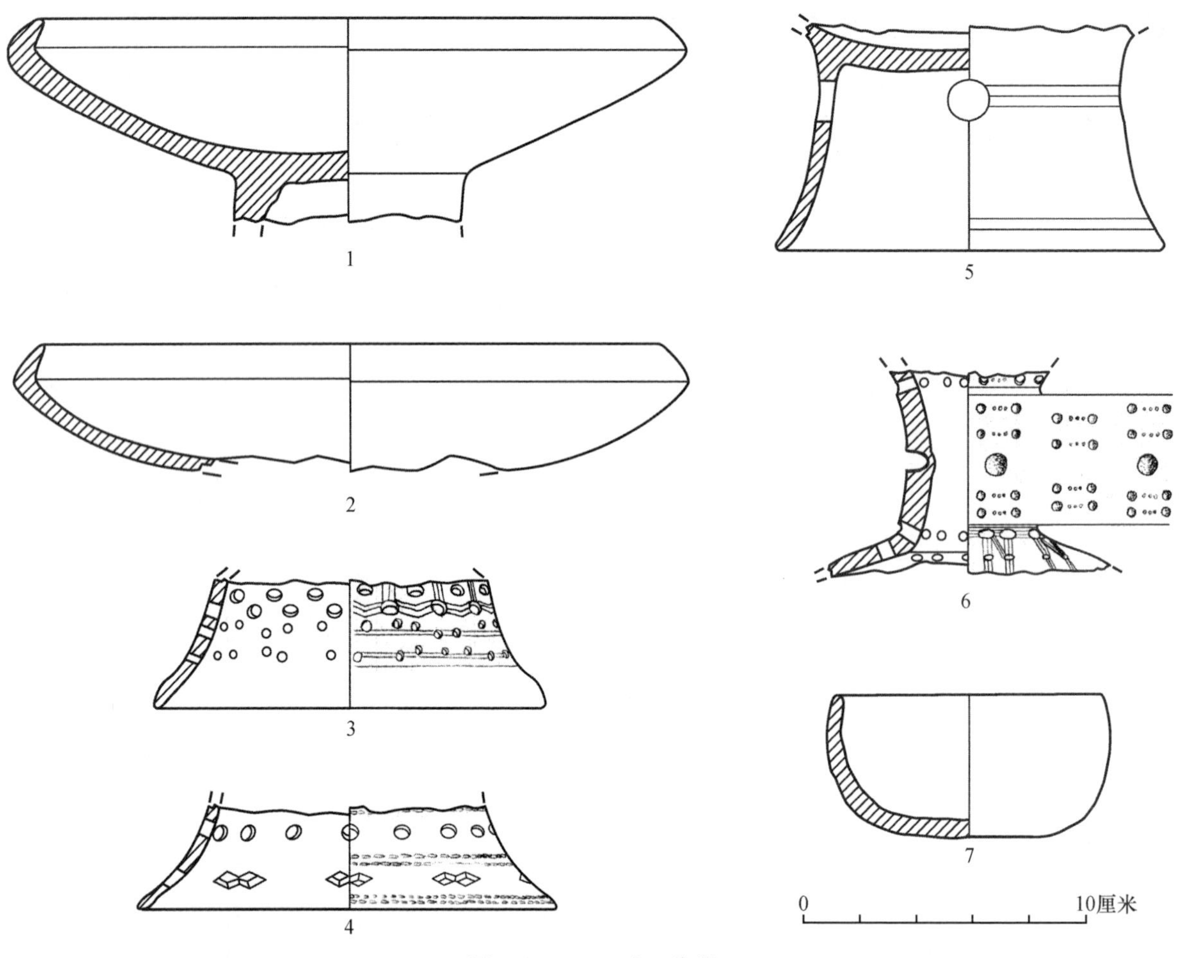

图一六一　H18出土陶器

1、2. A型Ⅱ式豆（H18：53、H18：76）　3. A型豆足（H18：25）　4. D型豆足（H18：19）　5. F型豆足（H18：83）　6. 豆柄（H18：78）　7. A型Ⅰ式钵（H18：44）

陶豆柄　1件。标本H18：78，泥质红陶。束腰细高柄。柄部饰成组圆窝纹和篦点纹，中部有3个较大但未穿透器壁的圆窝纹，台面残见镂孔及短线纹。残高6.7厘米（图一六一，6）。

陶钵　A型Ⅰ式，1件。敛口，浅弧腹，平底。标本H18：44，泥质浅红陶。体小，器表凹凸不平。圆唇，口微敛，缓平底。素面。口径10.0、底径9.3、高4.9厘米（图一六一，7；图版四五，3）。

陶碗　B型Ⅰ式，4件。折沿，弧腹较深。标本H18：55，泥质浅红陶。胎较薄。圆唇，底及圈足残。素面。口径23.7、残高8.1厘米（图一六二，1；图版四五，4）。标本H18：56，泥质灰红陶。胎较厚。圆唇，圈足残。素面。口径23.4、残高9.9厘米（图一六二，2；图版四五，5）。

陶器盖　A型，5件。盖沿外折，深弧腹盖。标本H18：69，泥质灰陶，偏黄。盖沿外折较甚。桥形纽残。素面。盖径20.0、残高7.1厘米（图一六二，3）。标本H18：62，泥质红陶。盖沿不平整。宽扁薄桥形纽。素面。盖径16.7、通高9.8厘米（图一六二，5；彩版三四，2；图版四五，6）。标本H18：51，夹砂灰褐陶。盖沿微外折。桥形纽残。素面。盖径15.8、残高6.2厘米（图一六二，6；图版四六，1）。

D型，1件。浅碟形盖。盖沿外翻，浅斜腹盖，盖底平坦，桥形纽内置于盖底部。标本H18：50，泥质深红陶。质重。内置圆柱状纽残。素面。盖径18.3、盖高3.2厘米（图一六二，4；图版四六，2）。

陶鋬耳　1件。标本H18：64，夹砂红陶。宽扁弯钩形。素面。耳宽5.4厘米（图一六二，7）。

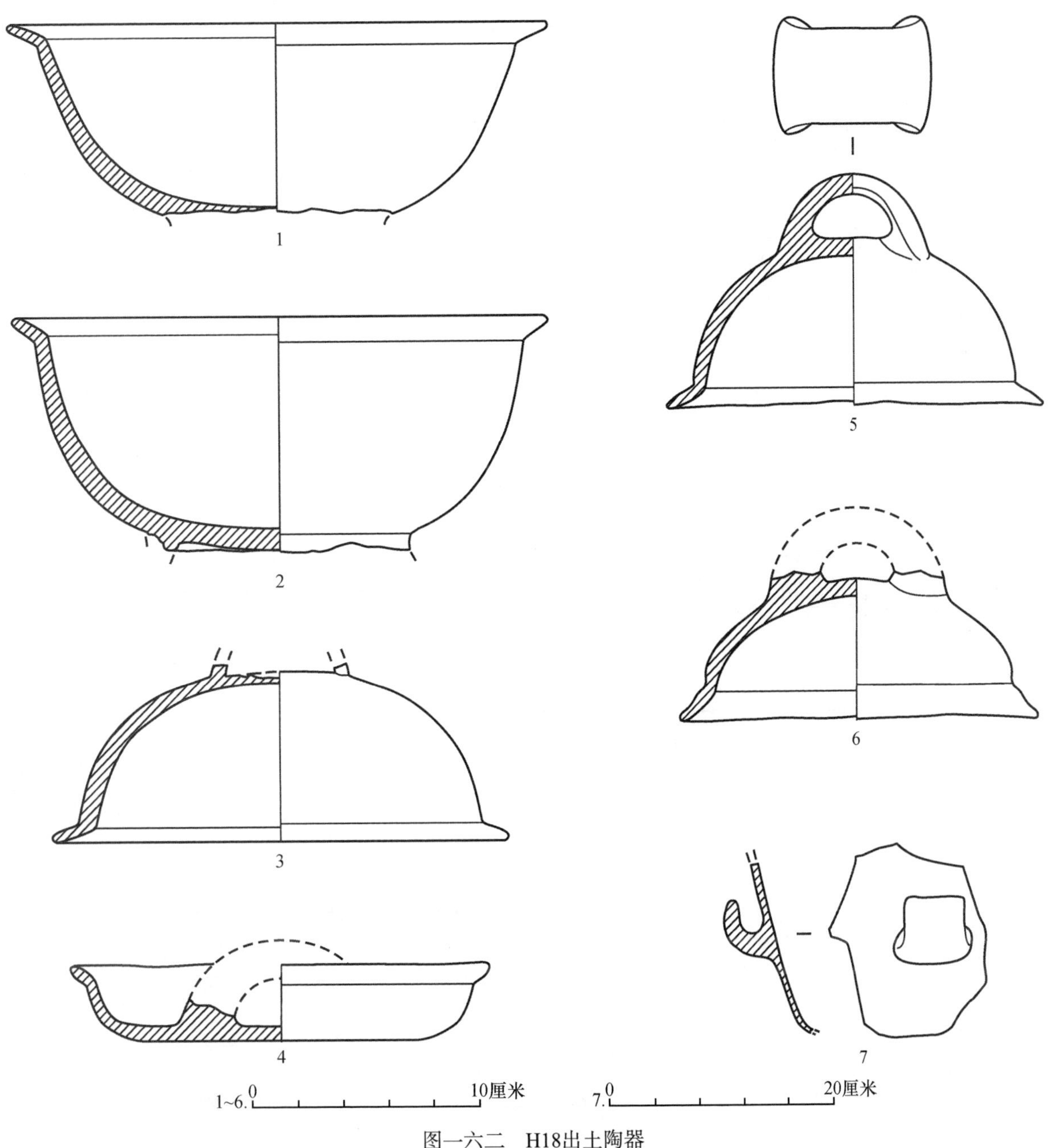

图一六二　H18出土陶器

1、2. B型Ⅰ式碗（H18：55、H18：56）　3、5、6. A型器盖（H18：69、H18：62、H18：51）　4. D型器盖（H18：50）　7. 鋬耳（H18：64）

14. H19

该单位出土陶器较少，仅见盘及鼎足。共选标本3件，现介绍2件如下。

陶盘　B型，1件。浅弧腹盘。标本H19：1，泥质白陶。圆唇，口微敞，足残。盘腹仅见两道细划纹，余素面。口径20.0、残高5.1厘米（图一六三，1）。

陶鼎足　C型，2件。扁凿形足，横截面略呈长椭圆形。标本H19：6，夹砂红陶。足下部残断。足饰弦纹、短竖线纹、圆窝纹、垂帘纹及弦纹。残长11.3厘米（图一六三，2）。

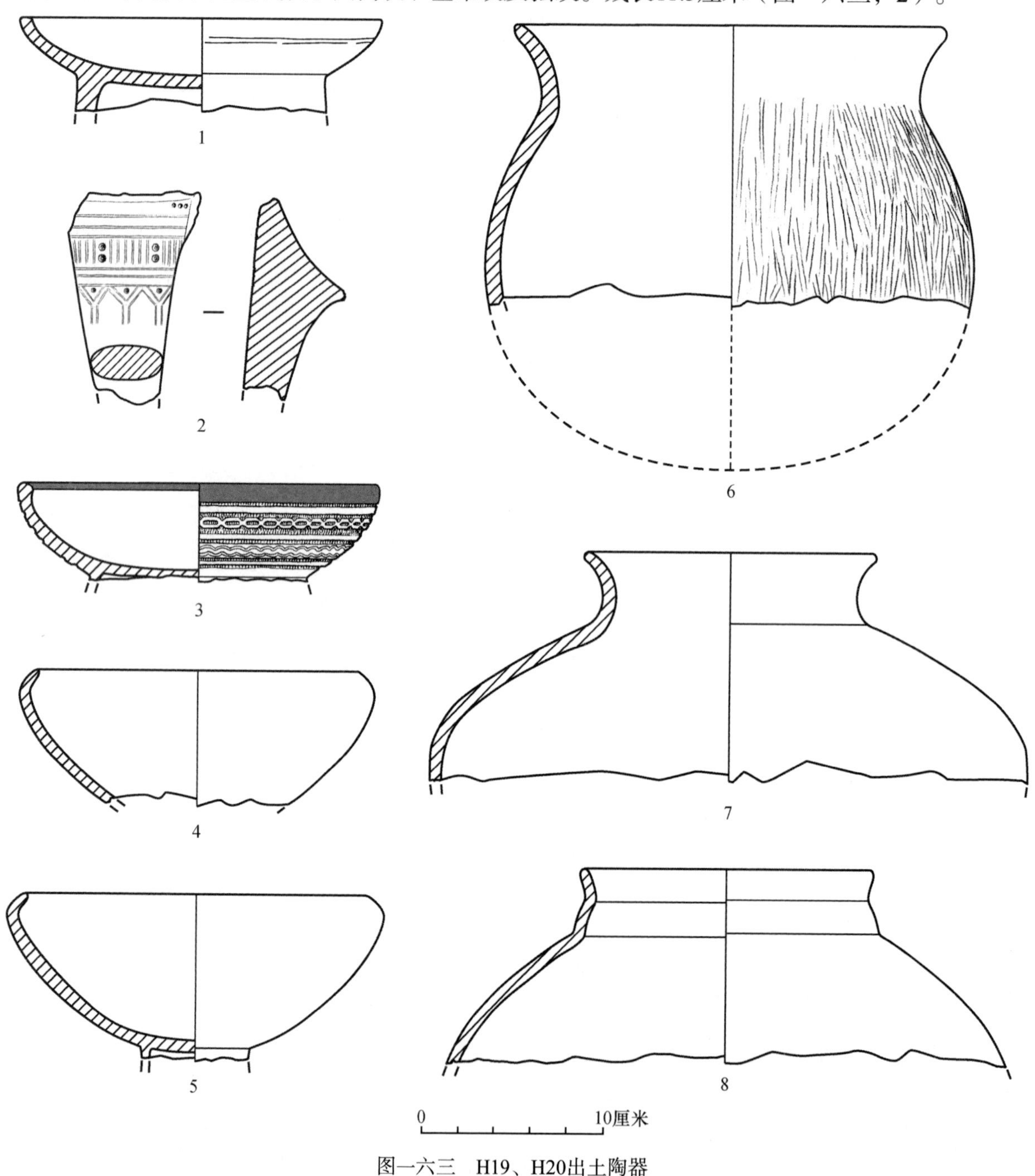

图一六三　H19、H20出土陶器

1. B型盘（H19：1）　2. C型鼎足（H19：6）　3. A型Ⅰ式盘（H20：13）　4、5. D型豆（H20：9、H20：7）　6. Ⅰ型鼎（H20：14）　7. B型罐（H20：6）　8. D型罐（H20：15）

15. H20

该单位出土陶器包括鼎、罐、盘、豆等。共选标本11件，现介绍6件如下。

陶盘　A型Ⅰ式，2件。弧腹盘略深。标本H20：13，泥质红陶，器表施灰白衣。厚圆唇，口微敛，足残。唇内及口外施深红彩，盘腹饰篦点横带纹、水波纹及连珠纹。口径19.8、残高5.2厘米（图一六三，3；图版四六，3）。

陶豆　D型，3件。敛口，深弧腹盘。标本H20：9，夹砂羼炭红陶，内暗红。质轻。圆唇近尖，底、足残。素面。口径18.2、残高7.1厘米（图一六三，4）。标本H20：7，夹砂羼炭褐陶，器内外均有较多烟黑斑。质轻。圆唇，足残。素面。口径19.1、残高8.4厘米（图一六三，5；图版四六，4）。

陶鼎　I型，1件。卷沿，深鼓腹。标本H20：14，该器可见带有鼎足的陶片，属鼎无疑。夹砂红陶，微偏黄。器表内、外局部均有烟黑，器内红色。圆唇，束颈，下腹及底、足残。口部素面，腹饰粗绳纹，纹痕深陷。口径22.8、腹径26.8、残高15.1厘米（图一六三，6；图版四六，5）。

陶罐　B型，2件。小口，卷沿，广肩，扁鼓腹。标本H20：6，夹砂羼炭红陶。器表有薄层黑衣，光滑，内红褐色。圆唇，腹及底残。素面。口径16.0、肩径32.4、残高12.2厘米（图一六三，7；图版四六，6）。

D型　3件。小口微敞，曲沿，圆肩，鼓腹较甚。标本H20：15，夹砂羼炭红陶。质轻。圆唇，下腹及底残。素面。口径15.8、残高10.4厘米（图一六三，8）。

16. H21

该单位出土陶器包括鼎、盘、豆、器盖等。共选标本15件，现介绍8件如下。

陶鼎足　D型，2件。圆柱形足，横截面近圆形。标本H21：20，夹砂红陶。足下部残断。足上部饰成组短竖线纹及篦点菱形几何纹。残长12.3厘米（图一六四，1）。

K型　3件。弓背凿形足，横截面近三角形。标本H21：19，夹砂红陶。足上部饰细弦纹及成组圆窝纹。长17.6厘米（图一六四，2；图版四七，1）。

M型　3件。矮足，横截面近方形或椭圆形。标本H21：14，夹砂灰褐陶。凿形足，横截面近方形。足根部饰圆窝纹。长7.0厘米（图一六四，3；图版四七，2）。标本H21：17，夹砂红陶。足尖略残。弓背柱状足，横截面近椭圆形。足根部饰圆窝纹。残长9.1厘米（图一六四，4）。

陶盘　A型Ⅰ式，2件。弧腹盘略深。标本H21：12，泥质红陶，器表施灰白衣。厚圆唇，口微敛，足残。盘腹饰篦点横带纹及水波纹，足残见一道弦纹。口径18.2、残高5.6厘米（图一六四，5；图版四七，3）。

陶盘足　A型，3件。高圈足。标本H21：7，泥质红陶。上部残见镂孔及盾形组合纹，中部饰弦纹及细划纹，足下部施粉状红彩。足径19.1、残高8.2厘米（图一六四，6）。

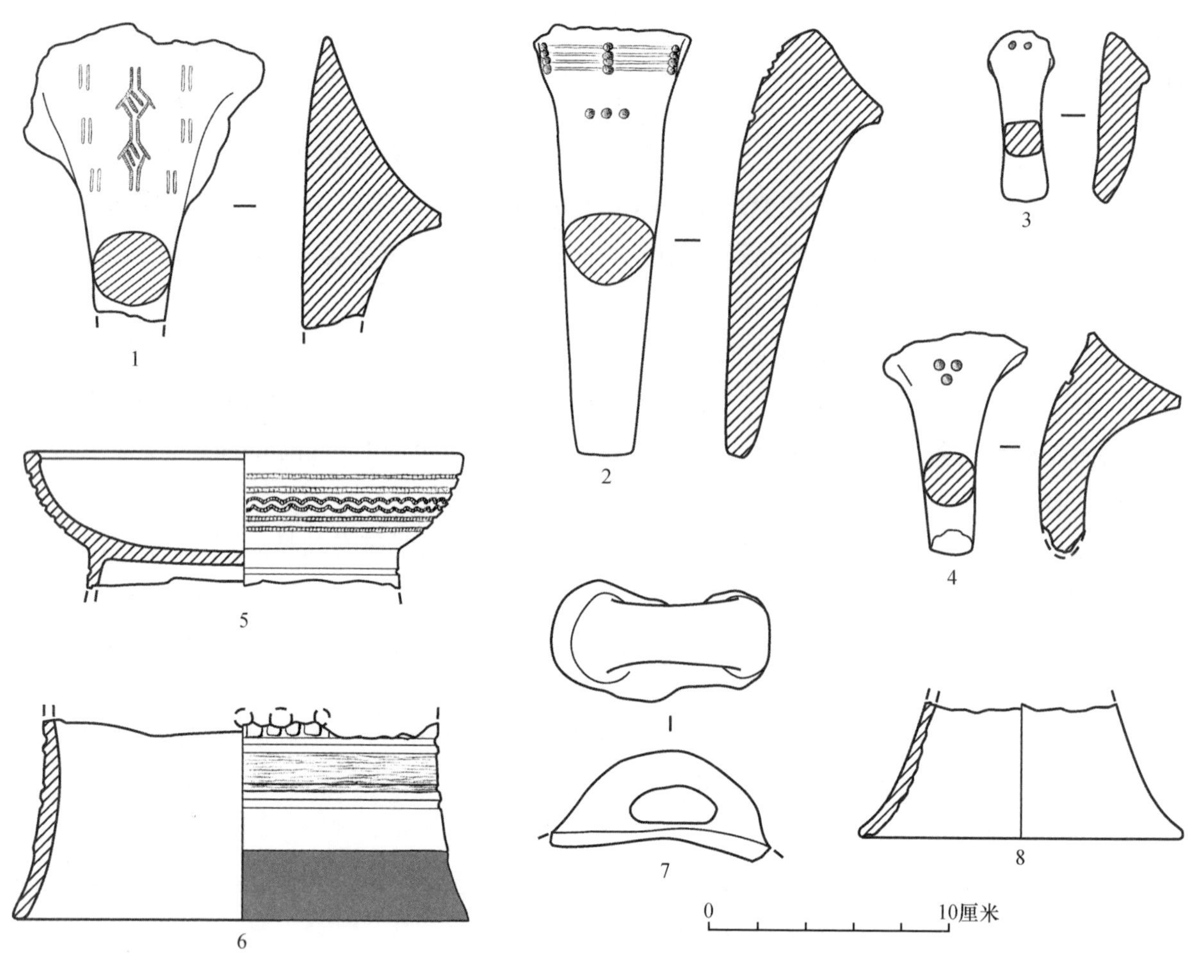

图一六四　H21出土陶器

1. D型鼎足（H21：20）　2. K型鼎足（H21：19）　3、4. M型鼎足（H21：14、H21：17）　5. A型Ⅰ式盘（H21：12）　6. A型盘足（H21：7）　7. 盖纽（H21：8）　8. E型豆足（H21：10）

陶豆足　E型，1件。细喇叭形高足，足沿外撇。标本H21：10，泥质浅红陶。足上部残，内壁凹凸不平。素面。足径13.5、残高5.6厘米（图一六四，8）。

陶盖纽　1件。标本H21：8，泥质深红陶。柱状桥形纽。素面。纽径2.4、纽高3.2厘米（图一六四，7）。

17. H22

该单位出土陶器包括鼎、盘、豆等。共选标本9件，现介绍5件如下。

陶盘　A型Ⅰ式，3件。弧腹盘略深。标本H22：4，泥质红陶，内外均施白衣。厚圆唇，口微敛，足残。唇内及口外施红彩带，盘腹饰篦点水波纹及弦纹。口径21.8、残高5.7厘米（图一六五，1；图版四七，4）。标本H22：5，泥质浅红陶，器表施白衣。厚圆唇，足残。盘腹中部饰浅浮雕式鱼形组合纹，余素面。口径21.7、残高6.1厘米（图一六五，2；彩版三四，3；图版四七，5）。

陶豆足　F型，2件。喇叭形矮足，足沿外撇。标本H22：2，泥质红陶，器表施红衣。

足饰深圆窝纹及篦点纹，足沿饰一周篦点长椭圆形纹。足径13.9、残高5.2厘米（图一六五，3）。

陶鼎足　F型，2件。舌形足，顶部有一斜平台，足身内弧，横截面呈椭圆形。标本H22：9，夹砂灰褐陶。足下部残断。足上部饰凹窝纹。残长11.3厘米（图一六五，4）。

H型　2件。宽扁足，横截面呈长方形。标本H22：8，夹砂羼炭褐陶，微偏灰。足尖略残。足上部饰长椭圆形纹、圆窝纹及弦纹。长11.3厘米（图一六五，5；图版四七，6）。

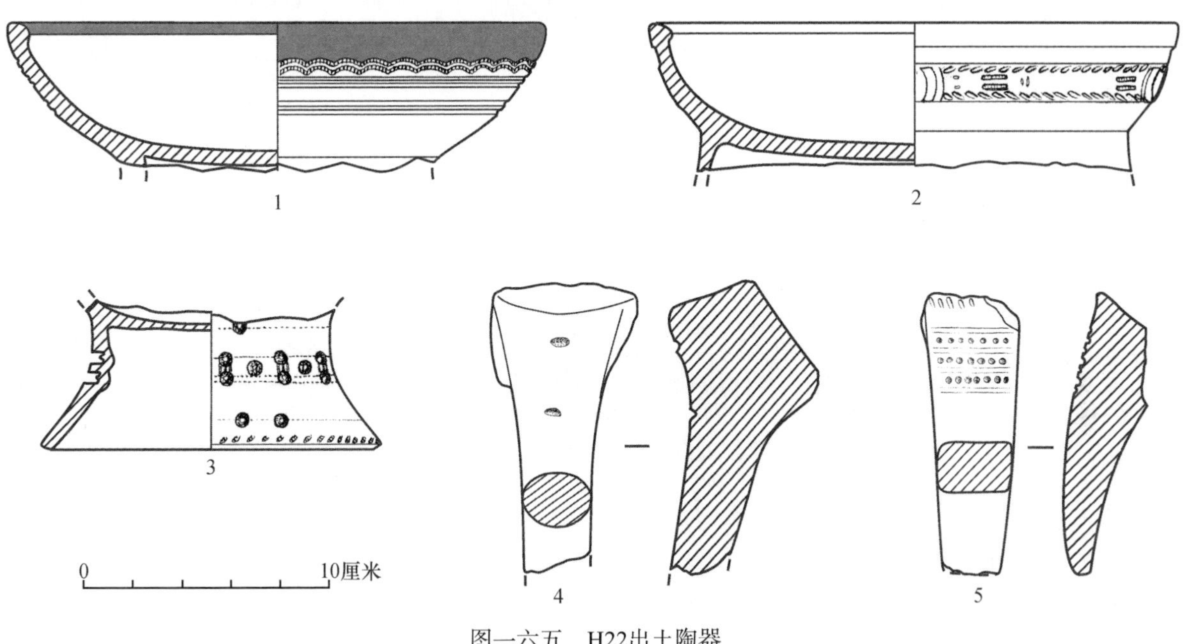

图一六五　H22出土陶器

1、2. A型Ⅰ式盘（H22：4、H22：5）　3. F型豆足（H22：2）　4. F型鼎足（H22：9）　5. H型鼎足（H22：8）

18. H23

该单位出土陶器包括鼎、甑、豆、碗及器盖等。共选标本11件，现介绍6件如下。

陶鼎足　D型，2件。圆柱形足，横截面近圆形。标本H23：12，夹砂红陶。足下部残断。足上部饰篦点雨线状几何纹。残长12.8厘米（图一六六，1）。

J型　3件。弓背圆柱形足，横截面近圆形。标本H23：13，夹砂红陶。足根部饰两个圆窝纹。长12.3厘米（图一六六，2）。

陶甑　B型，2件。卷沿，浅鼓腹。标本H23：9，夹砂灰褐陶，局部有黑斑。圆唇近尖，卷沿较甚。口部素面，腹、底饰粗绳纹及密集箅孔。口径24.6、腹径25.7、高16.9厘米（图一六六，3；彩版三四，4；图版四八，1）。

陶碗足　1件。标本H23：2，泥质红褐陶。质轻。粗矮圈足。碗腹部残见一周附加堆纹，余素面。足径6.8、残高3.2厘米（图一六六，4）。

陶豆柄　2件。均为腰鼓形柄。标本H23：8，泥质红陶，外施红衣。柄饰两周篦点横带纹，其间饰三组竖向连戳细圆窝纹，每组3列，并间以3个大型镂孔，余素面。残高7.2厘米（图一六六，5）。

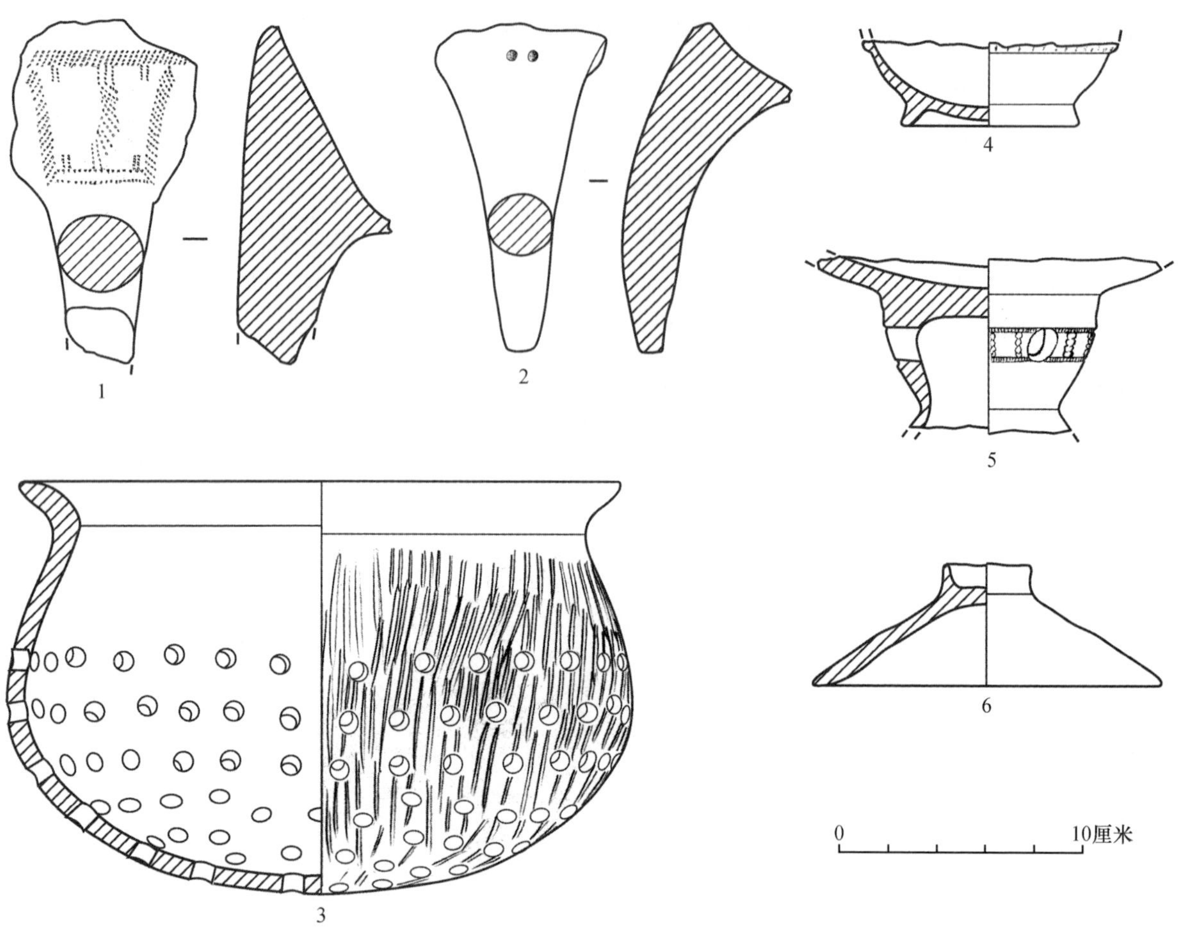

图一六六　H23出土陶器

1. D型鼎足（H23：12）　2. J型鼎足（H23：13）　3. B型甑（H23：9）　4. 碗足（H23：2）　5. 豆柄（H23：8）
6. B型器盖（H23：6）

陶器盖　B型，1件。盖沿微外侈，浅斜腹盖。标本H23：6，泥质红陶。浅杯形纽。素面。纽径3.2、盖径13.1、通高4.6厘米（图一六六，6；图版四八，2）。

19. H24

该单位出土陶器包括鼎、杯、盘、豆、三足钵、器盖等。共选标本20件，现介绍13件如下。

陶鼎　B型Ⅰ式，3件。均仅存口部。宽折沿似矮领，沿面内凹或斜直。标本H24：1，夹砂红褐陶。圆唇，口微外侈，沿面内凹。口外饰篦点长椭圆形纹、横带纹、圆窝纹及弦纹。口径18.5、残高6.1厘米（图一六七，1）。标本H24：21，夹砂红褐陶。圆唇，折沿较甚，沿面斜直，沿外凹凸不平。口外饰两周反向指甲状水波纹。口径19.8、残高5.4厘米（图一六七，2）。

陶鼎足　D型，2件。圆柱形足，横截面略呈圆形。标本H24：28，夹砂红褐陶。足尖呈蹄形。足饰短线纹及弧线纹，根部两角各饰一小乳钉状泥突。长10.8厘米（图一六七，3；彩版三五，1；图版四八，3）。

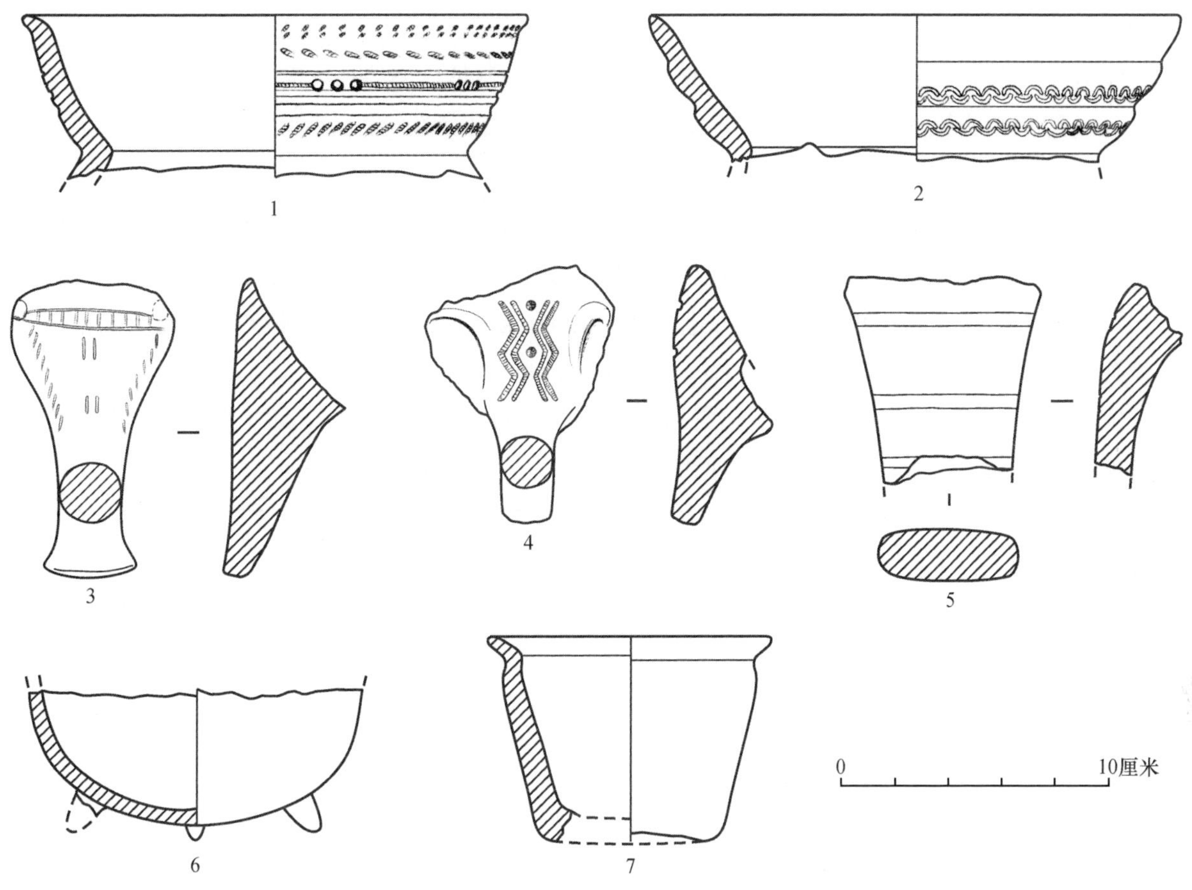

图一六七　H24出土陶器

1、2. B型Ⅰ式鼎（H24：1、H24：21）　3. D型鼎足（H24：28）　4. M型鼎足（H24：29）　5. H型鼎足（H24：33）　6. 三足钵（H24：23）　7. A型Ⅰ式杯（H24：18）

H型，1件。宽扁足，横截面近长方形。标本H24：33，夹砂羼炭褐陶。足下部残断。足饰成组细弦纹。残长7.6厘米（图一六七，5）。

M型，2件。锥形矮足，横截面近圆形。标本H24：29，夹砂红褐陶。足上部饰篦点菱形组合纹，根部两侧各饰一短弧形扉棱状附加堆纹。长9.5厘米（图一六七，4；彩版三五，2；图版四八，4）。

三足钵　1件。标本H24：23，泥质红陶。体小，口部及一足残。弧腹，乳钉状矮足。素面。腹径11.6、残高5.1厘米（图一六七，6）。

陶杯　A型Ⅰ式，2件。折沿，深斜直腹，平底。标本H24：18，夹砂红褐陶。厚胎。圆唇，颈部内凹，平底残。素面。口径10.6、残高7.6厘米（图一六七，7）。

陶盘　B型，3件。敞口，浅弧腹盘。标本H24：25，泥质红陶，器表施深红衣。厚胎。圆唇，足残。素面。口径21.7、残高4.6厘米（图一六八，1）。标本H24：3，泥质红陶。厚圆唇，敞口较甚，足残。素面。口径22.0、残高4.3厘米（图一六八，2）。

陶豆　C型Ⅰ式，2件。敛口，口外内凹，弧腹盘。标本H24：22，泥质红陶，局部灰黑。圆唇微侈，口外内凹较甚，底、足残。口外饰一周细孔，上腹饰三道浅细弦纹，余素面。口径

16.6、残高5.2厘米（图一六八，3）。

陶豆柄　1件。标本H24：20，泥质红陶，器表施红衣。腰鼓形柄。柄上部饰3个大型镂孔，并间以三组指甲纹，每组3列，下部饰两周成组分布的指甲纹。残高7.5厘米（图一六八，4）。

陶豆足　A型，1件。台式足，足沿外折。标本H24：27，泥质红陶。纹饰极为复杂。柄部残见3个大型镂孔，并间以三组由镂孔、指甲纹及篦点纹组成的几何纹；台面饰4个大型镂孔，并间以四组由镂孔、指甲纹、圆窝纹及篦点纹组成的几何纹，足面饰指甲纹、镂孔及细长三角形镂孔等。足径16.0、残高5.4厘米（图一六八，5）。

陶器盖　A型，2件。盖沿外折，深弧腹盖。标本H24：7，泥质红陶，器表有薄层黑衣。扁桥形纽。素面。足径19.3、通高9.9厘米（图一六八，6；图版四八，5）。

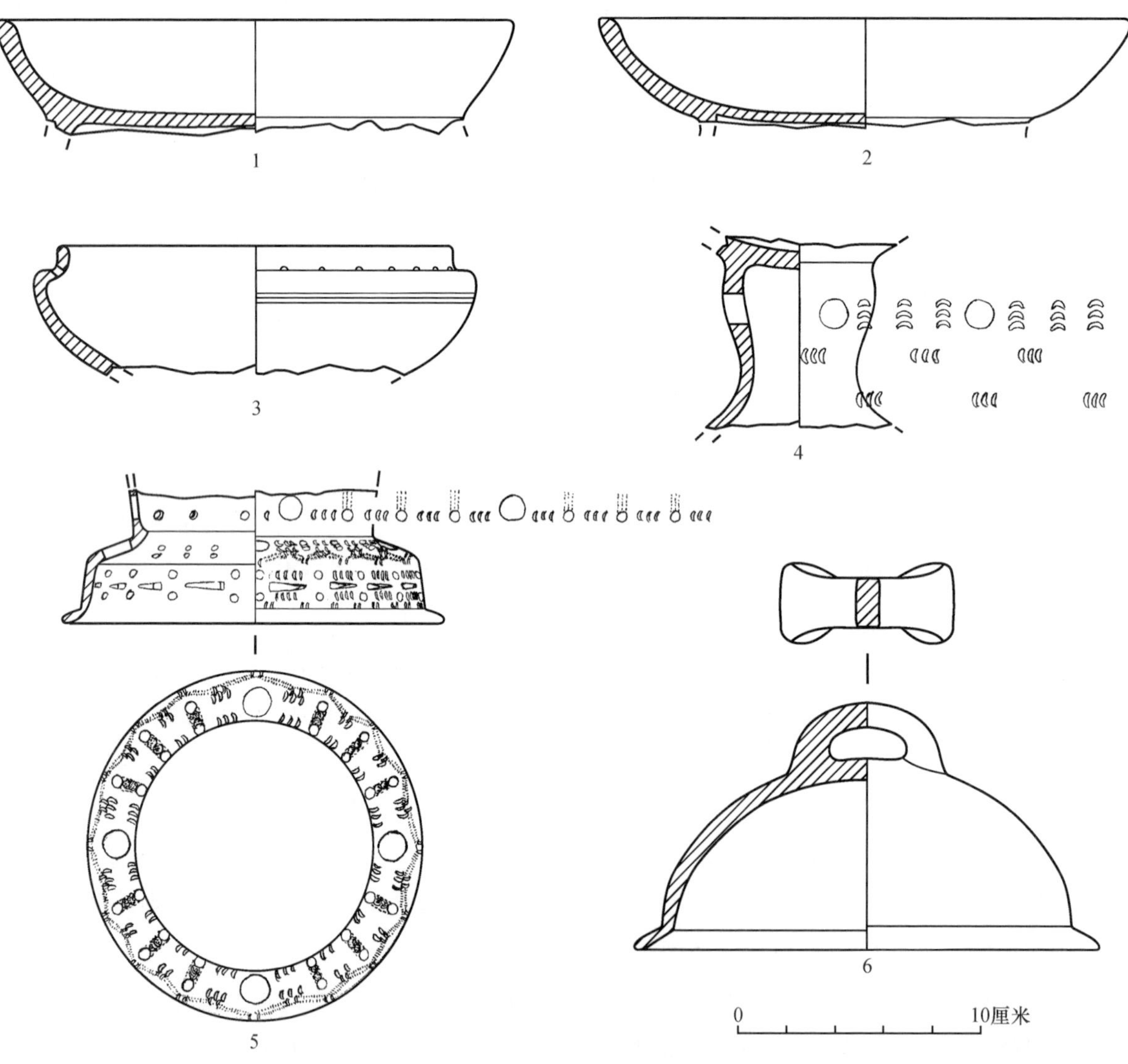

图一六八　H24出土陶器

1、2. B型盘（H24：25、H24：3）　3. C型Ⅰ式豆（H24：22）　4. 豆柄（H24：20）　5. A型豆足（H24：27）（下为足部台面纹饰俯视图）　6. A型器盖（H24：7）

20. H25

该单位出土陶器包括鼎、釜、豆、器盖等。共选标本11件，现介绍5件如下。

陶釜　B型Ⅱ式，3件。折沿，沿面斜直，圆肩，鼓腹略浅。标本H25：4，夹砂红陶。圆唇，下腹及底残。素面。口径20.4、残高8.1厘米（图一六九，1）。

陶鼎足　B型，2件。宽扁足，横截面呈扁椭圆形。标本H25：1，夹砂红褐陶。形似凿。足上部饰椭圆形凹窝纹，两侧饰短斜线纹。长14.6厘米（图一六九，2；图版四八，6）。

K型，2件。弓背凿形足，横截面呈椭圆形。标本H25：6，夹砂红褐陶。足下部残断。足上部饰弦纹及不规则圆窝纹。残长11.1厘米（图一六九，3）。

陶豆　A型Ⅰ式，3件。内折口，弧腹盘略浅。标本H25：2，泥质红陶。尖唇，足残。素面。口径20.4、残高7.2厘米（图一六九，4）。

陶器盖　A型，1件。盖沿外折，深弧腹盖。标本H25：5，泥质红陶。圈足式纽残。素面。盖径20.1、残高9.0厘米（图一六九，5）。

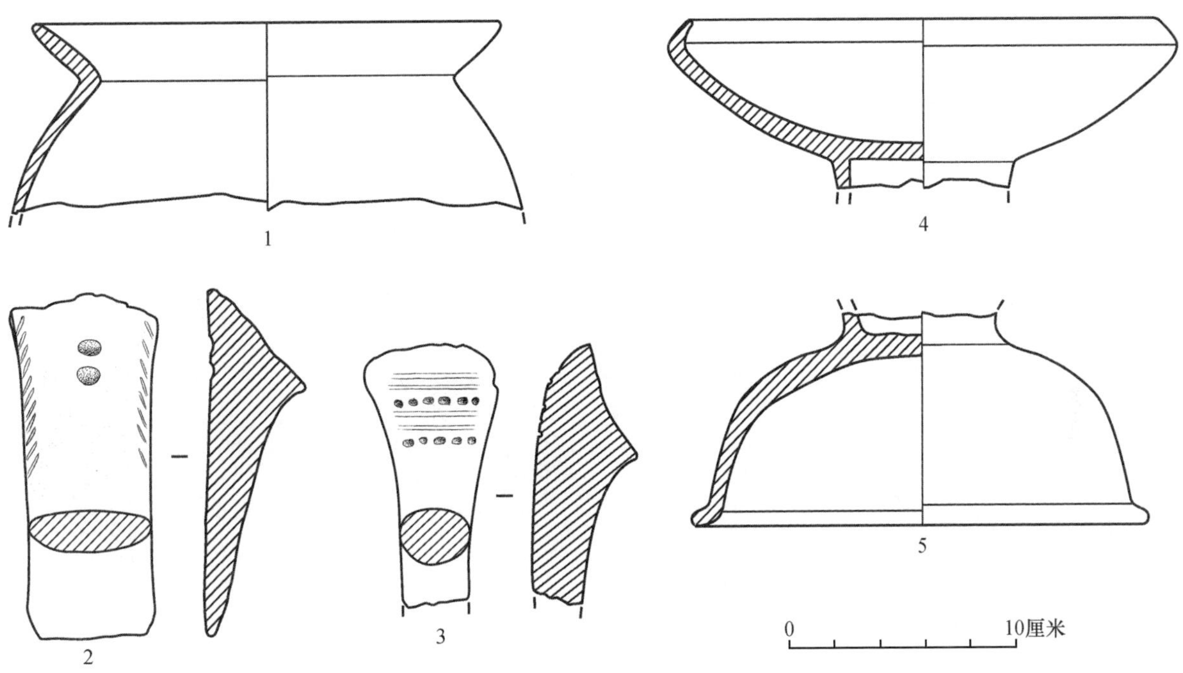

图一六九　H25出土陶器

1. B型Ⅱ式釜（H25：4）　2. B型鼎足（H25：1）　3. K型鼎足（H25：6）　4. A型Ⅰ式豆（H25：2）　5. A型器盖（H25：5）

21. H29

该单位出土陶器包括鼎、罐、钵、盘、豆等。共选标本22件，现介绍13件如下。

陶钵　B型Ⅱ式，5件。口内折较甚，口外起凸棱，深弧腹，平底。标本H29：13，体形较大。泥质灰陶，近底部有烟黑斑。圆唇。口外有两道凸棱，余素面。口径21.3、底径10.1、高13.2厘米（图一七〇，1；图版四九，1）。标本H29：16，泥质红陶。圆唇微侈，底、足残。素面。口径18.5、残高6.6厘米（图一七〇，2）。标本H29：34，体形较大且较矮胖。泥质灰陶。圆唇，口外微凹。口外有两道凸棱，余素面。口径23.5、底径10.3、高10.2厘米（图一七〇，3）。

陶罐　B型，2件。小口，卷沿，广肩。标本H29：20，夹砂灰褐陶，局部呈黑色。质轻。圆唇，腹、底残。素面。口径13.3、残高5.9厘米（图一七〇，4）。

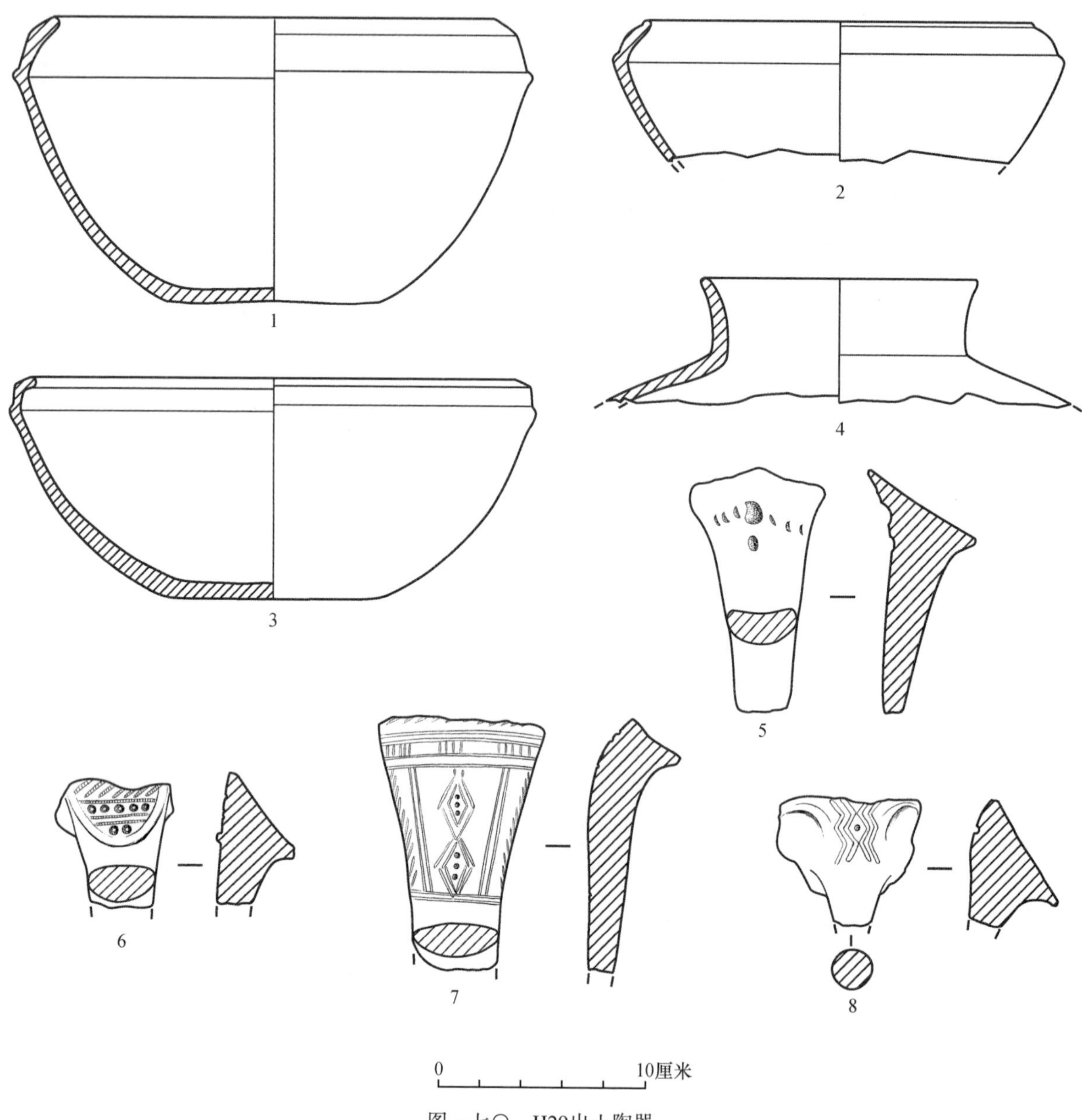

图一七〇　H29出土陶器

1～3. B型Ⅱ式钵（H29：13、H29：16、H29：34）　4. B型罐（H29：20）　5. A型鼎足（H29：23）　6. C型鼎足（H29：33）　7. I型鼎足（H29：30）　8. M型鼎足（H29：32）

陶鼎足　A型，1件。宽扁凹足，横截面略呈新月形。标本H29：23，夹砂红陶。足上部饰不规则按窝及指甲形凹窝。长11.4厘米（图一七〇，5；图版四九，2）。

C型，2件。扁凿形足，横截面略呈长椭圆形。标本H29：33，夹砂深红陶。足下部残断。足根部饰篦点短斜线纹、横带纹、圆点纹及半圆形扉棱状附加堆纹。残长6.1厘米（图一七〇，6；图版四九，3）。

I型，3件。弓背扁凿形足，横截面呈长椭圆形。标本H29：30，夹砂羼炭褐陶。足较宽扁，下部残断。足上部饰规整的弦纹、短线纹、菱形组合纹，两侧边饰竖线纹及短斜线纹。残长11.7厘米（图一七〇，7；彩版三五，3；图版四九，4）。

M型，1件。矮锥形足，横截面近圆形。标本H29：32，夹砂红陶。足下部残断。足根部饰一组菱形组合纹，根部两侧各饰一条短弧线形附加堆纹。残长5.9厘米（图一七〇，8；图版四九，5）。

陶盘　A型Ⅰ式，3件。弧腹盘略深。标本H29：9，泥质白陶。厚圆唇，口微敛，底、足残。盘腹饰篦点水波纹及横带纹。口径19.6、残高4.1厘米（图一七一，1）。标本H29：8，泥质红陶。厚圆唇，口微敛，底、足残。盘腹饰篦点水波纹及密集的篦点雨线状纹。口径23.5、残高5.1厘米（图一七一，2）。

陶盘足　A型，2件。高圈足。标本H29：19，泥质白陶。足沿微外卷。足上部残见一周篦点勾连纹、两周连珠状纹及一周盾形组合纹，下部可见粉状红彩，但脱落较甚。足径20.2、残高12.9厘米（图一七一，3）。

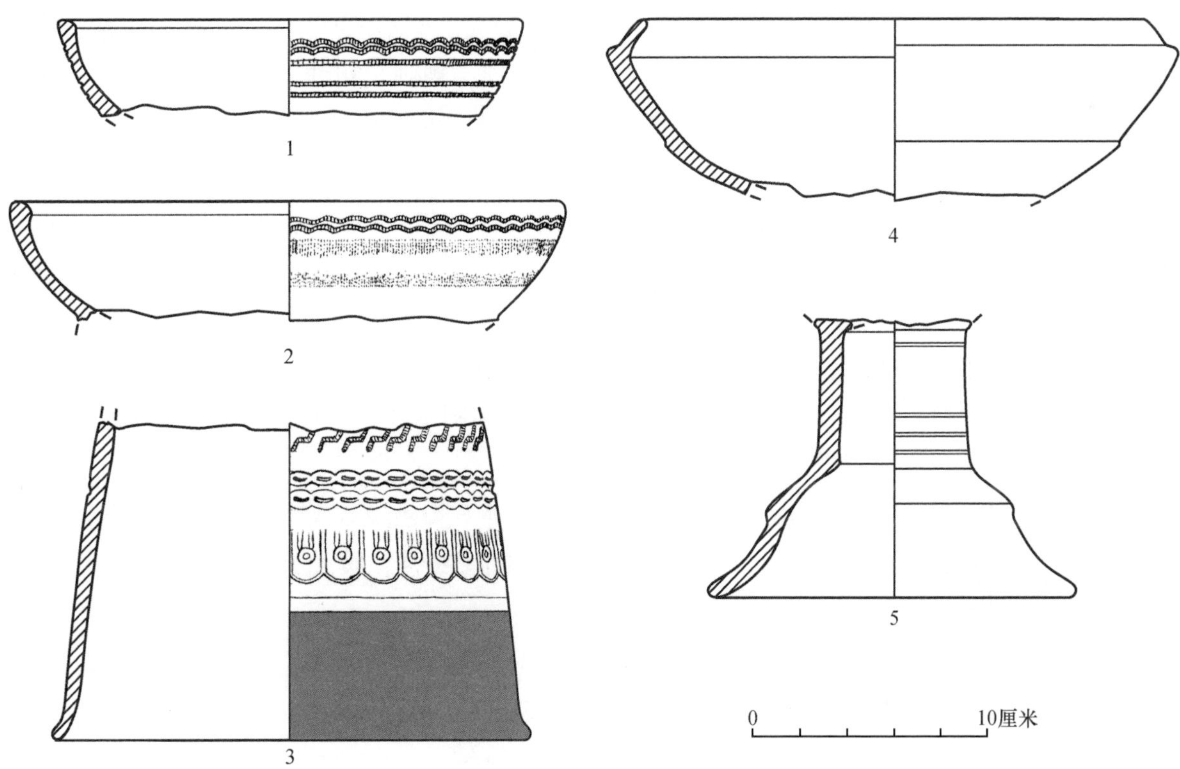

图一七一　H29出土陶器

1、2. A型Ⅰ式盘（H29：9、H29：8）　3. A型盘足（H29：19）　4. C型Ⅱ式豆（H29：2）　5. C型豆足（H29：21）

陶豆　C型Ⅱ式，2件。口内折较甚，折棱明显，斜腹盘，腹、底转折起棱。标本H29：2，泥质灰黑陶。圆唇，口内折呈子母口状，底、足残。素面。口径22.8、残高7.9厘米（图一七一，4）。

陶豆足　C型，1件。折壁高足，足沿外撇。标本H29：21，泥质红陶。细直柄，喇叭形足微内弧。柄饰浅细弦纹，足部素面。足径15.7、残高11.4厘米（图一七一，5；图版四九，6）。

22. H30

该单位出土陶器较多，包括鼎、釜、盘、豆、碗等。共选标本51件，现介绍24件如下。

陶鼎　A型Ⅰ式，2件。口微敛，仰折沿，沿面内凹呈盘口状，溜肩，深鼓腹。标本H30：31，夹砂黑褐陶，外底及内壁均有明显烟黑，足局部红色。圆唇。弓背凿形足，足下部内收，尖部均残，横截面略呈三角形。口外饰两周不规则弦纹，肩及上腹饰三组粗长椭圆形纹及两组不规则弦纹，下腹及底、足均为素面。口径13.6、腹径15.5、残高18.1厘米（图一七二，1；彩版三六，1；图版五〇，1）。

B型Ⅰ式，2件。宽仰折沿似矮领，沿面微内凹，圆肩，浅鼓腹。标本H30：25，夹砂黑褐陶，局部有烟黑。圆唇，口微侈。口部素面，肩及腹部饰细密弦纹、成组短波折纹、两周反向长椭圆形纹，底部素面。足残，均已修复。口径17.3、腹径16.5、残高14.2厘米（图一七二，2；彩版三六，2；图版五〇，2）。

B型Ⅱ式，3件。折沿较甚，沿面外弧，圆肩，浅鼓腹。标本H30：24，夹砂红褐陶，器表有较多烟黑。尖唇，底、足残。口部素面，颈部饰一周不规则短折线纹，上腹饰两组不规则弦纹及两组篦点短斜线纹，余素面。口径22.4、腹径23.4、残高12.3厘米（图一七二，3；彩版三六，3；图版五〇，3）。

D型Ⅱ式，1件。折沿较甚，沿面微外弧，斜肩。标本H30：33，夹砂黑褐陶。近方唇，腹及底、足均残。口外饰不规则竖向划纹，上腹残见一组弦纹。口径24.5、残高7.4厘米（图一七二，4）。

F型Ⅰ式，2件。仰折沿，沿面微内凹，斜领。标本H30：4，夹砂红褐陶，局部有烟黑。圆唇，仅存口、领部。口部素面，领部饰弦纹及成组连体圆窝纹。口径20.2、残高8.0厘米（图一七二，5）。

陶釜　B型Ⅰ式，2件。折沿，溜肩，深鼓腹。标本H30：32，夹砂灰褐陶。体形较大。圆唇，窄折沿微内凹，深腹微垂，大圜底。素面。口径27.4、腹径36.6、高35.8厘米（图一七三，1；图版五〇，4）。

陶鼎足　C型，3件。扁凿形足，横截面略呈长椭圆形。标本H30：44，夹砂褐陶，根部呈黑色。足下部残断。足上部饰粗短线几何纹及凹窝纹，两侧饰短斜线纹。残长12.5厘米（图一七三，2）。

D型，5件。圆柱形足，横截面近圆形。标本H30：47，夹砂红褐陶，偏黄。仅存足根部。上饰凹窝纹、篦点菱形几何纹、篦点短竖线和短斜线纹。残长11.3厘米（图一七三，3；图版

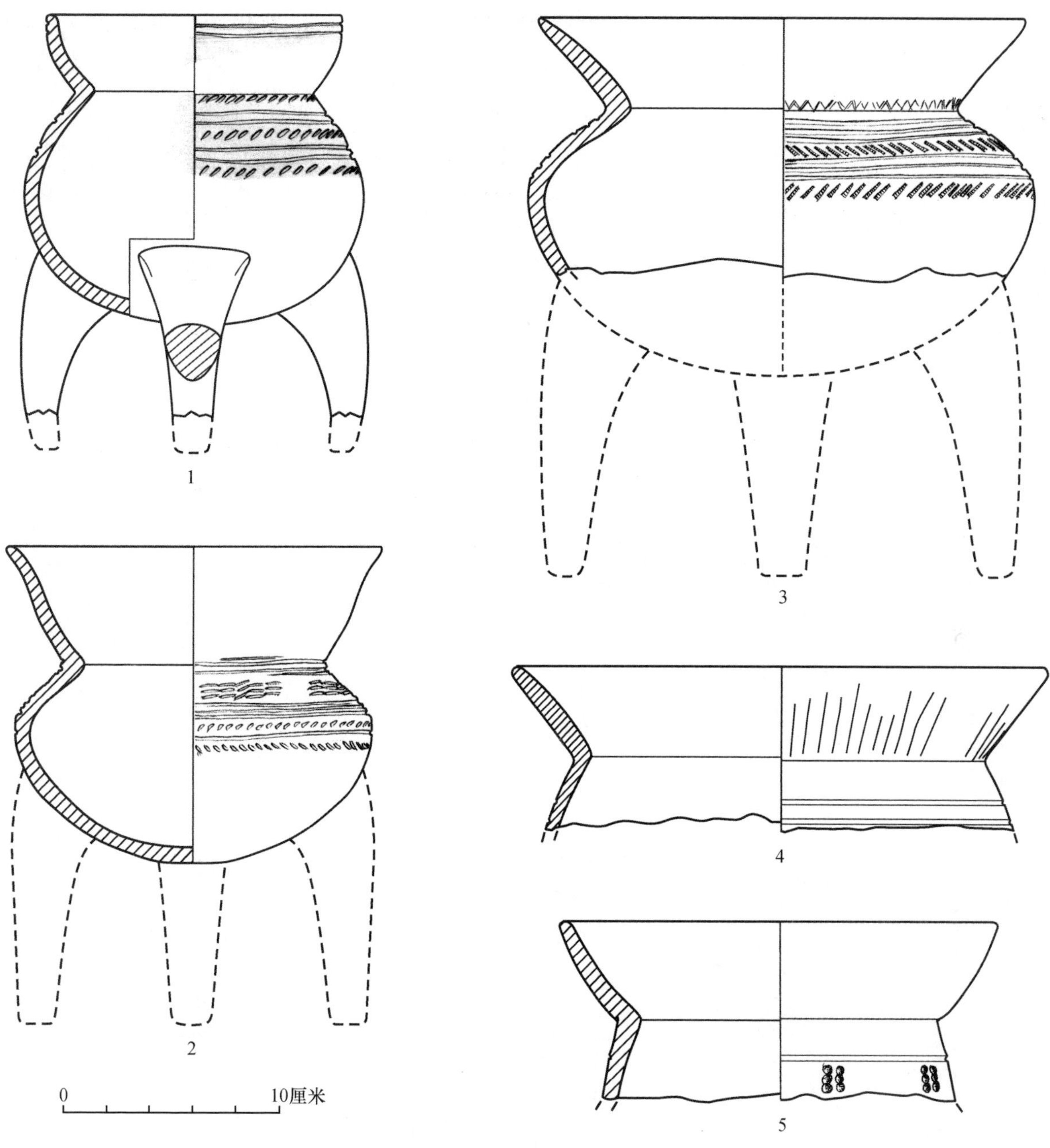

图一七二　H30出土陶器

1. A型Ⅰ式鼎（H30：31）　2. B型Ⅰ式鼎（H30：25）　3. B型Ⅱ式鼎（H30：24）　4. D型Ⅱ式鼎（H30：33）　5. F型Ⅰ式鼎（H30：4）

五一，1）。标本H30：42，夹砂深红陶。足下部残断。足上部饰菱形几何纹，两侧饰短斜线纹。残长15.2厘米（图一七一，4；图版五一，2）。标本H30：48，夹砂红陶。素面。长15.8厘米（图一七三，5）。

E型，12件。凿形足，横截面呈椭圆形或三角形。标本H30：50，夹砂黑褐陶，有较多烟黑。横截面呈椭圆形。足上部饰由篦点纹、圆窝纹、凹窝纹及乳钉状泥突组成的“兽面”形图案。长17.8厘米（图一七三，6；彩版三五，4；图版五一，3）。标本H30：54，夹砂红褐陶。

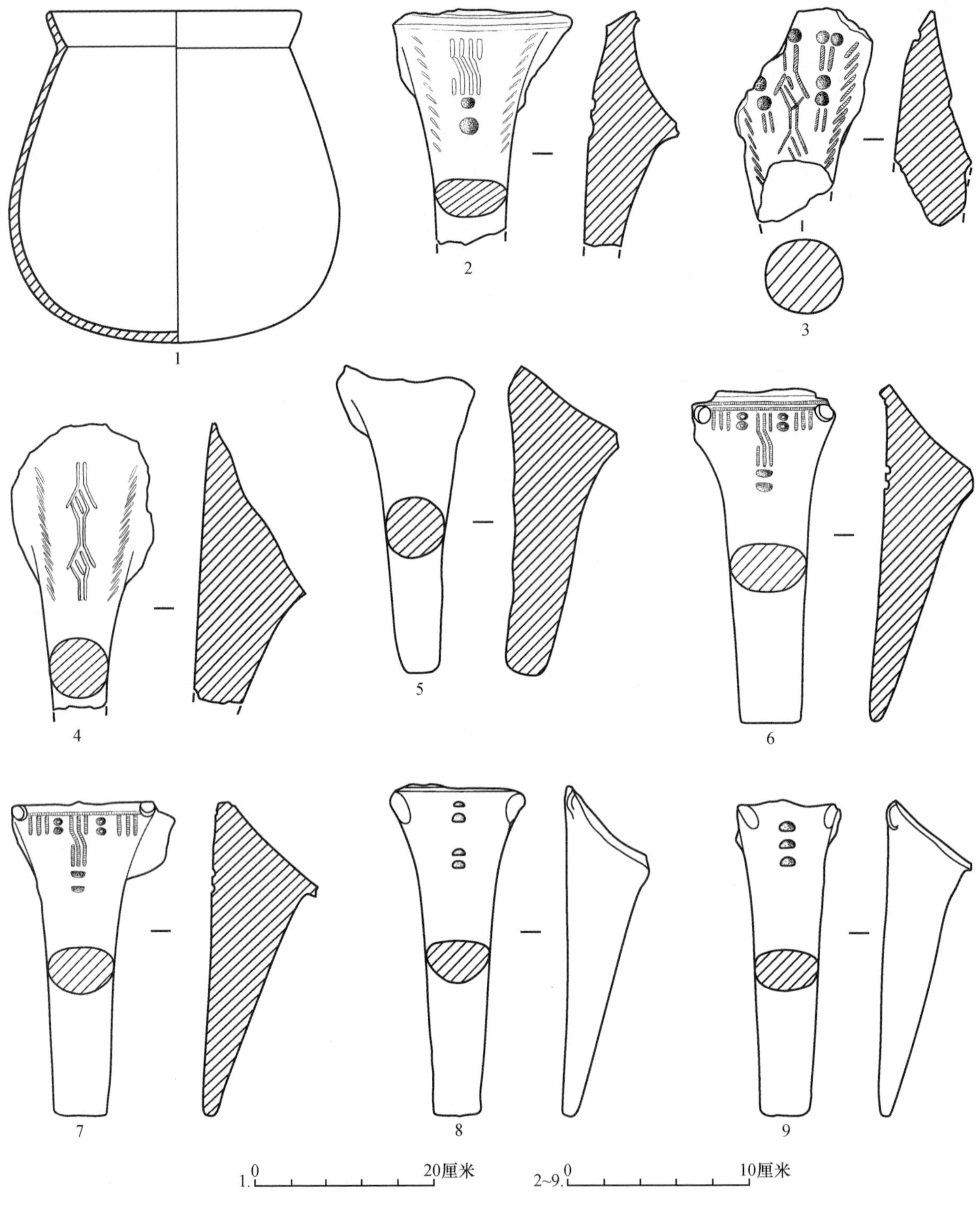

图一七三　H30出土陶器

1. B型Ⅰ式釜（H30：32）　2. C型鼎足（H30：44）　3～5. D型鼎足（H30：47、H30：42、H30：48）　6～9. E型鼎足（H30：50、H30：54、H30：52、H30：55）

横截面呈椭圆形。纹同H30：50。长16.7厘米（图一七三，7；彩版三五，5；图版五一，4）。标本H30：53，夹砂红褐陶。横截面呈椭圆形。纹同H30：50。长16.5厘米（彩版三五，6；图版五一，5）。标本H30：52，夹砂红陶。横截面略呈三角形。足上部饰两组浅凹窝纹，根部两角各饰一乳钉状泥突。长17.7厘米（图一七三，8；图版五一，6）。标本H30：55，夹砂红褐陶。横截面略呈椭圆形。足上部饰深凹窝纹，根部两角各饰一乳钉状泥突。长16.8厘米（图一七三，9；图版五二，1）。标本H30：51，夹砂红褐陶。横截面略呈椭圆形。足上部饰一组篦点耙形几何纹及2个深凹窝纹，两侧边饰篦点短斜线纹，根部两角乳钉状泥突残。残长15.7厘米（图版五二，2）。

陶盘　C型，2件。敛口，浅弧腹盘。标本H30：22，泥质深红陶，器表施白衣。厚胎。圆唇，足残。素面。口径17.3、残高5.1厘米（图一七四，1；图版五二，3）。

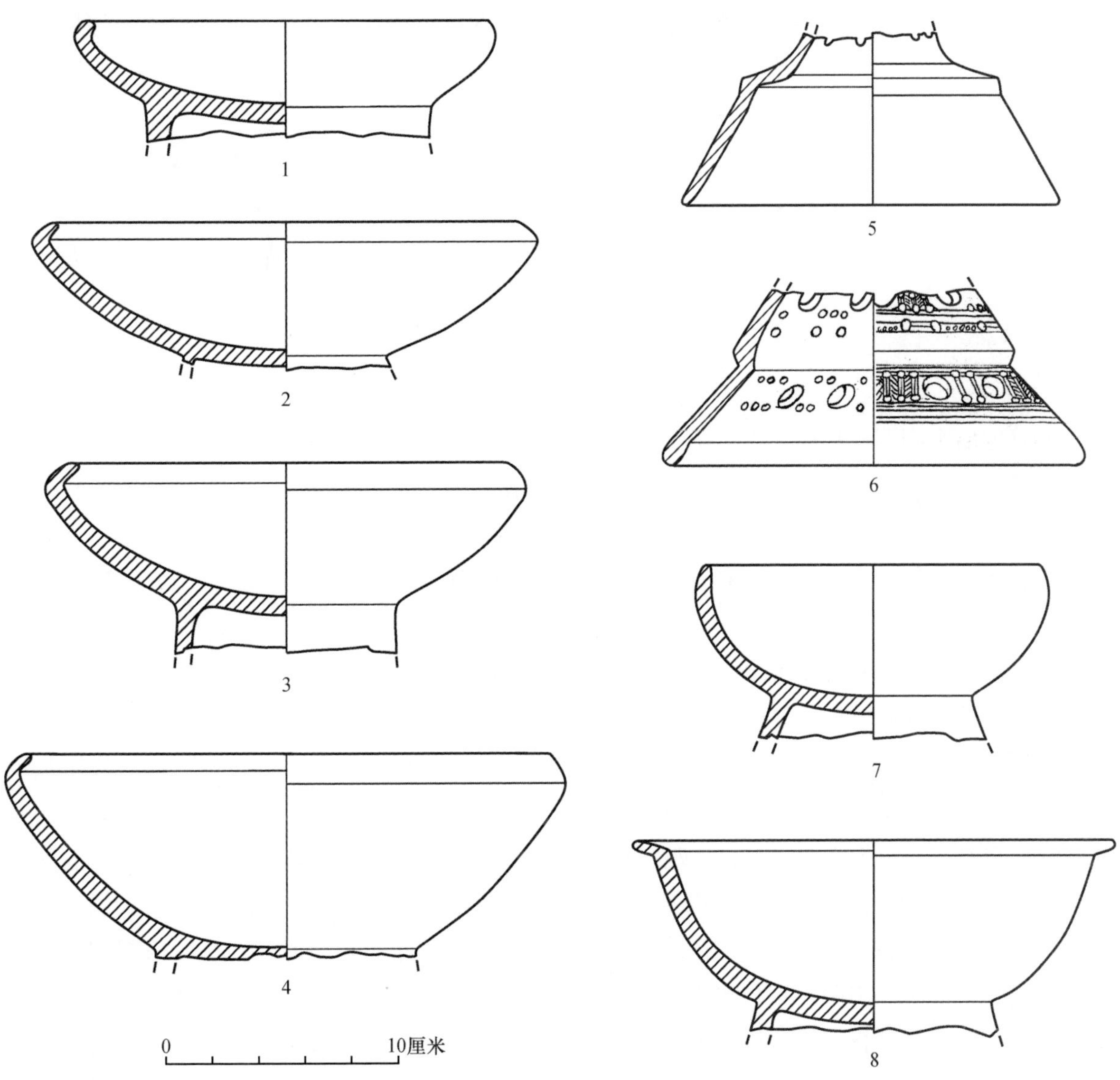

图一七四　H30出土陶器

1. C型盘（H30：22）　2、3. A型Ⅰ式豆（H30：27、H30：23）　4. B型Ⅱ式豆（H30：26）　5. A型豆足（H30：41）　6. C型豆足（H30：40）　7. A型Ⅱ式碗（H30：29）　8. B型Ⅰ式碗（H30：28）

陶豆　A型Ⅰ式，5件。内折口，弧腹盘较浅。标本H30∶27，泥质红陶，器表内、外均有薄层黑衣。圆唇近尖，足残。素面。口径20.2、残高6.1厘米（图一七四，2；图版五二，4）。标本H30∶23，泥质红陶。厚胎。圆唇，足残。素面。口径19.5、残高7.9厘米（图一七四，3；图版五二，5）。

B型Ⅱ式，2件。口内折，深弧腹盘。标本H30∶26，夹砂羼炭褐陶，局部有烟黑。厚胎，器表内、外可见大量稻壳印痕。薄圆唇，足残。素面。口径22.3、残高8.6厘米（图一七四，4；图版五二，6）。

陶豆足　A型，2件。台式足，足沿外撇。标本H30∶41，泥质红陶，偏灰。柄部残见镂孔，其他纹饰因器物表层全部脱落而不明，足部素面。足径16.2、残高7.2厘米（图一七四，5）。

C型，3件。折壁足，足沿外撇。标本H30∶40，泥质红陶，器表有薄层酱黑衣。厚胎。折壁喇叭形足。足饰大小不一的镂孔、短竖线纹、弦纹及成组叶脉纹。足径18.3、残高7.4厘米（图一七四，6）。

陶碗　A型Ⅱ式，2件。敛口，弧腹略浅，圈足较高。标本H30∶29，泥质灰陶。胎较厚。圆唇，足残。素面。口径15.8、残高7.3厘米（图一七四，7；图版五三，1）。

B型Ⅰ式，3件。折沿，弧腹较深。标本H30∶28，泥质红陶。厚胎。薄圆唇，足残。素面。口径21.0、残高8.1厘米（图一七四，8；图版五三，2）。

23. H31

该单位出土陶器包括鼎、釜、罐、盘、豆、器盖等。共选标本34件，现介绍20件如下。

陶鼎　A型Ⅰ式，2件。口微敛，仰折沿，沿面内凹呈盘口状，溜肩，深鼓腹。标本H31∶25，夹砂红褐陶，腹部局部有烟黑。圆唇，圜底略残。鼎身素面。弓背圆柱形足均残。足根部戳印圆点纹，余素面。口径16.3、腹径20.1、残高19.8厘米（图一七五，1；彩版三六，4；图版五四，1）。

E型Ⅰ式，5件。折沿，沿面微内凹，折肩，斜腹，腹、底转折起凸棱，有的肩部还附着4个桥形耳。标本H31∶37，夹砂红陶，局部有黑斑。圆唇近尖，底略残。口部素面，肩部饰弦纹及一周圆窝纹，腹部饰7组由圆窝纹及勾连状纹构成的几何纹，腹、底转折处饰一周附加堆纹，其上压印锯齿状纹，底部素面。微弓背凿形足均残，横截面略呈三角形。足根部饰弦纹及圆窝纹。口径22.5、最大腹径23.3、残高15.8厘米（图一七五，2；彩版三七，1；图版五四，2）。标本H31∶31，夹砂黑褐陶，器身内、外有较多烟黑，呈黑褐色，足深红色。圆唇，口微侈。口部素面，肩部匀称分布4个桥形耳，耳面中脊起棱，并饰叶脉形刻划纹。肩部饰两周指甲纹及弦纹，腹部饰5组由连体凹窝纹及篦点勾连状纹构成的几何纹，其下再饰一周弦纹及篦点短线纹，腹、底转折处饰一周附加堆纹，其上压印深锯齿状纹，底部素面。凿形足均残，横截面呈椭圆形。足根部饰弦纹、椭圆形凹窝纹及圆窝纹。口径21.2、最大腹径22.5、残高22.1厘米（图一七五，3；彩版三七，2；图版五四，3）。标本H31∶33，夹砂深红陶，局部有较多烟黑。圆唇，口微侈，圜底略残。口部素面，肩部匀称分布4个桥形耳，耳面中脊起棱，并饰

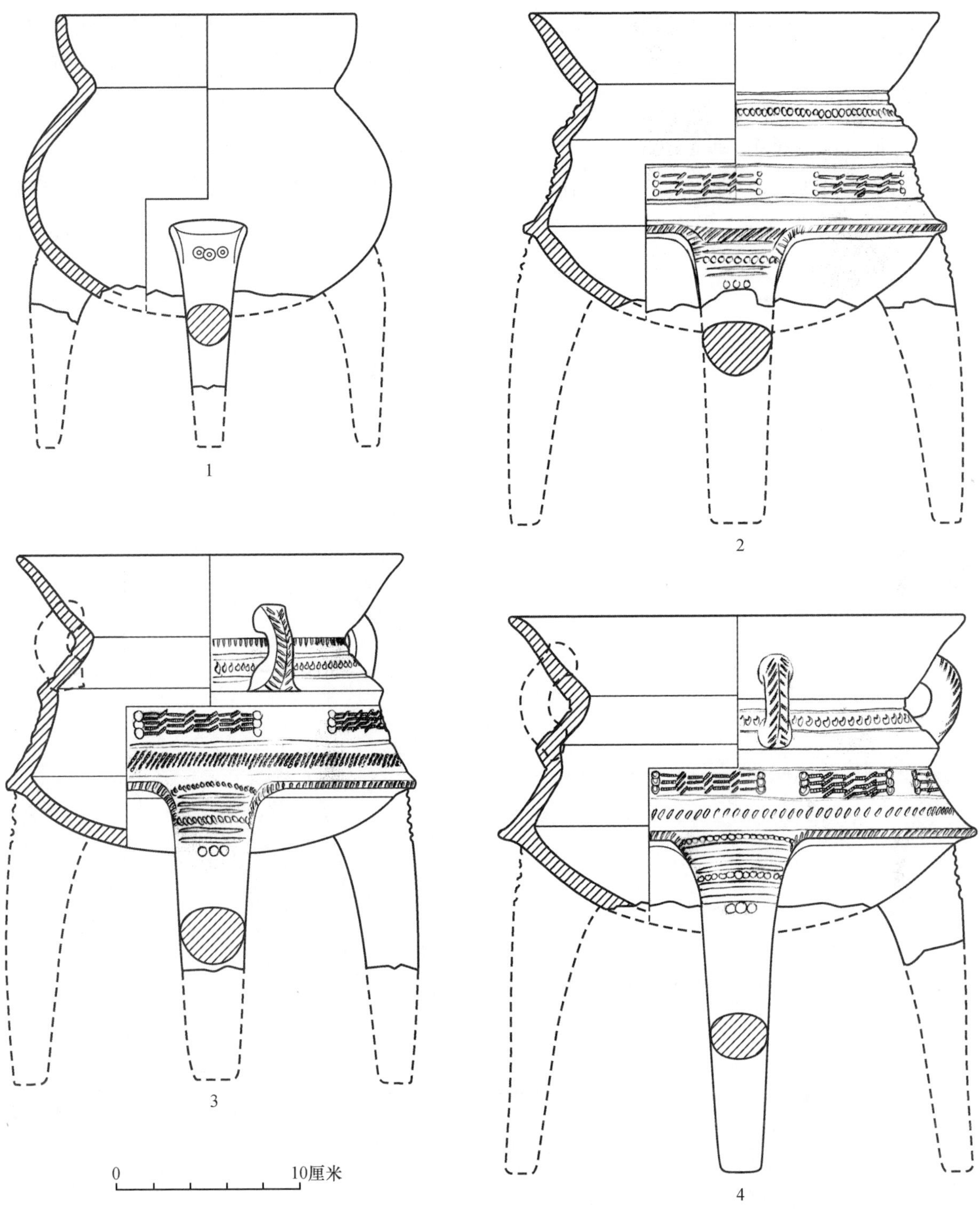

图一七五　H31出土陶器

1. A型Ⅰ式鼎（H31：25）　2～4. E型Ⅰ式鼎（H31：37、H31：31、H31：33）

叶脉形篦点纹。肩部饰指甲纹及浅弦纹，腹部饰8组由连体指甲状凹窝纹和篦点勾连状纹构成的几何纹，其下再饰一周长椭圆形纹，腹、底转折处饰一周附加堆纹，其上压印浅锯齿纹，底部素面。凿形足，一足完整，另两足残，横截面呈椭圆形。足根部饰弦纹及连珠状圆窝纹。口径25.2、最大腹径26.4、通高29.5厘米（图一七五，4；彩版三七，3；图版五四，4）。

陶釜　B型Ⅰ式，2件。折沿，沿面微凹，溜肩，深鼓腹。标本H31：15，夹砂红陶，局部有烟黑。圆唇，腹微垂，圜底残。素面。口径19.4、腹径24.5、残高16.1厘米（图一七六，1；图版五三，3）。

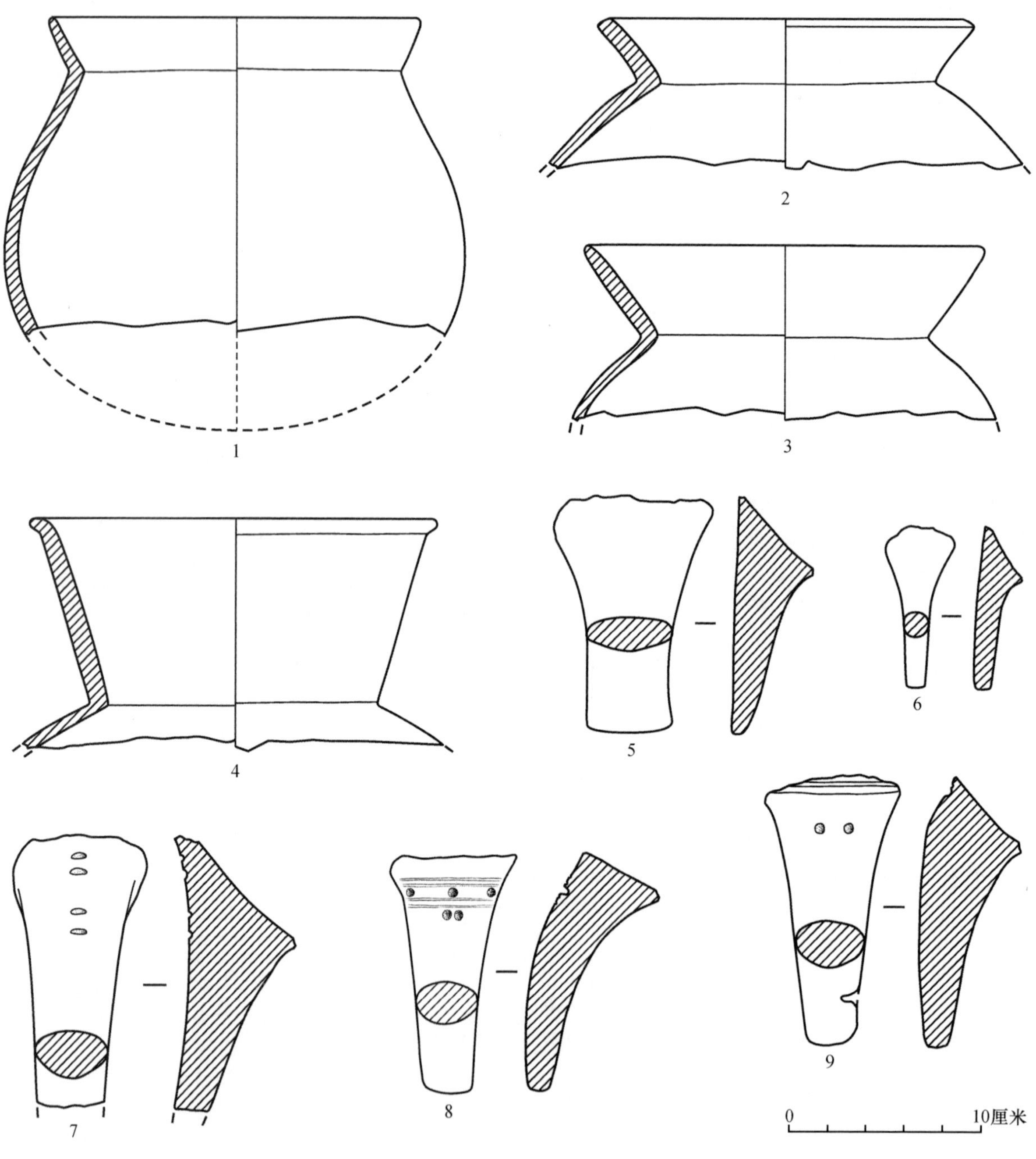

图一七六　H31出土陶器

1. B型Ⅰ式釜（H31：15）　2、3. B型Ⅱ式釜（H31：32、H31：34）　4. G型Ⅰ式罐（H31：26）　5. B型鼎足（H31：42）　6. D型鼎足（H31：39）　7. F型鼎足（H31：40）　8、9. K型鼎足（H31：38、H31：41）

B型Ⅱ式，3件。折沿，沿面斜直，圆肩，鼓腹较浅。标本H31：32，夹砂红陶，内、外均施鲜红衣。胎较厚。方唇，腹、底残。素面。口径18.5、残高7.6厘米（图一七六，2；图版五三，4）。标本H31：34，夹砂红陶，器表施红衣。圆唇，宽折沿，腹、底残。素面。口径20.6、残高8.8厘米（图一七六，3；图版五三，5）。

陶罐　G型Ⅰ式，2件。小敞口，高斜领，广肩。标本H31：26，夹砂红褐陶，偏灰，器表内、外光滑。圆唇，口微外侈，腹、底残。素面。口径21.4、残高11.6厘米（图一七六，4；图版五三，6）。

陶鼎足　B型，1件。宽扁足，横截面略呈扁椭圆形。标本H31：42，夹砂红褐陶，局部有黑斑。素面。长11.9厘米（图一七六，5；图版五五，1）。

D型，1件。圆柱形足，横截面近圆形。标本H31：39，夹砂红陶。体形较小。素面。长8.1厘米（图一七六，6；图版五五，2）。

F型，1件。舌形足，横截面近椭圆形。标本H31：40，夹砂灰褐陶。足身内弧，足尖部残断。足上部饰两组浅凹窝纹。残长13.6厘米（图一七六，7）。

K型，4件。弓背凿形足，横截面呈椭圆形。标本H31：38，夹砂红陶。足上部饰弦纹及圆窝纹。长11.9厘米（图一七六，8；图版五五，3）。标本H31：41，夹砂红陶。足上部饰2个圆窝纹。长13.6厘米（图一七六，9）。

陶盘　A型Ⅱ式，3件。口微敛，弧腹盘较浅。标本H31：5，泥质红胎酱黑陶，内、外均有酱黑衣。厚圆唇，足残。盘腹上部饰篦点水波纹及横带纹，余素面。口径27.5、残高7.1厘米（图一七七，1）。

陶豆　A型Ⅱ式，2件。内折口，浅弧腹盘。标本H31：44，泥质红陶，器表有薄层黑斑。圆唇，底、足残。素面。口径23.3、残高4.4厘米（图一七七，2）。

陶豆足　A型，3件。台式足，足沿外撇。标本H31：16，泥质红陶，器表施酱色衣。台面饰六组由短线纹、镂孔组成的几何纹，并间以6个大型镂孔，外围再饰一周不连续弦纹及锥形篦点纹，足面素面。足径19.3、残高6.1厘米（图一七七，3；图版五五，4）。标本H31：18，泥质红陶。残片体形较小。台面残，足饰镂孔、篦点短线纹、折线纹及横带纹。复原足径15.2、残高5.1厘米（图一七七，4；图版五五，5）。

F型，2件。喇叭形矮足，足沿微外撇。标本H31：17，泥质红胎黑陶，器表施黑衣。上饰大小不一的镂孔以及弦纹、短线或折线纹。足径17.5、残高10.4厘米（图一七七，6）。

陶豆柄　1件。细高柄。标本H31：24，泥质红陶。柄上部饰3个大型镂孔，中部饰细弦纹及三组小镂孔和小圆孔，下部饰4个大型镂孔。残高12.2厘米（图一七七，5）。

陶器盖　A型，2件。盖沿外折，深弧腹盖。标本H31：30，泥质浅红陶，器表红衣脱落较甚。胎厚，质重。桥形纽，盖沿略残。素面。残盖径14.8、残高8.6厘米（图一七七，7；彩版三七，4；图版五五，6）。

24. H39

该单位出土陶器均为残片，可辨器形者只有2件盘和1件鼎足，现介绍2件如下。

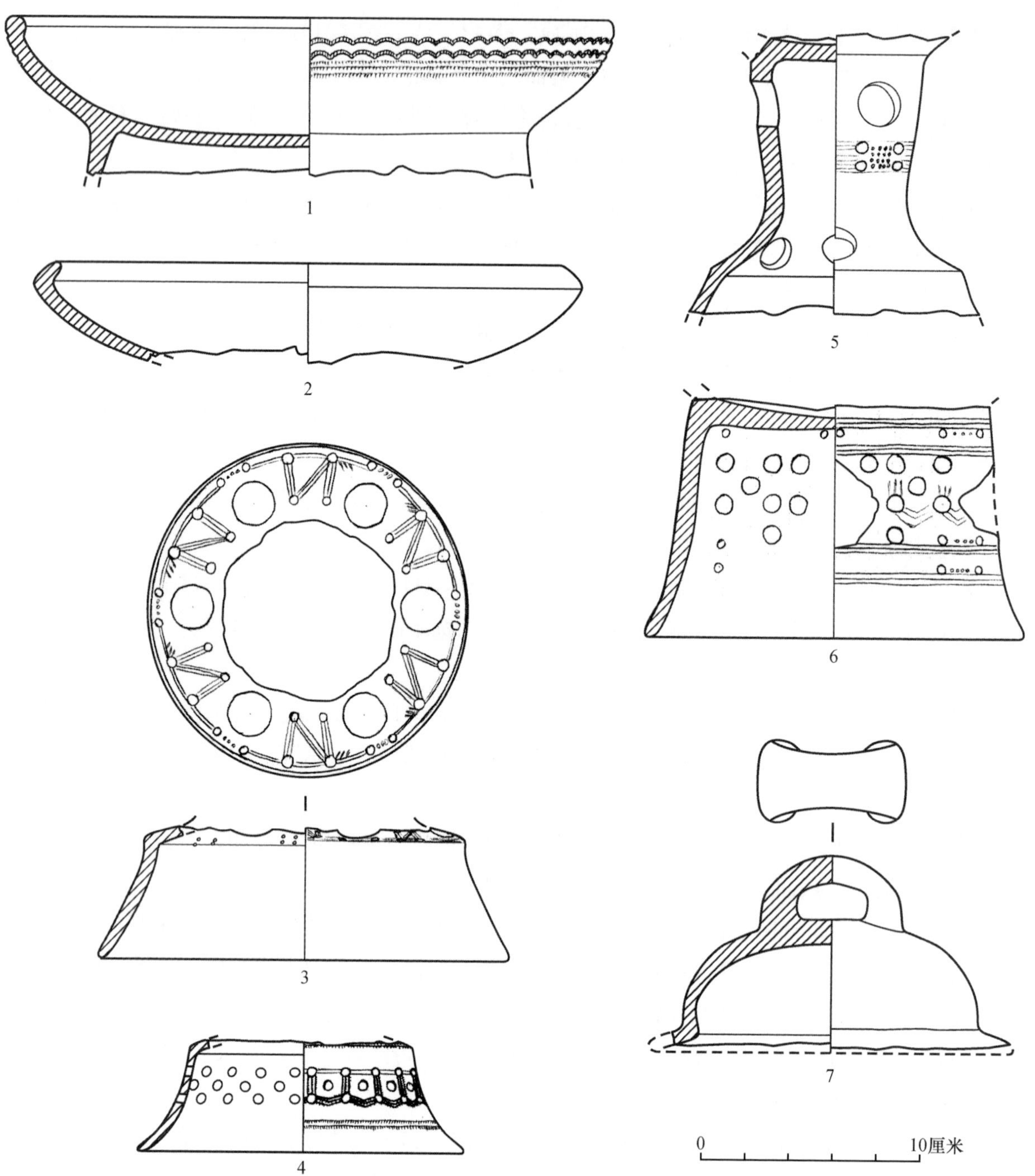

图一七七　H31出土陶器

1. A型Ⅱ式盘（H31∶5）　2. A型Ⅱ式豆（H31∶44）　3、4. A型豆足（H31∶16、H31∶18）　5. 豆柄（H31∶24）　6. F型豆足（H31∶17）　7. A型器盖（H31∶30）

陶盘　A型Ⅱ式，2件。弧腹盘略浅。标本H39∶2，泥质灰白陶。胎厚。厚圆唇，口微敞，底、足残。盘腹饰两组弦纹。口径19.2、残高4.4厘米（图一七八，2）。

陶鼎足　I型，1件。弓背扁凿形足，横截面略呈长椭圆形。标本H39∶6，夹砂红陶。足上部饰长椭圆形纹、圆窝纹及弦纹。长12.7厘米（图一七八，4）。

25. H45

该单位出土陶器均为残片，可辨器形者只有2件鼎和2件器盖，现介绍2件如下。

陶鼎　F型Ⅱ式，2件。仰折沿，沿面外弧，斜领，斜肩。标本H45：3，夹砂红褐陶。圆唇，口微敞，腹及底、足均残。口部素面，领部饰粗弦纹。口径16.1、残高8.0厘米（图一七八，1）。

陶器盖　A型，2件。盖沿外折，深弧腹盖。标本H45：2，泥质浅红陶，偏黄。盖顶及纽均残。素面。口径18.7、残高5.4厘米（图一七八，3）。

26. H48

该单位出土陶器均为残片，可辨器形者只有3件鼎足，现介绍2件如下。

陶鼎足　F型，2件。舌形足，顶部有一平台，足身内弧，足尖外撇，横截面呈不规则椭圆形。标本H48：4，夹砂红褐陶。体形较小。足根部饰按窝。长9.1厘米（图一七八，5）。

I型，1件。弓背扁凿形足，横截面略呈长椭圆形。标本H48：3，夹砂红陶。足下部残断。足上部饰短线纹、垂帘纹及十字形双短线纹。残长5.3厘米（图一七八，6）。

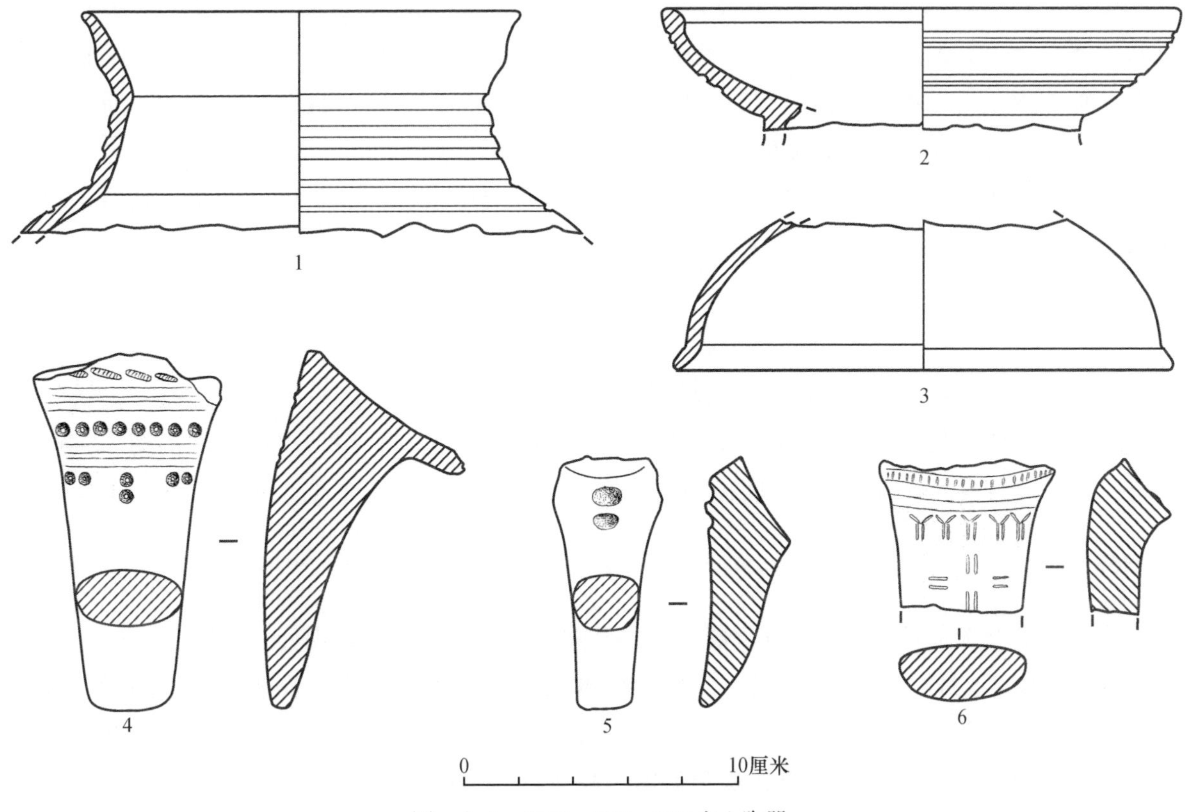

图一七八　H39、H45、H48出土陶器

1. F型Ⅱ式鼎（H45：3）　2. A型Ⅱ式盘（H39：2）　3. A型器盖（H45：2）　4. I型鼎足（H39：6）　5. F型鼎足（H48：4）　6. I型鼎足（H48：3）

27. H50

该单位出土陶器包括鼎、罐、缸、杯等。共选标本15件，现介绍7件如下。

陶鼎　E型Ⅰ式，3件。折沿，沿面斜直，折肩。标本H50：10，夹砂黑褐陶。圆唇，腹及底、足残。口部素面，颈及肩部饰短线纹、弦纹及圆窝纹。口径18.8、肩径17.7、残高7.4厘米（图一七九，1）。

F型Ⅰ式，2件。仰折沿，沿面微内凹，斜领，斜肩，浅鼓腹。标本H50：11，夹砂红褐陶，内灰。尖唇。口部素面，领部饰弦纹、短线纹及9列圆窝纹，腹饰一道弦纹。凿形足均残，横截面呈椭圆形，足上部中心饰两端带圆窝的短竖槽，两侧饰短弧形扉棱状附加堆纹及弧线纹。口径16.8、腹径21.1、残高21.8厘米（图一七九，2；彩版三八，1；图版五六，1）。

陶鼎足　K型，3件。弓背凿形足，横截面略呈椭圆形。标本H50：12，夹砂红褐陶。足上部饰弦纹、圆窝纹及垂帘形纹。长12.5厘米（图一七九，3；图版五七，1）。

陶杯　A型Ⅱ式，1件。折沿微卷，浅斜直腹，平底。标本H50：6，夹砂红褐陶。圆唇，胎厚，内壁不平。素面。口径11.2、底径6.3、高6.4厘米（图一七九，4）。

陶缸　C型，4件。折沿，近筒形腹微鼓，圜底。标本H50：9，夹砂灰褐陶，内壁光滑，呈灰黑色。体形较大。圆唇，平折沿，深腹内收较甚，圜底残。素面。口径24.7、残高20.5厘米（图一七九，5；彩版三八，2；图版五六，2）。标本H50：8，夹砂红褐陶。厚胎，器表不平整，内壁可见不少印窝。圆唇，仰折沿。素面。口径18.1、腹径15.2、高16.6厘米（图一七九，6；彩版三八，3；图版五六，3）。

陶罐　D型，2件。小口微敛，曲沿，圆肩。标本H50：7，泥质红陶，偏黄。圆唇，腹及底均残。素面。口径11.5、残高4.1厘米（图一七九，7）。

28. H51

该单位出土陶器多为残片，可辨器形者只有1件陶缸。

陶缸　A型Ⅱ式，1件。折沿，筒形腹略浅，平底。标本H51：1，夹砂羼炭褐陶。质轻。圆唇，宽平底。素面。口径20.1、底径14.8、高16.4厘米（图一八〇，1；图版五六，4）。

29. H52

该单位出土陶器多为残器，可辨器形者只有陶罐2件和陶甑1件，现介绍2件如下。

陶罐　B型，2件。小口，卷沿，广肩。标本H52：8，泥质黑陶，器表光滑。圆唇，腹、底残。素面。口径12.6、残高8.2厘米（图一八〇，2）。

陶甑　A型Ⅰ式，1件。折沿，深腹微鼓。标本H52：6，夹砂红陶。圆唇，底残。口及上腹部素面，下腹饰稀疏粗箅孔。口径18.8、腹径16.1、残高9.4厘米（图一八〇，3）。

30. H53

该单位出土陶器包括鼎、罐、盘、豆等。共选标本11件，现介绍6件如下。

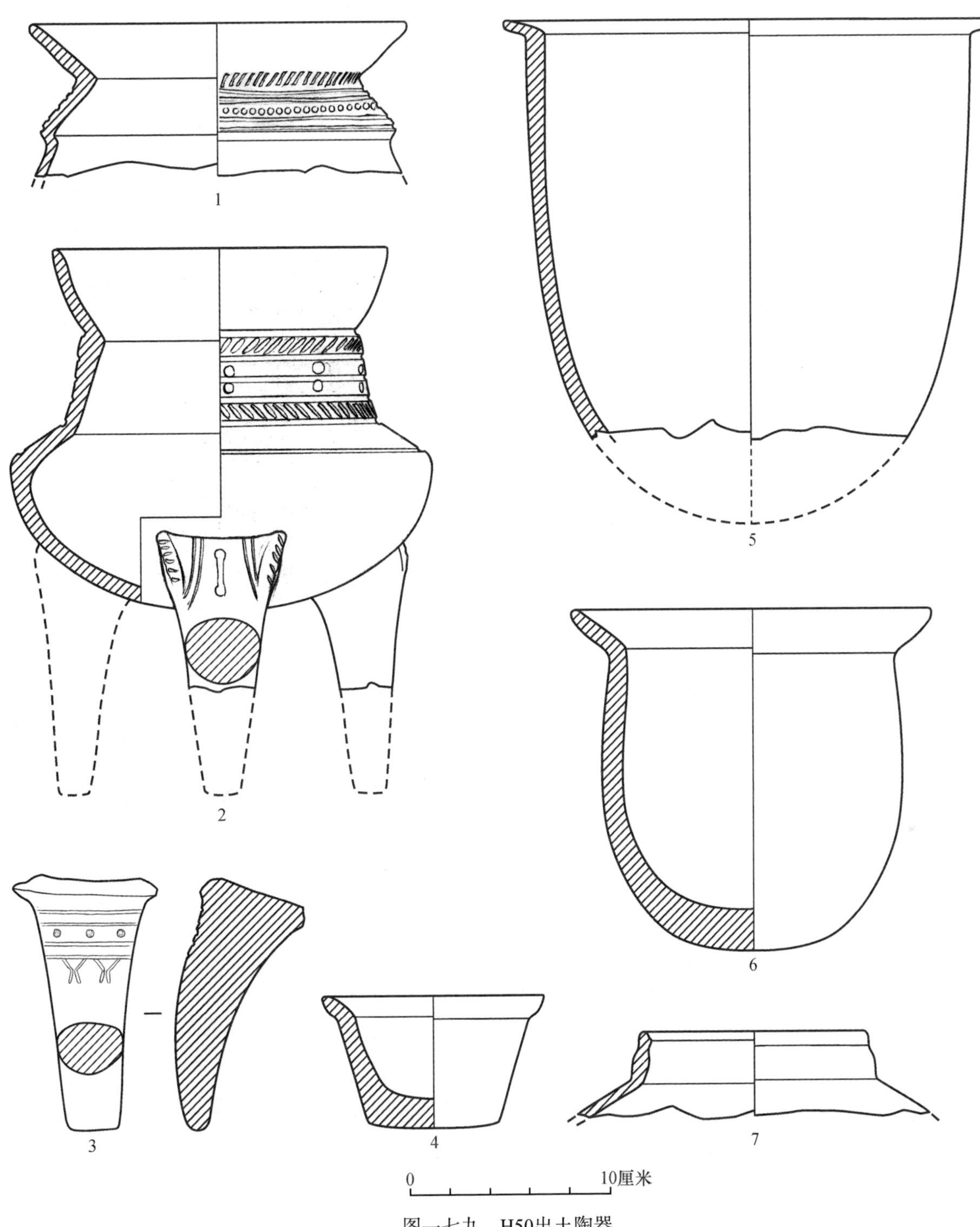

图一七九 H50出土陶器

1. E型Ⅰ式鼎（H50：10） 2. F型Ⅰ式鼎（H50：11） 3. K型鼎足（H50：12） 4. A型Ⅱ式杯（H50：6） 5、6. C型缸（H50：9、H50：8） 7. D型罐（H50：7）

陶鼎 A型Ⅱ式，3件。侈口，仰折沿，沿面内凹呈盘口状。标本H53：1，夹砂灰褐陶，偏灰白。仅存口部。口外饰叶脉纹、勾连纹及弦纹，颈部饰一周短线纹。口径17.5、残高5.1厘米（图一八一，1）。

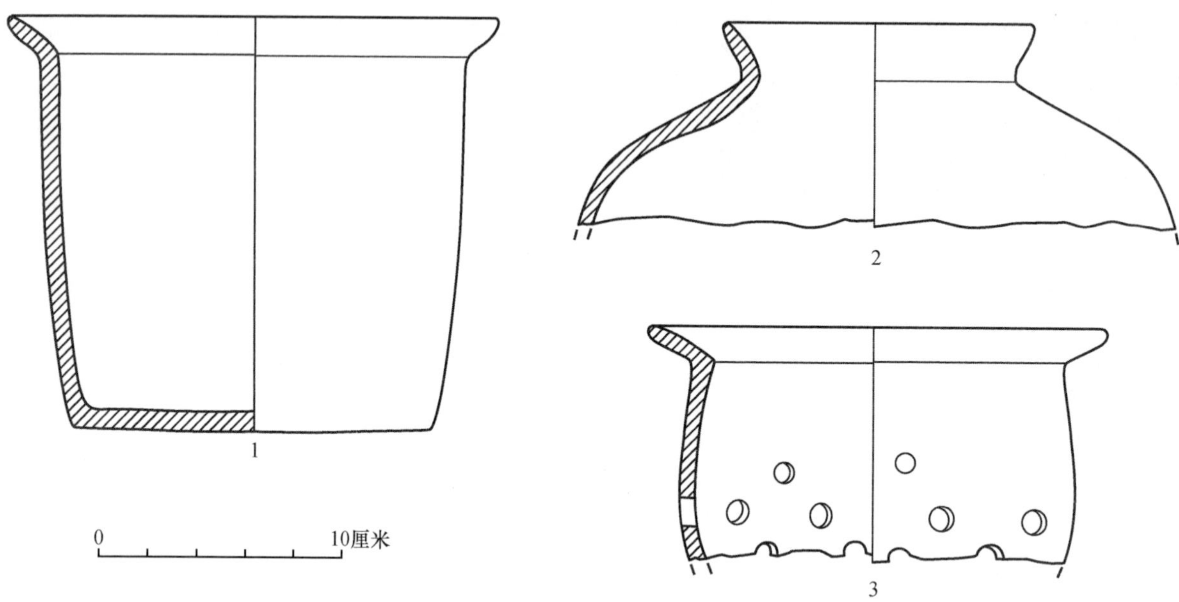

图一八〇　H51、H52出土陶器

1. A型Ⅱ式缸（H51：1）　2. B型罐（H52：8）　3. A型Ⅰ式甑（H52：6）

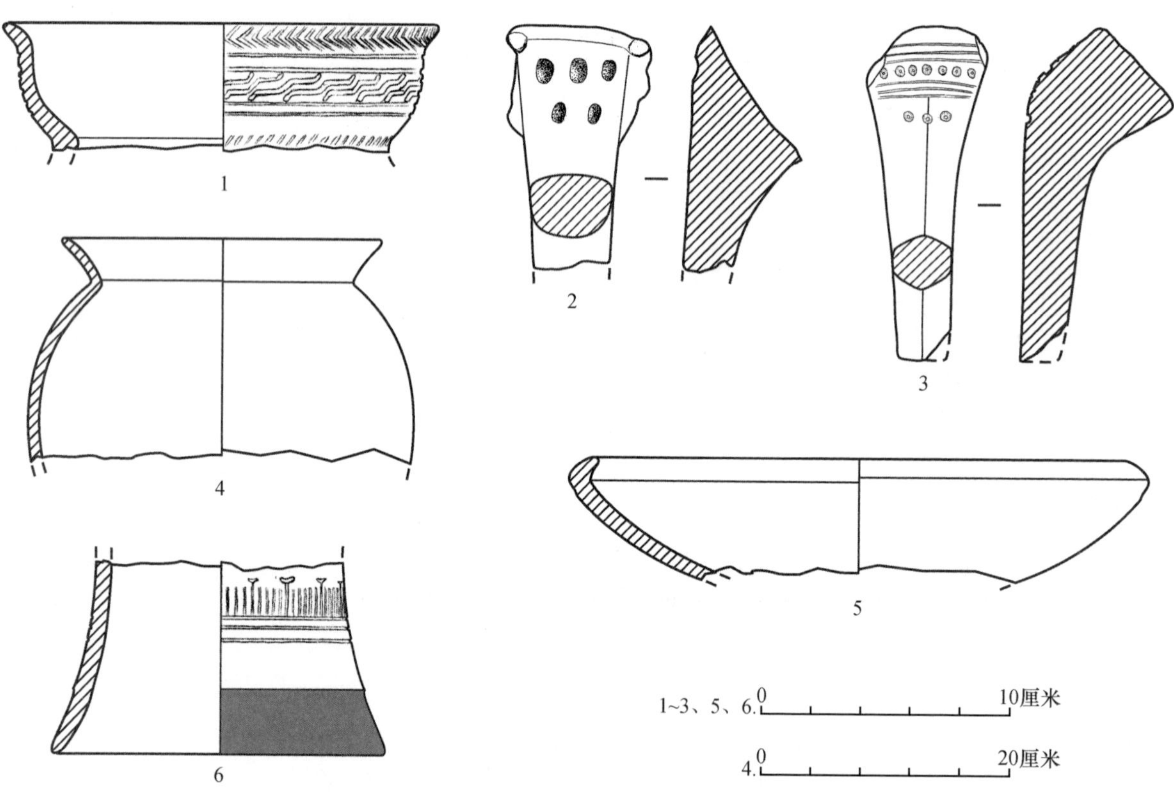

图一八一　H53出土陶器

1. A型Ⅱ式鼎（H53：1）　2. E型鼎足（H53：11）　3. K型鼎足（H53：10）　4. A型Ⅱ式罐（H53：7）　5. A型Ⅰ式豆（H53：9）　6. A型盘足（H53：2）

陶鼎足　E型，2件。凿形足，横截面呈不规则椭圆形。标本H53：11，夹砂红陶。足下部残断。足上部饰按窝，根部两角各饰一乳钉状泥突。残长9.5厘米（图一八一，2）。

K型，1件。弓背凿形足，横截面略呈六边形。标本H53：10，夹砂灰褐陶。足尖部略残。正、反两面均起脊棱。足上部饰较规整的圆点纹及弦纹。长13.1厘米（图一八一，3）。

陶罐　A型Ⅱ式，2件。敞口，折沿较甚，近似卷沿，圆肩，深鼓腹。标本H53：7，夹砂红陶。圆唇，下腹及底残。素面。口径26.0、腹径32.1、残高17.4厘米（图一八一，4；图版五七，2）。

陶豆　A型Ⅰ式，2件。内折口，弧腹盘较浅。标本H53：9，泥质红胎酱黑陶，黑衣脱落较甚。尖唇，底、足残。素面。口径21.6、残高4.6厘米（图一八一，5）。

陶盘足　A型，1件。高圈足。标本H53：2，泥质红陶，施白衣。上部饰树形组合纹及弦纹，中部素面，下部施红彩。足径13.5、残高7.6厘米（图一八一，6）。

31. H55

该单位出土陶器包括鼎、缸、豆、器盖等。共选标本21件，现介绍8件如下。

陶鼎　A型Ⅱ式，2件。口微侈，仰折沿，沿面内凹呈盘口状。标本H55：6，夹砂红陶。圆唇，仅存口部。口部素面，颈部饰一周叶脉纹。口径17.8、残高5.7厘米（图一八二，1）。

C型Ⅱ式，4件。折沿较甚，沿面外弧，溜肩，深鼓腹。标本H55：5，夹砂灰褐陶，局部有烟黑。尖唇，底、足残，但已修复。除上腹部饰两组不规则弦纹外，余为素面。口径16.5、腹径17.2、残高11.8厘米（图一八二，2；图版五七，3）。

E型Ⅱ式，3件。折沿较甚，沿面外弧，溜肩，曲腹。标本H55：8，夹砂灰褐陶，内灰白色。圆唇，下腹及底、足残。口部素面，肩及上腹部饰成组弦纹。口径17.2、残高8.2厘米（图一八二，3）。

陶鼎足　E型，6件。凿形足，横截面略呈三角形或椭圆形。标本H55：17，夹砂红陶。横截面略呈三角形。足上部饰凹窝纹，根部两角各饰一乳钉状泥突。长17.2厘米（图一八二，4；图版五七，4）。标本H55：16，夹砂红褐陶。横截面略呈椭圆形。足上部饰短线纹、圆窝纹及弦纹。长15.1厘米（图一八二，5）。

陶缸　C型，1件。近筒形腹，圜底。标本H55：4，夹砂红褐陶。体小，胎厚。器表粗糙，内壁凹凸不平。口残，腹微鼓。素面。复原口径13.2、残高10.5厘米（图一八二，6；图版五七，5）。

陶豆　A型Ⅱ式，3件。内折口，浅弧腹盘。标本H55：3，泥质红胎黑陶，器表施薄层黑衣。圆唇，足残。素面。口径19.4、残高6.8厘米（图一八二，7；图版五七，6）。

陶器盖　A型，2件。盖沿外折，深弧腹盖。标本H55：7，泥质红胎黑陶，器表黑衣脱落较甚。盖顶及桥形纽残。素面。口径20.4、残高6.1厘米（图一八二，8）。

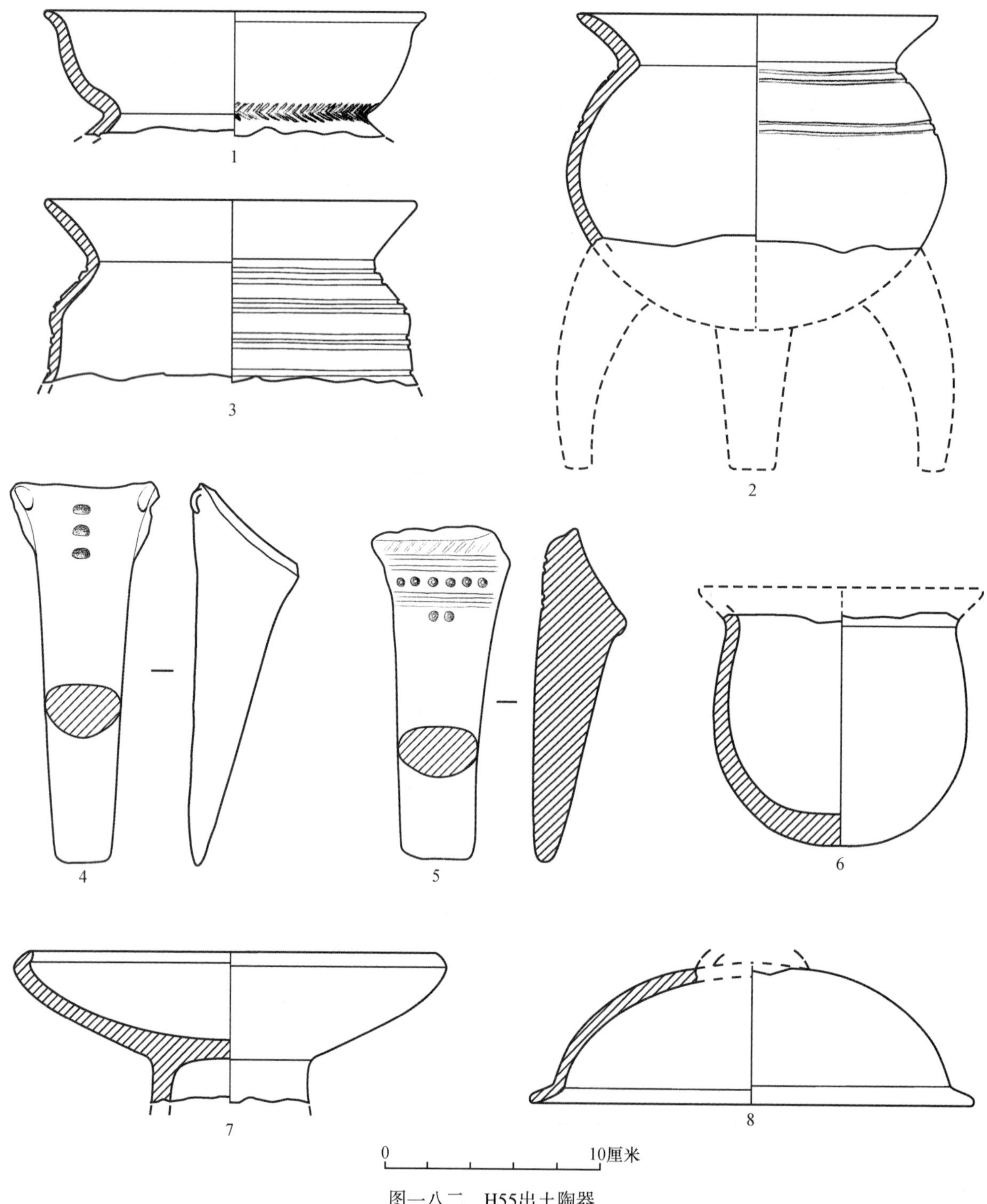

图一八二　H55出土陶器

1. A型Ⅱ式鼎（H55：6）　2. C型Ⅱ式鼎（H55：5）　3. E型Ⅱ式鼎（H55：8）　4、5. E型鼎足（H55：17、H55：16）　6. C型缸（H55：4）　7. A型Ⅱ式豆（H55：3）　8. A型器盖（H55：7）

32. H56

该单位出土陶器较少，可辨器形者只有1件陶盘。

陶盘 A型Ⅱ式，1件。浅弧腹盘。标本H56：2，泥质红陶，器表施灰白衣。厚圆唇，口微敞，底、足残。盘腹饰两组弦纹。口径19.5、残高4.2厘米（图一八三，1）。

33. H58

该单位出土陶器较少，可辨器形者有罐、缸等。共选标本5件，现介绍3件如下。

陶罐 C型，1件。小口微敞，圆肩。标本H58：1，夹砂红褐陶，器表施红衣。圆唇，腹、底残。素面。口径17.1、残高6.6厘米（图一八三，2）。

F型Ⅰ式，2件。大口，窄折沿内凹，斜领内收，圆肩。标本H58：2，夹砂羼炭红陶。圆唇，腹、底残。素面。口径23.9、残高6.4厘米（图一八三，3）。

陶缸 B型，2件。侈口，折沿，深腹微鼓。标本H58：3，夹砂红陶。圆唇，圜底残。口部素面，腹饰绳纹。口径27.2、残高15.6厘米（图一八三，4）。

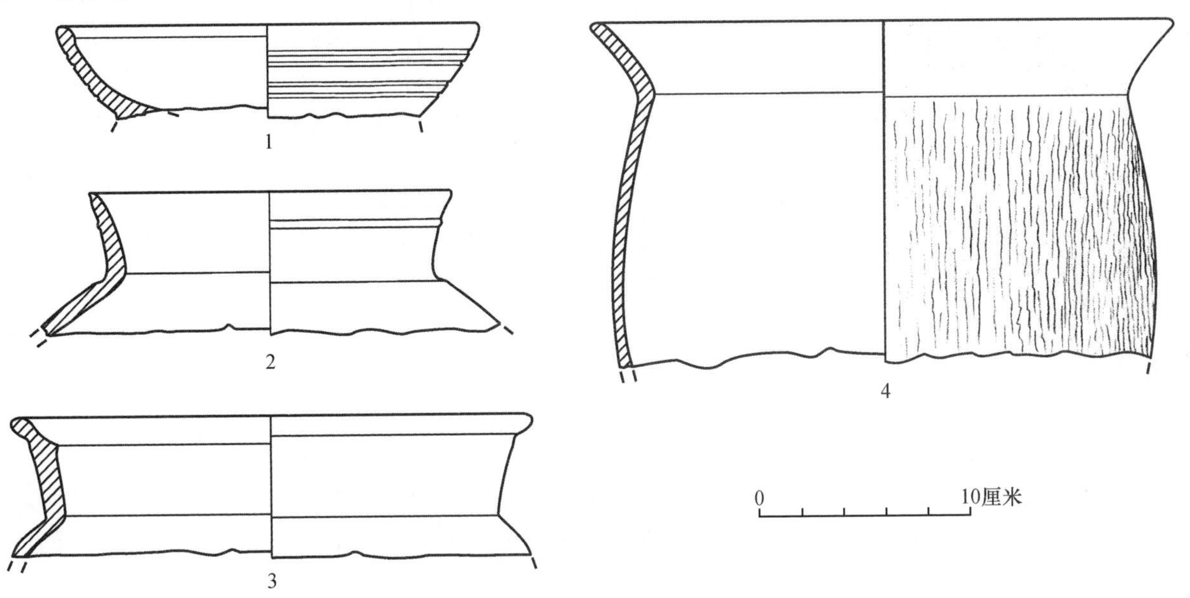

图一八三 H56、H58出土陶器

1. A型Ⅱ式盘（H56：2） 2. C型罐（H58：1） 3. F型Ⅰ式罐（H58：2） 4. B型缸（H58：3）

34. H59

该单位出土陶器较少，可辨器形者有釜、盘、豆等。共选标本5件，现介绍4件如下。

陶釜 B型Ⅰ式，1件。折沿，沿面微内凹，溜肩，深鼓腹。标本H59：4，夹砂红陶。圆唇微侈，下腹及底残。素面。口径23.5、残高9.6厘米（图一八四，1）。

陶盘足 B型，1件。折壁矮圈足。标本H59：3，泥质红陶，器表施深红衣。足饰成组镂孔及指甲纹。足径18.1、残高6.2厘米（图一八四，2）。

陶豆足 D型，1件。喇叭形高足，足沿外撇较甚。标本H59：1，泥质灰胎黑陶，内、外均黑色。厚胎。足饰弦纹、成组分布的圆窝纹及刻划几何纹。足径8.5、残高6.6厘米（图一八四，4；图版五八，1）。

G型，2件。折壁矮足，足沿外撇较甚。标本H59：2，泥质灰陶。足根部饰一箍凸棱，极似附加堆纹，余素面。足径10.2、残高5.6厘米（图一八四，3）。

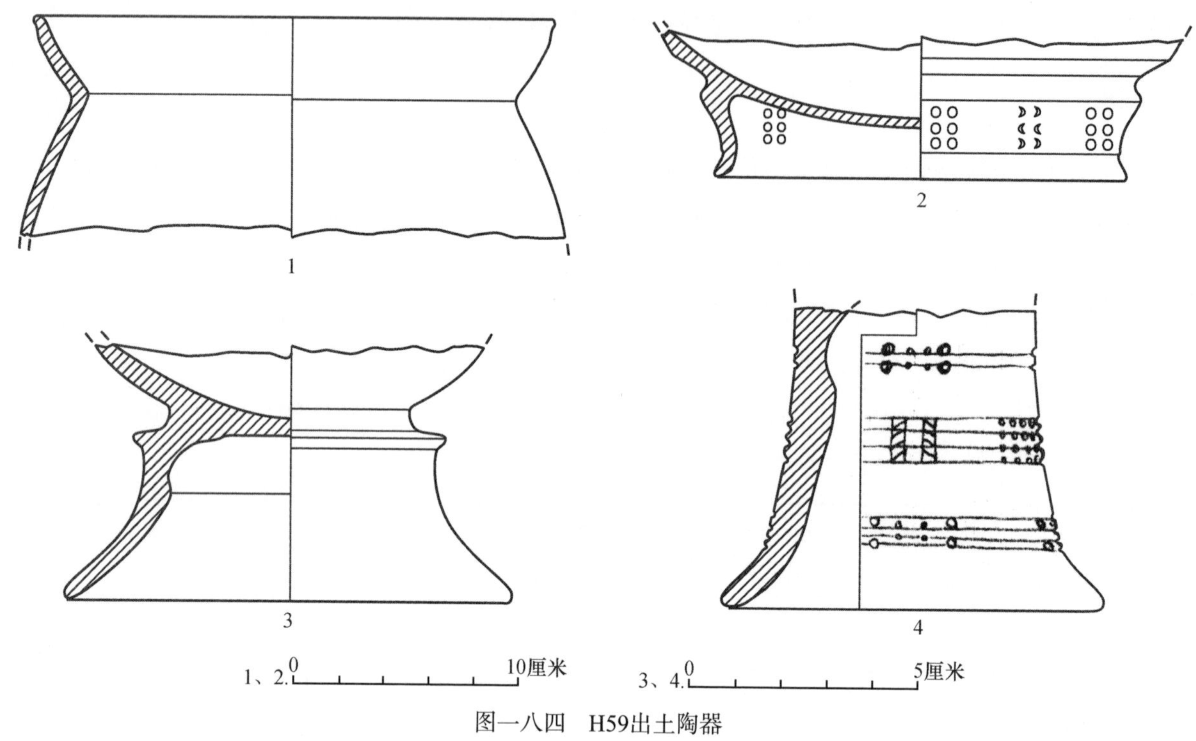

图一八四　H59出土陶器

1. B型Ⅰ式釜（H59：4）　2. B型盘足（H59：3）　3. G型豆足（H59：2）　4. D型豆足（H59：1）

35. H60

该单位出土陶器较少，可辨器形者有鼎、豆等。共选标本7件，现介绍3件如下。

陶豆　B型Ⅱ式，2件。口内折较甚，折棱明显，深弧腹盘。标本H60：1，泥质红胎黑陶，器表有薄层黑衣。圆唇，足残。素面。口径20.8、残高8.9厘米（图一八五，1；图版五八，2）。

陶鼎足　B型，2件。宽扁足，横截面近长方形。标本H60：3，夹砂红褐陶。足尖部略残。足较薄，近凿形。素面。长10.2厘米（图一八五，3）。

F型，3件。舌形足，足微内弧，横截面近圆形。标本H60：4，夹砂红褐陶。足顶部有一凹面，足下部残断。足上部饰两按窝。残长7.1厘米（图一八五，5）。

36. H61

该单位出土陶器较少，可辨器形者有鼎、豆等。共选标本4件，现介绍2件如下。

陶豆　C型Ⅱ式，2件。口内折较甚，折棱明显，斜腹盘，腹、底转折起棱。标本H61：6，泥质红胎黑陶，器表有薄层黑衣。圆唇，足残。素面。口径21.2、残高9.6厘米（图

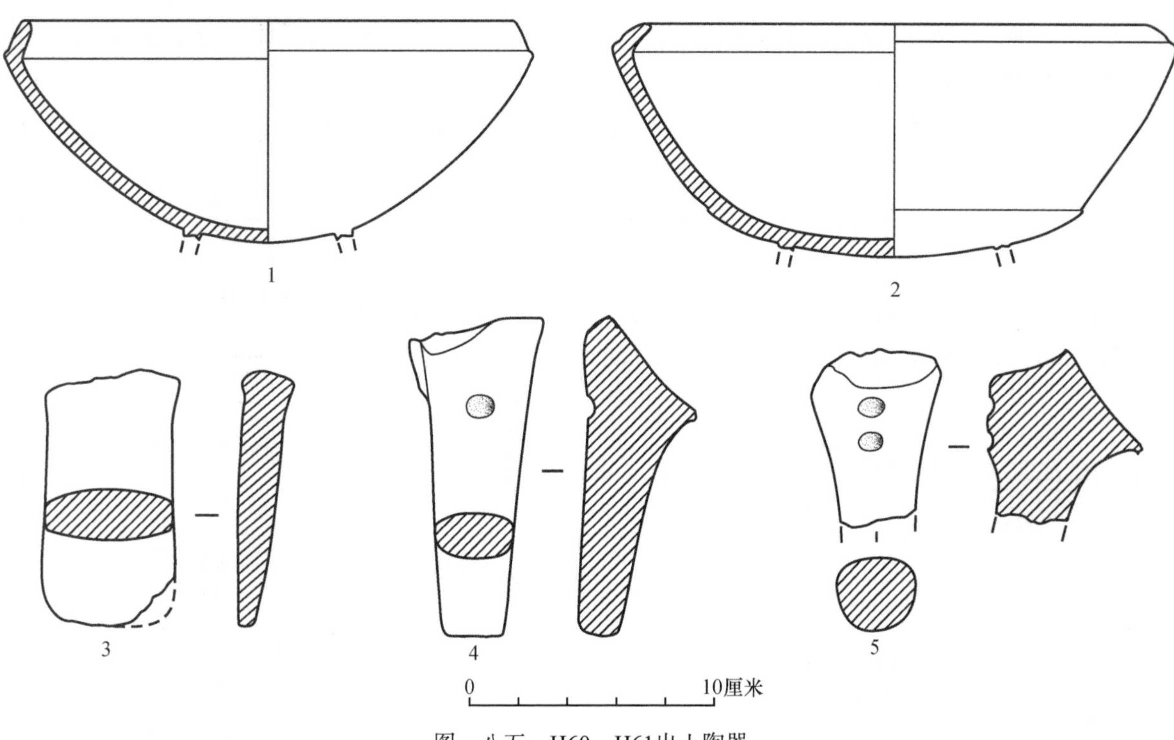

图一八五　H60、H61出土陶器

1. B型Ⅱ式豆（H60：1）　2. C型Ⅱ式豆（H61：6）　3、4. B型鼎足（H60：3、H61：4）　5. F型鼎足（H60：4）

一八五，2；彩版三八，4；图版五八，3）。

陶鼎足　B型，2件。宽扁足，横截面略呈扁椭圆形。标本H61：4，夹砂红陶。足上部饰一按窝。长12.8厘米（图一八五，4）。

37. H62

该单位出土陶器包括鼎、釜、盘、豆等。共选标本13件，现介绍7件如下。

陶釜　A型，2件。仰折沿，沿面内凹呈盘口状，广肩。标本H62：16，夹砂红陶，肩部施灰白衣。圆唇，口微敛，腹、底残。素面。口径21.8、残高6.1厘米（图一八六，1）。

陶盘　B型，1件。敞口，浅弧腹盘。标本H62：17，泥质红陶，器表施深红衣。圆唇，足残。素面。口径21.6、残高4.0厘米（图一八六，2）。

陶豆　C型Ⅱ式，2件。口内折较甚，折棱明显，深斜腹盘，腹、底转折起棱。标本H62：15，泥质灰陶，器表有薄层黑衣。圆唇，足残。素面。口径19.5、残高9.4厘米（图一八六，4；彩版三九，1；图版五八，4）。

E型Ⅰ式，2件。敞口，口外内凹，口、腹转折明显，浅弧腹盘。标本H62：7，泥质灰胎黑陶。圆唇，底、足残。素面。口径18.1、残高3.2厘米（图一八六，3）。

陶鼎足　C型，3件。扁凿形足，横截面呈长椭圆形。标本H62：19，夹砂深红陶。足上部饰一列浅圆圈纹。长18.4厘米（图一八六，5；图版五八，5）。

I型，2件。弓背扁凿形足，横截面呈长椭圆形。标本H62：20，夹砂红褐陶，有烟黑斑。足较宽扁，下部残断。足上部饰短线纹、圆点纹、弦纹及菱形组合纹。残长8.4厘米（图一八六，6；图版五八，6）。

M型，1件。矮足，横截面呈方形。标本H62：21，夹砂红陶。侧装扁足。素面。长6.8厘米（图一八六，7）。

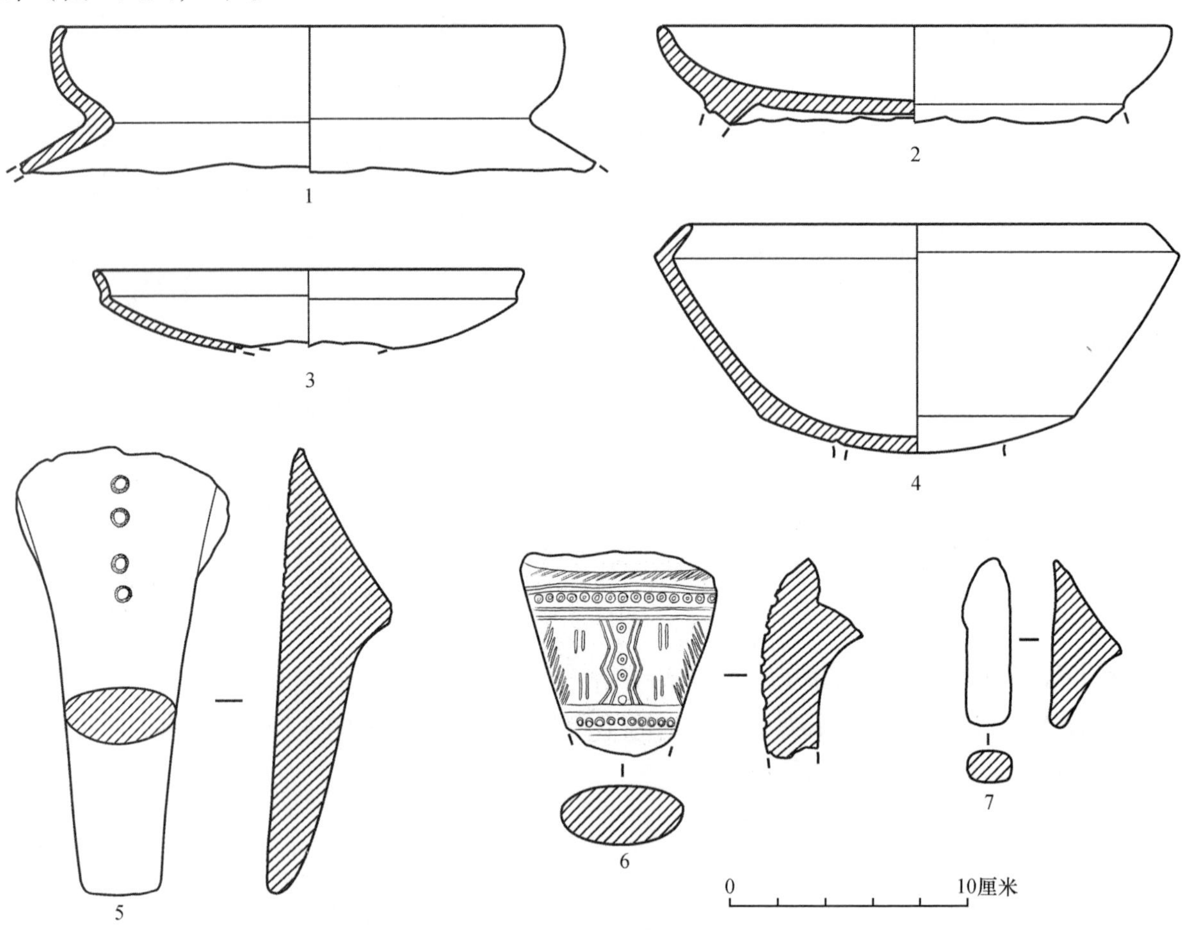

图一八六　H62出土陶器

1. A型釜（H62：16）　2. B型盘（H62：17）　3. E型Ⅰ式豆（H62：7）　4. C型Ⅱ式豆（H62：15）　5. C型鼎足（H62：19）　6. I型鼎足（H62：20）　7. M型鼎足（H62：21）

38. H65

该单位出土陶器较少，可辨器形有盘、豆、器座等。共选标本8件，现介绍4件如下。

陶盘　A型Ⅰ式，2件。弧腹盘略深。标本H65：1，泥质灰胎红陶。厚胎。厚圆唇，口微敛，底、足残。盘腹饰水波纹及篦点横带纹。口径20.2、残高3.4厘米（图一八七，1）。

陶豆　A型Ⅰ式，3件。内折口，弧腹盘较浅。标本H65：3，泥质黑陶。足残。素面。口径17.3、残高6.0厘米（图一八七，2）。

陶豆足　A型，1件。台式足，足沿外撇。标本H65：4，夹砂羼炭褐陶。细高柄上饰一列镂孔，足部素面。足径16.1、残高10.0厘米（图一八七，4；图版五九，1）。

陶器座　A型，2件。卷沿，筒形腹。标本H65：2，泥质红陶。口、底外卷近平。中空，腹饰宽弦纹及数箍凸棱。口径21.2、底径21.6、高14.4厘米（图一八七，3；彩版三九，2；图版五九，2）。

39. H66

该单位出土陶器较少，可辨器形者仅有缸、豆等。共选标本6件，现介绍3件如下。

陶缸　E型，1件。窄卷沿，深斜腹，上腹较直，下腹斜收较甚，小平底。标本H66：4，夹砂深红陶，器表局部有黑斑。底胎极厚。内壁不平。素面。口径17.7、底径4.5、高16.0厘米（图一八七，5；彩版三九，3；图版五九，3）。

陶豆　A型Ⅰ式，3件。内折口，弧腹盘略浅。标本H66：3，泥质红陶。圆唇，腰鼓

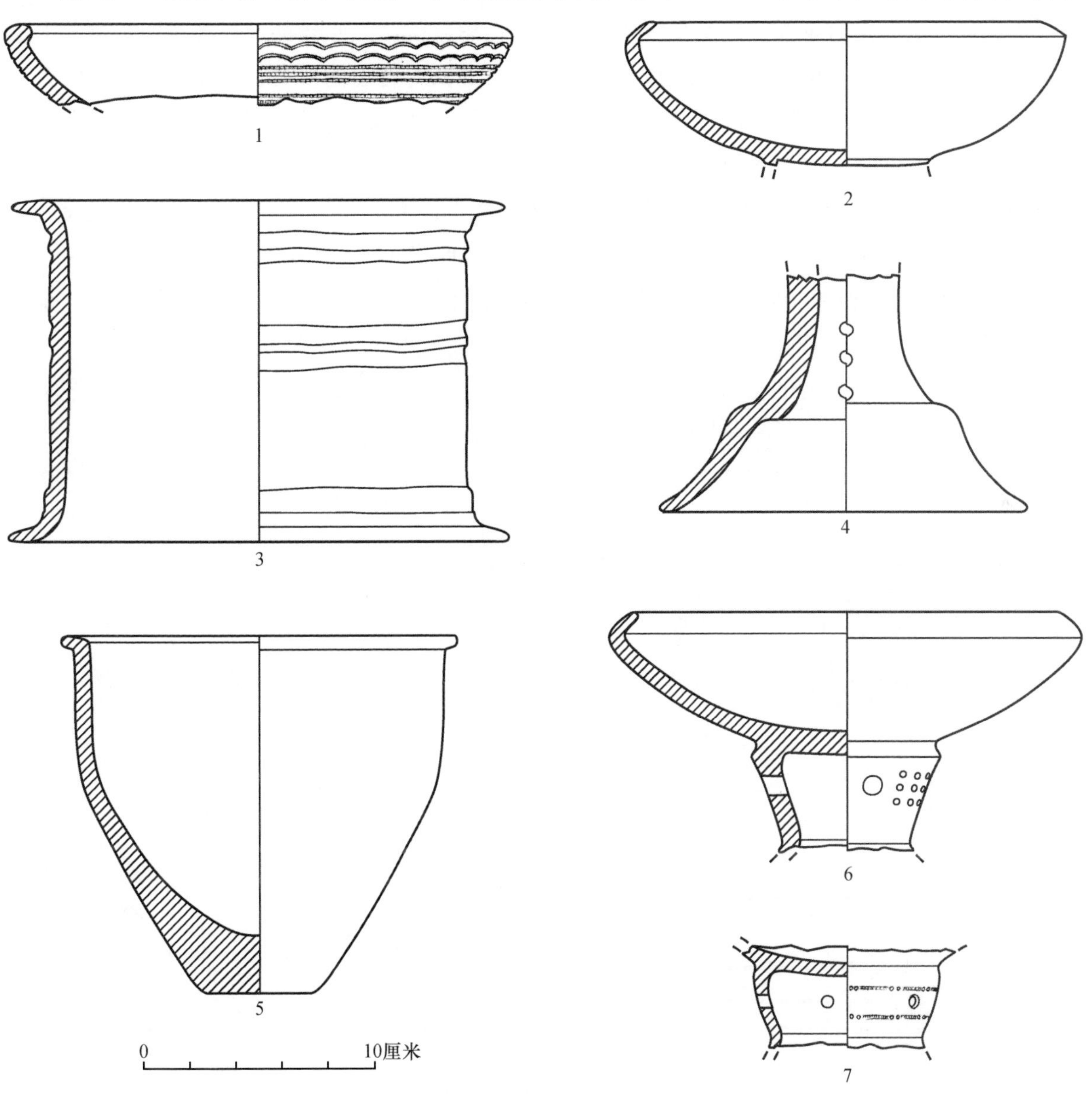

图一八七　H65、H66出土陶器

1. A型Ⅰ式盘（H65：1）　2. A型Ⅰ式豆（H65：3）　3. A型器座（H65：2）　4. A型豆足（H65：4）　5. E型缸（H66：4）　6. A型Ⅰ式豆（H66：3）　7. 豆柄（H66：5）

形柄，足残。柄饰三组小镂孔并间以3个较大镂孔，余素面。口径18.8、残高10.2厘米（图一八七，6；彩版三九，4；图版五九，4）。

陶豆柄　2件。标本H66：5，泥质红陶，器表施深红衣。腰鼓形柄。上饰5个镂孔及两周针尖状小孔及篦点纹。残高4.2厘米（图一八七，7）。

40. H69

该单位出土陶器较多，包括鼎、釜、甑、盘、豆、碗等。共选标本28件，现介绍12件如下。

陶鼎　B型Ⅱ式，3件。折沿较甚，沿面外弧，圆肩，浅鼓腹。标本H69：14，夹砂红陶，局部灰褐色，底及足有烟黑，内底呈炭黑色。尖唇，肩微耸，鼓腹较甚。口部素面，颈及上腹部饰短线纹、不规则长椭圆形纹及弦纹，下腹及底素面。弓背扁凿形足，横截面略呈椭圆形，足尖内收较甚。足上部饰弦纹、圆点纹及圆窝纹。口径15.2、腹径17.5、通高19.8厘米（图一八八，1；彩版四〇，1；图版五九，5）。

C型Ⅱ式，2件。折沿较甚，沿面外弧，溜肩。标本H69：5，夹砂红陶。圆唇，腹及底、足残。口部素面，颈及肩部饰弦纹。口径18.2、残高5.8厘米（图一八八，2）。

陶鼎足　E型，8件。凿形足，横截面呈不规则椭圆形。标本H69：16，夹砂灰褐陶。足上

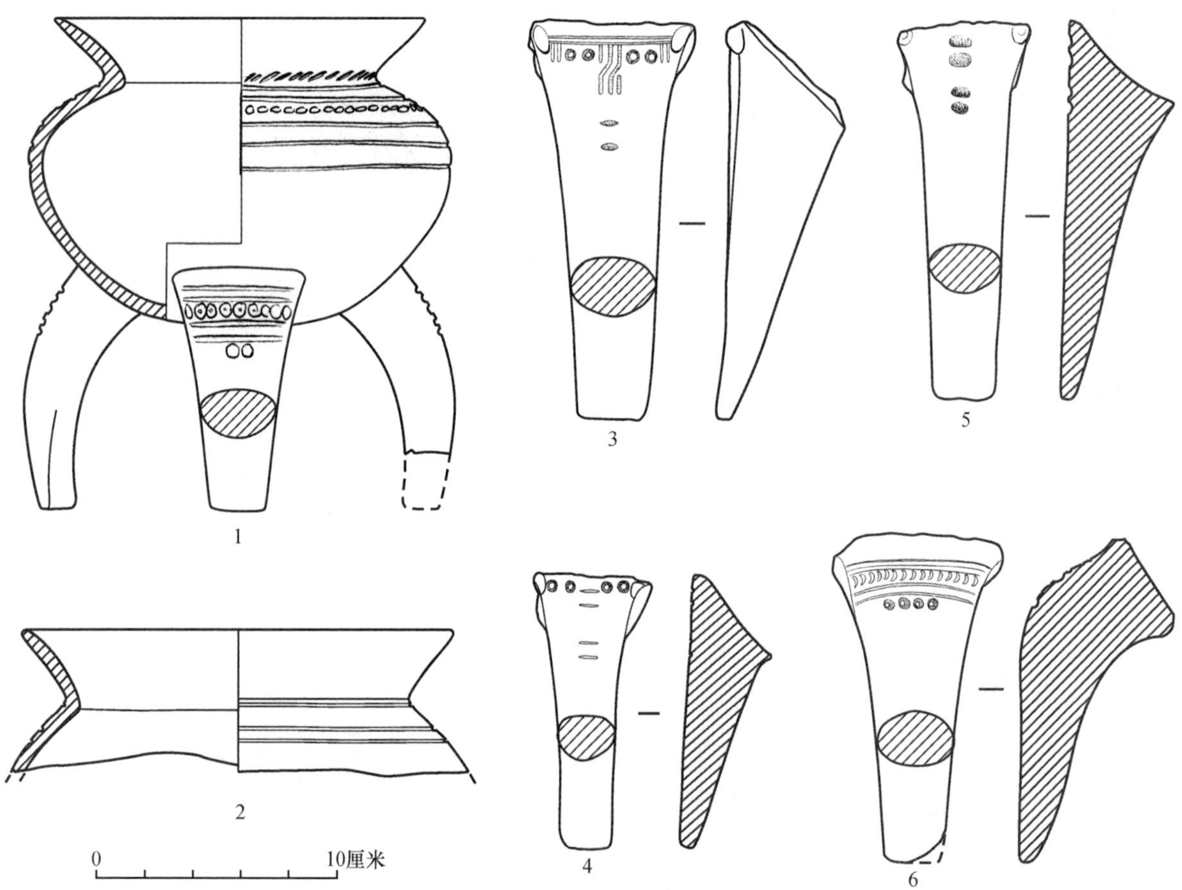

图一八八　H69出土陶器

1. B型Ⅱ式鼎（H69：14）　2. C型Ⅱ式鼎（H69：5）　3～5. E型鼎足（H69：16、H69：17、H69：18）　6. K型鼎足（H69：15）

部饰由篦点纹、圆点纹、凹窝纹、弦纹及乳钉状泥突组成的“兽面”形图案。长16.3厘米（图一八八，3；图版五九，6）。标本H69：17，夹砂黑褐陶。足上部饰圆点纹及浅槽状凹窝纹，根部两角各饰一乳钉状泥突。长11.2厘米（图一八八，4；图版六〇，1）。标本H69：18，夹砂红褐陶。足上部饰深凹窝纹，根部两角各饰一乳钉状泥突。长15.4厘米（图一八八，5）。

K型，2件。弓背凿形足，横截面呈不规则椭圆形。标本H69：15，夹砂红陶。足上部饰弦纹、指甲纹及圆点纹。长13.5厘米（图一八八，6）。

陶釜　B型Ⅰ式，2件。折沿，沿面斜直，溜肩，深鼓腹。标本H69：8，夹砂红褐陶。圆唇，下腹及底残。素面。口径24.8、残高9.4厘米（图一八九，1）。

陶甑　A型Ⅱ式，1件。折沿，鼓腹略浅。标本H69：12，夹砂红褐陶，内壁灰黑色。圆唇，下腹及底残。口部素面，上腹饰四组较大的双箅孔，下腹残见较密的小箅孔。口径20.0、腹径18.5、残高8.1、复原高13.4厘米（图一八九，2；彩版四〇，2；图版六〇，2）。

陶盘　C型，2件。敛口，浅弧腹盘，高圈足。标本H69：10，泥质浅红陶。圆唇，曲壁圈足。素面。口径18.8、足径14.2、高9.4厘米（图一八九，3；彩版四〇，3；图版六〇，3）。

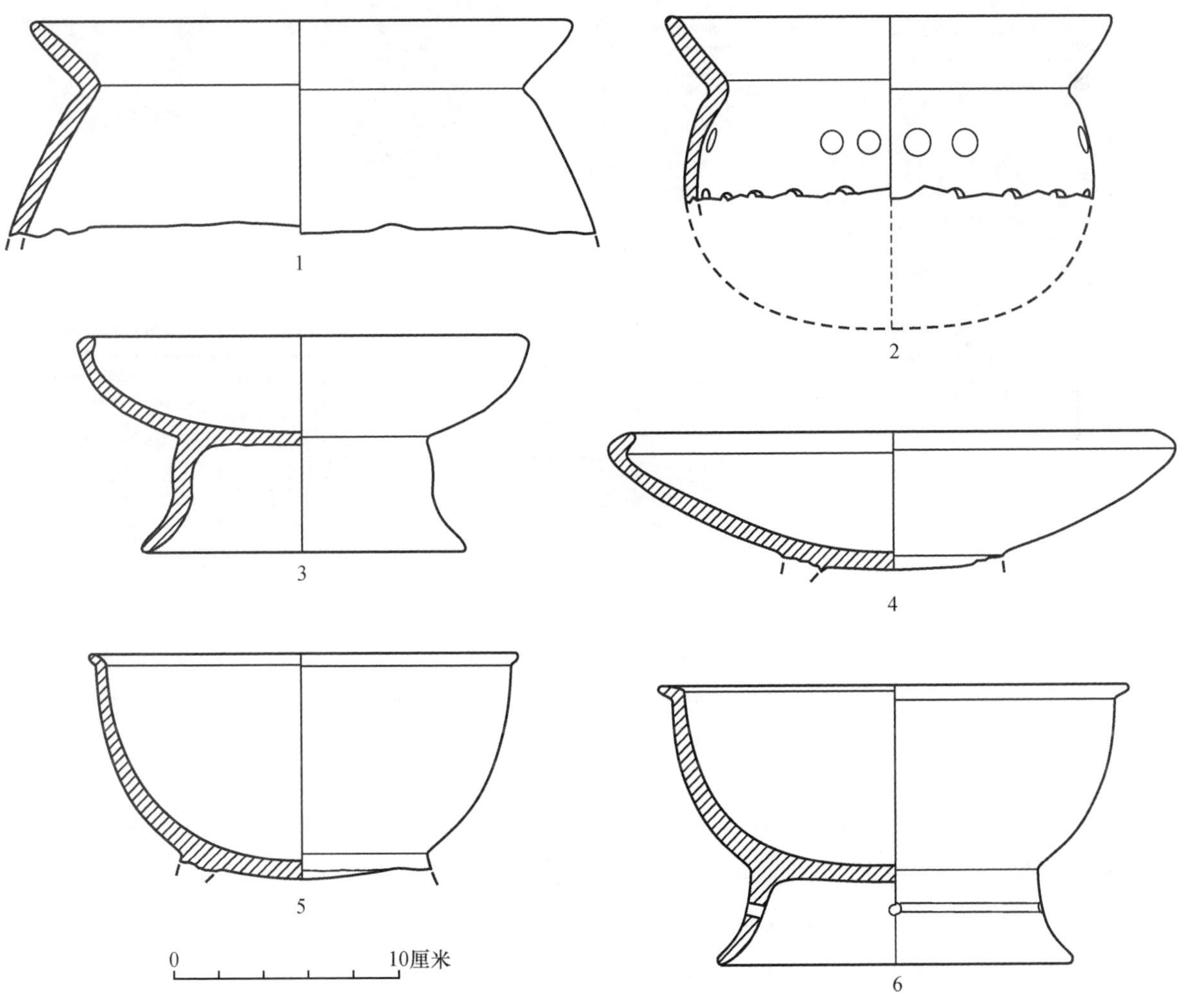

图一八九　H69出土陶器

1. B型Ⅰ式釜（H69：8）　2. A型Ⅱ式甑（H69：12）　3. C型盘（H69：10）　4. A型Ⅱ式豆（H69：3）　5. B型Ⅰ式碗（H69：11）　6. B型Ⅱ式碗（H69：13）

陶豆　A型Ⅱ式，3件。内折口，浅弧腹盘。标本H69：3，泥质红陶，器表有较多褐斑。圆唇，足残。素面。口径23.6、残高6.1厘米（图一八九，4；图版六〇，4）。

陶碗　B型Ⅰ式，2件。折沿，弧腹较深。标本H69：11，夹砂红褐陶。圆唇，窄折沿，足残。素面。口径19.1、残高9.8厘米（图一八九，5；图版六〇，5）。

B型Ⅱ式，3件。折沿，弧腹略浅。标本H69：13，泥质深红陶，器表有较多褐斑。圆唇，窄折沿，喇叭形圈足。足见4小孔，并以一道宽弦纹相串，余素面。口径21.2、足径16.1、高12.0厘米（图一八九，6；彩版四〇，4；图版六〇，6）。

41. H71

该单位出土陶器较多，包括鼎、釜、缸、盘等。其中，鼎、盘器表纹饰丰富多样，包括短线纹、勾连纹、篦点纹、圆点纹以及各式几何组合纹和几何图案（图一九〇）。共选标本28件，现介绍17件如下。

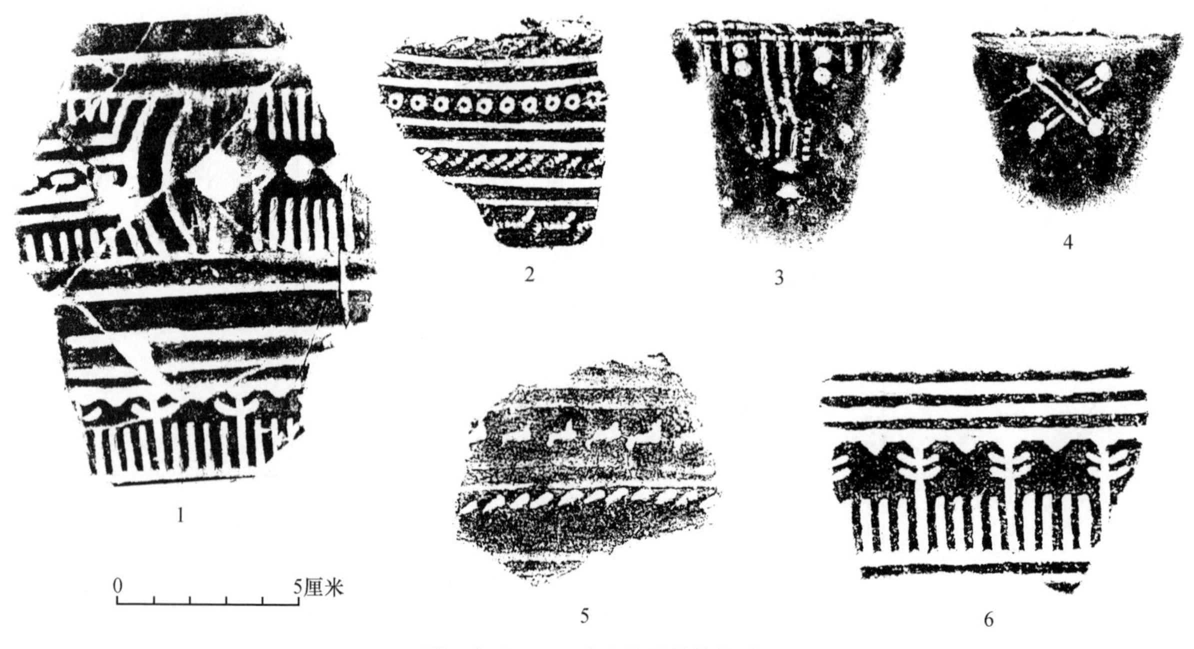

图一九〇　H71出土陶片纹饰拓片

1. 盘足：带形组合纹+耙形图案+树形组合纹（H71：20）　2. 鼎肩：圆点纹+篦点短线纹+篦点勾连纹（H71：9）　3. 鼎足："兽面"形图案（H71：32）　4. 鼎足：十字形组合纹（H71：25）　5. 鼎肩：勾连纹+长椭圆纹（H71：10）　6. 盘足：树形组合纹（H71：1）

陶鼎足　A型，2件。宽扁凹足，横截面略呈新月形。标本H71：35，夹砂羼炭深红陶。质轻，足下部残断。足上部饰弧线或折线几何纹。残长11.5厘米（图一九一，1）。

D型，5件。圆柱形足，横截面近圆形。标本H71：29，夹砂深红陶。足上部饰弦纹及粗短线几何纹。长12.6厘米（图一九一，2；图版六一，1）。标本H71：27，夹砂红褐陶，有灰黑斑。足下部残断。足上部饰不规则短线几何纹。残长7.5厘米（图一九一，3；图版六一，2）。标本H71：39，夹砂红陶。足上部饰两组凹窝纹，根部两角各饰一乳钉状泥突。长11.3厘米（图一九一，4；图版六一，3）。

E型，5件。凿形足，横截面略呈椭圆形。标本H71：34，夹砂红陶。足下部残断。足上部饰短斜线纹、弦纹及短线几何纹，根部两侧各饰一条短弧形扉棱状附加堆纹。残长9.3厘米（图一九一，5；图版六一，4）。标本H71：28，夹砂红陶，根部有灰黑斑。足上部饰由圆点纹、凹窝纹、篦点纹及乳钉状泥突组成的"兽面"形图案。长17.1厘米（图一九一，6；图版六一，5）。标本H71：32，夹砂红陶，根部有烟黑。纹同H71：28（图版六一，6）。标本H71：38，夹砂红陶。足下部残断。足上部饰三周长椭圆形纹及两组弦纹，两侧各饰一条弧形

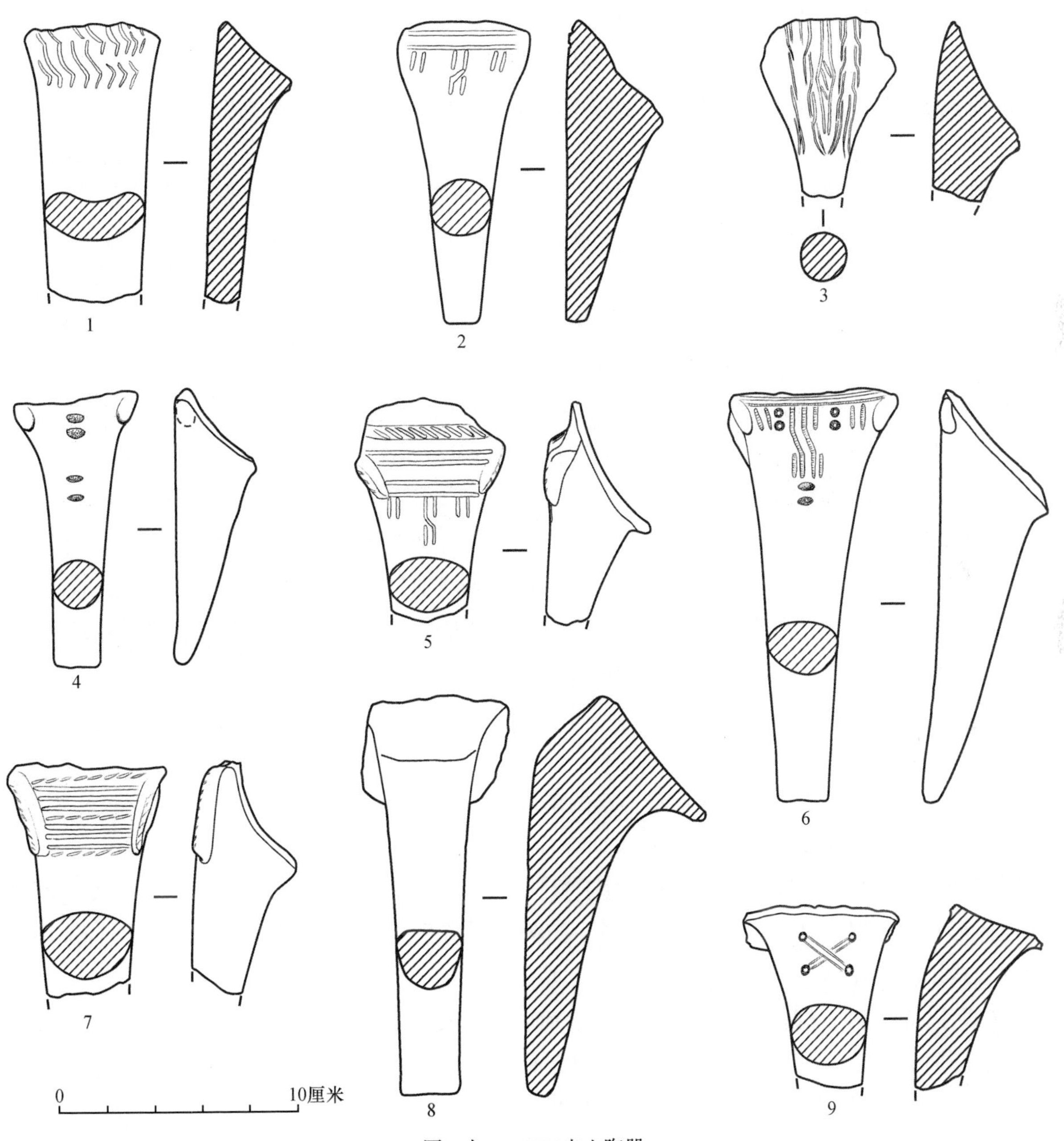

图一九一　H71出土陶器

1. A型鼎足（H71：35）　2～4. D型鼎足（H71：29、H71：27、H71：39）　5～7. E型鼎足（H71：34、H71：28、H71：38）　8、9. K型鼎足（H71：30、H71：25）

扉棱状附加堆纹。残长9.6厘米（图一九一，7；图版六二，1）。

K型，3件。弓背凿形足，横截面略呈三角形或椭圆形。标本H71：30，夹砂红褐陶。足顶部有一斜平面，正面平坦，横截面略呈三角形。素面。长16.5厘米（图一九一，8；图版六二，2）。标本H71：25，夹砂深红陶。足下部残断，横截面略呈椭圆形。足上部饰十字形组合纹。残长7.6厘米（图一九一，9；图版六二，3）。

陶鼎　D型Ⅱ式，3件。折沿较甚，沿面外弧，斜肩，垂腹。标本H71：15，夹砂黑褐陶，器表光滑。圆唇，口外侈，底及足均残。除上腹部饰两组弦纹外，余素面。口径25.2、腹径25.6、残高13.4厘米（图一九二，1；图版六二，4）。

陶釜　A型，1件。仰折沿，沿面内凹呈盘口状，广肩，鼓腹较甚。标本H71：13，夹砂红陶，器表施灰白衣。圆唇，口微敛，下腹及底残。素面。口径21.8、残高9.6厘米（图一九二，2）。

陶缸　C型，3件。折沿，近筒形腹，圜底。标本H71：19，夹砂红陶。胎厚重。器表光滑，内壁不平，可见不少印窝。圆唇，圜底残。素面。口径15.9、腹径13.8、残高12.8厘米（图一九二，3；图版六二，5）。

陶盘　C型，1件。敛口，浅弧腹盘。标本H71：14，泥质红胎灰陶，器表有薄层灰黑衣。圆唇，足残。口外饰一道凹槽，盘腹素面，足残见一周篦点横带纹及数组小镂孔，外底可见不规则指甲状纹及大量小戳窝。口径22.6、残高8.1厘米（图一九二，4；图版六二，6）。

陶盘足　A型，5件。高圈足。标本H71：21，泥质红陶，器表施灰白衣。足沿外撇。足部饰带孔盾形组合纹、凹弦纹及水波纹，足沿施红彩。足径13.5、残高8.6厘米（图一九二，5）。标本H71：24，泥质红陶，器表施白衣。足沿微外折。足部饰篦点短线纹及弦纹，足沿部施红彩。足径15.4、残高6.6厘米（图一九二，6）。标本H71：20，泥质红陶，器表施白衣。足沿残。足上部饰两组带形组合纹，并间以两组镂孔及耙形几何图案，下部饰弦纹及一周树形组合纹。足最大径16.4、残高12.8厘米（图一九二，7）。

42. H73

该坑是所有灰坑当中出土陶器最丰富的单位，包括鼎、釜、罐、缸、甑、钵、盘、豆、支座等。共选标本111件，现介绍56件如下。

陶鼎　B型Ⅰ式，1件。宽仰折沿似矮领，沿面微内凹，圆肩。标本H73：58，夹砂红褐陶。体形较小，仅存口部。圆唇，口微侈。口外有两道凸棱，其上饰指甲状水波纹，颈部饰不规则短线纹。口径18.6、残高6.4厘米（图一九三，4）。

C型Ⅰ式，5件。仰折沿，沿面微内凹，溜肩，深鼓腹。标本H73：77，夹砂红陶，局部呈褐色。圆唇，侈口。弓背宽扁足，一足残断，横截面略呈半椭圆形。整器素面。口径23.6、腹径23.9、通高25.6厘米（图一九三，1；彩版四一，1；图版六三，1）。标本H73：76，夹砂鲜红陶。器表施深红衣，内灰褐色。圆唇，口微侈。中腹饰一周带凹槽附加堆纹，余素面。弓背凿形足，两足残，横截面略呈三角形，足根部饰长椭圆形按窝。口径26.4、最大腹径27.8、通高29.8厘米（图一九三，2；彩版四一，2；图版六三，2）。标本H73：56，夹砂灰褐陶。

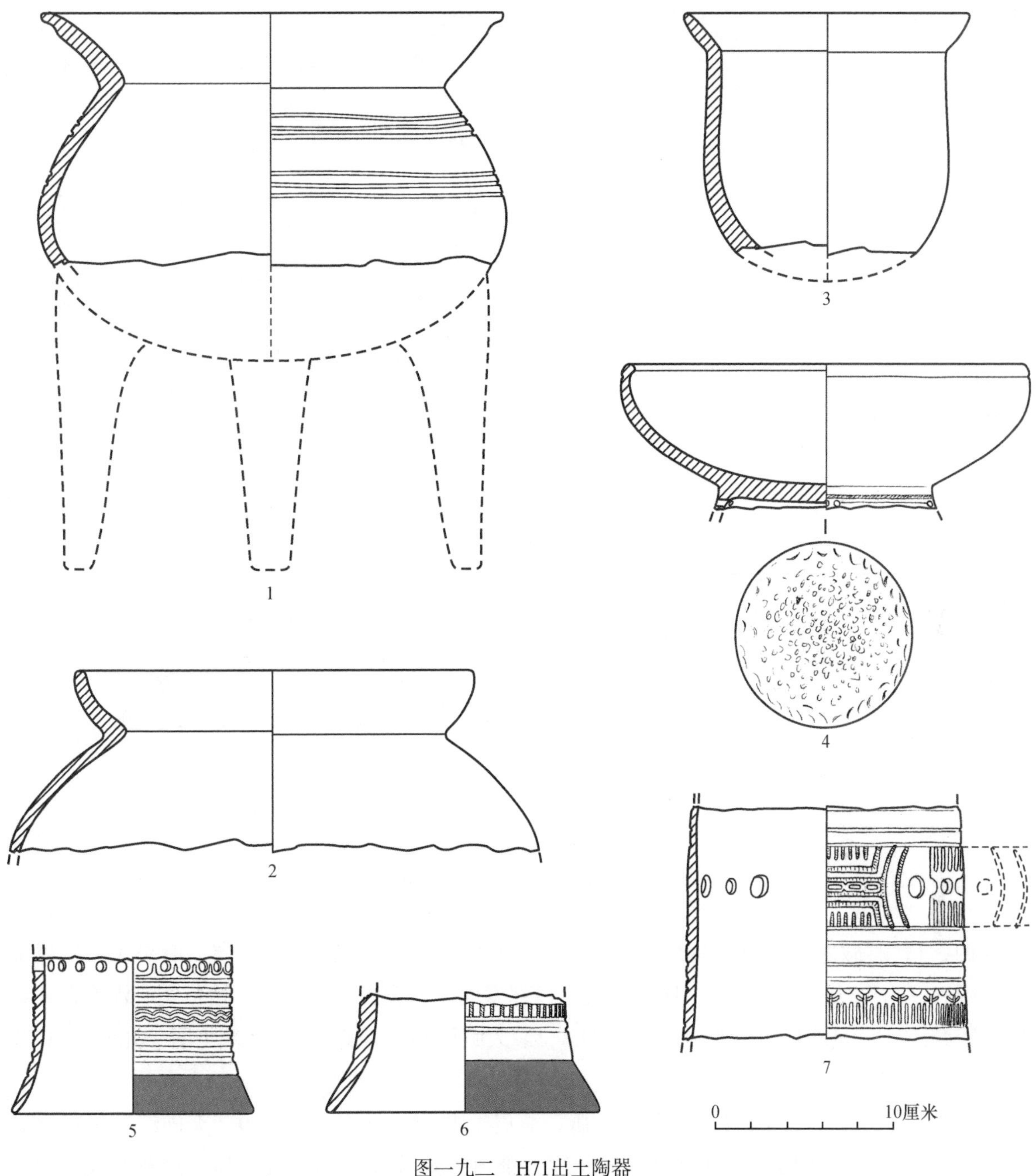

图一九二 H71出土陶器

1. D型Ⅱ式鼎（H71：15） 2. A型釜（H71：13） 3. C型缸（H71：19） 4. C型盘（H71：14）
5～7. A型盘足（H71：21、H71：24、H71：20）

圆唇，侈口，下腹及底、足残。颈及上腹部饰细密短线纹及弦纹，余素面。口径23.9、腹径24.8、残高12.4厘米（图一九三，3）。

E型Ⅰ式，4件。折沿，沿面斜直或微内凹，折肩，斜腹，腹、底转折起棱。标本H73：27，夹砂红褐陶，局部偏黄，内灰，不平。圆唇，沿面斜直。口及底素面，肩及腹饰不规则篦点横带纹及密集弦纹。三足均残，已修复。口径24.8、腹径27.8、残高19.1厘米（图

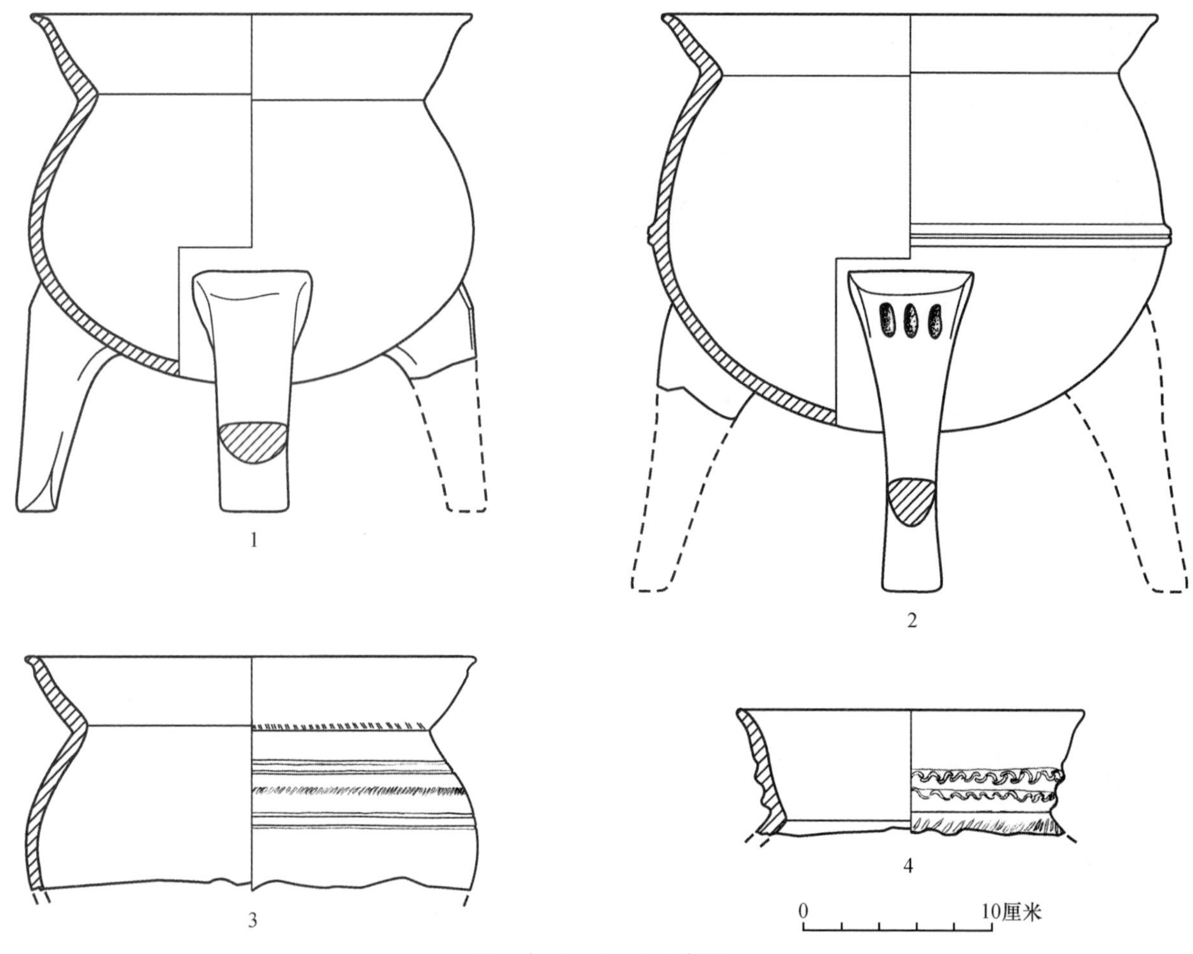

图一九三　H73出土陶器

1～3. C型Ⅰ式鼎（H73：77、H73：76、H73：56）　4. B型Ⅰ式鼎（H73：58）

一九四，1；彩版四一，3；图版六三，3）。标本H73：48，夹砂红陶，器表有黑斑，内壁光滑。圆唇，口微侈，沿微内凹，底及足残。口部素面，肩及腹部饰两个三棱形实心泥突及不规则细密弦纹。三足均残，已修复。口径24.8、最大腹径25.7、残高13.8厘米（图一九四，2；彩版四一，4；图版六三，4）。

E型Ⅱ式，3件。折沿较甚，沿面外弧，溜肩，曲腹。标本H73：59，夹砂红胎黑褐陶，内红。圆唇，底、足残。口部素面，肩及腹部饰篦点短线纹、圆点纹、勾连纹及弦纹。口径19.6、残高9.4厘米（图一九四，3）。

J型，4件。折沿，深斜腹或筒形腹。标本H73：61，夹砂浅红陶，局部施红衣，内壁呈红色。鼎身似缸。尖唇，深斜腹，下腹斜收较甚，圜底略残。三足均脱落。素面。口径22.3、残高17.6厘米（图一九四，4；彩版四二，1；图版六四，1）。标本H73：78，夹砂红褐陶，微偏灰，内灰。体形较小。器壁凹凸不平。尖唇，口部歪斜不平，筒形腹。弓背矮凿形足，横截面略呈椭圆形。素面。口径12.9、腹径11.2、通高13.1厘米（图一九四，5；彩版四二，2；图版六四，2）。

陶鼎足　B型，2件。宽扁足，横截面略呈扁椭圆形。标本H73：107，夹砂红陶，微偏

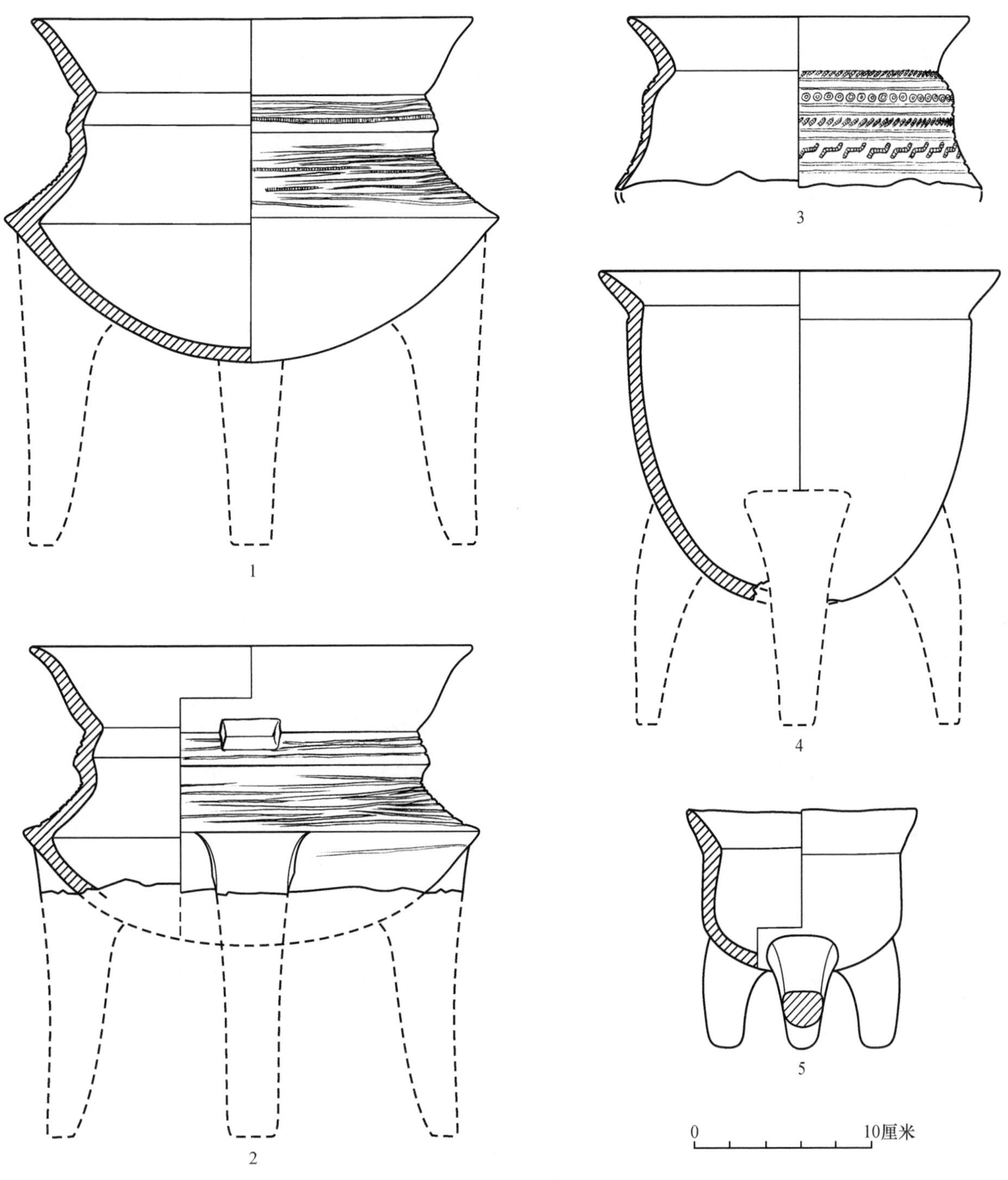

图一九四　H73出土陶器

1、2. E型Ⅰ式鼎（H73：27、H73：48）　3. E型Ⅱ式鼎（H73：59）　4、5. J型鼎（H73：61、H73：78）

黄。足上部饰深按窝。长16.0厘米（图一九五，1；图版六四，3）。

E型，11件。凿形足，横截面略呈半圆形、三角形或菱形。标本H73：119，夹砂红陶。足细长，横截面略呈半圆形。素面。长16.9厘米（图一九五，2）。标本H73：105，夹砂深红陶。三棱形足，横截面近三角形。足根部饰三道不规则深槽。长17.1厘米（图一九五，3；图版六四，4）。标本H73：122，夹砂灰褐陶。足较宽扁，双面起脊棱，横截面略呈菱形。足根

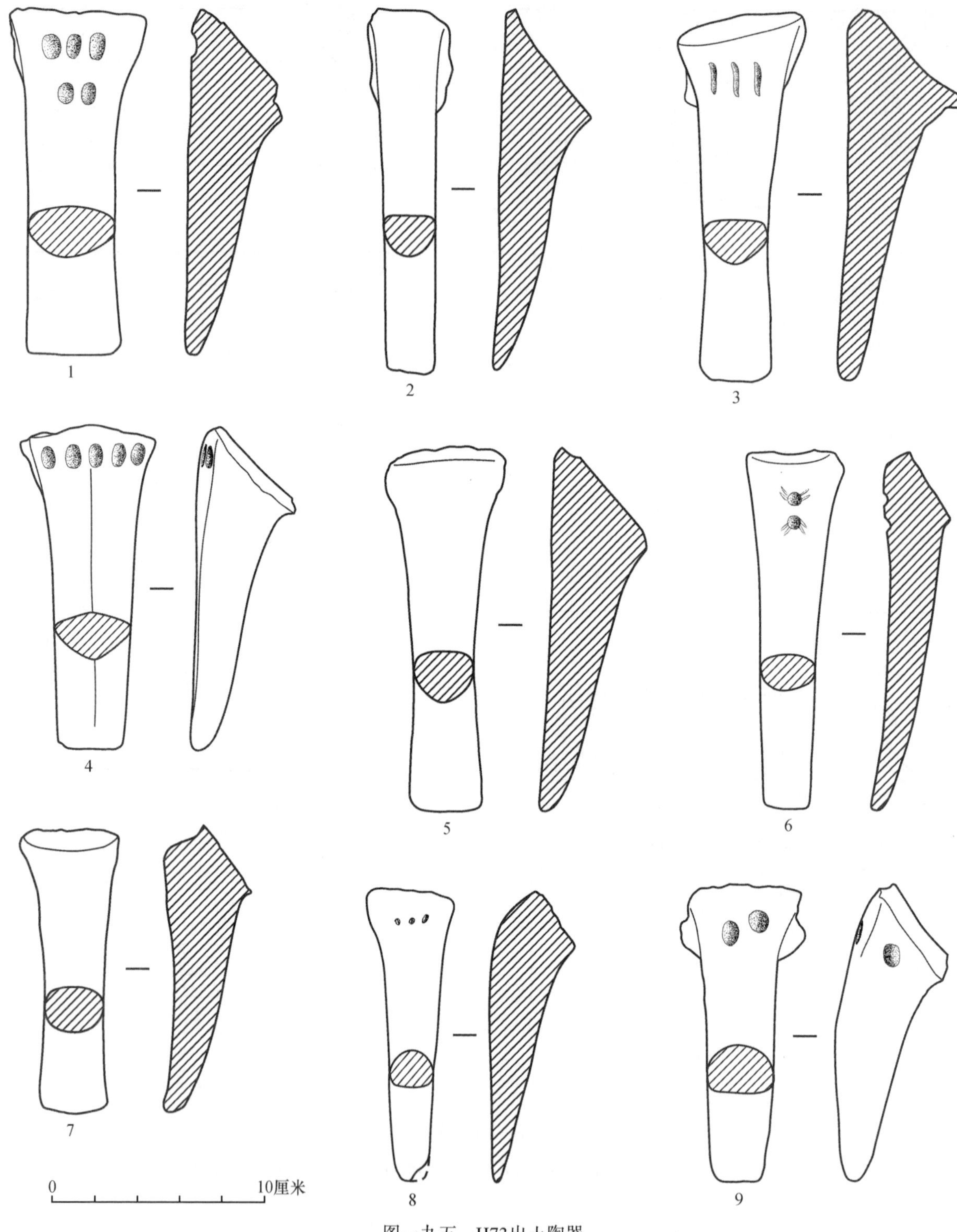

图一九五　H73出土陶器

1. B型鼎足（H73：107）　2～5. E型鼎足（H73：119、H73：105、H73：122、H73：114）　6、7. F型鼎足（H73：109、H73：113）　8、9. K型鼎足（H73：110、H73：111）

部饰一排按窝。长15.0厘米（图一九五，4；图版六四，5）。标本H73：114，夹砂红陶。横截面略呈三角形。素面。长16.9厘米（图一九五，5）。

F型，4件。舌形足，足身内弧，足尖外撇，横截面呈椭圆形。标本H73：109，夹砂红陶。足细长，顶部有一窄平台，足上部饰由圆窝纹、短斜线纹构成的组合纹。长16.5厘米（图一九五，6；图版六四，6）。标本H73：113，夹砂红陶。足顶部有一微内凹平台，足身内弧较甚。素面。长13.2厘米（图一九五，7）。

K型，3件。弓背凿形足，横截面略呈半圆形。标本H73：110，夹砂红陶。足尖一侧略残。足根部饰小圆窝纹。长13.5厘米（图一九五，8）。标本H73：111，夹砂红陶。足根部及两侧饰深按窝。长13.8厘米（图一九五，9）。

陶缸 A型Ⅰ式，5件。折沿，深筒形腹，平底。标本H73：35，夹砂红褐陶。胎较薄。圆唇，平底残。素面。口径21.4、残高20.0厘米（图一九六，1）。标本H73：25，夹砂红陶，施红衣。口及上腹部残，底部胎较厚。素面。底径13.9、残高15.3厘米（图一九六，2）。标本H73：37，夹砂深红陶，局部有褐斑。圆唇近尖。素面。口径25.6、底径14.5、高23.6厘米（图一九六，4；彩版四二，3；图版六五，1）。

A型Ⅱ式，7件。折沿，筒形腹略浅，平底。标本H73：83，夹砂浅红陶，器表有褐斑。质重。尖唇，仰折沿。素面。口径23.7、底径15.5、高20.1厘米（图一九六，5；彩版四二，4；图版六五，2）。标本H73：67，夹砂红褐陶。体形较小，胎厚，质重。尖唇，仰折沿。上腹部饰长椭圆形纹、篦点叶脉状纹、篦点勾连纹及横带纹，中腹匀称分布两对双乳钉形泥突，余素面。口径16.7、底径10.2、高12.7厘米（图一九六，6；彩版四三，1；图版六五，3）。标本H73：43，夹砂红褐陶。体形较小，近似杯形。圆唇，平底残。腹饰短线纹、勾连纹及弦纹，余素面。口径15.2、残高9.9厘米（图一九六，7；图版六六，1）。

B型，3件。侈口，折沿，深腹微鼓。标本H73：68，夹砂红陶，局部有黑褐斑。圆唇，下腹及圜底残。口部素面，腹部饰橘皮状纹。口径24.5、残高10.0厘米（图一九六，8）。

D型，1件。内折沿，深筒形腹微鼓，平底。标本H73：24，泥质浅红陶，器表施红衣，内壁光滑。圆唇，口不平。素面。口径12.1、腹径14.7、底径8.2、高16.8厘米（图一九六，3；彩版四三，2；图版六五，4）。

陶釜 B型Ⅰ式，7件。折沿，沿面斜直，溜肩，深鼓腹。标本H73：66，夹砂红褐陶。圆唇，下腹及底残。素面。口径24.5、残高14.1厘米（图一九七，1）。标本H73：47，夹砂红陶。圆唇，口微侈，宽沿微曲，下腹及底残。素面。口径24.5、残高13.0厘米（图一九七，2）。标本H73：60，夹砂红陶。圆唇，下腹及底残。素面。口径27.5、残高13.1厘米（图一九七，3）。

B型Ⅱ式，3件。折沿，沿面斜直圆肩，鼓腹较浅。标本H73：45，夹砂红陶，局部有褐斑。圆唇，圜底残。素面。口径25.5、腹径25.2、残高15.0厘米（图一九七，4；图版六六，2）。标本H73：64，夹砂红陶。圆唇，下腹及底残。素面。口径23.6、残高9.6厘米（图一九七，5）。

陶罐 B型，2件。小口，卷沿，广肩，扁鼓腹。标本H73：79，夹砂羼炭红陶，器表施红

图一九六　H73出土陶器

1、2、4. A型Ⅰ式缸（H73：35、H73：25、H73：37）　3. D型缸（H73：24）　5～7. A型Ⅱ式缸（H73：83、H73：67、H73：43）　8. B型缸（H73：68）

衣。圆唇，下腹及底残。素面。口径15.3、残高8.2厘米（图一九七，6）。

陶甑　A型Ⅰ式，4件。折沿，深腹微鼓。标本H73：71，夹砂红褐陶。圆唇，下腹及底残。口及上腹素面，下腹断面残见稀疏箅孔。口径25.5、腹径24.0、残高8.6厘米（图一九八，1）。标本H73：69，夹砂红陶。胎略薄。圆唇，下腹及底残。口及上腹素面，下腹部饰密集箅孔。口径22.2、腹径20.0、残高9.8厘米（图一九八，2）。标本H73：40，夹砂红陶。圆唇，下腹及底残。口及上腹素面，下腹饰大型箅孔。口径24.4、腹径22.0、残高9.2厘米（图一九八，3）。

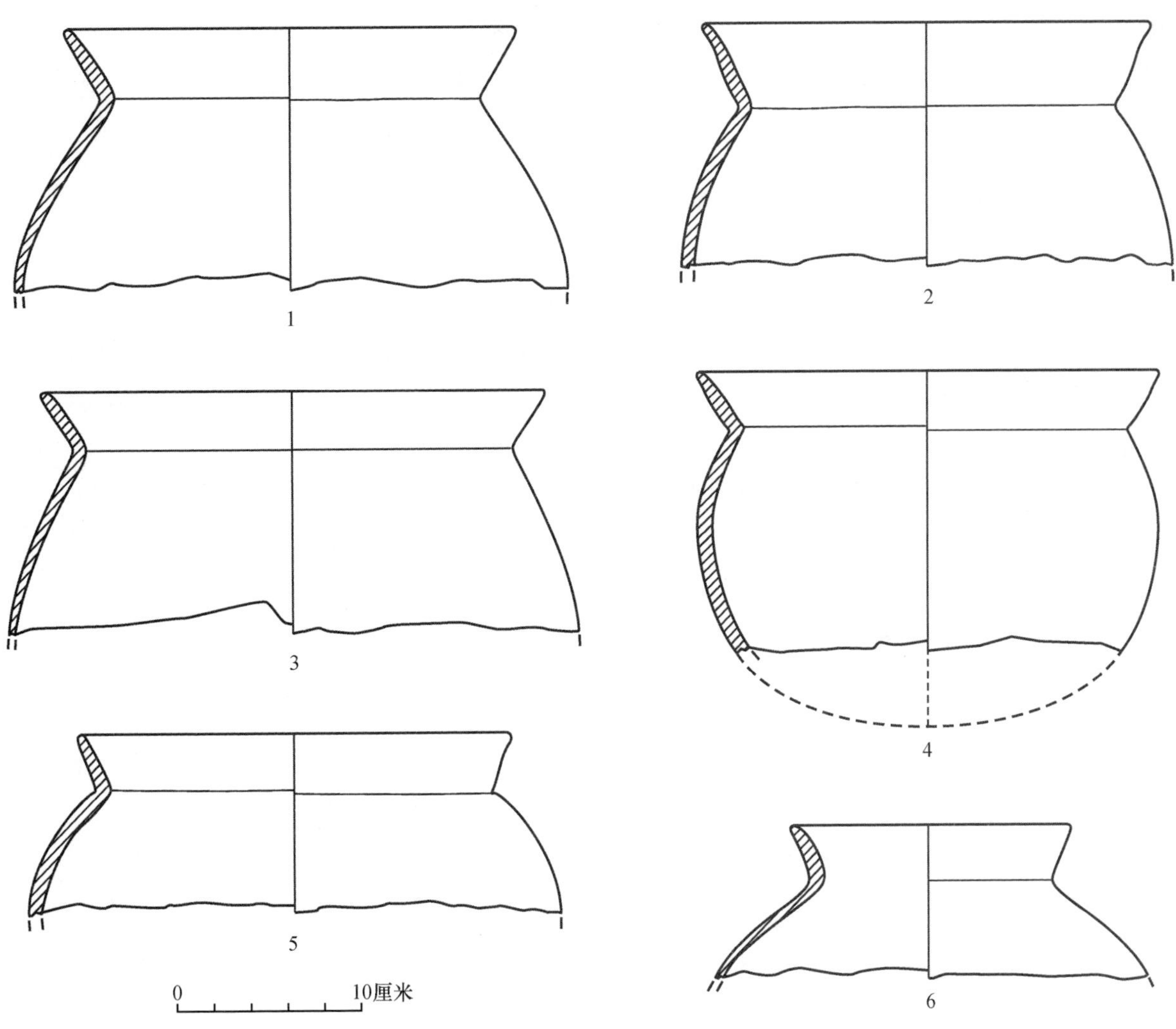

图一九七　H73出土陶器

1～3. B型Ⅰ式釜（H73：66、H73：47、H73：60）　4、5. B型Ⅱ式釜（H73：45、H73：64）　6. B型罐（H73：79）

A型Ⅱ式，3件。折沿，鼓腹略浅。标本H73：42，夹砂红褐陶。圆唇，下腹及底残。口及上腹素面，颈部可见浅篦点短线纹，下腹饰大型箅孔。口径24.3、腹径22.4、残高9.6厘米（图一九八，4）。标本H73：41，夹砂红褐陶。胎较厚。圆唇，折沿微外卷，下腹及底残。口及上腹素面，颈部饰不规则篦点短线纹，下腹饰大型箅孔。口径23.7、腹径23.2、残高8.0厘米（图一九八，5）。

陶钵　A型Ⅰ式，3件。口微敛，浅弧腹，平底。标本H73：89，泥质红褐陶。圆唇近尖。素面。口径17.2、底径7.9、高5.4厘米（图一九八，6；图版六六，3）。

A型Ⅱ式，2件。敛口较甚，浅弧腹，平底。标本H73：86，泥质浅红陶，器表施红衣。圆唇。素面。口径17.3、底径8.2、高6.5厘米（图一九八，7；图版六六，4）。

陶盘　D型，1件。敛口，深弧腹盘。标本H73：101，泥质灰陶。圆唇微内敛，圈足残。盘及足壁凹凸不平，可见多道凸棱，足饰数组未穿透器壁的小圆孔。口径21.5、残高11.2厘米（图一九九，1；图版六六，5）。

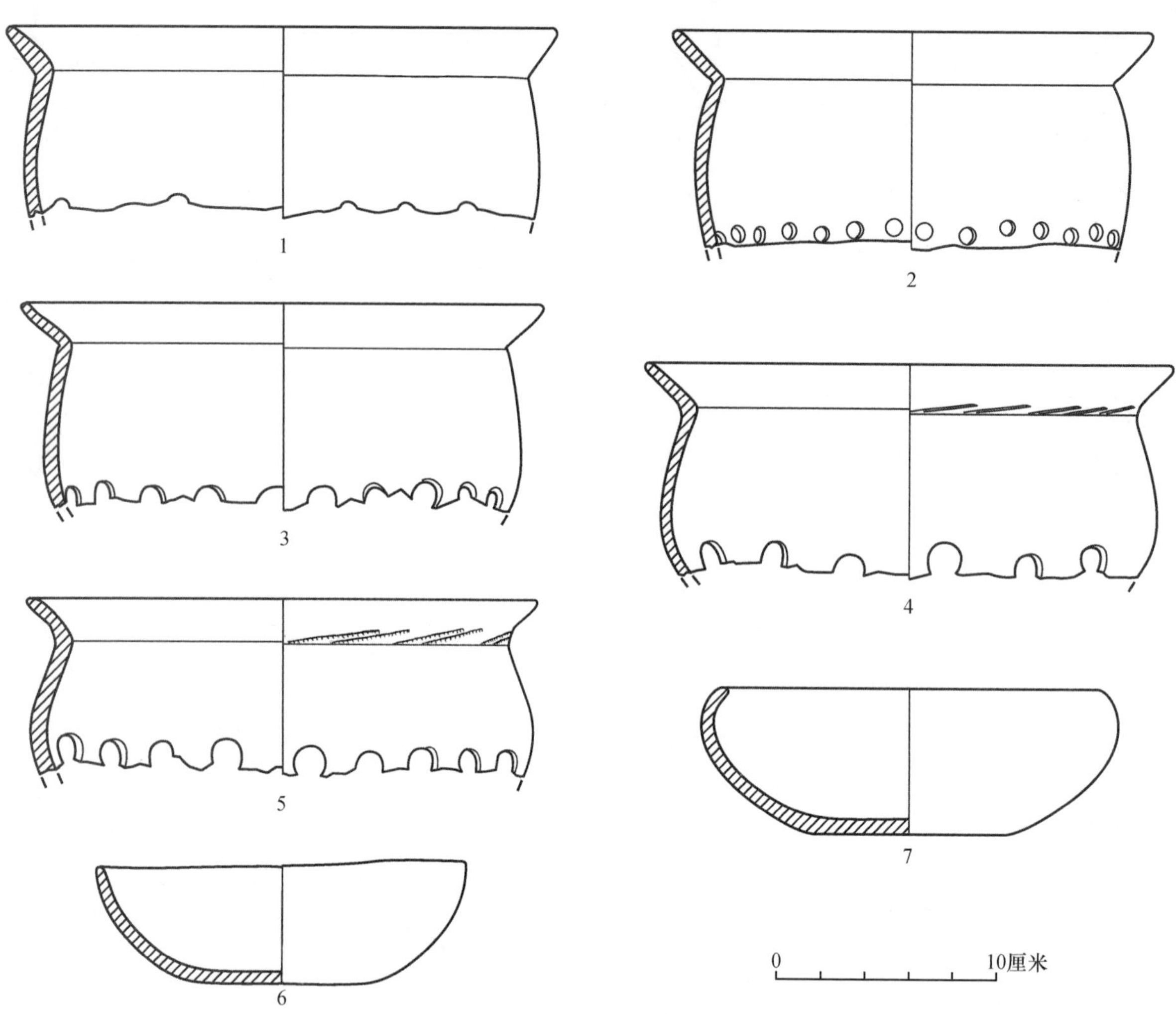

图一九八　H73出土陶器

1～3. A型Ⅰ式甑（H73：71、H73：69、H73：40）　4、5. A型Ⅱ式甑（H73：42、H73：41）　6. A型Ⅰ式钵（H73：89）　7. A型Ⅱ式钵（H73：86）

陶盘足　B型，1件。矮圈足。标本H73：100，泥质红陶。折壁粗矮圈足。足根部饰4组双镂孔。足径16.2、残高4.1厘米（图一九九，2）。

陶碗　A型Ⅰ式，3件。敛口，弧腹较深，矮圈足。标本H73：88，泥质灰黑陶，器表有较多烟黑斑。尖唇，圈足微外撇。足见三组双镂孔，余素面。口径17.8、足径11.5、高8.4厘米（图一九九，3；彩版四三，3；图版六六，6）。

陶豆　A型Ⅰ式，5件。内折口，弧腹盘较浅。标本H73：91，泥质红陶，器表施红衣。圆唇，足残。素面。口径17.6、残高5.4厘米（图一九九，4；图版六七，1）。标本H73：92，泥质红陶，器表施红衣。口部胎较薄。圆唇，底、足残。素面。口径21.0、残高5.1厘米（图一九九，5）。

A型Ⅱ式，4件。内折口，浅弧腹盘。标本H73：87，泥质红陶，器表施酱黑色陶衣，脱落较甚。尖唇，足残。素面。口径20.4、残高5.6厘米（图一九九，6；图版六七，2）。标本H73：85，泥质灰陶，器表施酱黑色陶衣。尖唇，足残。素面。口径21.5、残高5.4厘米（图

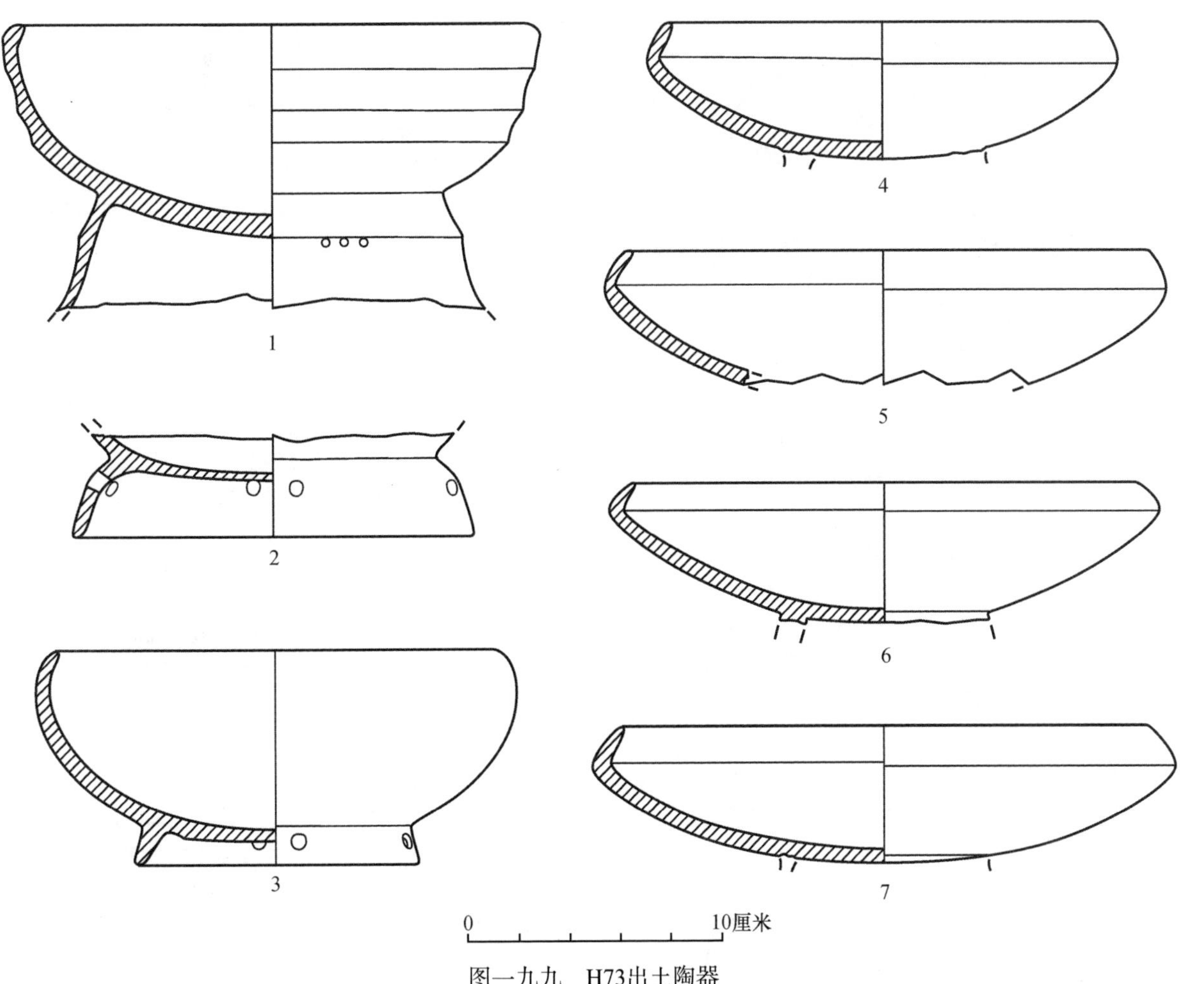

图一九九　H73出土陶器

1. D型盘（H73：101）　2. B型盘足（H73：100）　3. A型Ⅰ式碗（H73：88）　4、5. A型Ⅰ式豆（H73：91、H73：92）　6、7. A型Ⅱ式豆（H73：87、H73：85）

一九九，7；图版六七，3）。

陶豆足　A型，8件。台式足，足沿外撇。标本H73：51，泥质红陶，器表有褐斑。柄残见大小不一的镂孔，台面饰五组由镂孔、小圆孔、短线纹组成的几何纹，并间以5个大型镂孔，足饰大小不一的镂孔、小圆孔、折线纹、细弦纹等。足径16.9、残高10.4厘米（图二〇〇，1；图版六七，4）。标本H73：29，泥质灰陶，内壁呈红色。台面残见大小不一的镂孔及短线纹，足部素面。足径15.7、残高6.6厘米（图二〇〇，2）。标本H73：30，泥质红陶，器表施红衣。细柄。台面饰四组由镂孔、小圆孔、短线纹及篦点横带纹组成的几何纹，并间以4个大型镂孔，足上部饰两周由镂孔、小圆孔及细弦纹组成的几何纹，下部素面。足径14.3、残高8.4厘米（图二〇〇，3；图版六七，5）。

D型，3件。喇叭形高足，足沿外撇较甚。标本H73：28，泥质红陶，器表施深红衣。足上部饰四组由镂孔、小圆孔、篦点短线纹组成的几何纹，并间以4个大型镂孔，下部饰数周由镂孔、小圆孔及篦点纹组成的几何纹，足沿饰一周细指甲状纹。足径13.7、残高13.8厘米（图二〇〇，4；彩版四三，4；图版六七，6）。

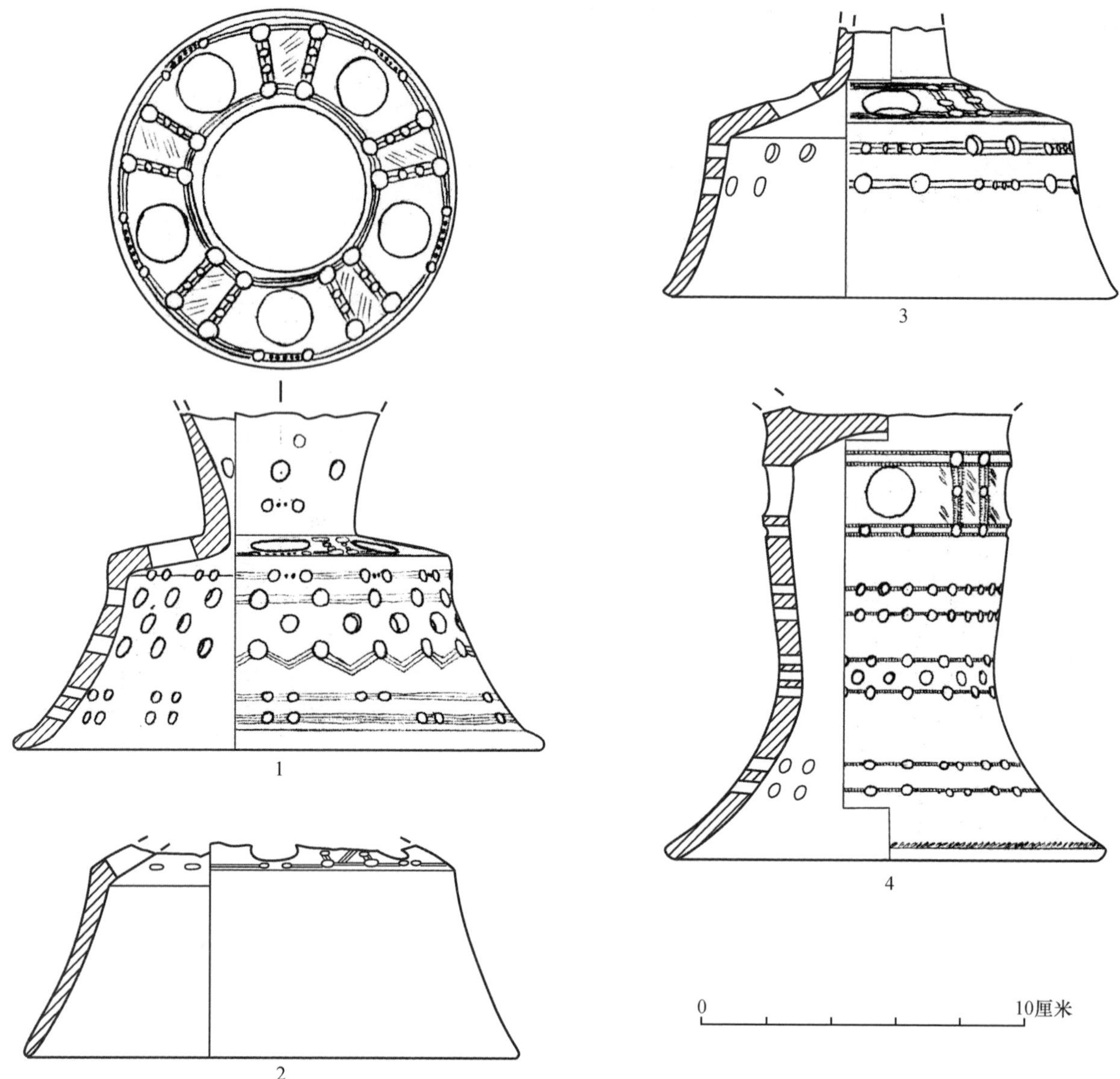

图二〇〇　H73出土陶器

1～3. A型豆足（H73：51、H73：29、H73：30）　4. D型豆足（H73：28）

E型，6件。喇叭形细柄高足，足沿外撇或外折。标本H73：102，泥质红陶，器表有褐斑。柄饰三组弦纹及长指甲纹，并间以三周镂孔，足饰五列镂孔。足径14.8、残高10.7厘米（图二〇一，1；图版六八，1）。标本H73：94，泥质浅红陶，偏灰黄。足沿外折。上饰三组弦纹。足径17.1、残高15.8厘米（图二〇一，2；图版六八，2）。标本H73：95，泥质红胎黑陶。足较粗矮，足沿外撇较甚。柄饰一组弦纹及数列大小不一的镂孔，足饰一周凸棱。足径13.3、残高9.0厘米（图二〇一，3；图版六八，3）。

F型，1件。喇叭形矮足，足沿外撇较甚。标本H73：90，泥质红陶，局部有褐斑。足饰一周共四组小镂孔，每组2～3个不等，两两相间。足径12.7、残高7.4厘米（图二〇一，5；图版六八，4）。

陶豆柄　1件。标本H73：103，泥质红陶。竹节式束腰高柄，壁凹凸不平。上饰细弦纹、镂孔及密集小圆孔。残高11.3厘米（图二〇一，4；图版六八，5）。

陶支座　1件。标本H73：84，夹砂红褐陶。实心砖状。四侧边近梯形，平底近椭圆形。一侧及顶端残。素面。底长径残10.8、底复原长径15.3、底短径11.4、残高12.1厘米（图二〇一，6；图版六八，6）。

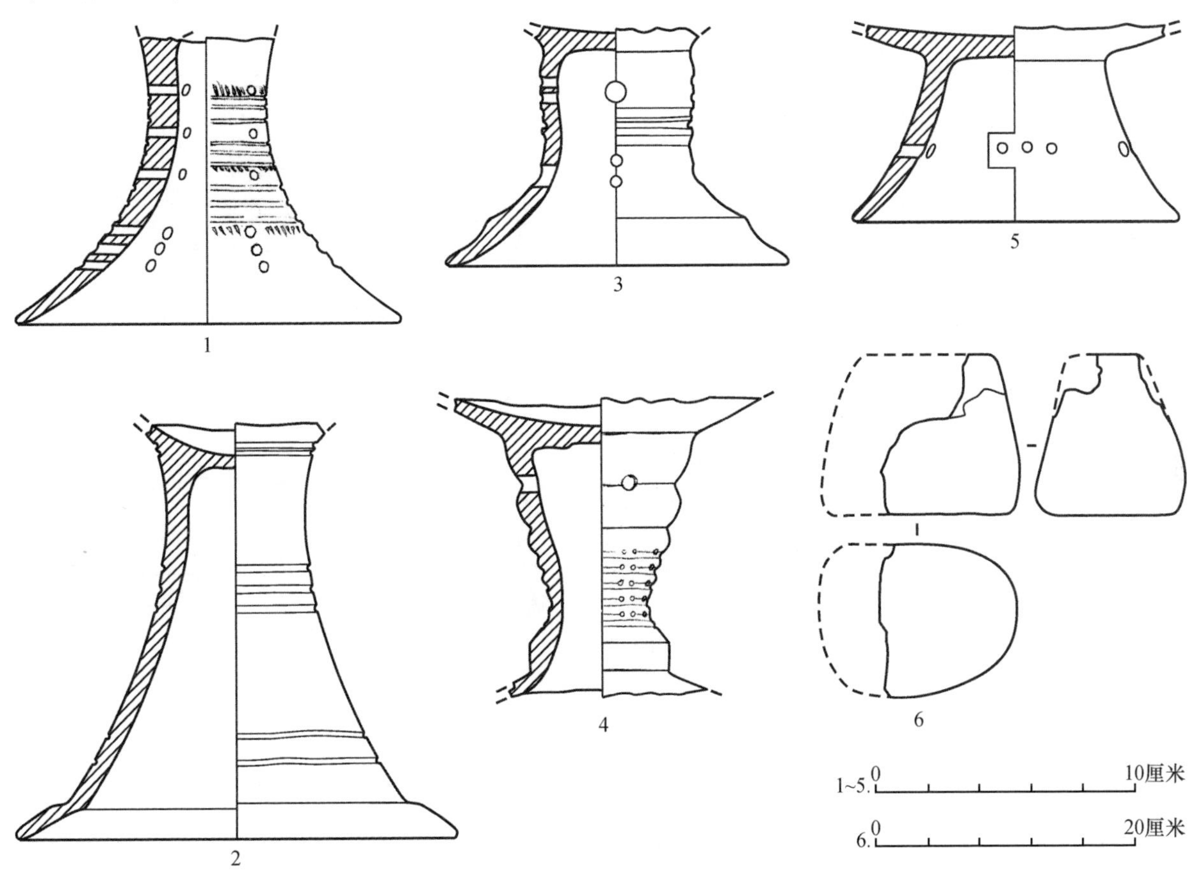

图二〇一　H73出土陶器

1～3. E型豆足（H73：102、H73：94、H73：95）　4. 豆柄（H73：103）　5. F型豆足（H73：90）　6. 支座（H73：84）

43. G7

该单位出土陶器较丰富，包括鼎、缸、盘、豆等。共选标本37件，现介绍18件如下。

陶鼎　C型Ⅱ式，2件。折沿较甚，沿面外弧，溜肩。标本G7：32，夹砂红褐陶。圆唇，腹及底、足残。口部素面，颈以下饰篦点短线纹、大小不一的圆圈纹及弦纹。口径20.5、残高7.2厘米（图二〇二，1）。

E型Ⅰ式，3件。折沿，沿面斜直，折肩。标本G7：24，夹砂羼炭褐陶。圆唇，宽折沿，腹及底、足残。肩部饰短线纹、圆点纹及弦纹，余素面。口径21.5、残高7.4厘米（图二〇二，2）。

E型Ⅱ式，5件。折沿较甚，沿面外弧，溜肩，曲腹。标本G7：26，夹砂灰褐陶。圆唇，下腹及底、足残。口部素面，肩及上腹部饰篦点短线纹、圆点纹、勾连纹及弦纹。口径19.8、残高9.2厘米（图二〇二，3）。标本G7：28，夹砂灰褐陶。圆唇，下腹及底、足残。口部素面，肩及上腹部饰篦点短线纹、圆点纹、勾连纹及弦纹。口径19.8、残高10.2厘米（图二〇二，4）。

H型，2件。唇沿外翻，卷沿，束颈，溜肩，浅鼓腹。标本G7：2，夹砂羼炭红陶。方唇外翻，腹及底、足残。口部素面，颈以下残见浅细绳纹。口径22.3、残高7.0厘米（图二〇二，5）。

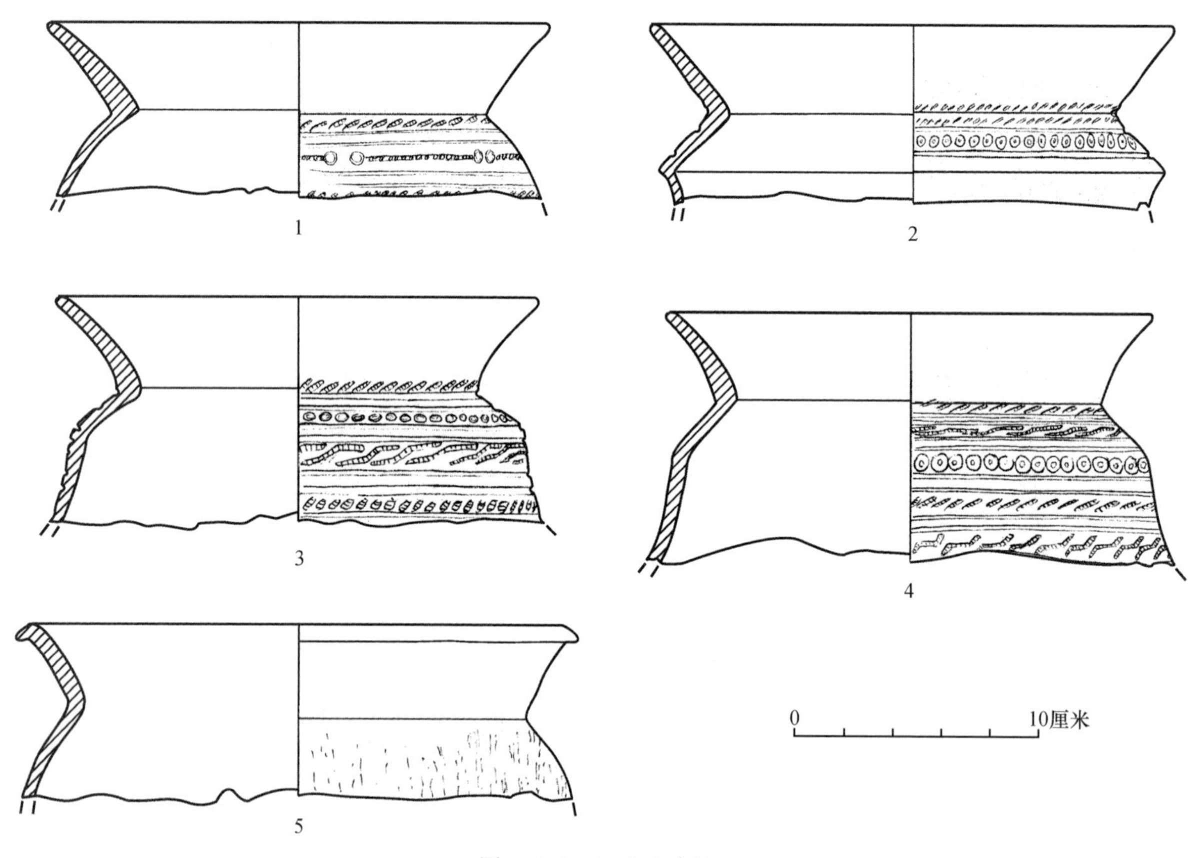

图二〇二　G7出土陶器

1. C型Ⅱ式鼎（G7：32）　2. E型Ⅰ式鼎（G7：24）　3、4. E型Ⅱ式鼎（G7：26、G7：28）　5. H型鼎（G7：2）

陶鼎足　E型，8件。凿形足，横截面呈椭圆形、三角形或半圆形。标本G7：57，夹砂红褐陶。足下部残断。横截面略呈三角形。足上部饰由短线纹及浅凹窝纹组成的几何纹。残长13.1厘米（图二〇三，1）。标本G7：58，夹砂黑褐陶。足较宽扁，横截面略呈半圆形。足上部饰弦纹及短折线或斜线纹，根部两角各饰一条短弧形附加堆纹，其上压印锯齿状纹。长13.5厘米（图二〇三，2；图版六九，1）。标本G7：42，夹砂红褐陶。横截面呈椭圆形。足上部饰由篦点纹、圆点纹、凹窝纹及乳钉状泥突组成的“兽面”形图案。长15.7厘米（图二〇三，3；图版六九，2）。标本G7：46，夹砂红褐陶。横截面呈不规则椭圆形。足上部饰凹窝纹，根部两角各饰一乳钉状泥突。长14.3厘米（图二〇三，4）。

H型，3件。弓背宽扁足，横截面呈半椭圆形或扁椭圆形。标本G7：37，夹砂灰褐陶。横截面呈半椭圆形。足上部饰两组凹窝纹。长11.4厘米（图二〇三，5）。标本G7：41，夹砂灰褐陶。足较宽扁，横截面呈扁椭圆形。素面。长14.2厘米（图二〇三，6；图版六九，3）。

K型，5件。弓背凿形足，横截面近椭圆形或三角形。标本G7∶53，夹砂红褐陶。微弓背，横截面近椭圆形。足上部饰短线纹、圆窝纹及弦纹，根部两侧各饰一条短弧形附加堆纹，堆纹两侧边压印椭圆形锯齿状纹。长12.6厘米（图二〇三，7）。标本G7∶35，夹砂灰褐陶，微偏黄。横截面近三角形。足上部饰篦点勾连纹、横带纹、短竖线纹及凹窝纹，根部两侧各饰一条短弧形附加堆纹，其上戳印篦点短线纹。长15.1厘米（图二〇三，8；图版六九，4）。

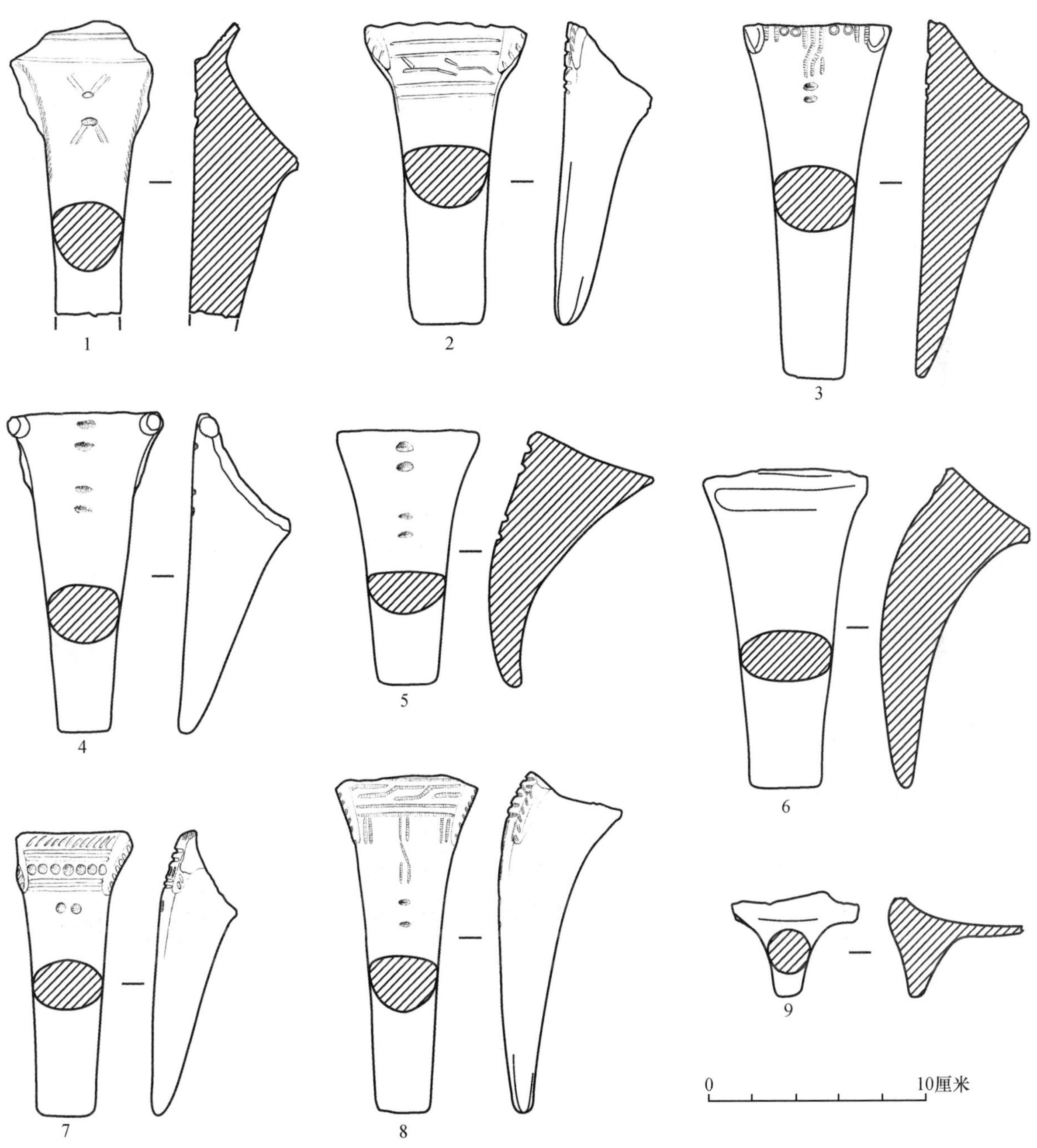

图二〇三　G7出土陶器

1～4. E型鼎足（G7∶57、G7∶58、G7∶42、G7∶46）　5、6. H型鼎足（G7∶37、G7∶41）　7、8. K型鼎足（G7∶53、G7∶35）　9. M型鼎足（G7∶52）

M型，1件。乳钉状矮足，横截面呈圆形。标本G7：52，夹砂褐陶。素面。长4.4厘米（图二〇三，9）。

陶缸　A型Ⅰ式，2件。折沿，深筒形腹，平底。标本G7：1，夹砂红陶。圆唇，下腹及平底残。素面。口径16.4、残高10.2厘米（图二〇四，1）。

陶盘　A型Ⅱ式，2件。弧腹盘较浅。标本G7：8，泥质灰红陶。体小，厚胎。方唇，口微敛，足残。口外饰一周指甲状水波纹，余素面。口径12.7、残高3.2厘米（图二〇四，2）。

陶豆足　G型，2件。折壁矮足，足沿外撇。标本G7：34，泥质灰红陶。足上部饰两周成组分布的圆窝纹，每周各有三组大小不一的圆窝纹，并以弦纹相连，足下部素面。足径15.2、残高8.0厘米（图二〇四，3；图版六九，5）。

陶豆柄　2件。束腰形高柄。标本G7：29，泥质浅红陶，微偏黄。上部饰三组由大小不一的圆窝纹、短竖线纹、斜线纹及弦纹组成的几何纹，并间以3个大型镂孔，下部饰数周圆窝纹及弦纹。残高16.7厘米（图二〇四，4；图版六九，6）。

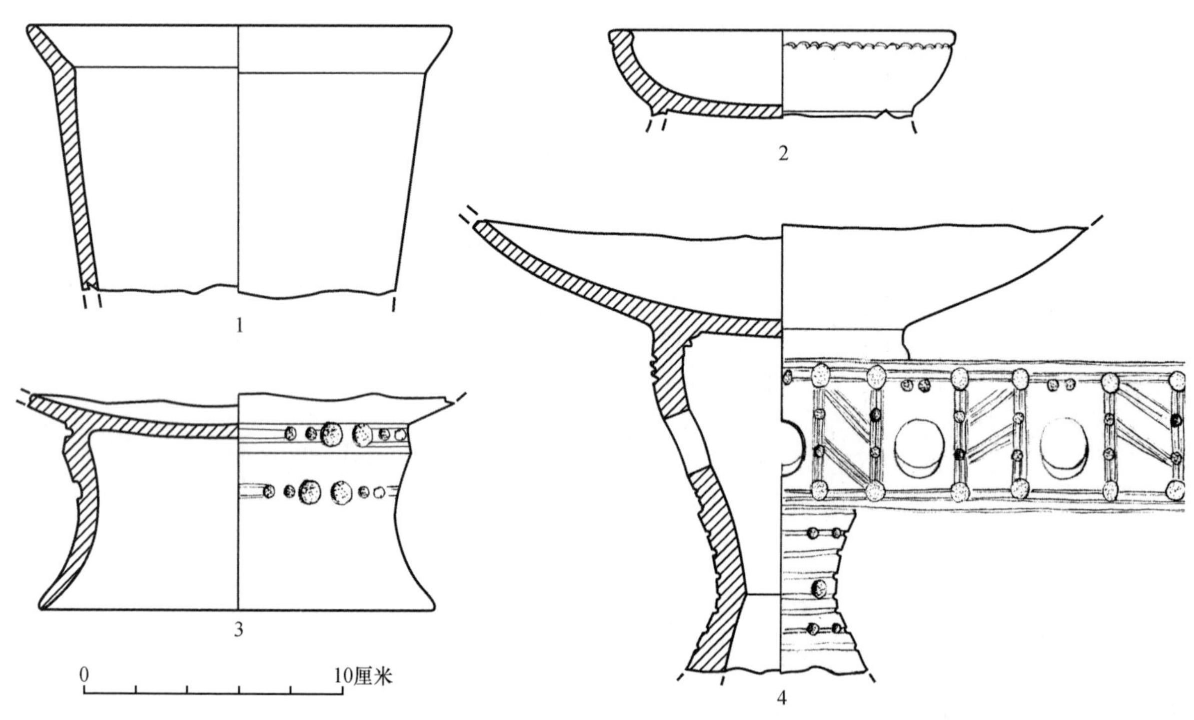

图二〇四　G7出土陶器

1. A型Ⅰ式缸（G7：1）　2. A型Ⅱ式盘（G7：8）　3. G型豆足（G7：34）　4. 豆柄（G7：29）

第四节　其他遗物

一、陶　小　件

青山遗址除大量生活陶器外，还发现不少小件陶器。这些器物包括陶饼、陶丸、陶纺轮、陶拍（垫）、陶研磨器、陶玩（包括杯形、角形、管形等）及陶塑等。下面依次介绍如下。

1. 陶饼

共12件。圆形或不规则圆形。胎较厚，双面平整，近似圆饼状。周边呈直边或弧边，横截面呈长方形或弧边长方形。现将其分别介绍如下。

标本T12④：86，夹砂褐陶。体形较大，质重。圆形。双面饰圆圈纹及米字形刻划纹，近似光芒四射的太阳。直径11.5、厚2.0厘米（图二〇五，1；彩版四四，1；图版七〇，1、2）。

标本H52：3，夹细砂红褐陶。较厚，部分残。不规则圆形，周边不规整。器表打磨光滑，一面饰细刻划几何纹。直径7.6、厚2.4厘米（图二〇五，2；图版七〇，3）。

标本T16③：8，泥质红陶。仅存一半。圆形。双面戳印双圆圈纹。最大径9.0、厚1.8厘米（图二〇五，3；彩版四四，2；图版七〇，4）。

标本H11：141，泥质红陶。体小。圆形。一面略残，另一面饰由同心圆及密集弧线纹构成的几何纹。直径4.8、残厚1.4厘米（图二〇五，4；彩版四四，3；图版七〇，5）。

标本T10③：31，泥质灰陶。体小。不规则圆形。一面局部饰折线状几何纹，另一面素面。直径4.6、厚1.0厘米（图二〇五，5；图版七〇，6）。

标本T16④：32，夹砂黑褐陶。体形略大，大部分残。圆形。素面。残径6.7、厚2.8厘米（图二〇五，6）。

标本H62：14，泥质灰黑陶。较薄。不规则圆形。素面。长径5.8、厚1.2厘米（图二〇五，7；图版七一，1）。

标本T12④：85，粗泥褐陶。局部残。不规则圆形。素面。直径7.1、厚1.7厘米（图二〇五，8；图版七一，2）。

标本T1④：44，泥质红陶，表面粗糙。体小。不规则圆形。素面。长径4.5、厚1.1厘米（图二〇五，9；图版七一，3）。

标本H11：146，泥质红陶。质重。圆形。素面。直径5.0、厚1.5厘米（图二〇五，10；图版七一，4）。

标本H73：23，夹砂羼炭褐陶。局部残。不规则圆形。素面。直径5.0、厚1.5厘米（图二〇五，11；图版七一，5）。

标本H11：140，夹砂灰褐陶。仅存一半。不规则圆形。素面。直径6.3、厚1.5厘米（图

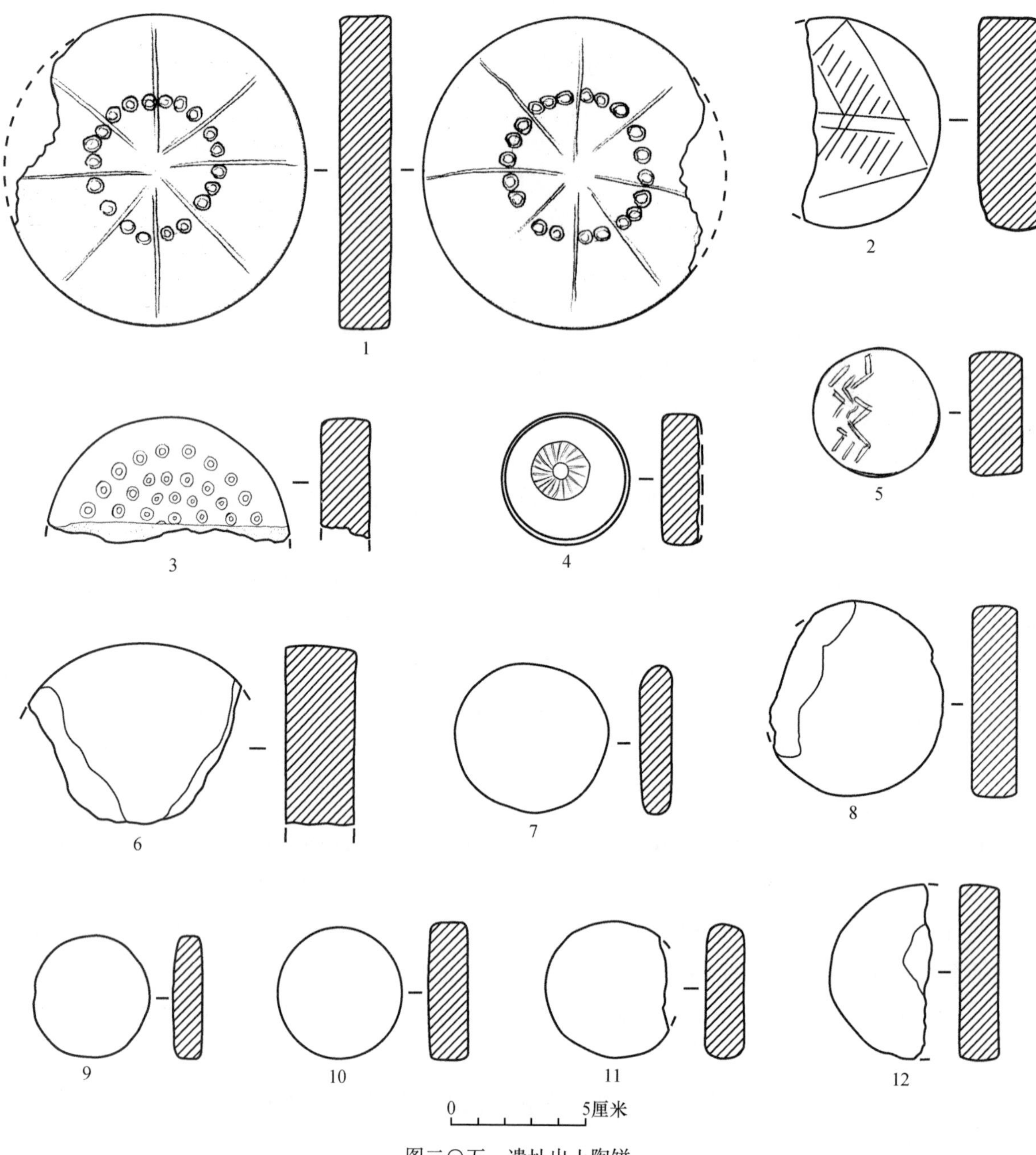

图二〇五 遗址出土陶饼

1. T12④：86 2. H52：3 3. T16③：8 4. H11：141 5. T10③：31 6. T16④：32 7. H62：14 8. T12④：85 9. T1④：44 10. H11：146 11. H73：23 12. H11：140

二〇五，12；图版七一，6）。

此外，还有数量不少的圆形陶片，即周边磨圆，形状类似陶饼，但厚度不如陶饼，而与一般陶片相近。

2.陶丸

共5件。体小。一般夹砂，均为实心球体。现将其分别介绍如下。

标本T13③：19，夹砂红陶，局部灰黑相间。不规则椭圆形。素面。直径2.6厘米（图二〇六，1；图版七一，7）。

标本T14④：39，夹砂红褐陶。椭圆形。器表饰成组的指甲状纹。直径2.9厘米（图二〇六，

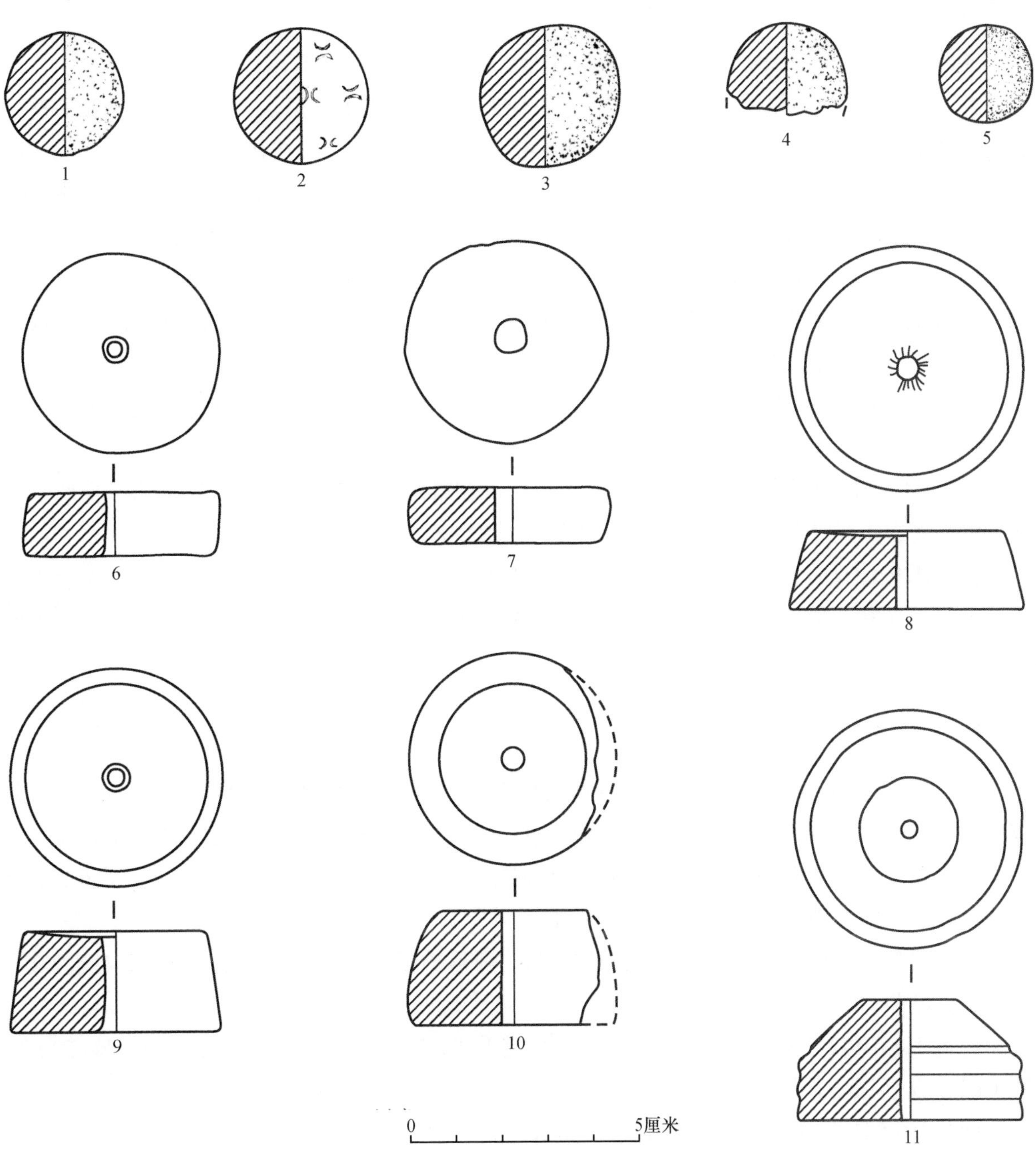

图二〇六 遗址出土陶丸、陶纺轮

1～5. 陶丸（T13③：19、T14④：39、T16④：45、H18：45、H73：20） 6～11. 陶纺轮（T10③：32、H45：5、H29：11、T14③：10、H4：14、H29：10）

2；图版七一，8）。

标本T16④：45，夹砂红陶。不规则椭圆形。素面。直径3.0厘米（图二〇六，3）。

标本H18：45，夹砂红陶。局部残。椭圆形。素面。直径2.7厘米（图二〇六，4）。

标本H73：20，夹砂褐陶。器表粗糙。椭圆形。素面。直径2.1厘米（图二〇六，5；图版七一，9）。

3. 陶纺轮

共6件。圆饼形，厚薄不一，剖面形状各异。现将其分别介绍如下。

标本T10③：32，粗泥红褐陶。胎较薄。不规则圆形，剖面略呈长方形。双面不够平整，斜边不规则，弧壁小孔。素面。直径4.2、厚1.4厘米（图二〇六，6；图版七二，1）。

标本H45：5，夹细砂灰褐陶。胎较薄。不规则圆形，剖面略呈长方形。双面平整，弧边，直壁孔，孔径较大。素面。直径4.4、厚1.2厘米（图二〇六，7；图版七二，2）。

标本H29：11，泥质灰陶，局部黑。胎较厚。圆形，剖面略呈梯形。顶面微凹，斜边，平底，直壁小孔。顶部孔周围有浅细短弧线形划纹。顶径4.2、底径5.2、厚1.7厘米（图二〇六，8；彩版四四，4；图版七二，3）。

标本T14③：10，夹砂红陶。胎较厚。圆形，剖面略呈梯形。顶面微凹，斜边，平底，弧壁小孔。素面。顶径3.9、底径4.6、厚2.2厘米（图二〇六，9；图版七二，4）。

标本H4：14，泥质红褐陶，有较多灰黑斑。一侧略残，胎较厚。圆形，剖面略呈梯形。双面平整，弧边，直壁小孔。素面。最大直径4.6、厚2.4厘米（图二〇六，10；图版七二，5）。

标本H29：10，泥质红陶。胎特厚。不规则圆形，剖面略呈塔锥形。双面平整，周边凹凸不平，直壁小孔。素面。顶径2.1、底径5.0、厚2.6厘米（图二〇六，11；彩版四四，5；图版七二，6）。

4. 陶拍

共13件。除1件为方条形外，余均为倒蘑菇形。后者多数为束腰形或圆柱形实心捉手，少数捉手为空心，球形或弧形拍面。这类器物有的可能具有陶垫功用。现将其分别介绍如下。

标本H73：17，夹砂灰褐陶。束腰形实心捉手，球形拍面。素面。拍径7.6、高6.2厘米（图二〇七，1；彩版四四，6；图版七三，1）。

标本T16④：38，夹砂红褐陶。实心捉手残，弧形拍面。素面。拍最大直径8.4、残高3.2厘米（图二〇七，2；图版七三，2）。

标本H11：143，夹砂红褐陶。质重。实心捉手残，球形拍面。素面。底径6.5、残高2.5厘米（图二〇七，3；图版七三，3）。

标本H56：11，夹砂红陶。实心捉手残，球形拍面。素面。直径6.1、残高2.7厘米（图二〇七，4）。

标本H11：139，夹砂褐陶。质重。束腰形实心捉手，捉手顶面微凹，弧形拍面。素面。顶径4.6、底径7.1、高5.8厘米（图二〇七，5；图版七三，4）。

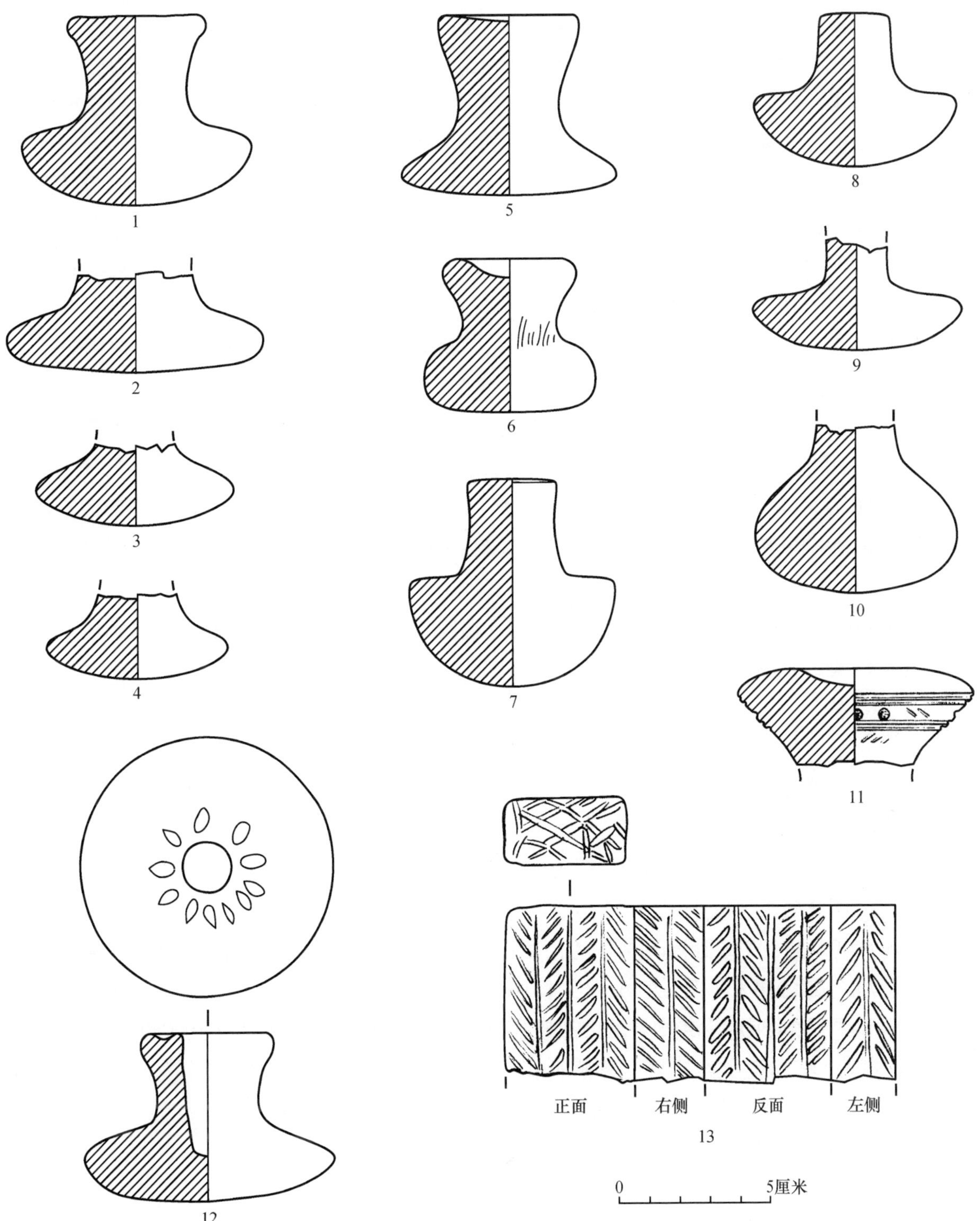

图二〇七 遗址出土陶拍

1. H73：17 2. T16④：38 3. H11：143 4. H56：11 5. H11：139 6. T9④：56 7. T9④：57 8. T10③：35 9. T11④：47 10. T4④：27 11. T14④：41 12. T6④：17 13. T10④：26

标本T9④：56，粗泥红陶。质重。束腰形实心捉手，捉手顶面内凹较甚，拍面较平，微外弧。素面。拍体最大径5.6、高4.8厘米（图二〇七，6；彩版四五，1；图版七三，5）。

标本T9④：57，夹砂红陶。圆柱状实心捉手，球形拍面。素面。拍体最大径6.7、高6.6厘米（图二〇七，7；彩版四五，2；图版七三，6）。

标本T10③：35，夹砂红褐陶。圆柱状实心捉手，球形拍面。素面。拍体最大径6.7、高4.8厘米（图二〇七，8；图版七四，1）。

标本T11④：47，夹砂红褐陶。圆柱状捉手略残，球形拍面。素面。直径6.6、残高3.5厘米（图二〇七，9；图版七四，2）。

标本T4④：27，夹砂红陶。圆柱形捉手残，球形拍面，拍身近球形。素面。拍径6.7、残高5.4厘米（图二〇七，10；图版七四，3）。

标本T14④：41，夹砂红褐陶。仅存实心捉手。捉手顶面内凹较甚。上饰弦纹、圆窝纹及短线纹。捉手最大直径7.8、残高3.0厘米（图二〇七，11）。

标本T6④：17，夹砂褐陶。束腰形空心捉手，弧形拍面。纽顶面饰一圈椭圆形凹窝纹，余素面。纽径4.4、拍体最大径8.2、通高5.5厘米（图二〇七，12；彩版四五，3；图版七四，4）。

标本T10④：26，夹砂红褐陶。方条形，一端残断。端面及四侧边均饰刻划几何纹。残长5.4、宽4.3、厚2.4厘米（图二〇七，13；图版七四，5、6）。

5. 陶研磨器

共4件。该类陶器形体均较小，厚胎，质重，推测为“研磨器”。形制有圜底、小平底、尖底等。现将其分别介绍如下。

标本T16④：2，夹粗砂红褐陶。圆唇，敛口甚，浅腹，圜底。素面。口径6.1、腹径13.2、高5.7厘米（图二〇八，1；图版七五，1）。

标本T8③：33，夹砂红褐陶。器表不平，内壁起凸棱。方唇，口微敛，浅弧腹，圜底。素面。口径7.8、高4.2厘米（图二〇八，2；图版七五，2）。

标本T8③：34，夹砂深红陶。口部残，深筒形腹微鼓，小平底。素面。腹径6.5、底径2.0、残高7.4厘米（图二〇八，3；图版七五，3）。

标本H73：18，夹砂灰红陶。体小，整器似尖底瓶。口残，深鼓腹，尖底。素面。腹径4.6、残高5.8厘米（图二〇八，4；图版七五，4）。

6. 陶玩

共15件。这类陶器形体极小，多为随手捏制成型，不具实用功能，暂以“陶玩”概之。形制有杯形、钵形、牛角形、算珠形4种形态。现将其分别介绍如下。

A型　2件。小杯形。

标本T11④：45，泥质红陶。圈足杯形。胎厚，内、外壁凹凸不平。方唇，深弧腹，圈足微内敛。素面。口径3.8、足径2.9、通高3.0厘米（图二〇八，5；图版七五，5）。

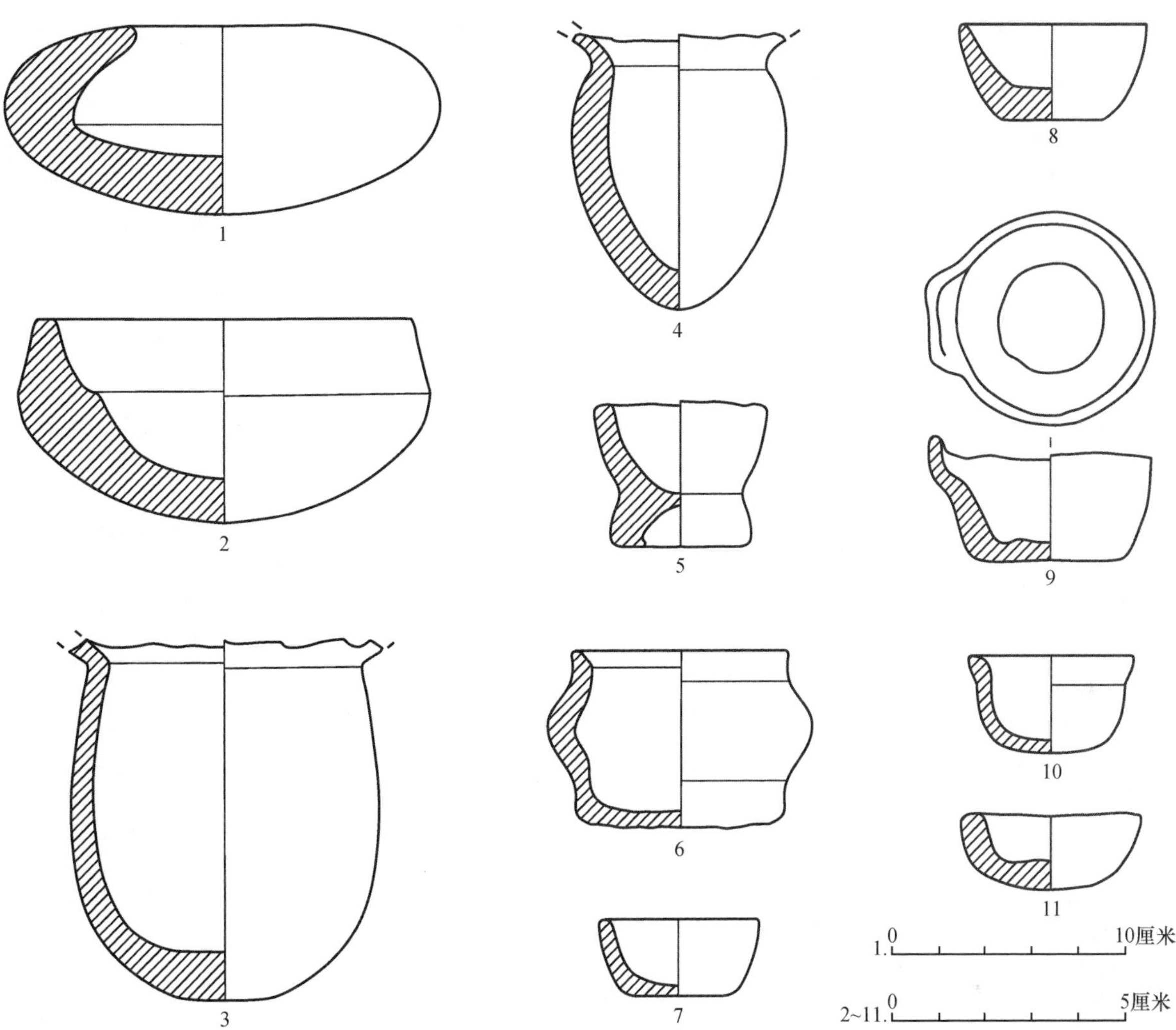

图二〇八 遗址出土陶研磨器、陶玩

1～4. 研磨器（T16④：2、T8③：33、T8③：34、H73：18） 5、6. A型陶玩（T11④：45、H56：3） 7～11. B型陶玩（H11：144、T6④：18、T3③：8、T4④：29、T11④：46）

标本H56：3，泥质灰白陶。平底杯形。尖唇，口微敛，曲腹，平底凹凸不平。素面。口径4.6、残高3.6厘米（图二〇八，6）。

B型 5件。小钵形。

标本H11：144，泥质浅红陶。平底钵形。圆唇，敞口，浅斜腹，平底。素面。口径3.4、底径2.2、高1.6厘米（图二〇八，7；图版七五，6）。

标本T6④：18，泥质灰红陶。平底钵形。厚胎。尖唇，敞口，浅斜腹，平底。素面。口径3.9、底径2.2、残高2.0厘米（图二〇八，8；图版七五，7）。

标本T3③：8，泥质红陶。平底钵形。口部歪斜，并带一手捏捉手，内壁凹凸不平。圆唇，浅斜腹，平底。素面。口径4.4、通高2.6厘米（图二〇八，9；图版七五，8）。

标本T4④：29，泥质灰陶。圜底钵形。厚胎。圆唇近尖，口微敞，浅腹，圜底近平。素面。口径3.5、高2.0厘米（图二〇八，10；图版七五，9）。

标本T11④：46，夹砂褐陶。圜底钵形。胎厚，内、外壁凹凸不平。方唇，浅腹，圜底。素面。口径3.8、高1.6厘米（图二〇八，11）。

C型　4件。牛角形。

标本T13③：21，夹砂红陶，偏黄。厚胎，空心，整器似牛角形。顶部收缩呈弯钩形捉手，器身呈圆锥体状，底部呈不规则椭圆形。素面。底长径5.1、底短径4.5、高6.7厘米（图二〇九，1；彩版四五，4；图版七六，1）。

标本T11③：12，夹砂红陶。厚胎，空心，整器似牛角形。弯钩形捉手及底部一侧略残，形制同T13③：21。底长径5.3、高7.2厘米（图二〇九，2；图版七六，2）。

标本T16④：39，泥质灰白陶。厚胎，空心，整器似牛角形。顶部捉手残，器身略呈盔形，底部平面近圆形。素面。底径5.2、残高3.8厘米（图二〇九，3）。

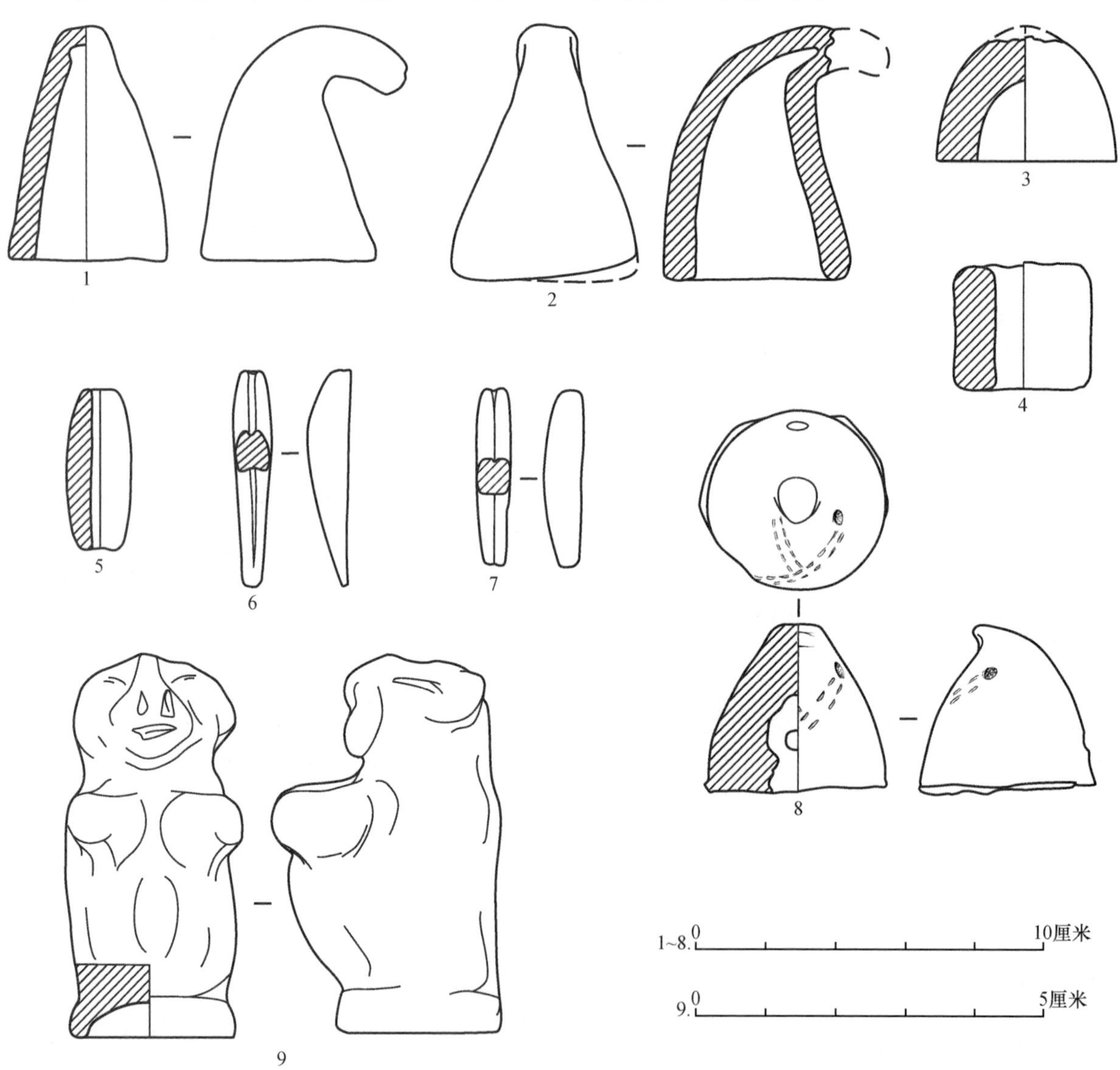

图二〇九　遗址出土陶玩、陶塑

1～3、8. C型陶玩（T13③：21、T11③：12、T16④：39、T7④：31）　4、5. D型陶玩（H11：147、T10③：33）　6、7. E型陶玩（T10④：28、H17：11）　9. 陶塑（T9③：19）

标本T7④：31，泥质白陶。厚胎，空心，整器似牛角形。顶部有一短小捉手偏向一侧，内壁凹凸不平，底部近圆形，略残。器表背面有一圆孔，正面饰一组交叉双弧线形指甲纹。底径5.1、通高4.7厘米（图二〇九，8；彩版四五，5；图版七六，3）。

D型　2件。算珠形。

标本H11：147，夹砂红胎黑衣陶。厚胎，空心，粗算珠形。素面。直径4.0、高3.6厘米（图二〇九，4；图版七六，4）。

标本T10③：33，夹砂黑褐陶。厚胎，空心，细算珠形。素面。长4.5、最大径1.9厘米（图二〇九，5；图版七六，5）。

E型　2件。条状，近似鱼形。

标本T10④：28，泥质红褐陶，有较多灰黑斑。实心长条形。两端粗细不一，一侧平坦，另一侧呈弧背形，双侧均有纵向凹槽，整器近似鱼形。长6.0、最宽1.1、最厚1.2厘米（图二〇九，6；图版七六，6）。

标本H17：11，泥质浅红陶。实心长条形。两端粗细不一，一侧平坦，另一侧呈弧背形，并有纵向凹槽，整器近似鱼形。长5.0、厚1.1厘米（图二〇九，7；图版七六，7）。

7. 陶塑

仅1件。标本T9③：19，夹砂红陶。形态酷似某种憨态可掬的动物。肥头大耳，头略偏向一侧，高鼻，嘴微张，前肢抱合，立身，盘腿。底座呈圆形，内凹呈圈足状。底座径2.4、高5.3厘米（图二〇九，9；彩版四五，6；图版七六，8）。

二、石　　器

青山遗址出土石器并不丰富，这与洞庭湖地区新石器时代遗址石器发现普遍偏少是一致的。

本次发掘共获得包括各类石器在内的石制品363件。据其保存情况可分两大类。一类为残缺较甚且难以分辨器类的破碎石器，我们暂且称之为“石制品”。该类石制品共有161件，未选标本。另一类为石器，共202件。可细分为两种。一种是基本完整，一般都能看出器类，有的还能分型，如斧、锛、砺石等，这类石器只有76件，全部选作标本；另一种是保存不够完整，而且无法分型，只具有器类统计意义的残器，这类残石器共126件，只选部分作为标本。

石器种类有石杵、石锤、石斧、石锛、石凿、穿孔石器、石饼、砺石等。另外，还有少量网坠、棒饰及石片切割器等。根据统计数据，斧、锛、砺石三类石器居多，三者占比已超过七成（表八）。

这批石制品采用的原料大部分为砂岩或石英砂岩，因未做科学鉴定，具体岩性尚不清楚。

从参与统计的石器观察，大多数制作工艺较为粗糙，以磨制为主，少数还保留有打制疤痕。钻孔技术已较普遍，穿孔石器普遍采用对钻穿孔技术。部分砺石有加工尖刃工具遗留下来的深细沟槽，网坠有捆绑绳索的槽痕。下面分类介绍如下。

表八　青山遗址石器器类统计表

器类	石杵	石锤	石斧		石锛		石凿		穿孔石器		石饼		砺石残块	其他		合计
			完器	残器	完器	残器	完器	残器	完器	残器	完器	残器		完器	残器	
数量（件）	8	7	23	47	20	17	6	10	2	8	6	1	42	4	1	202
百分比（%）	3.96	3.47	34.65		18.32		7.92		4.95		3.46		20.79	2.48		100

石杵　8件。平面略呈长条形。一般在端面保留有砸痕、片疤等使用痕迹。现选3件标本介绍如下。

标本T1③：13，青灰色石英砂岩。磨光。器身扁薄，横截面略呈长方形。直边，两端呈圆弧形，保留较多砸痕及片疤，使用痕迹明显。长10.1、宽3.7、厚1.6厘米（图二一〇，1；图版七七，1）。

标本T9③：8，灰红色砂岩。磨光。两端粗细不一，器身较扁薄，横截面略呈长方形。粗端斜平，其上保留较多砸痕，细端双面似有加工成刃的痕迹。长9.8、宽5.8、厚1.8厘米（图二一〇，2；图版七七，2）。

标本H69：2，深灰色石英砂岩。器表粗糙。横截面呈不规则椭圆形。弧形顶，两侧边不对称，一侧有较多崩疤，两端使用痕迹较浅，不太明显。长10.2、宽5.2、厚3.6厘米（图二一〇，3；图版七七，3）。

石锤　7件。平面略呈圆盘形或方形。一般周边保留较多片疤、砸痕等使用痕迹。现选3件标本介绍如下。

标本T9④：48，深灰色砂岩。器表较粗糙。平面略呈方形，器身扁薄，横截面呈不规则长方形。顶部平坦，两侧边不匀称，底部呈圆弧形，顶及一侧保留较多片疤。长7.5、宽6.3、厚2.2厘米（图二一〇，4）。

标本T12④：72，浅灰色砂岩。磨光。平面略呈圆盘形，器身厚重，横截面呈不规则长方形。周边呈圆弧状，保留较多片疤及砸痕。长8.4、宽7.5、厚2.8厘米（图二一〇，5；图版七七，4）。

标本G7：12，深灰色砂岩。磨光。平面略呈圆盘形，器身厚重，横截面呈不规则长方形。双面平整，周边保留较多片疤。长径6.0、厚2.1厘米（图二一〇，6；图版七七，5）。

石斧　共23件。据其整体形制分三型。

A型，10件。长梯形。现将其分别介绍如下。

标本T13④：36，灰色砂岩。磨光。体形较大，器身较薄。正面凸弧，背面较平，横截面略呈月牙形。圆弧形顶，斜边，刃部残断。残长14.4、宽8.8、厚2.8厘米（图二一一，1；彩版四六，1；图版七七，6）。

标本T2④：26，灰色砂岩。磨光。器身较厚重，横截面呈圆角长方形。弧形顶，斜边

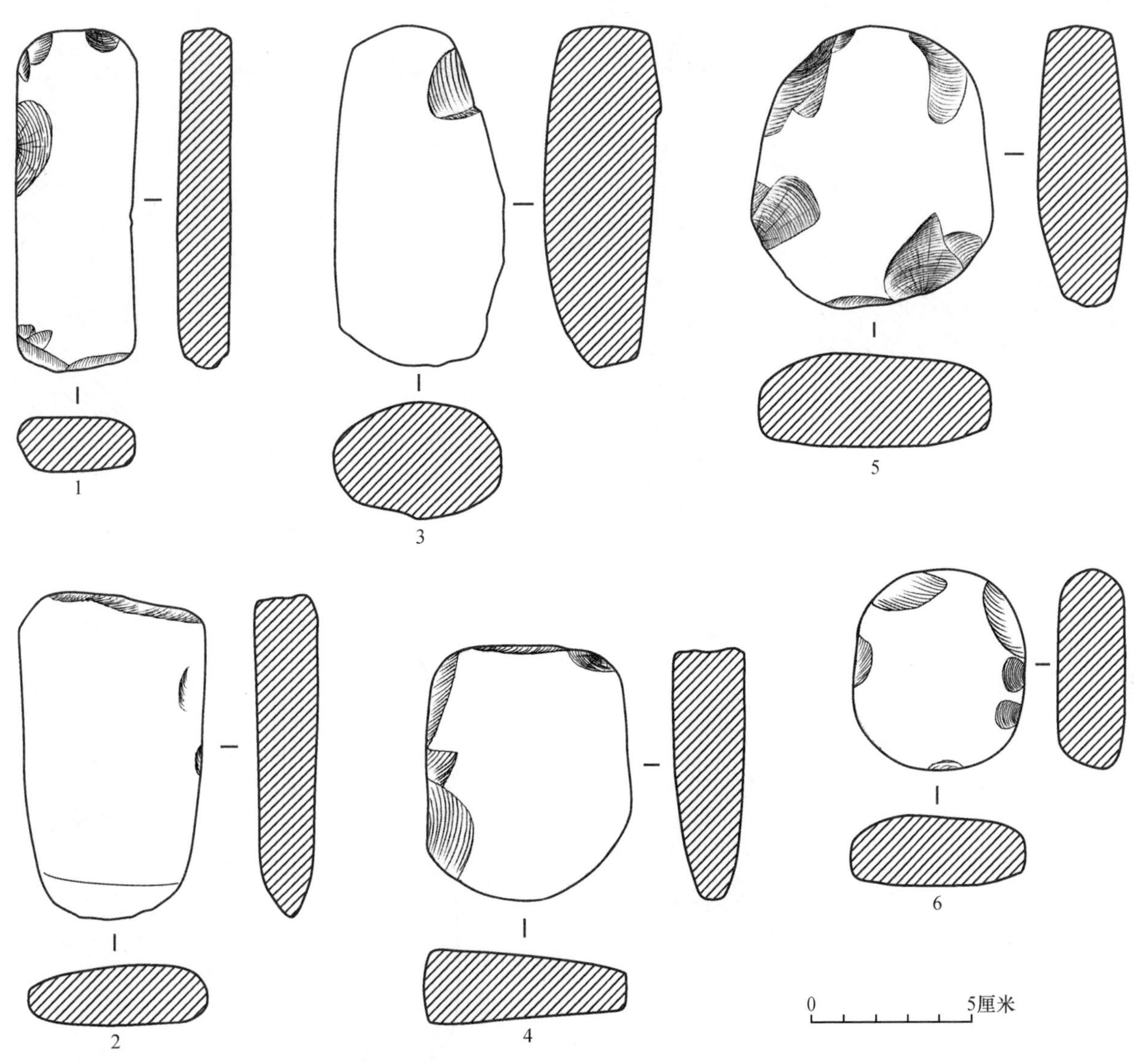

图二一〇　遗址出土石杵、石锤

1～3. 石杵（T1③：13、T9③：8、H69：2）　4～6. 石锤（T9④：48、T12④：72、G7：12）

匀称，刃大部残，顶及刃部保留较多片疤。长12.8、宽7.5、厚3.4厘米（图二一一，2；图版七八，1）。

标本T16④：27，青灰色砂岩。磨光。器身厚重，正面较平坦，背面微外弧，横截面略呈长椭圆形。弧形顶，斜边，刃大部崩落。双侧及刃部保留较多崩疤。残长13.2、宽6.8、厚3.2厘米（图二一一，3）。

标本T10④：22，灰黄色砂岩。器表较粗糙。器身厚重，横截面略呈长方形。弧形顶，斜边一侧崩落，刃较钝，并保留较多使用崩疤。长12.2、宽7.1、厚3.4厘米（图二一一，4；图版七八，2）。

标本T7③：11，青灰色石英砂岩。器表粗糙。器身特厚，横截面呈不规则椭圆形。圆弧形顶，斜边匀称，弧形刃较陡。长9.4、宽4.6、厚3.2厘米（图二一二，1；图版七八，3）。

标本T2③：4，浅灰色砂岩。顶及一侧边保留较多片疤，余磨光。器身较扁薄，横截面

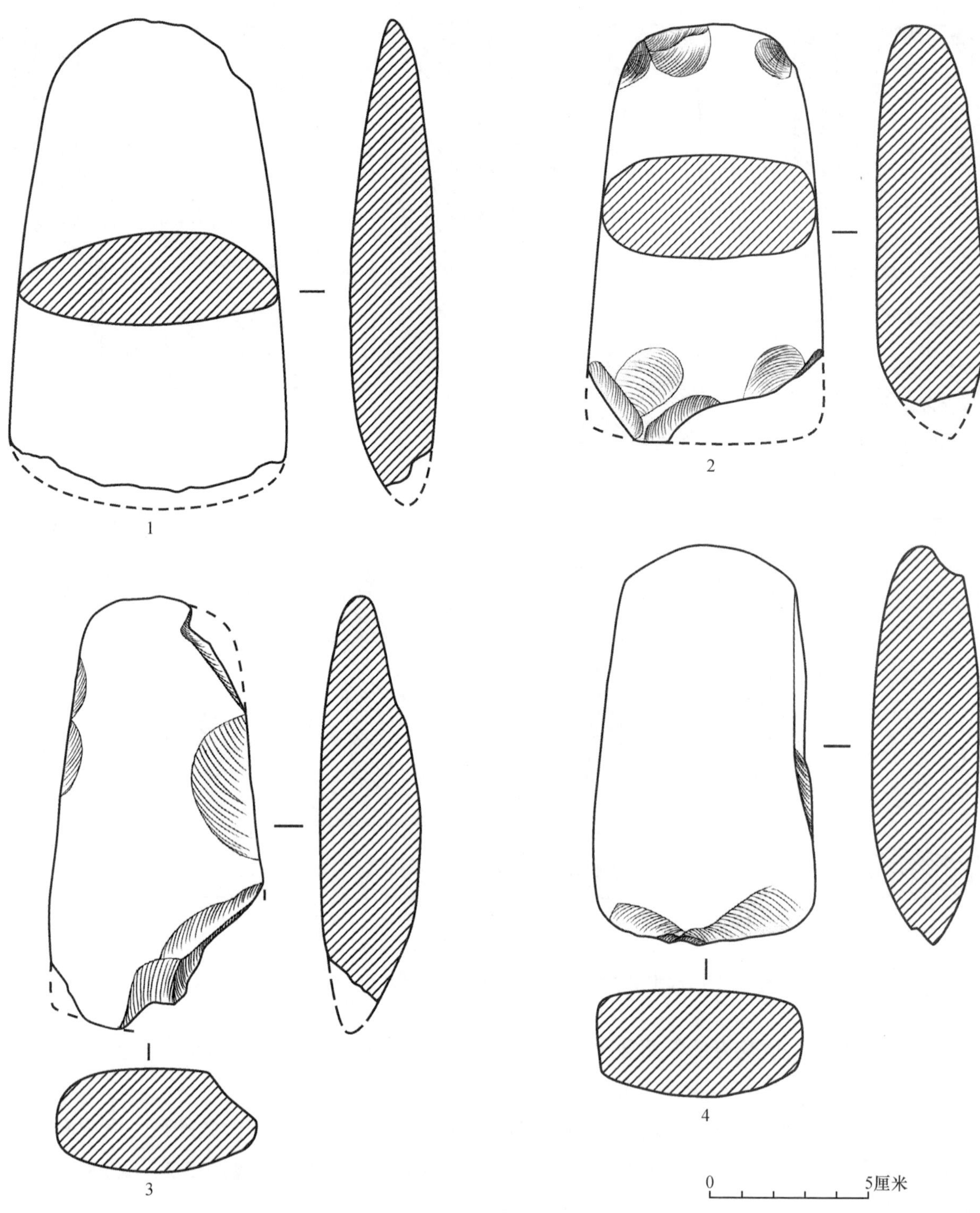

图二一一　遗址出土A型石斧

1. T13④ : 36　2. T2④ : 26　3. T16④ : 27　4. T10④ : 22

略呈长方形。弧形顶，斜边对称，双面弧刃。长9.6、宽5.8、厚2.4厘米（图二一二，2；彩版四六，2；图版七八，4）。

标本T10③：18，灰黄色砂岩。器表粗糙。器身特厚，横截面呈不规则方形。平顶，斜边略不对称，平刃较缓，一侧有少量崩疤。长9.8、宽5.3、厚3.5厘米（图二一二，3；图版七八，5）。

标本T4③：6，灰色石英砂岩。正面较粗糙，背面磨光。器身厚重，横截面呈不规则扇形。弧形顶，斜边，圆弧形刃较钝。长10.9、宽4.6、厚3.2厘米（图二一二，4；图版七八，6）。

标本T7③：13，浅灰色砂岩。器表较粗糙，且风化较甚。器身厚重，横截面呈不规则形，顶部正面一侧剥落一大片疤，背面较平滑。弧形顶，斜边不平，平刃较钝。长9.5、宽4.0、厚2.7厘米（图二一二，5；图版七九，1）。

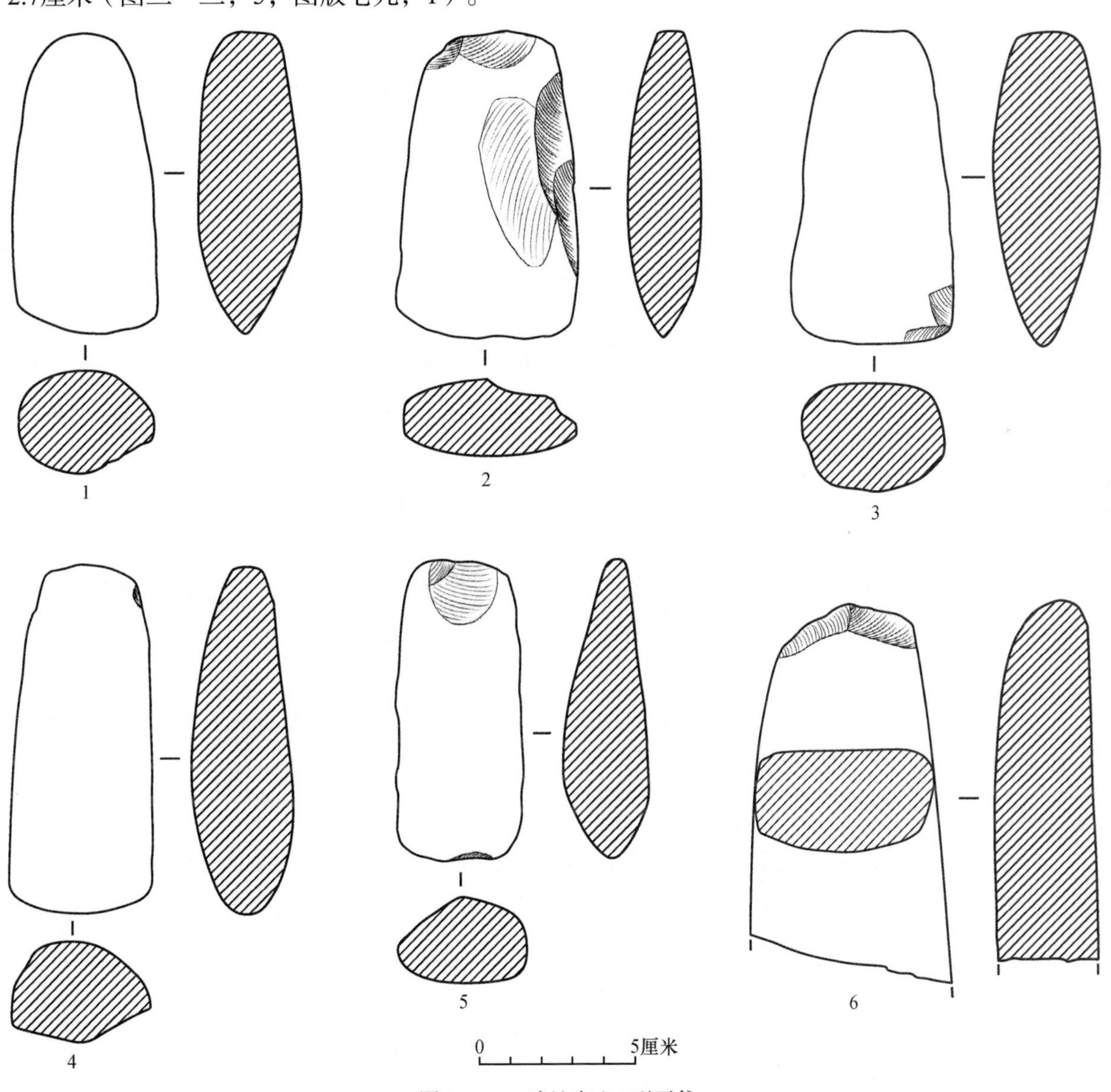

图二一二　遗址出土A型石斧

1. T7③：11　2. T2③：4　3. T10③：18　4. T4③：6　5. T7③：13　6. T15③：10

标本T15③：10，紫色砂岩。磨光。器身较扁薄，横截面略呈长方形。弧形顶，斜边，背面较平坦，刃部残断。残长11.9、宽6.5、厚3.3厘米（图二一二，6）。

B型，10件。短梯形。现将其分别介绍如下。

标本T13④：37，青灰色石英砂岩。磨光，局部有少量片疤。器身较薄，横截面近长方形。圆弧形顶，斜边较匀称，弧刃一侧略残，并保留少量崩疤。长10.1、宽6.9、厚2.6厘米（图二一三，1；彩版四六，3；图版七九，2）。

标本H21：4，灰白色砂岩。磨光，周边有不少崩疤。器身较薄，横截面近长方形。弧形顶，斜边，弧刃，刃部双面均有大片崩疤。长10.8、宽7.6、厚2.6厘米（图二一三，2；彩版四六，4；图版七九，3）。

标本T4④：25，灰白色砂岩。器表打磨不光滑，仍有较多疤痕。器身较薄，正面凸弧较甚，横截面略呈月牙形。顶部不平，斜边微外弧，弧刃略残。长9.2、宽6.4、厚2.2厘米（图二一三，3；图版七九，4）。

标本H73：14，灰黑色砂岩。器表较粗糙，顶及一侧保留大片疤。器身厚重，横截面呈长方形。弧形顶，斜边不平，弧刃较钝，一侧保留大片崩疤。长10.2、宽7.4、厚3.3厘米（图二一三，4；图版七九，5）。

标本T13④：35，灰白色砂岩。磨光，局部保留较多片疤。器身厚重，横截面呈长方形。弧形顶，两侧边略外弧，刃部双面保留较多崩疤。残长10.5、宽7.8、厚3.9厘米（图二一三，5；图版七九，6）。

标本T4③：7，浅灰色砂岩。体小，器表粗糙。器身扁薄，横截面略呈扁长椭圆形。圆弧形顶，弧边不规整，顶及一侧边保较多片疤，弧刃，刃部有使用疤痕。长7.3、宽5.8、厚1.6厘米（图二一四，1；图版八〇，1）。

标本H61：2，浅灰色砂岩。体较小，磨光。不规则梯形，横截面呈弧边长方形。平顶，斜边，一侧不规则，有较多片疤，弧刃较锐。长8.1、宽6.2、厚2.1厘米（图二一四，2；图版八〇，2）。

标本T14④：31，灰红色砂岩。正面为自然砾面，背面为崩裂面，横截面推测为长椭圆形。弧形顶，正面有一剥片疤，弧边，平刃较陡。长11.1、宽7.9、残厚2.1厘米（图二一四，3）。

标本T16④：29，青灰色砂岩。体较小，器表较粗糙，且有较多片疤。器身厚薄不均，横截面呈不规则形。弧形顶，两侧边不平，刃部保留较多崩疤。长9.2、宽6.8、厚3厘米（图二一四，4）。

标本T6④：12，灰黑色粗砂岩。体小，器表较粗糙。器身极薄，横截面呈不规则长方形。平顶，弧边，顶及一侧边保留较多片疤，正面微凹，弧刃较锐。长7.9、宽5.8、厚1.5厘米（图二一四，5）。

C型，3件。近长方形。现将其分别介绍如下。

标本T12④：71，灰色砂岩。器表不光滑。器身较薄，横截面略呈长方形。弧形顶，两侧边较直，并保留较多崩疤，刃部崩断。残长8.8、宽5.9、厚2.1厘米（图二一四，6；图版八〇，3）。

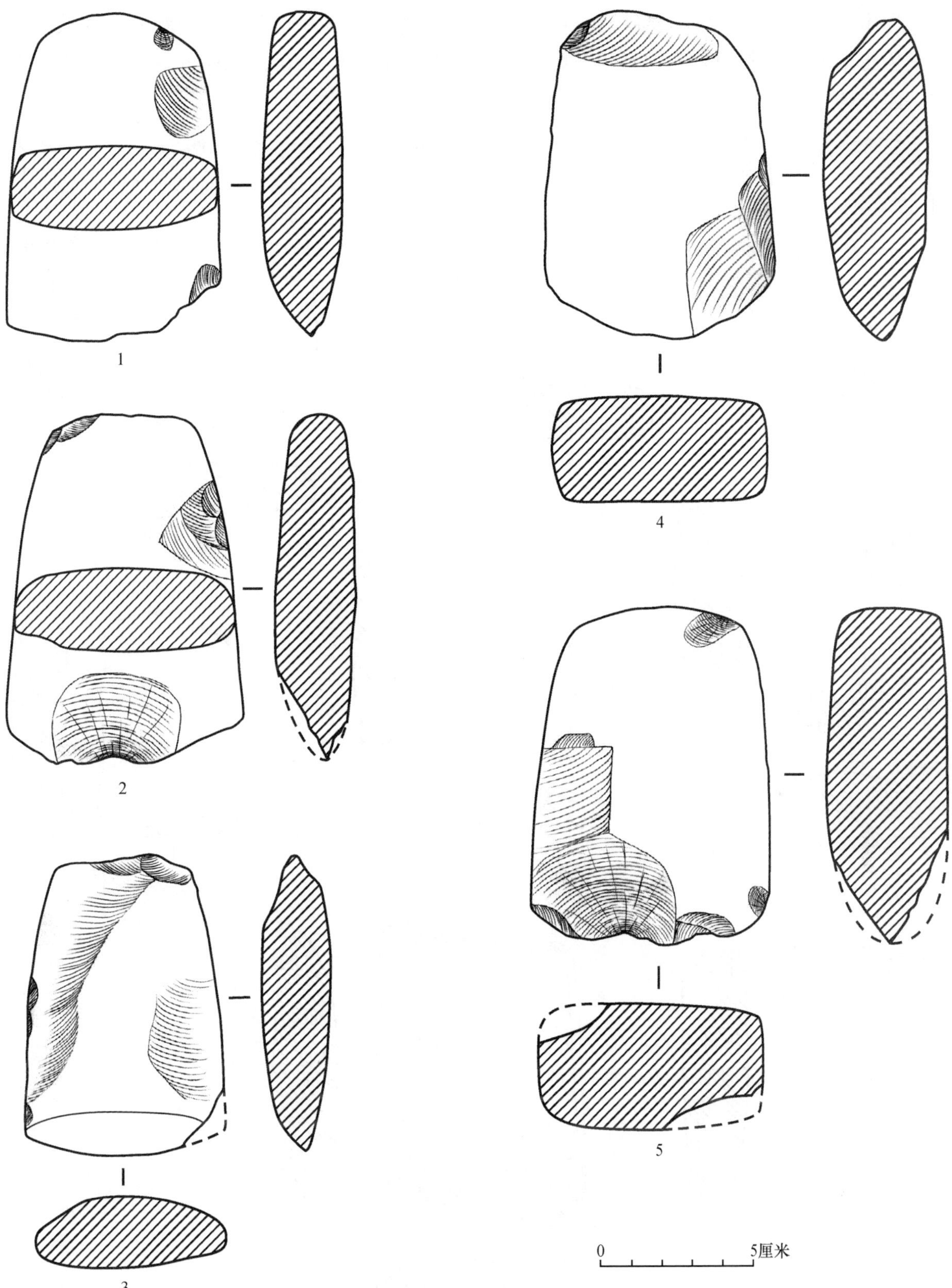

图二一三　遗址出土B型石斧

1. T13④：37　2. H21：4　3. T4④：25　4. H73：14　5. T13④：35

标本T10③：19，深灰色砂岩。磨光，顶及两侧保留较多疤痕。器身较厚，横截面略呈长方形。斜顶，斜边较直，平刃较陡，并可见少量崩疤。长10.1、宽6.5、厚2.6厘米（图二一四，7；图版八〇，4）。

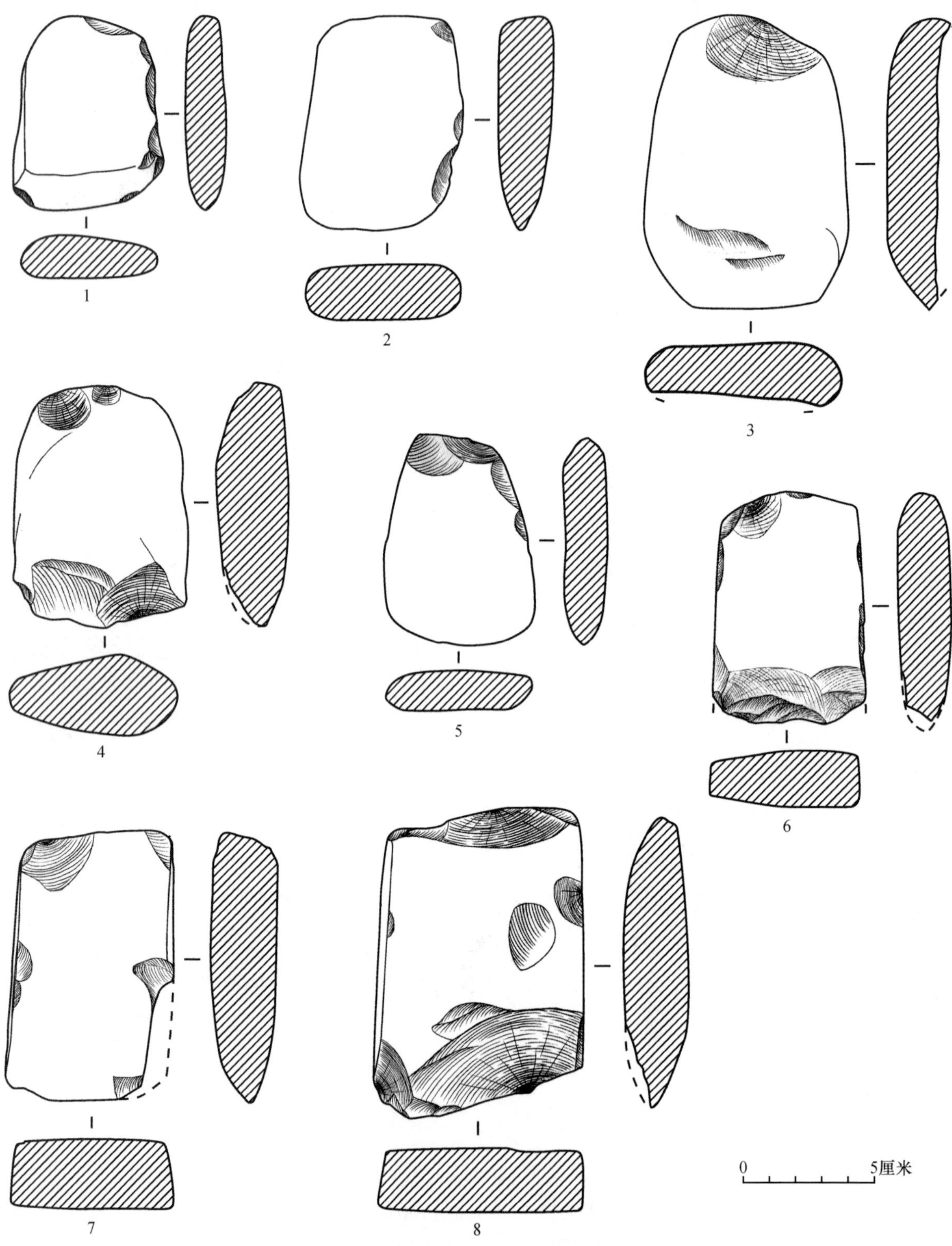

图二一四　遗址出土B、C型石斧

1～5. B型（T4③：7、H61：2、T14④：31、T16④：29、T6④：12）　6～8. C型（T12④：71、T10③：19、T1③：10）

标本T1③：10，灰黑色砂岩。器表稍加打磨，双面均保留较多片疤。体形较大。器身较薄，横截面略呈长方形。斜顶，斜边，刃一侧崩断。长11.2、宽8.1、厚2.6厘米（图二一四，8；图版八〇，5）。

残石斧　47件。多数只残存刃部。现选15件标本介绍如下。

标本T3④：2，灰黑色砂岩。器表较粗糙。器身较薄，横截面略呈长方形。顶部残断，刃部一面磨光，一面崩裂。残长9.6、宽7.2、厚2.6厘米（图二一五，1）。

标本T11④：38，灰色砂岩。器表磨光。器身较薄。顶部留有剥片疤，微凹，刃部残断，断面略呈长方形。残长7.6、宽6.2、厚2.1厘米（图二一五，2）。

标本T16④：30，浅灰色砂岩。器表磨光。器身较厚。圆弧形顶部有较多疤痕，两侧边微外弧，刃部残断，断面略呈长椭圆形。残长6.3、宽5.7、厚2.6厘米（图二一五，3）。

标本T15④：1，灰黑色砂岩。磨光。器身极薄，横截面呈长方形。顶部残断，斜边匀称，双面圆弧形刃。残长5.5、宽6.2、厚1.5厘米（图二一五，4）。

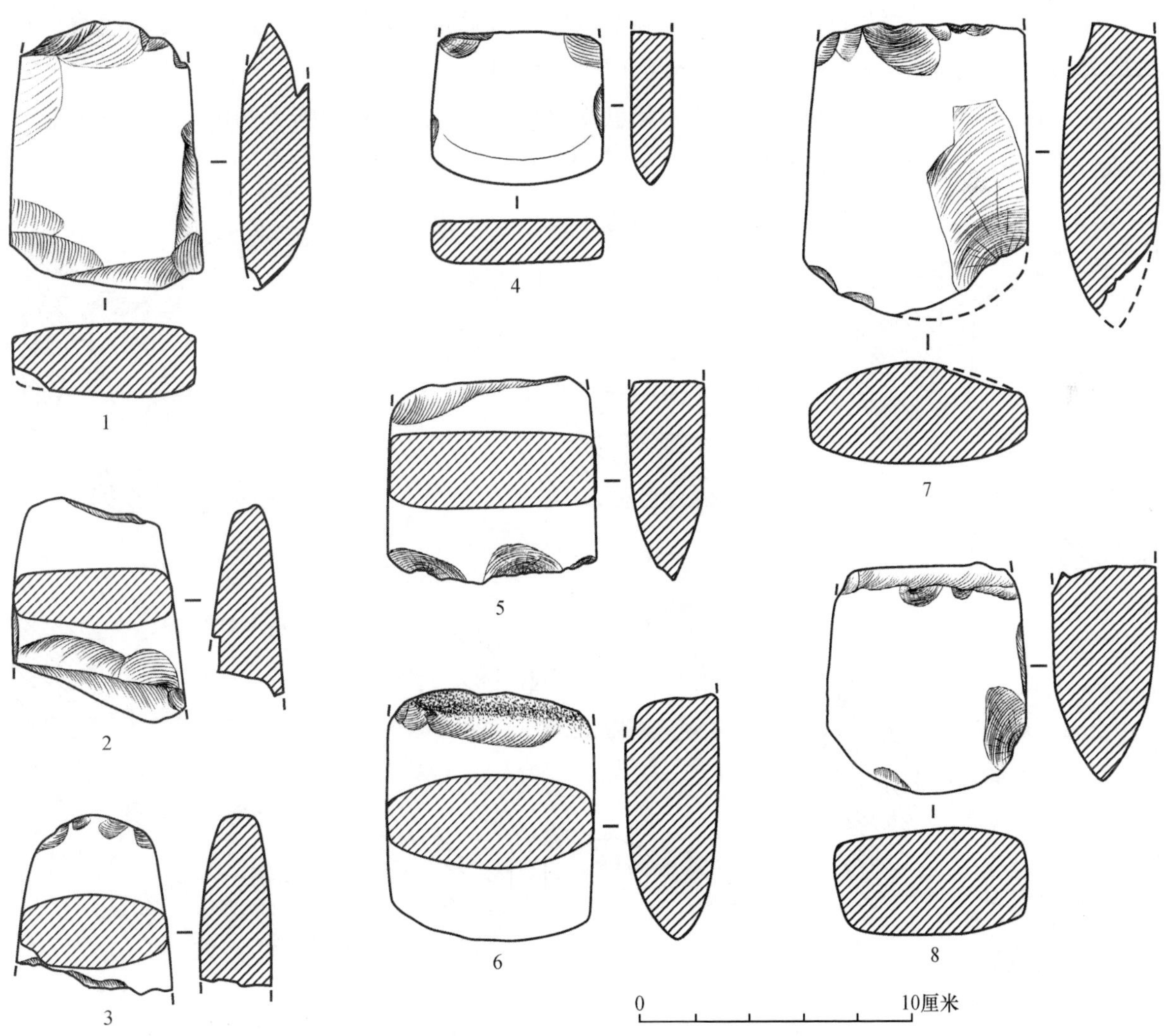

图二一五　遗址出土残石斧

1. T3④：2　2. T11④：38　3. T16④：30　4. T15④：1　5. T14④：32　6. T16④：25　7. T8③：25　8. T13④：22

标本T14④：32，青灰色砂岩。磨光。器身较厚，横截面呈长方形。顶部残断，断面可见大量砸痕，直边匀称，刃部保留较多片疤。残长7.3、宽7.6、厚2.7厘米（图二一五，5；图版八〇，6）。

标本T16④：25，青灰色砂岩，微偏绿。磨光。器身较厚，横截面略呈长椭圆形。顶部残断，断面有密集砸痕，直边，圆弧形刃。残长8.7、宽7.6、厚3.4厘米（图二一五，6；图版八一，1）。

标本T8③：25，灰白色砂岩。磨光，局部保留有大片疤。器身较厚，横截面呈不规则长椭圆形。顶部残断，直边，圆弧形刃略残，局部保留片疤。残长10.3、宽8.4、厚3.5厘米（图二一五，7；图版八一，2）。

标本T13④：22，深灰色砂岩。磨光。器身特厚，横截面略呈长方形。顶部残断，斜边不整齐，圆弧形刃较锐，并保留少量片疤。残长8.2、宽7.4、厚3.8厘米（图二一五，8；图版八一，3）。

标本T7④：25，深灰色砂岩。磨光。器身较厚，横截面略呈长方形。顶部残断，直边，圆弧形刃略残。残长8.5、宽7.2、厚3.5厘米（图二一六，1）。

标本T16③：6，灰黑色砂岩。磨光。横截面略呈长方形。顶部残断，侧边较直，圆弧形刃较钝。残长6.4、宽7.8、厚2.8厘米（图二一六，2）。

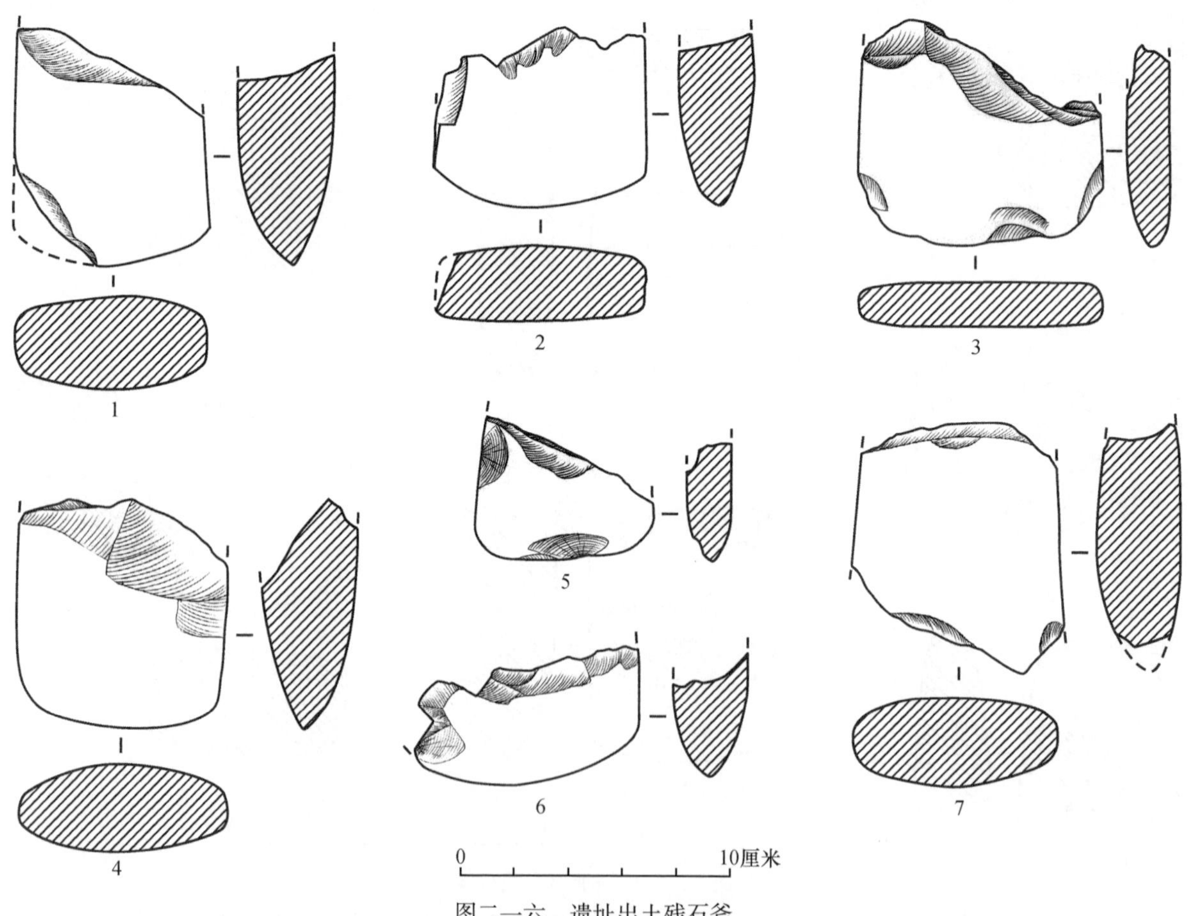

图二一六　遗址出土残石斧

1. T7④：25　2. T16③：6　3. T13③：16　4. T13③：14　5. T8③：29　6. T6③：5　7. T13④：38

标本T13③：16，灰色砂岩。磨光。器身极薄，横截面略呈长方形。顶部残断，直边，弧形刃，保留较多使用片疤。残长8.0、宽9.0、厚1.6厘米（图二一六，3）。

标本T13③：14，浅灰色砂岩。磨光。器身较厚，横截面略呈长椭圆形。顶部残断，直边，弧刃较锐。残长8.2、宽7.8、厚3.4厘米（图二一六，4）。

标本T8③：29，灰色砂岩。仅存刃部，磨光。平刃不规整，有较多使用片疤。残长5.0、宽6.6、厚1.7厘米（图二一六，5）。

标本T6③：5，灰黄色砂岩。仅存刃部，磨光。圆弧形刃。残长4.1、残宽8.2、厚2.8厘米（图二一六，6）。

标本T13④：38，灰色砂岩。器表粗糙。器身较厚，横截面略呈长椭圆形。顶部残断，斜边不规整，刃部残。残长9.1、宽7.7、厚3.2厘米（图二一六，7）。

石锛 20件。据其整体形制特征分三型。

A型，9件。长梯形。现将其分别介绍如下。

标本T9④：45，浅灰色砂岩。器表磨光，打磨较为精致。器身较厚，横截面呈圆角长方形。弧形顶，斜边匀称，单面弧刃。长7.8、宽5.8、厚2.5厘米（图二一七，1；图版八一，4）。

标本H20：4，灰白色砂岩。器表磨光。器身较薄，横截面略呈长方形。平顶磨平，直边，单面弧刃。长8.3、宽5.6、厚1.3厘米（图二一七，2；图版八一，5）。

标本T13③：15，灰黑色砂岩。器表粗糙。器身较厚，横截面略呈长方形。弧顶，直边略不对称，单面弧刃。长9.5、宽6.8、厚2.3厘米（图二一七，3；图版八一，6）。

标本H45：4，深灰色砂岩。器表磨光，周边有少量片疤。器身较薄，横截面略呈长方形。圆弧形顶，斜边微外弧，单面弧刃。长8.3、宽5.9、厚1.7厘米（图二一七，4；彩版四六，5；图版八二，1）。

标本T8④：26，灰色砂岩。器表不光滑，周边保留较多片疤。器身较薄，横截面略呈长方形。弧顶，直边不匀称，正面微弓，背面内凹，单面平刃。长7.2、宽4.2、厚1.3厘米（图二一七，5）。

标本T12④：74，浅灰色砂岩。器表磨光。器身较厚，横截面略呈长椭圆形。圆弧形顶，斜边匀称，单面弧刃略残。残长8.1、宽5.9、厚2.1厘米（图二一七，6；彩版四六，6；图版八二，2）。

标本T6③：6，浅灰色砂岩。体小，磨光。器身较薄，横截面略呈长方形。弧形顶，斜边，单面斜刃。长3.5、宽2.4、厚0.7厘米（图二一七，7；图版八二，3）。

标本T9③：6，灰色砂岩。体小，器表粗糙。器身较薄，横截面略呈长方形。弧形顶，直边匀称，单面平刃。长4.6、宽2.1、厚0.7厘米（图二一七，8；图版八二，4）。

标本T5④：13，青灰色砂岩。体小，器表打磨光滑。器身较薄，横截面略呈长方形。弧形顶，直边不匀称，单面刃凹凸不平。长4.7、宽3.0、厚0.7厘米（图二一七，9）。

B型，6件。短梯形。现将其分别介绍如下。

标本H17：7，青灰色砂岩。器表打磨较为粗糙，正面有一纵向浅槽。器身较宽扁，横截面

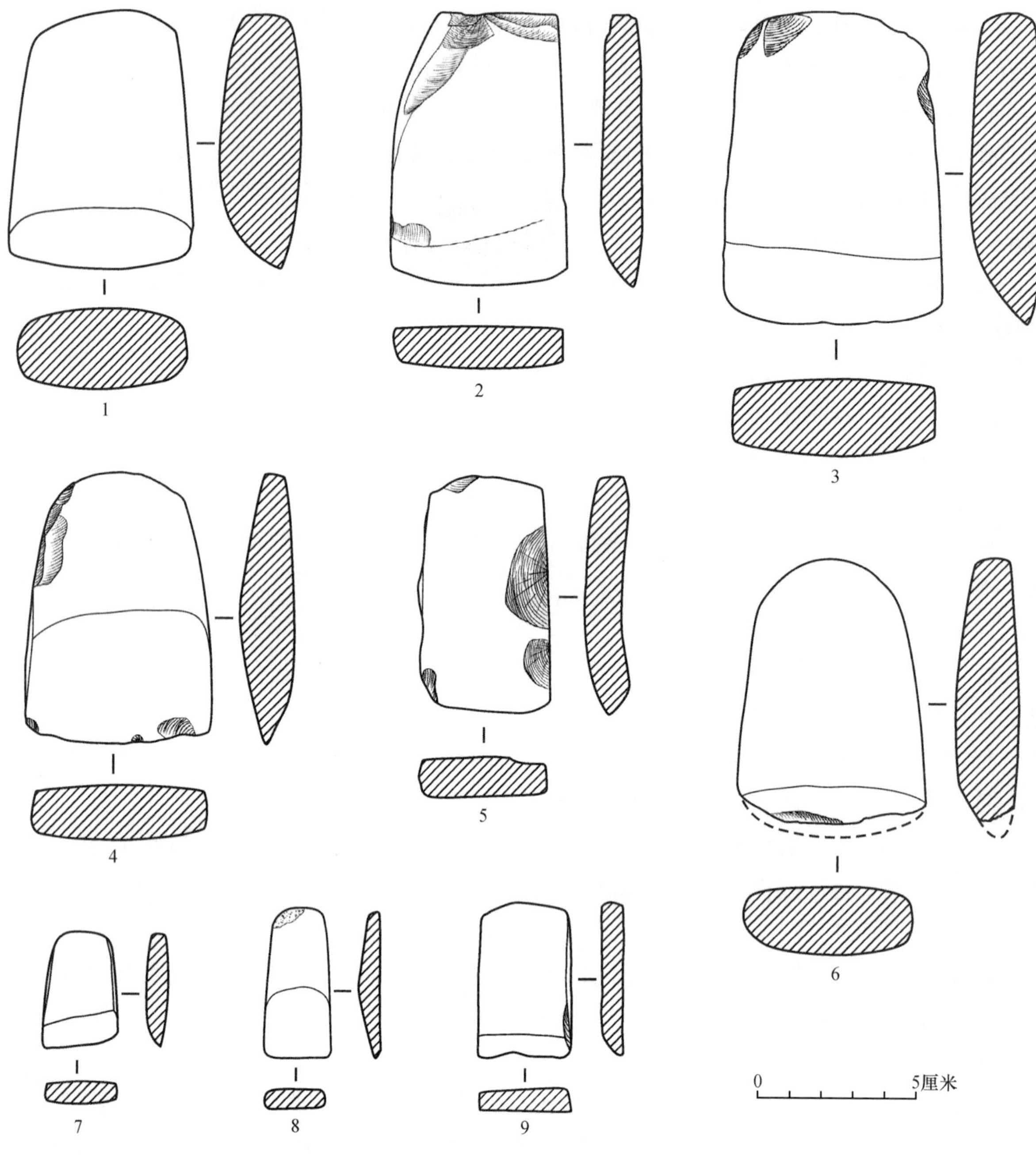

图二一七　遗址出土A型石锛

1. T9④ : 45　2. H20 : 4　3. T13③ : 15　4. H45 : 4　5. T8④ : 26　6. T12④ : 74　7. T6③ : 6　8. T9③ : 6　9. T5④ : 13

略呈弧边长方形。平顶，斜边匀称，单面刃微外弧，刃部使用痕迹明显。长7.8、宽7.9、厚1.5厘米（图二一八，1；图版八二，5）。

标本H17 : 8，浅灰色砂岩。器表磨光。器身较薄，横截面呈斜边长方形。弧顶，两斜边略不对称，单面平刃。长6.7、宽6.7、厚1.3厘米（图二一八，2；图版八二，6）。

标本T16④ : 31，灰黄色砂岩，质感细腻。器表磨光，打磨精致。器身较厚，横截面略呈长方形。圆弧形顶，斜边匀称，双面弧刃。长5.3、宽5.0、厚1.6厘米（图二一八，3；彩版四七，1；图版八三，1）。

标本T7③：12，灰白色砂岩。正面磨光，背面有较多片疤。横截面略呈长方形。弧顶，斜边匀称，双面弧刃，背面刃较陡。长6.4、宽5.7、厚1.7厘米（图二一八，4；彩版四七，2；图版八三，2）。

标本T14④：33，浅灰色砂岩。器表磨光，打磨精致。器身较厚，横截面呈圆角长方形。圆弧形顶，斜边不对称，单面斜弧刃。长7.5、宽6.6、厚1.7厘米（图二一八，5；图版八三，3）。

标本T6④：15，浅灰色砂岩。器表磨光，背面有一纵向浅槽。器身较宽厚，横截面呈不规则长方形。平顶，斜边，单面圆弧形刃。长7.3、宽8.1、厚1.8厘米（图二一八，6；彩版四七，3；图版八三，4）。

C型，5件。近长方形。现将其分别介绍如下。

标本T16④：26，深灰色砂岩。器表较粗糙。器身较薄，横截面略呈半圆形，背面微弓。弧顶，斜边匀称，单面平刃。长9.2、宽4.4、厚1.9厘米（图二一九，1；图版八三，5）。

标本H61：1，灰黑色砂岩。器表磨光。器身较厚，横截面呈长方形。弧顶，直边匀称，双面刃。长10.3、宽4.0、厚2.4厘米（图二一九，2；彩版四七，4；图版八三，6）。

标本T16③：4，青灰色石英砂岩。器表磨光。器身极厚，横截面略呈方形。斜顶不规整，

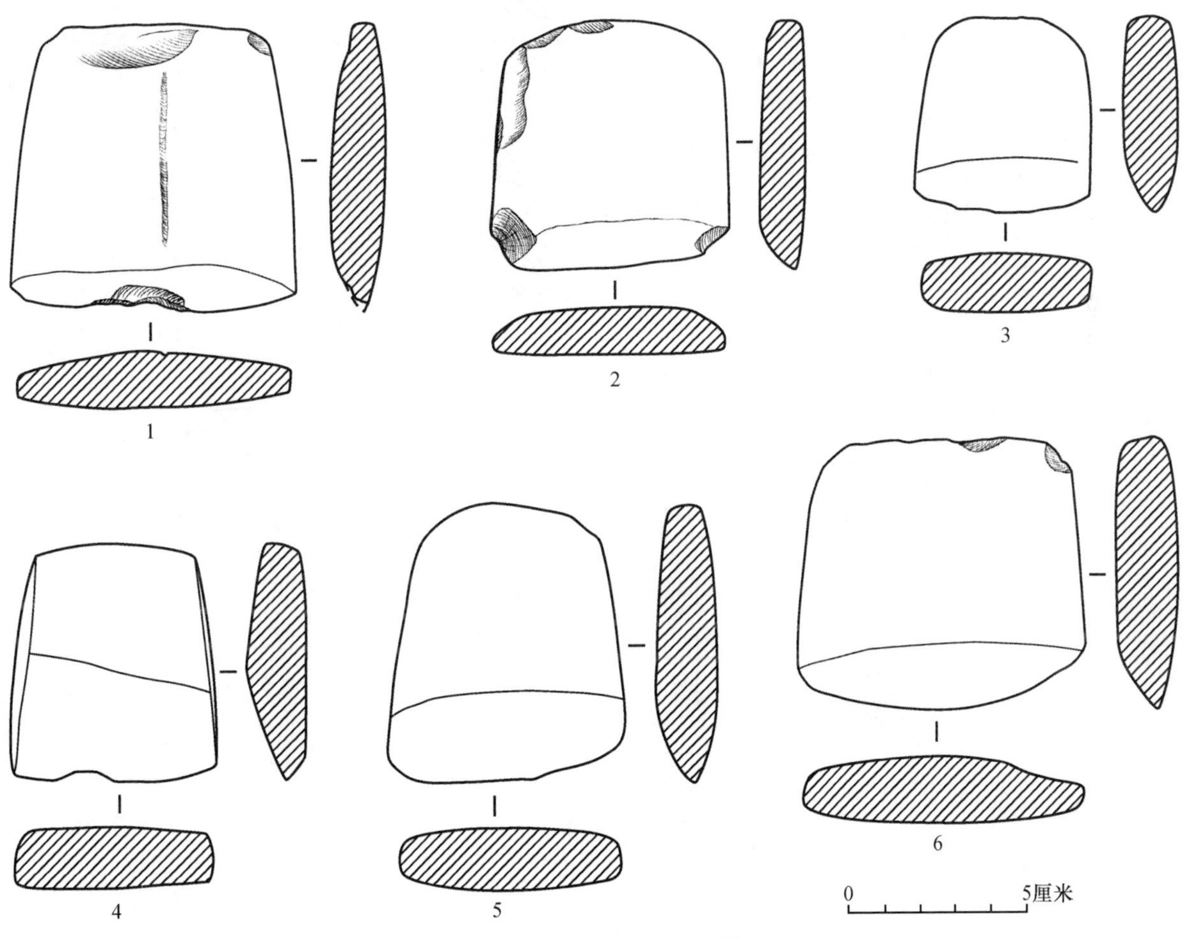

图二一八　遗址出土B型石锛

1. H17：7　2. H17：8　3. T16④：31　4. T7③：12　5. T14④：33　6. T6④：15

有较多砸痕，斜边，右侧有一纵向深凹槽，双面斜刃。长11.2、宽4.8、厚3.1厘米（图二一九，3；彩版四七，5；图版八四，1）。

标本T6④：16，青灰色石英砂岩。器表磨光。器身较厚，横截面略呈方形。弧顶不规整，斜边不匀称，背面微弓，单面平刃。长9.6、宽5.0、厚2.8厘米（图二一九，4；彩版四七，6；图版八四，2）。

标本H20：3，灰白色砂岩。体略小，器表粗糙，且有较多片疤。器身较厚，横截面呈不规则形。弧顶不规整，斜边不匀称，单面平刃，保留少量片疤。长7.0、宽3.6、厚2.2厘米（图二一九，5；图版八四，3）。

残石锛　17件。均只残存刃部。现选6件标本介绍如下。

标本T16③：3，灰白色粉砂岩。器表磨光，质地细腻。器身较厚，横截面略呈长方形。顶部残断，斜边，单面平刃。残长6.4、宽5.5、厚2.1厘米（图二二〇，1；图版八四，4）。

标本T8④：24，灰白色粉砂岩。器表磨光。器身较薄，横截面略呈长方形。顶部残断，斜边较直，单面斜刃。残长7.4、宽6.7、厚1.2厘米（图二二〇，2；图版八四，5）。

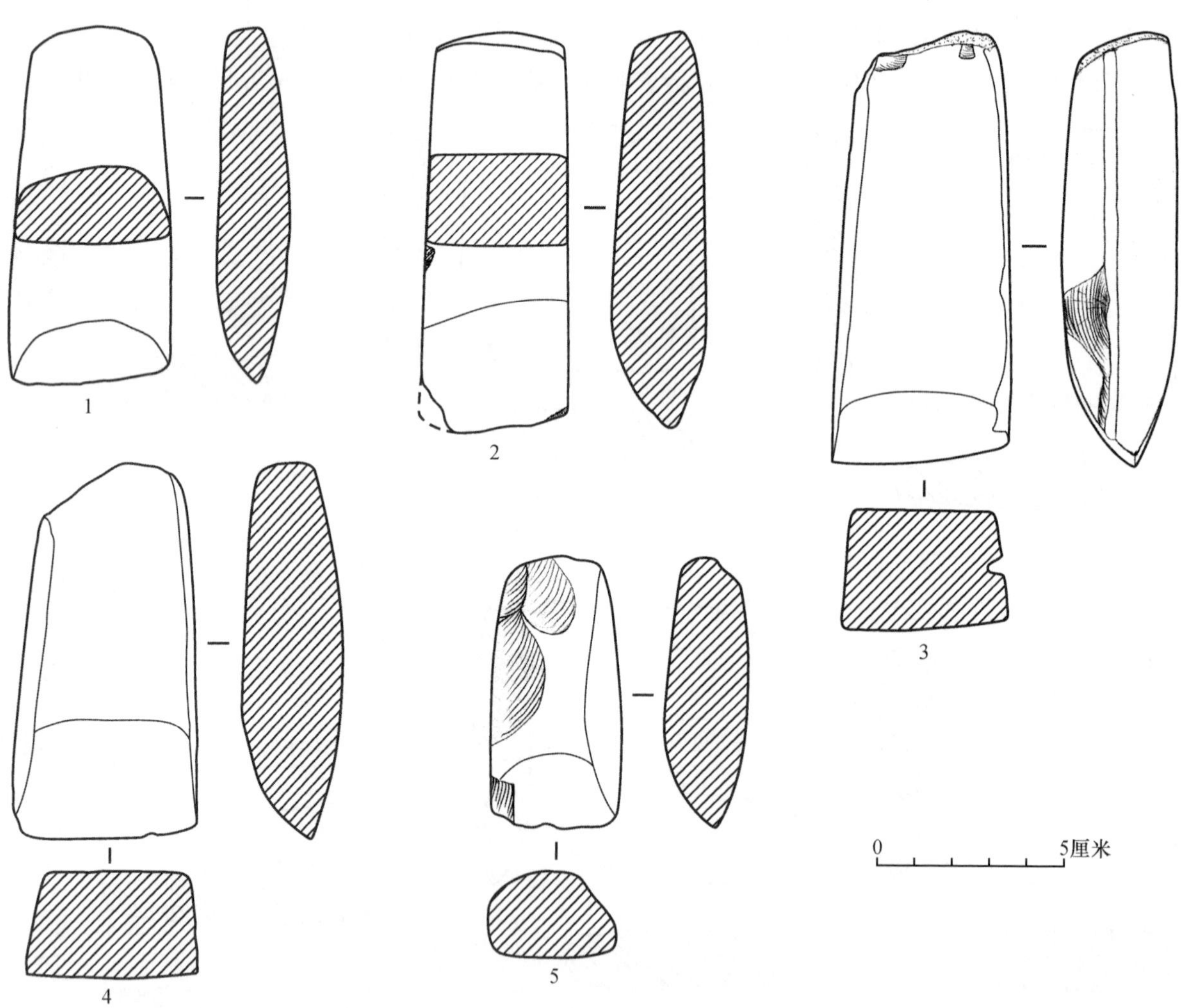

图二一九　遗址出土C型石锛

1. T16④：26　2. H61：1　3. T16③：4　4. T6④：16　5. H20：3

标本H4：12，灰色砂岩。器表粗糙。器身较厚，横截面略呈不规则长椭圆形。顶部残断，斜边，单面弧刃，保留少量片疤。残长6.8、宽6.2、厚2.5厘米（图二二〇，3）。

标本T10③：20，深灰色砂岩。器表较粗糙。器身较厚，横截面呈长方形。顶部残断，斜直边匀称，单面平刃。残长7.1、宽8.2、厚2.5厘米（图二二〇，4；图版八四，6）。

标本H17：9，灰白色粉砂岩。形体较小，器表磨光。器身较厚，横截面呈长方形。顶部残断，两侧边一边较直，另一边呈斜面，单面平刃，刃较锐。残长3.8、宽3.4、厚1.8厘米（图二二〇，5）。

标本H61：3，灰白色砂岩。形体较小，器表磨光。器身较薄，横截面略呈长方形。顶部残断，斜边，单面平刃。残长2.7、宽2.7、厚3.1厘米（图二二〇，6）。

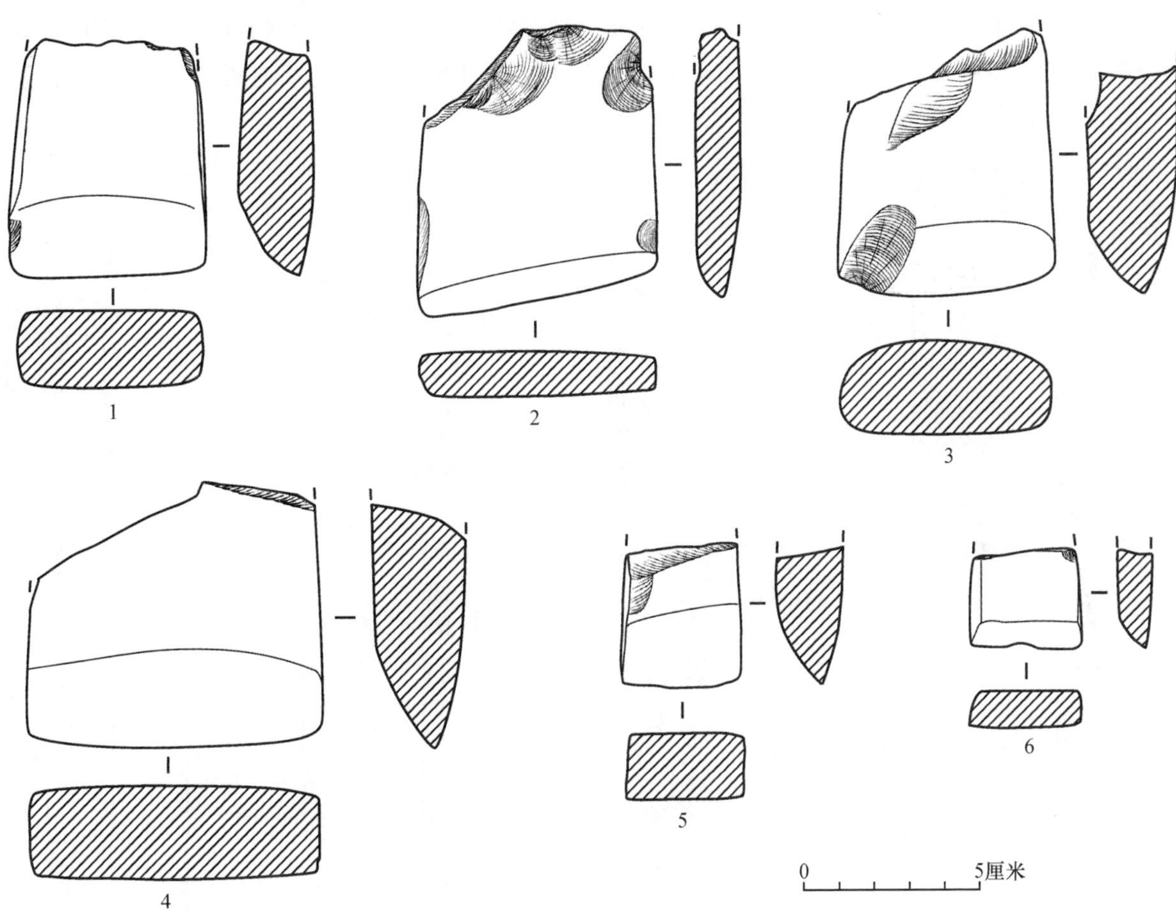

图二二〇　遗址出土残石锛

1. T16③：3　2. T8④：24　3. H4：12　4. T10③：20　5. H17：9　6. H61：3

石凿　6件。体小，平面呈窄长条形。现选3件标本介绍如下。

标本T2③：7，青灰色砂岩。器表粗糙。器身较厚，横截面呈不规则方形。顶部不规整，直边不匀称，双面平刃。长12.4、宽3.4、厚2.7厘米（图二二一，1）。

标本H21：5，灰黑色砂岩。器表较粗糙。器身厚薄不均，横截面呈不规则四边形。弧顶，边不匀称，双面平刃。长9.0、宽2.4、厚1.6厘米（图二二一，2；图版八五，1）。

标本H73：15，灰黑色砂岩。体小，器表粗糙。器身较薄，横截面呈长方形。顶部不规整，直边外弧，双面刃，一侧略残。长6.0、宽2.1、厚1.3厘米（图二二一，3）。

残石凿　10件。体小，平面呈窄长条形，多数只保留刃端。现选5件标本介绍如下。

标本T12④：69，深灰色砂岩。器表打磨光滑。器身较薄，横截面呈长方形。斜顶，弧边，刃部残断。残长8.1、宽3.2、厚1.5厘米（图二二一，4；图版八五，2）。

标本T1③：11，黑色硅质岩。体小，器表打磨光滑。器身较厚，横截面呈方形。顶部残断，直边不匀称，双面刃略残。残长4.3、宽1.4、厚1.5厘米（图二二一，5；图版八五，3）。

标本T10④：23，灰黑色砂岩。器表打磨光滑。横截面略呈长方形。顶部残断，斜边不匀称，双面弧刃。残长8.3、宽4.2、厚2.5厘米（图二二一，6）。

标本T14③：6，深灰色砂岩。器表较粗糙。顶部残断，长条形，器身较厚，横截面略呈长方形。顶部残断，直边不匀称，双面平刃。残长8.3、宽1.8、厚2.1厘米（图二二一，7；图版八五，4）。

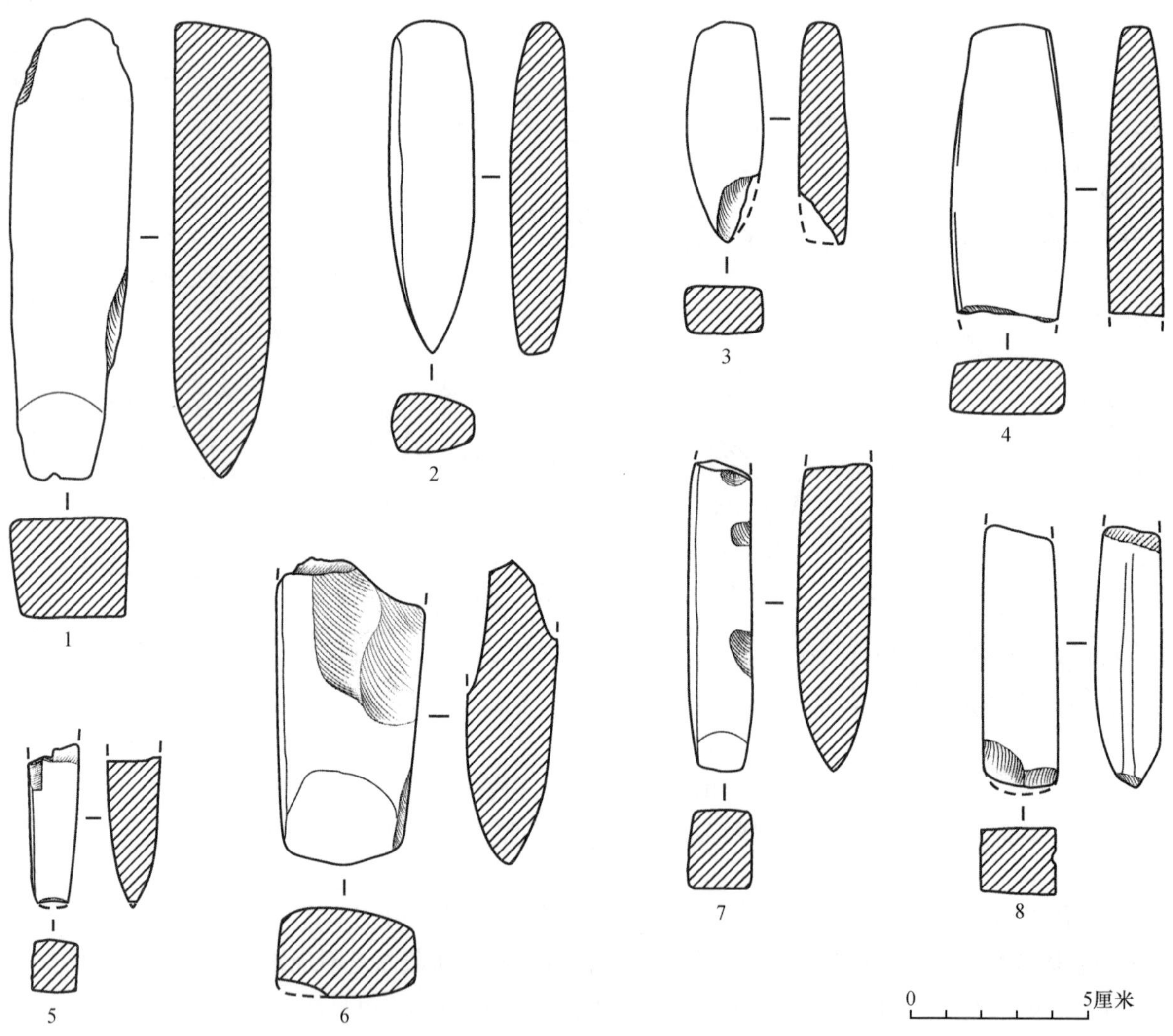

图二二一　遗址出土石凿

1～3. 石凿（T2③：7、H21：5、H73：15）　4～8. 残石凿（T12④：69、T1③：11、T10④：23、T14③：6、T10③：22）

标本T10③：22，灰白色砂岩，质地细腻。器身较厚，横截面略呈方形。顶部残断，直边匀称，右侧有一浅竖槽，双面弧刃略残。残长7.1、宽2.1、厚1.8厘米（图二二一，8）。

穿孔石器　10件。多数为残器，完整器只有2件。有的可能具有与石铲类似的功用。现将其全部介绍如下。

标本T13④：21，青灰色砂岩。器表磨光。平面近梯形。器身极薄，横截面略呈窄条形。弧形顶，一侧保留有片疤，斜边，刃部残断。近顶端对钻一圆孔。残长6.1、残宽3.8、厚0.6厘米（图二二二，1）。

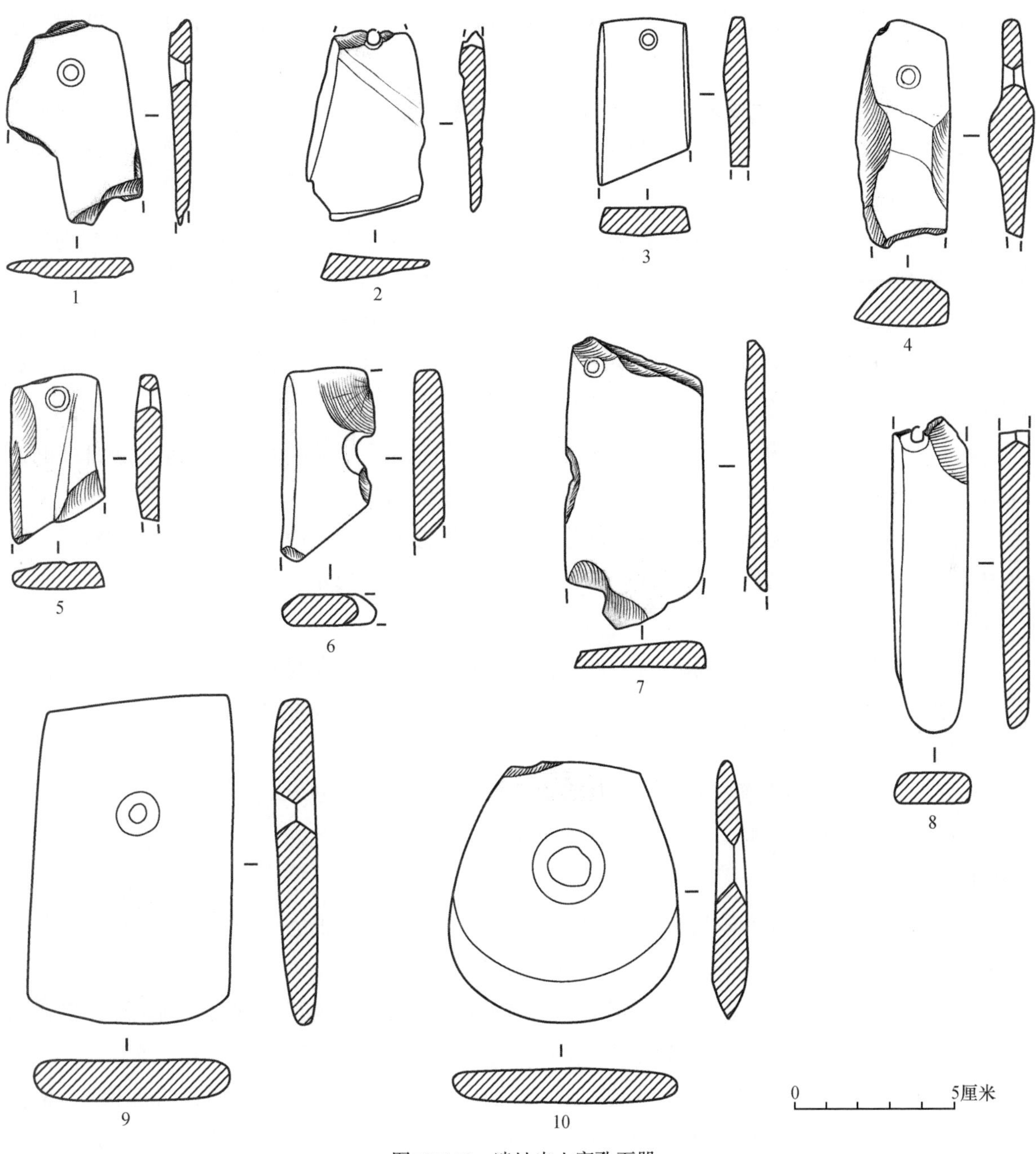

图二二二　遗址出土穿孔石器

1. T13④：21　2. T4③：8　3. T9③：4　4. H62：13　5. G7：13　6. H21：6　7. T8③：28　8. T6④：11　9. T4③：9　10. T13③：17

标本T4③：8，浅灰色砂岩。器表磨光。平面略呈长方形。器身极薄且不匀称，横截面近三角形。顶部残，可见一孔，两侧边不匀称，正面微内凹，并留有一斜向凹槽，单面斜刃。残长5.6、宽3.6、厚0.7厘米（图二二二，2）。

标本T9③：4，灰色砂岩。器表磨光。平面呈长方形。器身较薄，横截面近长方形。顶磨平，斜边，刃部残断。顶部对钻一小孔。残长4.8、宽2.9、厚0.8厘米（图二二二，3；图版八五，5）。

标本H62：13，浅灰色砂岩。器表磨光。平面呈不规则长方形。器身较厚，横截面呈不规则四边形。斜顶微外弧，边不规整，刃部残断。顶部较薄，对钻一小圆孔，孔下双面凸起，近刃部内凹。残长6.7、宽2.9、厚1.4厘米（图二二二，4；图版八五，6）。

标本G7：13，青灰色砂岩。器表磨光。平面呈长方形。器身较薄，横截面呈不规则长方形。斜顶磨平，直边不规整，刃部残断。顶部对钻一小孔，正面留有一凹槽，背面内凹。残长4.7、宽2.9、厚0.8厘米（图二二二，5）。

标本H21：6，灰白色粉砂岩。器表磨光。仅存顶部一侧，形状不明。横截面呈不规则长方形。顶端残见一个对钻圆孔。残长5.6、残宽2.8、厚0.9厘米（图二二二，6）。

标本T8③：28，灰白色砂岩。器身磨光。平面呈不规则长方形。器身极薄，横截面呈不规则长方形。斜顶，保留片疤较多，直边，正面内凹较甚，刃部残断。顶部一侧对钻一小孔。残长8.6、宽4.3、厚0.8厘米（图二二二，7；图版八六，1）。

标本T6④：11，深灰色砂岩。器表磨光。平面略呈长条形，横截面近长方形。顶部残断，残见一对钻圆孔，下端无刃。残长9.3、宽2.3、厚0.9厘米（图二二二，8）。

标本T4③：9，紫灰色砂岩。通体磨光。平面近长方形，横截面呈圆角长方形。斜顶，直边匀称，双面弧刃，刃较钝。中部偏上对钻一圆孔。长9.7、宽6.2、厚1.2厘米（图二二二，9；彩版四八，1；图版八六，2）。

标本T13③：17，浅灰色粉砂岩。通体磨光。平面近梯形。器身较薄，横截面呈圆角长方形。平顶，弧边，双面圆弧形刃，刃较锋锐。长7.7、宽7.1、厚1.0厘米（图二二二，10；彩版四八，2；图版八六，3）。

砺石　共42件。均为砾石残块。据其形制及使用面特征分二型。

A型，25件。不规则形。一般都有因长期使用而形成的明显凹面，而且多数是双面使用。现选7件标本介绍如下。

标本H23：5，浅灰色砂岩。三面残断。双面内凹，纵剖面近三角形。残长10.9、残宽18.8、厚0.7～3.1厘米（图二二三，1；图版八六，4）。

标本T16④：11，青灰色砂岩。周边均为残断面。正面内凹较甚，背面呈圆弧形，横截面呈不规则月牙形。残长8.6、残宽5.8、厚1.0～1.9厘米（图二二三，2；图版八六，5）。

标本H11：131，紫红色砂岩。两端残断。正面内凹较甚，背面为崩裂面，凹凸不平，横截面呈不规则长方形。残长8.6、残宽7.0、厚1.5～1.8厘米（图二二三，3；图版八六，6）。

标本T1③：12，灰色粉砂岩。周边均为残断面。双面内凹，横截面呈不规则长方形。残长9.9、残宽7.1、厚1.1～1.5厘米（图二二三，4）。

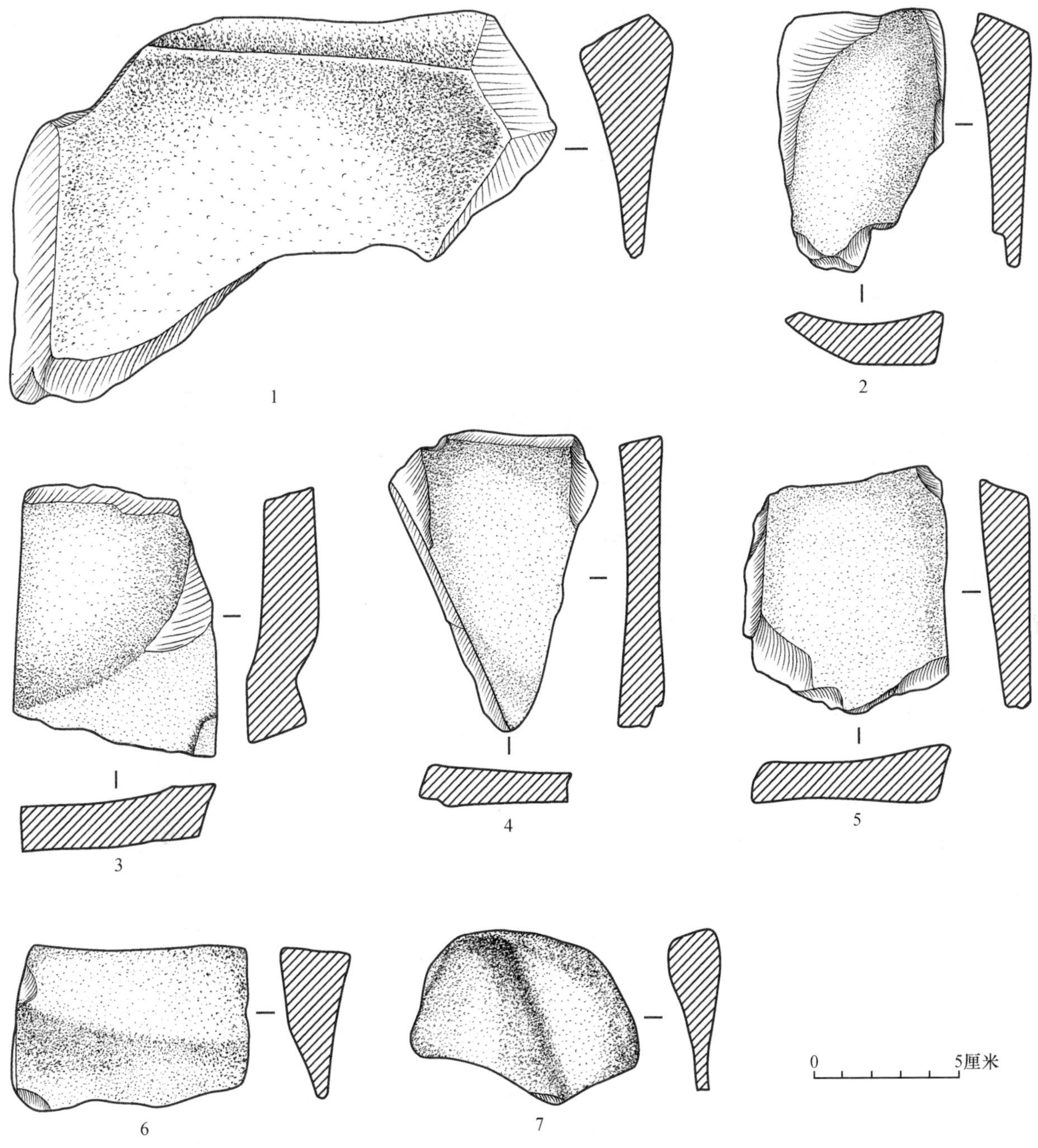

图二二三 遗址出土A型砺石

1. H23：5 2. T16④：11 3. H11：131 4. T1③：12 5. T7④：28 6. T14③：8 7. T14③：7

标本T7④：28，青灰色砂岩。一侧及一端残断。双面内凹，横截面呈不规则长方形。残长7.6、残宽7.1、厚0.9～1.7厘米（图二二三，5）。

标本T14③：8，紫红色砂岩。周边均为残断面。双面内凹，纵剖面近三角形。残长5.2、残宽8.2、厚0.5～2.3厘米（图二二三，6）。

标本T14③：7，灰黄色砂岩。下端残断，器身周边保留自然砾面。双面内凹，纵剖面近三角形。残长5.6、宽7.8、厚0.5～1.8厘米（图二二三，7）。

B型，17件。长条形。一般都有因长期使用而形成的凹槽，有的还多面留有凹槽。现选5件标本介绍如下。

标本T14④：35，灰黑色砂岩。上部残断，器身及周边保留较多崩疤，两面均有深凹槽。残长10.1、宽7.6、厚3.2厘米（图二二四，1；图版八七，1）。

标本T11④：40，灰白色砂岩。上部残断，周边有多处片疤，两面均有粗细及深浅不一的凹槽。残长10.9、宽3.8、厚1.7厘米（图二二四，2）。

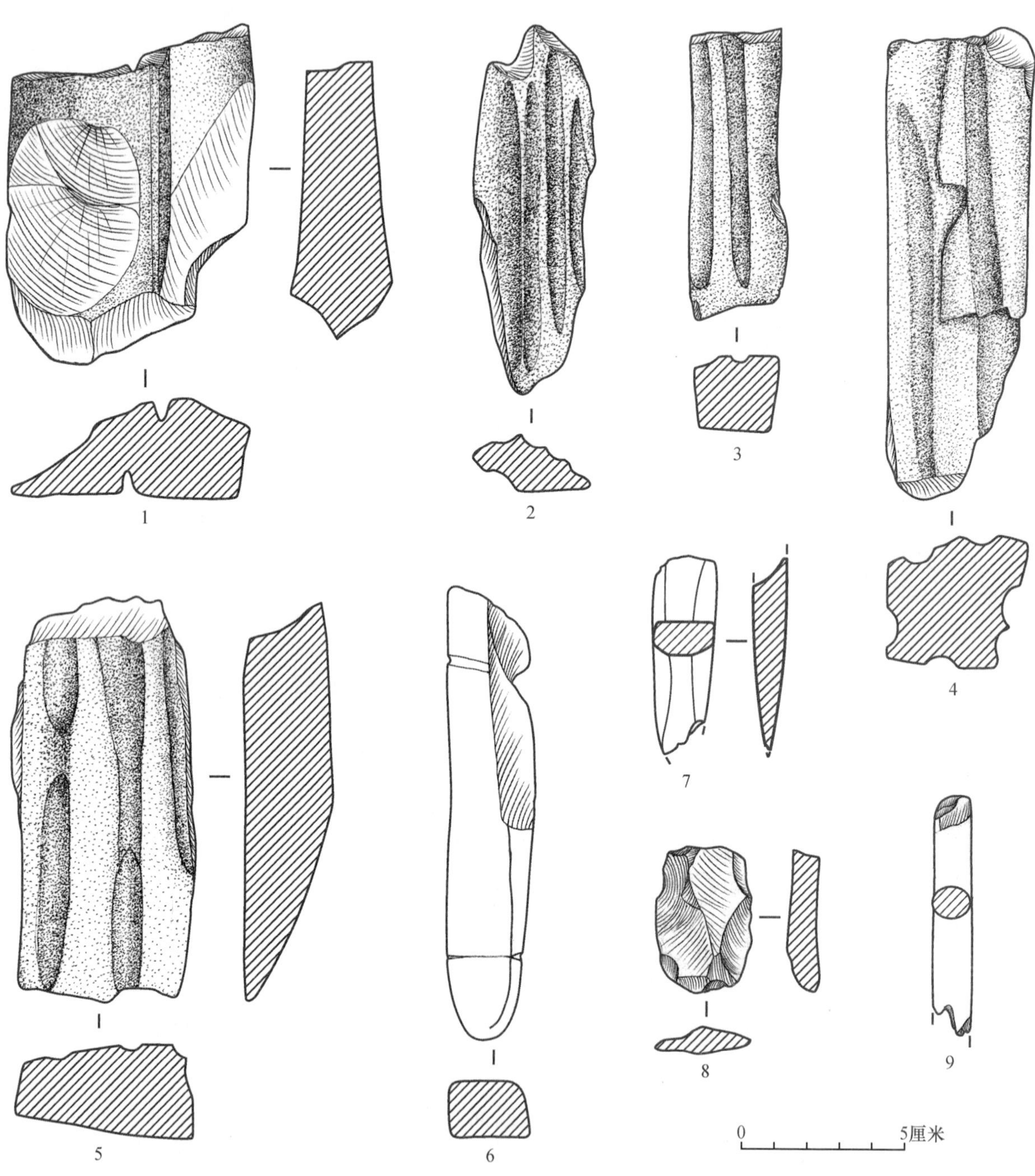

图二二四　遗址出土B型砺石、网坠、切割器

1～5. B型砺石（T14④：35、T11④：40、T10③：23、H11：126、H73：16）　6. 网坠（T15④：12）　7、8. 切割器（T8③：27、T3④：3）　9. 石棒饰（T8④：28）

标本T10③：23，青灰色砂岩。两端残断，横截面略呈方形。正面有两道凹槽，余为自然砾面。残长8.5、宽3、厚2.3厘米（图二二四，3）。

标本H11：126，浅灰色砂岩。两端残断，横截面略呈方形。四面均有深凹槽。残长13.8、宽4.5、厚4.1厘米（图二二四，4；图版八七，2）。

标本H73：16，灰黑色砂岩。上部残断，横截面略呈长方形。正面有数道凹槽。残长12.1、宽5.6、厚2.7厘米（图二二四，5；图版八七，3）。

石网坠 2件。标本T15④：12，灰黑色砂岩。长条形，上、下两端均有一周浅凹槽，应为绳索捆绑痕迹。长13.4、宽2.8、厚1.7厘米（图二二四，6；图版八七，4）。

切割器 2件。标本T8③：27，灰白色砂岩，质地细腻。体小，器表打磨光滑。长条形。器身较薄，横截面略呈不规则六边形。顶部残断，斜边，刃部残。残长5.7、宽1.9、厚1.0厘米（图二二四，7；图版八七，5）。标本T3④：3，白色石英岩。体小，打制。长石片，器表均为剥片疤，两侧及刃部使用痕迹明显。长4.3、宽2.9、厚0.9厘米（图二二四，8；图版八七，6）。

石棒饰 1件。标本T8④：28，紫色砂岩。器表打磨光滑。圆棒形，横截面呈椭圆形。两端残断，用途不明。残长7.1、截面长径1.2、短径0.9厘米（图二二四，9）。

石饼 7件。近圆形。通体磨光。器身较扁薄，近圆饼状。周边呈直边或弧边，横截面呈长方形或弧边长方形。现选6件标本介绍如下。

标本T9④：47，灰色石英砂岩。器表打磨较为粗糙，周边不规整，局部有片疤。器身较薄，正面平坦，背面微凹。长径8.1、厚1.6厘米（图二二五，1；图版八八，1）。

标本T6③：3，灰色砂岩。正面较为粗糙，背面磨光，周边规整。器身较厚，双面平整。长径6.6、厚2.3厘米（图二二五，2；彩版四八，3；图版八八，2）。

标本T10③：21，灰白色砂岩。器表磨光，周边不规整，一侧有片疤。器身较薄，双面平整。长径5.8、厚1.3厘米（图二二五，3；图版八八，3）。

标本T12④：73，灰黑色砂岩。仅存一半。器表磨光，周边不规整。器身较厚，双面平整。长径5.5、厚1.5厘米（图二二五，4；图版八八，4）。

标本H50：5，灰黄色粗砂岩。周边为自然砾石面，双面稍加打磨，周边较规整。器身较厚，双面平整。长径5.2、厚2.7厘米（图二二五，5；图版八八，5）。

标本T16④：46，青灰色砂岩。体小似扣。器表磨光，周边不规整。器身较薄，双面平整。长径2.3、厚0.5厘米（图二二五，6；图版八八，6）。

三、玉　　器

相当于大溪文化时期，本地出土玉器较丰富的遗址大多位于资水下游及洞庭湖东南部地区，如麻绒塘、玉竹包等遗址。青山遗址濒临该区域，故也有少量玉器发现。

玉璜 1件。标本T13④：97，灰白色，半透明状。弧形，扁薄，横截面略呈半圆形。一端

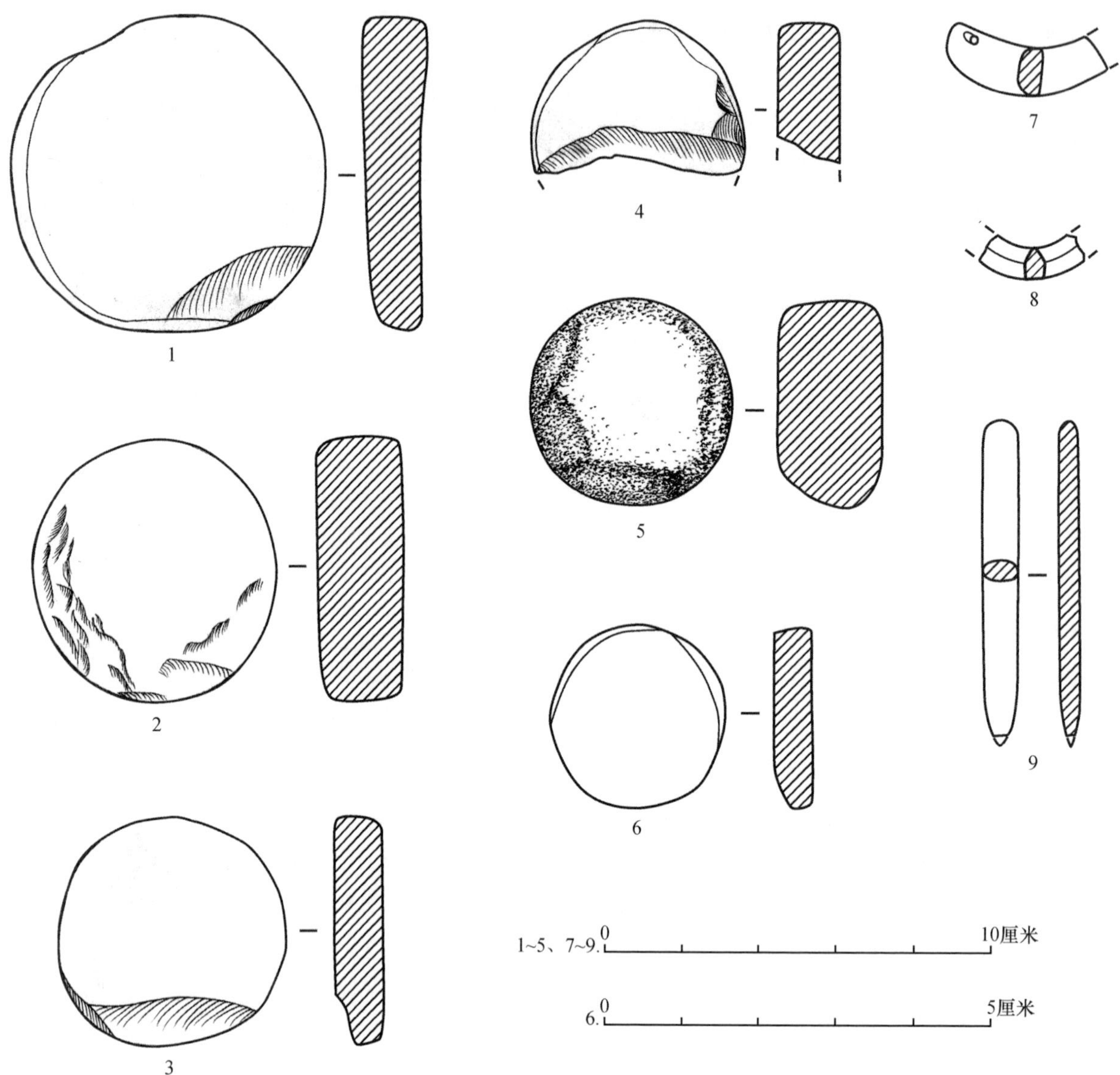

图二二五　遗址出土石饼、玉器

1～6. 石饼（T9④：47、T6③：3、T10③：21、T12④：73、H50：5、T16④：46）　7. 玉璜（T13④：97）　8. 玉环（H17：44）　9. 玉簪（T15④：35）

钻一小孔，另一端残。残长4.0、宽1.2、厚0.6厘米（图二二五，7；彩版四八，4）。

玉环　1件。标本H17：44，残甚。可能是玦类器。灰白色。器表磨光。环形，横截面近五边形。残长2.7、厚0.5厘米（图二二五，8；彩版四八，5）。

玉簪　1件。标本T15④：35，灰白色，半透明状。通体磨光，尖刃部略残。器身细长、扁平，略呈锥形。横截面近长椭圆形。残长8.0、宽0.9、厚0.5厘米（图二二五，9；彩版四八，6）。

另外，青山遗址还发现少量动物遗骸。这些骨骼保存极差，多呈粉末或碎渣状，现场根本无法提取。因此，除少量鹿角能窥见其大致形状外，其他骨骼基本不能分辨其种属。本次发掘在地层中发现动物遗骸极少，多见于坑穴遗迹（详见附表）。

第四章 综 述

第一节 青山遗址基本特征及其性质

一、基本特征

由于本次发掘探方集中在遗址东部，原想在遗址其他区域再做点工作，后因湖水暴涨，这方面工作最终未能如愿开展。作为一个面积近3万平方米的遗址，要全面掌握其文化特征，仅凭一次规模不大的发掘显然是不够的。因此，本节对青山遗址基本特征的概述，可能与实际情况有一定偏差。下面简单梳理如下。

青山遗址海拔只有25米，在洞庭湖地区现已发掘的遗址当中，它的位置是最低的。通常情况，这种聚落是很容易受到水患威胁的。因此，在这种居住环境下，人们必然要主动采取一些补救措施。为了改善居住环境，保障生命财产安全，人们开展一些较大规模的宜居动土活动是完全必要的。这也是青山遗址与其他聚落最大的不同之处。

青山遗址发现的遗迹还不丰富，目前只见房屋基槽、坑穴遗迹、灰沟、土台及栅围等。其中，房屋基槽及大多数坑穴遗迹全都分布在发掘区南部土台之上，因此，土台是认识聚落居住行为的关键。

根据第二章第二节，我们知道该土台呈不规则长椭圆形，面积约600平方米，这与本地以往发现的面积数十平方米、形状规整的土台建筑是有区别的。假若我们认定的土台确为人工所为的话，这在本地区新石器时代遗址当中是比较罕见的①。事实上，本次发掘区域已是遗址最高位置，那么，为什么人们还要修建如此大规模的土台呢？我们推测，当时人们考虑最多的可能还是水患因素。由于遗址整体地势较低，即便人们选在最高位置生活，也时刻面临水患威胁，因此，抬升居住场所是其必然选择。接下来，我们分析与土台有关的遗迹性质，以便更好地了解人们修建土台的目的。

首先来看房屋基槽。从现已发现的6条基槽空间布局上看，它们可能是成排分布的3间单体建筑。这些建筑直接建在土台上，空间布局井井有条，显然是经过缜密规划的。其中，西侧两间面积较小，而且均只揭露出一条基槽。东侧一间由G3～G6构成，面积达50余平方米，可能

① 2013～2014年，湖南省文物考古研究所在澧县城头山遗址发掘时，在其西南部护城河外的庙坟上发现现存面积约3200平方米的台地，台地属屈家岭文化时期。

是一间很重要的建筑。遗憾的是，这些建筑都未发现柱洞、居住面、灶坑等常见遗迹，因此，这类房屋用途尚不清楚。

再来看看分布于土台及其周围的坑穴遗迹。这批坑穴大小悬殊，形制各异，分布密集，有的还有打破关系。在已清理的73个坑穴当中，除29个坑穴为常规性灰坑外，另外44个坑穴均不是一般意义上的灰坑，而是有着特殊用途的非常规性灰坑。我们初步推测后者可能与储藏或祭祀行为有关，即与窖穴、水井、祭坑等遗迹类似，而这些都是聚落内部极为重要的公共设施。由此，不难想象，人们在土台外围再建一道栅围，其目的也是出于保护聚落内部重要设施的需要。

因此，我们推测，本次发掘位置可能是该聚落最重要的区域。遗憾的是，因受发掘面积限制，我们未能对该区域（尤其是土台）进行大面积揭露，同时也没有对遗址其他区域开展工作，因此，我们仍然无法全面掌握该聚落整体特征。

青山遗址出土遗物十分丰富。以陶器为主，石器不多，另有少量陶质工具、非实用小件陶器及玉器。

陶器包括夹砂、泥质两大类。夹砂陶约占53%，胎厚质重，含砂粒较粗，多为石英，胎芯多呈红褐色或灰褐色，主要用来制作鼎、釜、罐、缸、甑、瓮、盆及部分杯、器盖等。泥质陶约占42%，多数胎体较薄，胎质细腻，陶土一般经过筛选，胎芯多呈红色或灰色，少量白陶及薄胎黑陶的胎芯与器表颜色一致，常见钵、盘、豆、碗及少量杯、器盖等。夹砂羼炭陶较少，比例约为5%，这类陶器胎芯呈灰黑色，胎骨羼和料中除砂粒外，还混有较多植物末，并有明显孔隙，其特征比较接近夹炭陶。

陶器表面颜色较杂，有红、褐、灰、黑、白等多种颜色。若依陶质来说，夹砂陶还可细分红、红褐、灰褐、黑褐等颜色，以夹砂红褐陶为主，夹砂红陶和夹砂灰褐陶次之，夹砂黑褐陶最少。泥质陶可细分红、灰、黑、白等颜色，以红陶为主，白色陶器次之，灰陶和黑陶相对较少。夹砂羼炭陶所占比例较少，仍以红色和褐色为主。若不考虑陶质因素，仅依器表颜色观察，根据第三章第一节统计，红陶约占39%，红褐陶约占31%，褐陶约占14%，而灰、黑和白色陶器则相对较少。可见，青山遗址出土陶器是以褐色和红色为基本色调的。

饰纹陶比例较高，饰纹方法多样，纹饰种类丰富，这是青山遗址出土陶器重要特征之一。饰纹方法上，大致有刻划、戳印、拍印、按压、镂空、贴附等多种形式。其中，尤以刻划为多，戳印居其次，而采用其他饰纹方法的则相对要少些。

刻划类纹饰主要有三类。第一类是单一几何纹，包括弦纹、短线纹、叶脉纹、勾连纹、水波纹、折线纹、弧线纹、连珠纹、篾席纹、山字纹、垂帘纹、三角纹、网格纹等。第二类是由多种几何纹组合而成的，这类纹饰数量较多，纹饰也较为复杂，包括由短竖线、弧线纹构成的树形组合纹，由短线及圆窝（孔）构成的盾形组合纹，由勾连纹、连珠纹、短竖线、折线或弧线等构成的带形组合纹，由短斜线、短横线、弧线或折线构成的鱼形组合纹，另外还有菱形、垂帘形、十字形等多种几何组合纹。第三类是特定的几何图案，这类纹饰数量较少，包括由刻划或篦点短线纹及圆窝或圆点纹构成的类似于耙形或耜形的几何图案，由双弧线附加堆纹或双泥突、刻划或篦点短线纹、圆窝或圆点纹构成的近似“兽面”的图案。几何组合纹和几何图案是青山遗址陶器装饰的一大特色，二者均可能采用了雕刻、修整等工艺，具有浅浮雕效果，因而整体特征比较接近"模印纹"。

戳印类纹饰主要有四类。第一类是由细密短线条构成的各式戳印几何纹，纹饰周边一般采用刻划手法进行修整，纹饰风格与"模印纹"也较为相似，常见短线纹、勾连纹、折线纹、长椭圆纹、方格纹及几何组合纹等，后者少数与刻划类几何图案近似。第二类是由尖刃戳具戳印的小篦点构成的各式篦点几何纹，篦点形状有圆形、锥形、方形等，常见短线纹、横带纹、折线纹、勾连纹、水波纹、垂帘纹、叶脉纹等。第三类是用圆形戳具直接戳印形成的纹饰，包括圆窝纹、圆点纹、圆圈纹等，前者所用工具应为圆柱状实心戳具，后二者中央留有凸起圆心，所用工具可能是不同直径的空心戳具。第四类是由多种非圆形戳具直接戳印形成的纹饰，纹饰以凹窝纹和指甲纹居多，前者形状常见椭圆形或半圆形，少量菱形及三角形，后者以月牙形居多。

拍印类纹饰主要为绳纹和橘皮纹，少数绳纹可能是用缠有绳索的圆木棍滚压而成。按压类纹饰以按窝为主，所用工具除手指外，较深的按窝可能要借助于其他工具反复挤压。镂空类纹饰包括大小不一的圆形、方形、菱形等几何形镂孔。贴附类纹饰主要为附加堆纹，包括宽带形（有的中间还带凹槽）、弧线形、半圆形及乳钉状泥突等，这类纹饰应是通过手捏成形后，再贴附于器表的。

上述纹比例悬殊不是很大，几何组合纹最多，约占7%；其次则为弦纹和镂孔，大致在5%~6%；绳纹、短线纹、水波纹、勾连纹、戳印几何纹、篦点几何纹、指甲纹、圆窝纹、圆点（圈）纹、凹窝纹、按窝、附加堆纹及几何图案等大致在1%~5%，其他纹饰均不足1%。从饰纹器类上看，鼎、盘、豆三类器物比较注重装饰，另外，少量瓮、钵、器座及器盖也有较复杂的纹饰。

此外，青山遗址出土陶器中，部分器表还有施衣及绘彩现象。陶衣以红衣为多，部分施白衣，少数为黑衣。器表绘彩一般为泥质陶以及少量夹砂羼炭陶，绘彩方式单一，一般是在浅红色器表上施深红彩或灰白彩（少数黄白色），少数在白衣上施深红彩，纹样简单，以条带或宽带为主，偶见弧线、水波等几何纹。

陶器以手制为主，兼有一定数量的轮制陶器。其中，夹砂陶多为手制，主要采用泥片贴筑和泥条盘筑两种成型方法，有的器表经过打磨或慢轮修整，往往保留有抹痕及慢轮修整遗留下来的环状印痕，个别小型器物直接手捏成型，器表凹凸不平。泥质陶多为轮制，造型比较规整，器壁厚薄匀称，制陶技术较为成熟。绝大多数鼎足、圈足、鋬耳、盖纽等附件应是另外贴附上去的，即先把器物及其附件分别做好后，再经敷、压、粘等连接在一起。陶器烧制火候较高，温度掌控娴熟，烧成温度大约在800℃。陶器烧制环境以氧化为主，部分黑陶可能采用了窑内渗碳技术。白陶和部分薄胎黑陶，敲打器壁常有清脆之声，是该遗址陶器烧制工艺的典型代表。

陶器造型复杂多样，以三足为主，圈足、圜底次之，平底较少。器类上，鼎、豆占绝对优势，这是该遗址最显著的特征之一，釜、罐、缸、盘、碗、器盖等占有较大比例，另有少量甑、盆、瓮、钵（个别有三足）、杯（有平底、圈足、三足造型）、器座、支座等。值得注意的是，遗址中还有一些非实用陶质小器具，包括陶饼、陶丸、陶纺轮、陶拍、陶研磨器、陶玩及陶塑等。这些陶器有的是生产工具，有的则是随手捏造的玩具或饰品。

青山遗址出土石器并不丰富，这与本地区新石器时代遗址石器发现普遍偏少是一致的。这批石器采用的原料大部分为砂岩或石英砂岩。石器制作工艺较为粗糙，以磨制为主，少数保留有打制疤痕。钻孔技术已较普遍，多采用对钻穿孔技术。部分砺石有加工尖刃工具遗留下来的深细沟槽，个别石器还有捆绑绳索的痕迹。石器种类有杵、锤、斧、锛、凿、饼、穿孔器及砺石等，以斧、锛及砺石居多，有少量网坠、棒饰及石片切割器等。另外，该遗址还发现少量的璜、环（玦）、簪等玉器，质地细腻，多为灰白色半透明状。

二、文化性质

青山遗址表现出来的上述特征具有鲜明的独特性。它与时代相近、地域相邻的大溪文化相比，无论是器类组合，还是器表装饰，二者都有着本质区别（下文将讨论），故不宜归入大溪文化。根据现有考古资料分析，我们发现，以湘潭县堆子岭遗址[①]为代表的一类遗存与青山遗址最为接近，二者出土陶器在许多方面都有惊人的相似性（表九）。

表九　青山遗址与堆子岭遗址陶器特征比较表

项目	青山遗址	堆子岭遗址
陶质	夹砂陶53%，泥质陶42%，夹砂羼炭陶5%	夹砂和泥质几乎各占一半，有少量夹炭和夹蚌陶
陶色	红陶39%，红褐陶31%，褐陶14%，灰、黑陶较少；有一定数量的白陶（约6%）	红陶40%，红褐陶48%，灰、黑陶比例甚小；有少量白陶（H3约2.7%）
器表装饰	饰纹陶比例近60%。以刻划、戳印为主；常见绳纹、弦纹、橘皮纹、短线纹、横带纹、叶脉纹、勾连纹、水波纹、折线纹、弧线纹、连珠纹、垂帘纹、方格纹、篦点几何纹、圆窝纹、圆点纹、圆圈纹、凹窝纹、指甲纹、按窝、镂孔、附加堆纹、乳钉状泥突以及几何组合纹、几何图案等；流行红衣，少量深红彩或灰白彩	饰纹陶比例近40%；以戳印、刻划为多；常见绳纹、弦纹、组合戳印纹、连珠纹、皱折纹、带状方格纹、锥刺纹、按窝、镂孔、附加堆纹等；纹饰总的特征是以组合戳印纹为主，纹样精致细密，图案繁缛复杂；流行深红衣，少量黑彩
器物造型	以三足器为主，圈足器和圜底器次之，平底器较少	以三足器为大宗，次为圈足器和圜底器，并有一定比例的平底器
器类组合	器类有鼎、釜、罐、缸、甑、瓮、钵、豆、盘、碗、杯、器盖、器座等	器类有鼎、釜、罐、盘、碗、豆、钵、瓮、器盖、器座、双腹器、簋形器等
制陶工艺	以手制为主，兼有一定数量的轮制陶器；夹砂陶多为手制，泥质陶多为轮制；后者造型比较规整，器壁厚薄匀称	以手制为主，也有一定数量的轮制陶器；部分夹砂陶较为粗糙，泥质陶造型较为规整，胎壁厚薄均匀

除表九所列外，二者还有一些标志性特征也是一致的。譬如，陶器注重器表装饰，都有一定数量的白陶和平底器，同时出现大量鼎足，均有夹粗砂厚胎缸（草帽形器座）、戳印连珠纹的陶饼以及两端钻孔的玉璜等特征性器物。尤其是一批典型器类，如鼎、釜、罐、缸、盘、

① 湖南省文物考古研究所：《湖南湘潭县堆子岭新石器时代遗址》，《考古》2000年第1期。

豆、器座等，它们之间的形制差异也是微不足道的（图二二六）。此外，二者出土石器也有较多共性，如数量不多，均以斧、锛、凿、铲（穿孔器）、饼、砺石等为常见器，而且形态也都大同小异。

堆子岭遗址报告执笔者在当时材料不是很充分的情况下，根据遗址出土陶器形制及纹饰特征，通过与大溪文化的比较分析，牢牢抓住了遗址独特的文化特征这一主线，提出“将其命名

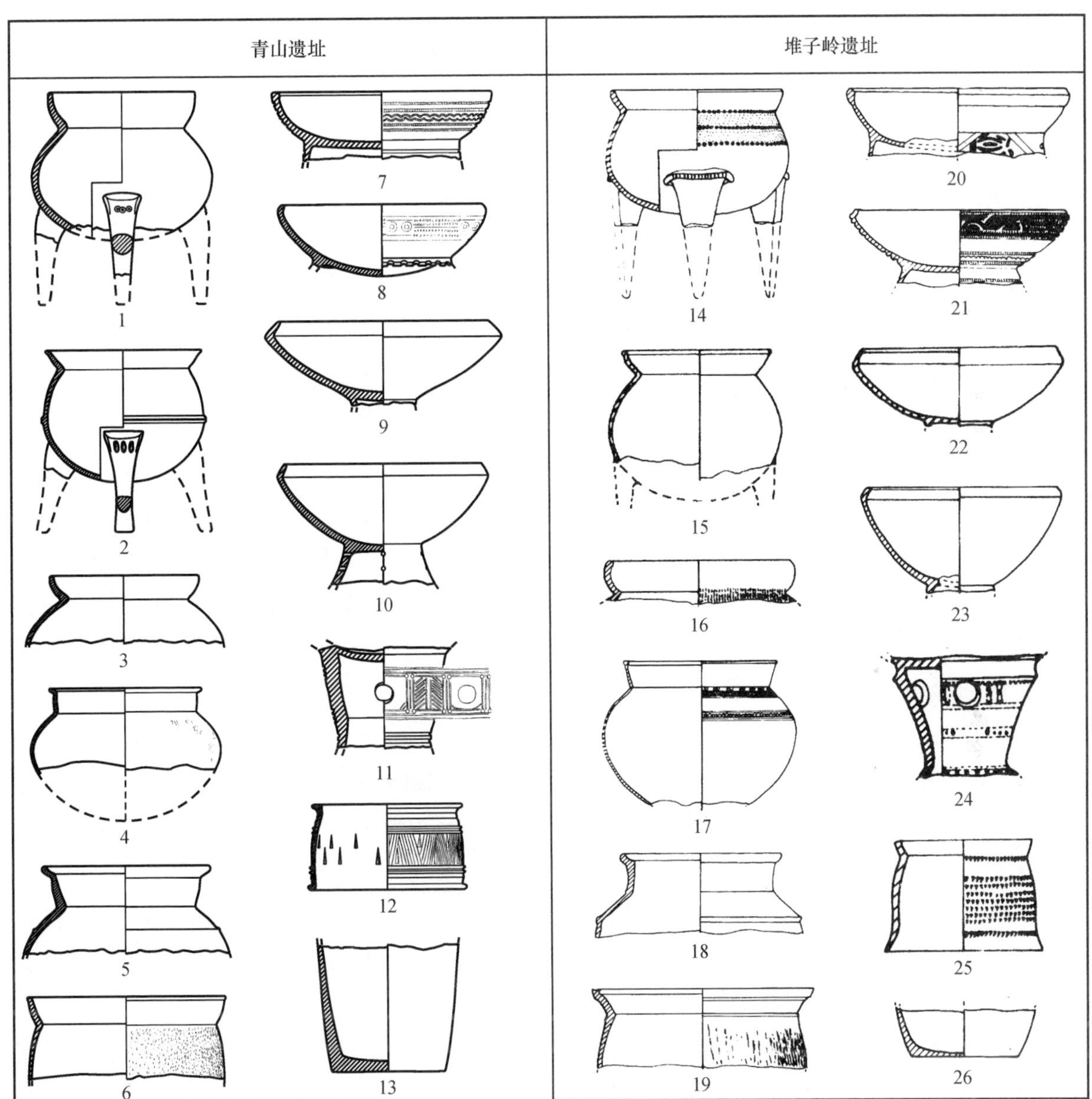

图二二六 青山、堆子岭遗址部分陶器比较

青山遗址：1、2. 鼎（H31：25、H73：76） 3. 釜（H71：13） 4、5. 罐（H6：5、T16④：16） 6. 缸（H73：68） 7、8. 盘（H21：12、T13④：47） 9、10. 豆（H4：18、H17：21） 11. 豆柄（T11④：79） 12. 器座（H6：3） 13. 平底缸（H73：25）

堆子岭遗址：14、15. 鼎（M1：2、H3：134） 16、19. 鼎釜口沿（T4④：40、H5：16） 17. 釜（H3：136） 18. 罐（T4⑦：22） 20、21. 圈足盘（H5：3、T3⑥：1） 22. 豆（H5：7） 23. 碗（H5：8） 24. 豆足（T3⑤：1） 25. 器座（M1：4） 26. 器底（T4⑥：42）（器名依原报告）

为堆子岭文化”的观点是具有前瞻性的，时至今日也是令人信服的。

鉴于青山遗址与堆子岭遗址有诸多共性，而且后者已正式提出了“堆子岭文化”的命名，为避免争抢“冠名权”嫌疑，导致考古学文化不必要的混乱，本报告仍采用“堆子岭文化”来命名青山遗址新石器时代文化遗存。

第二节　青山遗址文化因素及其年代

一、文化因素

通常情况下，一支考古学文化会与周边地区存在不同程度的文化交流现象，因而其文化因素一般都较为复杂。一个遗址因其地域的特殊性，以及周边不同考古学文化对其影响的强弱不同，往往也会表现出不同文化因素共存且不均等的现象，青山遗址也不例外。

青山遗址出土陶器，不仅器类丰富多样，器形特征鲜明，装饰复杂多变，而且文化因素极其复杂。下面我们依据邻近的大溪文化作为参考，就其文化因素作些简单分析。

陶鼎是青山遗址最大类陶器。该类器物从器身上分析，它与大溪文化常见的釜、罐及部分缸类器是很难区分的，若不考虑其器表装饰及三足特征，很容易把一些口沿残片当做上述器类。具体来说，青山遗址A～D型鼎为釜形鼎，器身为折沿、鼓腹、圜底，与大溪文化釜类器比较接近（图二二七，1～4）。E～I型鼎为罐形鼎，其中，E～G型鼎形制较为独特，以折肩、折腹的形态出现，这在大溪文化罐类器中是少见的（图二二七，5～7）。H、I型鼎分别以矮领、卷沿为特征，器身与大溪文化罐类器十分接近（图二二七，8、9）。而以深筒形腹为特征的J型鼎（图二二八，1），以及亚腰、附耳风格的鼎（如E型鼎），又与本地大塘遗址[①]出土的某些釜或罐类器有一定相似性。我们知道，陶鼎并不是本地区传统文化因素，也不是该区域大溪文化（尤其是早、中期）典型器物，而且大溪文化发现为数不多的陶鼎，器表一般很少有装饰。换句话说，大溪文化陶鼎并不是其自身传统，而是与外界进行文化交流的结果。由此可见，青山遗址发现的大量陶鼎，并不是本地文化因素，充其量也只是吸收了少量本地早期文化因素并融合了部分大溪文化的一种外来文化因素。

陶豆是青山遗址第二大类陶器，豆盘以内折沿或敛口为主，敞口不多，浅腹多于深腹，素面，这些特征与大溪文化所见的陶豆还是比较接近的（图二二八，2～6）。但若综合考察包括豆足在内的整体形制，其特征跟陶鼎实际上是一样的。青山遗址除发现大量鼎足外，豆足数量也是相当可观的。这些豆足形态丰富多样，以台式足、折壁或曲壁足为多，喇叭形足较少。尤其是A～D型豆足，不仅数量众多，形制独特，而且装饰复杂，但它们在大溪文化中却很难找到。而且，其他形制的豆足与大溪文化同类器相比，绝大多数也是有明显区别的（图二二八，

① 长沙市博物馆：《长沙南托大塘遗址发掘报告》，《湖南考古辑刊》第8集，岳麓书社，2009年。

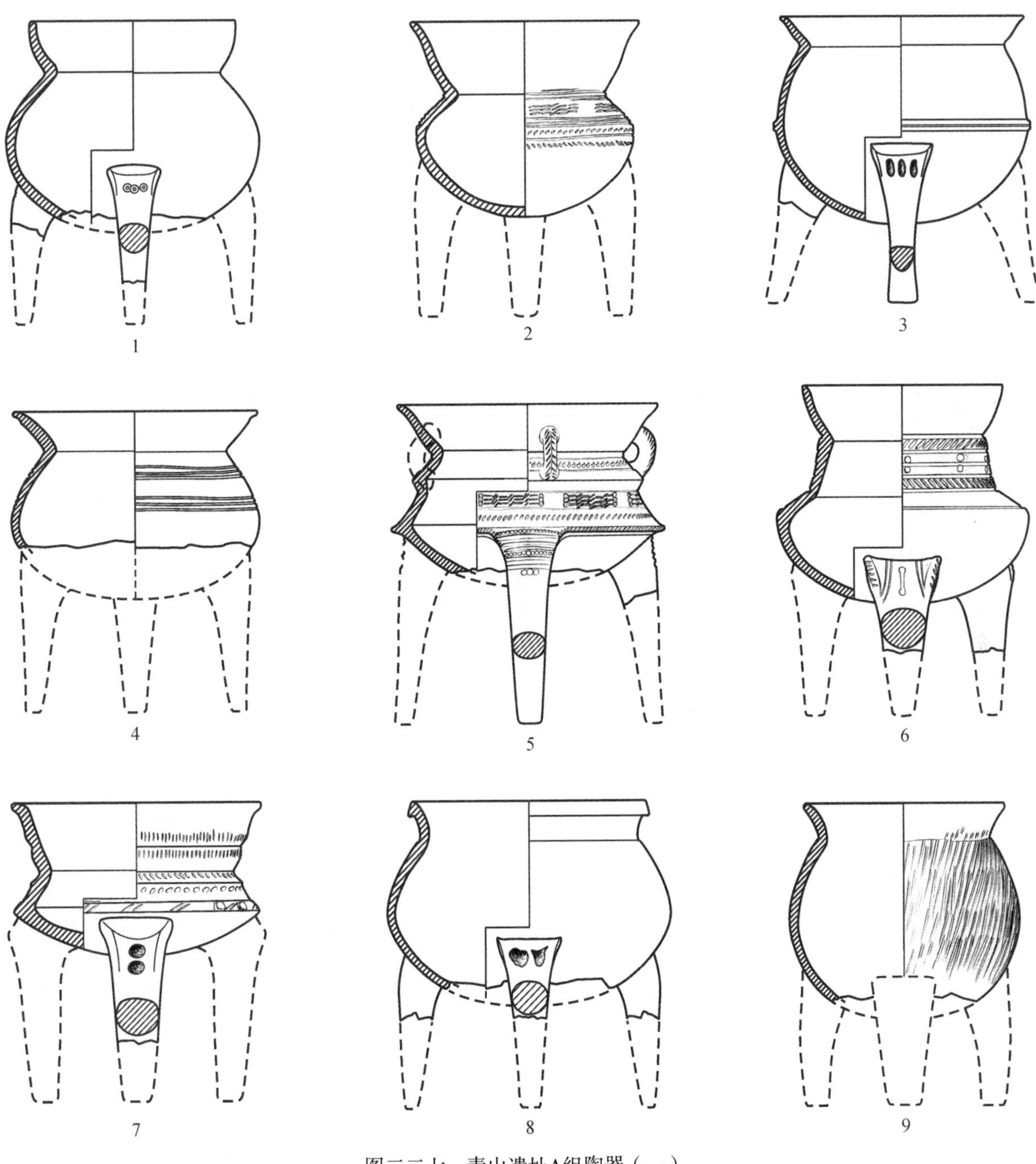

图二二七 青山遗址A组陶器（一）

1. A型鼎（H31：25） 2. B型鼎（H30：25） 3. C型鼎（H73：76） 4. D型鼎（H71：15） 5. E型鼎（H31：33） 6. F型鼎（H50：11） 7. G型鼎（H10：4） 8. H型鼎（H16：3） 9. I型鼎（H17：30）

7～11）。因此，从鼎、豆这组器物来看，它们的主要特征显然不是大溪文化。根据第三章第一节器类统计，该组器物所占比例接近一半（约占42.34%）。毫无疑问，这组陶器是青山遗址最主要的文化因素，但它却不能装入大溪文化的"笼子"。由此可见，青山遗址也就不宜归入大溪文化，这也是前文把它定性为堆子岭文化的主要原因之一。

除鼎、豆外，青山遗址比较常见的陶器还有釜、罐、缸、盘、碗、钵、杯、器盖等。

陶釜常见盘口鼓腹和折沿深腹两种形态，素面，部分器表施红衣。这类器物形态和特征都

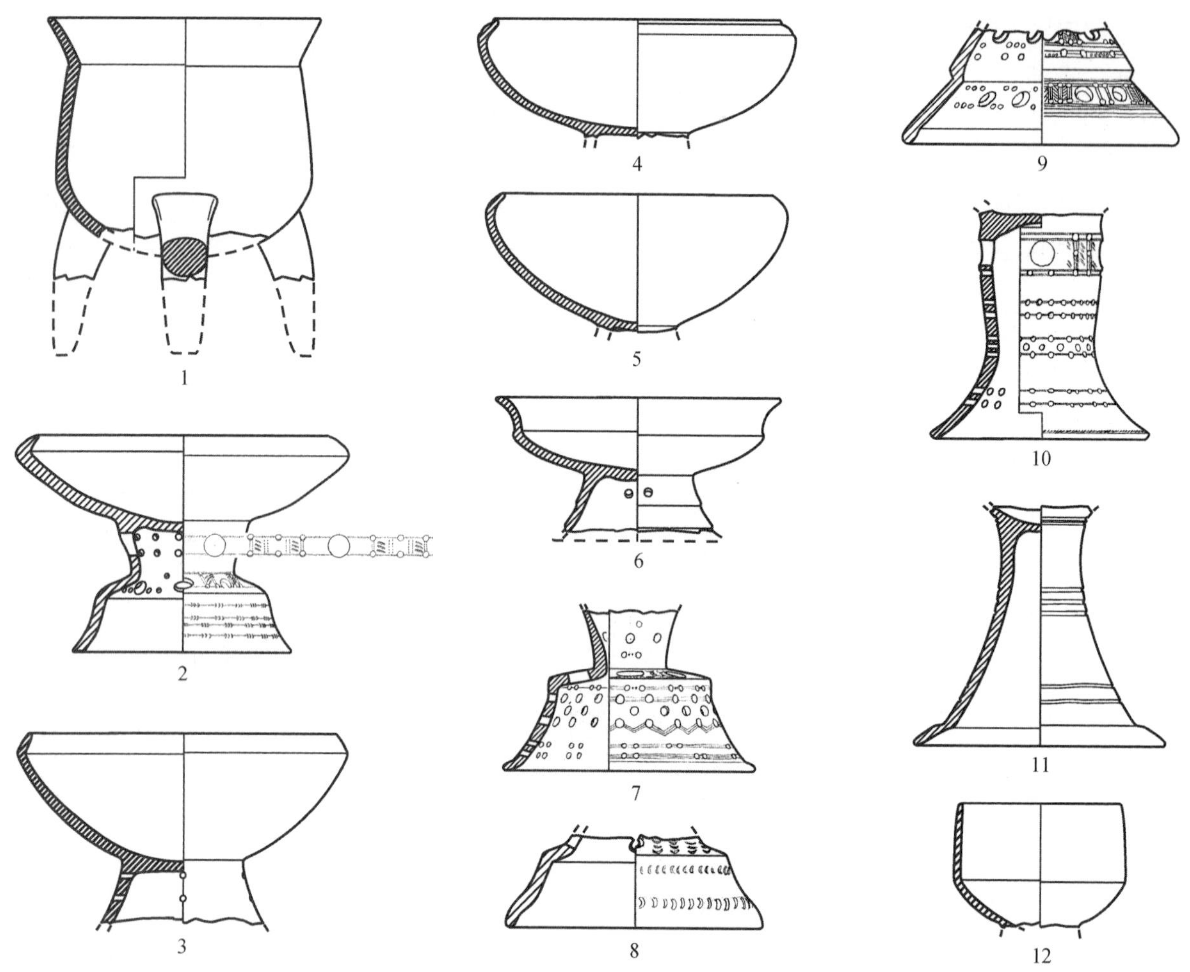

图二二八　青山遗址A组陶器（二）

1. J型鼎（T11④：54）　2. A型豆（H3：3）　3. B型豆（H17：21）　4. C型豆（T3④：32）　5. D型豆（T14③：12）　6. E型Ⅰ式豆（T13④：73）　7. A型豆足（H73：51）　8. B型豆足（T12④：43）　9. C型豆足（H30：40）　10. D型豆足（H73：28）　11. E型豆足（H73：94）　12. B型杯（H17：24）

与大溪文化非常接近，显然属大溪文化因素（图二二九，1、2）。

陶罐形制多样，文化因素相对复杂。具体来说，A～D型罐虽无复原器，但从其小口、广肩的形态以及器表施红衣的特点看，都是大溪文化常见特征（图二二九，3、4）。但E～G型罐却只能在大溪文化中找到大致相似的器形，而且这类器物多数器表还有纹饰，这在大溪文化是非常少见的，应是具有自身特点的一类文化因素（图二三〇，1～3）。

陶缸主要以圜底和平底两种形式出现。其中，圜底缸包括折沿、大敞口以及厚胎大喇叭口等，无论是形制，还是胎质、颜色、装饰等方面，都与大溪文化陶缸无太大区别（图二二九，5、6）。平底缸是青山遗址特色器类之一，尤其是深筒形腹平底缸，不仅特征鲜明，而且数量不少。该类器物在大溪文化极为少见，可能是外来文化因素（图二三一，1～3）。

陶盘是青山遗址第三大器类，也是该遗址具有自身特色的器类之一。陶盘在洞庭湖地区新石器时代遗址中比较常见，而且也是汤家岗文化和大溪文化典型器类。汤家岗文化发现的陶盘，有不少白陶，以敛口、深盘、矮圈足以及繁缛的器表装饰为主要特征；大溪文化发现的陶

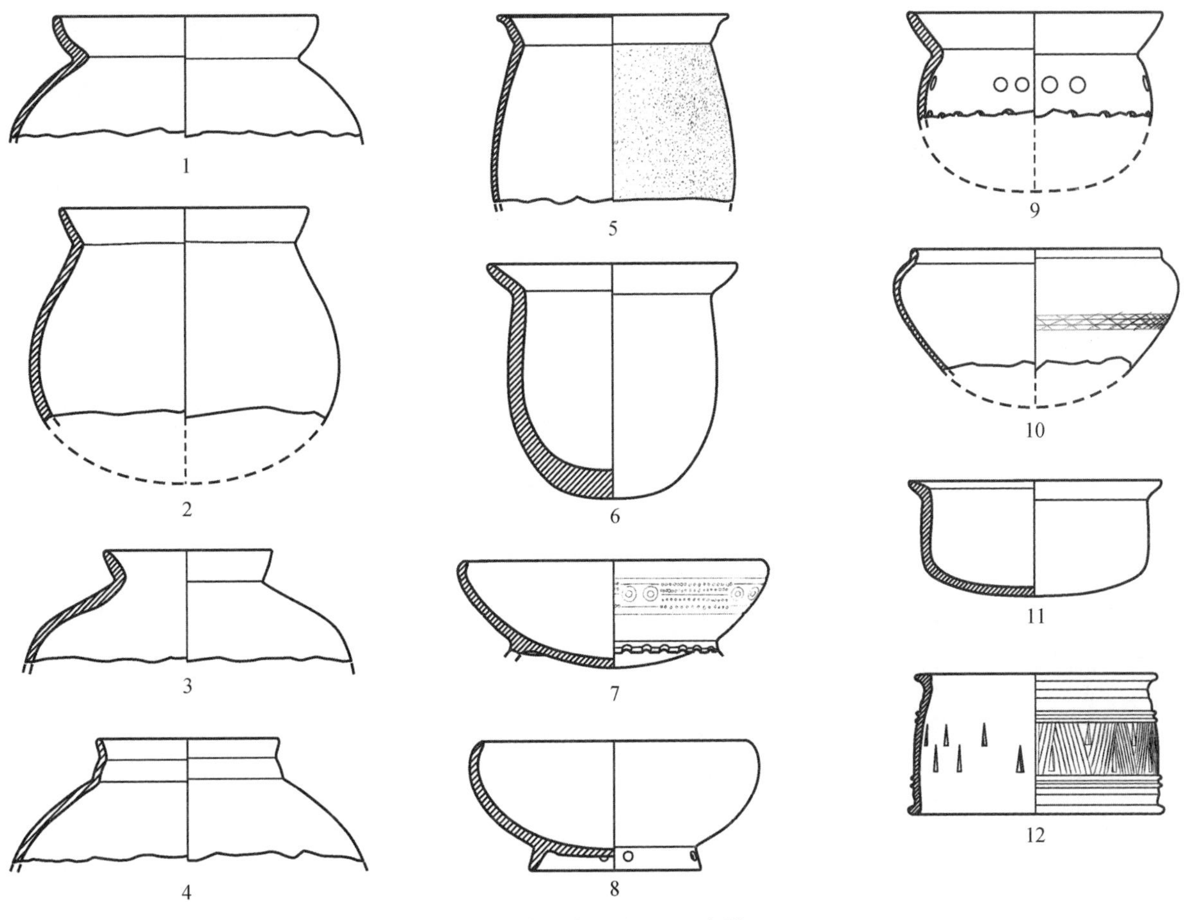

图二二九　青山遗址B组陶器

1. A型釜（H71：13）　2. B型釜（H31：15）　3. B型罐（H52：8）　4. D型罐（H20：15）　5. B型缸（T13④：50）　6. C型缸（H50：8）　7. D型盘（T13④：47）　8. A型碗（H73：88）　9. A型甑（H69：12）　10. A型瓮（T13④：58）　11. A型盆（T13④：52）　12. A型器座（H6：3）

盘，白陶趋少，多红陶，而且后者一般为素面，虽仍以敛口为多，但也有不少敞口，而且有盘腹变浅、圈足变高的趋势。青山遗址出土陶盘，以敛口、浅盘、高圈足为主要特征，多红陶，同时也有不少白陶，而且都非常注重器表装饰。这些特征明显具有汤家岗文化特征，譬如白陶、敛口造型、注重装饰等。尤其是那些盘腹略深、圈足较矮的白陶盘，可以说完全继承了汤家岗文化风格，只是纹饰趋于简化而已（图二二九，7）。还有一些特征，如浅盘、高圈足红陶盘，虽与大溪文化陶盘在圈足上的演变是同步的，但是后者一般为素面，二者在器表装饰上是截然不同的。可见，青山遗址出土的大量陶盘，一方面继承了汤家岗文化传统，并在形制上与大溪文化表现出同步演变的态势；另一方面又出现了包括器表装饰在内的诸多自身特点，而这些特点却与大溪文化存在较大差异（图二三〇，4～6、8）。

陶碗有两种形态完全不同的器形。一种数量较少，以敛口为特征，形态与大溪文化同类器几无区别（图二二九，8）；另一种数量较多，以窄折沿为特征，形态近似簋形器，在大溪文化中是比较少见的。后者与陶盘一样，可能也是具有自身特点的一类器物（图二三〇，7）。

陶钵是青山遗址较为常见的器类之一。有两种形态，一种数量较多，以平底为造型特征；

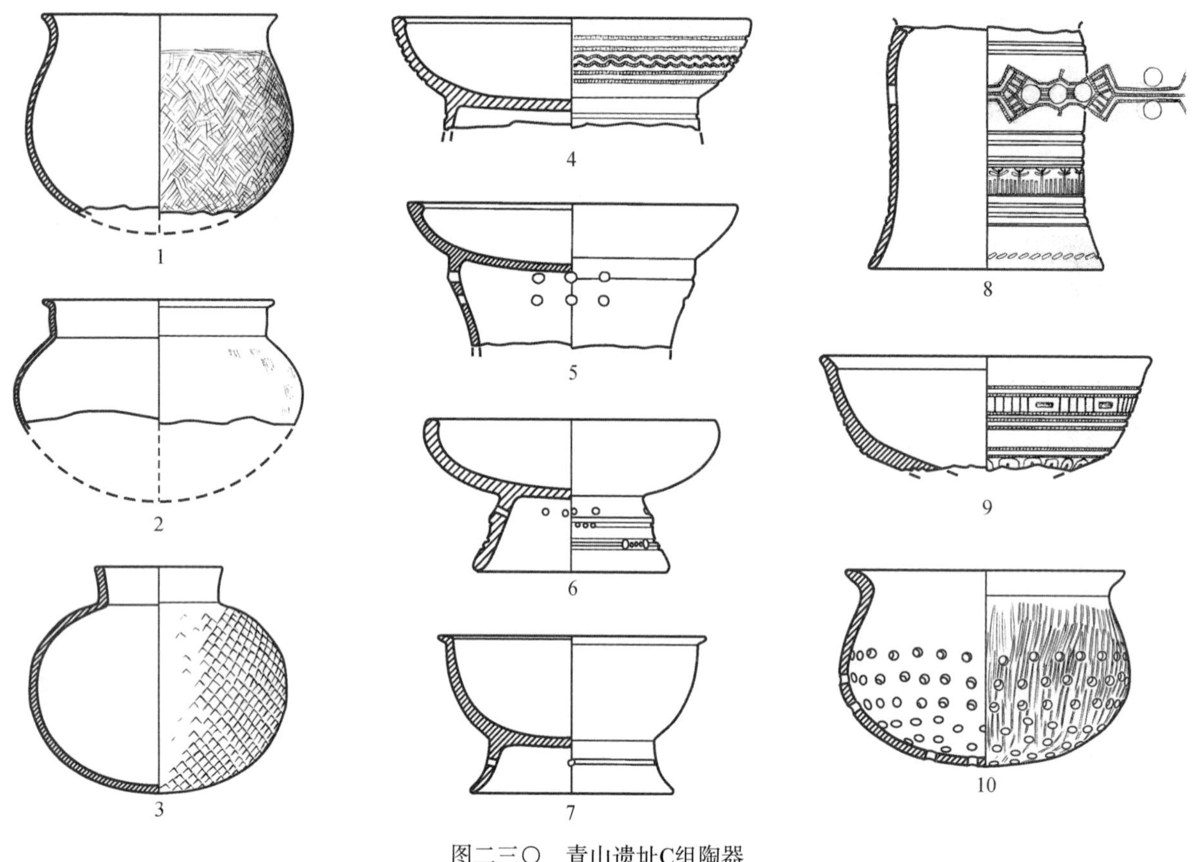

图二三〇　青山遗址C组陶器

1. E型罐（T6③：9）　2. F型罐（H6：5）　3. G型罐（H17：29）　4. A型盘（H21：12）　5. B型盘（T9④：84）　6. C型盘（T12④：200）　7. B型碗（H69：13）　8. A型盘足（T11④：14）　9. D型钵（H17：2）　10. B型甑（H23：9）

另一种数量较少，以圜底为造型特征。大溪文化所见陶钵多圜底，因此，前者显然不是大溪文化因素（图二三一，5～7）。后者虽与大溪文化形态接近，但器表一般都有较为复杂的装饰，同样也是一种具有自身特点的器物（图二三〇，9）。

陶杯是青山遗址特色器类之一，大致有两种形态。一种数量较多，胎较厚，以折沿、直腹、平底为特征。这类器物与平底缸一样，在大溪文化中是不见的，应该也是外来文化因素（图二三一，8）。另一种数量少，胎较薄，以直口、圈足为特征。大溪文化虽有薄胎圈足杯，但二者形态差异甚大（图二二八，12）。

陶器盖也是青山遗址特色器类之一。其中，桥形纽器盖是遗址中出土最多的，有两种形态。一种数量较多，盖纽置于盖顶部；另一种数量较少，盖纽内置于盖底部。前者在大溪文化中极为罕见，后者在本地大塘遗址有少量发现，但二者形态差异甚大。另外，还有一种带实心纽的器盖，在大溪文化中也是极为少见的（图二三一，9～12）。

此外，青山遗址还出土了少量甑、瓮、盆、器座、支座等器类。这些器类有的在大溪文化中能找到基本相同的器形，如A型甑、A型瓮、圜底盆以及器座、支座等（图二二九，9～12），有的在大溪文化中能找到大致相似的器形，如B型甑、B型瓮等（图二三〇，10），有的则极少见或完全不见于大溪文化，如带鋬平底盆、三足杯、三足钵等（图二三一，4）。

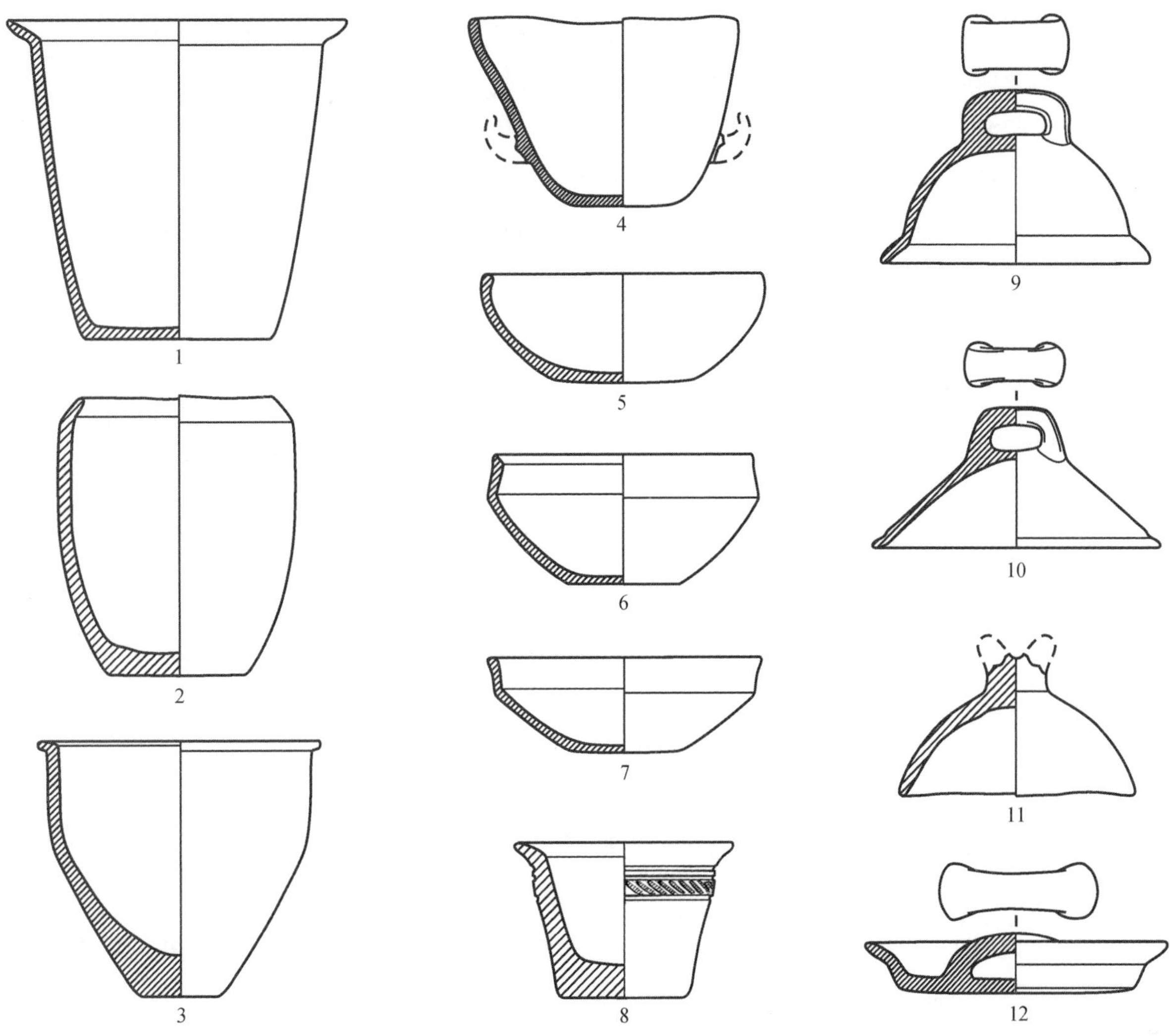

图二三一　青山遗址D组陶器

1. A型缸（H73：37）　2. D型缸（H73：24）　3. E型缸（H66：4）　4. B型盆（T11④：48）　5. A型钵（T3④：28）　6. B型钵（T16④：17）　7. C型钵（T7③：19）　8. A型杯（T2④：30）　9. A型器盖（T16④：67）　10. B型器盖（T7④：48）　11. C型器盖（H17：6）　12. D型器盖（T12④：146）

通过上述比较和分析之后，我们至少可得出两点认识：

（1）虽然青山遗址有部分陶器能在大溪文化中找到相同或相近器形，但多数陶器还是与大溪文化有着明显差异，而且还有部分陶器在大溪文化中是极为少见或根本不见的。因此，该遗址在文化性质上与大溪文化是有本质区别的。

（2）青山遗址表现出来的文化因素较为复杂，可粗略划分四组。

具体来说，A组以鼎、豆为代表，包括少量圈足杯、三足杯、三足钵等，该组陶器虽有西北部大溪文化某些文化因子，但鼎、豆并不是本地传统，而是东北部文化因素，因此，该组陶器实际上是兼收了东、西两方面的文化因素，是青山遗址一组最重要的文化因素；B组以釜及部分罐、缸、甑、盘、碗为代表，包括少量瓮、盆、器座、支座等，该组陶器基本能在大溪文化中找到相同或相似器形，应该是一组吸收了大量大溪文化特征的文化因素；C组以部分罐、盘、碗为代表，包括少量钵、甑、瓮及器盖等，这组陶器与B组陶器比较接近，但包含大溪文化因素相对较少，而且少见于其他文化，可能是一组具有浓厚地域特征的文化因素；D组包括平底缸、平底钵、平底杯、大部分器盖以及少量平底盆等，该组陶器基本不见于大溪文化及本地早期文化遗存，极有可能是一组外来文化因素（表一〇）。

表一〇　青山遗址陶器文化因素分组表

分组	主要陶器类型	比例（%）
A组	A～J型鼎，A～E型豆，B、C型杯，三足钵、三足杯等	42.97
B组	A、B型釜，A～D型罐，B、C、F、G型缸，D型盘，A型碗，A型甑，A型瓮，A型盆，A、B型器座，支座等	20.53
C组	E～G型罐，A～C型盘，B型碗，D型钵，B、C型甑，B型瓮，E型器盖等	19.62
D组	A、D、E型缸，A～C型钵，A型杯，B型盆，A～D型器盖等	16.88

说明：“比例”栏中的数据是依据第三章第一节“器类型式”中相关数据计算而来的，与实际情况可能存在一定偏差。

由表一〇可知，A组比例占绝对优势，其他三组比例接近。也就是说，青山遗址文化因素是以A组为主，同时并存多组其他文化因素。因此，青山遗址表现出来的文化特征，实际上是一支具有多元结构的新石器时代文化。

二、相对年代

由于遗址尚无^{14}C测年数据，绝对年代尚不清楚。不过，依据遗址出土陶器特征可大致推测其相对年代。下面就其陶器与相关遗址作些简单比较和分析。

通过上文分析得知，鼎和豆是青山遗址出土数量最多的两类器物，也是该遗址最典型的一组器物，它们表现出来的时代特征基本可代表该遗址的大致年代。经过仔细比对，我们发现二者多数形态可在邻近的湘潭堆子岭①、汉寿马栏咀②等遗址中找到基本相同的器形，个别形态甚至在距离更远的黄梅塞墩遗址③黄鳝嘴文化找到相似器形（下文将有论述）。堆子岭和马栏咀遗址无测年数据，前者报告推测“与大溪文化划城岗类型相当”，后者报告推测为“洞庭湖西北地区大溪文化二期偏晚阶段”。塞墩遗址黄鳝嘴文化遗存所测^{14}C数据，经树轮校正后年代大多集中在公元前4200～前3000年，报告推定其年代在公元前4500～前3500年，也大致处于大溪文化范畴。

再来看看青山遗址其他几类比较典型的陶器。青山遗址多数形态的罐、釜、缸、甑、瓮、器座等器类，在澧县城头山④、安乡汤家岗⑤等遗址的大溪文化遗存中可谓比比皆是，而数量众

① 湖南省文物考古研究所：《湖南湘潭县堆子岭新石器时代遗址》，《考古》2000年第1期。

② 湖南省文物考古研究所等：《湖南汉寿马栏咀遗址新石器时代遗存》，《湖南考古辑刊》第9集，岳麓书社，2011年。

③ 中国社会科学院考古研究所：《黄梅塞墩》，文物出版社，2010年。

④ 湖南省文物考古研究所：《澧县城头山——新石器时代遗址发掘报告》，文物出版社，2007年。

⑤ 湖南省文物考古研究所：《安乡汤家岗——新石器时代遗址发掘报告》，科学出版社，2013年。

多的盘，虽然以高圈足为主要特征，但敛口、浅腹的盘部特征在大溪文化也是十分常见的，这些陶器都表现出与大溪文化相近的时代特征。另外，遗址出土的平底器（如筒腹罐、钵、厚胎杯等）以及桥形纽器盖，虽然在邻近地区找不到相似器形，但在汉水中上游仰韶文化的西峡老坟岗遗址[①]（下文将有论述）却发现有诸多相似的器形，后者时代与大溪文化也大致相当。

城头山遗址大溪文化遗存共分四期。遗憾的是，报告只公布了西南城墙、东北部和南部稻田部分^{14}C测年数据，而各期遗存在报告中未见集中公布的测年数据。其中，西南城墙剖面第7层上部和下部所取标本的测年数据，经树轮校正后年代分别为距今5730±100年和距今5920±110年。报告认为前者是Ⅱ期城墙始筑年代依据，时代大体在大溪文化中晚期，即距今5600～5300年；后者是Ⅰ期城墙筑造年代，属大溪文化一期。由此，我们可粗略得出城头山遗址大溪文化年代范畴大致在公元前4000～前3300年（报告第87页）。汤家岗遗址大溪文化共有三段遗存，可分别与城头山遗址大溪文化前三期大致对应起来。报告公布了15个大溪文化^{14}C测年数据，并推测其年代大致在公元前4000～前3500年（报告第279页），与城头山遗址大溪文化前三期年代大致吻合。

考虑到青山遗址基本不见城头山遗址大溪文化一期（前4000～前3800）和四期典型陶器（前3500～前3300），同时又少见汤家岗遗址大溪文化第三段陶器，因此，参照城头山、汤家岗遗址大溪文化测年与分期成果，我们可大致推断出，青山遗址的相对年代与城头山遗址大溪文化二、三期年代相仿，其下限可能要略早于汤家岗遗址大溪文化三段。

从青山遗址现有出土遗物观察，该遗址延续时间似乎不是很长，其绝对年代很有可能在公元前3800～前3600年。

青山遗址目前只发现两个文化层，我们仔细观察了所有遗物，几乎看不出它们之间的早晚关系，二者时代相当接近。与此同时，遗迹单位虽有打破、叠压关系，但从出土遗物上分析，它们之间很难分辨出早晚发展演变的先后顺序。虽然以H17、H29等为代表的少数遗迹单位年代要稍显晚些，但从器物组合及陶器特征上观察，还不具备与其他单位完全区分的典型特征。因此，仅从本次揭示出来的文化遗存分析，青山遗址尚不具备分期条件。

第三节　堆子岭文化特征、分期与年代

一、相关遗址

近年来，湘东地区田野考古及研究工作取得了长足进展，尤其是科学发掘了一批新石器时代重要遗址。这些遗址一方面提供了较好的层位关系，另一方面还揭示了一批重要遗迹和典型遗物，从而使我们能够有条件考察这一区域考古学文化面貌与特征，进而了解这一地区文化发

① 河南省文物考古研究所等：《河南西峡老坟岗仰韶文化遗址发掘报告》，《考古学报》2012年第2期。

展的基本脉络及其谱系结构。

目前，在湘东地区发现与青山遗址时代接近的遗址数量较多。这批遗址主要分布在洞庭湖东南部和湘江中上游两个区域。其中，洞庭湖东南部区域（包括湘江及资水下游地区）有临湘托坝遗址①、岳阳道仁矶遗址②、汨罗附山园遗址中期遗存③、汉寿马栏咀遗址新石器时代遗存④以及益阳蔡家园、黄家坝、玉竹坳、麻绒塘、丝茅岭、石嘴头等一批遗址⑤；湘江中上游地区除湘潭堆子岭遗址外⑥，还有株洲磨山遗址早期遗存⑦、茶陵独岭坳遗址第二期遗存⑧以及宁乡花草坪、刘家湾等遗址⑨（图二三二）。

虽然这批遗址在时代上与青山遗址相当，但学术界对其文化属性尚未达成共识。因此，有必要对这些遗址进行简单梳理。通过与青山遗址的比较，对其文化特征进行剖析，进而确认其文化性质。下面我们分区域就上述遗址作一些简单分析。

（一）洞庭湖东南部地区

该区域现已公布全部或部分材料的遗址有汉寿马栏咀遗址、汨罗附山园遗址、临湘托坝遗址以及益阳蔡家园、玉竹坳、黄家坝等遗址。

1. 马栏咀遗址

遗址位于汉寿县东南部，处于沅水和资水入洞庭湖口之间的洞庭湖南部。遗址东、西、北三面环水，形似半岛，地貌特征与青山遗址相若。面积不详。由于遗址常年遭受水浸及人为破坏，地表暴露大量遗物，2008年10～12月，湖南省文物考古研究所对其进行了较大规模的抢救性发掘，共发掘513.5平方米，揭露出新石器时代、商代及战国时期三类遗存。其中，新石器时代遗存包括2处建筑遗迹、14个灰坑及丰富的遗物。

据报告陶器统计，陶质方面，夹砂陶占68%，泥质陶和夹炭陶各占16%。陶色方面，红、红褐色占70%，褐色占20%，少量灰、黑、白陶。器表以素面居多，饰纹陶不足20%。主要纹饰有弦纹、刻划纹、戳印纹、指甲纹、按窝纹、扉棱纹、橘皮纹等，且多以具有组合规律的复合纹出现，纹饰多饰于鼎的颈部、上腹部及足部，部分盘豆类圈足、钵类腹部及器座等也是其重点装饰对象。陶衣常见于红陶，有少量彩绘，多为白衣上施红、黑彩，纹样有带状纹、涡纹

① 湖南省文物考古研究所等：《临湘托坝遗址试掘报告》，《湖南考古辑刊》第8集，岳麓书社，2009年。

② 岳阳道仁矶遗址，湖南省文物考古研究所1999年发掘资料。

③ 岳阳市文物考古研究所等：《湖南省汨罗市附山园新石器时代遗址第一次发掘简报》，《湖南省博物馆馆刊》第四辑，岳麓书社，2007年。

④ 湖南省文物考古研究所等：《湖南汉寿马栏咀遗址新石器时代遗存》，《湖南考古辑刊》第9集，岳麓书社，2011年。

⑤ 潘茂辉：《益阳新石器时代遗址考古发现与初步研究》，《湖南考古辑刊》第7集，求索增刊，1999年。

⑥ 湖南省文物考古研究所：《湖南湘潭县堆子岭新石器时代遗址》，《考古》2000年第1期。

⑦ 湖南省文物考古研究所等：《株洲县磨山新石器时代遗址试掘报告》，《湖南考古辑刊》第6集，求索增刊，1994年。

⑧ 株洲市文物管理处：《茶陵独岭坳新石器时代遗址发掘简报》，《湖南考古辑刊》第7集，求索增刊，1999年。

⑨ 宁乡刘家湾、花草坪遗址，湖南省文物考古研究所2014～2015年发掘资料。

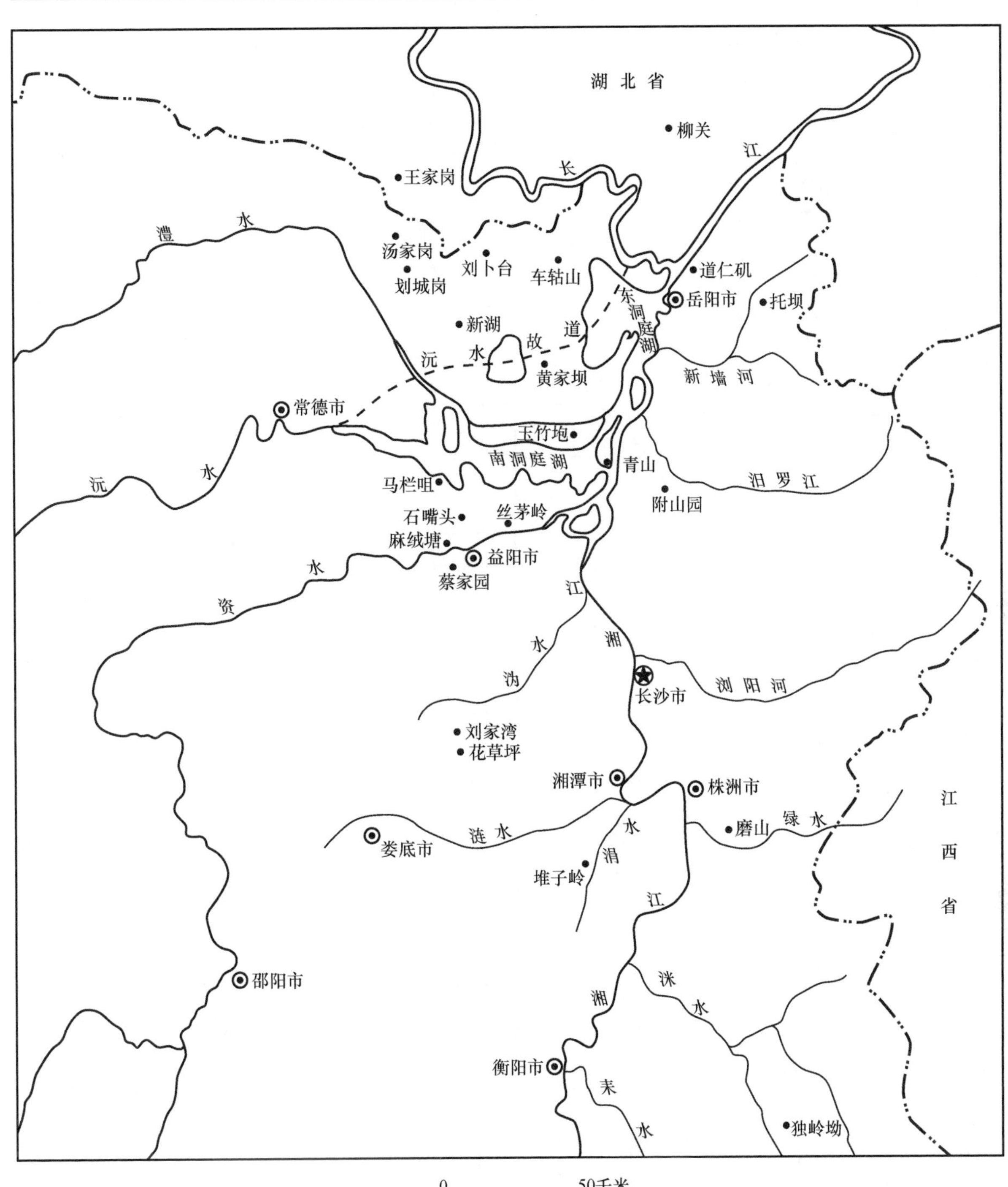

图二三二 青山遗址周边同时期主要遗址分布示意图

等。器物造型以三足为大宗，次为圈足及圜底，也有较多平底。主要器类有鼎、罐、釜、盘、豆、碗、盆、杯、钵、甑、器座、器盖等（图二三三）。

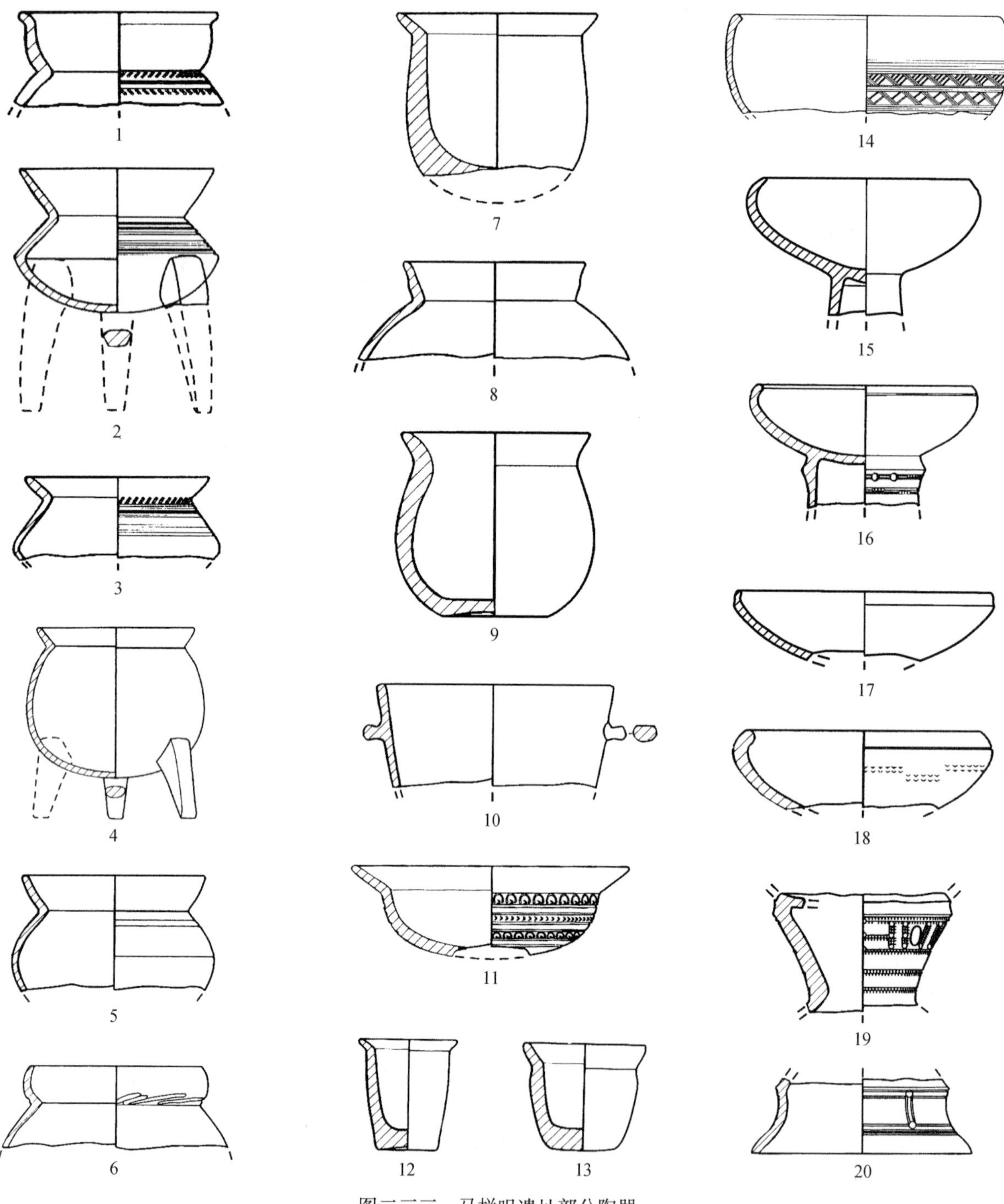

图二三三　马栏咀遗址部分陶器

1～4. 鼎（H44：43、T0322②：118、T0328②：90、T0328②：51）　5～7. 鼎釜类器（T0322②：120、H21：1、T0328②：8）　8～10. 罐类器（T0322③：2、H43：5、H41：22）　11. 钵（T0328②：7）　12、13. 杯（T0328②：2、H44：1）　14. 器座（T0328②：6）　15、16. 豆（H31：1、T0318②：2）　17、18. 盘口沿（H43：56、T0322②：26）　19. 豆圈足（T0320②：27）　20. 盘高圈足（H32：20）（器名依原报告）

若与青山遗址仔细比对，我们发现：①马栏咀遗址出土陶器表现出来的文化特征与青山遗址基本上是一致的；②注重器表装饰，以鼎、豆等三足和圈足器为主，并有不少平底器，这些特征同样与大溪文化有着本质区别；③与青山遗址一样，马栏咀遗址也存在多组文化因素共存现象；④不同之处，马栏咀遗址饰纹陶比例以及陶盘等部分器类不如青山遗址丰富，而且，前者包含大溪文化因素更为浓厚。由于马栏咀遗址所处位置与大溪文化中心区域更为邻近，而且无任何天然阻隔，因此，遗址中含有较多大溪文化因素是很自然的。不过，从其整体特征分析，它与青山遗址在文化性质上是相同的。报告将遗址新石器时代文化遗存定性为堆子岭文化是可信的。

2. 附山园遗址

附山园遗址位于汨罗市城关镇东北约1千米的城郊乡窑州村。遗址北临汨罗江，处于河流一级阶地一处高出周围农田3～5米的台地。附山园遗址1985年发现，现存面积约5000平方米。1991～1992年，原岳阳市文物工作队对遗址进行了第一次抢救性发掘，发掘探方（探沟）16个，面积160平方米，获得了极其丰富的新石器时代遗存。

经发掘者初步整理，遗址可分早、中、晚三期遗存。其中，附山园中期遗存主要包括T6④、⑤A、⑤B，T7③以及G3，T6M30，T7M53，T29M74等单位。陶器以夹砂红褐陶为主，少量泥质红陶和泥质黑皮陶，器表多施红色陶衣。器表装饰常见戳印、锥刺、篦点、按捺和镂孔等手法构成的各种组合图案，尤以弓背形鼎足及各式圈足上的纹饰最具特色。主要器类有鼎、釜、罐、圈足盘、钵、碗及草帽式器座等（图二三四，1～5）。

遗址发掘不久，发掘者曾提出“附山园中期文化”的命名[①]。不过，从后来发掘简报公布的8件属于中期遗存的陶器观察，它们与青山遗址同类器如出一辙，二者属同一文化是毫无悬念的。我们认为，《简报》重新将附山园中期遗存定性为堆子岭文化是比较客观的。

3. 托坝遗址

托坝遗址位于临湘市东南部新墙河支流（油港河）一级阶地，周边地貌属典型的山间盆地。遗址现存面积约2万平方米，文化层厚0.3～0.7米。1999年10月，为配合京珠高速公路建设，湖南省文物考古研究所对该遗址进行了小规模试掘，并在一条取土沟内清理了一些坑穴遗迹，获得一批特征鲜明的陶器。

这批陶器以红色为主，多施深红衣，有少量灰陶、黑陶、灰白陶及彩陶。器表多见戳印圆点纹、指甲纹及各种几何形镂孔，其次则为弦纹及各类刻划纹。重点饰纹部位多为豆、盘圈足及鼎足。主要器类有鼎、豆、盘、碗等，同时也发现有少量平底器。文化面貌与青山遗址及附山园中期遗存十分接近，文化性质及时代也应与之相近（图二三四，6～11）。

此外，与托坝遗址邻近的岳阳道仁矶遗址，虽未发表资料，但据出土遗物观察，其文化特

① 郭胜斌、罗仁林：《附山园——黄家园遗址的考古发现与初步研究》，《长江中游史前文化暨第二届亚洲文明学术讨论会论文集》，岳麓书社，1996年。

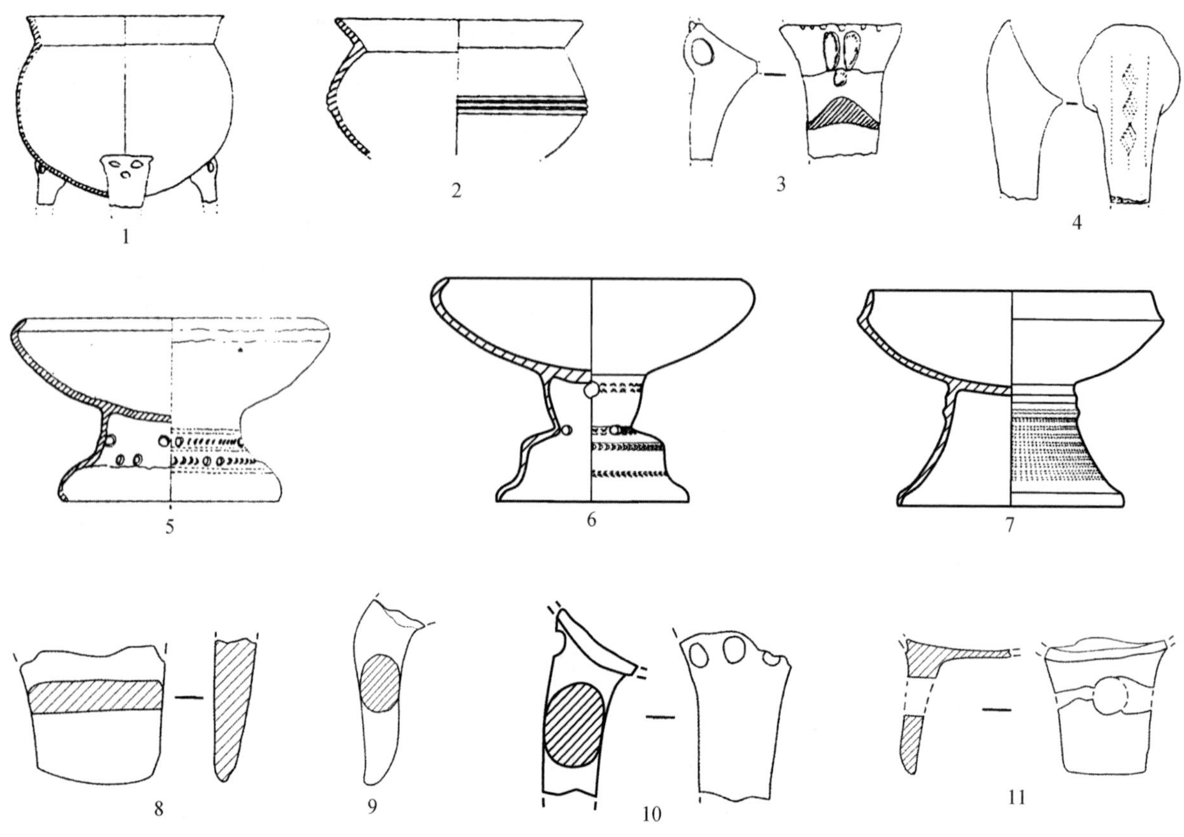

图二三四　附山园、托坝遗址部分陶器

1. 鼎（T6M30：1）　2. 釜（T29M74：1）　3、4. 鼎足（T6⑤：1、T6⑤：2）　5. 圈足盘（T6：1）（报告图五无层位，图六为⑤层，可能与本图3号重号）　6、7. 豆（T1③：5、T1②：4）　8～11. 鼎足（T1②：16、T1②：14、T1②：13、T1③：22）（1～5为附山园遗址中期遗存，6～9为托坝遗址；器名依原报告）

征与托坝遗址十分接近。该遗址位于洞庭湖入长江口，是堆子岭文化目前发现最北端的一处遗址，因此，该遗址对于研究堆子岭文化与周边相关文化关系极为重要。

4. 蔡家园遗址

蔡家园遗址是资水下游具有代表性的一处新石器时代重要遗址。遗址位于益阳市西南部资水支流志溪河东岸，与资水相距约6千米。1986年益阳市文物工作者对其进行了正式发掘，出土了一批极具特色的遗物。石器常见斧、锛、铲、凿等。陶器以夹砂红陶、褐陶占多数，夹炭红陶次之，有一定数量的泥质红陶和褐陶，另有不少灰陶及少量白陶。饰纹方法以戳印和刻划为主，主要纹饰有细弦纹、斜窝点、圆窝点、篦点、指甲、镂孔、绳纹等。有较多彩陶片，多红衣黑彩或红、黑、黄交替，纹样以横、竖条纹、草叶纹或波折状条纹为主，有的罐口内沿也施彩。器形多三足器和圈足器，少量圜底器及平底器。主要器类有鼎、釜、罐、豆、盘、碗、簋、杯、钵、筒形器等（图二三五）。

2014年，笔者曾有幸仔细观摩了该遗址出土的全部陶器。这些陶器无论是器表装饰，还是陶器形制，表现出来的文化特征与青山、马栏咀遗址都有着惊人的相似性，而且，该遗址也有

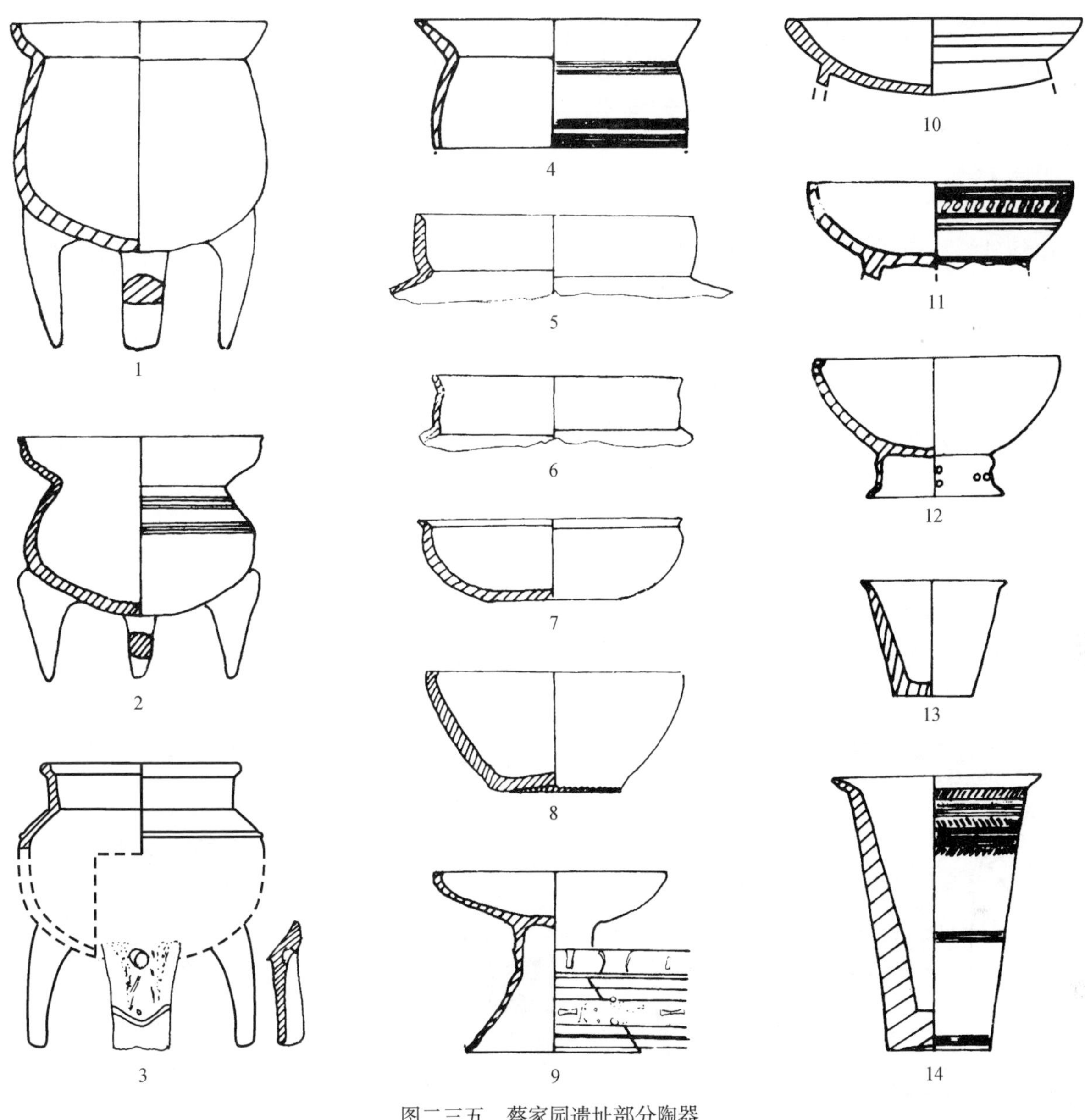

图二三五　蔡家园遗址部分陶器

1～3. 鼎（H3、H3、T4⑤）　4、5. 罐（H3、H3）　6. 曲领罐（H3）　7、8. 钵（H3、H9）　9. 豆（H3）　10. 圈足盘（T6④）　11. 白陶盘（T2⑤a）　12. 盘（T2⑤）　13. 杯（T2⑤）　14. 筒形瓶（H3）（器物均无编号，器名依原著）

不少大溪文化因素，只是没有马栏咀遗址那么浓厚。若仔细分辨，该遗址同样存在多组文化因素共存现象，而且似乎比马栏咀遗址更为清晰。因此，我们认为，蔡家园遗址与青山、马栏咀遗址一样，都与大溪文化有着本质区别，它们同属于洞庭湖东南部地区堆子岭文化典型遗址。

此外，益阳市文物工作者还在资水下游北岸调查或试掘了麻绒塘、石嘴头、丝茅岭等遗址。这些遗址表现出来的文化特征与蔡家园遗址十分接近，有些差异可能与时代早晚有关，它们应是堆子岭文化分布于资水下游北岸的重要遗址。有研究者将上述遗址，连同下文还要分析的玉竹坳、黄家坝等遗址命名为“蔡家园文化”①。考虑到这类遗存目前都未正式公布资料，

① 潘茂辉：《益阳新石器时代遗址考古发现与初步研究》，《湖南考古辑刊》第7集，求索增刊，1999年。

而且文化特征与堆子岭、青山、马栏咀等遗址差异不大，为避免混乱，统一命名为堆子岭文化似更合适。

5. 玉竹坳遗址

玉竹坳遗址位于益阳市东北部，属洞庭湖东部地区。遗址坐落在茶盘洲农场俄洲分场一处由河砂淤积而成的台地上，台地面积约1万平方米，南距湘阴大堤不足100米。遗址除发现了大量陶器外，还出土了斧、锛、铲、坠等石器以及环、璜等精美玉器。陶器主要为夹砂和夹炭陶，以酱褐色为大宗，泥质红陶居其次。有压印、拍印、戳印、刻划等多种饰纹方法，主要纹饰有绳纹、细弦纹、水波纹、斜窝点、小圆点、镂孔、划纹等。三足及圈足器发达。器类以鼎、豆、盘、杯为多，釜、罐仅见口沿。尤其是直腹扁足鼎、鼓腹弓背足鼎、高圈足盘、腰鼓形豆柄、厚胎平底杯以及三足钵等陶器极具特色。该遗址距离青山遗址较近，许多特征与青山遗址是一致的，当属堆子岭文化无疑（图二三六，1～3、6～11）。

6. 黄家坝遗址

黄家坝遗址已伸入洞庭湖腹地。遗址位于益阳市北部大通湖农场二分场三分队一处台地

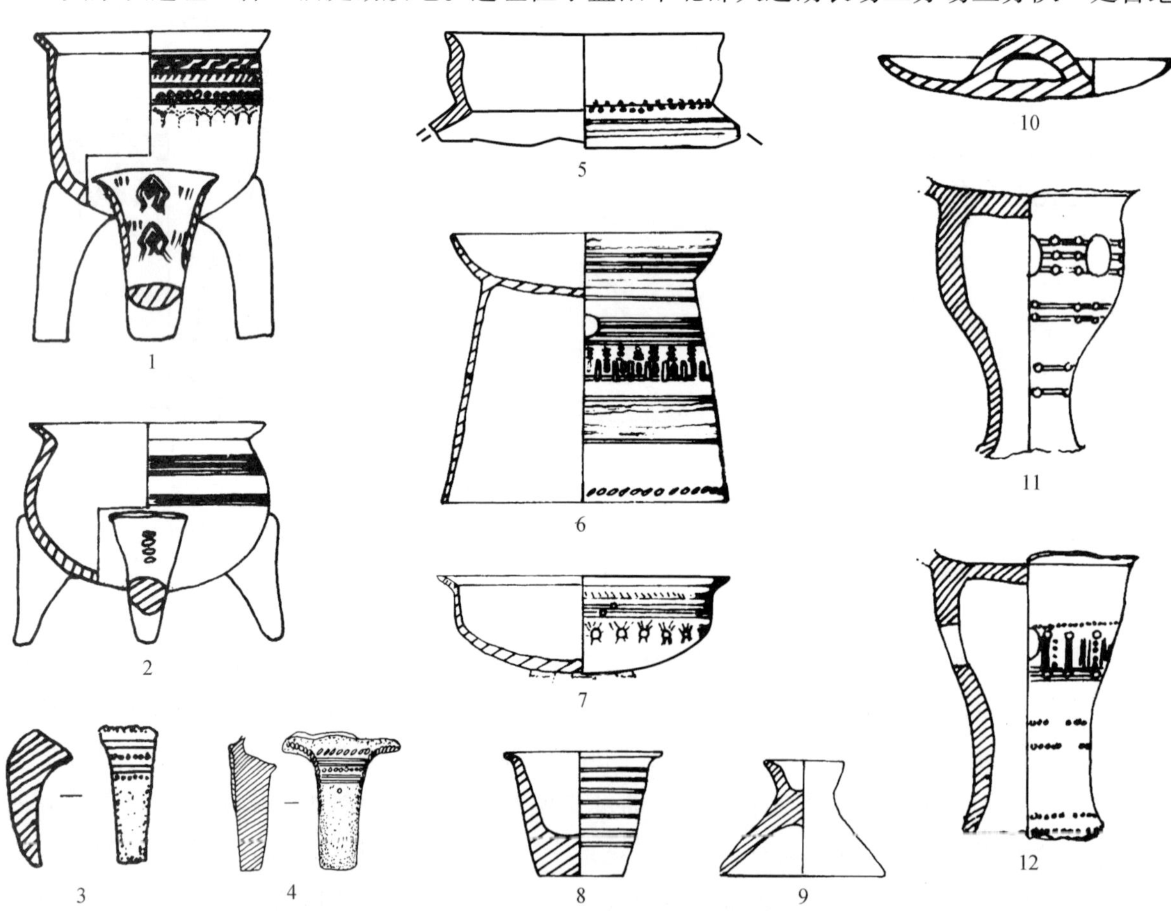

图二三六　玉竹坳、黄家坝遗址部分陶器

1、2. 鼎（玉T2、玉T1④）　3、4. 鼎足（玉Y1、黄⑦）　5. 曲领罐（黄T11⑦）　6. 高圈足盘（玉T2⑤）　7. 三足盘（玉H1）　8. 卷沿平底罐（玉采集）　9、10. 器盖（玉M1、玉M1）　11、12. 豆柄（玉T2⑤、黄T11⑦）（器物均无编号，器名依原著）

上，面积约1.2万平方米。1993～1994年，益阳市文物工作者先后进行了两次发掘，发现有壕沟、墓葬等重要遗迹，并出土了大量遗物。壕沟宽2.5米、深1.8米。两座墓葬推测为二次葬，随葬鼎、釜、罐等。陶器以夹炭红陶及红褐陶居多，次为夹砂红陶，泥质红陶居其三，有少量泥质灰陶、黑陶和白陶。器表纹饰多采用戳印、刻划、压印或拍印而成，常见圆圈纹、圆点纹、篦点纹、指甲纹、粗宽凹弦纹、绳纹、水波纹、细划纹等纹饰。鼎足、凹沿盘口釜较多，其中，鼎足有圆锥形、扁柱形、鸭嘴形、弓背形等多种形态。曲领罐（鼎）、腰鼓形豆柄是该遗址富有特色的器形（图二三六，4、5、12）。

黄家坝遗址位置偏西北，与马栏咀遗址一样，遗址中有较多夹炭陶、凹沿盘口釜、敞口折腹圜底钵等大溪文化因素是合乎情理的。但总体来看，该遗址陶器特征更接近于南部玉竹坳遗址，而与西北部的南县新湖[①]、华容车轱山[②]等大溪文化遗址相去甚远。也就是说，堆子岭文化分布区的西北边界，很可能就在黄家坝与新湖、车轱山遗址之间，大致在沅水故道一线（参见图二三三）。即故道西北部为大溪文化分布区，故道东南部则可能是堆子岭文化活动区了。

（二）湘江中上游地区

该区域目前正式公布资料的遗址，除湘潭堆子岭遗址外，只有株洲磨山和茶陵独岭坳两处遗址。

1. 堆子岭遗址

遗址位于湘潭县南部，北距湘潭市区约15千米。遗址处于湘江支流涓水左岸一级阶地的小土岗上，相对高度约3米，现存面积约3000平方米。1993年4～5月，湖南省文物考古研究所对其进行了100平方米的小规模发掘，发现了3个灰坑、1座墓葬以及沟槽、红烧土堆积等遗迹，出土了较为丰富的遗物，揭示出一种非常独特的文化遗存。

遗址出土陶器，夹砂陶和泥质陶几乎各占一半，并有少量夹炭和夹蚌陶，陶色以红褐色为主，约占48%，红陶约占40%，灰、黑、白陶比例甚小。器表多素面，约占60%，主要纹饰有戳印纹、连珠纹、弦纹、绳纹、附加堆纹、带状方格纹、锥刺纹、按窝、镂孔等。泥质红陶大多施深红衣，少部分还有黑色彩绘。陶器以三足器为大宗，次为圈足器和圜底器，并有一定比例的平底器，少量尖底器。器类有鼎、釜、罐、盘、碗、豆、钵、瓮、器盖、器座及双腹器、簋形器等（图二三七）。

这些特征与青山遗址十分接近，二者属同一考古学文化应无异议。当然，由于地域及受邻近地区相关文化影响的不同，二者也存在一定差别。如堆子岭遗址中绳纹釜、带檐敛口罐（报告称“子母口罐”）、折肩尖底瓮、双腹器、簋形器、白陶器耳等器类，在青山遗址是少见或

① 潘茂辉：《益阳新石器时代遗址考古发现与初步研究》，《湖南考古辑刊》第7集，求索增刊，1999年。

② 湖南省岳阳地区文物工作队：《华容车轱山新石器时代遗址第一次发掘简报》，《湖南考古辑刊》第3集，岳麓书社，1986年。

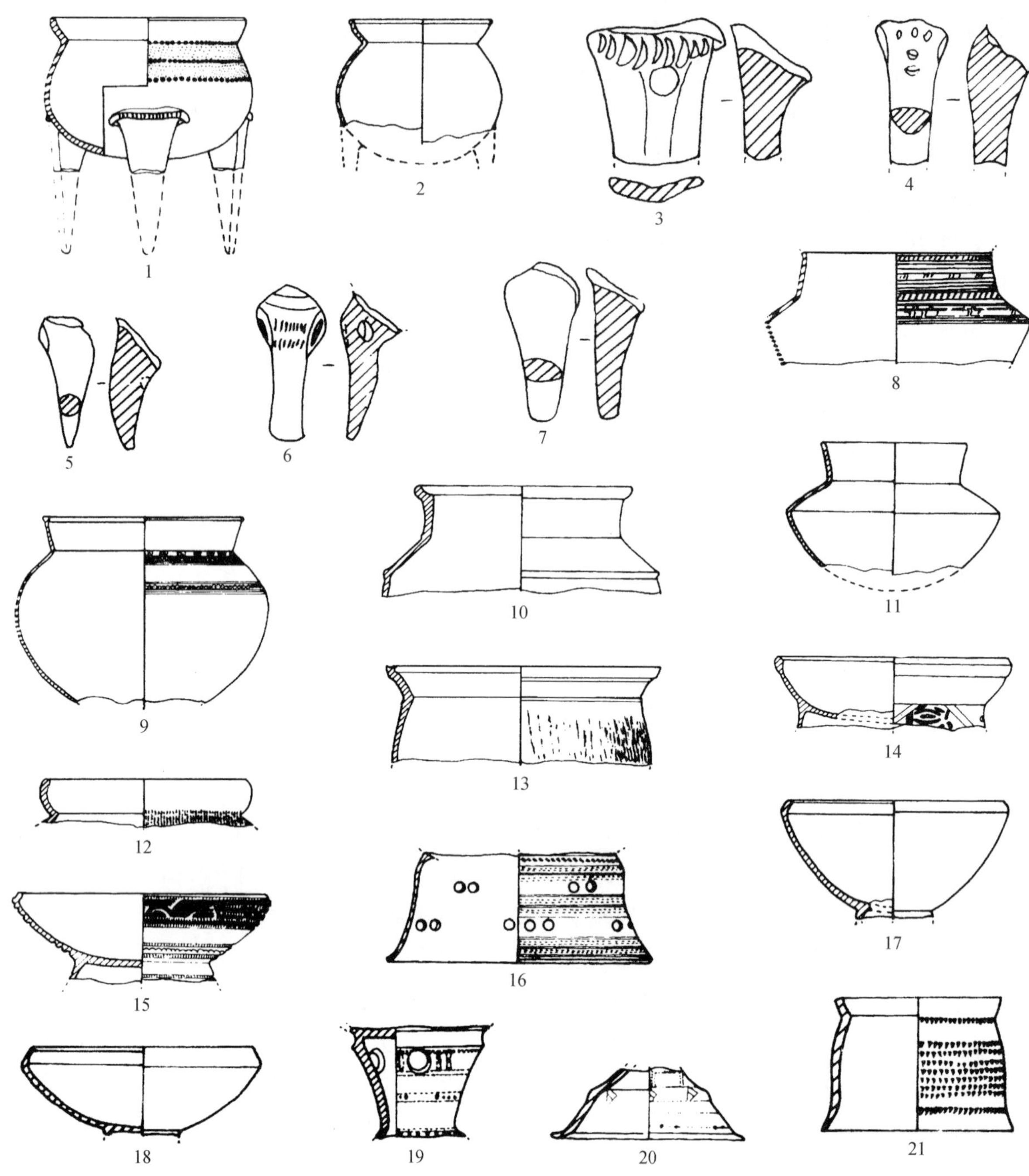

图二三七　堆子岭遗址部分陶器

1、2. 鼎（M1：2、H3：134）　3～7. 鼎足（H5：24、T4⑦：25、T4⑦：28、H3：142、T4⑧：66）　8、9. 釜（H3：153、H3：136）　10、11. 罐（T4⑦：22、M1：1）　12、13. 鼎釜口沿（T4④：40、H5：16）　14、15. 圈足盘（H5：3、T3⑥：1）　16. 盘高圈足（H3：31）　17. 碗（H5：8）　18. 豆（H5：7）　19、20. 豆足（T3⑤：1、T4⑤：13）　21. 器座（M1：4）

（器名依原报告）

不见的。而青山遗址部分形态的鼎、深筒腹平底缸、平底钵、桥形纽器盖等器类，在堆子岭遗址中也是少见或不见的。

2. 磨山遗址

遗址位于株洲县东北部，西距湘江约10千米，南距湘江支流渌水约3千米。遗址坐落在一处高约10米的山包上，周边地貌属河间盆地。1987年，湖南省文物考古研究所试掘了96平方米，揭示出具有明显早、晚关系的两期遗存。其中，晚期遗存，包括1处房址（T3F1）、24座墓葬、1条灰沟（G1）及少部分地层，这些单位出土遗物与湘乡岱子坪遗址[①]二、三期相当，已属新石器时代最晚阶段，不在本文讨论范围。早期遗存还可细分为三段。包括2处房址（T4F2、T4F1分属二、三段）和3个灰坑（H1、H3属二段，H2为三段）及大部分地层，这些单位都发现了与青山遗址相当或比之略早的大量遗物。

一段陶器以T1⑨层为例，以夹砂橙红陶为主，夹细砂白陶有一定比例，泥质陶多白色、黄白色。器表一般饰纹，且通体装饰。戳印、“模印”及刻划特别发达，主要纹饰有弦纹、曲折纹、斜线纹、点线纹、“S”纹、连弧纹和多种组合纹。有少量彩陶。流行鼎足及圈足，主要器类有鼎、釜、双耳罐、钵、盘、豆、支座等（图二三八，1～6）。

二段陶器以T4③层为例，夹砂陶占56%，泥质陶占44%。灰褐色陶占30%，红褐色陶占26%，另有红、灰黑、橙红、浅灰及白色等多种陶色。与一期相比，泥质白陶明显减少（仅3%左右），素面陶增多，戳印纹更为流行，并出现大量红衣装饰。常见纹饰除戳印纹外，还有弦纹、绳纹、曲折纹、羽状纹等。装饰风格讲究有规律的变化和组合，并注重图案和线条的统一。同样流行鼎足及圈足，并有少量平底器。主要器类有鼎、釜、罐、钵、盘、豆、碗等，其中，尤以鼎、釜口沿为多（图二三八，7～16）。

三段陶器以T4②层为例，夹砂陶占42%，泥质陶占58%。陶色以灰陶最多，其中又以灰胎灰黄色陶最为流行，约占25%，灰白、灰褐及纯灰色陶数量也较多，还有不少橙红色陶。仍流行红衣陶。纹饰经二段发展、演变而趋于简单、明了。弦纹成为最流行纹饰，另有较多的戳印纹、方格纹、圈点纹、按窝、凹槽等。主要器类有鼎、釜、罐、钵、盘、碗、豆等，其中以鼎足数量最多，次为罐、钵等（图二三八，17～26）。

在磨山遗址早期遗存三段当中，报告认为，一段与澧县丁家岗一期遗存[②]和长沙大塘遗址[③]部分因素较为接近，二、三段时代接近，与华容车轱山早一、早二期遗存[④]以及丁家岗二、三期遗存相当。这一论述基本符合事实。的确，一段保留较多早期文化因素，如折沿筒形腹釜、双耳罐较多，刻划纹特别发达，有不少近似模印纹的白陶，这些都是汤家岗文化和大塘遗址常见的文化特征。但该期遗存出现大量陶鼎这一标志性器类，表明它已脱离了汤家岗文化的束

① 湖南省博物馆：《湘乡岱子坪新石器时代遗址》，《湖南考古辑刊》第2集，岳麓书社，1984年。

② 湖南省博物馆：《澧县东田丁家岗新石器时代遗址》，《湖南考古辑刊》第1集，岳麓书社，1982年。

③ 长沙市博物馆：《长沙南托大塘遗址发掘报告》，《湖南考古辑刊》第8集，岳麓书社，2009年。

④ 湖南省岳阳地区文物工作队：《华容车轱山新石器时代遗址第一次发掘简报》，《湖南考古辑刊》第3集，岳麓书社，1986年。

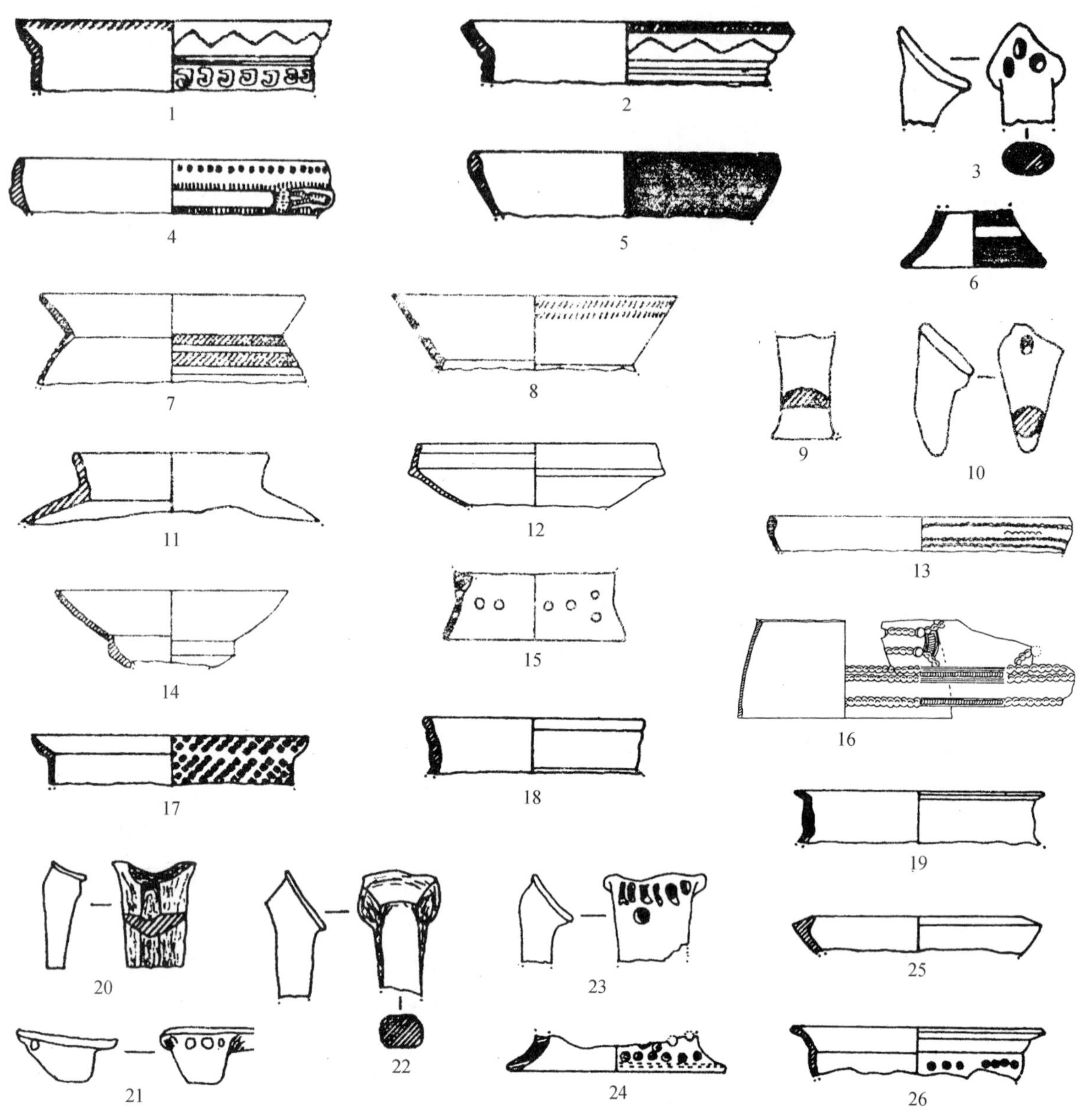

图二三八　磨山遗址早期遗存部分陶器

1、2. 釜（T1⑨：27、T1⑨：32）　3. 鼎足（T1⑨：47）　4. 盘（T1⑨：25）　5. 钵（T3⑤：5）　6. 圈足器（T3⑤：6）　7、8. 釜（T4③：19、T4③：23）　9、10. 鼎足（T4③：8、T4③：9）　11. 罐（T4H3：20）　12. 钵（T4H3：1）　13. 盘（T4③：29）　14. 碗（T4③：114）　15、16. 圈足器（T4③：28、T4③：1）　17. 釜（T4②：17）　18、19. 矮领罐（T4②：13、T4②：8）　20～23. 鼎足（T4②：3、T4②：1、T4②：6、T4②：4）　24. 圈足器（T4②：24）　25. 钵（T4②：10）　26. 碗（T4②：11）（1～6、7～16、17～26分别为早期一、二、三段，器名依原报告）

缚，并寓示着一种新的文化开始诞生了。因此，不宜把该类遗存视为汤家岗文化或大塘类遗存的发展尾间。

实际上，只要我们把磨山早期一段与青山遗址出土陶器进行仔细比对，它们之间的相似程度还是十分明显的，尤其是在器表装饰、鼎足形态以及白陶方面，二者共性更为明显。因此，把磨山早期一段归入堆子岭文化偏早阶段更为合适。磨山早期二、三段文化特征比较接近，而且多数陶器能在青山遗址、堆子岭遗址偏晚阶段找到相似器形，当属堆子岭文化无疑。由此可见，磨山遗址早期三个不同阶段的遗存，正好反映了堆子岭文化一个相对完整的演变过程或缩影。

3. 独岭坳遗址

遗址位于茶陵县西南部一座名为“独岭坳”的小山上，距县城约20千米，湘江支流洣水从遗址不远处流过。遗址周围是一块较为开阔的山间平原，独岭坳突兀于平原中部，遗址主要分布于独岭坳这座小山的顶部及腰部。1992年，湖南省文物考古研究所对其进行了小规模发掘，1995～1996年，株洲市文物管理处又对该遗址进行了第二次发掘。两次发掘面积累计共324平方米，发现了大量遗迹和遗物，并揭示出自新石器时代至商代共三期遗存，分属于三种不同性质的文化遗存。

其中，第二期遗存发现的陶器，夹砂陶多于泥质陶，以夹砂灰褐陶为主，夹砂橙红陶和夹砂黄陶居其次，另有少量泥质灰陶、泥质黄陶、泥质白陶和夹砂白陶。器表主要采用压印、戳印、模印、刻划等饰纹方法，纹饰有圆点纹、篦点纹、篦点雨线纹、“S”纹、曲折纹、重圈纹、指甲纹、连弧纹、篦划纹、乳突纹以及绳纹、弦纹等。器物造型有圜底、圈足、平底及三足等多种形态，器类有鼎、釜、罐、钵、杯、盘、器耳、陶垫等（图二三九）。

若把该期遗存与青山遗址比较，除了诸多共性外，还有两点特性是十分显眼的。一方面，由于独岭坳遗址位置偏南，因而表现出十分浓厚的地域特征，如泥质陶较少、绳纹发达、陶鼎较少等。另一方面，釜、罐类唇部常见压印锯齿状纹，釜多筒形腹，罐多曲领或敛口，盘多见

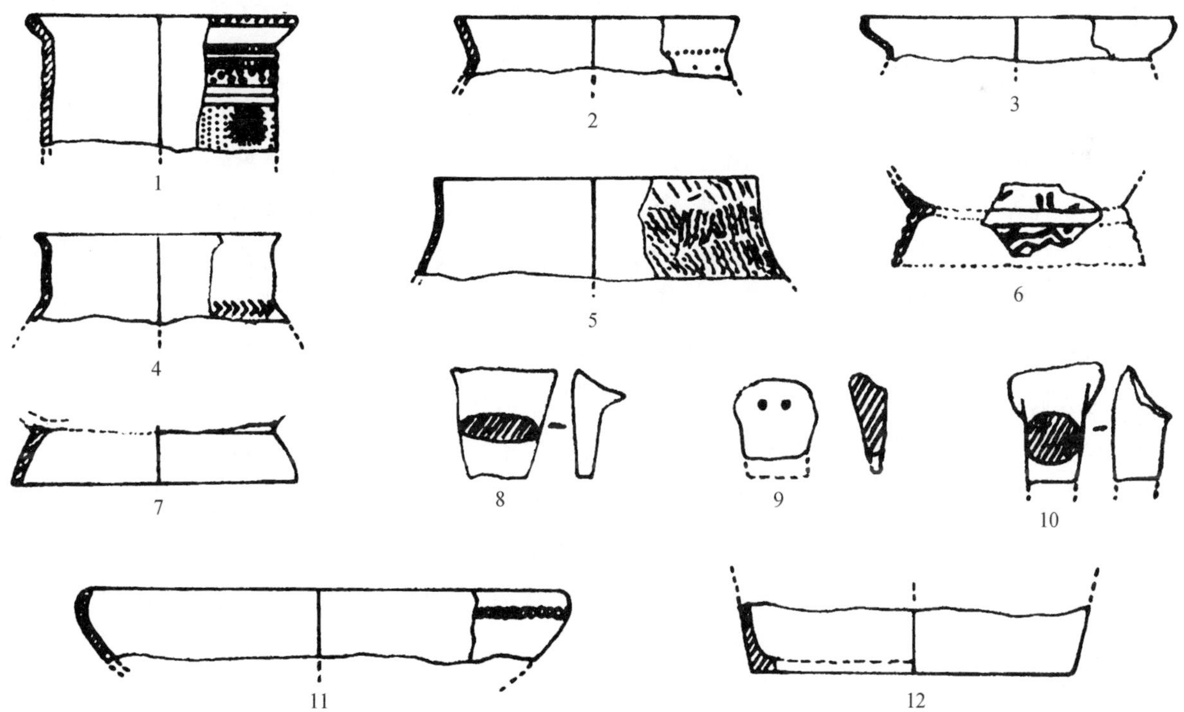

图二三九　独岭坳遗址第二期遗存部分陶器

1. 釜（T1G1：1）　2～5. 罐（T1G1：12、T6G2：20、T6G2：20、T3G1：1）　6、7. 圈足（T1G1：8、T6G2：15）　8～10. 鼎足（T1G1：9、T5G2：9、T5G2：1）　11、12. 钵（T1G1：7、T1G1：14）（器名依原报告）

戳印纹矮圈足等，这些又表现出较早的文化特征，应是早期文化的孑遗。因此，独岭坳遗址第二期遗存，实际上是一类早于青山遗址并具有明显地域特征的一类遗存。它与磨山遗址早期一段遗存一样，当属堆子岭文化偏早阶段的一类遗存。

另外，位于湘江支流沩水流域的花草坪和刘家湾遗址，虽然在地域上濒临洞庭湖，但距离堆子岭遗址更近，整体文化特征也比较接近堆子岭文化。根据笔者在花草坪遗址发掘现场观察，出土遗物似与堆子岭遗址更为接近，反而与洞庭湖地区的青山、马栏咀、蔡家园等遗址差别更大。从时代上分析，两处遗址相比堆子岭遗址要略显晚些，可能到了堆子岭文化发展的最晚阶段。

二、文化特征

根据青山遗址及上述遗址的综合比较分析，我们可把堆子岭文化一些基本特征简单归纳如下。

目前发现的堆子岭文化遗址，规模都不大，而且大多数分布在平原或河流阶地，临水而居。由于这些遗址发掘面积有限，遗迹发现相对较少，而且没有一处遗址能够提供聚落方面的完整资料，因此，我们无法掌握堆子岭文化聚落全貌。不过，有些线索还是值得我们关注的。

聚落壕沟，目前只在黄家坝遗址发现一处。虽然该遗址面积只有1.2万平方米，却发现有宽2.5米、深1.8米的壕沟，这一发现让人费解。湖南目前发现有壕沟的大溪文化遗址，规模大多在3万平方米以上。这种差异究竟是壕沟的功用不同，还是人口规模、文化习俗等方面的原因，尚需更多资料加以证实。

建筑遗迹，目前只在青山、堆子岭、马栏咀、磨山等少数遗址中有所发现。青山遗址发现有人工堆筑的大型土台，并在其上开挖基槽修建成排分布的房址，这类房址不见柱洞、红烧土堆积、灶坑等，房屋功用尚不清楚。堆子岭遗址发现有沟槽、柱洞、红烧土堆积等，应与人们日常居住有关，但因发掘面积有限，房址形状、结构及规模均不清楚。马栏咀遗址在三个探方内发现2处分属不同层位的建筑遗迹，二者都只见柱洞，未见其他遗迹。磨山遗址也发现了2处分属不同层位的建筑遗迹。其中，早期三段发现一处用红烧土、碎陶片、黄色黏土掺和并夯筑而成的房基（T4F1）。因只在探方一角露出仅0.75平方米的面积，是否还有其他与之配套的遗迹尚不清楚。早期二段发现一处带隔墙的双间连体房子（T4F2），隔墙墙基是用红烧土掺合灰褐色黏土夯打而成，并发现有5个柱洞。两间连体房子呈南北向排列，而且各自都有一门道，分别朝向南、北两个方向。因发掘面积限制，房屋形状及面积也不清楚。即便如此，从这些零星材料我们似乎也可看出，堆子岭文化的缔结者已普遍采取了定居方式，他们已经懂得修建多种形态的房屋，有的可能还有不同用途。

墓葬方面，材料显少，目前只在堆子岭、附山园、黄家坝等遗址有少量发现，但均未发现集中分布的墓地。堆子岭遗址发现1座，长方形土坑竖穴，长1.6米、宽0.65米，近东西向，骨架已腐朽，随葬鼎、釜、罐、圈足盘、器座等陶器。黄家坝遗址发现2座墓葬，推测为二次葬，随葬鼎、釜、罐等陶器。附山园遗址中期遗存虽发现有少量墓葬，但都未找到墓坑，随葬器物有鼎、釜等陶器（如T6M30、T29M74）。最近发掘的花草坪遗址在其底层发现1座打破生土的疑似墓葬。长方形墓坑较为短小，推测也是二次葬，墓壁光滑，墓底平整，近底部填土有较多砾石，并随葬有鼎、豆及厚胎缸等陶器。

灰坑是新石器时代文化常见遗迹之一，但堆子岭文化大多数遗址都普遍发现有大量做工讲究的坑穴遗迹，这一现象值得我们关注。这类遗迹规模不大，形状规整，以方形和圆形居多。坑穴一般较深，直壁（少数为袋形壁），平底（有的底部还有小坑），而且都有加工痕迹。坑内包含物独特，有的满坑都是红烧土块，有的包含红烧土、灰烬、炭末、骨渣、砾石等，有的有少量陶器和石器，有的则较为纯净，包含物极少。我们认为，这类坑穴不宜归入常规意义上的灰坑，它们可能有着不同的功用。譬如，较大型者可能具有仓储、水井功用，小型者可能具有祭祀性质，满坑红烧土者有的可能也是祭祀类遗存，有的可能是专门烧制建筑材料的，而那些有少量遗物但又不见骨架者很有可能是二次葬墓葬。不过，这些都是推测而已，若要定性，尚需更多考古材料来证实。

因此，从遗迹方面考察，堆子岭文化遗迹种类是相当丰富的。遗憾的是，目前发现的各类遗迹数量都不多，有的还只是一些线索，因此，我们对各类遗迹的空间布局、结构特征及其功用、性质等方面，还难以全面而准确地把握。另外，从青山遗址个案分析，这种低海拔环境下的史前聚落，可能有其独特的聚落特征、居住方式及生业模式。可以想象，堆子岭文化的聚落形态也应该是丰富多样的。

遗物方面，陶器是堆子岭文化最主要的遗物，而且大多数遗址都有相当丰富的陶器，可见其人口密度应当不会太低。这些陶器都是以夹砂陶为主，其次则为泥质陶，夹炭陶或夹砂羼炭陶极少。器表颜色较杂，有红、褐、灰、黑、白等多种颜色，以红褐色为主，类似于大溪文化纯正的红陶并不多。器表粗糙，施衣、绘彩现象较少，白陶不多。陶器注重器表装饰，饰纹现象普遍，比例一般超过素面。饰纹方法多样，有刻划、戳印、拍印（含滚压）、按压、镂空、贴附等多种形式。其中，尤以刻划和戳印居多。纹饰种类丰富，常见绳纹、弦纹、橘皮纹、篦点纹、短线纹、横带纹、叶脉纹、勾连纹、水波纹、折线纹、弧线纹、连珠纹、指甲纹、垂帘纹、方格纹、锥刺纹、圆窝纹、圆点纹或圆圈纹、凹窝纹、按窝、镂孔、附加堆纹、乳钉状泥突以及几何组合纹、几何图案等，纹样精致细密，图案繁缛复杂。鼎、盘、豆、器座等是其重点装饰对象。陶器造型以三足为主，圈足和圜底次之，平底较少。器类丰富多样，鼎、豆占绝对优势，釜、罐、缸、钵、盘、碗、杯、器盖等也有较大比例，另有少量甑、盆、瓮、三足钵、器座、支座等。陶器以手制为主，主要采用泥片贴筑和泥条盘筑两种成型方法，同时也有一定数量的轮制陶器。泥质陶造型较为规整，胎壁厚薄均匀，部分夹砂陶制作较为粗糙，个别小型器物则是手捏直接成型。陶器烧制火候较高，温度掌控技术娴熟，以氧化环境烧制为主，部分黑陶可能采用了窑内渗碳技术。

石器在堆子岭文化中普遍发现较少。石料多为砂岩或石英砂岩，制作工艺较为粗糙，以磨制为主，钻孔技术已较普遍。器类以斧、锛、凿、铲（穿孔石器）、饼、砺石等居多。除石器外，堆子岭文化还常见一些陶质工具，如纺轮、陶丸、陶拍（垫）、研磨器等。我们推测，堆子岭文化除石质、陶质工具外，应该还有木、竹、骨等生产工具，可能是埋藏条件不够理想而难以保存下来。

堆子岭文化玉器使用较为普遍，在青山、堆子岭、玉竹坳、花草坪、刘家湾等遗址均发现有数量不等的玉器饰件，常见器类有璜、玦、环、簪等。玉器不是本地文化传统，可能是由周边文化传播过来的。

从堆子岭文化遗物分析，该文化因素极其复杂，应该是一支具有多元结构的考古学文化。主要表现在两方面：其一，因其与相对强势的大溪文化毗邻，因而很容易受到后者的影响或冲击，进而导致大多数遗址都出现有较多大溪文化因素的现象；其二，因其相对独立的地理单元，该文化在吸收本地少量早期文化因素同时，还融入大量包括黄鳝嘴文化[①]在内的其他文化因素，从而形成一支具有浓厚地域特征的独特文化。

三、分期与年代

堆子岭文化具有分期意义的考古材料还比较少，有关该文化分期方面的研究也不多。笔者曾将堆子论文化分为两期：早期以堆子岭遗址早期、磨山遗址早期一段、独岭坳遗址中期（即第二期）部分遗存为代表，晚期则包括了堆子岭遗址晚期、磨山遗址早期二段和三段、附山园遗址中期等遗存[②]。也有研究者将其分为四期：第一期以独岭坳遗址晚期遗存（《简报》中的“晚期遗存”为商代遗存，此处可能是笔误，应该是指“第二期遗存”）为代表，第二期以磨山遗址早期一段遗存为代表，第三期以堆子岭遗址早期遗存及附山园遗址部分层位为代表，第四期以堆子岭遗址晚期、磨山遗址早期二、三段及附山园遗址部分层位为代表[③]。上述两种分期结论，除堆子岭遗址早期分歧较大外，二者对其他相关遗存早晚关系的判断还是比较接近的，只是划分期别的长短或标准不同而已。

现在看来，由于堆子岭文化分布范围较为狭长，各区域接受周边文化影响的程度也不相同，因此，该文化内部在地域上存在较强的文化差异。简单地说，可以区分为南、北两个类型。南部类型主要分布于湘江中上游地区，可以堆子岭遗址为代表，包括磨山遗址早期、独岭坳遗址第二期遗存以及花草坪、刘家湾等遗址；北部类型主要分布于洞庭湖东南部湘江及资水下游地区，可以青山遗址为代表，包括马栏咀遗址、附山园遗址中期遗存、托坝遗址、道仁矶遗址以及资水下游蔡家园、玉竹坳、黄家坝等遗址。

北部类型，虽然有马栏咀、托坝等遗址公布了新资料，但这些资料时间跨度都不是很大，而且早晚关系也不是十分明显。资水下游相关遗址因未正式公布资料，我们很难把这些遗址的早晚关系严格区分开来。可以说，目前该类型仍然不具备分期条件。

南部类型，目前尚无新资料公布，我们仍然坚持粗分两期的观点。磨山遗址早期一段、

① 安徽省文物考古研究所：《宿松黄鳝嘴新石器时代遗址》，《考古学报》1987年第4期。

② 尹检顺：《湘江流域原始文化初论》，《南方文物》1999年第4期。

③ 郭伟民：《论堆子岭文化》，《江汉考古》2003年第2期。

独岭坳遗址第二期遗存以及堆子岭遗址早期时代偏早；堆子岭遗址晚期，磨山遗址早期二、三段，附山园中期遗存以及花草坪，刘家湾等遗址时代偏晚。若要细分，早期还可以分为两段，分别以磨山早期一段和堆子岭早期为代表。

从青山遗址出土大量陶器特征观察，青山遗址时代与堆子岭遗址早期相当或略偏晚，即相当于堆子岭文化南部类型早、晚期之间。总的来说，堆子岭文化早期保留了较多汤家岗文化及大塘类遗存文化因素，晚期则表现出较多以黄鳝嘴文化为代表的外来文化特征。

年代上，由于堆子岭文化现已发掘的遗址均无测年数据，我们只能对其年代进行推测。通过本章第二节分析，我们知道青山遗址相对年代与城头山遗址大溪文化二、三期年代相仿，绝对年代有可能在公元前3800～前3600年。根据青山遗址在堆子岭文化所处的发展阶段，我们同样可推测，堆子岭文化相对年代大致与城头山遗址大溪文化前三期相当，绝对年代很可能在公元前4000～前3500年。

第四节 堆子岭文化与周边文化关系

一、与大溪文化的关系

前文在分析青山遗址文化因素时，我们就已发现该遗址包含有大溪文化因素。现以公布材料较丰富的澧县城头山遗址①和安乡汤家岗遗址②为例，就其关系作进一步分析。根据本章第二节分析，青山遗址陶器可分四组。其中，B组陶器包含大溪文化因素最多，而且多数陶器能在两处遗址中找到相同或相似器形。譬如，A型釜与城头山B型Ⅳ式釜（M38：2）、B型釜与城头山J型Ⅰ式釜（M641：1）、D型罐与城头山D型Ⅱ式罐（M753：2）、B型缸与汤家岗C型Ⅱ式缸（T1808⑧：43）、C型缸与汤家岗B型Ⅱ式缸（T4615⑨：49）、A型碗与城头山J型Ⅲ式碗（T1029⑧B：7）、A型器座与城头山C型Ⅰ式器座（M906：15）等，它们之间形制、特征都十分相近。C组器物也包含部分大溪文化因素，尤其是一些罐、盘的形态。另外，A组部分鼎的形态，其器身与大溪文化常见的釜或罐也存在一定相似性，而且二者豆盘形态多数都是以敛口形式出现。这些特征实际上都是大溪文化对堆子岭文化强势影响的结果。

堆子岭遗址同样包含有较多大溪文化因素。如釜、高领罐、瓮、厚胎缸、圈足盘、碗、豆、簋形器、器座以及各种形态的圈足等陶器，在大溪文化相关遗址中都能找到相似器形。此外，堆子岭文化诸遗址出土陶器，均发现有饰戳印纹风格的白陶，以及器表施深红色或白色陶衣的现象，这些也是大溪文化早期阶段的常见特征。

以上足以说明，堆子岭文化确实受到了大溪文化的强烈影响，这是不用争辩的客观事实。不

① 湖南省文物考古研究所：《澧县城头山——新石器时代遗址发掘报告》，文物出版社，2007年。

② 湖南省文物考古研究所：《安乡汤家岗——新石器时代遗址发掘报告》，科学出版社，2013年。

过，文化之间的交流往往是双向、互动的。同样，堆子岭文化对大溪文化的影响也是存在的。

首先我们来分析与堆子岭文化接壤的两处大溪文化遗址。华容车轱山遗址①是洞庭湖北部一处新石器时代重要遗址。20世纪80年代，遗址先后经过两次较大规模发掘，并公布了第一次发掘部分资料。该遗址分三期，其中，早一期和早二期遗存与堆子岭文化时代接近。从这两期遗存公布的少量陶器分析，鼎及各种形态的鼎足，无论是器形，还是鼎足上的装饰，在堆子岭文化中可谓比比皆是，各种形制的圈足以及器表饰戳印纹的风格也具有堆子岭文化特征，而夹砂绳纹罐、泥质直口罐、泥质内折口钵（更似豆盘）等器类，在堆子岭文化中也能找到基本相似的器形（图二四〇，1～8）。由此可见，车轱山遗址早一、二期遗存确实包含不少堆子岭文化因素。实际上，由于车轱山遗址处于大溪文化东部边缘地区，该遗址自早期开始，其文化面

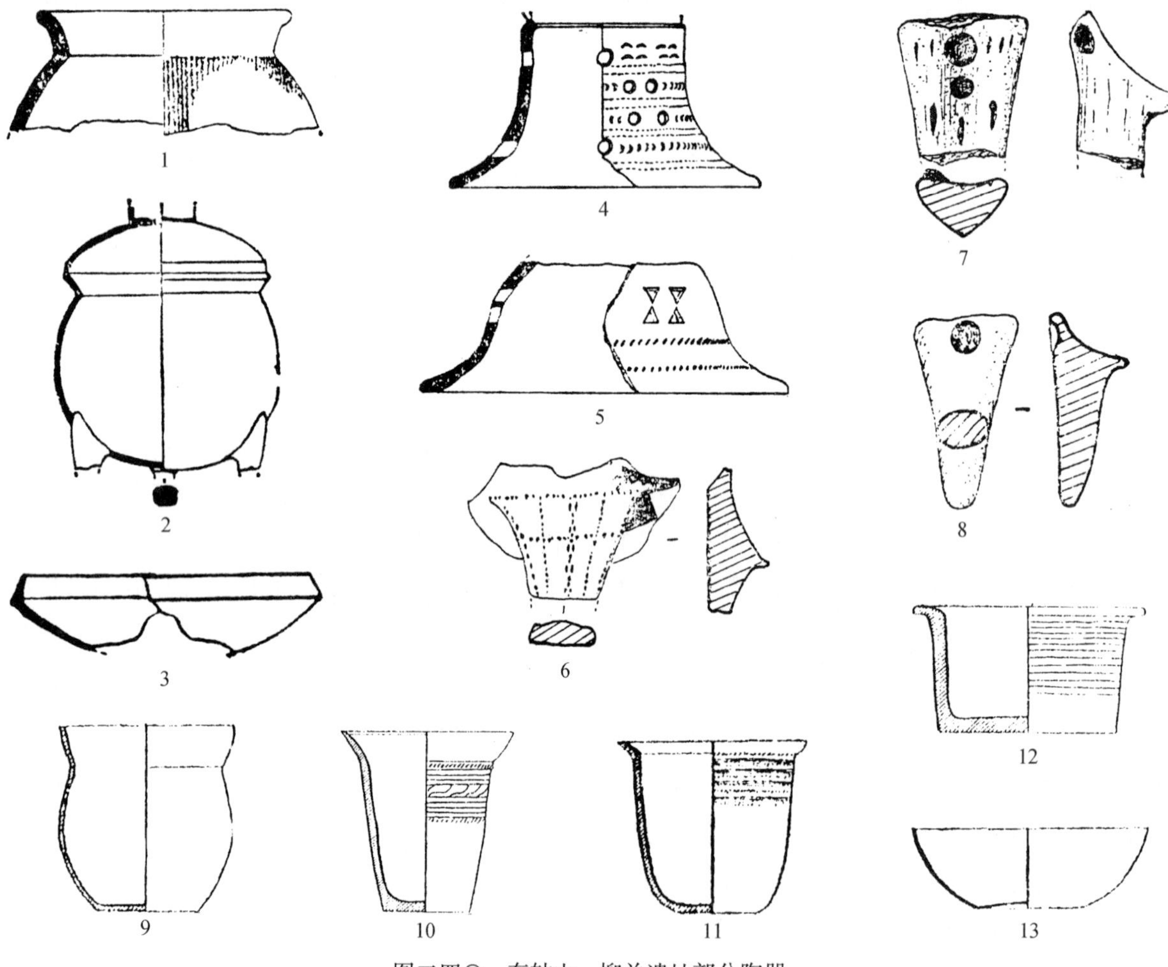

图二四〇　车轱山、柳关遗址部分陶器

1. 罐（车T1⑥：71）　2. 鼎（车T2⑤：49）　3. 白陶钵（车T2⑤：82）　4. 白衣红陶圈足（车T2⑤：77）　5. 白陶圈足（车T2⑥：78）　6～8. 鼎足（车T2⑥：85、车T2⑥：88、车T3⑤：63）　9～11. 平底罐（柳T3②：3、柳T8②：2、柳T8②：3）　12、13. 钵（柳T3②：8、柳T8②：1）（1、5～7为车轱山遗址早一期遗存，2～4、8为车轱山遗址早二期遗存；器名依原报告）

① 湖南省岳阳地区文物工作队：《华容车轱山新石器时代遗址第一次发掘简报》，《湖南考古辑刊》第3集，岳麓书社，1986年。

貌就表现出与大溪文化有着较大差异，研究者只将其墓葬视为大溪文化车轱山类型是不全面的[①]。1974年荆州地区博物馆试掘的监利柳关遗址[②]，其大溪文化遗存与车轱山遗址一样，同样包含有堆子岭文化因素在里面，尤其是各种形态的鼎足以及数量众多的平底器，几乎都能在青山遗址找到相似器形（图二四〇，9～13）。

再来看距离堆子岭文化较远、接近大溪文化腹地的两处遗址。安乡汤家岗遗址[③]是洞庭湖地区一处重要的新石器时代遗址，包含汤家岗文化和大溪文化两类不同文化遗存。其中，大溪文化遗存中就含有少量堆子岭文化因素，如为数不多的鼎、平底罐、平底钵、台式豆足及腰鼓形豆柄等，这些器物都是堆子岭文化比较常见的器形（图二四一，1～12）。20世纪70年代发掘的公安王家岗遗址[④]揭露出三期文化遗存。其中，第一期遗存也含有少量堆子岭文化因素，如报告介绍的宽沿平底罐、喇叭形和钟形豆足以及各式鼎足等，在堆子岭文化诸遗址中也能找到相似器形（图二四一，13～17）。不过，上述两处遗址包含的堆子岭文化因素，已经远不及车轱山和柳关遗址浓厚，说明堆子岭文化对大溪文化的影响，越往西影响越弱，到了澧阳平原西北部，其影响力已是强弩之末了，这种情形在澧县城头山大溪文化遗存中就有所体现。

由此可见，堆子岭文化与大溪文化不仅地域毗邻，而且关系最为密切。二者通过频繁交流，互施影响，相互促进，最终实现了共同发展的目的。

二、与黄鳝嘴文化的关系

20世纪80年代初，在安徽宿松县黄鳝嘴遗址发掘出一种新的原始文化[⑤]。这种文化遗存主要分布于皖西和鄂东长江沿线一带，包括太湖王家墩[⑥]、黄梅塞墩[⑦]、安庆墩头[⑧]、枞阳小柏墩[⑨]等遗址。这种文化不同于东部薛家岗文化，反而与西部黄冈螺蛳山遗址联系更为紧密[⑩]，但又与西部大溪文化有着本质区别。一段时间内，学术界对其性质一直难以达成共识，后经中国社会科学院考古研究所湖北队先后三次发掘黄梅塞墩遗址之后，才正式将这类文化遗存独立命名为一种考古学文化——黄鳝嘴文化[⑪]。

---

① 何介钧：《长江中游原始文化再论》，《长江中游史前文化暨第二届亚洲文明学术讨论会论文集》，岳麓书社，1996年。

② 荆州地区博物馆：《湖北监利县柳关和福田新石器时代遗址试掘简报》，《江汉考古》1984年第2期。

③ 湖南省文物考古研究所：《安乡汤家岗——新石器时代遗址发掘报告》，科学出版社，2013年。

④ 湖北省荆州地区博物馆：《湖北王家岗新石器时代遗址》，《考古学报》1984年第2期。

⑤ 安徽省文物考古研究所：《宿松黄鳝嘴新石器时代遗址》，《考古学报》1987年第4期。

⑥ 高一龙：《太湖县王家墩遗址试掘》，《文物研究》第1期，1985年。

⑦ 黄冈地区文物普查队：《黄梅龙感湖三处遗址调查》，《江汉考古》1983年第4期。

⑧ 安徽省文物考古研究所等：《安徽安庆市皖河流域先秦遗址调查报告》，《文物研究》第十四辑，2005年。

⑨ 安徽省文物考古研究所：《安徽枞阳、庐江古遗址调查》，《江汉考古》1987年第4期；阚绪杭、方国祥：《枞阳县新石器时代文化遗址调查报告》，《文物研究》第11期，1993年。

⑩ 中国科学院考古研究所湖北发掘队：《湖北黄冈螺蛳山遗址的探掘》，《考古》1962年第7期。

⑪ 中国社会科学院考古研究所：《黄梅塞墩》，文物出版社，2010年。

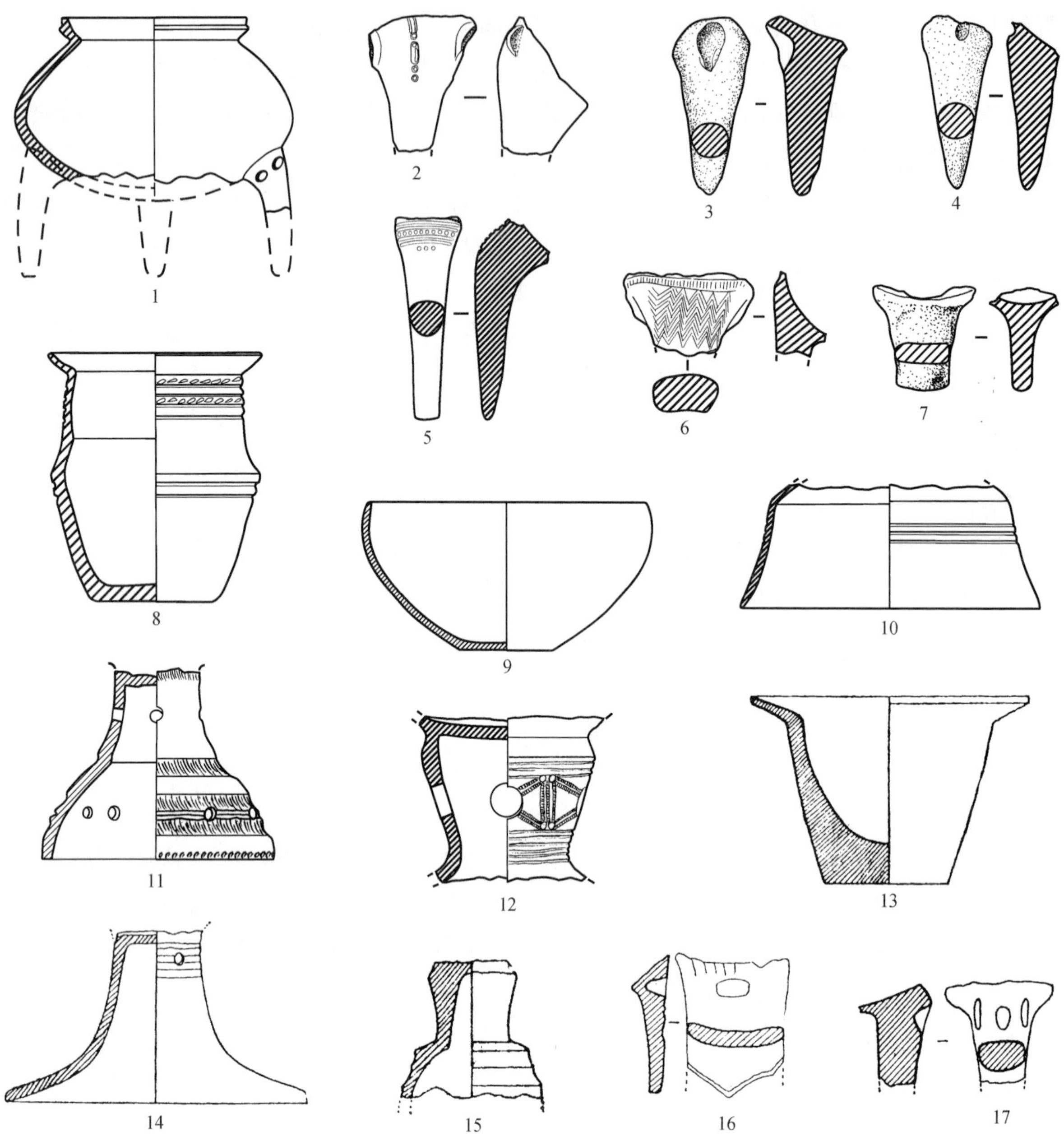

图二四一　汤家岗、王家岗遗址部分陶器

1. 鼎（汤T1907④C：22）　2～7. 鼎足（汤T4614⑨：11、汤H13：41、汤H16：22、汤T1907⑥B：16、汤F6：7、汤H16：7）　8. 罐（汤T1857⑧：26）　9. 钵（汤H18：5）　10. 豆足（汤TG1②：10）　11. 白陶豆足（汤T4615⑩B：8）　12. 豆柄（汤TG1②：8）　13. 宽沿平底罐（王T1④：1）　14、15. 豆（王T9⑤：11、王T6④：39）　16、17. 鼎足（王T9③：10、王T11⑥：14）（器名依原报告）

由于黄鳝嘴文化发现材料不如大溪文化丰富，文化特征还不是十分明晰，这给我们探讨它与堆子岭文化的关系带来一定困难，好在塞墩遗址有比较完整的材料。

从塞墩遗址黄鳝嘴文化墓葬发现的随葬品看，陶器方面，泥质陶多于夹砂陶，灰陶多于红陶，并有不少黑陶，偶见白陶。器表多数有纹饰，以弦纹居多，常见窝点连线纹、小窝纹、戳印纹、锥刻纹、划纹以及多种形状的镂孔。少数陶器绘彩。圈足及三足器发达，平底器较少，圜底器罕见。主要器类有鼎、豆、盘、盆、碗、杯、罐、钵等，有少量三足罐、三足盆、器盖、尊形器等。石器钻孔技术发达，常见穿孔钺、穿孔斧、锛、凿、多孔刀、砺石等。有不少装饰品（可能与墓葬有关），包括玉玦、玉璜等，另有少量玉簪、骨簪和陶珠。这些随葬品表现出来的文化特征，与堆子岭文化有着较大区别，二者显然不是同一性质的考古学文化。

不过，若仔细分析该遗址黄鳝嘴文化墓葬出土陶器，便可发现，这批陶器至少含有三组不同的文化因素。甲组以各种形态的鼎、豆为代表，乙组以盘、钵、碗、碗形杯、彩绘单耳杯、部分盆、桥形纽器盖以及多种形制的圜底或平底罐为代表，丙组包括多种形态的圈足杯、单耳杯、三足杯、单耳罐以及内外均饰戳印纹或绘彩的宽沿浅腹盆等。经笔者初步统计，在336件随葬陶器中，甲组有181件，比例过半；乙、丙组分别为76件和79件，比例相若。其中，丙组中的单耳罐、宽沿浅腹盆等器物与南京北阴阳营①墓葬出土的同类器物特征十分相似，说明该组陶器与东部同时期文化关系密切。

下面就甲、乙两组陶器与堆子岭文化关系作点简单比较和分析。

甲组是黄鳝嘴文化最具代表性的一组陶器，其来源目前尚不清楚，但它对堆子岭文化的影响是显而易见的。鼎以罐形鼎为主，器表多饰纹，常见弦纹、刻划纹、戳印窝点连线纹、圆窝纹及附加堆纹等。口沿形制有折沿、卷沿、高领、直口等多种形式，折沿、卷沿者腹部多为深鼓腹，高领、直口者多为浅扁腹。鼎足以夹砂凿形足为主，常见直背和弓背两种形制，足根部普遍捺压多种形态的凹窝，并有少量夹炭宽扁凹足及泥质带孔宽扁矮足（图二四二，1～8）。陶豆以敞口、内折口或敛口深腹盘为主，敞口浅腹盘较少。豆足多饰有纹饰，常见细柄高足，足部常见台面，柄部外鼓呈腰鼓形。有一定数量的敛口矮足豆（图二四二，10～17）。这些鼎、豆表现出来的特点与堆子岭文化非常相似，尤其是与青山遗址A组陶器有着很大共性。另外，地层出土的三足盆与马栏咀遗址三足钵也有惊人的相似性（图二四二，9）。可见，堆子岭文化含有不少黄鳝嘴文化因素，显然是受后者影响所致。

乙组陶器文化因素较为复杂，可能有多种文化因素。其中，折壁高圈足盘、圈足碗、碗形杯、圜底罐、圜底钵以及少量圜底盆、圜底缸、杯形纽器盖等器类，数量不多，不是本地特有器物，尤其是在一些碗形杯和部分单耳杯上所见网格状彩陶纹饰明显具有大溪文化特征，而且多数器形也比较接近大溪文化和青山遗址B组陶器。因此，这组陶器很有可能是大溪文化因素经由堆子岭文化向东传播过去的（图二四三，1～7）。另一组以平底风格为特征的器物，如敛口平底钵、平底碗、平底罐、平底缸等器类与青山遗址D组陶器十分相近，部分钵或碗口部施彩的特征，与青山遗址部分平底钵口部施彩现象也很相似。该组陶器表现出来的特征，既不是塞墩遗址黄鳝嘴文化本地因素，也不是堆子岭文化固有特点，而是与青山遗址D组陶器一样，都是受到了汉水中上游中原文化影响的外来文化因素，或者说，是由中原文化因素南下传播过来的（图二四三，8～11）。

由此可见，黄鳝嘴文化与堆子岭文化既有本质区别，又有诸多联系。它们之间的联系主要表现在两方面：一方面黄鳝嘴文化对堆子岭文化确实施加了不少影响，尤其是甲组陶器对堆子

① 南京博物院：《北阴阳营——新石器时代及商周时期遗址发掘报告》，文物出版社，1993年。

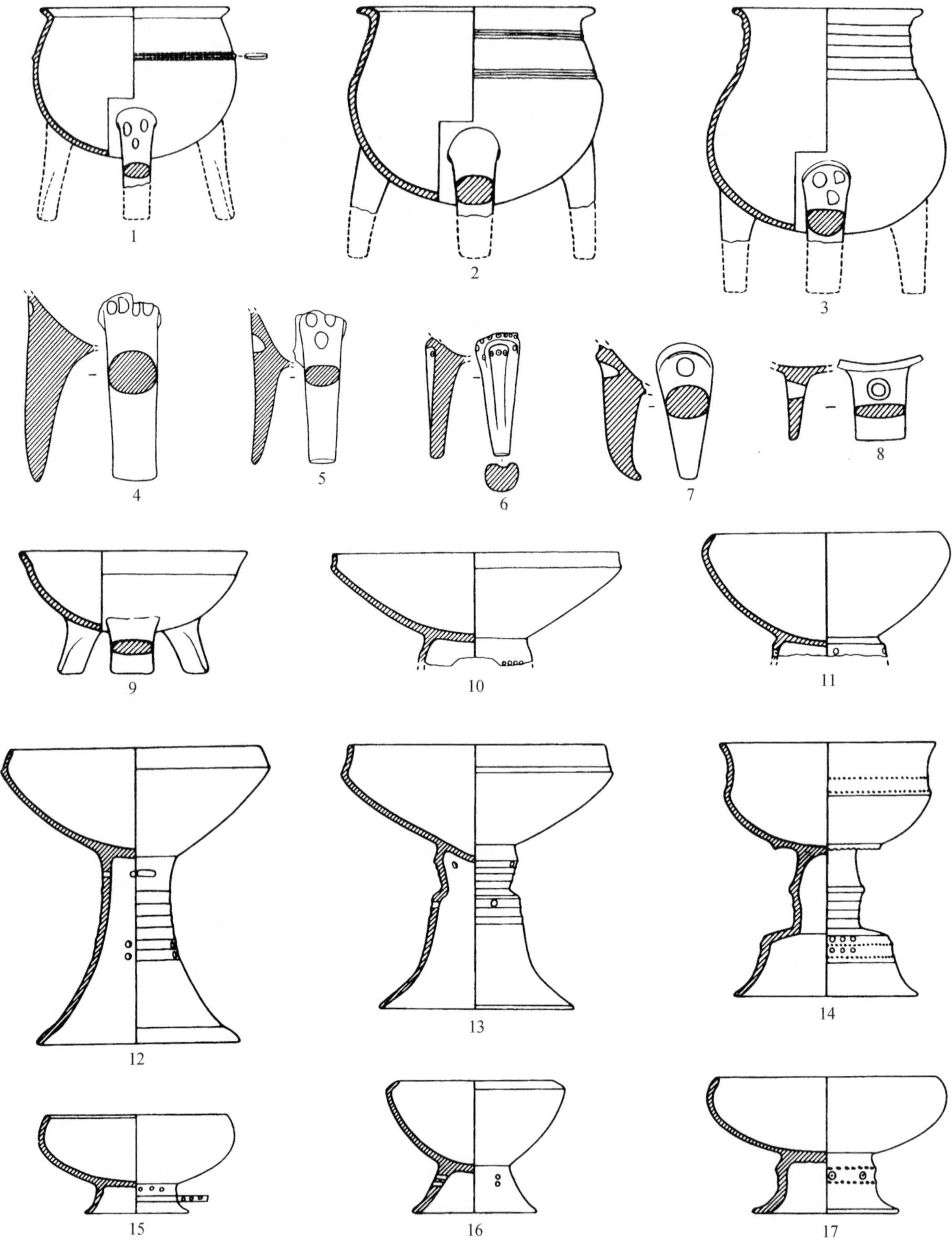

图二四二　塞墩遗址黄鳝嘴文化甲组部分陶器

1～3. 鼎（T106③：15、T103②：5、T117②：9）　4～8. 器足（T116③：27、T116③：29、T15③：48、T116③：31、T116③：33）　9. 三足盆（T104②：13）　10～17. 豆（T117③：14、T113③：2、M190：5、M22：4、M38：9、M203：9、M202：8、M40：1）（器名依原报告）

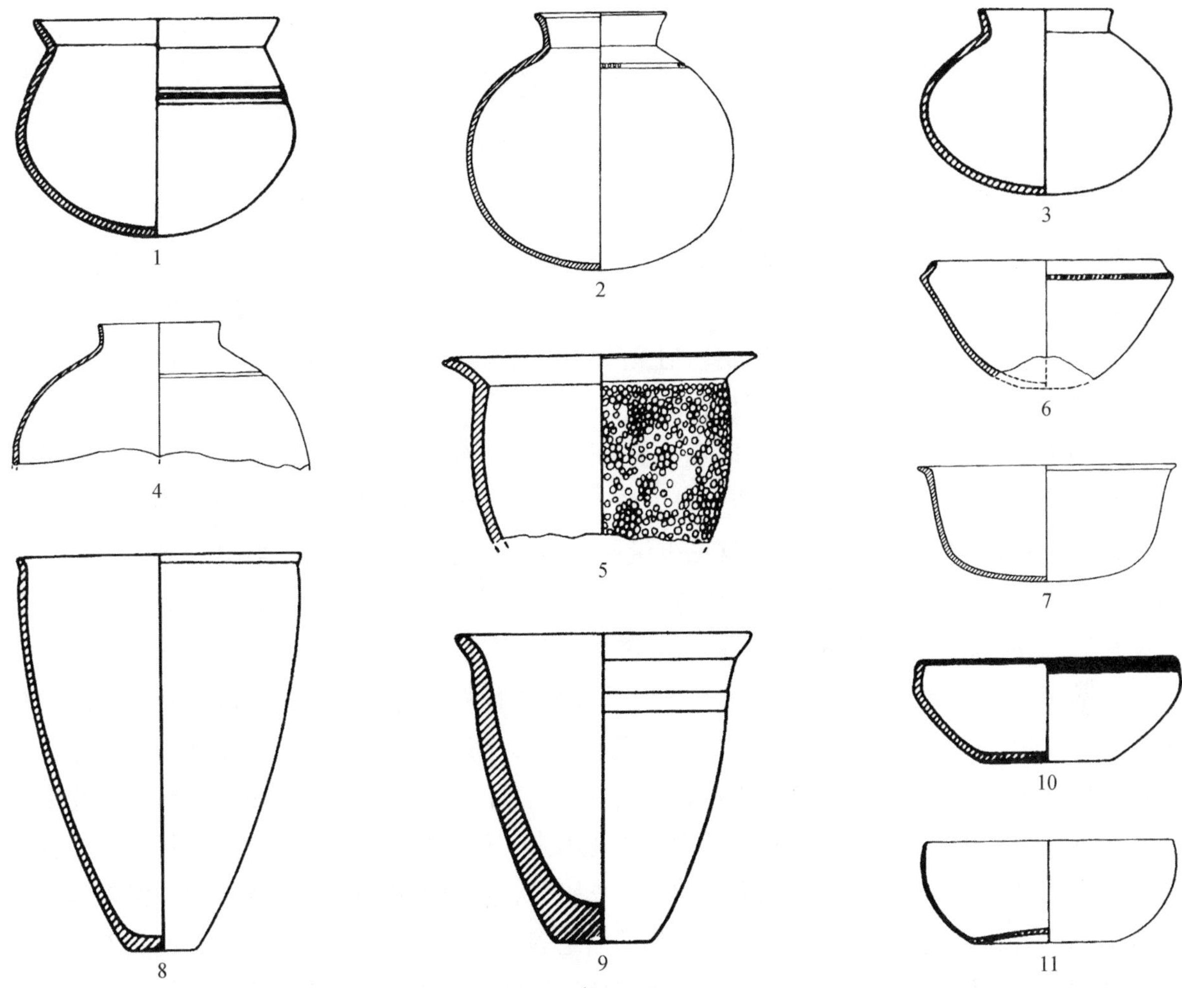

图二四三　塞墩遗址黄鳝嘴文化乙组部分陶器

1、9. 大口斜沿罐（M45：4、M129：1）　2～4. 小口矮领罐（M120：14、T104②：7、M27：2）　5、8. 缸（T101②：7、H103：1）　6. 钵（T104③：30）　7. 盆（H1：1）　10、11. 碗（M124：2、M50：8）（器名依原报告）

岭文化的影响尤为明显；另一方面，由于大溪文化的强势东渐以及堆子岭文化的逐步崛起，黄鳝嘴文化又受到来自西部大溪文化和堆子岭文化的渗透和影响。不过，黄鳝嘴文化对堆子岭文化的影响应该是主要的，而它接受后者的影响却是次要的。

除黄鳝嘴文化外，堆子岭文化可能还吸收了少量马家浜文化文化因素。如堆子岭遗址H5出土的腹部有一周凸棱的敛口罐、H3出土的近似子母口的豆，青山遗址部分C型Ⅱ式豆以及带流（鋬）盆类器等，这些陶器与浙江桐乡罗家角遗址[①]出土的带檐罐（釜）、内折沿钵、匜类器相比，就有部分特征非常接近。不过，目前我们还不知道这类文化因素是通过何种方式及途径传播至湘江流域的。

① 罗家角考古队：《桐乡县罗家角遗址发掘报告》，《浙江省文物考古所学刊》，文物出版社，1981年。

三、与其他文化的关系

1. 与西部文化的关系

堆子岭文化西部为山川秀美的湘西地区。该地区目前发现不少与堆子岭文化同时期的文化遗存，包括泸溪县浦市遗址下层遗存①、高庙上层遗存②、唇溪征溪口③以及辰溪溪口④、麻阳火车站⑤等。这些遗址集中分布于沅水中上游地区，基本与高庙下层文化分布区重合。下面以公布资料较多的高庙上层遗存为例分析如下。

高庙上层陶器以夹砂褐陶、红褐陶、灰褐陶为主，有一定数量泥质红陶，不见白陶。器表多数饰纹，除橘皮纹、绳纹、篦点纹外，流行各种形状的戳印纹，另有少量刻划、镂孔等纹饰。陶器造型以圜底、圈足为主，仅见少量平底器、三足器和尖底器。器类有釜、罐、钵、盘、豆、鼎、簋、碗、杯、器盖、支脚等。《简报》将高庙上层早、中期遗存命名为“高庙上层文化”，并将高庙上层晚期遗存“归入大溪文化系统”。

《简报》注意到了高庙上层遗存与其北部大溪文化的密切联系，却忽略了来自东部同时期文化的影响。实际上，从简报发表的49件陶器分析，高庙上层至少有三组文化因素共存。第一组陶器继承了本地高庙下层文化因素，包括各类曲颈的罐以及饰橘皮纹的釜、钵等，此组陶器约占其一半；第二组陶器具有明显的大溪文化因素，包括刻划纹宽沿罐、彩绘折沿罐（更似釜）、素面圜底钵、尖底缸、敛口盘、器盖、支脚等，这组陶器数量居其次；第三组陶器包括各种形态的豆、豆足、平底钵、簋以及少量的鼎足等。该组陶器虽然数量较少，但它不是本地先行文化固有的传统因素，而是一组具有鲜明特征的外来文化因素。其器形及特征都与堆子岭文化同类器十分近似，尤其是各式豆、豆足、鼎足等在堆子岭文化中甚至可以找到完全相同的器形，而平底钵、簋与青山遗址B型杯、B型碗也有惊人的相似性。可见，该组陶器接受了堆子岭文化影响的事实是客观存在的。毫无疑问，堆子岭文化对高庙上层文化的形成产生过积极影响。

2. 与北部文化的关系

堆子岭文化北部为汉水流域。考古资料证实，大溪文化发现不少经汉水传播而来的中原文化因素。作为与大溪文化紧邻的堆子岭文化，自然也避不开来自该流域相关文化的影响。

汉水中上游地区目前发现的边畈一、二期遗存以及仰韶文化庙底沟类型早期遗存与堆子岭文化时代比较相近，这些遗存主要分布在汉水东部及豫西南阳地区。汉水东部地区以钟祥边畈

① 湖南省博物馆：《湖南沅江中下游古文化遗址调查》，《考古》1980年第1期。

② 湖南省文物考古研究所：《湖南黔阳高庙遗址发掘简报》，《文物》2000年第4期。

③ 湖南省文物考古研究所：《湖南辰溪征溪口贝丘遗址发掘简报》，《文物》2001年第6期。

④ 湖南省文物考古研究所调查发掘资料。

⑤ 湖南省文物考古研究所调查发掘资料。

遗址一、二期遗存[①]为代表的一类遗存，其文化属性尚存争议。有人认为属于仰韶文化，也有人认为类似于黄冈螺蛳山文化遗存，还有人认为可单独命名为边畈文化。该类遗存最大的特点就是发现了大量陶鼎，鼎身均为釜形，鼎足多见圆锥或扁锥形。而且，鼎和釜往往都有极浅的细绳纹，反映出较原始的时代特征。堆子岭文化出土的大量陶鼎，既有釜形鼎，也有罐形鼎，二者几乎同时出现。前文分析得知，这些鼎与黄鳝嘴文化有着密切联系，但后者多为罐形鼎，而且源头也不清楚。我们推测，堆子岭文化发现的陶鼎，除了与黄鳝嘴文化有关联外，可能与边畈一、二期遗存有密切关系。

我们知道，仰韶文化庙底沟类型彩陶对大溪文化的影响是有目共睹的。堆子岭文化虽然彩陶发现不多，但有一些特征鲜明的陶器，在本地及周边地区很难找到其来源。相反，这些陶器在相距更为遥远的南阳地区相关遗址中却时有发现。譬如在丹、淅流域的淅川下王岗[②]、邓州八里岗[③]、西峡老坟岗[④]等仰韶文化遗存中，都能找到这些陶器的相似器形。以最近公布资料的老坟岗遗址为例。报告将其仰韶文化遗存分为两期，二者均发现有不少平底器（包括筒腹罐、筒腹杯、碗、钵等）以及桥形纽或实心捉手式纽器盖等（图二四四）。这些陶器与青山遗址A型缸，A型杯，A型钵以及A、C型器盖都有较强的相似性。可见，堆子岭文化与大溪文化一样，也不同程度地接收了来自北部汉水流域相关文化的影响。

3. 与东部文化的关系

堆子岭文化东部，因有幕阜—罗宵山系相隔，只能通过一些山间河谷作为文化交流的走廊，因此，它与江西境内赣江流域同时期文化联系不如平原密切。不过，连接渌水（湘江支流）和袁水（赣江支流）的“醴萍走廊”，可能是湘、赣两地文化交流的一个重要通道，而且已有考古发现可以佐证。譬如，近年在醴陵黄土坝遗址[⑤]就发现有樊城堆文化典型陶器。若仔细查阅早年发掘的新余拾年山遗址公布的材料[⑥]，我们会惊奇地发现，在该遗址第一期遗存中，也存在与堆子岭文化相似的少部分文化因素，如遗址第4层出土的鼎、带乳钉纽的筒腹形缸、饰折曲纹的红陶钵以及器耳、陶垫等，这些陶器在磨山、堆子岭、青山等遗址中均能找到相似器形。我们深信，随着考古资料不断积累，堆子岭文化与赣江流域新石器时代文化的关系会逐渐明朗起来的。

堆子岭文化南部基本已抵达南岭北侧。因有南岭阻隔，目前还不知道它与岭南地区同时期文化是否有过交往。即便它们之间有过联系，可能也没有上述地区密切。

综上所述，堆子岭文化与周边考古学文化的关系是相当复杂的。其一，大溪文化对堆子岭

① 张绪球：《汉水东部地区新石器时代文化初论》，《考古与文物》1987年第4期。

② 河南省文物研究所等：《淅川下王岗》，文物出版社，1989年。

③ 北京大学考古学系等：《河南邓州八里岗遗址的调查与试掘》，《华夏考古》1994年第2期。

④ 河南省文物考古研究所等：《河南西峡老坟岗仰韶文化遗址发掘报告》，《考古学报》2012年第2期。

⑤ 黄土坝遗址，湖南省文物考古研究所2004年发掘资料。

⑥ 江西省文物考古研究所等：《江西新余市拾年山遗址》，《考古学报》1991年第3期；江西省文物考古研究所等：《新余市拾年山遗址第三次发掘》，《东南文化》1991年第5期。

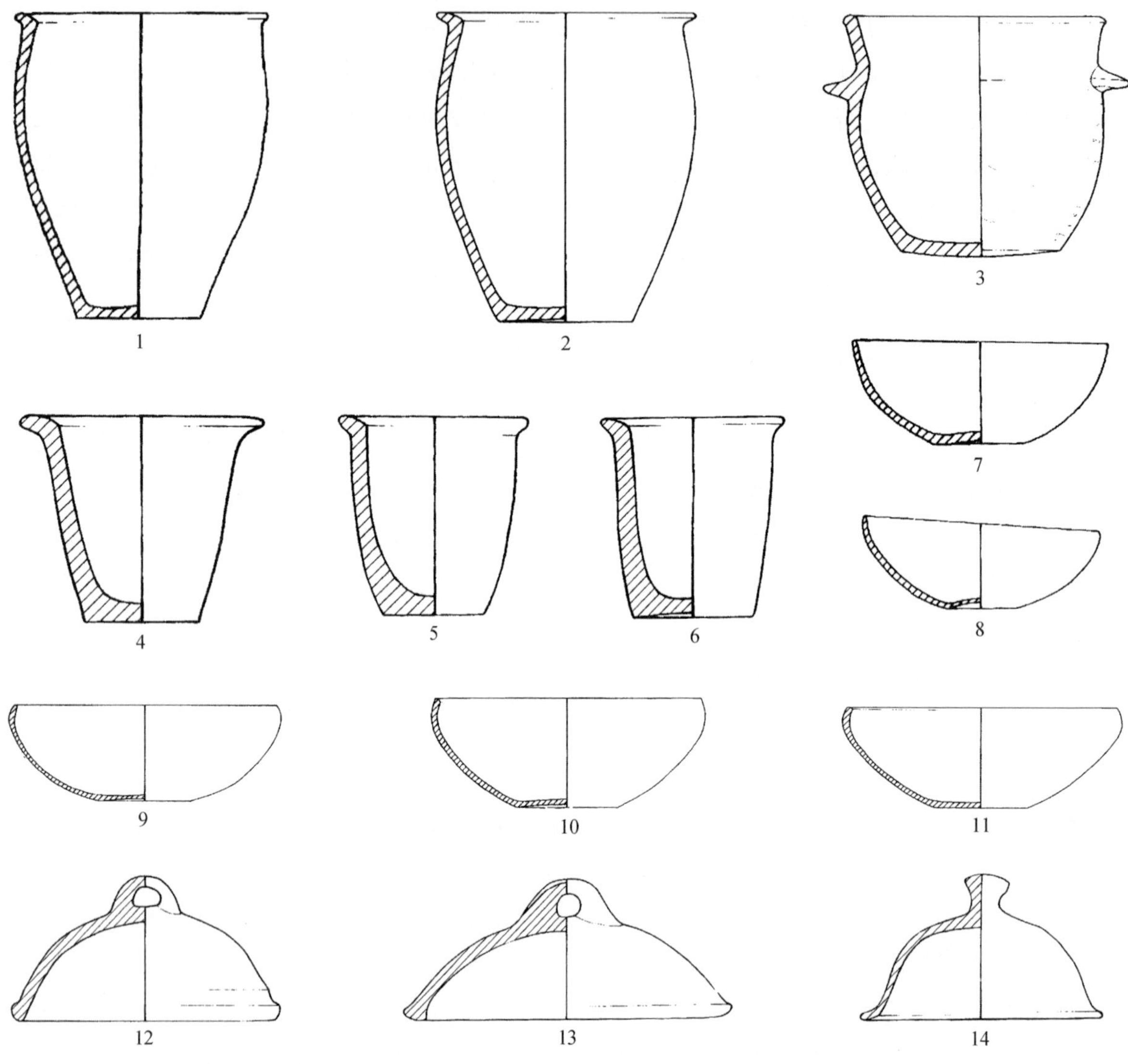

图二四四　老坟岗遗址仰韶文化部分陶器

1～3. 罐（H3：1、M4：4、T3③：9）　4～6. 杯（T11⑤：68、T11⑤：67、T6②：3）　7、8. 碗（M1：7、F5：17）　9～11. 钵（T2⑤：101、H3：2、T1②：45）　12～14. 器盖（T11⑥：124、F7：36、T12③：9）（1、4、5、9、10、12为仰韶文化第一期遗存，余为仰韶文化第二期遗存；器名依原报告）

文化的影响最直接，也是最重要的，二者之间关系显然也是最密切。由于它们之间地域毗邻，部分区域甚至还有重合现象，这种地域上的近缘关系，又促使二者文化特征上呈现出诸多相似性。因此，在很长一段时间内，学术界都无法把堆子岭文化从大溪文化中独立出来。其二，黄鳝嘴文化对堆子岭文化的影响占有重要地位，在堆子岭文化形成过程中有过重要作用，而且二者之间是一种双向互惠式的关系。其三，其他周边文化与堆子岭文化的关系若近若远，而且从目前材料分析，它们之间的关系基本上是以单向影响为主（图二四五）。

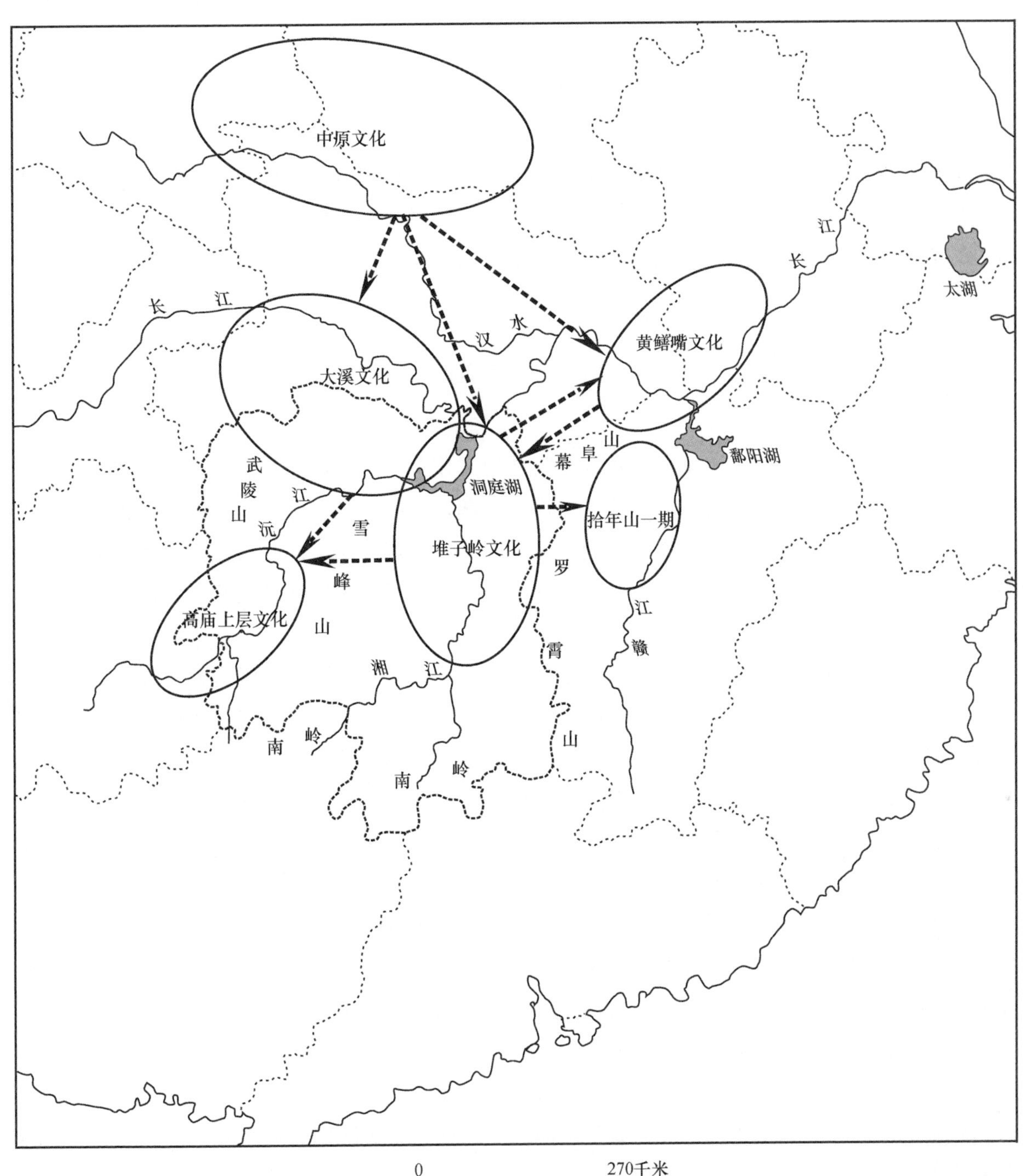

图二四五 堆子岭文化与周边文化关系示意图

第五节　堆子岭文化相关问题

前面几节论述了青山遗址的基本特征与文化性质、文化因素与相对年代，以及堆子岭文化相关遗址的特征、分期、年代及其与周边文化关系等问题。若要全面了解一支考古学文化，还得对其分布范围、生态经济、文化形成原因以及文化命名意义等方面有所了解。

一、分布范围

通过对堆子岭文化相关遗址的分析以及与周边文化关系的探讨，我们对堆子岭文化的分布范围有了大致印象。总体上讲，以湘江流域为主的湘东地区就是堆子岭文化主要分布区域。该区域地势南高北低，湘、资二水由南往北汇入洞庭湖。地理范围上，北抵长江，南接南岭，西达雪峰山东麓，东至幕阜山—罗霄山一线，基本包括了洞庭湖东南部以及湘江、资水流域的大部分。

堆子岭文化所处的特殊地理位置，一方面限制了文化自身的纵深发展，另一方面又让其与周边文化有了较为清晰的分界。具体来说，堆子岭文化北部和东部有长江、幕阜山、罗霄山等地理屏障，使之与黄鳝嘴文化、拾年山一期遗存基本能自然分开；西部有雪峰山阻隔，堆子岭文化向西难以延伸，从而使其与高庙上层文化分界一目了然；南部有连绵高耸的南岭，更是其难以逾越的天险，堆子岭文化与岭南文化联系也就更为困难了。这样一来，除大溪文化，堆子岭文化与周边文化的分界也就清晰可辨了。

要弄清堆子岭文化与大溪文化之间的分界，还得先了解这个时期洞庭湖地区的地貌状况。据研究，先秦时期洞庭湖并不存在大面积的水域，而是河、湖交织的平原景观，而且，湖南现在所见的湘、资、沅、澧四条水系在洞庭湖地区走势也大不相同。湘、澧二水均独自流入长江，沅水经常德沿现今西洞庭—目平湖之北侧，紧贴大通湖北岸，向东与资水在君山西南交汇后，再北上汇入长江（图二四六）。因此，这四条水系在地理位置上实际上是相对独立的①。考虑到新石器时代洞庭湖尚未形成浩瀚的湖面，当时地貌景观除四大水系外，可能到处分布着零星小湖和沼泽地。因此，从现今西洞庭至青山一线应该存在一连串遗址（青山遗址正好处于湘江西岸），也许因陆沉、洞庭湖面扩大而沉于水底了。若果真如此，我们现在是无法找到它们之间的确切边界了。不过，根据现有考古资料分析，沅水故道西北侧的华容车轱山遗址和南县新湖遗址，基本已是洞庭湖地区最东部的大溪文化遗址，而且含有较多堆子岭文化因素，而紧邻沅水故道东南侧的益阳黄家坝、汉寿马栏咀遗址，又是洞庭湖地区最靠西部的堆子岭文化遗址，而且含有较多大溪文化因素。由此，我们推测，堆子岭文化与大溪文化的分布范围，可能有部分区域是完全重合的，二者之间的大致分界，很有可能就在沅水故道一线（参见图

① 郭伟民：《城头山遗址与洞庭湖区新石器时代文化》，岳麓书社，2012年。

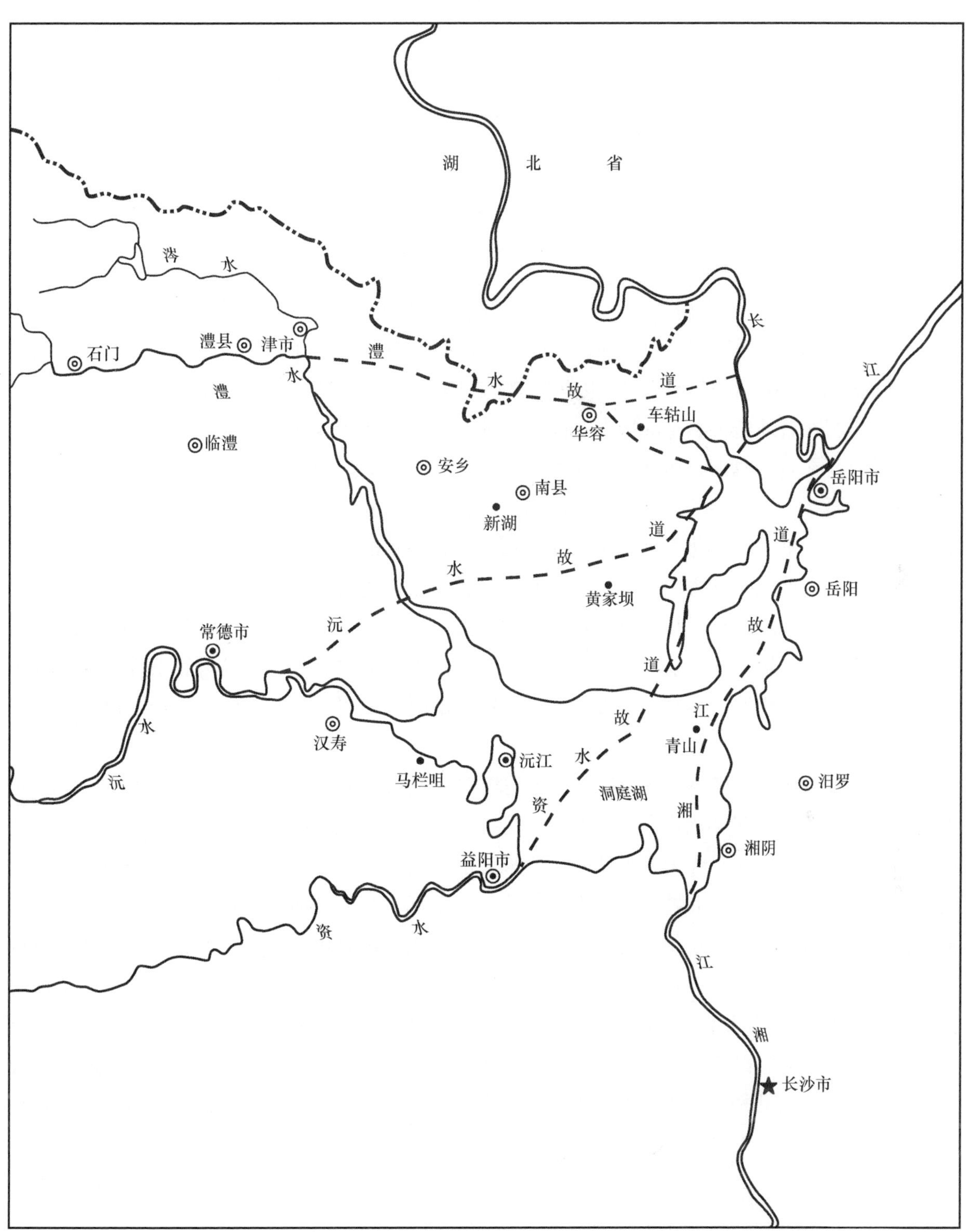

图二四六　先秦时期湘资沅澧四水故道分布示意图

（引自郭伟民：《城头山遗址与洞庭湖区新石器时代文化》，岳麓书社，2012年，图54，略有修改）

二三二）。

由于堆子岭文化目前发现的遗址数量还不是很多，要想弄清其准确范围，还有相当大的困难。因此，湘东地区还需进一步做大量的考古调查和发掘工作。

二、生态经济

气候与环境变化对史前人类生产生活和社会发展影响极为重要。据研究，自末次冰期以来，全新世时期一直处于升温阶段，其中，公元前5200～前4000年是全新世大暖期鼎盛时期[①]。此时湿热多雨，植被繁茂，野生资源丰富，因而是人类最适宜的生存时期。

此时，洞庭湖地区依然是河网切割的平原地貌，河床低于现在的位置，大湖泊或大面积水域并未形成。在史前时期，洞庭湖平原可能有着比现今更为广阔的生存空间，遗址数量理应比现在发现的要多，只是由于洞庭湖不断沉降、淤积，因而大批遗址可能已被淹埋。从洞庭湖东南部现已发现的堆子岭文化遗址分析，先民都选择在临水的低矮岗地上居住，有的还进一步扩散到海拔更低的区域（如青山遗址），这些地段自然条件优越，而且很容易获得食物来源。除洞庭湖地区之外，堆子岭文化还有大量遗址位于湘、资二水的河旁阶地。这些临水的阶地，无论是气候、地理环境，还是遗址周边洼地因汛期泛滥形成的水、肥、地等自然条件，都非常适宜人类居住和农业生产。可以说，堆子岭文化所处的时空位置，具有其他文化难以比肩的生态环境，完全能满足人类生存需要。

堆子岭文化虽然没有发现稻谷（米）、稻田等稻作农业直接证据，但在一些夹砂羼炭陶片中，经常可见一些羼杂稻作遗存的现象。另外，在少量灰坑底部，也时常会发现一些炭化稻作实物。据此我们推测，作为一种获取食物来源的重要方式，堆子岭文化的农业经济应该是比较成熟和普及了，其规模和技术应与大溪文化相差不远。此外，通过狩猎、捕捞、采集等获取野生食物的传统方式，在堆子岭文化经济生活中可能仍然占有重要地位。但这方面发现的材料目前很少，只在青山遗址发现有鹿角等动物骨骼。堆子岭文化是否有家畜经济，目前还无任何实物证据。因此，我们可初步推测，堆子岭文化经济结构极有可能是以稻作农业为主，同时兼有采集、渔猎等多种经济形式。人们在经济生产活动中，除从事农业生产外，传统的采集、狩猎、捕捞等经济活动是必不可少的。可以说，人们的食物来源已相当丰富，饮食结构也开始趋于多样化。

① 施雅风等：《中国全新世大暖期气候与环境的基本特征》，《中国全新世大暖期气候与环境》，海洋出版社，1992年，第1～18页。

三、文化形成

堆子岭文化形成原因极其复杂。它既不是由本地早期文化自然发展演变而来的，也不是由邻近强势文化兼并融合后形成的，更不是某一支或多支外来文化长途迁徙而来的。堆子岭文化是在本地早期文化发展演变的基础上，同时吸收和融合了大量邻近及外来文化因素形成的。

作为一支新的考古学文化，其特征往往离不开本地早期文化的影响。本地区早于堆子岭文化的遗存有长沙大塘遗址①、汨罗附山园早期遗存②、茶陵独岭坳第一期遗存③等，学术界曾将该类遗存命名为“大塘文化”④。若将上述遗存与堆子岭文化进行仔细比较，我们会发现，前者确实有部分文化因素被堆子岭文化传承下来了。以大塘遗址为例。如遗址出土的釜、甑以及少量平底器、内置桥形纽器盖等，在堆子岭文化中就能找到相似器形，尤其是大量肩部及上腹部装饰各种复杂刻划或戳印纹的釜，与青山遗址部分鼎的装饰风格基本是一致的，而且部分曲腹风格的釜也与青山遗址折肩亚腰形鼎在形态上也有一定相似性。显然，堆子岭文化部分陶器，在器形及装饰上继承了本地早期文化特征。

实际上，大塘遗址出土陶器主要有两组文化因素：甲组以高领罐、折沿双耳罐、大镂孔圈足盘、内置桥形纽器盖等为代表，该组陶器明显具有皂市下层文化晚期特征，有的甚至毫无二致；乙组以鼓腹釜、曲腹釜、直筒腹釜、敛口罐、高领双耳罐、曲腹碗、敛口平底钵等为代表，该组陶器又与汤家岗文化有诸多相似之处，同时也是遗址最主要的文化因素。由此可见，“大塘文化”绝大多数文化因素都是由洞庭湖地区文化因素衍生而来的。部分早期因素表现出较多皂市下层文化晚期特点，而多数因素却与汤家岗文化早期更为接近。难怪研究者对其存有争议，有人认为它与皂市下层文化关系更密切，可视为皂市下层文化晚期一个地域类型；也有人认为它与汤家岗文化更为接近，可视为汤家岗文化肇始期。我们认为，这类文化遗存在时代上应是处于皂市下层文化晚期向汤家岗文化过渡阶段，而在文化属性上，我们更倾向于其与汤家岗文化有诸多相似性。也就是说，它与汤家岗文化一样，也是一支吸收了皂市下层文化发展而来的文化遗存，把这类遗存视为汤家岗文化肇始期不是毫无道理的。因此，要真正追溯堆子岭文化的形成原因，它与洞庭湖地区皂市下层文化和汤家岗文化是密不可分的。

然而，在堆子岭文化形成过程中，对其产生重要影响的却是洞庭湖地区的大溪文化和来自东、北方面以黄鳝嘴文化为代表的外来文化。通过本章第四节分析，我们知道堆子岭文化与洞庭湖地区大溪文化关系最为密切，毫无疑问，大溪文化对堆子岭文化的形成起过重要作用。与此同时，由于堆子岭文化处在一个特殊地理区域，它与东面的黄鳝嘴文化以及北面的仰韶文

① 长沙市博物馆：《长沙南托大塘遗址发掘报告》，《湖南考古辑刊》第8集，岳麓书社，2009年。

② 岳阳市文物考古研究所等：《湖南省汨罗市附山园新石器时代遗址第一次发掘简报》，《湖南省博物馆馆刊》第四辑，岳麓书社，2007年。

③ 株洲市文物管理处：《茶陵独岭坳新石器时代遗址发掘简报》，《湖南考古辑刊》第7集，求索增刊，1999年。

④ 何介钧：《湖南早期新石器时代文化遗存》，《东南亚考古论文集》，香港大学美术博物馆，1995年。

化和边畈一、二期等文化遗存，几乎都是无险可阻。因此，这些外来文化很容易涉水而来，并源源不断地向该区域施加影响，这种现象同时也反映了多种文化在此相互争逐、融合的历史过程。随着堆子岭文化不断发展，邻近的大溪文化因素越来越弱，外来文化因素却越来越强，最终，来自东、北方的外来因素反而意外胜出。这样的结果，一方面促使堆子岭文化完全脱离了大溪文化的束缚，另一方面又迅速完成了对该地区土著文化的改造和统一，并最终发展演变为一支新的考古学文化，即堆子岭文化。

在堆子岭文化之后，随着屈家岭文化的强势崛起，堆子岭文化也基本走到了尽头。此时，堆子岭文化北部已完全被屈家岭文化取代，而且势力还相当强劲。堆子岭文化南部情况更为复杂，而且外来文化争逐更为激烈。以湘乡岱子坪遗址第一期遗存为例①，在相当于屈家岭文化时期，该区域表现出多种文化因素并存的特点，包括屈家岭文化因素、樊城堆文化因素、石峡文化因素以及由樊城堆文化为中介引入的早期良渚文化因素。此时，堆子岭文化已分崩离析，外来文化则势如破竹，湘江流域开始出现真正的文化断裂现象。

四、文化命名

关于堆子岭文化的命名问题，目前学术界还存在较大争议。许多研究者都注意到了它与大溪文化和黄鳝嘴文化的密切联系，但却过分夸大其共性而忽视了它们之间的本质区别。目前有两种截然不同的观点。一种观点偏重于大溪文化，认为堆子岭遗址早期作为“大溪文化堆子岭类型”更为稳妥，而以堆子岭遗址晚期为代表的一类遗存才是真正的“堆子岭文化”②；另一种观点则偏重于黄鳝嘴文化，并不认同堆子岭文化作为一支独立文化，并将其命名为“黄鳝嘴文化堆子岭类型”③。堆子岭文化能否成立，我们不能拘泥于该文化某些因素的不同看法，而应把它放在整个湘江流域新石器时代文化大背景中去考虑。

实际上，湘江流域新石器时代文化自诞生以来，就一直表现出两个显著特征。第一个特征是文化发展具有不连续性。这不仅表现在文化之间衔接不够紧密，就是单个遗址也很少见有前后连贯的文化。譬如马栏咀、附山园、磨山、独岭坳等遗址，都揭示出好几个相互之间存在较大缺环的文化。第二个特征是文化发展具有不稳定性。湘江流域新石器时代文化在漫长的发展演变过程中，自身特征一直处于从属地位，因而本地传统文化因素不够强大和稳定。也就是说，外界介入强烈，其文化则强盛，反之亦然。因此，该流域文化的形成、发展、演变乃至消失，都离不开周边外来文化的作用。正是因为湘江流域新石器时代文化发展呈现出较大的波动性，而且一直没有连续、稳定且相对强势的文化传统，才会让研究者对其各个发展阶段的文化持怀疑态度。

① 湖南省博物馆：《湘乡岱子坪新石器时代遗址》，《湖南考古辑刊》第2集，岳麓书社，1984年。

② 何介钧：《长江中游新石器时代文化概论》，湖北教育出版社，2004年。

③ 贺刚：《湘西史前遗存与中国古史传说》，岳麓书社，2013年。

虽然湘江流域新石器时代文化发展态势不如洞庭湖地区强势，但它的区域位置及其文化变迁现象，却能更好地帮助我们了解湖南新石器时代文化谱系结构，而且已经有了比较好的线索。根据现有考古材料，湘江流域新石器时代文化的发展脉络总体上还是比较清楚的，大致也经历了三个大的发展阶段，即文化的兴起、发展及衰退。这种变化的原因，除了本区域文化发展的自身需要外，可能更多地与周边文化的演变及其文化的兴衰息息相关。

湘江流域新石器时代文化在“大塘文化”时期还处于文化兴起阶段，文化特征还不够鲜明，而且多数特征与汤家岗文化是一致的，因此，独立构成一支文化的条件尚不成熟。堆子岭文化正值湘江流域新石器时代文化大发展时期，自身特征已经凸显出来，而且在文化发展中开始起主导作用，同时也具备了考古学文化命名的基本条件。之后，湘江流域新石器时代文化开始步入衰退期。衰退早期发生在岱子坪一期，通过大量外来文化入侵的方式，形成对堆子岭文化的彻底颠覆，以突变形式完成本地文化的改造和统一；衰退晚期发生在石家河文化时期，此时，湘江流域新石器时代文化已演变为石家河文化不同的地域类型[①]。

也就是说，目前能真正代表湘江流域新石器时代文化的只有堆子岭文化。因此，堆子岭文化的界定，不仅为破解湖南境内错综复杂的文化关系找到了切入点，而且对整个长江中游新石器时代文化研究也有重要意义。

① 尹检顺：《湘江流域原始文化初论》，《南方文物》1999年第4期。

附表　青山遗址坑穴遗迹登记表

（单位：厘米）

编号	所在探方	层位		坑口（长径×短径）	坑深	分类	形制	填土	出土遗物	备注
		上	下							
H1	T2	3	4	82×80	16	C	近圆形，斜壁，平底	褐色土，松散，含红烧土、砾石等	有鼎足等少量陶片	打破土台
H2	T3	3	4	60×57	25	C	近圆形，斜壁，平底	灰褐色黏土，致密，含红烧土等	F型鼎足、K型鼎足2、A型Ⅰ式豆2	打破土台
H3	T2	3	4	148×93	38	E	近圆角长方形，斜壁，平底	黑褐色土，松软，含炭末、红烧土、骨渣等	C型Ⅰ式鼎2、G型鼎、E型鼎足2、A型Ⅱ式盘2、A型Ⅰ式豆3、B型豆足2	打破H8、G1及土台
H4	T3、T4	3	4	280×230	55	B	近椭圆形，弧壁，圜底较坦	灰黑色黏土，松软，含灰烬、红烧土、砾石等	B型鼎足、A型Ⅰ式盘2、B型Ⅱ式豆2、E型Ⅱ式豆、陶纺轮、残石锛	打破土台
H5	T3	4	生土	残86×67	56	D	长椭圆形，斜壁较直，平底	灰黑色黏土，松软，含炭末等	A型鼎足2、J型鼎足2	部分揭露。打破土台
H6	T3	3	4	96×87	53	C	近圆形，斜壁较直，平底	灰黑色黏土，致密，含红烧土、砾石等	G型鼎足2、F型Ⅱ式罐2、A型器座	打破土台
H7	T3	4	生土	残95×64	45	D	长椭圆形，斜壁较直，平底	灰黑色黏土，松软，含红烧土等	有鼎足等少量陶片	部分揭露
H8	T2	H3	生土	66×60	残27	C	近圆形，斜壁，平底	灰黑色黏土，致密，含炭末、灰烬等	E型Ⅰ式鼎2、B型Ⅰ式釜2、B型盘足、A型Ⅰ式杯	坑口被H3完全打破
H9	T2	3	4	115×83	34	D	长椭圆形，斜壁，平底	褐色黏土，松软，较纯净	有鼎足等少量陶片	打破土台
H10	T1	3	4	81×67	24	D	近椭圆形，斜壁，平底	灰黑色黏土，致密，含炭末、灰烬等	G型鼎、J型鼎足	打破G1及土台

续表

编号	所在探方	层位		坑口（长径×短径）	坑深	分类	形制	填土	出土遗物	备注
		上	下							
H11	T2、T4、T11、T14	3	4	285×271	43	B	近椭圆形，弧壁，圜底	灰黑色黏土，松软，含红烧土、砾石等	A型Ⅱ式鼎3、B型Ⅰ式鼎2、E型Ⅰ式鼎2、A型鼎足2、C型鼎足3、D型鼎足3、E型鼎足5、F型鼎足2、J型鼎足4、A型釜2、B型Ⅱ式釜2、G型Ⅰ式罐2、A型Ⅱ式钵3、A型Ⅰ式盘2、A型Ⅱ式盘3、A型盘足2、B型盘足、A型Ⅱ式豆3、B型Ⅱ式豆2、A型豆足7、D型豆足3、E型豆足4、F型豆足、豆柄2、碗足2、A型Ⅰ式杯2、A型Ⅱ式杯、A型器盖2、D型器盖2、盖纽、鋬耳、陶饼3、陶拍2、B型陶玩、D型陶玩、A型砺石、B型砺石	打破G7及土台
H12	T4	3	4	184×165	36	B	近圆形，弧壁，圜底	灰褐色土，致密，含红烧土等	H型鼎、B型鼎足3、F型鼎足2、G型鼎足、L型鼎足2、M型鼎足2、B型Ⅱ式釜2、A型Ⅱ式盘2、A型Ⅰ式豆2、B型豆足2、B型器座2、A型器盖2、三足杯	
H13	T3	3	4	80×75	22	C	近圆形，斜壁，平底	褐色黏土，致密，含红烧土等	有鼎足等少量陶片	打破土台
H14	T2	3	4	65×55	31	E	近方形，斜壁较直，平底	灰黑色黏土，致密，含炭末、红烧土等	D型Ⅰ式鼎、D型鼎足2、J型鼎足2	打破土台
H15	T2	3	4	64×52	24	E	近方形，斜壁，平底	灰黑色黏土，致密，含炭末、灰烬等	有少量陶片	打破土台
H16	T4	3	4	85×残70	53	C	近圆形，斜壁较直，平底	灰黑色黏土，致密，含红烧土、砾石等	H型鼎、A型鼎足2	部分揭露
H17	T5、T6	3	4	138×132	28	A	近圆形，弧壁，圜底	灰黑色黏土，致密，含灰烬、炭末、红烧土、砾石、骨渣等	I型鼎3、A型鼎足2、B型鼎足4、C型鼎足5、A型Ⅱ式罐3、G型Ⅱ式罐、A型盆、D型钵2、A型Ⅱ式盘2、B型Ⅱ式豆5、E型豆足3、B型杯2、C型器盖、E型陶玩、B型石锛2、残石锛、玉环	打破H29及土台
H18	T10	3	4	235×121	57	B	长椭圆形，孤壁较直，圜底较坦	灰黑色土，细腻，含灰烬、红烧土、骨渣等	B型Ⅰ式鼎2、C型Ⅱ式鼎3、D型Ⅰ式鼎3、D型Ⅱ式鼎3、E型Ⅰ式鼎、A型鼎足2、F型鼎足、K型鼎足3、B型Ⅰ式釜2、C型罐、C型缸3、B型甑2、A型Ⅰ式钵、A型Ⅱ式豆5、A型豆足2、D型豆足、F型豆足2、豆柄、B型Ⅰ式碗4、A型器盖5、D型器盖、鋬耳、陶丸	打破H30、H31及土台

续表

编号	所在探方	层位		坑口（长径×短径）	坑深	分类	形制	填土	出土遗物	备注
		上	下							
H19	T5、T8	3	4	144×123	32	B	近椭圆形，弧壁，圜底	灰黑色黏土，致密，含灰烬、红烧土、骨渣等	C型鼎足2、B型盘	打破土台
H20	T8、T9	3	4	185×180	35	A	近圆形，弧壁，圜底	灰褐色土，疏松，含红烧土、砾石等	I型鼎、B型罐2、D型罐3、A型Ⅰ式盘2、D型豆3、A型石锛、C型石锛	打破H44及土台
H21	T6、T7、T9、T10	3	4	221×184	41	B	近椭圆形，弧壁，圜底	灰褐色黏土，致密，含灰烬、红烧土等	D型鼎足2、K型鼎足3、M型鼎足3、A型Ⅰ式盘2、A型盘足3、E型豆足、盖纽、B型石斧、石凿、穿孔石器	打破H22、G3及土台
H22	T7、T10	3	4	155×150（残117）	24	A	近圆形，弧壁，圜底	灰黑色黏土，致密，含红烧土等	F型鼎足2、H型鼎足2、A型Ⅰ式盘3、F型豆足2	打破土台，同时被H21打破
H23	T9、T10	3	4	179×152	39	B	近椭圆形，弧壁，圜底	灰黑色黏土，松软，含红烧土、砾石等	D型鼎足2、J型鼎足3、B型甑2、豆柄2、碗足、B型器盖、A型砺石	打破土台
H24	T8	3	4	162×120	27	B	近椭圆形，弧壁，圜底	灰黑色黏土，致密，含红烧土等	B型Ⅰ式鼎3、D型鼎足2、H型鼎足、M型鼎足2、B型盘3、C型Ⅰ式豆2、A型豆足、豆柄、A型Ⅰ式杯2、A型器盖2、三足钵	打破H66、G2及土台
H25	T8	3	4	85×80	39	C	近圆形，斜壁较直，平底	灰黑色黏土，致密，含炭末、红烧土等	B型鼎足2、K型鼎足2、B型Ⅱ式釜3、A型Ⅰ式豆3、A型器盖	打破土台，局部打破G4
H26	T8	3	4	62（残45）×60	18	C	近圆形，斜壁，平底	灰褐色土，松软，较纯净等	有鼎足等少量陶片	打破H27及土台
H27	T8	3	4	83×70	35	D	近椭圆形，斜壁，平底	灰黑色黏土，致密，含炭末等	有鼎足等少量陶片	打破G4及土台，同时被H26打破
H28	T8、T9	3	4	86×81	29	C	近圆形，斜壁，平底	灰黑色黏土，致密，含红烧土、灰烬等	有少量陶片	打破G4及土台

续表

编号	所在探方	层位		坑口（长径×短径）	坑深	分类	形制	填土	出土遗物	备注
		上	下							
H29	T5、T6、T8、T9	3	4	223×186	45	B	近椭圆形，弧壁，圜底	褐色土，松散，含红烧土、砾石等	A型鼎足、C型鼎足2、I型鼎足3、M型鼎足、B型罐2、B型Ⅱ式钵5、A型Ⅰ式盘3、A型盘足2、C型Ⅱ式豆2、C型豆足、陶纺轮2	打破H48、H64及土台，同时被H17打破
H30	T10	3	4	264×157（残135）	35	B	长椭圆形，弧壁，圜底	灰褐色黏土，致密，含红烧土、骨渣等	A型Ⅰ式鼎2、B型Ⅰ式鼎2、B型Ⅱ式鼎3、D型Ⅱ式鼎、F型Ⅰ式鼎2、C型鼎足3、D型鼎足5、E型鼎足12、B型Ⅰ式釜2、C型盘2、A型Ⅰ式豆5、B型Ⅱ式豆2、A型豆足2、C型豆足3、A型Ⅱ式碗2、B型Ⅰ式碗3	打破H31，同时被H18打破
H31	T10	4	生土	175×160（残95）	38	A	近圆形，弧壁，圜底	灰黑色黏土，松软，含红烧土、骨渣等	A型Ⅰ式鼎2、E型Ⅰ式鼎5、B型鼎足、D型鼎足、F型鼎足、K型鼎足4、B型Ⅰ式釜2、B型Ⅱ式釜3、G型Ⅰ式罐2、A型Ⅱ式盘3、A型Ⅱ式豆2、A型豆足3、F型豆足2、豆柄、A型器盖2	部分揭露。被H18和H30打破
H32	T8	3	4	130×125	48	E	近方形，斜壁较直，平底	黄褐色黏土，致密，较纯净	有鼎足等少量陶片	打破H40及土台
H33	T5	3	4	73×残35	37	C	近圆形，斜壁较直，平底	灰黑色土，松散，含炭末、红烧土等	有鼎足等少量陶片	部分揭露。打破土台
H34	T5	3	4	59×56	42	C	近圆形，斜壁较直，平底	褐色土，致密，较纯净	有鼎足等少量陶片	打破土台
H35	T5	3	4	残50×45	35	D	长椭圆形，斜壁，平底	灰黑色黏土，松软，含红烧土等	有鼎足等少量陶片	部分揭露。打破H36及土台
H36	T5	3	4	残73×85	30	C	近圆形，斜壁，平底	灰褐色黏土，致密，含红烧土等	有鼎足等较多陶片	部分揭露。打破G6及土台，同时被H35打破
H37	T5	3	4	81×76	41	C	近圆形，斜壁较直，平底	褐色黏土，致密，含灰烬、红烧土等	有少量陶片	打破土台

续表

编号	所在探方	层位		坑口（长径×短径）	坑深	分类	形制	填土	出土遗物	备注
		上	下							
H38	T5	3	4	88×61	21	D	长椭圆形，斜壁，平底	褐色土，致密，较纯净	有鼎足等少量陶片	打破土台
H39	T5、T8	3	4	残92×86	38	D	长椭圆形，斜壁，平底	灰黑色黏土，致密，含红烧土等	Ⅰ型鼎足、A型Ⅱ式盘2	部分揭露。打破G5及土台
H40	T8	H32	生土	114×87	残40	D	不规则长椭圆形，斜壁较直，平底	褐色土，含灰烬、炭末、红烧土等	均为碎陶片	坑口被H32完全打破
H41	T9	3	4	129×96	43	E	近方形，斜壁较直，平底	灰黑色黏土，致密，含红烧土、砾石等	有鼎足等少量陶片	
H42	T9	3	4	104×65	23	D	长椭圆形，斜壁，平底	灰色黏土，致密，含红烧土、砾石等	有鼎足等较多陶片	局部打破土台
H43	T9	3	4	126×121	21	A	近圆形，弧壁，圜底	灰黑色黏土，致密，含砾石等	有鼎足等较多陶片	打破土台
H44	T9	3	4	173×129	38	B	长椭圆形，弧壁，圜底	灰黑色黏土，致密，含红烧土、砾石等	有较多陶片	打破G4及土台，同时被H20打破
H45	T6	3	4	121×102	46	E	近方形，斜壁较直，平底	灰黑色黏土，致密，较纯净	F型Ⅱ式鼎2、A型器盖2、陶纺轮、A型石锛	打破H46、H49、G3及土台
H46	T6、T9	3	4	135×70	65	F	近长方形，斜壁较直，平底	褐色黏土，致密，坑底有薄层灰烬及红烧土等	仅见陶鼎等少量陶片	打破H47及土台，同时被H45打破
H47	T6、T9	3	4	101（残80）×80（残65）	59	D	长椭圆形，斜壁较直，平底	黄褐色黏土，松软，较纯净	有少量陶片	打破土台，同时被H46打破

续表

编号	所在探方	层位		坑口（长径×短径）	坑深	分类	形制	填土	出土遗物	备注
		上	下							
H48	T5、T6、T8、T9	3	4	104×81	43	E	近方形，斜壁较直，平底	褐色黏土，致密，含红烧土等	F型鼎足2、I型鼎足	打破土台，同时被H29打破
H49	T6	3	4	171×145	24	B	近椭圆形，弧壁，圜底	灰黑色黏土，致密，含炭末、红烧土等	有鼎足等较多陶片	打破G3及土台，同时被H45打破
H50	T12	4	生土	134×125	35	A	近圆形，弧壁，圜底	灰黑色黏土，致密，含红烧土等	E型Ⅰ式鼎3、F型Ⅰ式鼎2、K型鼎足3、D型罐2、C型缸4、A型Ⅱ式杯、石饼	
H51	T12	4	生土	120×105	27	B	近椭圆形，弧壁，圜底	灰黑色黏土，致密，含砾石等	A型Ⅱ式缸	
H52	T2、T11	4	生土	125×94	45	D	长椭圆形，斜壁，平底	灰褐色土，致密，含红烧土、灰烬等	B型罐2、A型Ⅰ式甑、陶饼	打破H54及土台
H53	T11	4	生土	117×111	37	A	近圆形，弧壁，圜底	灰色黏土，致密，含红烧土等	A型Ⅱ式鼎3、E型鼎足2、K型鼎足、A型Ⅱ式罐2、A型盘足、A型Ⅰ式豆2	打破G7
H54	T2、T11	4	土台	87×81（残66）	30	C	近圆形，斜壁，平底	灰色土，松软，含红烧土等	有鼎足等少量陶片	打破土台，同时被H52打破
H55	T11、T14	4	生土	171×125	30	B	长椭圆形，弧壁，圜底	灰黑色黏土，致密，含红烧土、砾石等	A型Ⅱ式鼎2、C型Ⅱ式鼎4、E型Ⅱ式鼎3、E型鼎足6、C型缸、A型Ⅱ式豆3、A型器盖2	
H56	T12	4	生土	120×112	33	A	近圆形，弧壁，圜底	灰黑色黏土，致密，含炭末、红烧土等	A型Ⅱ式盘、陶拍、A型陶玩	
H57	T8、T11	3	4	109×78	52	E	近方形，斜壁较直，平底	灰黑色黏土，松软，含红烧土等	有鼎足等少量陶片	打破H70、G7及土台
H58	T11	4	生土	195×86	53	F	近长方形，斜壁，平底	黑褐色土，松软，含灰烬、红烧土、砾石等	C型罐、F型Ⅰ式罐2、B型缸2	打破G7

续表

编号	所在探方	层位		坑口（长径×短径）	坑深	分类	形制	填土	出土遗物	备注
		上	下							
H59	T11、T12、T14、T15	4	生土	215×106	85	F	近长方形，斜壁较直，平底	黑褐色土，松软，含炭末、红烧土、骨渣等	B型Ⅰ式釜、B型盘足、D型豆足、G型豆足2	打破G8
H60	T6	3	4	150×88	25	E	近长椭圆形，斜壁较直，平底	灰黑色黏土，致密，含红烧土、砾石等	B型鼎足2、F型鼎足3、B型Ⅱ豆2	打破G6及土台
H61	T6	3	4	131×129	23	A	近圆形，弧壁，圜底	黑色黏土，致密，含红烧土等	B型鼎足2、C型Ⅱ式豆2、B型石斧、C型石锛、残石锛	打破土台
H62	T6、T7	3	4	187×152	39	B	近椭圆形，弧壁，圜底	灰黑色黏土，致密，含红烧土、砾石等	C型鼎足3、I型鼎足2、M型鼎足、A型釜2、B型盘、C型Ⅱ式豆2、E型Ⅰ式豆2、陶饼、穿孔石器	打破土台
H63	T6、T7	3	4	105×残68	28	A	近圆形，弧壁，圜底	灰黑色黏土，疏松，较纯净	有鼎足等少量陶片	部分揭露。打破土台
H64	T6	3	4	58×57（残42）	42	C	近圆形，斜壁，平底	灰褐色土，致密，含红烧土、砾石等	有少量陶片	打破土台，同时被H29打破
H65	T14	4	生土	207×90	64	F	近长方形，斜壁较直，平底	黑褐色土，松软，含炭末、红烧土、砾石等，底部有薄层骨渣等	A型Ⅰ式盘2、A型Ⅰ式豆3、A型豆足、A型器座2	
H66	T8	3	4	121×110	41	A	近圆形，斜壁，圜底较坦	黑褐色黏土，致密，含红烧土、砾石等	E型缸、A型Ⅰ式豆3、豆柄2	部分揭露。打破土台，同时被H24打破
H67	T11	3	4	78×73	42	E	近方形，斜壁较直，平底	褐色土，较杂，含红烧土、砾石等	仅见少量陶片	打破H68及土台
H68	T8、T11	3	4	85×81（残47）	18	C	近圆形，斜壁较直，平底	灰褐色黏土，松散，含红烧土、砾石等	有较多陶片	打破G2及土台，同时被H67打破

续表

编号	所在探方	层位		坑口（长径×短径）	坑深	分类	形制	填土	出土遗物	备注
		上	下							
H69	T12	4	生土	128×124	32	A	近圆形，弧壁，圜底	灰黑色土，细腻，含炭末、红烧土、砾石等	B型Ⅱ式鼎3、C型Ⅱ式鼎2、E型鼎足8、K型鼎足2、B型Ⅰ式釜2、A型Ⅱ式甑、C型盘2、A型Ⅱ式豆3、B型Ⅰ式碗2、B型Ⅱ式碗3、石杵	
H70	T8、T9	3	4土	82×79	43	C	近圆形，斜壁较直，平底	黑褐色黏土，致密，含灰烬、红烧土等	有鼎足等少量陶片	打破G7及土台，同时被H57打破
H71	T9、T12	4	生土	196×150	27	B	近椭圆形，弧壁，圜底	灰黑色黏土，致密，含红烧土、砾石等	D型Ⅱ式鼎3、A型鼎足2、D型鼎足5、E型鼎足5、K型鼎足3、A型釜、C型缸3、C型盘、A型盘足5	
H72	T9、T12	4	生土	93×87	47	C	近圆形，斜壁较直，平底	灰黑色黏土，致密，含炭末、红烧土等	有鼎足等少量陶片	
H73	T10、T13	4	生土	240×215	55	B	近椭圆形，弧壁，圜底	灰黑色黏土，松软，含红烧土、砾石等	B型Ⅰ式鼎、C型Ⅰ式鼎5、E型Ⅰ式鼎4、E型Ⅱ式鼎3、J型鼎4、B型鼎足2、E型鼎足11、F型鼎足4、K型鼎足3、B型Ⅰ式釜7、B型Ⅱ式釜3、B型罐2、A型Ⅰ式缸5、A型Ⅱ式缸7、B型缸3、D型缸、A型Ⅰ式甑4、A型Ⅱ式甑3、A型Ⅰ式钵3、A型Ⅱ式钵2、D型盘、B型盘足、A型Ⅰ式豆5、A型Ⅱ式豆4、A型豆足8、D型豆足3、E型豆足6、F型豆足、豆柄、A型Ⅰ式碗3、支座、陶饼、陶丸、陶拍、陶研磨器、B型石斧、石凿、B型砺石、鹿角	

说明：“出土遗物”栏内，未标明质地者均为陶器；阿拉伯数字为件数，未注明件数者为1件；无法分辨型式者仅标注器类名称，无法分辨器类的陶片仅用“多”或“少”加以区别。有18组打破关系：H3→H8、H17→H29、H18→H30、H18→H31、H20→H44、H21→H22、H24→H66、H26→H27、H29→H64、H30→H31、H32→H40、H35→H36、H45→H46、H45→H49、H46→H47、H52→H54、H57→H70、H67→H68。

Abstract

Qingshan Site is an important Neolithic site at the lower reach of Xiangjiang River. Due to the rich cultural connotation and complicated cultural factors, it is a typical site in the study of Duiziling Culture in Xiangjiang River basin. Because of the flood, the site will disappear soon, Hunan Provincial Institute of Cultural Relics, together with cultural heritage management offices of Yueyang City and Yueyang County carried out the emergent excavation on this site in 2008.

This report mainly introduced and expounded all excavated materials in detail, comprehensively elaborated the Duiziling Culture, and carried out the preliminary discussion on correlative questions. There are four points of conclusion as below:

First, by means of comprehensive analysis of excavated materials, the characteristics, nature, and cultural factors of Qingshan Site have been made clear, and the unique cultural remains and the environment of this site have been stated basically.

Secondly, based on Qingshan Site, combined with the existing archaeological data, the distribution range, cultural characteristics, cultural stages and the relative date of Duiziling Culture were comprehensively expounded for the first time, which offered a solid foundation for an in-depth study of Duiziling Culture.

Thirdly, through the deep discussion of the relation of Duiziling Culture and surrounding cultures, the cultural pattern of Daxi Culture in Hunan Province was revealed further, which added new cultural connotations for the study of cultural evolution system of the Neolithic culture in the middle reach of Yangtze River.

Fourthly, according to the characteristics of the multiple structure of Duiziling Culture, the formation reasons of this culture have been also preliminarily discussed, and the development background and evolution pattern of the Neolithic culture of Xiangjiang River have been explored briefly.

后　　记

本报告由尹检顺负责编写。参加发掘的人员有尹检顺、何赞、徐佳林、肖国光、喻岳兵、刘斌、汤彬、李晶等；器物修复由向树青、汪华英、龚辉群、朱元妹、付林英、易万春等完成；插图、拓片由谭何易、朱俊明、向树青等绘制；电脑描图、排版由谭何易、李静担任；杨盯承担器物拍摄工作。其他整理事宜由尹检顺完成。

发掘期间，岳阳市文物考古研究所和湘阴县文物旅游局给予了积极的协助和温馨的关照。在整个发掘、整理及报告编写过程中，得到了郭伟民所长的鼎力支持，他深厚的学术素养和敏锐的学术视野让编写者受益匪浅。在资料整理及报告出版方面，所长助理高成林研究员对我们的工作提供了大量帮助。

科学出版社樊鑫为报告的出版倾注了大量心血和汗水。本书英文提要由赵越翻译完成。在此，一并致以诚挚的感谢。

编　者

2015年4月1日

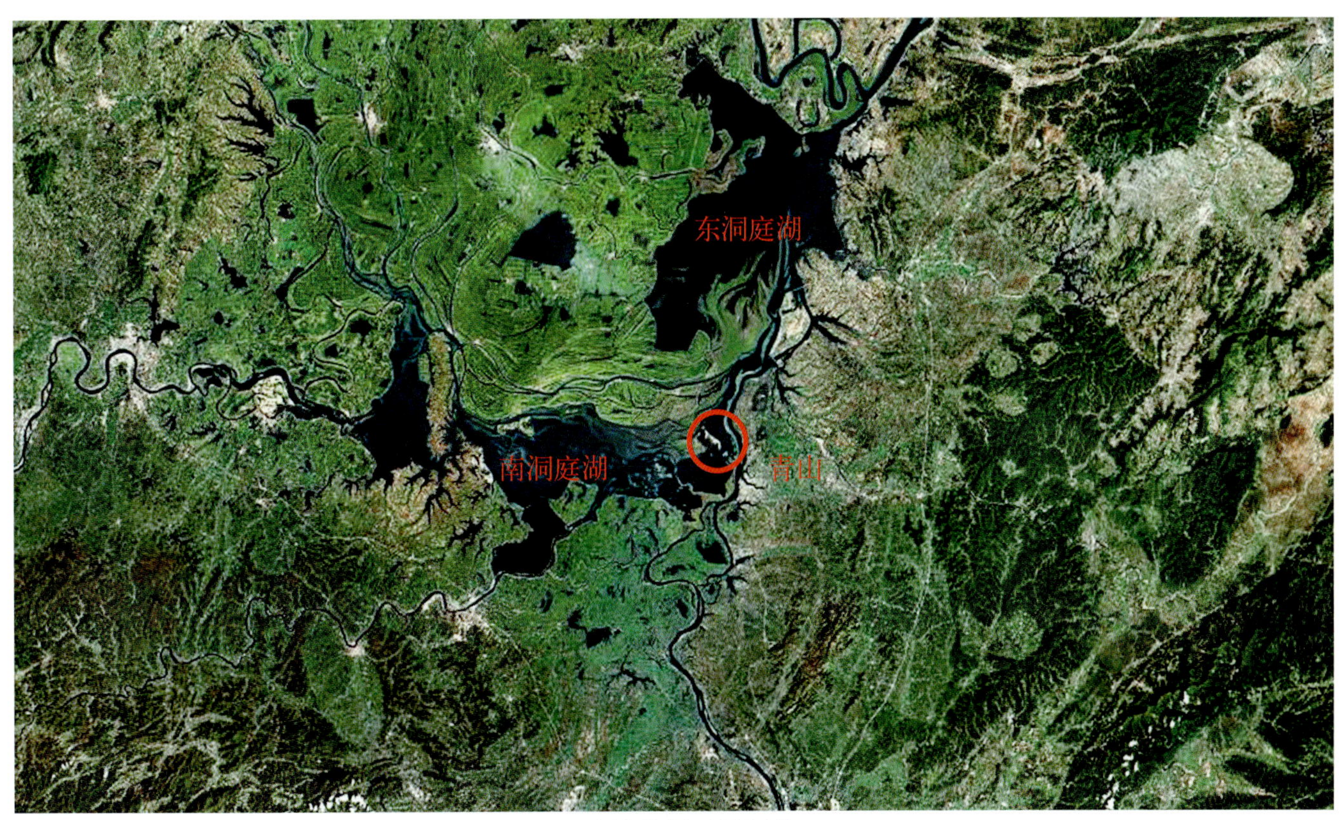

1. 遗址位置卫星图片

2. 遗址地貌（由东往西）

遗址位置及地貌

彩版二

1. 遗址远景（由东往西）

2. 遗址近景（由东北往西南）

枯水时期遗址地貌

1. 被淹现场（由东往西）

2. 发掘现场（由南往北）

发掘现场

1. H17清理工作照

2. H31清理工作照

3. T14清理工作照

4. 测绘工作照

发掘工作照

1. T3北壁

2. T13东壁

地层堆积

1. T1～T4揭露遗迹（由东往西）

2. T5～T10揭露遗迹（由西往东）

遗迹分布

1. T11～T16揭露遗迹（由北往南）

2. 发掘区遗迹全貌（由东往西）

遗迹分布

1. H17坑底出土遗物（由西往东）

2. H66（由东往西）

3. H4（由北往南）

4. H18（由东往西）

坑穴遗迹

1. H19（由西往东）

2. H21（由东北往西南）

3. H29（由西往东）

4. H30坑底出土遗物（由东往西）

1. H62（由东往西）

2. H73坑底出土遗物（由东往西）

3. H37（由南往北）

4. H3坑底出土遗物（由西南往东北）

1. H41（由西往东）

2. H67（由西南往东北）

3. H59（由西南往东北）

4. 栅围沟槽（G8）（由西往东）

坑穴及栅围遗迹

1. 口部残片（T13④：6）

2. 口部残片（T12④：5）

3. 口、肩腹部残片（T12④：159）

4. 肩腹部残片（T12④：100）

5. 鼎足（T15④：19）

6. 鼎足（T7④：62）

陶鼎残片纹饰

1. H19：6

2. T9④：124

3. T7③：32

4. T2③：26

5. T7③：34

6. T12④：233

陶鼎足纹饰

1. T5③：33

2. T8③：14

3. T12④：135

4. T3④：13

5. T8③：11

6. T10③：6

陶盘口部残片纹饰

1. H11：187

2. T8④：33

3. H29：19

4. T12④：154

5. H70：2

6. T7③：8

陶盘足部残片纹饰

1. H71：20

2. T11④：104

3. T9④：40

4. T3③：6

5. T5④：8

6. T7④：13

陶盘足部残片纹饰

1. T11④：96

2. H31：18

3. H30：40

4. T3③：16

5. T4④：16

6. T9③：9

陶豆足部残片纹饰

1. H73：52

2. H11：84

3. H30：14

4. T12④：138

5. T16④：76

6. T15④：7

陶豆足部残片纹饰

1. 盖纽（T1④：37）

2. 盖纽（T13④：26）

3. 盖纽（T12④：96）

4. 残盖纽（T1④：38）

5. 钵残片（H17：2）

6. 钵残片（T8③：48）

陶盖纽、陶钵残片纹饰

1. C型鼎足（T1④：54）

2. C型鼎足（T2④：47）

3. I型鼎足（T3④：43）

4. C型鼎足（T4④：46）

5. C型鼎足（T5④：24）

6. C型鼎足（T6④：63）

T1～T6出土陶器

1. A型Ⅰ式钵（T3④：28）

2. A型Ⅰ式盘（T5③：30）

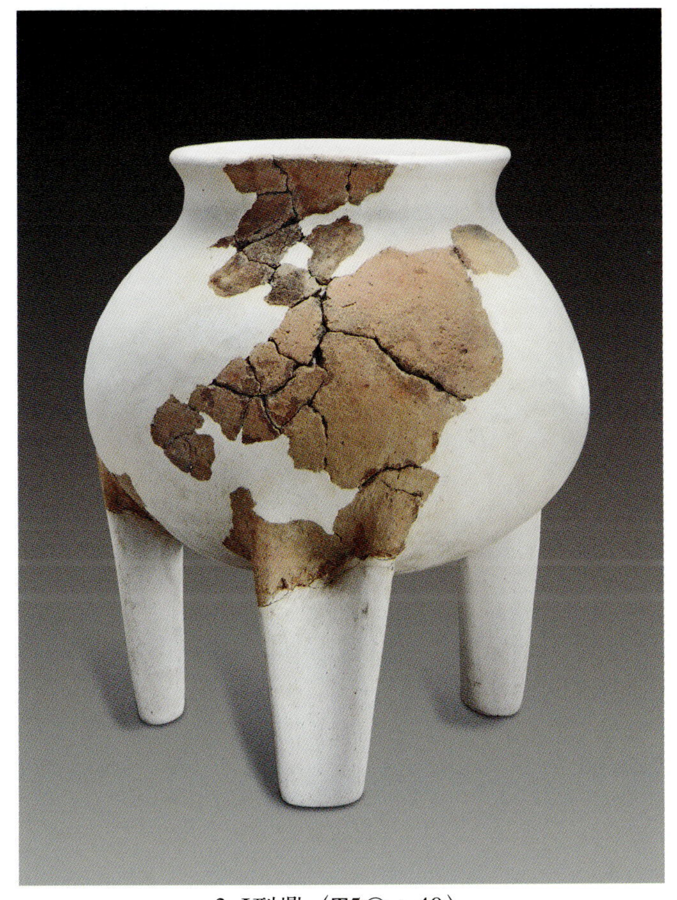

3. I型鼎（T5③：40）

4. E型Ⅰ式罐（T6③：9）

T3、T5、T6出土陶器

1. B型器盖（T7④：48）

2. C型钵（T7③：19）

3. A型Ⅰ式盘（T8④：36）

4. B型Ⅰ式钵（T8③：39）

5. A型Ⅱ式杯（T9④：52）

6. 豆柄（T9③：10）

T7～T9出土陶器

1. B型盘（T9④：84）

2. A型盘足（T9④：87）

3. G型鼎（T11④：52）

4. J型鼎（T11④：54）

T9、T11出土陶器

1. A型Ⅰ式缸（T11④：66）

2. B型盆（T11④：48）

3. A型Ⅰ式杯（T11④：20）

4. A型Ⅱ式盘（T11④：65）

T11出土陶器

1. A型盘足（T11④：14）

2. A型豆足（T11④：82）

3. C型豆足（T11④：11）

4. A型Ⅱ式碗（T11④：58）

T11出土陶器

1. E型Ⅱ式鼎（T12④：161）

2. A型豆足（T12④：128）

3. 豆柄（T12④：131）

4. B型Ⅱ式碗（T12④：218）

5. A型器盖（T12④：180）

6. D型器盖（T12④：146）

T12出土陶器

1. I型鼎（T12③：1）

2. B型Ⅱ式釜（T13④：46）

3. A型Ⅰ式缸（T13④：34）

4. A型盘足（T13④：28）

T12、T13出土陶器

1. D型盘（T13④：47）

2. D型盘（T13④：75）

3. B型Ⅰ式豆（T13④：2）

4. E型Ⅰ式豆（T13④：73）

T13出土陶器

1. B型瓮（T14④：44）

2. A型Ⅰ式豆（T15④：4）

3. A型器盖（T16④：67）

4. A型器盖（T16④：53）

T14～T16出土陶器

1. G型鼎（H3：5）

2. A型Ⅰ式豆（H3：3）

3. F型Ⅱ式罐（H6：5）

4. A型器座（H6：3）

H3、H6出土陶器

1. G型鼎（H10：4）

2. A型Ⅰ式盘（H11：182）

3. A型Ⅱ式盘（H11：191）

4. A型豆足（H11：149）

H10、H11出土陶器

1. D型Ⅰ式鼎（H14：2）

2. H型鼎（H16：3）

3. I型鼎（H17：30）

4. G型Ⅱ式罐（H17：29）

H14、H16、H17出土陶器

1. A型盆（H17：18）

2. E型豆足（H17：23）

3. D型Ⅰ式鼎（H18：59）

4. C型罐（H18：58）

H17、H18出土陶器

1. A型Ⅱ式豆（H18：53）

2. A型器盖（H18：62）

3. A型Ⅰ式盘（H22：5）

4. B型甑（H23：9）

H18、H22、H23出土陶器

1. D型鼎足（H24：28）

2. M型鼎足（H24：29）

3. I型鼎足（H29：30）

4. E型鼎足（H30：50）

5. E型鼎足（H30：54）

6. E型鼎足（H30：53）

H24、H29、H30出土陶器

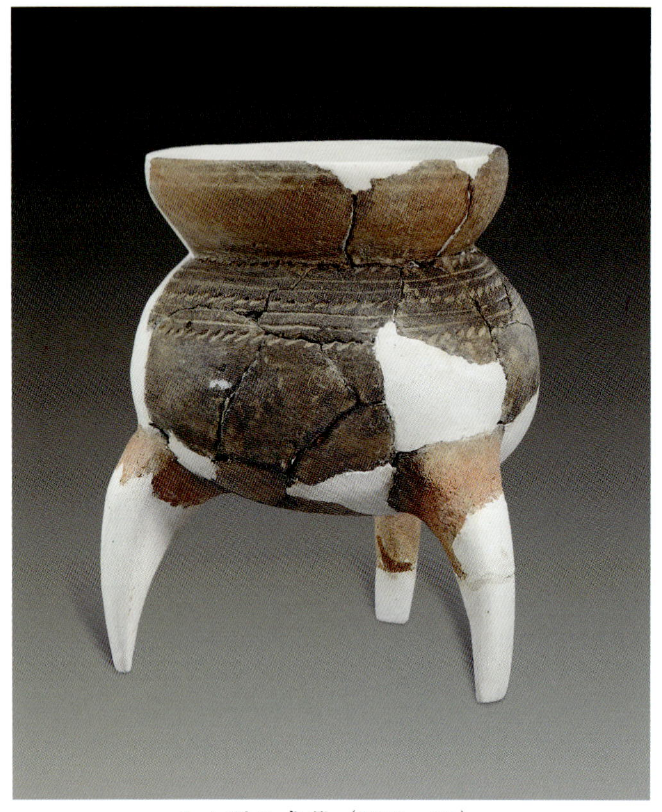

1. A型Ⅰ式鼎（H30：31）

2. B型Ⅰ式鼎（H30：25）

3. B型Ⅱ式鼎（H30：24）

4. A型Ⅰ式鼎（H31：25）

H30、H31出土陶器

1. E型Ⅰ式鼎（H31：37）

2. E型Ⅰ式鼎（H31：31）

3. E型Ⅰ式鼎（H31：33）

4. A型器盖（H31：30）

H31出土陶器

1. F型Ⅰ式鼎（H50：11）

2. C型缸（H50：9）

3. C型缸（H50：8）

4. C型Ⅱ式豆（H61：6）

H50、H61出土陶器

1. C型Ⅱ式豆（H62：15）

2. A型器座（H65：2）

3. E型缸（H66：4）

4. A型Ⅰ式豆（H66：3）

H62、H65、H66出土陶器

1. B型Ⅱ式鼎（H69：14）

2. A型Ⅱ式甑（H69：12）

3. C型盘（H69：10）

4. B型Ⅱ式碗（H69：13）

H69出土陶器

1. C型Ⅰ式鼎（H73：77）

2. C型Ⅰ式鼎（H73：76）

3. E型Ⅰ式鼎（H73：27）

4. E型Ⅰ式鼎（H73：48）

H73出土陶器

1. J型鼎（H73：61）

2. J型鼎（H73：78）

3. A型Ⅰ式缸（H73：37）

4. A型Ⅱ式缸（H73：83）

H73出土陶器

1. A型Ⅱ式缸（H73：67）

2. D型缸（H73：24）

3. A型Ⅰ式碗（H73：88）

4. D型豆足（H73：28）

H73出土陶器

1. 陶饼（T12④：86）

2. 陶饼（T16③：8）

3. 陶饼（H11：141）

4. 陶纺轮（H29：11）

5. 陶纺轮（H29：10）

6. 陶拍（H73：17）

遗址出土陶饼、陶纺轮、陶拍

1. 陶拍（T9④：56）

2. 陶拍（T9④：57）

3. 陶拍（T6④：17）

4. C型陶玩（T13③：21）

5. C型陶玩（T7④：31）

6. 陶塑（T9③：19）

遗址出土陶拍、陶玩、陶塑

1. A型石斧（T13④：36）

2. A型石斧（T2③：4）

3. B型石斧（T13④：37）

4. B型石斧（H21：4）

5. A型石锛（H45：4）

6. A型石锛（T12④：74）

遗址出土石斧、石锛

1. B型石锛（T16④：31）

2. B型石锛（T7③：12）

3. B型石锛（T6④：15）

4. C型石锛（H61：1）

5. C型石锛（T16③：4）

6. C型石锛（T6④：16）

遗址出土石锛

1. 穿孔石器（T4③：9）

2. 穿孔石器（T13③：17）

3. 石饼（T6③：3）

4. 玉璜（T13④：97）

5. 玉环（H17：44）

6. 玉簪（T15④：35）

遗址出土石器及玉器

1. C型鼎足（T1④：54）

2. E型器盖（T1④：46）

3. I型鼎足（T1③：18）

4. C型鼎足（T2④：47）

5. I型鼎足（T2④：42）

6. I型鼎足（T2④：44）

T1、T2出土陶器

图版二

1. A型Ⅰ式杯（T2④：30）

2. C型鼎足（T2③：24）

3. C型鼎足（T2③：26）

4. F型鼎足（T2③：21）

5. I型鼎足（T3④：43）

6. C型盘（T3④：26）

T2、T3出土陶器

1. C型Ⅱ式豆（T3④：27）

2. A型Ⅰ式钵（T3④：28）

3. A型鼎足（T3③：23）

4. D型鼎足（T3③：25）

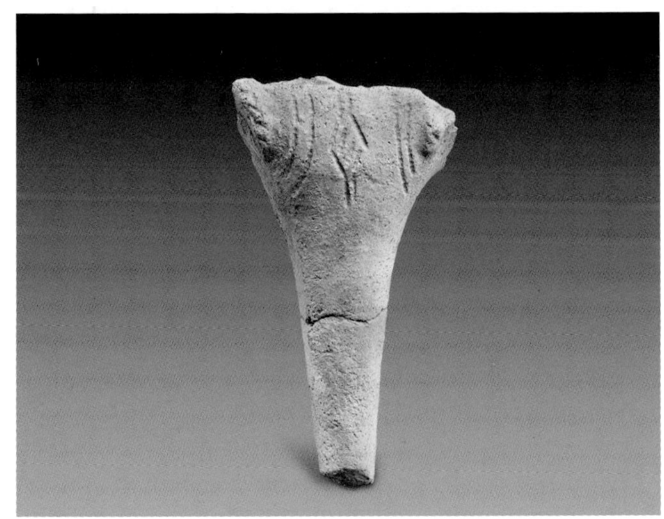

5. D型鼎足（T3③：2）

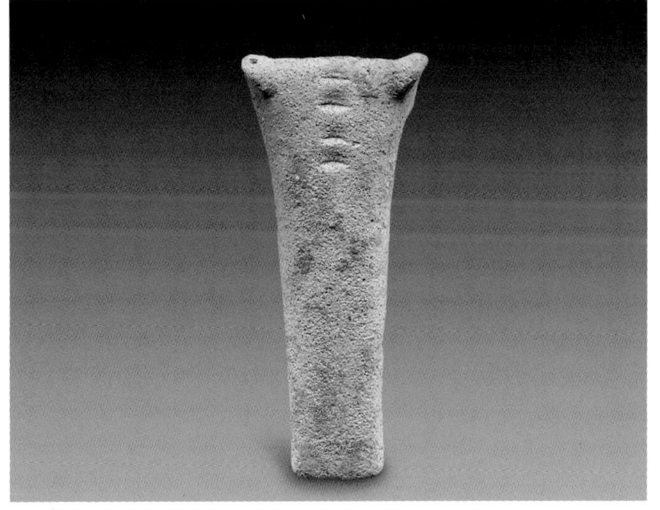

6. E型鼎足（T3③：33）

T3出土陶器

图版四

1. E型鼎足（T3③：37）

2. F型豆足（T3③：16）

3. C型鼎足（T4④：46）

4. E型鼎足（T4④：39）

5. F型鼎足（T4④：42）

6. G型鼎足（T4④：40）

T3、T4出土陶器

1. A型豆足（T4④：16）

2. A型Ⅱ式杯（T4④：30）

3. C型鼎足（T4③：23）

4. E型鼎足（T4③：15）

5. C型鼎足（T5④：24）

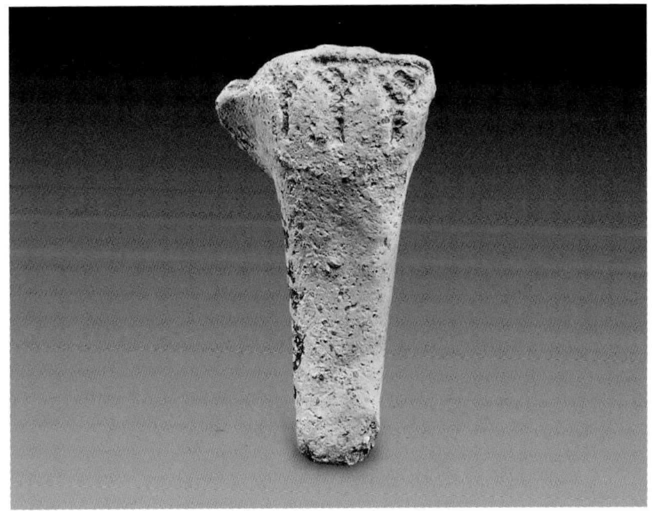
6. M型鼎足（T5④：29）

T4、T5出土陶器

1. I型鼎（T5③：40）

2. D型鼎足（T5③：47）

3. A型Ⅰ式盘（T5③：26）

4. A型Ⅰ式盘（T5③：30）

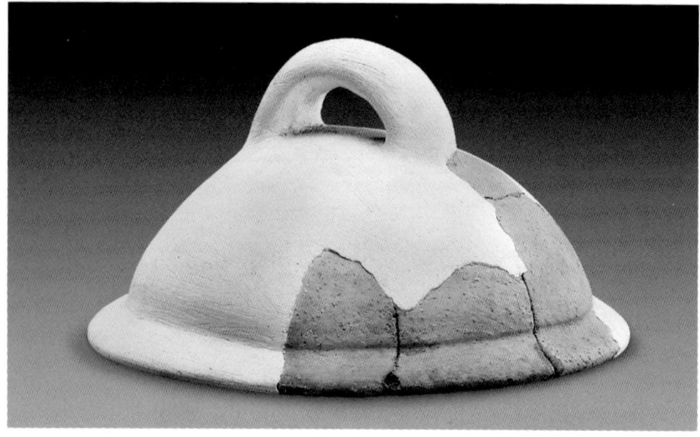

5. A型器盖（T5③：29）

6. B型器盖（T5③：38）

T5出土陶器

1. B型鼎足（T6④：60）

2. C型鼎足（T6④：63）

3. A型Ⅱ式盘（T6④：44）

4. B型Ⅱ式豆（T6④：22）

5. F型豆足（T6④：28）

6. E型Ⅰ式罐（T6③：9）

T6出土陶器

图版八

1. D型Ⅰ式鼎（T7④：39）

2. I型鼎足（T7④：35）

3. I型鼎足（T7④：62）

4. A型盘足（T7④：36）

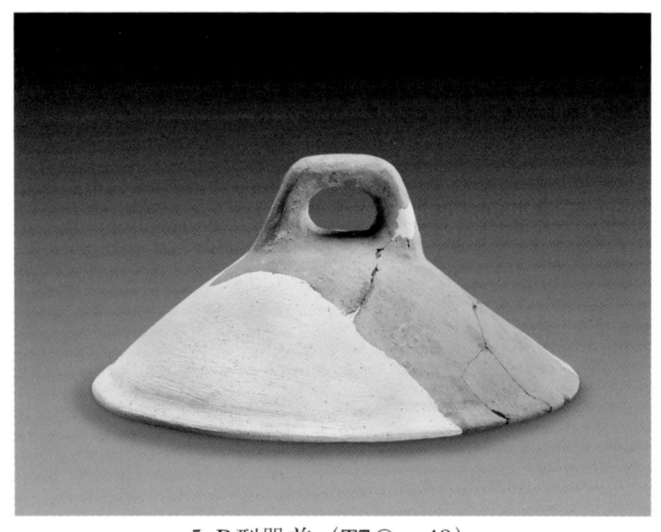

5. B型器盖（T7④：48）

6. 盖纽（T7④：17）

T7出土陶器

1. C型鼎足（T7③：34）

2. C型鼎足（T7③：33）

3. E型鼎足（T7③：32）

4. C型钵（T7③：19）

5. A型盘足（T7③：18）

6. A型Ⅰ式盘（T8④：36）

T7、T8出土陶器

图版一〇

1. E型Ⅰ式罐（T8③：37）

2. D型鼎足（T8③：57）

3. B型Ⅰ式钵（T8③：39）

4. A型Ⅱ式豆（T8③：38）

5. A型Ⅰ式杯（T8③：31）

6. C型杯（T8③：30）（倒置）

T8出土陶器

1. A型Ⅱ式杯（T9④：52）

2. B型鼎足（T9④：101）

3. C型鼎足（T9④：124）

4. F型鼎足（T9④：117）

5. B型盘（T9④：84）

6. A型盘足（T9④：87）

T9出土陶器

图版一二

1. A型Ⅰ式豆（T9④：71）

2. 豆柄（T9③：10）

3. A型Ⅱ式盘（T10④：41）

4. A型Ⅰ式钵（T10④：31）

5. 盖纽（T10④：25）

6. A型Ⅱ式杯（T10③：25）

T9、T10出土陶器

1. A型豆足（T10③：45）

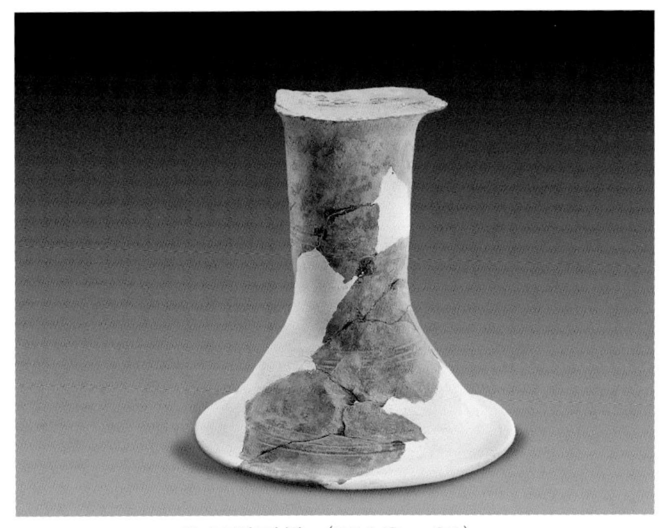
2. E型豆足（T10③：37）

3. E型Ⅱ式鼎（T11④：76）

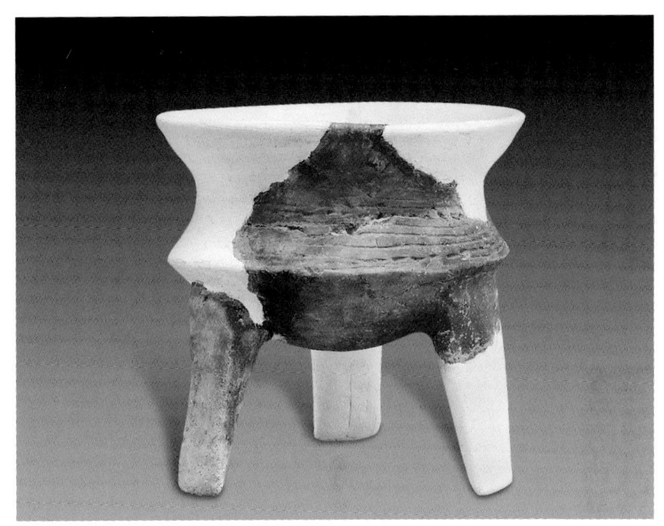
4. G型鼎（T11④：52）

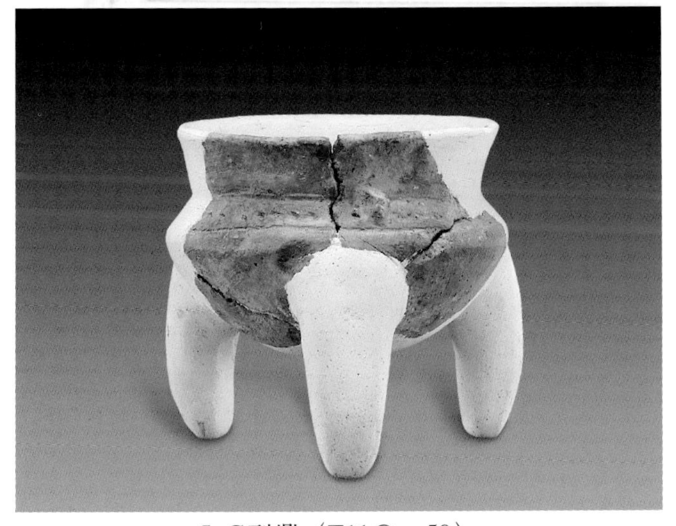
5. G型鼎（T11④：50）

6. D型鼎足（T11④：129）

T10、T11出土陶器

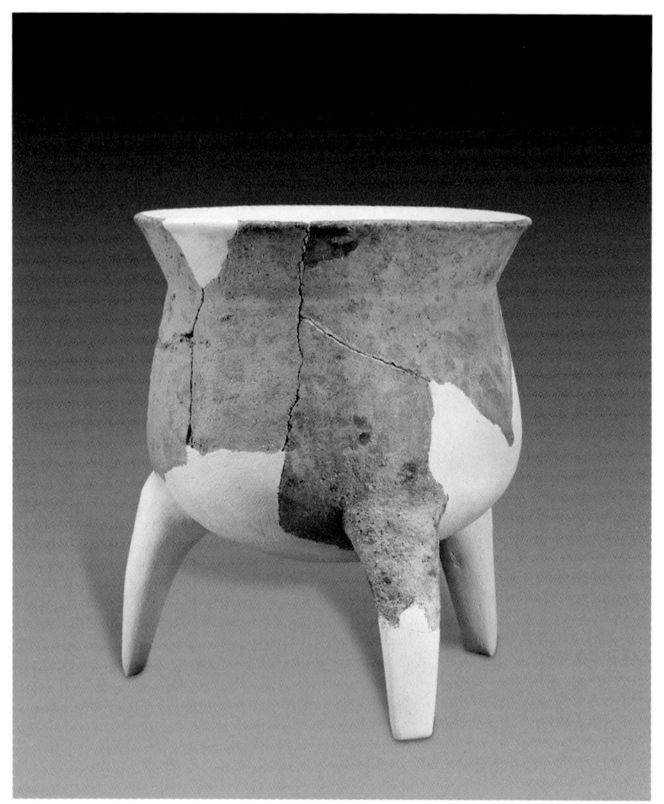

1. J型鼎（T11④：54）

2. A型Ⅰ式缸（T11④：67）

3. A型Ⅰ式缸（T11④：66）

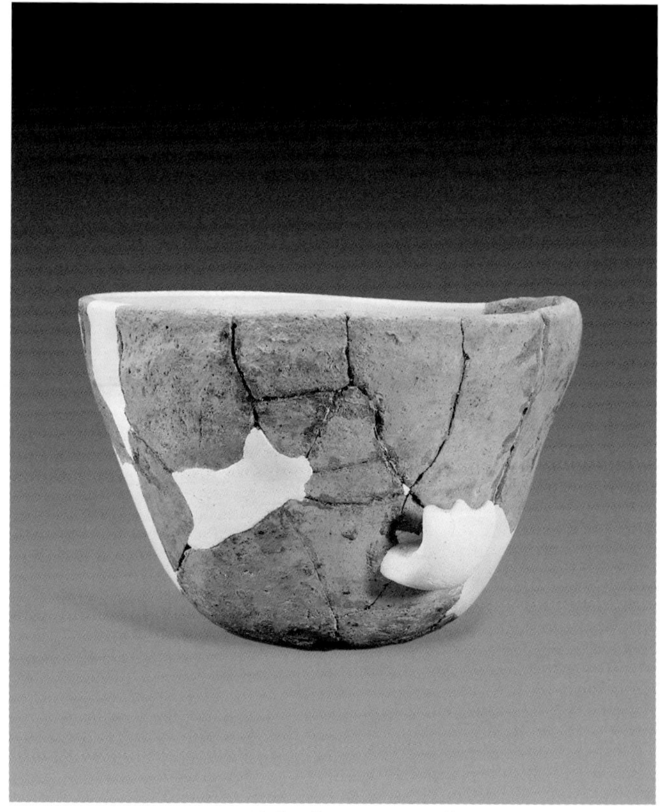

4. B型盆（T11④：48）

T11出土陶器

1. D型鼎足（T11④：108）

2. F型鼎足（T11④：116）

3. C型缸（T11④：75）

4. A型Ⅱ式钵（T11④：64）

5. A型Ⅱ式钵（T11④：61）

6. A型Ⅰ式杯（T11④：20）

T11出土陶器

1. A型Ⅰ式杯（T11④：42）

2. A型Ⅱ式杯（T11④：102）

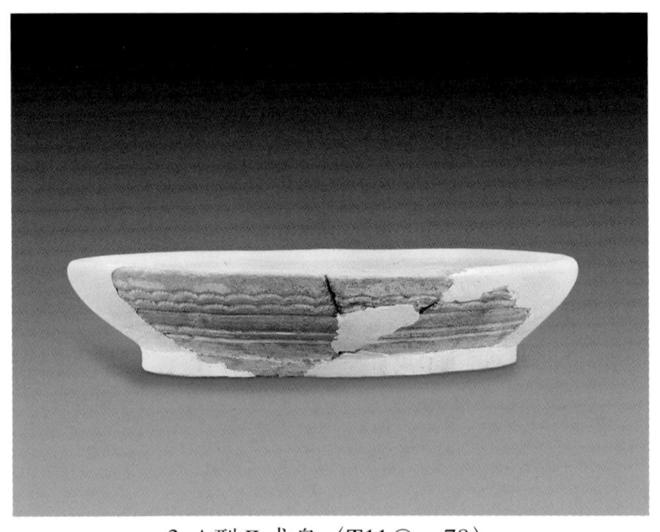

3. A型Ⅱ式盘（T11④：78）

4. A型Ⅱ式盘（T11④：65）

5. A型盘足（T11④：14）

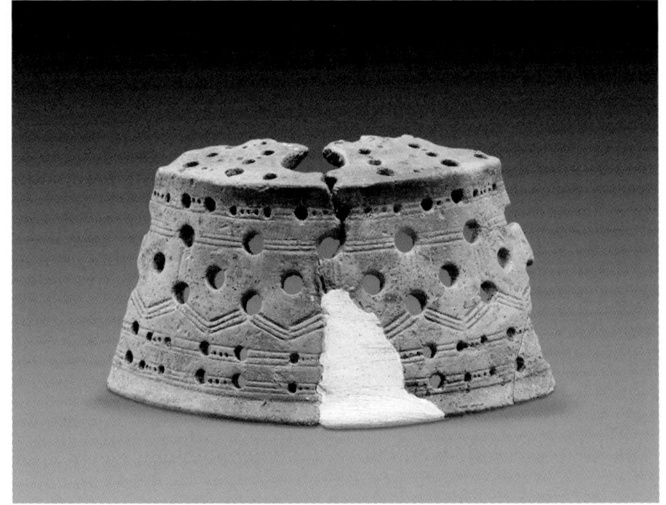

6. A型豆足（T11④：96）

T11出土陶器

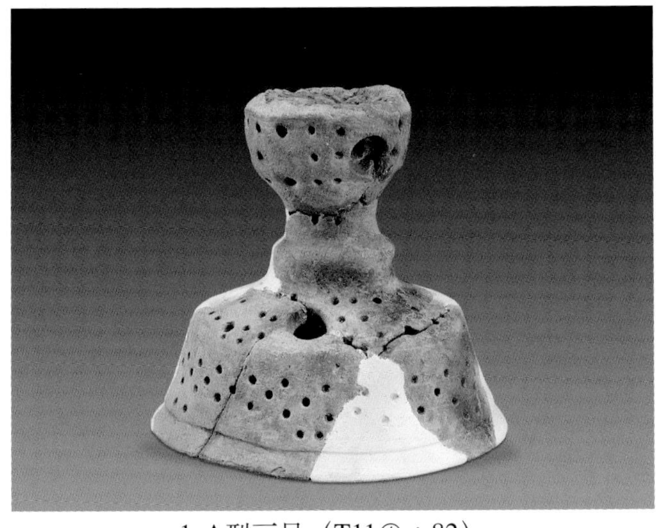
1. A型豆足（T11④：82）

2. A型豆足（T11④：105）

3. C型豆足（T11④：11）

4. 豆柄（T11④：79）

5. A型Ⅱ式碗（T11④：58）

6. A型器盖（T11④：53）

T11出土陶器

图版一八

1. C型Ⅱ式鼎（T12④：175）

2. E型Ⅱ式鼎（T12④：159）

3. E型Ⅱ式鼎（T12④：161）

4. 三足钵（T12④：95）

5. C型鼎足（T12④：291）

6. C型鼎足（T12④：231）

T12出土陶器

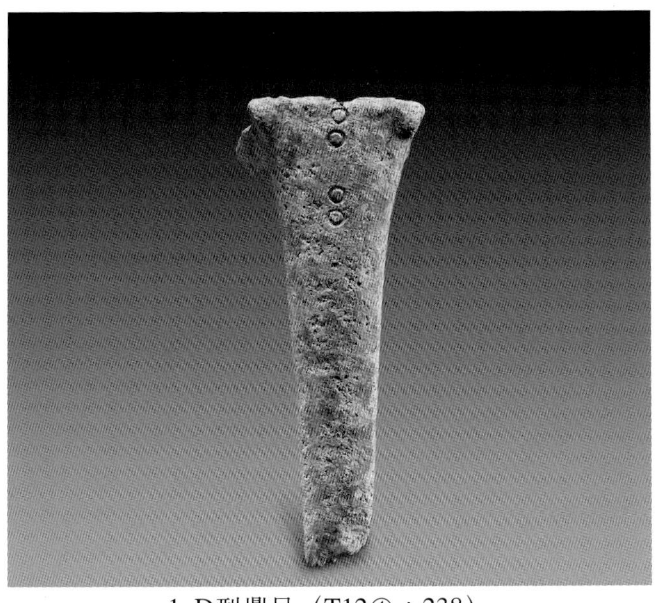
1. D型鼎足（T12④：238）

2. F型鼎足（T12④：265）

3. I型鼎足（T12④：233）

4. I型鼎足（T12④：248）

5. A型Ⅱ式钵（T12④：13）

6. A型Ⅰ式杯（T12④：191）

T12出土陶器

图版二〇

1. A型Ⅱ式杯（T12④：75）

2. A型Ⅰ式盘（T12④：134）

3. A型Ⅱ式盘（T12④：141）

4. C型盘（T12④：200）

5. D型盘（T12④：217）

6. A型Ⅰ式豆（T12④：176）

T12出土陶器

1. A型Ⅱ式豆（T12④：194）

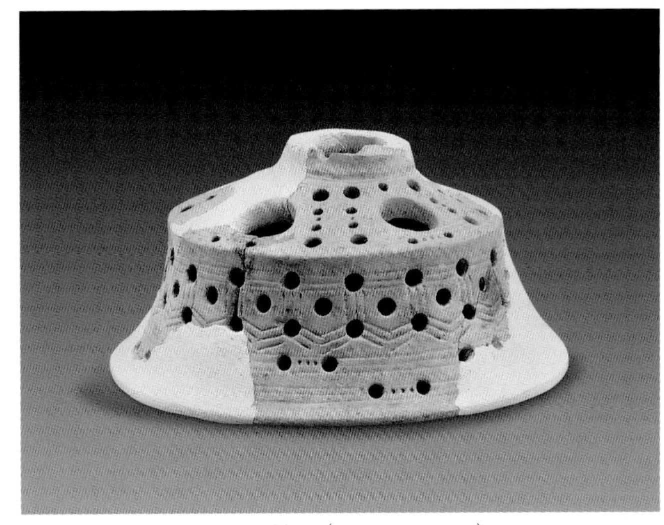
2. A型豆足（T12④：128）

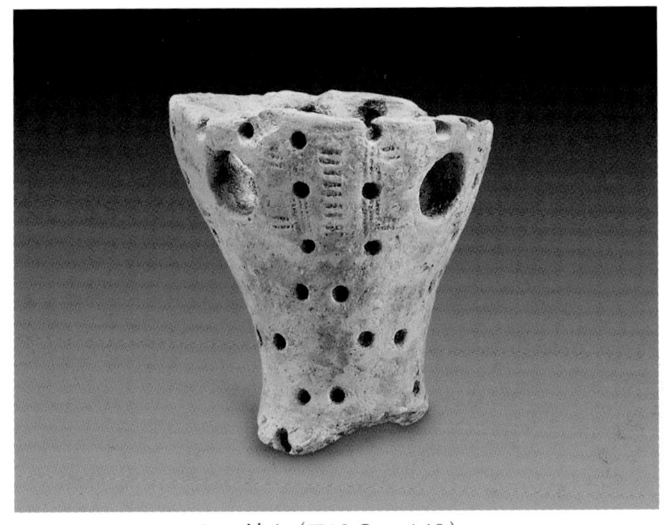
3. 豆柄（T12④：140）

4. 豆柄（T12④：130）

5. 豆柄（T12④：149）

6. 豆柄（T12④：131）

T12出土陶器

1. 豆柄（T12④：138）

2. B型Ⅰ式碗（T12④：102）

3. B型Ⅱ式碗（T12④：107）

4. B型Ⅱ式碗（T12④：218）

5. A型器盖（T12④：96）

6. A型器盖（T12④：180）

T12出土陶器

1. A型器盖（T12④：121）

2. D型器盖（T12④：146）

3. I型鼎（T12③：1）

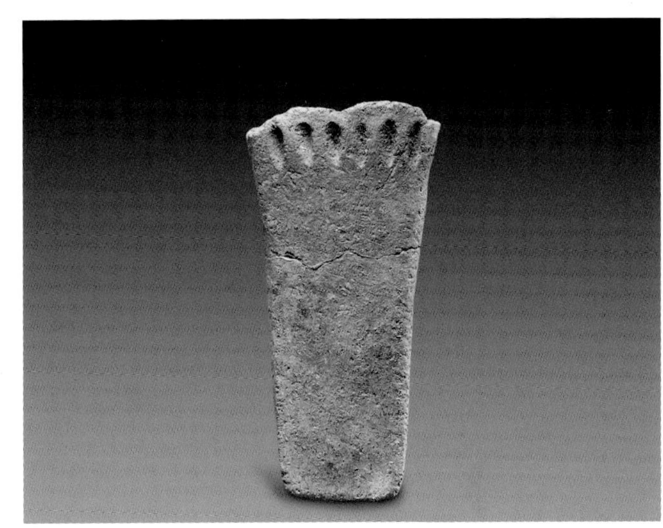
4. B型鼎足（T12③：2）

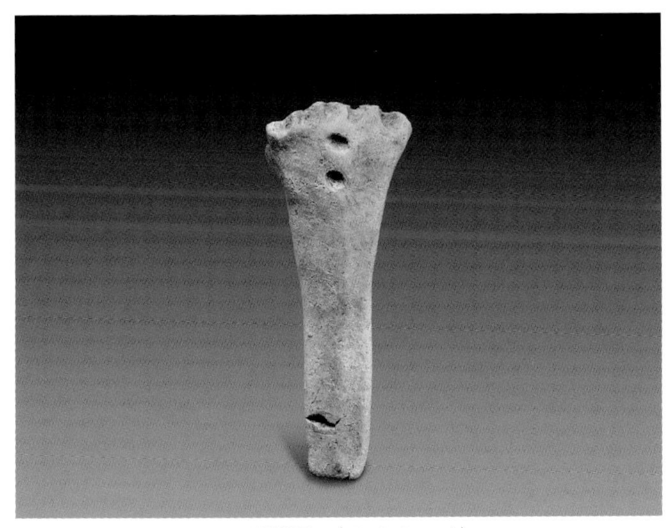
5. E型鼎足（T12③：4）

6. J型鼎足（T12③：5）

T12出土陶器

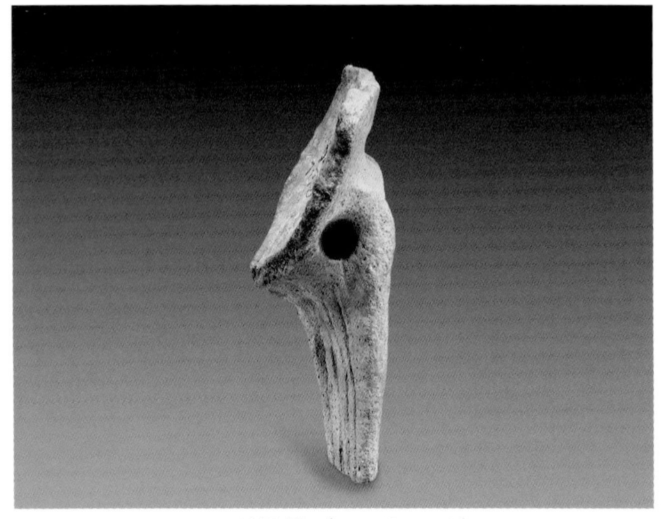

1. B型鼎足（T13④：39）

2. C型鼎足（T13④：41）

3. D型鼎足（T13④：79）

4. F型鼎足（T13④：40）

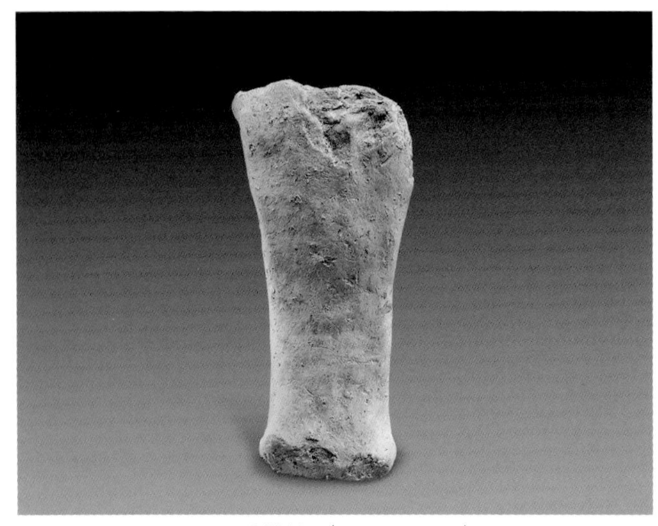

5. H型鼎足（T13④：78）

6. I型鼎足（T13④：94）

T13出土陶器

1. J型鼎足（T13④：95）

2. L型鼎足（T13④：81）

3. L型鼎足（T13④：42）

4. B型Ⅱ式釜（T13④：46）

5. A型Ⅰ式缸（T13④：34）

6. B型缸（T13④：50）

T13出土陶器

1. A型盆（T13④：52）

2. A型瓮（T13④：58）

3. A型Ⅱ式盘（T13④：27）

4. D型盘（T13④：47）

5. D型盘（T13④：75）

6. A型盘足（T13④：28）

T13出土陶器

1. A型Ⅱ式豆（T13④：33）

2. B型Ⅰ式豆（T13④：2）

3. E型Ⅰ式豆（T13④：73）

4. H型豆足（T13④：63）

5. A型器盖（T13④：23）

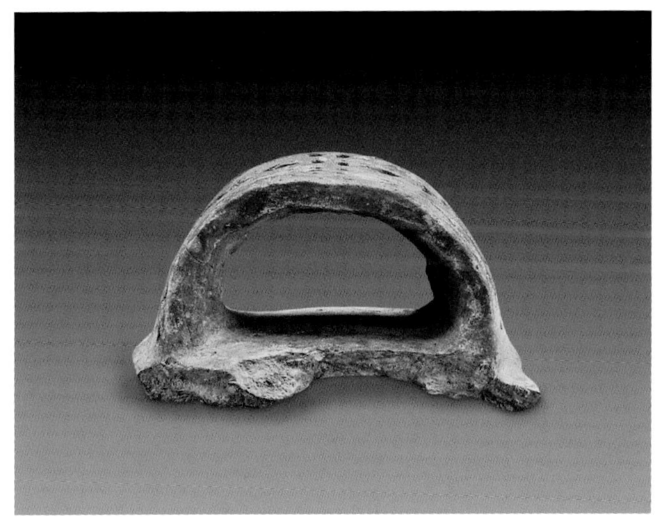
6. 盖纽（T13④：26）

T13出土陶器

图版二八

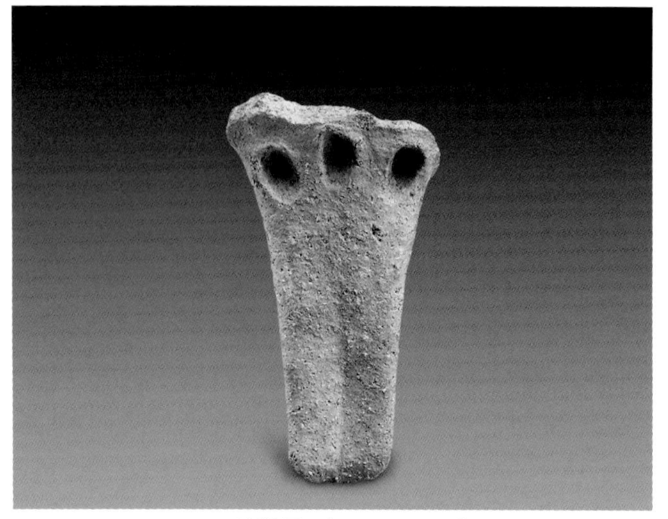

1. A型鼎足（T13③：29）

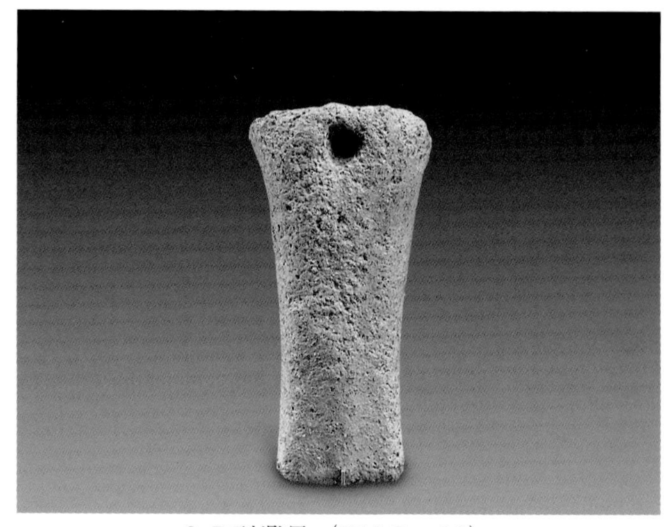

2. B型鼎足（T13③：35）

3. A型Ⅰ式豆（T13③：24）

4. D型豆足（T13③：22）

5. A型鼎足（T14④：94）

6. A型鼎足（T14④：96）

T13、T14出土陶器

1. B型鼎足（T14④：77）

2. D型鼎足（T14④：3）

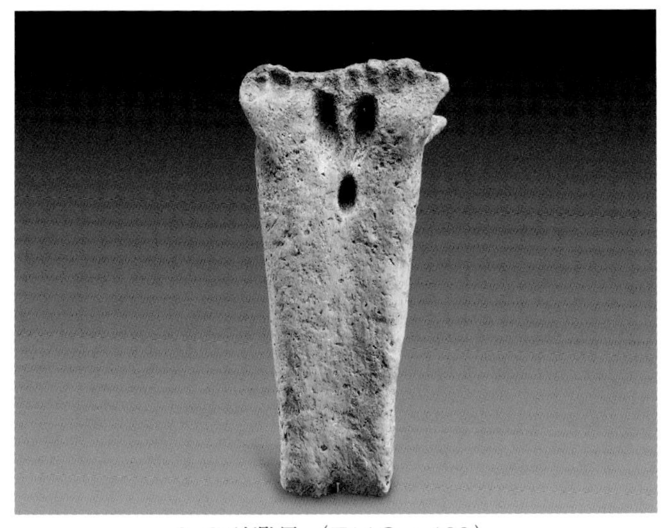

3. G型鼎足（T14④：100）

4. I型鼎足（T14④：83）

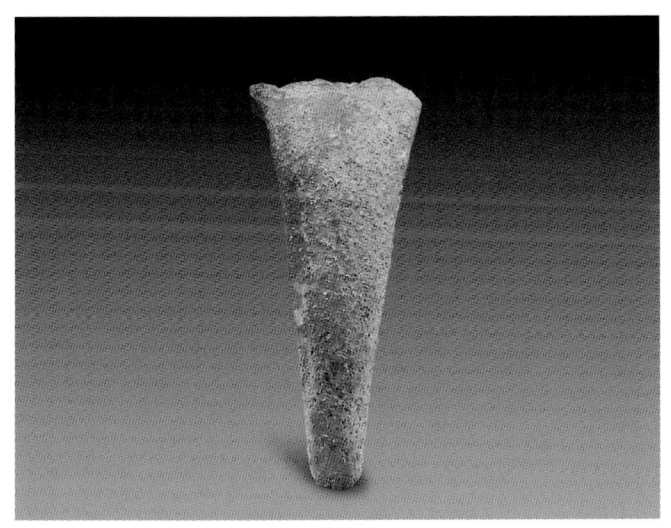

5. J型鼎足（T14④：74）

6. M型鼎足（T14④：72）

T14出土陶器

1. E型Ⅱ式鼎（T14④：2）

2. B型瓮（T14④：44）

3. A型Ⅱ式豆（T14④：6）

4. A型Ⅱ式杯（T14④：48）

5. C型器盖（T14④：49）

6. D型豆（T14③：12）

T14出土陶器

1. C型鼎足（T15④：33）

2. D型鼎足（T15④：34）

3. E型鼎足（T15④：24）

4. I型鼎足（T15④：19）

5. K型鼎足（T15④：25）

6. A型Ⅰ式豆（T15④：4）

T15出土陶器

图版三二

1. C型盘（T15③：13）

2. A型器盖（T15③：25）

3. B型鼎足（T15③：23）

4. E型Ⅰ式鼎（T16④：60）

5. H型鼎（T16④：71）

6. A型鼎足（T16④：104）

T15、T16出土陶器

1. B型鼎足（T16④：34）

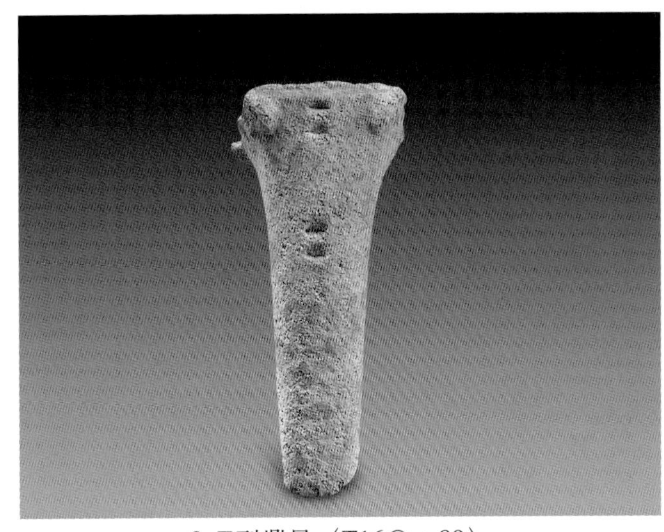
2. E型鼎足（T16④：89）

3. G型鼎足（T16④：33）

4. H型鼎足（T16④：101）

5. H型鼎足（T16④：100）

6. I型鼎足（T16④：88）

T16出土陶器

图版三四

1. L型鼎足（T16④：80）

2. M型鼎足（T16④：99）

3. B型Ⅰ式钵（T16④：17）

4. B型Ⅰ式钵（T16④：61）

5. C型钵（T16④：28）

6. B型Ⅰ式豆（T16④：66）

T16出土陶器

1. A型器盖（T16④：67）

2. A型器盖（T16④：53）

3. B型器盖（T16④：51）

4. A型鼎足（T16③：13）

5. L型鼎足（T16③：12）

6. A型豆足（T16③：10）

T16出土陶器

图版三六

1. K型鼎足（H2：2）

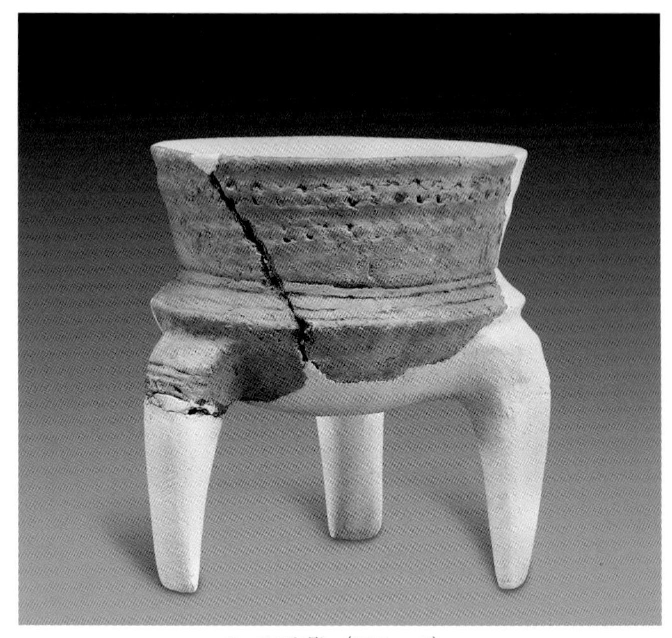

2. G型鼎（H3：5）

3. A型Ⅰ式豆（H3：3）

4. A型Ⅰ式盘（H4：16）

5. B型Ⅱ式豆（H4：18）

6. A型鼎足（H5：5）

H2、H3、H4、H5出土陶器

1. F型Ⅱ式罐（H6：5）

2. A型器座（H6：3）

3. A型Ⅰ式杯（H8：1）

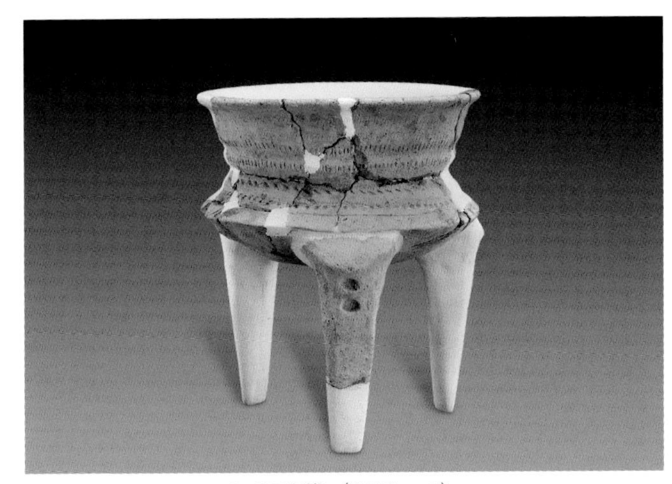

4. G型鼎（H10：4）

5. J型鼎足（H10：5）

6. D型鼎足（H11：248）

H6、H8、H10、H11出土陶器

1. E型鼎足（H11：275）

2. E型鼎足（H11：283）

3. F型鼎足（H11：278）

4. J型鼎足（H11：235）

5. B型Ⅱ式釜（H11：214）

6. G型Ⅰ式罐（H11：204）

H11出土陶器

1. A型Ⅱ式钵（H11：165）

2. A型Ⅰ式杯（H11：142）

3. A型Ⅰ式盘（H11：182）

4. A型Ⅱ式盘（H11：191）

5. B型Ⅱ式豆（H11：12）

6. A型豆足（H11：149）

H11出土陶器

1. A型器盖（H11：193）

2. D型器盖（H11：194）

3. 三足杯（H12：92）

4. B型鼎足（H12：59）

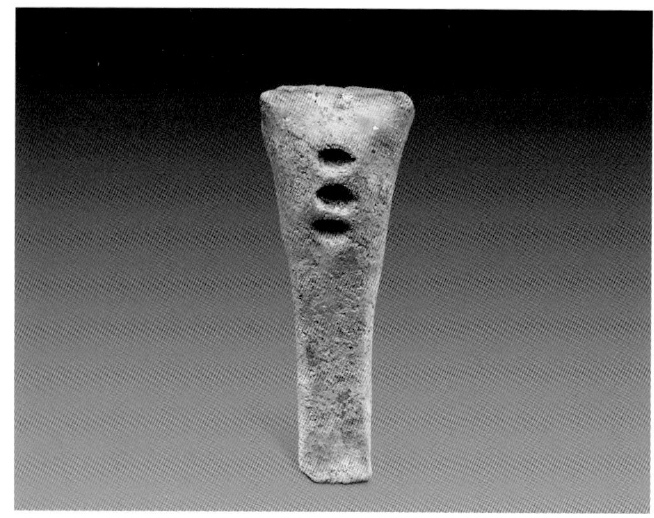

5. F型鼎足（H12：79）

6. G型鼎足（H12：38）

H11、H12出土陶器

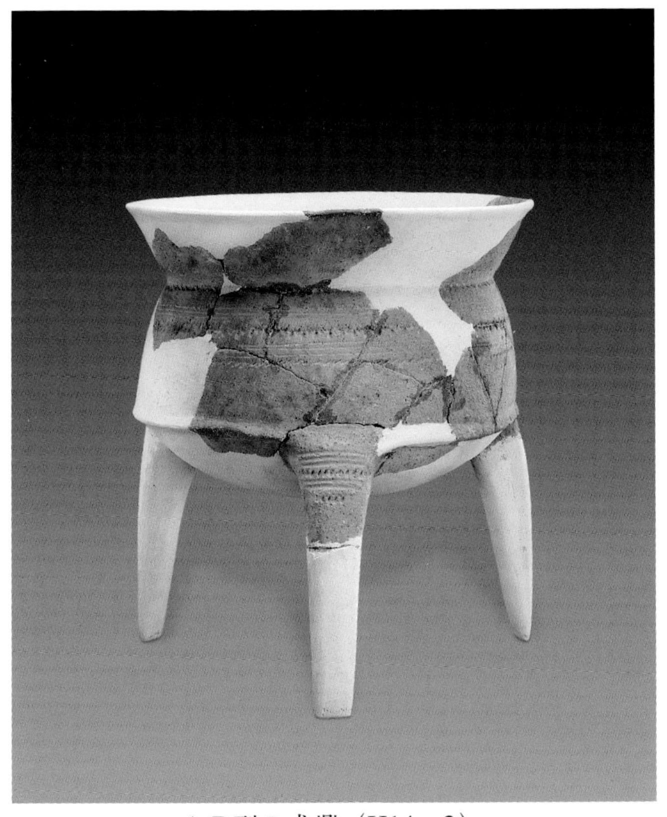

1. D型Ⅰ式鼎（H14：2）

2. H型鼎（H16：3）

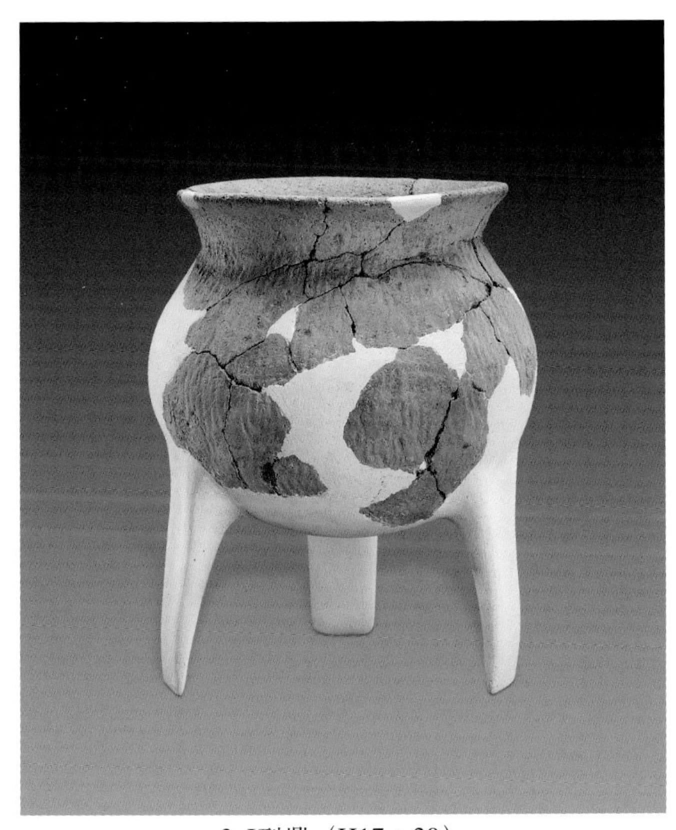

3. I型鼎（H17：30）

4. G型Ⅱ式罐（H17：29）

H14、H16、H17出土陶器

1. I型鼎（H17：17）

2. C型鼎足（H17：36）

3. C型鼎足（H17：33）

4. A型盆（H17：18）

5. B型Ⅱ式豆（H17：14）

6. B型Ⅱ式豆（H17：15）

H17出土陶器

1. B型Ⅱ式豆（H17：21）

2. E型豆足（H17：26）

3. E型豆足（H17：23）

4. A型Ⅱ式盘（H17：32）

5. C型器盖（H17：6）

6. B型杯（H17：24）

H17出土陶器

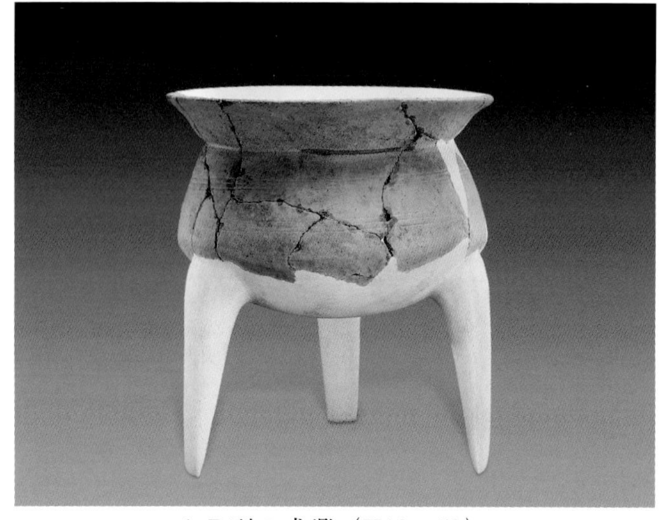
1. D型Ⅰ式鼎（H18：59）

2. D型Ⅱ式鼎（H18：47）

3. C型罐（H18：58）

4. C型缸（H18：54）

5. C型缸（H18：49）

6. B型甑（H18：48）

H18出土陶器

1. A型Ⅱ式豆（H18：53）

2. F型豆足（H18：83）

3. A型Ⅰ式钵（H18：44）

4. B型Ⅰ式碗（H18：55）

5. B型Ⅰ式碗（H18：56）

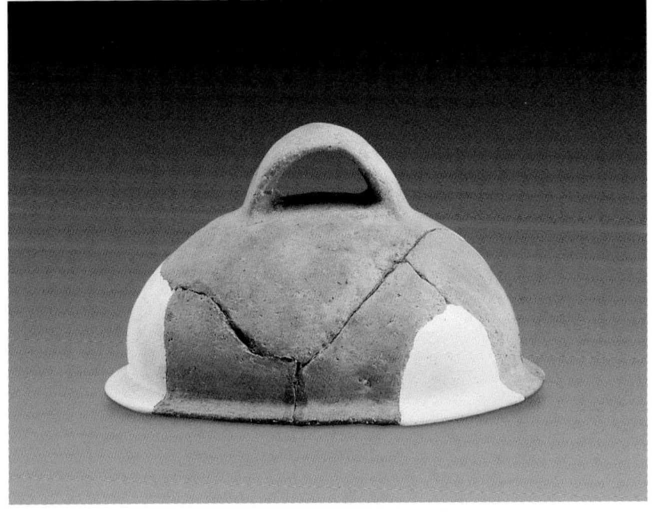

6. A型器盖（H18：62）

H18出土陶器

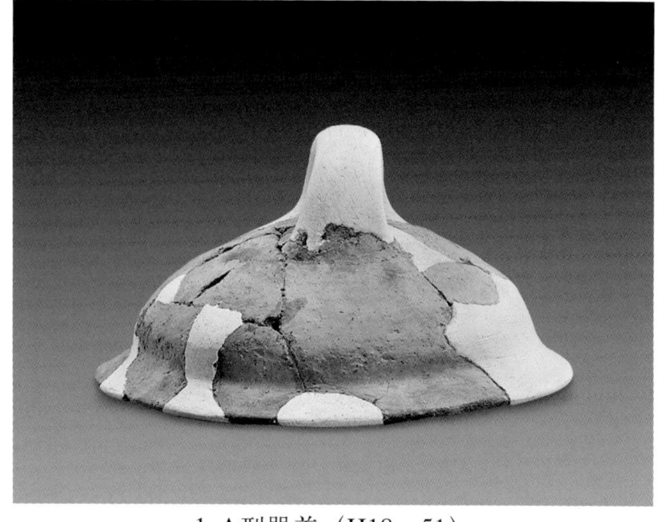
1. A型器盖（H18：51）

2. D型器盖（H18：50）

3. A型Ⅰ式盘（H20：13）

4. D型豆（H20：7）

5. I型鼎（H20：14）

6. B型罐（H20：6）

H18、H20出土陶器

1. K型鼎足（H21：19）

2. M型鼎足（H21：14）

3. A型Ⅰ式盘（H21：12）

4. A型Ⅰ式盘（H22：4）

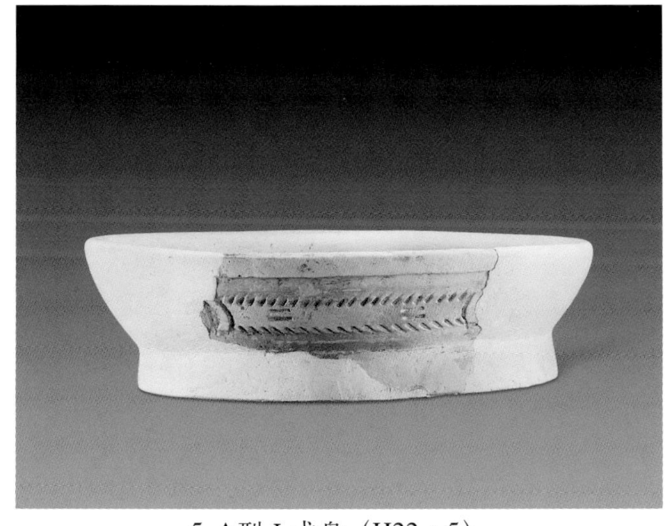

5. A型Ⅰ式盘（H22：5）

6. H型鼎足（H22：8）

H21、H22出土陶器

1. B型甑（H23：9）

2. B型器盖（H23：6）

3. D型鼎足（H24：28）

4. M型鼎足（H24：29）

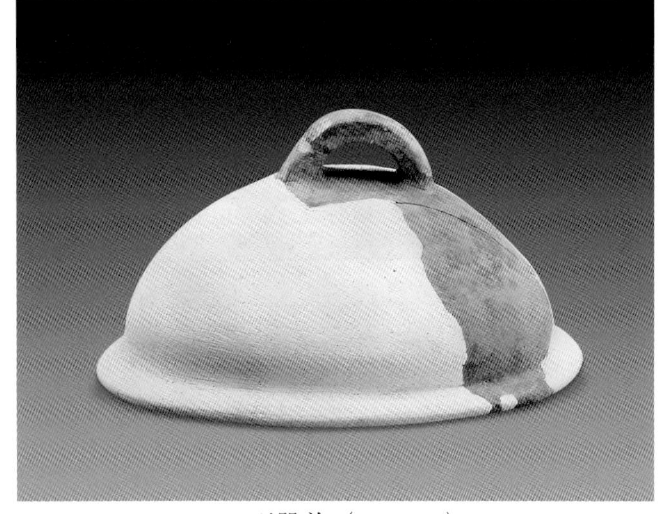

5. A型器盖（H24：7）

6. B型鼎足（H25：1）

H23、H24、H25出土陶器

1. B型Ⅱ式钵（H29：13）

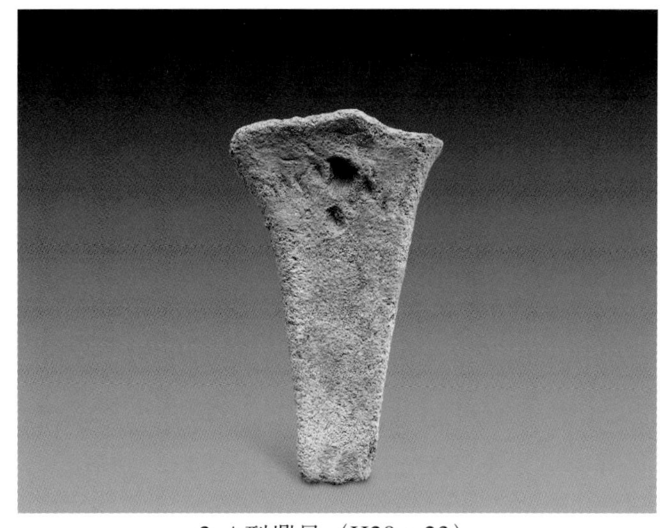
2. A型鼎足（H29：23）

3. C型鼎足（H29：33）

4. I型鼎足（H29：30）

5. M型鼎足（H29：32）

6. C型豆足（H29：21）

H29出土陶器

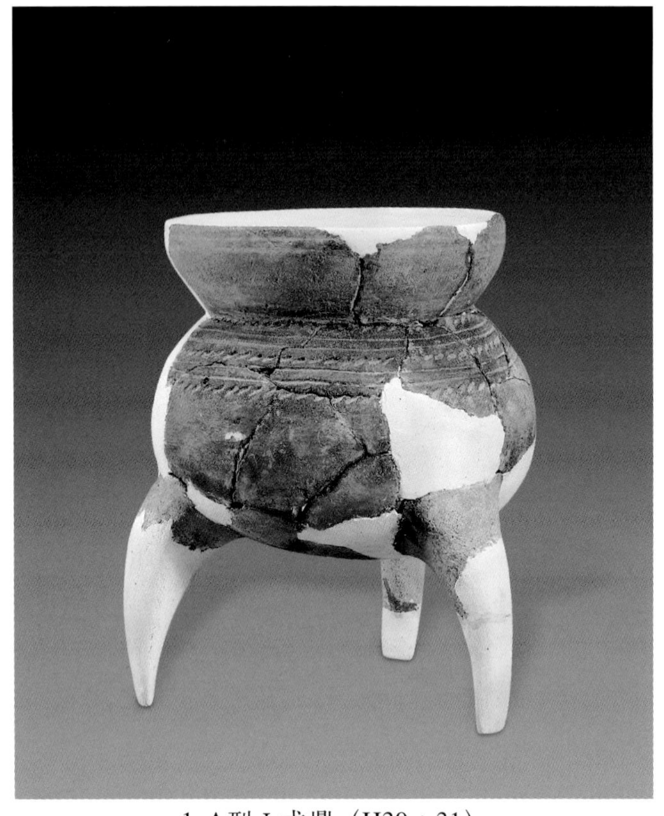

1. A型Ⅰ式鼎（H30：31）

2. B型Ⅰ式鼎（H30：25）

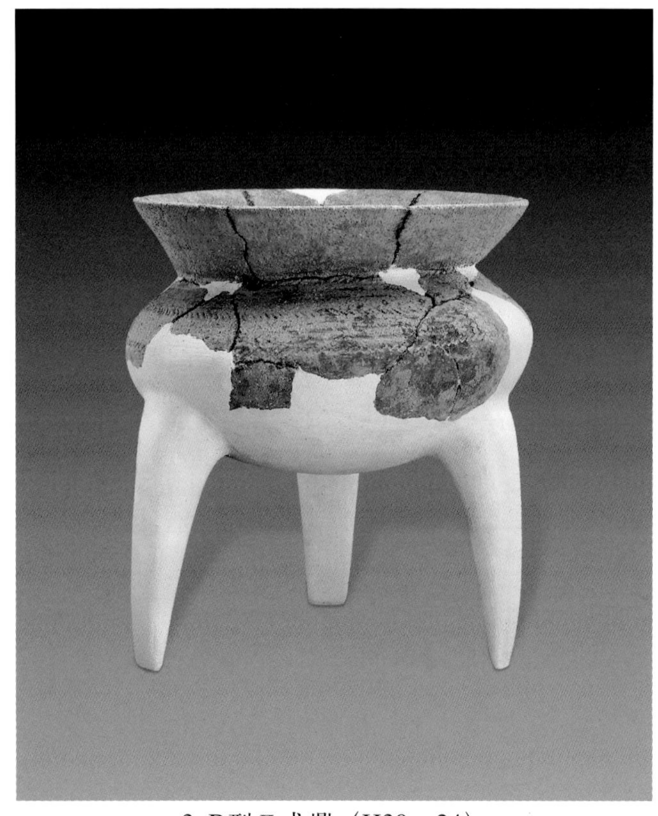

3. B型Ⅱ式鼎（H30：24）

4. B型Ⅰ式釜（H30：32）

H30出土陶器

1. D型鼎足（H30：47）

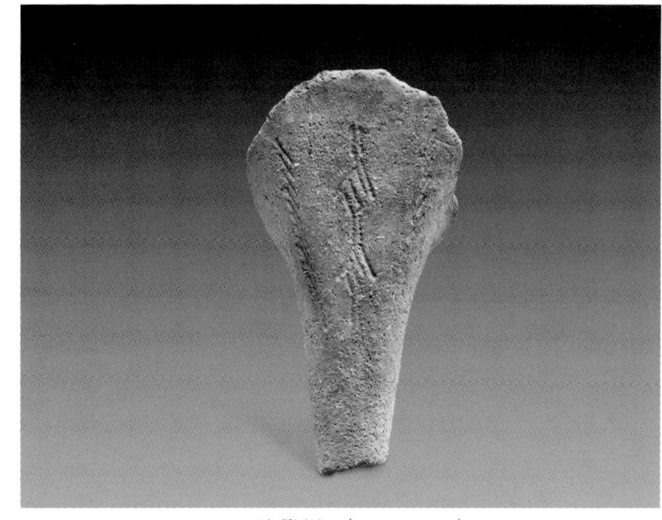

2. D型鼎足（H30：42）

3. E型鼎足（H30：50）

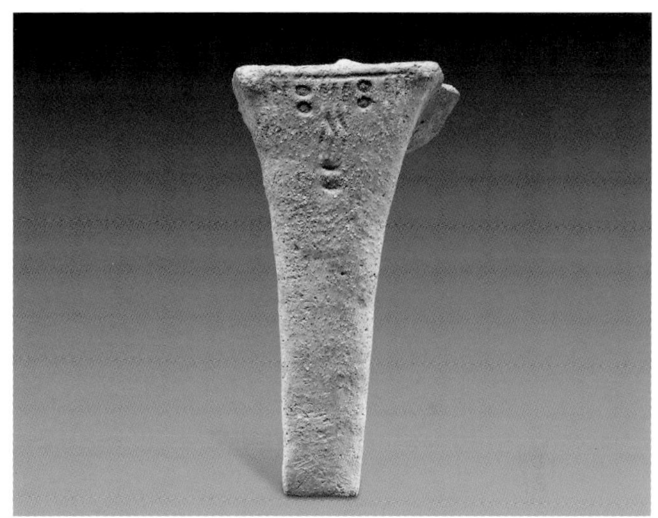

4. E型鼎足（H30：54）

5. E型鼎足（H30：53）

6. E型鼎足（H30：52）

H30出土陶器

1. E型鼎足（H30：55）

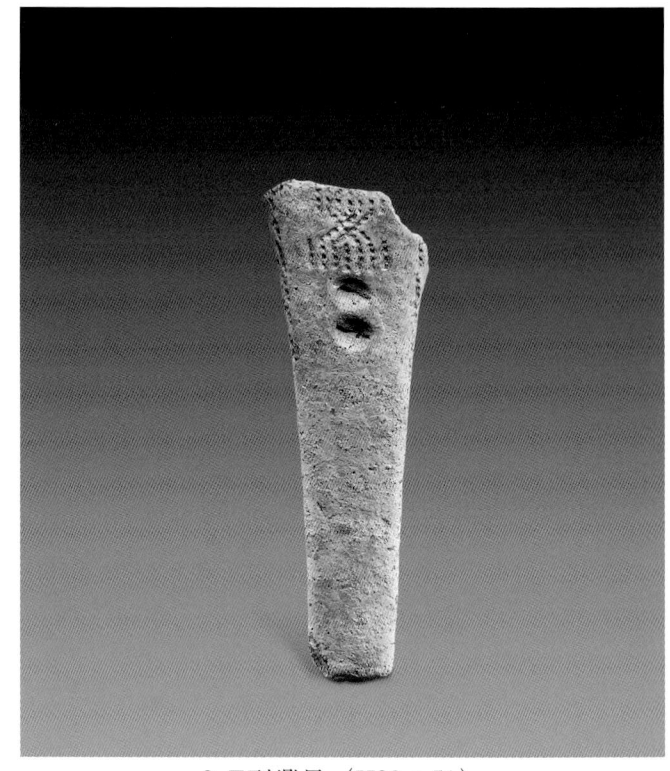
2. E型鼎足（H30：51）

3. C型盘（H30：22）

4. A型Ⅰ式豆（H30：27）

5. A型Ⅰ式豆（H30：23）

6. B型Ⅱ式豆（H30：26）

H30出土陶器

1. A型Ⅱ式碗（H30：29）

2. B型Ⅰ式碗（H30：28）

3. B型Ⅰ式釜（H31：15）

4. B型Ⅱ式釜（H31：32）

5. B型Ⅱ式釜（H31：34）

6. G型Ⅰ式罐（H31：26）

H30、H31出土陶器

图版五四

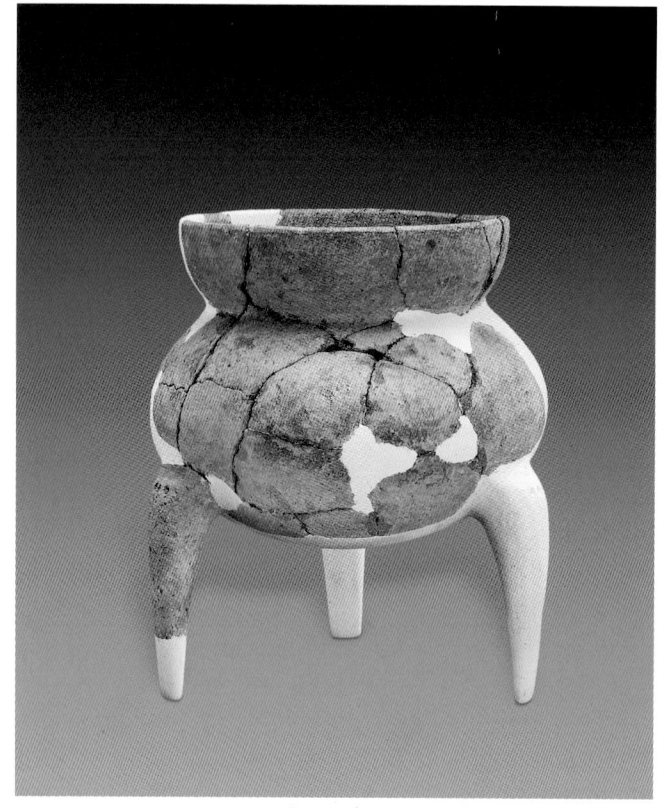
1. A型Ⅰ式鼎（H31：25）

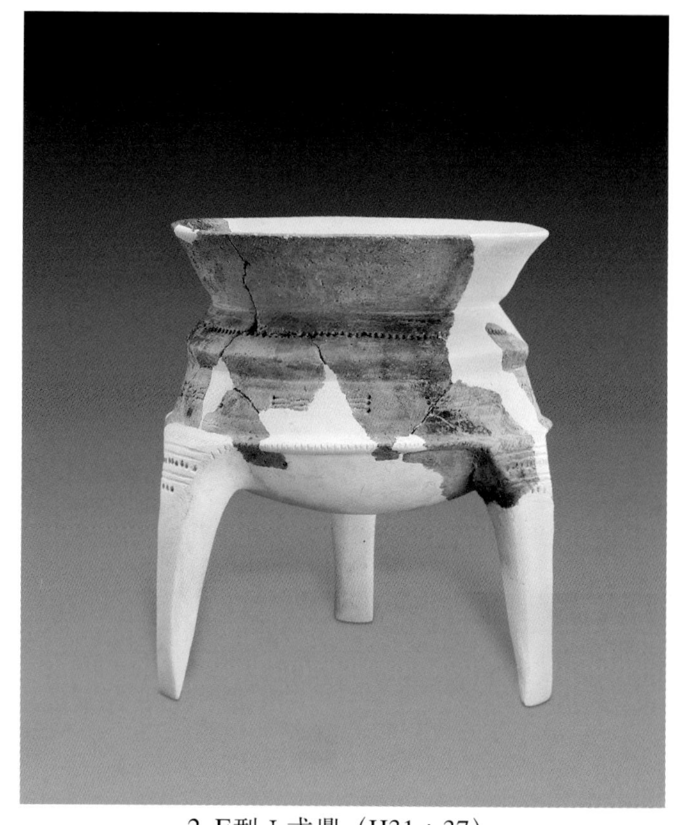
2. E型Ⅰ式鼎（H31：37）

3. E型Ⅰ式鼎（H31：31）

4. E型Ⅰ式鼎（H31：33）

H31出土陶器

1. B型鼎足（H31：42）

2. D型鼎足（H31：39）

3. K型鼎足（H31：38）

4. A型豆足（H31：16）

5. A型豆足（H31：18）

6. A型器盖（H31：30）

H31出土陶器

1. F型Ⅰ式鼎（H50：11）

2. C型缸（H50：9）

3. C型缸（H50：8）

4. A型Ⅱ式缸（H51：1）

H50、H51出土陶器

1. K型鼎足（H50：12）

2. A型Ⅱ式罐（H53：7）

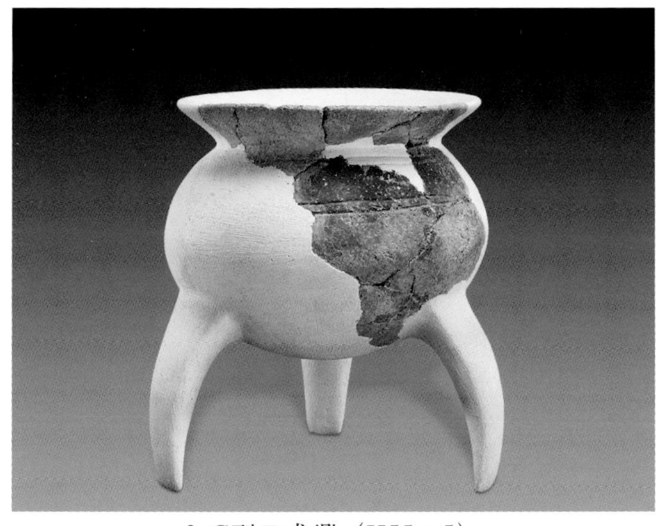
3. C型Ⅱ式鼎（H55：5）

4. E型鼎足（H55：17）

5. C型缸（H55：4）

6. A型Ⅱ式豆（H55：3）

H50、H53、H55出土陶器

1. D型豆足（H59：1）

2. B型Ⅱ豆（H60：1）

3. C型Ⅱ式豆（H61：6）

4. C型Ⅱ式豆（H62：15）

5. C型鼎足（H62：19）

6. I型鼎足（H62：20）

H59、H60、H61、H62出土陶器

1. A型豆足（H65：4）

2. A型器座（H65：2）

3. E型缸（H66：4）

4. A型Ⅰ式豆（H66：3）

5. B型Ⅱ式鼎（H69：14）

6. E型鼎足（H69：16）

H65、H66、H69出土陶器

图版六〇

1. E型鼎足（H69：17）

2. A型Ⅱ式甑（H69：12）

3. C型盘（H69：10）

4. A型Ⅱ式豆（H69：3）

5. B型Ⅰ式碗（H69：11）

6. B型Ⅱ式碗（H69：13）

H69出土陶器

1. D型鼎足（H71：29）

2. D型鼎足（H71：27）

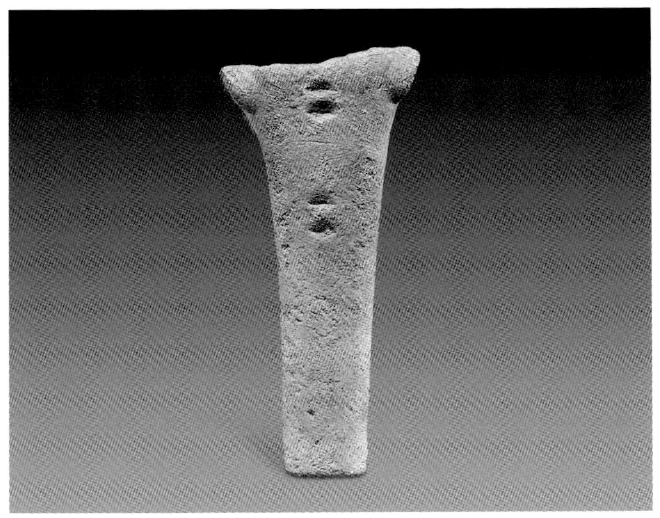
3. D型鼎足（H71：39）

4. E型鼎足（H71：34）

5. E型鼎足（H71：28）

6. E型鼎足（H71：32）

H71出土陶器

图版六二

1. E型鼎足（H71：38）

2. K型鼎足（H71：30）

3. K型鼎足（H71：25）

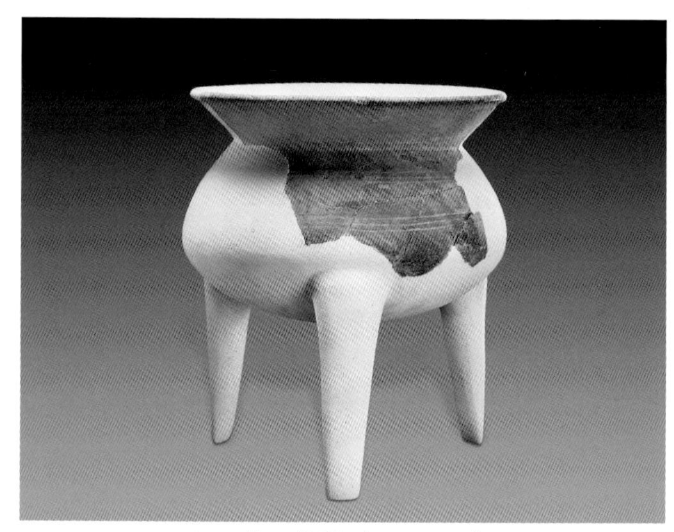

4. D型Ⅱ式鼎（H71：15）

5. C型缸（H71：19）

6. C型盘（H71：14）

H71出土陶器

1. C型Ⅰ式鼎（H73：77）

2. C型Ⅰ式鼎（H73：76）

3. E型Ⅰ式鼎（H73：27）

4. E型Ⅰ式鼎（H73：48）

H73出土陶器

图版六四

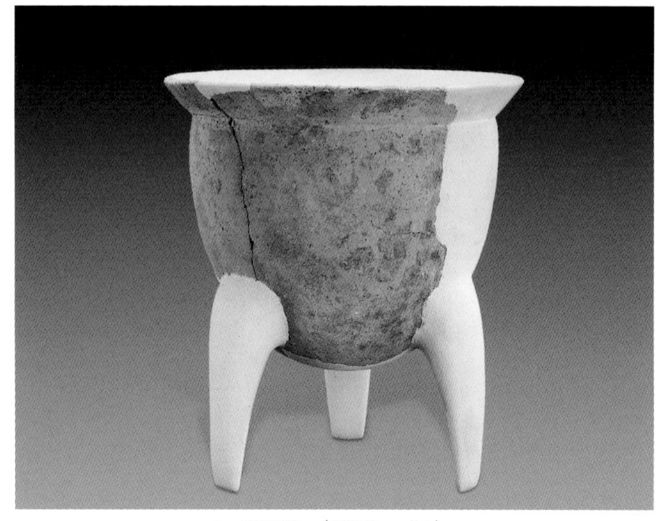
1. J型鼎（H73：61）

2. J型鼎（H73：78）

3. B型鼎足（H73：107）

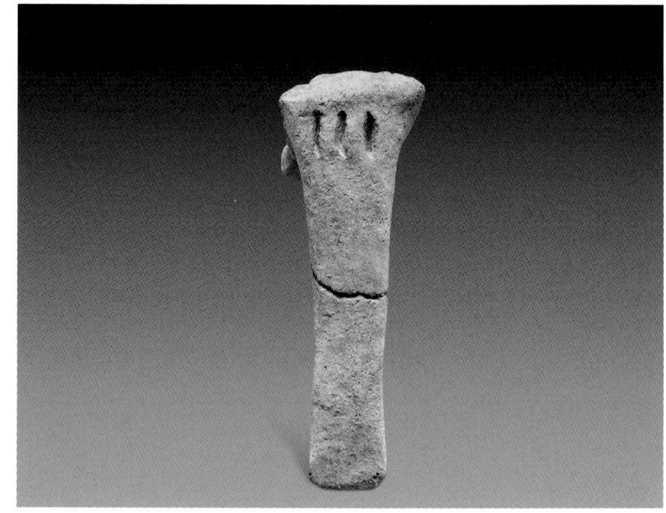
4. E型鼎足（H73：105）

5. E型鼎足（H73：122）

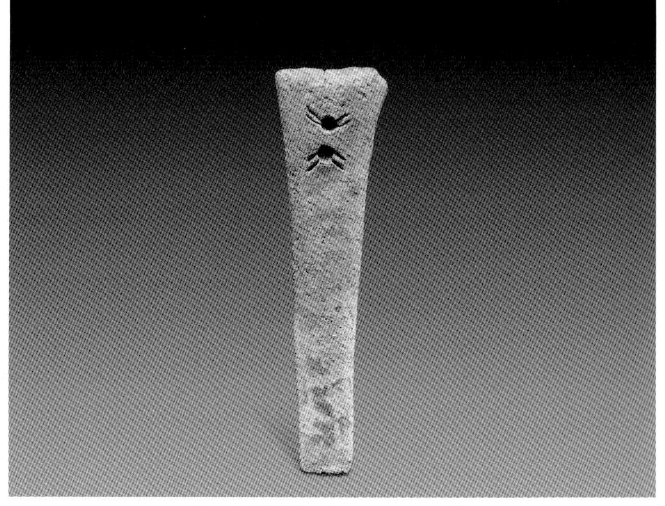
6. F型鼎足（H73：109）

H73出土陶器

1. A型Ⅰ式缸（H73：37）

2. A型Ⅱ式缸（H73：83）

3. A型Ⅱ式缸（H73：67）

4. D型缸（H73：24）

H73出土陶器

1. A型Ⅱ式缸（H73：43）

2. B型Ⅱ式釜（H73：45）

3. A型Ⅰ式钵（H73：89）

4. A型Ⅱ式钵（H73：86）

5. D型盘（H73：101）

6. A型Ⅰ式碗（H73：88）

H73出土陶器

1. A型Ⅰ式豆（H73：91）

2. A型Ⅱ式豆（H73：87）

3. A型Ⅱ式豆（H73：85）

4. A型豆足（H73：51）

5. A型豆足（H73：30）

6. D型豆足（H73：28）

H73出土陶器

1. E型豆足（H73：102）

2. E型豆足（H73：94）

3. E型豆足（H73：95）

4. F型豆足（H73：90）

5. 豆柄（H73：103）

6. 支座（H73：84）

H73出土陶器

1. E型鼎足（G7：58）

2. E型鼎足（G7：42）

3. H型鼎足（G7：41）

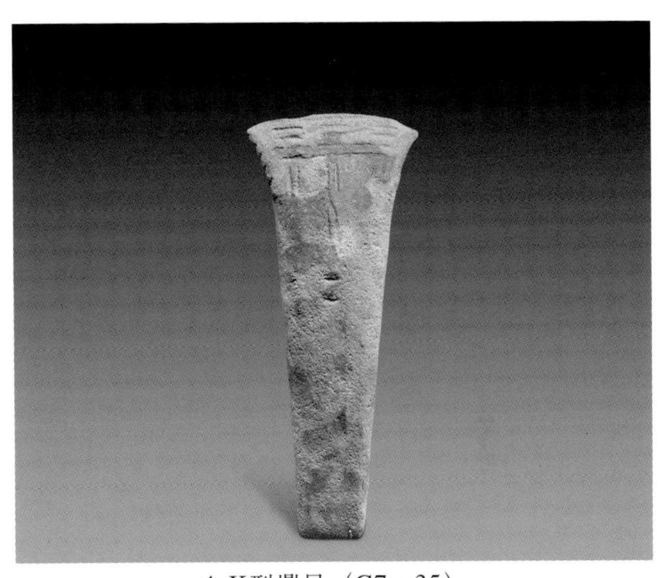
4. K型鼎足（G7：35）

5. G型豆足（G7：34）

6. 豆柄（G7：29）

G7出土陶器

1. T12④：86（正面）

2. T12④：86（反面）

3. H52：3

4. T16③：8

5. H11：141

6. T10③：31

遗址出土陶饼

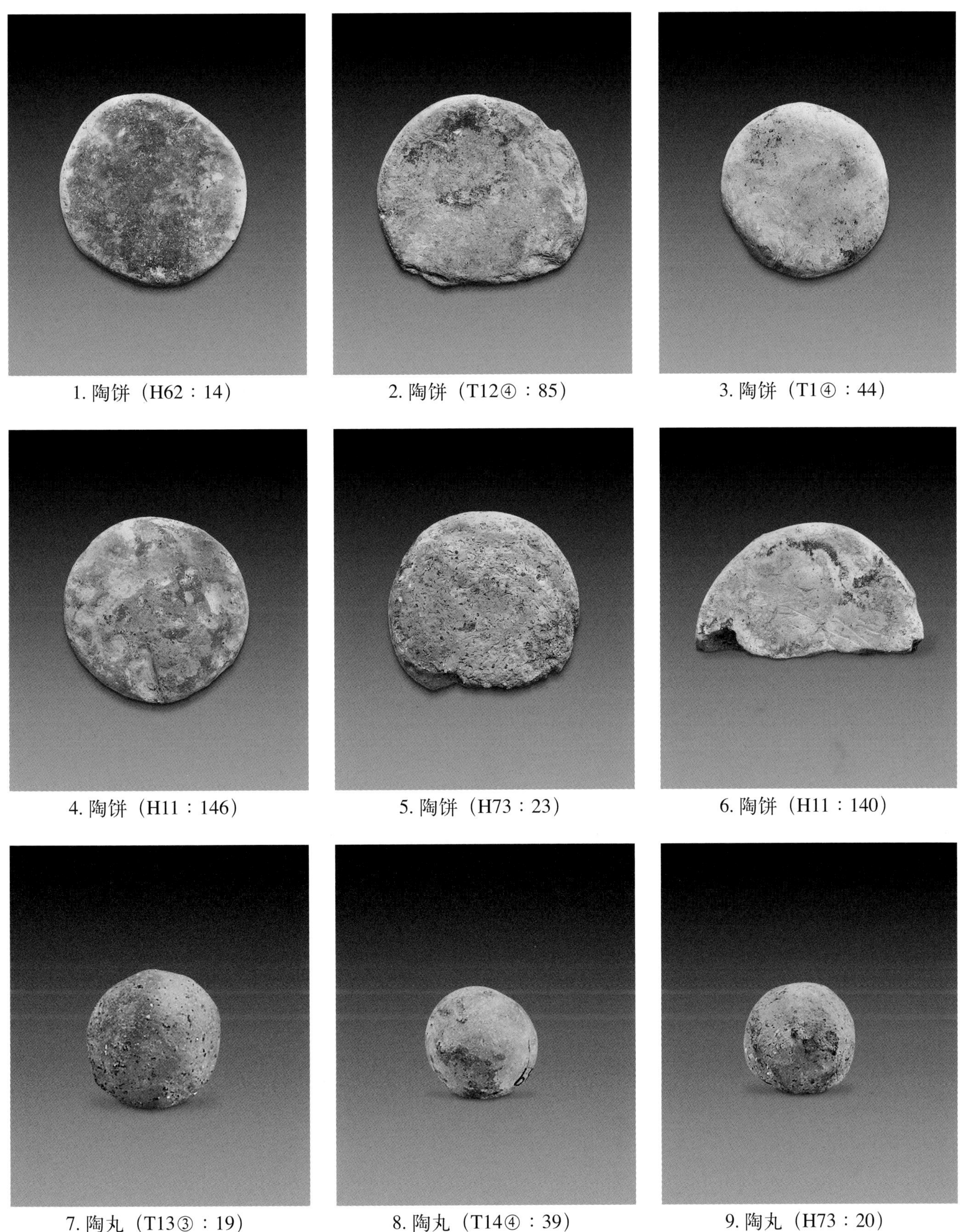

1. 陶饼（H62：14）
2. 陶饼（T12④：85）
3. 陶饼（T1④：44）
4. 陶饼（H11：146）
5. 陶饼（H73：23）
6. 陶饼（H11：140）
7. 陶丸（T13③：19）
8. 陶丸（T14④：39）
9. 陶丸（H73：20）

遗址出土陶饼、陶丸

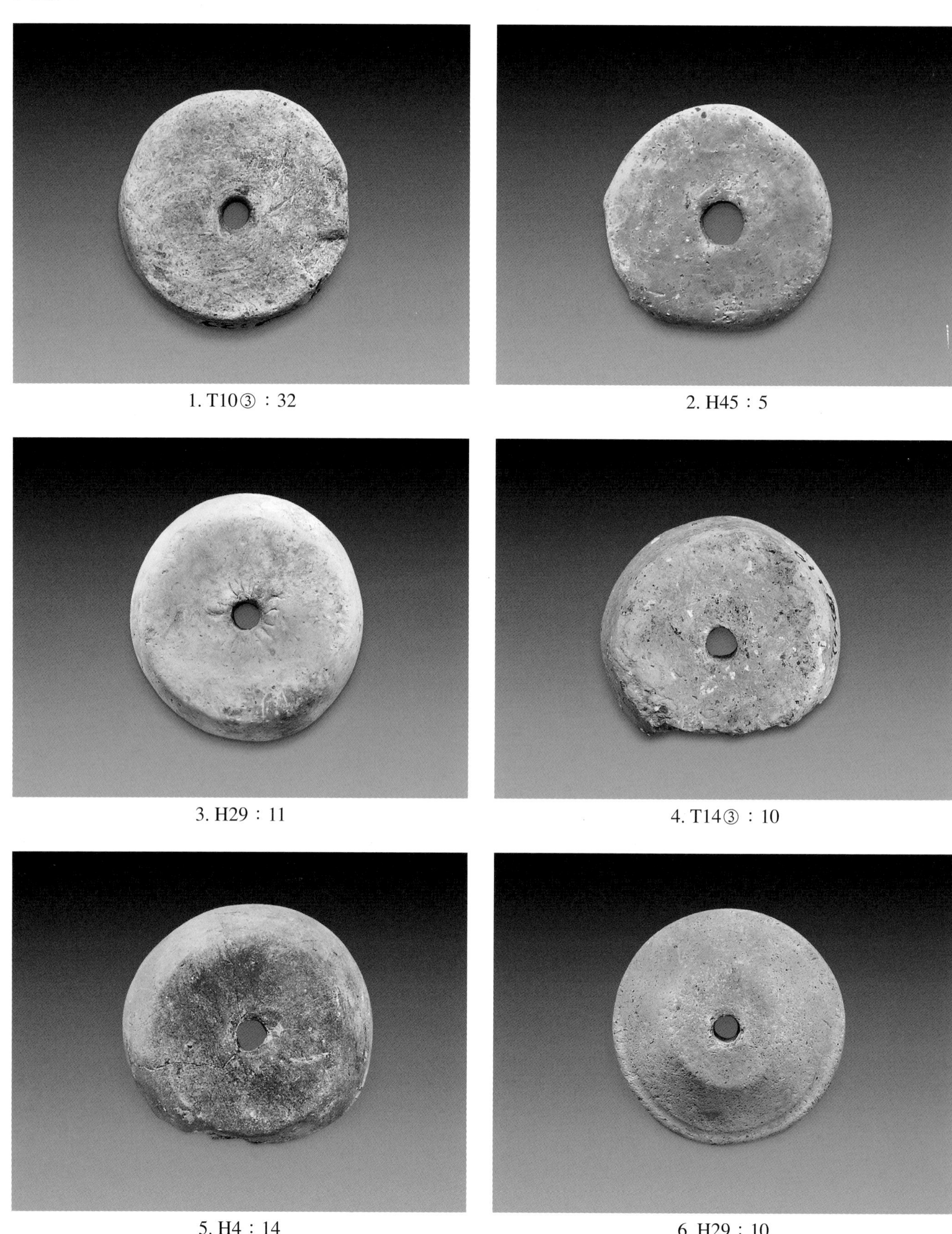

1. T10③：32
2. H45：5
3. H29：11
4. T14③：10
5. H4：14
6. H29：10

遗址出土陶纺轮

图版七三

1. H73：17

2. T16④：38

3. H11：143

4. H11：139

5. T9④：56

6. T9④：57

遗址出土陶拍

1. T10③：35

2. T11④：47

3. T4④：27

4. T6④：17

5. T10④：26

6. T10④：26（侧视）

遗址出土陶拍

1. 研磨器（T16④：2）　2. 研磨器（T8③：33）　3. 研磨器（T8③：34）

4. 研磨器（H73：18）　5. A型陶玩（T11④：45）　6. B型陶玩（H11：144）

7. B型陶玩（T6④：18）　8. B型陶玩（T3③：8）　9. B型陶玩（T4④：29）

遗址出土陶研磨器、陶玩

图版七六

1. C型陶玩（T13③：21）

2. C型陶玩（T11③：12）

3. C型陶玩（T7④：31）

4. D型陶玩（H11：147）

5. D型陶玩（T10③：33）

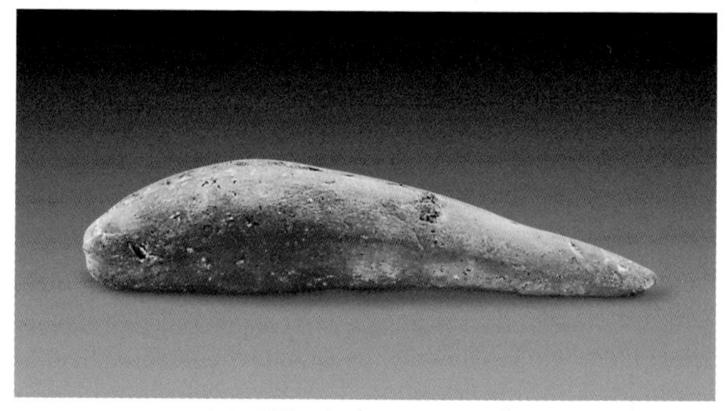
6. E型陶玩（T10④：28）

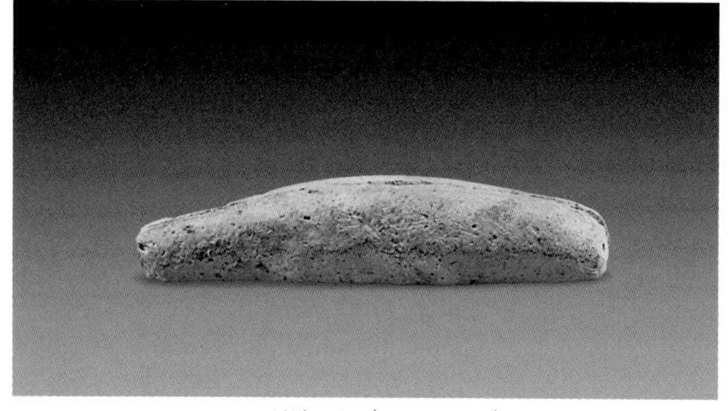
7. E型陶玩（H17：11）

8. 陶塑（T9③：19）

遗址出土陶玩、陶塑

图版七七

1. 石杵（T1③：13）

2. 石杵（T9③：8）

3. 石杵（H69：2）

4. 石锤（T12④：72）

5. 石锤（G7：12）

6. A型石斧（T13④：36）

遗址出土石杵、石锤、石斧

图版七八

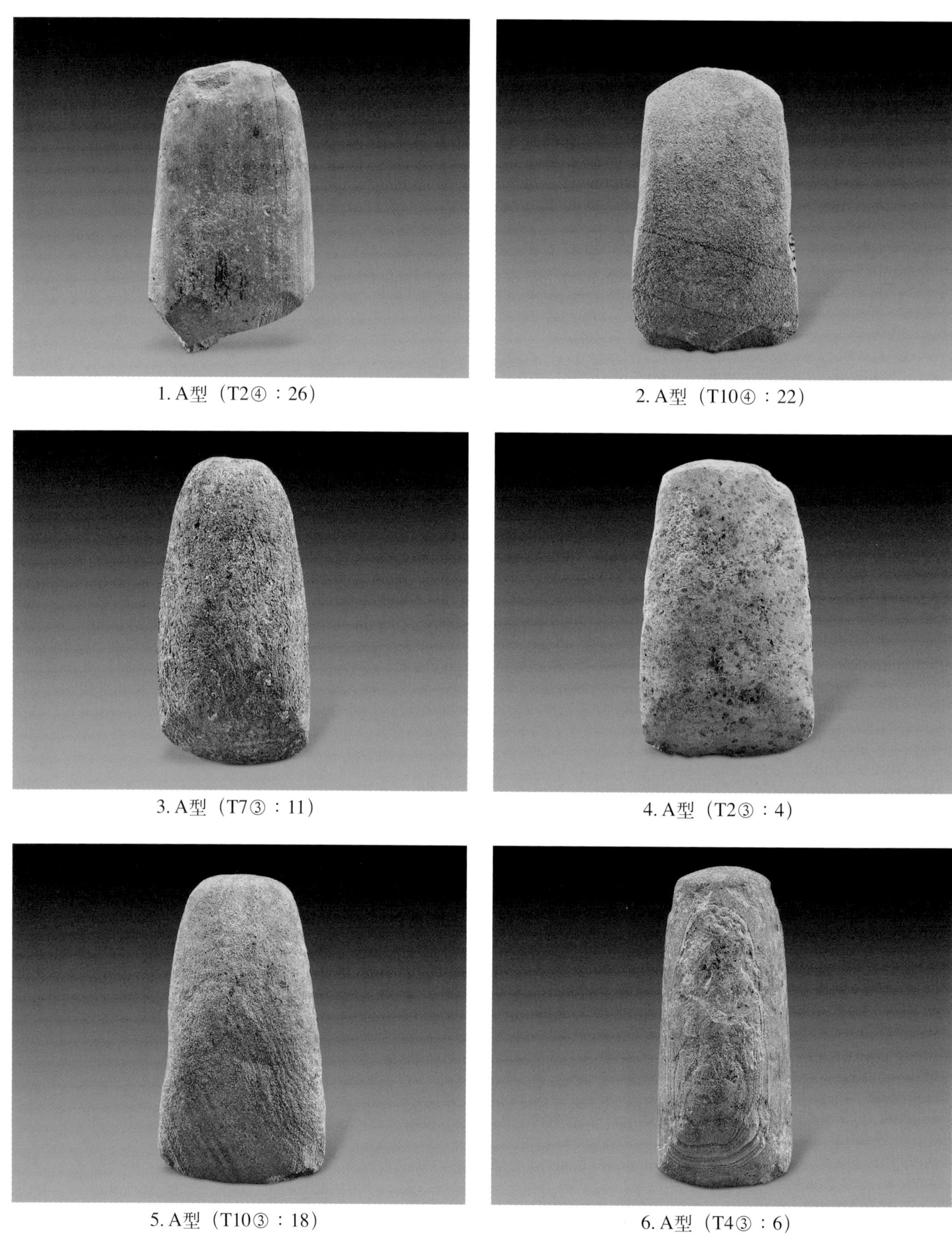

1. A型（T2④：26）

2. A型（T10④：22）

3. A型（T7③：11）

4. A型（T2③：4）

5. A型（T10③：18）

6. A型（T4③：6）

遗址出土石斧

1. A型（T7③：13）

2. B型（T13④：37）

3. B型（H21：4）

4. B型（T4④：25）

5. B型（H73：14）

6. B型（T13④：35）

遗址出土石斧

图版八〇

1. B型（T4③：7）

2. B型（H61：2）

3. C型（T12④：71）

4. C型（T10③：19）

5. C型（T1③：10）

6. 残石斧（T14④：32）

遗址出土石斧

1. 残石斧（T16④：25）

2. 残石斧（T8③：25）

3. 残石斧（T13④：22）

4. A型石锛（T9④：45）

5. A型石锛（H20：4）

6. A型石锛（T13③：15）

遗址出土石斧、石锛

1. A型（H45：4）

2. A型（T12④：74）

3. A型（T6③：6）

4. A型（T9③：6）

5. B型（H17：7）

6. B型（H17：8）

遗址出土石锛

1. B型（T16④：31）

2. B型（T7③：12）

3. B型（T14④：33）

4. B型（T6④：15）

5. C型（T16④：26）

6. C型（H61：1）

遗址出土石锛

1. C型（T16③：4）

2. C型（T6④：16）

3. C型（H20：3）

4. 残石锛（T16③：3）

5. 残石锛（T8④：24）

6. 残石锛（T10③：20）

遗址出土石锛

1. 石凿（H21：5）

2. 残石凿（T12④：69）

3. 残石凿（T1③：11）

4. 残石凿（T14③：6）

5. 穿孔石器（T9③：4）

6. 穿孔石器（H62：13）

遗址出土石凿、穿孔石器

图版八六

1. 穿孔石器（T8③：28）

2. 穿孔石器（T4③：9）

3. 穿孔石器（T13③：17）

4. A型砺石（H23：5）

5. A型砺石（T16④：11）

6. A型砺石（H11：131）

遗址出土穿孔石器、砺石